DEUTSCHE BRIEFE AUS ITALIEN

DEUTSCHE BRIEFE AUS ITALIEN

VON WINCKELMANN BIS GREGOROVIUS

GESAMMELT
UND HERAUSGEGEBEN
VON
EBERHARD HAUFE

KOEHLER & AMELANG
LEIPZIG

Deutsche Briefe aus Italien:
von Winckelmann bis Gregorovius /
ges., hrsg. u. mit e. Vorw. ver-
sehen von Eberhard Haufe. – 3. Aufl.
– Leipzig: Koehler & Amelang,
1987. – 599 S.: 32 Abb. (z. T. farb.)

ISBN 3-7338-0038-9

ISBN 3-7338-0038-9

Dritte, erweiterte Auflage 1987

Lizenznummer 295/275/2907/87 · LSV 7103
Printed in the German Democratic Republic
Klischeeherstellung: Interdruck Leipzig
Satz und Druck: Union-Druck (VOB), Halle (Saale)
Buchbinderei: VOB Buchbinderei Südwest
698 347 9
02380

VORWORT

Die Zukunft kann immer nur reich werden, wo der Reichtum der Vergangenheit verwandelt in sie eingeht. Zu solch schöpferischer Mitnahme des Gewesenen ins Künftige tut nichts mehr not als die ständig-lebendige Vergegenwärtigung dessen, was als bedeutende Erfahrung, als reiches Erlebnis das Gesicht unserer geistigen Kultur ehedem prägen half. Zu diesen großen, diesen unauslöschlichen, heute noch nachwirkenden Erlebnissen zählt für uns Deutsche die Begegnung mit Italien. Dieses Land ist nicht irgendeines unter unsern Nachbarländern. Es ist das Land, über dem für uns seit Jahrhunderten eine andere Sonne, eine andere Klarheit des Himmels leuchtet. Vor allem aber ist es das Land, darin sich, wie in keinem zweiten der Welt, Antike und Christentum zu jenen mächtigen Gestaltungen der Geschichte und der Kunst zusammenschlossen, ohne die unsere bisherige Kultur nicht denkbar wäre. Aber nicht unsere deutsche Kultur allein. Die deutsche Begegnung mit Italien war nie etwas isoliert Deutsches. Immer stand sie, bewußt oder unbewußt, in weltweitem Horizont – wir erkennen es um so deutlicher, je ferner wir dieser Begegnung allmählich rücken. Noch aber ist sie uns so nahe, daß wir Wilhelm von Humboldt verstehen können, wenn er 1805 Rom das Symbol zugleich der Vergänglichkeit und des Weltzusammenhangs nannte, wie er intellektuell und ästhetisch für uns existiert. Auch heute noch gilt, was Wilhelm Waetzoldt 1927 schrieb: «Um die Auseinandersetzung mit dem italienischen Erlebnis kommt keiner herum, dem Bildung noch ein Ziel ist.»

Diese Begegnung mit Italien hat schon im Mittelalter und in der Renaissance das Gesicht unserer Kultur prägend mitbestimmt. Aber erst, als 1755 Winckelmann römischen Boden betrat, setzte jene Zeit des schöpferischen Italienerlebnisses ein, die bis in unsere Gegenwart nachwirkt und deren eindringliche Sprache noch heute in jedem reingestimmten Gemüt ihr Echo findet. Zu ihren schönsten Zeugnissen zählen – viel zu wenig gekannt – die Briefe all jener Künstler, Dichter, Gelehrten und Staatsmänner, die seit Winckelmann über die Alpen gezogen sind und in Italien nicht nur die Erfüllung ihrer Sehnsucht, ihrer Träume suchten, sondern oft genug dort erst ihre wahre Bestimmung fanden. Unter allen Dokumenten der Geschichte scheint keines privater, zufälliger, dem Augenblick mehr verhaftet zu sein als der Brief. Aber keines spiegelt auch das tatsächliche Leben vergangener Tage lebendiger und getreuer wider. Wo diese lebendigste Spiegelung nur die rechten, die geschichtlich bedeutenden Gegenstände erfaßt, vermag sie auch ein Jahrhundert und mehr zu erschließen. Auf nichts Geringeres zielt unsere Sammlung ab. Was bisher nie unternommen wurde, wird hier versucht – anhand einer Sammlung von Briefen die deutsche Begegnung mit Italien von den Tagen Winckelmanns bis zum Ausgang des 19. Jahrhunderts zu lebendig-vielfältiger Anschauung zu bringen. Mit den Stimmen der Deutschen vereinigen sich ergänzend die von Grillparzer und Stifter aus Österreich, von Meyer, Burckhardt und Stauffer-Bern aus der Schweiz. So will diese Sammlung nicht nur im Hinblick auf den einzelnen Brief, sondern auch und vor allem als Ganzes gelesen sein. Was uns so leicht in leblosen Begriffen erstarrt, was sich unter historischen Etiketten und entwerteten Sammelnamen so leicht entfremdet – hier im Brief spricht es uns wieder mit der Frische des einstigen Lebens an. Neues Urteil wird möglich.

Die Abfassungszeit der Briefe steht im weitesten Sinne unter der Leitgestalt Winckelmanns. Der Neunundvierzigjährige schrieb 1766 aus Rom: «Ich suche, soviel möglich ist, meine verlorne Jugend zurückzurufen.» Für ihn war der Aufbruch nach Italien der Ausbruch in die Freiheit, der Ausbruch aus den elenden deutschen Verhältnissen, aus der Welt eines beschränkten, kleinstaatlichen Absolutismus gewesen. Dieser Ausbruch in die Freiheit wurde zum Aufbruch in die Antike, zur Reise aus einer schlechten Gegenwart in eine große, idealisch geschaute Vergangenheit. Mochte Winckelmann auch mit Recht die freien römischen Verhältnisse gegenüber den deutschen rühmen, zuletzt pries er doch nur die zäh errungenen Freiheiten, die ihm einzelne großmütige und aufgeklärte Gönner gewährten. Das Land als Ganzes lebte – trotz mancher wirtschaftlichen Reformen – seit langem in politischer Stagnation und Zersplitterung dahin. Was sich unterirdisch als erste bürgerlich-nationale Bewußtseinsbildung zu regen begann, trat nicht in seinen Blick. So blieb das Auge ungestört auf die Zeugnisse der großen Vergangenheit gerichtet. Italien wurde das exemplarische Land, wo man das Vergangene suchte und das Gegenwärtige beiseiteschob. Freilich war es immer auch eine Kritik dieser Gegenwart, der italienischen wie der deutschen, immer auch die leidenschaftliche Suche nach Vorbildern und Maßstäben aus größeren Zeiten. Vernichtend traf es die Gegenwart, wenn Wilhelm von Humboldt von den Schatten der römischen Vergangenheit sagte, daß deren einer mehr wert sei als dies ganze Geschlecht.

Das Bild dieser Vergangenheit weitete sich allmählich immer mehr, zur Antike traten das Mittelalter und die frühe Renaissance, trat vor allem die unendliche Bilderwelt der christlichen Malerei bis zu Raffael, den schon Winckelmann so hochgeschätzt hatte, und Tizian. Was danach folgte, wurde freilich – mit wenigen Ausnahmen – kaum gesehen oder nicht als eigenwertige Epoche und eigenwertiger Stil begriffen. Die Kunst des Barock wurde von Winckelmann über Niebuhr und Vischer bis hin zu Stauffer-Bern als abgeschmackt empfunden, nur daß Stauffer-Bern den Keim dieser Barockkunst gerade in jener Plastik schon schlummern sah, die Winckelmann als Inbegriff antiker Kunst gefeiert hatte, in der Laokoon-Gruppe. Einzig im späten Jakob Burckhardt fand der italienische Barock seine erste zögernde Anerkennung.

Aber auch zu dieser reicher und differenzierter geschauten Vergangenheit verhielt sich für die meisten die Gegenwart nur wie das reine, das völlig negative Gegenbild. Wo die Italienfahrer das gegenwärtige Italien genossen, war es vor allem das Volksleben, das für sie fast immer außerhalb der Geschichte zu stehen schien – und war es zuallererst die Landschaft in ihren großen, klaren Gestalten, war es das unvergleichliche Licht, darin diese Gestalten für jedes nordländische Auge ewig getaucht sind. Wohl lernte dieses Auge allmählich auch historische Landschaften sehen. Aber in der Campagna, diesem Inbegriff geschichtsgesättigten Bodens, wiesen die Trümmer und Gräber nur wieder, wie eh und je, auf die vergangene Größe und über sie hinweg noch auf die Vergänglichkeit aller Größe hin. Auch Rom wurde lange Zeit kaum anders begriffen. Auch das führte eher aus der Geschichte hinaus als in die gegenwärtige Geschichte hinein. «Man wird gleichmütig», schrieb Conrad Ferdinand Meyer, «wo ein Hirte seine Herde treibt über eine zerstörte Weltherrschaft.»

Gerade solche Erlebnisse warfen den Betrachter nachdrücklich auf sich selbst zurück. Was besaß er, um dieser übermächtigen Vergangenheit und diesem Zauber der Landschaft zu widerstehen? Wo stand er in diesem «Weltzusammenhang»? So trat neben das Erlebnis vergangener Größe und gegenwärtig-zeitloser Landschaft als drittes immer und immer wieder die – zuweilen schmerzensvolle – Begegnung mit sich selbst, die Selbsterkenntnis, die Selbstfindung. «Rom. Bei diesem Namen hört alles Träumen auf, da fängt die Selbsterkenntnis an.» So schrieb Anselm Feuerbach 1857 aus Rom. Wenig später nannte er Italien das Land, welches jedem Menschen diejenige Stelle anweist, zu der er berufen ist.

Zuletzt war die Italienrezeption der einzelnen doch abhängig von ihrer Stellung im gesellschaftlichen und weltanschaulichen Gesamtgefüge der Zeit. Hinter der relativen Einheit der Epoche wird selbst am Italienerlebnis – bald mehr, bald weniger deutlich – der ideologische Differenzierungsprozeß sichtbar, der sich vom Klassizismus Winckelmanns über Herder und Goethe bis zu den Romantikern und weiter bis zu revolutionären Demokraten wie Heine, Ruge und Herwegh, zu Liberalen und Nationalliberalen wie Vischer, Gregorovius und Malwida von Meysenbug oder zu ausgesprochen konservativen Gelehrten wie Burckhardt und Treitschke vollzog.

Die verschiedenartig bedingte Begrenztheit ihres politischen Gesichtsfeldes machte es – zusammen mit der immer wieder überwältigenden Anschauung von Landschaft und Kunst Italiens – für viele unmöglich, ein klares Bild von der politischsozialen Gestalt des Landes zu gewinnen. So spiegelt sich selbst die Bewegung des Risorgimento nur in einzelnen Texten wider. Viele, die Maler vor allem, kamen blutjung und unerfahren in das Land ihrer großen Sehnsucht. Doppelt sorgfältig haben wir deshalb auf die wenigen kritischen Zeugnisse geachtet: Am Ende sind es ihrer immer noch mehr, als zunächst zu erwarten war. Unter den Briefen Schlözers, Kochs, Fernows, Niebuhrs, Mendelssohn Bartholdys und Haeckels wird der Leser auf erstaunliche Texte stoßen. Sie und einige andere haben die schlechte italienische Gegenwart in aller Schärfe gesehen; sie haben die negativen und die positiven Folgen der Napoleonischen Herrschaft deutlich erkannt. Aber die große Freiheits- und Einheitsbewegung des 19. Jahrhunderts hat anfänglich fast nur der Freiherr vom Stein in ihren Motiven und Zielen begriffen, wenn auch mit Skepsis beurteilt. Vierzig Jahre später ist es – neben Malwida von Meysenbug und Fanny Lewald – vor allem Ferdinand Gregorovius, der, auch mit Skepsis zunächst, dann mit wachsender Zustimmung, diese Entwicklung zum italienischen Nationalstaat verfolgte und ihre welthistorische Bedeutung noch im unmittelbaren Vollzug erkannte. Mit seinen letzten Briefen steht er am Ende unserer Epoche. Auch er noch ein Erbe Winckelmanns wie Jakob Burckhardt ebenfalls, auch er noch fasziniert von der vergangenen Größe Roms, der leidenschaftliche Geschichtsschreiber des mittelalterlichen Roms, aber auch der erste deutsche und der erste protestantische Ehrenbürger der Hauptstadt des geeinten Italiens. Freilich, dieses Erbe schuf auch zu diesem neuen Italien bald die Distanz. In die frohe Zustimmung mischte sich die Trauer: Das alte, das große, das nur in und aus seiner Vergangenheit lebende Rom sank dahin, «Vandalismus und Amerikanismus schonen der geschichtlichen Erinnerungen nicht.»

Erst Friedrich Nietzsche war es, der in Italien nicht mehr die Geschichte, nicht mehr die normenstiftende Vergangenheit, nicht mehr das Objektive suchte, sondern Spiegel und Symbole seines eigenen Schicksals, innere und äußere Lebensmöglichkeiten für seine so gequälte wie hochmütige Existenz. So weist er als erster hinüber in die Welt des späten Bürgertums. Das Zeichen Winckelmanns war endgültig erloschen.

Mit diesen wenigen Hinweisen gehe der Leser mitten hinein in die vielgestaltige Welt dieses Buches. Er wird auf Bekanntes und Verwandtes stoßen, noch öfter wird er, so hoffen wir, Entdeckungen machen und durch die Erläuterungen sich zu weiteren Studien angeregt finden. Er möge das Entfernte miteinander vergleichen und im Besonderen das Allgemeine suchen. Allmählich wird sich ihm die Fülle zu wenigen großen Gruppen ordnen und den Gang der Geschichte erkennen lassen. Er wird der Jahrhundert- und Jahrtausendzusammenhänge inne werden, aus denen wir kommen, in denen wir zu gutem Teile noch immer stehen. Vor seiner mitschaffenden Erkenntnis und Phantasie wird am Ende das weiträumige Bild einer Begegnung erwachsen, ohne die viele der klassischen Leistungen der bürgerlichen deutschen Kultur nicht möglich geworden wären. Und er wird begreifen, wieviel Reichtum uns als Erbe und Verpflichtung auf den Weg in die Zukunft mitgegeben ist.

Eberhard Haufe

JOHANN JOACHIM WINCKELMANN

1717–1768

An Hieronymus Dietrich Berendis

[Rom, wahrscheinlich 7. Juli 1756]

Ich glaube, ich bin nach Rom gekommen, denenjenigen, die Rom nach mir sehen werden, die Augen ein wenig zu öffnen: ich rede nur von Künstlern: denn alle Kavalier[e] kommen als Narren hier und gehen als Esel wieder weg; dieses Geschlecht der Menschen verdienet nicht, daß man sie unterrichte und lehre. Einer gewissen Nation ist Rom gar unerträglich. Ein Franzose ist unverbesserlich: das Altertum und er widersprechen einander. Es ärgert mich, daß ich aus Gefälligkeit einigen neuern Künstlern gewisse Vorzüge eingeräumet. Die Neuern sind Esel gegen die Alten, von denen wir gleichwohl das Allerschönste nicht haben, und Bernini ist der größte Esel unter den Neuern, die Franzosen ausgenommen; denen man die Ehre in dieser Art lassen muß. Ich sage Dir eine Regel: bewundere niemals die Arbeit eines neuern Bildhauers: Du würdest erstaunen, wenn Du das Beste der modernité, welches gewiß in Rom ist, gegen das Mittelmäßige von den Alten hältst.

Ich merke, ich gerate ins Schmälen hinein; das soll nicht sein: ich will aus froher Seele mit Dir reden. Nimm den hohen Stil, mit welchem ich anfing von Rom zu reden, in seiner Masse. Denn alles, was von den Werken der Kunst in Rom geschrieben ist, ist herzlich schlecht, und es gehöret ein wenig mehr Aufmerksamkeit dazu, etwas Bessers zu liefern.

Meine erste Schrift in Rom, von Restauration oder Ergänzung der alten Statuen, hat ihre erste Form erhalten. Der Titel scheinet nicht viel zu versprechen: ich wünsche, daß es die Schrift selbst scheine. Es sind wenigstens Bemerkungen, welche von wenigen gemacht und von niemandem geschrieben worden sind.

Unter Sachen, die mir in Rom abgehen, ist der Schlaf. Bei Tage ist es ziemlich ruhig in Rom, aber des Nachts ist der Teufel los. In der großen Freiheit und impunité, die hier herrschet, und bei der Nachlässigkeit aller Polizei, währet das Schreien, Schießen, Schwärmer-Werfen und die Lustfeuer auf allen Gassen die ganze Nacht hindurch bis an den hellen Morgen. Der Pöbel ist ungezähmt, und der Gouverneur ist müde worden, verweisen und hängen zu lassen. Wenn ich schlafen [will], ist es nötig, mich beinahe zu besaufen, aber auch dieses Mittel ist in der unerträglichen Hitze nicht das beste. In entlegenen Gegenden aber, wo es stiller ist, kann ich nicht wohnen, weil Rom ungeheuer groß ist. Ich wohne itzo mit einem jungen dänischen Bildhauer [Wiedewelt] zusammen, welcher Pensionaire von seinem Könige ist.

Ich bin nunmehro über ein halbes Jahr hier, und ich muß gestehen, daß ich noch lange nicht alles gesehen habe. Rom ist unerschöpflich, und man macht noch immer neue Entdeckungen, und wenn einmal ein Papst kommen sollte, der mehr Geschmack, mehr Liebe zu dem Altertum hat als dieser [Benedikt XIV.], der nichts tut, als über die ganze Welt lachen und den Charakter eines bouffon auch in einem so hohen Alter noch nicht abgelegt hat, so würden noch Sachen ans Licht kommen können, die besser sind als alles, was wir haben. Man weiß die Gegenden, wo man graben müßte und wo itzo elende Häuser stehen. Ganz Rom seufzet nach einem neuen Papst: dieser lebet allen Menschen, sonderlich den Kardinälen zu lange: aber seine Gleichgültigkeit erhält ihn der Welt zum Trotz.

An denselben

Rom, den 29. Jenner 1757

Ich kann ... vergnügt sein, und es macht mir nichts Sorge als meine Schriften; ich habe sogar jemand gefunden, mit dem ich von Liebe rede: ein junger schöner, blonder Römer von 16 Jahren, einen halben Kopf größer als ich: aber ich kann ihn nur einmal die Woche sprechen: des Sonntags abends speiset er bei mir. Itzo wünschte ich nichts mehr, als Dich hier zu sehen mit Deinem jungen Grafen [Heinrich von Bünau]: ich wollte Euch die Schönheiten des Altertums und der Neuern besser zeigen als alle Antiquarii in Rom, welche Ignoranten sind, und der Aufenthalt sollte außer einer Mietkutsche, welche man wegen der Größe des Orts nötig hat, weniger kosten als auf einer Akademie in Deutschland. Suche Mittel und Wege dazu. Alles ist nichts gegen Rom: Du weißt nicht das hundertste Teil. Bis hieher sind wir einander gefolget: ich bin immer vorausgegangen, folge Du nach. Ich glaubte, ich hätte alles vorher ausstudieret, und siehe! da ich hier kam, sahe ich, daß ich nichts wußte und daß alle Skribenten Ochsen und Esel sind. Hier bin ich kleiner geworden, als da ich aus der Schule in die Bünauische Bibliothek kam. Willstu Menschen kennen lernen, hier ist der Ort. Köpfe von unendlichem Talent, Menschen von hohen Gaben, Schönheiten von dem hohen Charakter, wie sie die Griechen gebildet haben, und wer endlich die rechten Wege findet, siehet Leute von Wahrheit, Redlichkeit und Großheit zusammengesetzt, und da die Freiheit in andern Staaten und Republiken nur ein Schatten ist gegen der in Rom, welches Dir vielleicht paradox scheinet, so ist hier auch eine andere Art zu denken. Aber Leute von der letzteren Art machen sich freilich mit Fremden, die insgemein Rom durchlaufen, nichts zu schaffen: alle Franzosen sind hier lächerlich als eine elende Nation, und ich kann mich rühmen, daß ich mit keinem von der verachtungswürdigsten Art zweifüßiger Kreaturen eine Gemeinschaft habe ...

Meine erste Schrift von der Ergänzung der alten Statuen und der übrigen Werke des Altertums war schon zum Drucke fertig; aber ich fange sie an, von neuem umzuschmelzen, und ich weiß nicht, ob sie künftige Leipziger Messe wird erscheinen können; denn nunmehro muß ich mir vorstellen, nach der guten Aufnahme des ersten, daß ich vor den Augen aller Welt und von einer unberührten Sache schreibe, wozu meine Einsicht allein nicht hinlänglich ist. Die Vorrede wird viel besondere Dinge enthalten für den, der sie verstehet, die noch nicht gesagt sind. Die andere Schrift, nämlich die Beschreibung der Statuen im Belvedere, erfordert Zeit, weil es lauter Originalgedanken sein müssen, und zur Geschichte der Kunst fange ich an die Materialien zu sammlen, und es ist nötig, daß ich alle alte Griechen von neuem ganz durchlese.

An Heinrich Wilhelm Muzell, gen. Baron Stosch

[Rom, Mitte August 1757]

Die Statue des Apollo ist das höchste Ideal der Kunst unter allen Werken des Altertums, welche der Zerstörung derselben entgangen sind. Er übertrifft alle anderen Bilder desselben so weit als des Homers Apollo den, welchen die folgenden Dichter malen. Über die Menschheit erhaben ist sein Gewächs, und sein Stand zeuget von der ihn erfüllenden Größe. Ein ewiger Frühling wie in dem glücklichen Elysien bekleidet die reizende Männlichkeit vollkommener Jahre und spielet mit sanften Zärtlichkeiten auf dem stolzen Gebäude seiner Glieder.

Gehe mit Deinem Geist in das Reich unkörperlicher Schönheiten und versuche ein Schöpfer einer Himmlischen Natur zu werden, um den Geist mit Bildern, die sich über die Materie erheben, zu erfüllen: denn hier ist nichts Sterbliches noch was die Menschliche Dürftigkeit erfordert. Keine Adern noch Sehnen erhitzen und regen diesen Körper, sondern ein Himmlischer Geist, der sich wie ein sanfter Strom ergossen, hat gleichsam die ganze Umschreibung dieser Figur erfüllet.

Er hat den Python, wider welchen er zuerst seinen Bogen gebraucht, verfolget, und sein mächtiger Schritt hat ihn erreicht und erleget. Von der Höhe seiner Genugsamkeit gehet sein erhabener Blick wie ins Unendliche, weit über seinen Sieg hinaus. Verachtung sitzt auf seinen Lippen, und der Unmut, welchen er in sich ziehet, blähet sich in den Nüstern seiner Nase und tritt bis in die stolze Stirn hinauf. Aber der Friede, welcher in einer seligen Stille auf derselben schwebet, bleibt ungestöret, und sein Auge ist voll Süßigkeit wie unter den Musen, die ihn zu umarmen wünschen. In allen uns übrig gebliebenen Bildern des Vaters der Götter, welche die Kunst verehret, nähert er sich nicht der Größe, in welcher er sich dem Verstande des Göttlichen Dichters offenbarte, wie hier in dem Gesicht des Sohnes, und die einzelnen Schönheiten der übrigen Götter treten hier, wie bei der Pandora, in Gemeinschaft zusammen. (Die folgende Periode ist noch nicht voll.) Eine Stirn des Jupiters, die mit der Göttin der Weisheit schwanger ist, und Augenbrauen, die durch ihr Winken seinen Willen erklären: Augen der Königin der Göttinnen mit Großheit gewölbet, und ein Mund, welcher denjenigen bildet, der dem geliebten Branchus die Wollüste eingeflößet. Sein weiches Haar spielet wie die zarten und flüssigen Schlingen edler Weinreben, gleichsam von einer sanften Luft bewegt, um dieses Göttliche Haupt. Es scheinet gesalbet mit dem Öl der Götter und von den Grazien mit holder Pracht auf seinem Scheitel gebunden.

Ich vergesse alles andere über den Anblick dieses Wunderwerks der Kunst, und ich nehme selbst einen erhabenern Stand an, um mit Würdigkeit anzuschauen. Mit Verehrung scheinet sich meine Brust zu erweitern und zu erheben, wie diejenige, die ich wie vom Geist der Weissagung aufgeschwellet sehe, und ich fühle mich im Geist weggerückt nach Delos und in die lykischen Haine, Orte, die Apollo mit seiner Gegenwart beehrte: denn mein Bild scheinet Leben und Bewegung zu bekommen wie des Pygmalions Schönheit: wie ist es möglich es zu malen und zu beschreiben, die Kunst selbst müßte mir raten und die Hand führen, die ersten Züge, welche ich hier entworfen, künftig auszuführen. Ich lege den Begriff, welchen ich von diesem Bild gegeben, zu dessen Füßen wie die Kränze derjenigen, welche das Haupt der Gottheiten, die sie krönen wollten, nicht erreichen konnten.

Ich verlange darüber Ihr Urteil. Ich weiß, daß diese Beschreibung nicht die schlechteste ist, allein sie kann besser werden, und werde alle Erinnerungen mit vielem Dank annehmen.

An denselben

[Rom, Anfang Oktober 1757]

Ich unterwerfe Ihrem Urteil einen andern Versuch von einer kurzen Beschreibung. Laokoon ist von einer andern Natur als Apollo, und also muß auch das Bild von demselben verschieden sein. Ich habe aus Versehen zu hoch angefangen: denn das erste hat nichts mit der Beschreibung zu tun . . .

Das gütige Schicksal aber, welches über die Künste bei ihrer Vertilgung noch gewachet, hat aller Welt zum Wunder ein Werk aus dieser letzten großen Zeit der Kunst erhalten, zum Beweis von der Wahrheit der Geschichte und von der Herrlichkeit so vieler vernichteten Meisterwerke.

Laokoon nebst seinen beiden Söhnen, von Abgesander, Apollodorus und Athenodorus, aus Rhodus, gearbeitet, ist aller Wahrscheinlichkeit nach aus dieser Zeit, ob man gleich dieselbe nicht bestimmen, noch weniger, wie einige getan haben, die Olympias, in welcher diese Künstler gelebet, angeben kann.

Wir wissen, daß man dieses Werk schon im Altertum allen Gemälden und Statuen vorziehen wollte, und also verdienet es bei der niedrigern Nachwelt, die nichts dem zu vergleichen hervorgebracht hat, um desto größere Aufmerksamkeit und Bewunderung.

Der Weise findet darin zu forschen und der Künstler unaufhörlich zu lernen, und beide können überzeugt werden, daß mehr in demselben verborgen liegt, als was das Auge entdecket, und daß der Verstand des Meisters viel höher als sein Werk gewesen.

Laokoon ist eine Natur im höchsten Schmerz nach dem Bilde eines Mannes gemacht, der die bewußte Stärke des Geistes gegen denselben zu sammlen sucht, und indem sein Leiden die Muskeln aufschwellet und die Nerven anziehet, so tritt der mit Stärke bewaffnete Geist in der aufgetriebenen Stirn hervor, und die Brust erhebt sich durch den beklemmten Othem und durch Zurückhaltung des Ausbruchs der Empfindung, um den Schmerz in sich zu fassen und zu verschließen. Das bange Seufzen, welches er in sich ziehet, erschöpfet den Unterleib und macht die Seiten hohl, welches uns gleichsam von der Bewegung seiner Eingeweide urteilen lässet.

Sein eigenes Leiden aber scheinet ihn weniger zu beängstigen als die Pein seiner Kinder, die ihr Angesicht zu ihrem Vater wenden und um Hülfe schreien: denn das väterliche Herz offenbaret sich in den wehmütigen Augen und schwimmet wie in einem trüben Duft auf denselben. (Dieses können nur Sonntagskinder, so wie die Gespenster, sehen. Aber es ist kein Hirn-Gespinst.)

Der Mund ist voll Wehmut, und die gesenkte Unterlippe schwer von derselben: in der überwärts gezogenen Oberlippe aber ist sie mit Schmerz vermischt, welcher mit einer Regung von Unmut, wie über ein unwürdiges Leiden, in die Nase hinauftritt, dieselbe schwülstig macht und sich in den erweiterten und aufwärts gezogenen Nüstern offenbaret.

Unter der Stirn ist der Streit zwischen Schmerz und Widerstand wie in einem Punkt vereinigt mit großer Weisheit gebildet. Denn indem der Schmerz die Augenbrauen* in die Höhe treibet, so drücket das Sträuben wider denselben das obere Augenfleisch in die Höhe und gegen das obere Augenlid zu, so daß dasselbe durch das übergetretene Fleisch beinahe ganz bedecket wird.

Dieses Werk ist ein unerschöpflicher Quell von Betrachtungen der Natur und der Weisheit, noch mehr aber der Kunst etc.
*Hier ist etwas zu ändern, aber ich habe itzo nicht die Zeit.

An Hieronymus Dietrich Berendis

Rom, den [15.] Mai 1758

Die größte Reise habe ich in Gesellschaft 2 Kammerherren des Kurfürsten von Köln nach Paesto am Salernitanischen Meerbusen gemacht. Es ist eine wüste verlassene Gegend, wo man, so weit das Auge gehet, nur etliche Hirten-Häuser siehet: denn es ist eine ungesunde Luft daselbst: es ist an 70 italienische [Meilen] weit von Neapel. Mitten in diesem wüsten Lande stehen 3 erstaunende dorische fast ganz und gar erhaltene Tempel in den alten Ring-Mauren, welche ein Viereck machen und 4 Tore haben. Die Mauren sind an 40 römische Palmen dick: welches unglaublich scheinet. Man findet daselbst den Bach vom salzigen Wasser, von welchem Strabo redet, und viel andere Dinge bei den Alten. Diese Tempel sind nach ihrer Bauart viel älter als alles, was in Griechenland ist, und niemand ist vor 6 Jahren dahingegangen. Vielleicht bin ich und meine Gesellschaft der erste Deutsche, der da gewesen . . .

Neapel ist ein Ort, welcher bei dem ersten Anblick bezaubert, aber mit der Zeit, wenn die Neuigkeit vorbei ist, wird er ziemlich gleichgültig: ich kann am besten davon reden, denn ich habe alle Vergnügen, außer die Liebe, was ein Fremder haben kann, genossen. Es ist kein Baum, kein Garten und kein Schatten als in engen Gassen zu finden. Der einzige Spaziergang ist am Hafen und am Meer, beständig in der Sonne. In Rom aber ist die Natur so mannigfaltig, so entzückend, daß es immer neu bleibt, und der Spaziergänge sind eine solche Menge, daß auch, außer den himmlischen Villen, auf jeden [Tag] im ganzen Jahr ein neuer Gang könnte genommen werden. Ferner ist die Wut von Menschen so groß in Neapel, daß man mit Gefahr seines Lebens auf der größten Straße, Toledo genannt, nicht denken kann: denn man muß bei jedem Schritt behutsam gehen wegen der Menge Menschen, Wagens, Kutschen etc. Die Häuser sind mehrenteils 7 bis 8 Stockwerk hoch mit Gängen von Eisen in jedem Stock so breit, als das Haus ist, alle mit alle Dächer. Die Witterung ist nicht so warm wie in Rom wegen des Meers, und ich habe im März und April viel Kälte ausgestanden. Die Straße von Rom ist bis Terracina nicht die angenehmste: aber etliche Meilen von Terracina fängt die Via Appia von neuem an, und man fahret bis an die Stadt zwischen lauter alten ziemlich erhaltenen Grabmälern. Von Fondi gehet die Via Appia über die Gebürge und ist so erstaunend ausgefahren und zerlästert, daß ich auf der Rückreise den letzten Tag weder stehen noch liegen konnte. Die Reisekosten belaufen sich hin und her auf 10 Ducaten. Die Wirtshäuser sind so erbärmlich, daß man nicht einmal Fenstern in den Kammern trifft, und die Betten so abscheulich, daß man sich nicht ausziehen kann. Dem ohngeachtet bin ich gesonnen, den künftigen Sommer in Neapel zuzubringen ...

An dieselbe [Geschichte der Kunst des Altertums] lege ich itzo die letzte Hand und hoffe in 2 Monaten fertig zu sein, um alsdenn für den Druck die Abschrift zu machen. Herr Will in Paris hat mir zwar 2 Verleger geschaffet, welche den Bogen mit einem Ducaten bezahlen wollen. Ich bin aber willens, es Walthern [in Dresden] anzutragen ohne gesetzten Preis. Er soll den Druck aufs allerprächtigste, wie [ich] es ihm vorschreiben will, veranstalten und mir, nach dem der Abgang sein wird, nach Belieben, ein Geschenk machen in Gelde oder andern Sachen. Meine Absicht ist allezeit gewesen und ist es noch, ein Werk zu liefern, dergleichen in deutscher Sprache, in was vor Art es sei, noch niemals ans Licht getreten, um den Ausländern zu zeigen, was man vermögend ist zu tun. Mir sind wenigstens nicht viel Bücher bekannt, in welchen so viel wichtige Sache, fremde und eigene Gedanken in einem würdigen Stil gefasset sind. Ich bin voller Ungeduld, wenn ich gedenke, daß Du es vielleicht mit einiger Entzückung lesen wirst. Diese erregte ich bei dem Grafen Firmian, dem ich nur ein kleines Teil vorgelesen, und er machte mich darauf andern bekannt als einen Mann, der unserer Nation Ehre machet. Ich rede, wie ich denke: Du wirst mir diese Eitelkeit zugut halten. Der schöne Belli hatte gesagt, da er in Rom das erstemal aufs Theater erschien: Die Römer sollen erfahren, was Schönheit ist und kann. Ich wünsche, daß man aus meiner Schrift lerne, wie man schreiben und würdig sich und der Nachwelt denken soll. In dieser eigenen Versicherung werde ich die Zuschrift an den Kurprinzen [Friedrich Christian von Sachsen] so abfassen, daß Prinzen lernen sollen, daß nicht wir sondern sie sich eine Ehre daraus zu machen haben, ihren Namen an der Spitze eines solchen Werks zu sehen. Es wird nicht ohne Irrtümer sein, weil vieles auf Mutmaßungen hat müssen gebauet werden: aber auch wider diese wird nicht leicht etwas Wichtigers zu bringen sein . . .

Ich habe einige Hoffnung, eine Stelle in der Vaticana als Scrittore Linguae Graecae zu bekommen à 15 Scudi oder 7 Ducaten monatlich, wofür ich nur 6 Monat im Jahr und in dieser Zeit 2 Stunden täglich in der Vaticana zu erscheinen habe. Bekomme ich diese Stelle, so werde ich mich in Rom festsetzen: denn ich merke, daß ich mich für den Hof nicht schicke: ich werde zu ekel und zu frei in der Wahrheit.

An Konrad Friedrich Uden

Florenz, den 10. November 1758

Liebster Freund und Bruder. Ich bin zu Anfang des Septembers von Rom nach Florenz gegangen, um das wahrhaftig königliche Museum des Herrn Baron von Stosch, welcher im 65. Jahre gestorben ist, durchzusehen, ehe es wird verkauft werden: ich wohne bei dessen einzigem Erben im Hause, welcher ein Deutscher ist, und da er mit seinen Anverwandten in Berlin Briefe wechselt, so habe ich Dir einige Nachricht von meinen Umständen geben wollen. Ich bin gesund und gesunder als [ich] in Deutschland gewesen bin, frei und vergnügt, und ich kann sagen, ich habe in Italien allererst anfangen zu leben. Im vorigen Frühling habe ich mich an 3 Monat in Neapel aufgehalten, von dem Kurprinzen an die Königin empfohlen, und habe eine ziemliche Reise durch das Königreich Neapel gemacht. Meine Gelder, die mir aus des Königs eigener Hand zukommen, fallen richtig, und für mein Alter ist gesorget: denn es wartet in Dresden eine sehr ansehnliche Stelle auf mich. Ich habe hier in Florenz eine Beschreibung der geschnittenen Edelgesteine des Herrn Baron von Stosch, im Französisch geschrieben, unternommen, welche in Holland wird gedruckt werden. Zu gleicher Zeit lege ich die letzte Hand an eine Geschichte der Kunst (d. i. der Bildhauerei und Malerei) des Altertums, welche zu Anfang des folgenden Jahres in Leipzig mit verschiedenen Kupfern wird unter die Presse kommen. Nach dieser geendigten Arbeit werde ich nach Rom zurück gehen und mich zu einer zweiten Reise nach Neapel und endlich auch nach Griechenland fertig machen. Vorher aber wird in Rom eine Schrift in italienischer Sprache unter dem Titel: Betrachtungen über die Kunst der alten Egypter und Perser erscheinen. Meine deutsche Schrift wird etwa 2 Alphabet in 4° betragen.

Ich habe bis hieher des Kardinals Archinto Bibliothek in Rom unter Händen gehabt und in dem Palast der Cancelleria gewohnet, ohne Geschenke oder sonst etwas von demselben zu nehmen. Er ist an einem Schlagfluß gestorben seit meinem Aufenthalt in Florenz, der Kardinal Alessandro Albani aber, das Haupt von allen Altertumsverständigen, hat mir aus eigener Bewegung eine Wohnung in seinem Palaste und eine Pension angetragen, welches ich angenommen habe. Das Bezeigen so großer Kardinäle gegen Leute von einiger Achtung sollte billig in der Welt bekannter gemacht werden, um auch in Deutschland den aufgeblasenen dummen Pfaffen, die nur ihr Dorf und Halle gesehen, zum Beispiel zu dienen. Ich esse in Rom wenig zu Hause, sondern allezeit bei einem oder dem andern Kardinal: Die mehresten sind Leute, die die Welt gesehen haben und wissen, daß der Stolz keine wahre Achtung erwecket. Der Kardinal Albani umarmet mich, so oft ich zu ihm komme, und dieses aus wahrer Neigung; mit dem Kardinal Passionei, einem fröhlichen Greis von 78 Jahren, bin ich lustig bei der Tafel, fahre mit ihm aus, und er bringet mich jedesmal in Person nach Hause. Ich gehe mit ihm auf sein Lustschloß bei Frascati, und wir essen in Pantoffeln und in der Mütze, und wenn ich es mache, wie er es haben will, auch im Hemde. Es scheinet unglaublich: aber es ist Wahrheit, was ich schreibe.

An Salomon Geßner

Rom, den 25. April 1761

Mein teurer Geßner! Wenig Menschen haben, wie ich, Gelegenheit und Begierde gehabt, die Altertümer und die Kunst, insofern in diese meine Einsicht gehen kann, zu erforschen: aber ich bin wie jener Tänzer aus dem Altertume, welcher beständig ging, ohne von der Stelle zu kommen. Morgen verwerfe ich zuweilen, was ich gestern richtig erkannte, und dieses machet mich noch furchtsamer, mich in Briefen über etwas Wesentliches der Kunst einzulassen.

Es war endlich einmal, nach fast dreihundert Jahren, Zeit, daß jemand sich an ein System der alten Kunst wagete, nicht die unsrige dadurch zu verbessern, die es in wenigen, welche dieselbe treiben, fähig ist, sondern jene betrachten und bewundern zu lernen. Hier half kein Gewäsch, sondern man sollte bestimmt und gesetzmäßig lehren: wo ich den oft unsichtbaren Punkt nicht treffe, muß ich den ganzen Weg zurück machen, den ich vorher nahm. Wenn diese Arbeit der Kunst selbst nützlich sein könnte, welches unsere Zeiten fast unmöglich machen, so würde sie Lob verdienen. Aber ich hätte an dieses Unternehmen vor dem dreißigsten Jahre gehen sollen: denn itzo bin ich aus vierzig heraus und also in einem Alter, wo mit dem Leben nicht stark mehr zu scherzen ist: ich merke auch, daß ein gewisser feiner Geist anfängt zu verrauchen, mit welchem ich mich auf mächtigen Schwingen in Betrachtung des Schönen erhob. Diese ist die Seele der ganzen Kenntnis der Kunst des Altertums, die der Himmel nicht verschwenderisch verliehen, und diese ist so selten, daß Michael Angelo in der Betrachtung geblieben, aber nicht zur völligen Kenntnis gelanget ist; Raffael ist der Einsicht des Schönen näher gekommen. In Statuen von neueren Händen gebildet, ist dieselbe nicht einmal in einzelnen Teilen. In einigen Jahrhunderten z. E. ist keine schöne Hand in Marmor gearbeitet, und im ganzen Altertume ist nur eine einzige vollkommen erhalten übrig, und als ein Heiligtum vielleicht nur vier Augen in ihrem Werte kenntlich.

An Friedrich Reinhold von Berg

Rom, den 9. Juni 1762

Edler Freund! So wie eine zärtliche Mutter untröstlich weinet um ein geliebtes Kind, welches ihr ein gewalttätiger Prinz entreißt und zum gegenwärtigen Tod ins Schlachtfeld stellet; eben so bejammere ich die Trennung von Ihnen, mein süßer Freund, mit Tränen, die aus der Seele selbst fließen. Ein unbegreiflicher Zug zu Ihnen, den nicht Gestalt und Gewächs allein erwecket, ließ mich von dem ersten Augenblicke an, da ich Sie sahe, eine Spur von derjenigen Harmonie fühlen, die über menschliche Begriffe gehet und von der ewigen Verbindung der Dinge angestimmet wird. In 40 Jahren meines Lebens ist dieses der zweite Fall, in welchem ich mich befunden, und es wird vermutlich der letzte sein. Mein werter Freund, eine gleich starke Neigung kann kein Mensch in der Welt gegen Sie tragen: denn eine völlige Übereinstimmung der Seelen ist nur allein zwischen zween möglich; alle andere Neigungen sind nur Absenker aus diesem edlen Stamme. Aber dieser göttliche Trieb ist den mehresten Menschen unbekannt und wird daher von vielen übelverstanden gedeutet. Die Liebe in dem höchsten Grad ihrer Stärke muß sich nach allen möglichen Fähigkeiten äußern.

I thee both as Man and Woman prize;
For a perfect love implies
Love in all capacities. – Cowley.

Und diese ist der Grund, worauf die unsterbliche Freundschaften der alten Welt, eines Theseus und Pirithous, eines Achilles und Patroklus gebaut sind. Freundschaft ohne Liebe ist nur Bekanntschaft. Jene aber ist heroisch und über alles erhaben; sie erniedrigt den willigen Freund bis in den Staub und treibt ihn bis zum Tod. Alle Tugenden sind teils durch andere Neigungen geschwächet, teils eines falschen Scheines fähig; eine solche Freundschaft, die bis an die äußersten Linien der Menschlichkeit gehet, bricht mit Gewalt hervor und ist die höchste Tugend, die itzo unter den Menschenkindern unbekannt ist, und also auch das höchste Gut, welches in dem Besitze derselben besteht. Die christliche Moral lehret dieselbe nicht; aber die Heiden beteten dieselbe an, und die größten Taten des Altertums sind durch dieselbe vollbracht.

Ein einziger Monat Ihres verlängerten Aufenthalts in Rom und mehr Muße, mit Ihnen, mein Freund, besonders zu sprechen, würden diese Freundschaft auf unbeweglichen Grund gesetzt haben, und alle meine Zeit wäre Ihnen gewidmet gewesen. Demohngeachtet hätte ich mich in starken und schriftlich unaussprechlichen Worten erklären müssen, wenn ich nicht gemerket, daß ich Ihnen in einer ungewöhnlichen Sprache reden würde. Sie können also glauben, daß ich nicht bezahlt sein wolle; Ihre gütige Meinung aber behält, ohne dieselbe stattfinden zu lassen, allen ihren Wert, und ich küsse Ihnen die Hände, wie für einen großen Schatz, welchen Sie mir hätten schenken wollen. Der Genius unserer Freundschaft wird Ihnen von ferne folgen bis Paris und Sie dort in dem Sitze der törichten Lüste verlassen; hier aber wird Ihr Bild mein Heiliger sein.

An Gottlob Burchard Genzmer

Rom, den 10. März 1766

Nächst Deinem Prinzen [Georg August von Mecklenburg-Strelitz] habe ich den regierenden Fürsten von Anhalt-Dessau (der würdigste Prinz, welcher auf Erden lebt) nebst dessen Bruder und den Duc de la Rochefoucauld aus Paris. Ich gedenke nicht der Engländer, die Briefe an mich bringen und denen man wenigstens einige Gefälligkeit erzeigen muß, und der Besuche so vieler anderer Reisenden usf. So daß Du Dir vorstellen kannst, wie genau mir meine Zeit zugeschnitten ist. Diese Vorrede mache ich Dir, um mich im voraus zu entschuldigen, wenn ich mich in keine Besorgungen nach Deutschland, die Dir künftig möchten aufgebürdet werden, einlassen kann: denn die Scriblerii unserer Nation suchen Wege, mich mit Briefen zu bestürmen, auf die der Teufel selbst kaum gedacht hätte. Man hat mir ganz kürzlich an hundert Punkte in einem einzigen Briefe zu beantworten geschickt, und es würde wenigstens zehn Jahre Zeit erfordern, um solchem ungestümen und unverschämten Verlangen ein Genüge zu tun. Aus dieser Ursach, und aus Besorgung des künftigen, antworte ich auf sehr wenig Briefe aus Deutschland. Ich habe Zeit genug in diesem Lande der Märtelei verloren, und man begnüge sich, daß ich für das Publikum arbeite. Aber würdige Menschen, wie mein Genzmer und der schätzbare Voß mir sind, können niemals für sich selbst etwas verlangen, was ich nicht mit Freuden ausrichten wollte ...

Du bist besorgt, mein Bruder, über die Eifersucht der Italiener über mich. Es ist wahr, ich habe anfänglich harte Stände gehabt, ich glaube aber itzo selbst über den Neid mich weggesetzt zu haben. Aber die Nation ist nicht, wofür man dieselbe bei uns ausschreiet. Hier ist kein Professor- und kein Magister-Neid. Der Hof entscheidet hier über das Verdienst der Gelehrten, an welchen, wenigstens an deutschen Gelehrten, nicht leicht ein Hof teilnimmt. Bei euch entscheidet ein lungensüchtiger Meyer oder ein hangelbäckiger Götze. Nachdem ich meine Prüfungen bei großen gelehrten Kardinälen, wie Passionei, Archinto und Spinelli waren, ausgestanden hatte, wurde ich ihr Tischgenoß, ihre Gesellschaft in der Stadt und auf ihren Landhäusern, wo wahre Freiheit wohnte; denn beim Passionei speisete man auf dem Lande mit dem Hute auf dem Kopfe, in Pantoffeln, in der Schlafmütze, und wie ein jeder wollte. Die Wahrheit war, außer der Religion, allezeit mein Schutz, und ich habe niemals ein Wort im Munde ersterben lassen; man bequemte sich nach meiner Heftigkeit im Reden und Richten, und itzo ist man es gewohnt zu hören, was ich gedenke. Endlich lernte mich mein teurer Freund, der Kardinal Alexander Albani kennen und ersetzte den Verlust der vorigen, die mir zu früh gestorben schienen. Über diesen großen und erfahrnen Mann könnte ich mich rühmen Herr zu sein; seine größte Wollust ist, mich vergnügt und lustig zu sehen, und ich suche keinen Augenblick dem Verdrusse zu geben. Dein Prinz ist bei ihm wie dessen Sohn, und wir werden nach Ostern mit demselben auf dessen prächtiges Landhaus nach Nettuno am Meere gehen.

Von meinem Stande bist Du, wie ich sehe, nicht unterrichtet. Der Abt ist nichts als ein unbedeutender Titel, welcher zu keinem Breviario verpflichtet: denn ich genieße nichts von der Kirche, und habe vor einigen Jahren ein Kanonikat, zu aller Menschen Bestürzung, ausgeschlagen, um die edle Freiheit, die ich mühsam erjaget, zu behaupten. Folglich darf ich über diesen Punkt nicht beichten (welches ohne dies nur einmal im Jahre geschiehet, und bei einem spanischen Pfaffen [Vasquez], welcher mein guter Bekannter ist).

Was den Glauben anbetrifft: von demselben kann ich Dir keinen andern Beweis geben, als die viele Zeit anzuführen, die ich hier der hebräischen Bibel gegeben habe, so daß ich zugleich mit dem berühmten Ritter Montagu die arabische Sprache studieret habe. Kann ein Lied aus dem Hannöverischen Gesangbuche, welches ich insgeheim des Morgens singe, zum Beweise dienen, so kann ich auch dieses versichern. Meine Versicherung kann um desto kräftiger sein, je weniger ich Ursache habe zu heucheln.

Sage mir aber, wie du hoffen kannst, meine Geduld und Nachsicht ungeahndet zu mißbrauchen. Es ist sehr unbesonnen, deucht mich, mir mein Alter vorzuwerfen, da Du älter bist als ich; aber es ist mehr als dieses, Hände, eines Mannes, wie ich Johann Winckelmann bin, alte steife Hände zu nennen. Woher weißt Du, daß sie steif sind? Kein guter Geist hat Dir das eingegeben ...

Ich habe hier meine besonderen Zimmer für den Sommer und andere für den Herbst und Winter, und hier pflege ich allein im August zu wohnen, und dieses Jahr gedenke ich es in einer schönen Gesellschaft eines individui zu tun, weil ich von der Schönheit schreiben will nach einer lebendigen Schönheit. Niemand kanzelt mich hierüber ab, und niemand fragt, was macht Ihr? sondern ich tue, was mir einfällt, und ich suche, soviel möglich ist, meine verlorne Jugend zurück zu rufen. Es fallen mir Deine alten unvermögenden Beine ein, die ich Dir für die alten steifen Hände nicht schenken kann.

An Johann Wiedewelt

Rom, den 3. Juni 1767

Wieviel herrliche Dinge hat man nicht seit Ihrer Abreise entdeckt, und wieviel derselben findet man nicht noch täglich auf! Das Vergnügen, das ich bei dem Anblicke neuentdeckter Denkmäler der Kunst empfinde, ist das höchste und reinste, das ich kenne, und kein anderes Vergnügen in der Welt wiegt mir dieses auf. Diese einzige Betrachtung ist hinreichend, mich über meinen Entschluß, immer hier bleiben zu wollen, völlig zu beruhigen. Da man gewissermaßen von dem römischen Gebiete behaupten kann, daß es ein Land ist, wo niemand befiehlt und niemand gehorcht, so bin ich auch völlig in dem Besitz und Genuß aller dieser Vorzüge. Mein Amt, als Oberaufseher über die Altertümer, ist so angenehm und bequem, als ich es mir nur wünschen kann. Ich bekomme alles aus der vatikanischen Bibliothek, ohne einen Schritt hin zu tun, und schon seit zwei Jahren bin ich mit keinem Fuß hineingekommen. Die päpstlichen Breven sind nun einmal unverletzlich und heilig; und man kann kein durch sie erhaltenes Amt verlieren, ohne das größte und abscheulichste Verbrechen begangen zu haben. Ich strebe nach nichts, und wer, wie ich, weder etwas zu fürchten noch zu wünschen hat, der ist freier und vergnügter als ein König.

Rex est, qui metuit nihil,
Rex est, quique cupit nihil,
Hoc regnum sibi quisque dat.

Ich bin so fröhlich und mit meinem Schicksale zufrieden, daß ich nach meiner Zurückkunft aus Deutschland eine Reise nach Griechenland zu machen gedenke. Leben Sie wohl und behalten mich ebenso lieb, so wie ich Sie mit Herz und Geist innigst liebe

ganz der Ihrige
Winckelmann

An Heinrich Wilhelm Muzell, gen. Baron Stosch

Wien, den 14. Mai 1768

Mein edler liebster Freund. Ich bin endlich nach einer höchst beschwerlichen Reise vorgestern Abend in Wien, und zwar nach 5 Wochen unserer Abreise von Rom, angekommen, und Ihr geliebtestes Schreiben ist mir von dem Herrn von Wallmoden eingehändiget worden. Diese Reise aber, anstatt sie mich hätte belustigen sollen, hat mich außerordentlich schwermütig gemacht, und da es nicht möglich ist, mit der nötigen Bequemlichkeit dieselbe zu machen und fortzusetzen, folglich kein Genuß ist, so ist für mich kein Mittel, mein Gemüt zu befriedigen und die Schwermut zu verbannen, als nach Rom zurück zu gehen. Ich habe mir von Augspurg an die größte Gewalt angetan, vergnügt zu sein; aber mein Herz spricht Nein, und der Widerwillen gegen diese weite Reise ist nicht zu überwältigen. Der Genuß der Ruhe würde bei Ihnen, Mein Herz, nur von kurzer Dauer sein, und ich müßte auf meiner Rückreise in hundert Städten anhalten und eben so oft von neuem zu leben anfangen. Haben Sie Geduld mit mir, Mein Freund. Da mir dieser mein sehnlicher Wunsch vergället worden, so bin ich überzeuget, daß für mich außer Rom kein wahres Vergnügen zu hoffen ist, da ich es mit tausend Beschwerlichkeiten erkaufen muß ...

Mein Herz! viel mehr wollte ich schreiben, aber ich bin nicht, wie ich zu sein wünsche, und suche in wenigen Tagen mit der Landkutsche auf Trieste und von da zu Wasser nach Ancona abzugehen. Ich küsse Ihnen mit der innersten Wehmut die Hände

Ihr ewiger W.

GOTTHOLD EPHRAIM LESSING

1729–1781

An Karl Lessing

Mailand, den 7. Mai 1775

Mein lieber Bruder, mußt Du Dich nicht verwundern, daß ich Dir nicht ein einziges Mal aus Wien geschrieben habe, und daß ich Dir nun aus Italien schreibe? Ich kann mich selbst nicht genug darüber wundern. Aber höre nur.

Als ich ungefähr zehn Tage in Wien war (wo ich überall die allerbeste Aufnahme erhalten, auch gleich die ersten Tage den Kaiser und die Kaiserin gesprochen hatte), langte der jüngste Prinz von Braunschweig daselbst an, welcher in seinen Angelegenheiten eine Reise nach Venedig machen wollte. Weil er mir nun sehr anlag, ihn dahin zu begleiten, mit der Versicherung, bei seinem Vater alles gut zu machen, so habe ich es endlich getan, in Betrachtung, daß meine Umstände dadurch nicht schlimmer werden können, und ich auf diese Weise (gesetzt, daß wir auch nicht weiter reisen als Venedig) dennoch wenigstens einen Vorschmack von Italien bekomme.

Dieser Vorschmack – will ich Dir nur mit wenigem sagen, hat meinen alten Gedanken, in Italien zu leben und zu sterben, auch schon wieder ganz erneuert: so sehr gefällt mir noch alles, was ich in dieser Gegend höre und sehe. Doch darüber kann ich Dir itzt nichts mehr sagen.

FRIEDRICH MÜLLER

1749–1825

An Friedrich Heinrich Jacobi (Fragment eines Briefentwurfs)
[Rom, 1. Hälfte 1779]

Das Verwitterte des Kolorits betrog mich – doch dies dauerte nur einige Momente, denn als ich sie nun mit Aufmerksamkeit betrachtete, Komposition, Zeichnung, Ausdruck, Handlung und Bestimmung eines jeden Wesens teilweise und im ganzen untersuchte, was für eine Quelle von Vergnügen ergoß sich da über meine Seele – wie fand ich so ganz den wahren reinen Maler des Herzens und der Natur in Raffael, in dessen Seele alle Gedanken sich so klar gespiegelt, und diese Freude und Seligkeit ergoß sich so bei jedem Zimmer immer mehr, man ist bei der Anschauung dieser Gemälde ganz außer sich weggerückt und in eine herrlichre Welt von Menschen versetzt – jedes Zimmer [der Stanzen] ward mein Favorit und immer verdrängte das drauf folgte wieder das vorhergehende, und das erste wieder das letzte, und so wurden sie alle meine Favoriten, ja ich hätte gleich noch einmal mit eben der Wonne wieder von vorne angefangen und zurück betrachtet, wenn nicht unsere Karawane, von der die meiste Glieder so kalte unteilnehmende Gesichter gemacht wie Gänse, denen man das Evangelium predigt, uns erinnert, daß es bald Essenszeit sei und daß wir jetzt noch zuvor das Jüngste Gericht von Michelangelo betrachten müssen. Wie ein Verliebter nahm ich also auf kurze Zeit von meinem lieben Raffael Abschied, gewiß, daß ich von Leidenschaft beflügelt bald wieder bei ihm sein würde – Nun sahen wir auch die göttliche Logen, grade wie man sie in der Kindheit, wenn man so zum erstenmal Josephs Geschichte lesen oder erzählen hört, die Dinge hinträumt, das nämliche goldne Wonnegefühl schauert einen bei dem Anblick dieser herrlichen Gemälde an –

Josephs Traumerzählung vor seinen Brüdern, Traumauslegung vor Pharao, Jakob, da er Rahel bei der Herde erblickt und die Findung des Mosis, sind meine auserwählte, reiner, edler, sprechender läßt sich nichts empfinden, denken und schildern als diese vier Stücke.

Bei dieser Gelegenheit kann ich nicht unterlassen, Ihnen zu sagen, daß die Kaiserin von Rußland [Katharina II.] alle Logen von Raffael in der nämlichen Größe mit allen Verzierungen von Arabesken, Basreliefen etc., wie sie würklich da existieren, kopieren läßt, zwei sind schon fertig und auch bereits nach Rußland abgegangen. – Sie können sichs nicht vorstellen, mit welcher Wärme sich diese herrliche Frau um die Malerei interessiert, eigentlich beschäftigt sie hier die meiste Künstler – die Liebe, mit der sie von unsrem kranken Mengs spricht, sich um seine Gesundheit erkundigt, ich habe einige Auszüge ihres Schreibens gesehn, überhaupt das wahre freundschaftliche Anteil, das sie an der Erhaltung dieses geschickten Mannes nimmt, den Respekt, den sie für die Kunst selbst hegt, zeigen eine vielfassende große edle Seele und müssen bei einem jeden Künstler die größte Liebe und Hochachtung gegen sie erregen – wieder ein Seitensprung, den Sie mir verzeihen müssen, im Grunde mags Ihnen doch nicht unangenehm sein, daß Sie jetzt wissen, daß Raffaels Logen kopiert und zwar von einem teutschen Künstler namens Unterberger sehr gut kopiert werden, und dies edle Werk war um so mehr zu wünschen, weil die Originalien, da sie der Luft stark ausgesetzt sind, schon gewaltig gelitten und ihrem Untergange sich nähren, auch soll dies allein der großmütige Beweggrund gewesen sein, warum die Kaiserin sie jetzt noch kopieren läßt.

Gelangten also vor Michelangelos Jüngstem Gerichte, so wie man aus einem milden Sonnenschein, der die Seele erfreuet und alle Glieder erquickt, es lacht die ganze Natur umher und predigt den Moment der Liebe, so wie man da umgeben von Melodie gerne in die Kammer eines lieben Mädchens tritt, zu der das ganze Herz sich lenket und ein Wohlwollen sich aufschließt, ihre Hand anfaßt, ihre Wange berührt und tausend elektrische Funken unsern Körper durchkreuzen, so ist die Wonne vor Raffael – und nun wenn man das liebe Geschöpf verläßt, von ohngefähr am Frühlingshain herauf sich ein Gewitter türmet, die Wolken kämpfen aneinander auf, die Blitze durchschießen sich und fressen einander im Strahl, die ganze Natur unter ihnen wird bang und schauervoll, wer dies sieht, dem fällts nicht ein, jetzt sich am küsseschallenden Munde oder in den Armen seines Mädchens zu laben, der starke Anblick macht ihn einsam, und ist er großes Herzens, so hält er sich nicht, sondern eilt hinaus an Klippen hin, umgeben vom Sausen des Sturms im großen Gefühle seinen Busen zu erleichtern – das ist Michelangelos Schauer – beide so wahr, beide so groß, beide so herrlich in ihrer Art, beide die treue Botschafter Gottes – was kann ich Ihnen von diesem erhabnen Werk weiter sagen, wie den ganzen Effekt, wie die einzle Teile dieses Wunderungeheuers zergliedern – es ist nicht möglich, so was zu beschreiben, liebster Jacobi. Raffaels Zimmer, Michelangelos Jüngstes Gericht sind Dinge, die Sie mit Ihren eigenen Augen ansehn müssen – sehn müssen Sie's, Liebster. Sie werden dabei Freude genießen, Freude, die kein Auge gesehn, kein Ohr gehört und in keines Menschen Herzen zuvor gekommen, was Gott durch seine Heilige Ihnen hier zubereiten ließ – wenn ich an die untre Gruppen gedenke, wie von der Engel Trompete aufgeschmettert hier diese erwachen und aus dem eisernen Schlummer sich emporstrecken, noch Erde in Mund und Auge, wie das Leben noch halb mit der Verwesung kämpft und ein Siegs-Schweiß mit dem ersten Blick, dem sich erhebenden, über die Stirne rollt – hier Gerippe, die sich mit Fleisch bekleiden, Schädel, die zum Antlitz werden – andre wieder, die mit dem Gefühl ihrer Schuld erwachen, den Richter scheuen, gerne im Grabe verblieben und doch von mächtiger Gewalt emporgehoben werden – jeder Zug spricht, jede Muskel lebt – alle die Gesichter, die einem bei Dantes Hölle einfallen, findet man hier vor sich – so ganz würklich, daß selbst aus dieses Dichters Gleichnissen Michelangelo Formen zu stehlen gewußt – Da ich Dante nicht zur Hand habe, führ ich Ihnen aus meinem Gedächtnis nur eine Stelle an, da wo Dante aus einer Höllenabteilung in die andre tritt und lichtscheue Bewohner der ewigen Finsternis ihm zublinzen und ihre Augen verziehen ähnlich einem alten Schneider, der in der Dämmerung eine Nadel einfassen will, ich – kurz ich kenne kein Gemälde, in welchem mehr Original-Geist, kühnerer und stärkerer Ausdruck herrschet, jedes Geschöpf ist ein eigenes aus Angelos Herzen entsprungnes, durch seinen Kopf gebornes Geschöpf, jeder Charakter so individuell wahr und nach seiner eignen ...

An Wilhelm Heinse

Neapel, den 16. Februari [1782]

Ich hab die Zeit über sehr vergnügt zugebracht, auch herrliche Momente genossen, ich befinde mich hier in Gesellschaft von Menschen, die ich stündlich mehr lieben und schätzen muß, ich könnte Dir hierüber vieles schreiben, aber ich spar mir dies alles bis zur mündlichen Unterredung. Du weißt noch, was ich Dir schon von dem herrlichen Manne, dem Kommandeur, gesprochen, und wie viel hat sich seitdem bestätigt, hab ich mehr noch gefunden, als ich damals geahndet, so ein edler Mann, den die Natur in und außen so recht mit Liebe vollendet und ausgeschmückt, von so reinen unverfälschten Sinnen und innigen beglückenden Empfindungen, daß ich mich oft vor ihm schäme, weil ichs spüre, daß ich das nicht so ganz bin und sein kann. – Doch weiter hörst: die Natur ist hier ganz außerordentlich schön – so wie ein edles schönes Mädchen im Frühling, das alles anlacht und es selbst fühlt, daß sie so glückselig ist und alles rund um sich her beglückseligt, oder wie wenn die Natur hier ihren Sitz und Thron aufgeschlagen, nachdem sie die übrige Länder vollendet, das beständige Reich der Flora umher, wo Dyraden und Najaden, wo alles, Faunen und Nymphen, Götter des Himmels und des Meeres wie im trunknen Tanze sich umschlingen, vereinigen und vermischen – Die Luft ist hier sanfter, der Schatten heller, wie wenn man dem lichten Hause der Sonne näher rückte – Unsre Wohnung ist in dem schönsten Teil von Napel hart am Meer, ich trete oft auf den Balkon hervor – Himmel, welch ein Anblick, wie kann ich, soll ich Dir ihn beschreiben, gleich vor mir das weite offne Meer, Caprae steigt aus der Mitte hervor blau und erhebt sich über die Wogen wie der stolze Muschelwagen des blauen Neptuns, wenn er den starken Dreizack schwingend denen Stürmen und Wettern gebietet. Zur Linken der Busen des Meers, Portici und weiter unten der

Hafen, Pharus, und nun zurück der immer dampfende Vesuv, der wie ein geschlagner Himmelsstürmer dakniet und trotzig noch immer sein verwundet Haupt mit eignen Wolken umzieht und den Donner verhöhnt. Kurz, Du wirst das selbst hier sehn und betrachten und hingerissen atemlos an diesem Anblick kleben.

Von Neapel selbst kann ich Dir nur sehr wenig schreiben, auch ist für jetzt die Zeit mir zu kurz. Die Architektur der Pallästen ist meistens mittelmäßig oder herzlich schlecht, die Verzierungen ihrer öffentlichen Plätzen, Brunnen, Monumenten, Grabmäler sind im erbärmlichsten Stil, der Malereien, die mir gefallen, sehr wenig, ausgenommen auf dem Capo del Monte, wo würklich ein Schatz von dieser Art aufbewahrt wird, vornehmlich wirstu *Hannibals Carraccis* sehn, *Guidos,* einige *Raffaels, Sartos, Leonard da Vinci, Titians,* die Dich entzücken werden.

Das Volk ist hier außerordentlich lebhaft und kontrastiert sehr mit dem römischen piano. Die meisten Menschen leben hier auf den Straßen und in den Karossen ...

Und jetzt wär ich dann auf dem Punkt nach Malta hinzusegeln, das Schiff, das uns aufnimmt, ist schon bestellt, man rüstet alles Notwendige zur Reise, und der erste gute Wind ruft uns zur See. Frisch auf denn und einen rechten freien Gruß an alle Wassergötter und alles, was im Wellenreich sich nährt und regt – will einmal sehn, ob ich beim Sternenhimmel, wenn alles schläft, die Sirenen im Singen und durch die Wellen scherzend belauschen kann – wie wunderbar, Du wolltest voriges Jahr dorthinwärts, ich suchte Deine Abreise zu verzögren, es war mir schwer, Dich in Gefahr zu wissen, und nun bin ich selbsten mitten drin – wenn Du mich so liebst, wie ich Dich liebe, so muß meine damals gesungne Ode auf Deine Abreise Dein Herz wekken. Du weißt ja noch

Wo rauscht der Quell des Baumes sanftes Lisplen,
Wo die Natur den Phantasus gebaut etc.

und die Stelle, die Dich angeht und schildert, will Dir sie hersetzen, wenn mich allenfalls tunische oder algirische Geiers wegschnappen und zum Kinderwiegen verdammen sollten, daß Du und die Welt sich überzeugen können, daß ich ein gutherziger, ehrlicher Freund war, wie unter allen Bänkelsängern Deutschlands vielleicht kein ehrlicherer gewesen, und dies sei indessen meine Grabschrift, also guck hinein in Deinen Spiegel [folgt das Gedicht].

Lebe wohl, lieber Bruder, ich schließe Dich an mein Herz – Grüße alles, was sich mein erinnert und Dir lieb ist, absonderlich *Kobelln* und *Trippel*. Bin ganz und gar

Dein
Müller

An denselben

Rom [Sommer 1782]

Reise nun glücklich und mit dem besten Wind – überlasse Dich Deinem Gefühl und den Eindrücken der Natur ungeteilt – in der Nacht, wenn zum erstenmal Dich Strombolis Donner weckt, über die Wellen her dumpf – und der rötliche Strahl zum Himmel steigt – indes die kühle Strahlen der Sternen sich in grünem Meerboden und seitwärts mit gottväterlichem Barte der stille Mond über die Woge sich wiegt – erinnre Dich Deines Freundes.

An Christian Friedrich Schwan

(Rom, den 7ten Jenner 1800)

Mein teurer, alter Freund! Wie haben Sie, seitdem ich Ihr letztes, mir so liebes Schreiben erhalten, gelebet? Ich hoffe besser und glücklicher als ich. Der Himmel lasse niemals Sie in dergleichen Not geraten! o mein Teurer! Mit welchem Jammer habe ich seit zwei Jahren kämpfen müssen, und mit welchem Elende muß ich in dieser Stunde noch ringen! Fünfzehn Monate sind nun verflossen, seitdem ich nichts mehr von meiner Pension erhalten habe, und weiß daher kaum mehr vor meinen Gläubigern mich zu bergen. Ich schreibe und beeilige Herrn Schmalz in Mannheim öfters, mir durch die baldige Übermachung meiner Wechsel beizustehen, erhalte aber von dorther keine Antwort. Kein Mittel bleibt für den Augenblick dem Künstler hier übrig sich aufrecht zu halten, wenn er nicht auf eignes Vermögen oder eine Pension sich stützen kann, weil die Kunst nun ganz zu Boden liegt. Alles das haben wir der barbarischen Aufklärungs-Sucht der Franzosen zu danken. Gleich bei ihrem Eintritte hier in Rom [1798] bin ich von ihren Generalen, durch die Verleumdung einiger Künstler, als ein Haupt der Aristokraten von hier verbannt worden. Arm, krank, dazu noch bestohlen, dann mein Zimmer wurde von Dieben aufgeschlossen und mein bißchen Habe davon getragen, würde ich im allgemeinen Elend versunken sein, hätte nicht mein guter Glaube einige dahin vermocht, die wenige Bissen, die ihnen selbst übriggeblieben, bisher mit mir zu teilen. Da bei den Kriegs-Unruhen die Posten bisher so unsicher gingen, so gab ich im März des verflossenen Jahres einigen reisenden Künstlern einen Brief, daß sie diesen in München in die Hand des Herrn von Stengels übermachen möchten, worinnen ich nach ihrem Rate denselben bat, am dortigen Hofe mir die Erlaubtnüs und das Reisegeld zu meiner Rückkehr nach Teutschland auszuwürken, habe aber bisher keine Antwort weder auf mein Schreiben, noch von denjenigen, die es überbrachten, die mindeste Nachricht erhalten können. Ich weiß also nicht, wie die Sachen in der Pfalz und in Bayern bei dem Wechsel unsres gnädigsten Landes-Fürsten für mich stehen und wohin und an wen ich bei weiterem Ansuchen mich zu wenden habe. Sollten Sie sich vielleicht in der Lage befinden, mir hier einiges Licht aufstecken zu dürfen, so beschwöre ich Sie, mir Ihre freundschaftliche Hülfe nicht zu versagen. Vielleicht dürften für mich am Münchner Hofe jetzt gute Hoffnungen grünen, da ich das Glück genossen, unsern gegenwärtigen Landes-Fürsten in seiner Jugend zu Zweibrücken gekannt zu haben, wo Höchstdieselben damals nicht mit ungeneigten Blicken mich ansahen. Allein mein Unglücksstern, der meistens auch da, wo nach meinem Hoffen wonnige und heitere Morgenröte mir winken sollte, Nacht und Ungewitter über mich wälzet, kann vielleicht auch hier aufs neue mich hintergehn. Ich erwarte indessen von Ihnen eine baldige geneigte Antwort. Leben Sie indessen wohl! Grüßen Sie alle unsre alte Freunde und wer sonsten noch in geneigtem Andenken mich hält. Verbleibe wie immer ganz mit Leib und Seele Ihr ergebenster

Friedrich Müller

WILHELM HEINSE

1746–1803

An Friedrich Heinrich Jacobi

Rom, den 15. September 1781

Ich bin ganz Toskana die Kreuz und die Quere durchzogen, schon ein paar Wochen in Rom – und habe Ihnen, Herzensmann, noch nicht geschrieben! – aber ich kann mich noch nicht mitteilen; der Sachen sind allzuviel und das Ganze zu groß, und mein Genius gebietet mir wie ein Tyrann, mich dem Gesetz des Stillschweigens des Urphilosophen zu unterwerfen. Bester, haben Sie Geduld! ich sehe schon alles in lieblicher Fülle in mir aufgehen; und der Himmel wird seinen Segen geben, daß es zur glücklichen Reife gedeihe.

Wie oft ich Sie und Euch Lieben alle so sehnlich zu mir gewünscht habe, muß Sie von mir angewandelt haben von dem Adriatischen Meer und dem Po aus, von den Höhen von Bologna und Florenz und den waldichten Gebürgen zu Vallombrosa, von Lucca, Pisa, Livorno und den freudigen Hügeln zu Siena. Nichts aber hat einen so starken Eindruck auf mich gemacht als Rom. Es war mir, wie ich anlangte, als ob ich mich der eigentlichen Herrschungssphäre näherte. Die triumphierende Lage, ungeheuer lang und breit, um den wilden Tiberstrom herum, mit den gebietrischen Hügeln voll stolzer Paläste in babylonischen Gärten und despotischer Tempel mit himmelhohen Kuppeln, an dem prächtigen Amphitheater der Gebürge von Frascati und Tivoli; die Brückengewölbe, türmenden Tore, flammenden Obelisken, bemoosten und mit Grün überzognen Ruinen alter Herrlichkeit und das kühle Rauschen von Schritt zu Schritt von tausend und abertausend lebendigen Springbrunnen wie in den quellenreichen Alpen drin und manche männliche und weibliche antike Gestalt mit heißem Blick und warmen Gebärden in Helden- und Siegerinnengang auf den weiten Plätzen und in den unabsehlichen Straßen erweckten eine Wunderempfindung von einer neuen Natur in mir, die ich noch nicht gehabt hatte.

Es war schon gegen Abend, als ich mit meinem Felleisen im Wirtshaus am Spanischen Platz in Ordnung war. Ich konnte keinen Augenblick länger bleiben und ging sogleich aus, kaufte mir einen Plan von Rom; zog ohne alles weitere Geleit durch die Spazierfahrt der Kutschen im Corso, strich über den schönen Platz Colonna, über Monte Citorio und kam noch im seligen Licht der untergehenden Sonne an und in die Rotunda [Pantheon].

Der Raum darin allein reißt ohne Wort und Feier einen Menschen von Gefühl zur Anbetung hin und entrückt ihn aus der Zeit in die Unermeßlichkeit. Sobald man hineintritt, fängt man an zu schweben, man ist in der Luft, und die Erde verschwindet. Das Licht, das einzig oben durch die blaue heitere himmlische weite Rundung in die reine Form hereinleuchtet, hebt auf Flügeln mit schaueriger Leichtigkeit in die Höhe. Kein Tempel je hat so etwas süßes banges erquickend Unendliches in mir erregt; ich sehnte mich frei zu sein und oben in Genuß und Ruhe. Der hohe Kreis korinthischer Säulen umgab mich wie jungfräuliche Schönheit; und Raffaels Brustbild und Annibal Carraccis Brustbild, die hier begraben liegen, und unsers Mengs seins blickten mich an wie Unsterblichkeit.

Ich wäre so gern die ganze Nacht da geblieben, aber man wollte schließen, und ich mußte fort. Kurz, es ist der Vatikanische Apollo unter den Tempeln, und nach ihm macht keine Kuppel mir mehr viel Freude; sie kommen mir alle als tote Nachahmungen vor ohne Zweck. Der Porticus mit sechzehn hohen Granitsäulen aus einem Stück und dem schroffen Dreieck von Wetterdach davor ist ganz Majestät, so wie das Inwendige mit den schlanken schönen Marmorsäulen alle aus einem Stück lauter Himmel ist. Es ist das vollkommenste Kunstwerk unter allen Gebäuden, die ich kenne, und die erhabenste Idee eines Sterblichen. – Ärgern muß man sich nach der Lust über die Kindereien, daß die Päpste die Balken von Bronze davon weggenommen und Kanonen daraus gegossen und dafür ein paar

Türmchen darauf gekleistert und *achtundzwanzig Wagen* Märterknochen hineingefahren haben. Gegen alle Götter mußte freilich wenigstens eine Legion Heiligen einquartiert werden. – An dem Hauptaltar ergänzte man gerad das Kapitäl an einer Säule, das der Blitz voriges Jahr abgeschmettert, der oben zur Öffnung hereingefahren, eben als der Priester daran Messe las. Ich wünschte bei dem großen Schlag und Schauspiel unter allen den erschreckten wegfahrenden Gestalten zugegen gewesen zu sein. –

Die Sonne war untergegangen; ich strich weiter fort durch die Straßen mit meiner Karte, und statt daß es dunkler werden sollte, machte der volle Mond an dem heitern Himmel den Abend fast wieder heller. Das Gewimmel neuer Menschen in den Straßen, die schönen Paläste und mancherlei Gesang und Gespräch und Gestalt und Leben in der erquickenden Kühle nach dem heißen Sommerbrand davor ergötzten meine Sinne. Ich kam bald ans Capitol; ha, welch ein Anblick! Da war's still bis auf das Rauschen der Brunnen. Ich griff die Sphinxen an der Stiege hinauf an, die Bildsäule von Rom ohne Kopf und Arme fiel mir ins Aug; und nun stand ich oben vor dem Kastor und Pollux mit ihren Pferden und den Trophäen des Marius und in der Mitte des Platzes vor der metallnen Statue zu Pferd des Antonius [Marc Aurel]. – Ich dachte weder an Papst und Kardinäle mehr und mein Geist war unter Triumphen von Scipionen und Cäsarn. – Stolzer Hügel, höchste Glorie von Menschenherzen, Ziel der Edlen, unter hundert Völkern und Nationen für den größten erkannt zu werden und sichs zu fühlen! Stolzer kleiner Hügel, wogegen die höchsten Gebürge des Erdbodens plattes Land sind –

Ich wandelte leis und schwebend an dem Plätschern des Brunnens und dem Nil und Tiger [Brunnen der Göttin Roma] vorbei nach dem Foro Boario und befand mich mitten unter Ruinen von Tempeln und Triumphbögen. Es war schauerig still und melancholisch im Mondschein, ich merkte wenig Menschen, und die Schatten von den Bäumen machten alles geistig. Meine Phantasie bildete sich die Gestalten der Tempel von Jupiter maximus und tonans, die Tempel des Saturnus, des Friedens und der Fortuna, und meine Augen sahen gerührt die einzelnen Trümmern und suchten den Tarpejischen Felsen.

Immer weiter und weiter; und nun lagen die ungeheuern Massen des Colissäums vor mir in luftiger Rundung – Ruinen, wogegen alles Stehende klein wird, Ruinen, wovon man noch eine Stadt erbauen könnte, so viel auch davon schon ist erbaut worden. Den Kopf voll Vorstellung von den Spielen der Weltbezwinger kam ich an Sanct Johann im Lateran und lenkte nun um nach Maria Maggiore, und es war gerad Mitternacht, als ich oben alle Trinità de' Monti vor dem Spanischen Platze mich befand und das ganze Rom überschaute. Wenn man sich so seinen Sinnen überläßt und in der täuschenden Dämmerung dasteht: scheint es wirklich vom Schicksal bestimmt zu sein, die Erde zu beherrschen, es sei mit Legionen oder Zaubersprüchen. Und wer weiß, ob die Römer, wenn der Kaiser so fortfährt und andre ihm nachahmen, nicht statt der Messer wieder das Schwert ergreifen, die Schlüssel des Himmelreichs in die Tiber werfen und mit Kanonen donnern.

An Johann Wilhelm Ludwig Gleim

[Rom, den 28. Juni 1782]

Man muß Italien selbst sehen, lieber Vater Gleim, es läßt sich wenig darüber schreiben, was einem andern statt eignen Anschauens dienen könnte; der Himmel weiß, wie oft ich Sie zu mir gewünscht habe! Zwar sind schon nur über Rom ganze Zimmer voll Folianten, Quart- und Oktavbände, geschrieben, gezeichnet und in Kupfer gestochen worden, allein an Ort und Stelle findet man alles ganz anders und erkennt, daß man noch keine wahre Idee davon hatte. Freilich schreiben die mehrsten ohne eigen Gefühl, ohne genug Kenntnisse und tragen aus zwanzig andern unförmlichen Wust zusammen; die besten sind mit Leidenschaften und Hypothesen umfangen, und Sinnen und Verstand verlieren ihre Kraft, die Wirklichkeit rein aufzufassen. Ein fürtreffliches Werk, das den Ultramontanen, die nicht nach Italien reisen können, einigermaßen Ersatz gäbe, fehlt noch; und ich kenne keine Anleitung, lebendigen Genuß leicht von dem Guten zu haben. Beides aber sind so undankbare schwere Arbeiten, daß kein guter Kopf diesen Ruhm wird einernten wollen.

Ich bin schon fast ein Jahr in Rom und kann davon nicht loskommen, bin dahinein wie gezaubert, so sehr fesselt es mich an sich. Es wird einem nie alt, und man findet täglich Neues. Was es war und was es ist und wie es beides in verschiednen Zeiten werden konnte: gibt unaufhörlich dem Geist zu schaffen und reizt in dem Lande und unter den Menschen selbst ganz anders als in Büchern. Für die bildenden Künste bleibt es ohnedem die Hauptstadt der Welt, mit welcher keine andre kann verglichen werden. Aber ich will Ihnen jetzt nicht von Rom selbst, sondern erst von der umliegenden Gegend schreiben, aus welcher ich eben von einem wiederholten Zug zurückkomme. Ich komme von Tibur, Tusculum, den Seen Albano und Nemi, wo die Alten das Süßeste von ihren Beuten hinbrachten und sich über die andre Welt als Götter fühlten, Erquickung genossen nach heißen Geschäften, seligen Frieden nach dem Sturm der Schlachten.

Nach fünf Stunden Pläne wird Rom gegen Nordosten von einem Strich Gebürgen eingefaßt, die fernerhin immer weiter fortsteigen, stolz sich gen Himmel wölben und Söhne vom Vater Apennin sind. Südwärts in minderer Entfernung umgrenzen es ein halb Dutzend hoher ausgebrannter Vulkanen. So liegt sie da, die Königin der Welt auf ihren sieben Hügeln an den Ufern des Tiberstroms, vier Stunden vom Meer ab . . .

Zu Albano sind die beiden Seen und ein paar unvergleichlicher langer Alleen von hohen alten weitschattigen Bäumen verschiedner Art, so wie sie von Natur gewachsen sind; und an den erhobenen Stellen hat man überall hin die reizendsten Aussichten. In diesen Gegenden, besonders zu Gensano, begleitet einen *Virgil* als lieber guter Freund. Man betrachtet seinen *pius Aeneas* als einen alten Volksheiligen, der viel Unglück erlitt und auf seinen Reisen auch einmal einen Liebeshandel mit der *schönen Erbauerin* von dem *übermütigen Karthago* hatte, die er fein sitzen ließ, daß sie sich aus Kränkung darüber erstach und verbrannte; und sieht ihn an den Küsten anlanden und die ersten Hügel von der See her, Lavinium, Monte Giove und die andern Anhöhen einnehmen und sich wacker halten, Posten fassen und den ersten Samen der Römer ausstreuen, die die Welt beherrschten.

Aber wie war dies doch alles anders in den alten Zeiten, vom kleinsten Plätzchen an bis in die weite Ferne! Der Lago di Nemi, fast zirkelrund in sehr hohen felsichten Ufern, wie der von Albano, muß hehr und feierlich ausgesehen haben, als er mit einem Wald umfaßt war und der Tempel der Diana daran geheim und furchtbar sich in den blauen Tiefen spiegelte. Statt der hohen Platanen und Pignen und Eichen wächst jetzt das Farrenkraut dick herum. Gleich dahinter wölbt sich der Monte Cavo hinauf, der höchste Gipfel des umliegenden Gebürgs, wo man das ganze Land überschaut und wo der Tempel des Jupiter latialis in den Lüften prangte, welchem die siegenden Helden nach ihren Triumphen opferten. Auf dessen Stelle herbergen jetzt ein paar Dutzend Bettelmönche, unter denen ich einen der schönsten Jünglinge in der Kutte antraf, die ich je in Italien sah, einen wahren Adonis mit großen schwarzen Feueraugen und Rosenlippen voll schwärmerischer Zärtlichkeit, zum Verlieben für Alcinen und Bradamanten und keine Beute für solche Raubvögel, die sich Passionari nennen.

Die Felder, bis an Rom hin, die ehedem voll goldner Saaten standen, mit eignen Händen von den würdigen Nachfolgern des großen Romulus gepflügt, die sein Grundgesetz wahr machten, *Ackerbau und Bogen und Schwert: und Sieg über die Welt,* – liegen jetzt meistens brach und wüst und öde und dienen den Schlangen und Skorpionen zum sichern Aufenthalte; und die herrlichen Reste der Via Appia, der regina viarum, und Via Flaminia und Via Portuensis und Praenestina und Libicana leuchten mit ihren großen Quadern und Felsenstücken hervor neben dem modernen kleinen Pflaster wie Riesen unter Zwergen; und die hohen Grabmäler, die vormals immer neu begeisternde Geschichte großer Taten, sinken an den Wegen traurig vollends ein. Und so wird die Verwüstung für das arme Rom fortdauern, bis einmal ein guter Genius seiner geistlichen Herrschaft ein Ende macht und die letzte Spur von den Siegen der Scipionen und Cäsarn vertilgt ist; denn die Päpste herrschten und herrschen doch nur durch die Stärke der Alten und nicht durch ihre politischen Künste. Die christliche Religion und Hierarchie war nur ein Pfropfreis, in den kräftigen Stamm der alten Römischen Republik mit Konstantinen eingeimpft. Welch ein glückliches

Land, wenn das Pfaffenregiment aufhörte und nicht jeder Papst mit seinen Nepoten neue Blutigel ansetzte, so daß fast kein andrer Bürger außer den Klöstern und päpstlichen Familien mehr *Eigentum* hat und jeder sich seinen Unterhalt von diesen erkriechen oder erbetteln muß; denn zu stolz und klug ist die Nation doch noch, um als Sklaven, ohne Hoffnung zu größerm Glück, für tägliches Brot und weiter nichts, eitlen Prinzchen und faulen Tagdieben zu arbeiten.

Ha! wenn man mit vollem Herzen und wachen Sinnen so in dem Theater der Zerstörung da steht, so überläuft die Menschlichkeit ein Schauder bei einem und man verschwindet mit seinen paar Knochen und Adern und Nerven wie ein Nichts in dem verschlingenden Abgrund der Zeiten. Die Seen von Albano und Nemi waren augenscheinlich Kessel von einem ungeheuern Vulkan, dessen ausgebrannten Gewölbe brachen und einsanken; noch liegen davon herum klar und deutlich die Felsen von Lava und versteinerter Asche und stehen hoch die Gipfel der kleinern Ausbrüche und grünen: und alle Sage und Geschichte weiß davon kein Wort. Wo bleibt das Römische Reich, dessen Ursprung schon so finster ist, wenn man das Alter des noch brennenden Ätna nur mäßig berechnet, und all unser Buchstabenwesen?

Ach! es war so rührend, wie ich gegen Abend von Tivoli über den Teverone ging und auf der Heerstraße neben dem Schwefelsee da und dort stille stand und mich umschaute, in das herrliche Gebürg auf beiden Seiten eingeschlossen, mitten unter alten Villen und Ruinen von Wasserleitungen; näher zur Linken den Hügel von Praeneste, wo Marius sich erstach und der Tempel des Glücks in hoher Feier mit süßer Hoffnung die Herzen schwellte, das ohne Altar und Opfer noch jetzt die Schicksale der Menschen lenkt, und in dämmeriger Ferne das emporragende Gewölbe der Kuppel der Peterskirche; rückwärts alsdenn wieder das verlaßne Tibur auf seinen grünen Höhen in Olivenwäldern und in der Pläne vor mir das melancholische hohe große runde Grabmal des Plautius und weiterhin die Villa Hadrians mit ihren zerfallnen Tempeln und Mauerwänden von Palästen, wo immer ein Stück höher, das andre niedriger in Trümmern aus den Zweigen der Bäume hervorblickt und man die Zeit von so manchen Jahrhunderten wie persönlich gegenwärtig schaut; und ein pechschwarzes Ungewitter an den Bergen darüber hergezogen kam, woraus Blitze fuhren und Donner rollten, mit welchen Sturmwinde die tiefe einödige Stille unterbrachen.

Und doch Geist ewig lebendig über dir, Zerstörung! Oder vielmehr Zerstörung, du selbst wieder junge reine Seele, die das alte Tote göttlich zu frischem Leben aufweckt. Die Erde mit uns und allem, was Odem hat, und Gras und Kraut und Bäumen, in ihrem Ozean und dessen Seen ist eine unsterbliche Schlange, die von Zeit zu Zeit die Haut ablegt.

Behalten Sie lieb Ihren Herumschweifer von Sohn

Heinse

Rom, vor dem Peterstage 82

AUGUST LUDWIG VON SCHLÖZER

1735–1809

An seine Frau

Trient, 26. November, Montag [1781]

Auch hier ist ein geistlicher Baron, Bizzini, der uns herumgeführt hat. Aber Pfaffen, Pfaffen sind mir so fatal wie Kastraten und Kapaunen. In 6 Tagen mußt ich bloß *Fleisch* fressen, Himmel welche Pein! Einmal kriegt ich in Einem Tag 6mal einerlei: Mittags Reis mit Huhn, dann einen Hahn abgesotten, dann einen Kapaun gebraten. Abends just so. Wär das noch einmal geschehen, ich wäre spornstreichs nach Göttingen zurückgelaufen und wäre auf Weihnachten da gewesen! Aber Gottlob, *sobald wir in Italien sind, wards besser.* O Ihr Göttinger Gänse, was dachte ich und Ihr für dummes Zeug von Italien! Ich kann nicht von Verona weg. Wie wirds erst in Venedig und Rom und Mailand pp gehen! Gute Nacht, jetzt wird die Opera aus sein.

An dieselbe

Noch einmal Verona, 1. Dezember, Sonnabends [1781]
Abends um 7 Uhr

Da bin ich in einer neuen Welt! Frankreich, Schweden, Rußland, Deutschland, alles ist nach meinem Leist und Modell: aber Italien! Vorgestern mittag nach Tische kamen 3 Kerls mit Zithern und Violinen und einer ausgedienten Hure von Venedig, frisiert und geputzt wie eine Fräulein, und machten uns Tafelmusik auf der Stube. Gestern abend holten wir frische Zitronen aus des Grafen Giusti Garten: um 9 kriegten wir Abendmusik auf der Straße, bezahlten aber nichts, sonst wäre des Dings kein Ende worden. (Die Dortel meinte wohl, es wäre eine Serenade für sie.) Diesen Morgen brachte der Dortel ein Kanonikus eine Rosen- und Nelkenknospe. Den Morgen machten wir gar kein Feuer im Kamin an. Mittags herrliche Rüben, Trauben und ganz neue Fische. Vor einer Stunde machte mir ein Marquis die Visite und brachte mir einige Hauptstücke aus seinem Kabinett (das ich nicht bei ihm sehen mochte) hieher ins Wirtshaus. Den Abend speist ein Kanonikus mit uns: aber der gute Mann bedang sich vorher aus, daß er für sich bezahlen dürfe; und wie er eben kommt, bringt er einige Bouteillen Zyperwein mit.

Morgen gehts nach Vicenza, übermorgen nach Padua. Wie lange da? weiß ich nicht. Dann nach Venedig. Immer denk ich noch auf Weihnachten in Rom zu sein: nur sehe ich nicht, wie es möglich sei.

Die Gelehrten und Geistlichen in Italien, wie ich sie bisher gefunden, sind gar entsetzliche Leute! Es übersteigt allen Glauben. Aber die andern Leute sind gute Geschöpfe, weit bessere wie die Niedersachsen.

Durch das Fressen von Nürnberg bis Innsbruck bin ich im Fettwerden etwas zurückgekommen: nun lebe ich wieder ordentlicher, gewöhnlich um 9 oder 10 zu Bette und nach 8 wieder auf.

An dieselbe

Loreto, 7. Januar 1782

Den 23. Dezember gingen wir von Venedig zu Wasser nach Padova zurück: den 24. weiter nach Bologna. Auf dieser Reise von 20 Meilen, die 6 Tage dauerte, verwünschte ich zum erstenmal meine ganze Reise nach Italien: der Weg war ärger wie von Göttingen nach Heiligenstadt: den 26. Dezember, morgens um 10, saß ich ganz allein eine Stunde lang mit der Dortel, die die Diarrhee hatte, auf der Landstraße im Wagen: die Bauern hatten ihre 10 Ochsen Vorspann ausgespannt, weil nicht fortzukommen war, gingen zum Teufel und ließen uns sitzen. – Nun das ist vorbei. Jetzo ist alles wieder gut. Hier in Loreto sind wir wie zu Haus: eine Menge Deutsche sind hier, das Essen ist erträglich – aber aber, hätte ich eine Schüssel Vitsbohnen! – Nun künftig wieder wills Gott. O was ich hungre! Das ist unaussprechlich arg, kein Mensch glaubts.

Eben kommt ein Herr von Lorry aus München zu uns, der mich kennt. In unserm Vorsaal speisen eben jetzo (abends um 6) 5 Griechen. Die Dortel hat seit gestern das Heimweh; ich kriege es auch wohl nächstens. Aus Rom schicke ich, was in den Lektionskatalog soll. Hastu meine Briefe aus Verona und Venedig? Niemand bringt einen in Italien um; aber das *Prellen,* die *Sauerei,* das *Hundefressen:* allmächtiger Gott, das ist zu arg! Lieber will ich künftig in die Tartarei. Auf Loreto war ich eben so neugierig wie auf Rom. Also bin ich schon halbsatt. Nach Neapel gehe ich nicht. Vorgestern war ein Tag wie der schönste Maitag: ich schwitzte beim Gehen. Die Dortel und Schminke halten sich noch immer gut. Bratwürste und Wein erhalten mich seit Padova. Sauerkohl, Milch, Tee, ist alles vorbei! Kein Borsdörfer, kein Kuchen: nur Stroh in den Betten, keine Öfen. Nein, so teuer mag ich nichts mehr lernen ...

O du bist ein glücklicher Mensch! Du hast gestern den Kastraten nicht gehört und heute nicht das Stück von Raffael gesehen, aber dafür – gut gegessen und auf Federn geschlafen!

An dieselbe

Rom, abgeschickt den 30. Januar [1782]. Mittwochs
Soll ankommen den 14ten Februar

Natürlich gedeihe ich bei dieser Wonne an Leib und Seel herrlich. Mein Tisch ist völlig deutsch, mitunter trinke ich gute Weine, alle Morgen meine 4 Tassen Tee mit Milch. Von 10 bis 1 wird ausgelaufen: Schweling und Schminke stecken heimlich Tobak bei, da rauch ich auf dem Capitolio und dem Tarpejischen Felsen eine Pfeife. Der Tobak hier geht an, die Pfeifen sind feiner und so lang wie die Mündner. Mein Mietlakei, Stubenmagd, Schneider und Schuster sind alle Deutsche: mein Kutscher spricht französisch. Mein Perruquier ist just wie Herr Schwenterley lustig und spricht französisch; er rasiert mich auch, und zwar sonst mörderisch; aber nun habe ich ihn deutsch rasieren gelehrt. Also – man lebt hier *so recht à son aise.* Aber übermorgen geht das Arbeiten an! Ich habe unerhört viel eingesackt. Nur versteht es sich, kein Narre bin ich, daß ich Göttingisch arbeite: sondern bloß des Morgens. Nach Tische lauf ich rum und besehe: ein sehr hübscher Herr Heinze [Wilhelm Heinse] aus Erfurt, ein guter Kenner von solchen Dingen, führt mich rum. Abends habe ich gewöhnlich Gesellschaft von Waldmann, einem Geistlichen aus Mainz, und von einigen gelehrten Abbés ...

28. Januar. Montags. In dem großen Rom ziehen doch schon eine Menge Menschen [den Hut] vor mir ab, weil mich alle Bediente von allerhand Rotstrümpfen (Kardinälen), Violettstrümpfen (Prälaten) und Ambassadeurs kennen. – Diesen Morgen kam ein Bedienter von Bernis und holte seine 14 Mgl. fürs gestrige Essen. In eben der Minute kam der Läufer des Gesandten von Venedig; aber der bekam nichts, weil ich bei seinem Herrn noch nicht gegessen: er trollte brummend ab. Gestern sollte ich auch bei Barazzi speisen: heute speise ich aber da mit allen meinen Leuten. Morgen bin ich zu einem der größten Maler hier, *Hackert,* invitiert (eine Landschaft von ihm kostet 50 Dukaten, sag es Claproth). Der Kardinal Herzan, höre ich, wird mich auch invitieren. Ob ich zum Papst gehe, weiß ich wirklich noch nicht.

Du hättest unmöglich mit nach Italien reisen können, wegen 100 Ursachen, nämlich: 1. auf allen Abtritten und Nachtstühlen von Verona bis Rom sind die Balken infam klein. 2. Die Treppen, die man die Trajanssäule hinaufsteigt, item die Markuskirche in Venedig, sind infam enge, da könntest Du ohnmöglich durchkommen usw. usw. ... Bei der verwünschten Reise von Padova nach Rom waren wir alle wie tot: nun leben wir auf, wie Dreckkäfer am Sonnenschein. Vorgestern fragten mich Schweling und Schminke ganz *ernstlich,* ob wir denn wirklich auf Ostern wieder heim gingen, oder ob wir noch bis Johannis Ägypten mitnehmen wollten? Aber wirklich ich gehe gerne zurück; unter andern auch – ich habe so viel gelernt, daß es mir ist wie einem, der sich überessen hat: ich muß Zeit zum Verdauen haben. Aber bei meiner Ehre! es wird was zu erzählen sein, ich freue mich wie ein Kind darauf ...

Hier in Rom sind 160 000 Menschen: worunter 60 000 Pfaffen und über 100 000 Bettler und Hungerleider ... In Venedig und ganz Italien war's mir sonst, als wenn ich in einer andern Welt wäre: allein hier ists mir just, als wäre ich nur in Kassel oder Hannover. Vieles tut wohl auch, daß in allen andern Städten lauter düstere und wegen der Arkaden enge dumme Straßen waren: Hier aber ist alles helle und breit, wie die Wehnder Straße, wenngleich die Häuser *etwas* größer sind. Außen von Rom ist göttlicher Boden und herrliche Abwechslung von Bergen, Hügeln und Ebenen: aber alles ist so ungebaut, so scheußlich wüste, daß es fast unglaublich ist. Das *Gefühl der Gesundheit,* das ich in Göttingen des Jahrs etwa 4mal habe, habe ich seit 8 Tagen in Rom ununterbrochen fort. Wenn ich einmal des Nachts bis nach 12 Uhr aufbleibe, so sieht mirs Schweling den andern Morgen gleich an.

Schrecklich ists, wenn man die herrlichsten Sachen, Brunnen, Säulen, Statuen in den Kolonnaden besehen will, was man für Gestank ausstehen muß! Überall sind wahre Priveter herum, daß man keinen Fuß vorsetzen darf, ohne erst vorzusehen. Überhaupt, statt säuisch werde ich künftig immer Italienisch sagen. In den größten Palästen, selbst der Ambassadeurs, stinkt es unten teuflisch; denn jeder stellt sich frei auf die Dehle hin und verricht seine Notdurft ...

Gestern war Musterung von einigen Kompagnien Soldaten auf dem St. Petersplatz: die Musterherren, vor denen die Leute defilierten, waren lauter Violettstrümpfe, wie das aussah! Alle Leichen werden hier *offen,* ohne Sargdeckel, bei hellem Tage, in Prozession über die Straße getragen: ist greulich. Das Brot ist gerade wie unser Franzbrot, aber sehr teuer. Gestern war ich bei einem alten Spanier, der lange in Mexiko gewesen und eben eine Statistik vom Kirchenstaat hat drucken lassen: wir waren die rechten Leute für einander! Er fragte mich zuletzt, ob ich katholisch wäre? «Nein, ein Protestante.» So gratulier ich Ihnen, sagte der Alte.

Dem Statuenbegucken bin ich gram worden: es ist so viel unzüchtige Schweinigelei dabei. Kein Wunder, daß alles in Italien hurt. Auch die Dortel gewöhnt sich die Kunstsprache an: sie schwatzt von *weichem* Fleisch (an marmornen Statuen), und letzthin nach der Oper, wo alle Weibsleute verkleidete Kastraten sind, sagte die Hansärschin, es hätte bäuerisch gelassen, die

Kerls hätten eine bloße Gorge gehabt, und da hätte es doch so *muskulös* ausgesehen. – Madame Barazzi fragte sie, ob wir denn an die Dreieinigkeit glaubten? und wie sie hörte, ja, so freute sie sich königlich. Ebenso freute sie sich, wie sie zum erstenmal die Dortel in ihrem Gebetbuch beten sah: sie meinte, weil wir keinen Rosenkranz hätten, so beteten wir gar nicht. Nun wenn die Dortel des Morgens hinter ihrem Schirm betet, darf kein Mensch, auf Ordre der Madame, durch die Stube gehen oder ein lautes Wort sprechen. Himmel, welche Leute! Fast täglich ist offene Tafel da: aber nie eine weibliche Seele, sondern lauter Geistliche. Nun will ich ausgehen, zur Dortel, dann zu Heinze, dann bei Hackert speisen. Wieder ein göttlicher Tag! Die Sonne brennt mich durch meine offene Fenster herein.

FRIEDRICH MAXIMILIAN KLINGER

1752–1831

An Philipp Christoph Kayser

Florenz, den 2. Mai 1782

Liebster Bruder! Ich würde mir einen Vorwurf machen, wenn ich aus Italien ginge, ohne Dir ein Wort zu schreiben. Das Glück, das ich in Venedig, Neapel, Rom und hier fand, hatt' ich nie geahndet. Die Vollkommenheiten in jedem Teil der Kunst, die man nur in diesem Lande findet, haben einen so glücklichen Einfluß auf Herz und Kopf, daß man in einer ewigen stillen Freude, in einem beständigen, seligen Genuß des Geistes lebt. Ich hab mehr gefunden, zu meinem Trost gefunden, daß weder mein Herz noch Kopf durch die vielen Wallfahrten und Erfahrungen verdorben ist, weil beide fähig waren, sich für diese Dinge nach Kraft und Vermögen zu interessieren. Ich sah und dachte nicht als Kenner, den Göttern sei Dank, ich vergaß alles, was ich gelesen hatte, ich suchte und fand den Ausdruck, und überließ mich der Würkung. Meine Phantasie ist mit so vollkommnen, himmlischen Gegenständen, von den ersten der Menschen geschaffen, angefüllt, daß ich mich nun kühn auf eine Zeit lang leeren und kälteren Zonen überlassen kann. Ich wage Dir nichts zu detaillieren, will Dir nichts nennen, denn wenn ich Dir etwas sagen möchte, so wärs das, wie mein Glück in Wien begann, wie wohl gestimmt ich davon wegging, wie das mich mit mir selbst aussöhnte und was ich dorten bei meiner Rückkehr zu hoffen habe. Papier faßt dies so wenig, als meinen Aufenthalt in Rom Italien. Ich habe über Italien geschrieben; aber nur an diejenige Person, die mein Schicksal bestimmen wird, und was mir da die Feder führte, hatte ich nie gekannt. Mein Aufenthalt in Rom gehört nach dem in Wien unter die glücklichsten meines Lebens. Ich traf Heinsen dorten an, mit dem ich alles sah. Der Großfürst [Paul von Rußland] erlaubte mir drei Wochen länger dorten zu bleiben, weil ich mich wegen Krankheit in Neapel verspäten mußte. Morgen reis ich von hier ab, über Bologna, Parma, Mailand, Turin, Genev nach Paris ...

Ich kann nicht über die Wege klagen, die mich das Schicksal führt, ich überlaß mich ihm wie ein Mann, und sehe der Zukunft ohne Verblendung entgegen und erwarte den Augenblick, wo ich meinen Degen gebrauchen kann. Ich lebe still und glücklich am Hof, weil ich nichts bin als Soldat und nichts weiter scheinen will. Der Großfürst hat viele Güte für mich, das beweist er mir vorzüglich durch diese Reise, die eine so schöne Epoque für mich ist, dafür geb ich mich ihm ganz hin, das ist jetzt alles, was ich Dir sagen kann.

Der Sitz der Musik ist in Venedig und Neapel. In Rom hört ich das große Oratorium, wo Pergolese alles sagt, was die leidende, geheime Klagen der Seele sind ...

Wenn ich durch all die Szenen fliege, die ich durchlaufen hab, so scheint mein Dasein oft ein Traum; ich fürchte das Erwachen nicht, also laß uns wacker steuern, in deutschem Sinn und Rechtschaffenheit, dessen Wert durch alles geht. Du bist glücklich nicht zu wissen, was zum Leben gehört, um sich gleich und getreu zu bleiben ... Adieu, treuer geliebter Bruder! Ich verlasse Italien mit Kummer, verlier aber die Hoffnung nicht zurückzukehren.

JOHANN WOLFGANG VON GOETHE

1749–1832

An den Freundeskreis in Weimar

Rom, den 1. November 1786

Endlich bin ich in dieser Hauptstadt der alten Welt angelangt! Wenn ich sie in guter Begleitung, angeführt von einem recht verständigen Manne, vor funfzehn Jahren gesehn hätte, wollte ich mich glücklich preisen. Sollte ich sie aber allein, mit eignen Augen sehen und besuchen, so ist es gut, daß mir diese Freude so spät zuteil ward.

Über das Tiroler Gebirg bin ich gleichsam weggeflogen, Verona, Vicenz, Padua, Venedig habe ich gut, Ferrara, Cento, Bologna flüchtig und Florenz kaum gesehn. Die Begierde, nach Rom zu kommen, war so groß, wuchs so sehr mit jedem Augenblicke, daß kein Bleibens mehr war, und ich mich nur drei Stunden in Florenz aufhielt.

Nun bin ich hier und ruhig und, wie es scheint, auf mein ganzes Leben beruhigt.

Denn es geht, man darf wohl sagen, ein neues Leben an, wenn man das Ganze mit Augen sieht, das man teilweise in- und auswendig kennt. Alle Träume meiner Jugend seh ich nun lebendig, die ersten Kupferbilder, deren ich mich erinnre (mein Vater hatte die Prospekte von Rom auf einem Vorsaale aufgehängt), seh ich nun in Wahrheit, und alles, was ich in Gemälden und Zeichnungen, Kupfern und Holzschnitten, in Gips und Kork schon lange gekannt, steht nun beisammen vor mir; wohin ich gehe, find ich eine Bekanntschaft in einer neuen Welt, es ist alles, wie ich mirs dachte und alles neu.

Ebenso kann ich von meinen Beobachtungen, von meinen Ideen sagen. Ich habe keinen ganz neuen Gedanken gehabt, nichts ganz fremd gefunden, aber die alten sind so bestimmt, so lebendig, so zusammenhängend geworden, daß sie für neu gelten können.

Da Pygmalions Elise, die er sich ganz nach seinen Wünschen geformt und ihr soviel Wahrheit und Dasein gegeben hatte, als der Künstler vermag, endlich auf ihn zukam und sagte: *ich bins*! wie anders war die Lebendige als der gebildete Stein.

Wie moralisch heilsam ist mir es dann auch, unter einem ganz sinnlichen Volke zu leben, über das so viel Redens und Schreibens ist, das jeder Fremde nach dem Maßstabe beurteilt, den er mitbringt. Ich verzeihe jedem, der sie tadelt und schilt, sie stehen zu weit von uns ab, und als Fremder mit ihnen zu verkehren, ist beschwerlich und kostspielig.

Für mich ist es ein Glück, daß Tischbein ein schönes Quartier hat, wo er mit noch einigen Malern lebt. Ich wohne bei ihm und bin in ihre eingerichtete Haushaltung mit eingetreten, wodurch ich Ruh und häuslichen Frieden in einem fremden Lande genieße. Die Hausleute sind ein redliches altes Paar, die alles selbst machen und für uns wie für Kinder sorgen.

An Johann Gottfried und Caroline Herder

den 10. (und 11.) November [1786]. Rom

Vierzehn Tage bin ich hier und habe mich schon recht umgesehn. Ein paar Blätter, die ich dem Herzog und Frau von Stein schickte, werden Euch im allgemeinen mehr sagen; nun auch ein besondres Wort an Euch, meine Besten, das zur guten Stunde zu Euch kommen möge. Ich habe endlich das Ziel meiner Wünsche erreicht und lebe hier mit einer Klarheit und Ruhe, die Ihr Euch denkt, weil Ihr mich kennt. Meine Übung, alle Dinge, wie sie sind, zu sehen und zu lesen, meine Treue, das Auge Licht sein zu lassen, meine völlige Entäußerung von aller Prätention machen mich hier höchst im stillen glücklich. Alle Tage ein neuer merkwürdiger Gegenstand, täglich neue, große, seltsame Bilder und ein Ganzes, das man sich lange denkt und träumt, nie mit der Einbildungskraft erreicht.

Heute war ich bei der Pyramide des Cestius und abends auf

dem Palatin, oben auf den Ruinen der Kaiserpaläste, die wie Felsenwände dastehn.

Von allem diesem mag und kann ich nichts sagen, das sei zur Wiederkunft aufgespart. Was ich aber sagen kann und was mich am tiefsten freut, ist die Würkung, die ich schon in meiner Seele fühle: es ist eine innre Solidität, mit der der Geist gleichsam gestempelt wird; Ernst ohne Trockenheit und ein gesetztes Wesen mit Freude. Ich denke die gesegneten Folgen auf mein ganzes Leben zu fühlen.

Wenn man so eine Existenz ansieht, die 2000 Jahr und drüber alt ist, durch die Wechsel der Zeiten so mannigfaltig und von Grund aus verändert und doch noch derselbe Boden, derselbe Berg, ja oft dieselbe Säule und Mauer, und im Volke noch die Spuren des alten Charakters, so wird man ein Mitgenosse der großen Ratschlüsse des Schicksals.

Und dann ist nichts *Kleines* hier, wenn auch *Scheltenswertes* und *Abgeschmacktes,* alles hat teil an der Großheit des Ganzen genommen.

Was ich da sage, raff ich nur so auf, das Beßre soll in Gesprächen ausgelegt werden. Ich bin fleißig und bin nicht hier, um nur nach meiner Art zu genießen, ich will lernen und mich ausbilden, eh ich 40 Jahr alt werde.

Das Seltsamste und Schwerste in der Betrachtung ist: wie Rom auf Rom folgt und nicht allein das neue aufs alte, sondern die verschiednen Epochen des alten selbst aufeinander. Man müßte Jahre hier bleiben, um den Begriff recht lebendig zu haben, ich fühle nur die verborgnen und halbsichtbaren Punkte.

Wie vieles hätt ich zu sagen. Auf der Reise und schon hier hab ich unmäßig aufgepackt.

An der Iphigenie wird immer fort gearbeitet. Ich habe mich mit diesem Stücke selbst betrogen, indem ich mir die Arbeit leichter vorgebildet. Was ich getan habe, darf ich nicht sagen. Du wirst es sehn ...

Da ich das Couvert mache, verdrießt michs, so viel weiß Papier fortzuschicken, und doch ists schon späte. Heut hab ich die Nymphe Egerie besucht, dann die Rennbahn des Caracalla, die zerstörten Grabstätten längst der Via Appia und das Grab der Metella, das einem erst einen Begriff von solidem Mauerwerk gibt. Diese Menschen arbeiteten für die Ewigkeit, es war auf alles kalkuliert, nur auf den Unsinn der Verwüster nicht, dem alles weichen mußte.

Recht sehnlich hab ich Dich herzugewünscht. Die Reste der großen Wasserleitung sind höchst ehrwürdig. Der schöne große Zweck, ein Volk zu tränken durch eine so ungeheure Anstalt.

Abends kamen wir ans Colissee, da es schon dämmrig war; wenn man das ansieht, scheint wieder alles andre klein, es ist so groß, daß man das Bild nicht in der Seele behalten kann, man erinnert sich dessen nur kleiner wieder, und kommt man dahin zurück, kommt es einem aufs neue größer vor. Lebt wohl. Ich könnte so immer fortschreiben. Das Papier schließt, nicht ich.

An Charlotte von Stein

den 2. Februar 1787. Rom

Ich lese jetzt des guten, trocknen Volkmanns zweiten Teil, um mir zu notieren, was ich noch nicht gesehen. So schön die Tage sind, muß ich zu Hause bleiben und eine Pause in meinen Wanderungen machen. Von der Schönheit, im vollen Mondschein Rom durchzugehn, hat man, ohne es gesehn zu haben, keinen Begriff. Alles Detail wird von den großen Massen des Lichtes und des Schattens verschlungen, und nur die größten allgemeinsten Bilder stellen sich dem Auge dar. Seit 3 Tagen sind die hellsten und herrlichsten Nächte, die wir wohl genossen haben.

Einen besonders schönen Anblick gab uns das Colissee. Es wird nachts zugeschlossen, ein Eremite wohnt an einem Kirchelchen drinne, und Bettler nisten sich in die zerfallnen Gewölbe. Sie hatten, scheint es, ein Feuer angemacht, und eine stille Luft trieb den Rauch erst auf der Arena hin, daß der untere Teil der Ruinen bedeckt war und die ungeheuern Mauern oben drüber heraus sahen. Wir standen an dem Gitter und sahen dem Phänomen zu. Der Mond stand hoch und heiter. Nach und nach zog sich der Rauch durch die Gewölbe, durch die Ruinenwände, und der Mond beleuchtete ihn wie einen Nebel. Der Anblick war köstlich. So muß man das Pantheon, das Capitol beleuchtet sehn. Den Vorhof der Peterskirche und andre große Straßen und Plätze.

An Carl August von Sachsen-Weimar-Eisenach

Rom, den 3. Februar 1787

Ihr lustiges Brieflein von Gotha, Ihr gütiger teilnehmender Brief von Mainz sind mir, fast zu gleicher Zeit, zur guten Stunde geworden und haben meiner Lauf- und Reisebahn neues Licht und Freude gebracht. Ohne Teilnahme derer, an die mich das Schicksal so festgeknüpft hat, ohne Ihre Zufriedenheit mag und kann ich nichts genießen, alle Ideen von Abgeschiedenheit sind nur Phantomen des Selbstbetrugs, die mit dem Fieber verschwinden.

Rom fängt nun an, sich über mir zu erleichtern, die entsetzliche Masse von Gegenständen sich zu ordnen und Licht in die Tiefen zu scheinen. Entsetzlich war zuletzt meine Begierde hierher zu kommen, und nun ist meine Zufriedenheit vollkommen, daß ich diesen Ort nicht eher betreten habe. Recht bedauerlich waren mir einige Reisende, die ich habe kennen lernen, die jung und unvorbereitet und doch mit Eifer und Ernst unter der Last von Begriffen, die auf sie zudrangen, gleichsam erlagen.

Ich habe nun überwunden und bin nun täglich mit mehr Lust und Freude da; besonders wird eine kleine Abwesenheit das Anschauen nur mehr auffrischen. Jetzt suche ich nur zu komplettieren und auch die weniger interessanten Gegenstände zu sehen, die man wenigstens gesehen haben muß.

Die Kunstwerke der ersten Klasse müßte man von Zeit zu Zeit wiedersehen können, in ihnen ist ein unabsehlicher Abgrund.

Wahrscheinlich haben Sie zu Ihrer Reise auch so schönes Wetter, heute ist hier ein reiner Maitag.

Von interessanten Männern habe ich manchen, von Weibern außer Angelika [Kauffmann] nur eine kennen gelernt. Mit dem schönen Geschlechte kann man sich hier, wie überall, nicht ohne Zeitverlust einlassen.

Die Mädgen oder vielmehr die jungen Frauen, die als Modelle sich bei den Malern einfinden, sind allerliebst mitunter und gefällig, sich beschauen und genießen zu lassen. Es wäre auf diese Weise eine sehr bequeme Lust, wenn die französischen Einflüsse nicht auch dieses Paradies unsicher machten. Ich bringe das Porträt von so einem Geschöpfe mit, man kann nichts Zierlichers sehn.

Vom Theater und den kirchlichen Zeremonien bin ich gleich übel erbaut, die Schauspieler geben sich viel Mühe, um Freude, die Pfaffen, um Andacht zu erregen, und beide würken nur auf eine Klasse, zu der ich nicht gehöre, beide Künste sind in ein seelenloses Gepränge ausgeartet. Auf alle Fälle ist der Papst [Pius VI.] der beste Schauspieler, der hier seine Person produziert.

Die andern Menschen, die nicht öffentlich gaukeln, treiben meist ihr Spiel im stillen, vielleicht komm ich auch dazu, dieses näher zu sehen. Man kann sich leicht denken, daß es mitunter sehr einfach ist.

An denselben

Neapel, den 27. Mai 1787

Von meiner glücklichen Rückkunft aus Sizilien, von meiner Exkursion nach Paestum wird Frau von Stein etwas sagen können; überhaupt muß ich alles Detail bis auf meine Rückkunft versparen, denn da war und ist kein Mittel, meine Anmerkungen in Ordnung zu bringen. Ich bin über alle Maßen von meiner Reise zufrieden und von meinem zweiten hiesigen Aufenthalt. Ich habe mehrere interessante Menschen kennen lernen, um derentwillen ich wohl noch eine Zeit bleiben möchte, allein der erste Juni ist und bleibt zu meiner Abfahrt angesetzt, eben wie ich aus Rom bald nach St. Peter zu gehen gedenke. Für den ersten Anbiß habe ich nun Italien genug gekostet; wollte ich es mehr und gründlicher nutzen, so müßte ich in einigen Jahren wieder kommen, ich bin nur von Gipfel zu Gipfel geeilt und sehe nun erst recht, was mir alles an Mittelkenntnissen fehlt. Daß ich Sizilien gesehen habe, ist mir ein unzerstörlicher Schatz auf mein ganzes Leben . . .

Diese Stadt [Neapel] ist für einen Fremden sehr reizend; man kann einsam und für sich leben und doch unter dem schönsten Himmel von den mannigfaltig zubereiteten Ergötzlichkeiten sein Teil wegnehmen. Ich bin neugierig, wie mir sein wird, wenn ich kein Meer künftig sehe, das ich nun drei Monate anhaltend und aus so vielen Gesichtspunkten im Auge gehabt habe. Das ist an Sizilien so lustig, daß, wenn man kaum eine

Strecke ins Land hinein ist, gleich auf der andern Seite das Meer wieder erscheint, und eine neue Küste uns entgegen lacht.

Auf alle Weise seh ich aber, wie schwer es ist, ein Land zu beurteilen, der Fremde kann es nicht und der Einwohner schwer. Und dann ist der Mensch so einseitig, daß ein so großer und mannigfaltiger Gegenstand von ihm nicht wohl begriffen werden kann. Diejenige, die ich über Neapel und Sizilien gesprochen habe, haben im einzelnen fast alle recht, im ganzen, wie mir scheint, fast keiner.

Über alle diese Dinge wird mündlich manches abzuhandlen sein, es gehört dazu, daß man bestimmt und ausführlich spreche.

In diesen meinen letzten Tagen unterhält mich auch das Theater, an dem ich bisher wenig Freude gehabt habe. Doch seh ich, daß ich auf alle Fälle zu alt für diese Späße bin. Die andern bildenden Künste erfreuen mich mehr, und doch am meisten die Natur mit ihrer ewig konsequenten Wahrheit.

Auf dem Schiffe habe ich manchmal an Sie gedacht, daß die präzisen und schnellen Manœuvres Sie sehr unterhalten würden. Es ist eine respektable Maschine, an der alles ausgedacht, nichts Willkürliches ist, noch sein kann. Ich habe auf dem Hin- und Herweg vom Meere gelitten und also viel Freude verloren. Stromboli ist ein wunderlicher Anblick. Eine solche immer brennende Össe, mitten im Meere, ohne weiteres Ufer noch Küste. Die Sirenenfelsen hinter Capri aber haben uns den unvergeßlichsten Eindruck gelassen, an denen wir beinahe, auf die seltsamste Art, bei völlig heitrem Himmel und vollkommner Meeresstille, eben durch diese Meeresstille zu Grunde gegangen wären.

An Charlotte von Stein

Rom, den 8. Juni [1787]

Nun kann ich Dir wieder aus dieser alten Hauptstadt einen Gruß bieten. Vorgestern nach Mittage bin ich wieder hier angekommen . . .

Die letzten Tage in Neapel wurde ich immer mehr unter die Menschen gezogen, es reut mich nicht, denn ich habe interessante Personen kennen lernen. Auch kam Lucchesini noch an, um dessentwillen ich den 1. und 2. Juni noch in Neapel blieb. In ihm hab ich einen rechten Weltmenschen gesehen und recht gesehen, warum ich keiner sein kann. Der Vesuv, der seit meiner Rückkehr von Sizilien stark gebrannt hatte, floß endlich den 1. Juni von einer starken Lava über. So hab ich denn auch dieses Naturschauspiel, obgleich nur von weitem, gesehn. Es ist ein großer Anblick. Einige Abende, als ich aus dem Opernhause ging, das nah am Molo liegt, ging ich noch auf den Molo spazieren. Dort sah ich mit Einem Blick den Mond, den Schein des Monds auf den Wolkensäumen, den Schein des Monds im Meere und auf dem Saum der nächsten Wellen, die Lampen des Leuchtturms, das Feuer des Vesuvs, den Widerschein davon im Wasser und die Lichter auf den Schiffen. Diese Mannigfaltigkeit von Licht machte ein Einziges Schauspiel.

Dergleichen viele sehr schöne Anblicke hab ich genossen, die mir in der Seele lebendig bleiben und nicht wieder von mir genommen werden können. Ich ging allein und gern von Neapel, man kommt dort nicht zu Sinnen, man müßte sich denn besonders und auf längere Zeit einrichten. Drei und einen halben Tag bracht ich auf der Reise sehr glücklich zu. Ich saß allein in der Vettur und ließ mich so fortschleppen, genoß der Gegend, zeichnete einiges und rekapitulierte Neapel und Sizilien. Ich habe die größte Ursache, von meiner Reise zufrieden zu sein, ich habe mir die schönsten und solidesten Schätze gesammelt.

Gestern war Fronleichnam. Ich bin nun ein für allemal für diese kirchlichen Zerimonien verdorben, alle diese Bemühungen, eine Lüge geltend zu machen, kommen mir schal vor, und die Mummereien, die für Kinder und sinnliche Menschen etwas Imposantes haben, erscheinen mir, auch sogar wenn ich die Sache als Künstler und Dichter ansehe, abgeschmackt und klein. Es ist nichts groß als das Wahre, und das kleinste Wahre ist groß. Ich kam neulich auf einen Gedanken, der mich sagen ließ: auch eine schädliche Wahrheit ist nützlich, weil sie nur Augenblicke schädlich sein kann und alsdann zu andern Wahrheiten führt, die immer nützlich und sehr nützlich werden müssen, und umgekehrt ist ein nützlicher Irrtum schädlich, weil er es nur augenblicklich sein kann und in andre Irrtümer verleitet, die immer schädlicher werden. Es versteht sich dieses im großen Ganzen der Menschheit betrachtet. Das Beste, ja das Einzige des ganzen Festes sind die Teppiche nach Raffaels Zeichnungen, deren Fürtrefflichkeit auszudrücken keine Worte hinreichen. Diese Kompositionen sind von seiner besten Zeit, hier zwar nur gewürkte Kopien, zum Teil aber fürtrefflich gemacht, und an Sinn, Zeichnung, Poesie, Ausführlichkeit, was man sich nur denken und wünschen mag, ja, ohne sie gesehn zu haben, nicht denken und wünschen kann. Beschreibungen, was sie vorstellen, findest Du in allen Reisebeschreibungen.

Nun komme ich auf mich selbst und finde mich in einer zweifelhaften Lage, doch will ich es werden lassen, es hat sich alles so gut gemacht. Ich muß nun mit Gewalt an die vier letzten Bände [Schriften 5–8], und wie ich Dir schon schrieb, müssen sie in Ordnung sein, eh ich zu Euch zurückkehre, auch haben sich neue Sujets zugedrängt, die ich ausführen muß, denn das Leben ist kurz; wo ich nun sitze, hier oder in Frankfurt, das ist eins, und Rom ist der einzige Ort in der Welt für den Künstler, und ich bin doch einmal nichts anders. Wäre nur die Rückreise im Winter oder gegen den Winter nicht zu beschwerlich. Doch es mag werden.

Übrigens habe ich glückliche Menschen kennen lernen, die es nur sind, weil sie *ganz* sind; auch der Geringste, wenn er ganz ist, kann glücklich und in seiner Art vollkommen sein, das will und muß ich nun auch erlangen, und ich kanns, wenigstens weiß ich, wo es liegt und wie es steht, ich habe mich auf dieser Reise unsäglich kennen lernen. Ich bin mir selbst wiedergegeben und nur umso mehr Dein. Wie das Leben der letzten Jahre wollt ich mir eher den Tod gewünscht haben, und selbst in der Entfernung bin ich Dir mehr, als ich Dir damals war. Ich will nun hier erst alles durchsehen, was ich zurückließ, und dann wollen wir weiter sehen. Noch muß ich Deiner Briefe entbehren, schreibe mir nur immer, daß Du mir auf einmal schicken kannst, wenn ich Dir anzeige wohin. Ich danke Dir für Deine Liebe und Treue und für Deine freundlichen Worte.

Sage Herdern, daß ich dem Geheimnis der Pflanzenzeugung und -Organisation ganz nahe bin und daß es das Einfachste ist, was nur gedacht werden kann. Unter diesem Himmel kann man die schönsten Beobachtungen machen. Sage ihm, daß ich den Hauptpunkt, wo der Keim stickt, ganz klar und zweifellos entdeckt habe, daß ich alles übrige auch schon im ganzen übersehe und nur noch einige Punkte bestimmter werden müssen. Die Urpflanze wird das wunderlichste Geschöpf von der Welt, über welches mich die Natur selbst beneiden soll. Mit diesem Modell und dem Schlüssel dazu kann man alsdann noch Pflanzen ins Unendliche erfinden, die konsequent sein müssen, das heißt: die, wenn sie auch nicht existieren, doch existieren könnten und nicht etwa malerische oder dichterische Schatten und Scheine sind, sondern eine innerliche Wahrheit und Notwendigkeit haben. Dasselbe Gesetz wird sich auf alles übrige Lebendige anwenden lassen.

Auf Herders dritten Teil [Ideen zur Philosophie der Geschichte der Menschheit] freu ich mich sehr, hebe mir ihn auf, bis ich sagen kann, wo er mir begegnen soll. Er wird gewiß den schönen Traumwunsch der Menschheit, daß es dereinst besser mit ihr werden möge, trefflich ausgeführt haben. Auch muß ich selbst sagen, halt ich es für wahr, daß die Humanität endlich siegen wird, nur fürcht ich, daß zu gleicher Zeit die Welt ein großes Hospital und einer des andern humaner Krankenwärter werden wird.

An Carl August von Sachsen-Weimar-Eisenach

Rom, den 29. Dezember 1787

Von allen Seiten höre ich, daß es Ihnen wohl geht, daß Sie im Haag vergnügt sind und der Kriegshimmel sich aufgeheitert hat. Das Glück bei Frauen, das Ihnen niemals gefehlt hat, wird Sie auch in Holland nicht verlassen und Sie dafür schadlos halten, daß Sie die schöne Emilie [Gore] in Ihrem Hause versäumt haben.

Mich hat der süße kleine Gott in einen bösen Weltwinkel relegiert. Die öffentlichen Mädchen der Lust sind unsicher wie überall. Die Zitellen (unverheuratete Mädchen) sind keuscher als irgendwo, sie lassen sich nicht anrühren und fragen gleich, wenn man artig mit ihnen tut: e che concluderemo?[1]

1 und was werden wir am Ende beschließen?

Denn entweder man soll sie heuraten oder sie verheuraten, und wenn sie einen Mann haben, dann ist die Messe gesungen. Ja, man kann fast sagen, daß alle verheuratete Weiber dem zu Gebote stehn, der die Familie erhalten will. Das sind denn alles böse Bedingungen, und zu naschen ist nur bei denen, die so unsicher sind als öffentliche Kreaturen. Was das *Herz* betrifft, so gehört es gar nicht in die Terminologie der hiesigen Liebeskanzlei.

Nach diesem Beitrag zur statistischen Kenntnis des Landes werden Sie urteilen, wie knapp unsre Zustände sein müssen und werden ein sonderbar Phänomen begreifen, das ich nirgends so stark als hier gesehen habe, es ist die Liebe der Männer untereinander. Vorausgesetzt, daß sie selten bis zum höchsten Grad der Sinnlichkeit getrieben wird, sondern sich in den mittlern Regionen der Neigung und Leidenschaft verweilt, so kann ich sagen, daß ich die schönsten Erscheinungen davon, welche wir nur aus griechischen Überlieferungen haben (s. Herders Ideen, III. Band, pag. 171), hier mit eignen Augen sehen und als ein aufmerksamer Naturforscher das Physische und Moralische davon beobachten konnte. Es ist eine Materie, von der sich kaum reden, geschweige schreiben läßt, sie sei also zu künftigen Unterhaltungen aufgespart.

An denselben

Rom, den 25. Januar 1788

Die Hauptabsicht meiner Reise war: mich von den physisch-moralischen Übeln zu heilen, die mich in Deutschland quälten und mich zuletzt unbrauchbar machten; sodann den heißen Durst nach wahrer Kunst zu stillen; das erste ist mir ziemlich, das letzte ganz geglückt.

Da ich ganz frei war, ganz nach meinem Wunsch und Willen lebte, so konnte ich nichts auf andre, nichts auf Umstände, Zwang oder Verhältnisse schieben, alles kehrte unmittelbar auf mich zurück, und ich habe mich recht durchaus kennen lernen, und unter manchen Mängeln und Fehlern ist der, welchen Sie rügen, nicht der letzte. Ganz unter fremden Menschen, in einem fremden Lande zu leben, auch nicht einen bekannten Bedienten zu haben, an den man sich hätte anlehnen können, hat mich aus manchen Träumen geweckt, ich habe an munterm und resolutem Leben viel gewonnen. Als ich zuerst nach Rom kam, bemerkt ich bald, daß ich von Kunst eigentlich gar nichts verstand und daß ich bis dahin nur den allgemeinen Abglanz der Natur in den Kunstwerken bewundert und genossen hatte; hier tat sich eine andre Natur, ein weiteres Feld der Kunst vor mir auf, ja ein Abgrund der Kunst, in den ich mit desto mehr Freude hineinschaute, als ich meinen Blick an die Abgründe der Natur gewöhnt hatte. Ich überließ mich gelassen den sinnlichen Eindrücken, so sah ich Rom, Neapel, Sizilien und kam auf Corpus Domini nach Rom zurück. Die großen Szenen der Natur hatten mein Gemüt ausgeweitet und alle Falten herausgeglättet, von der Würde der Landschaftsmalerei hatte ich einen Begriff erlangt, ich sah Claude [Lorrain] und Poussin mit andern Augen; mit Hackert, der nach Rom kam, war ich vierzehn Tage in Tivoli, dann sperrte mich die Hitze zwei Monate in das Haus, ich machte Egmont fertig und fing an, Perspektiv zu treiben und ein wenig mit Farben zu spielen. So kam der September heran, ich ging nach Frascati, von da nach Castello und zeichnete nach der Natur und konnte nun leicht bemerken, was mir fehlte. Gegen Ende Oktobers kam ich wieder in die Stadt, und da ging eine neue Epoche an. Die Menschengestalt zog nunmehr meine Blicke auf sich, und wie ich vorher, gleichsam wie von dem Glanz der Sonne, meine Augen von ihr weggewendet, so konnte ich nun mit Entzücken sie betrachten und auf ihr verweilen. Ich begab mich in die Schule, lernte den Kopf mit seinen Teilen zeichnen, und nun fing ich erst an, die Antiken zu verstehen. Damit brachte ich November und Dezember hin und schrieb indessen Erwin und Elmire, auch die Hälfte von Claudinen. Mit dem ersten Januar stieg ich vom Angesicht aufs Schlüsselbein, verbreitete mich auf die Brust und so weiter, alles von innen heraus, den Knochenbau, die Muskeln wohl studiert und überlegt, dann die antiken Formen betrachtet, mit der Natur verglichen und das Charakteristische sich wohl eingeprägt. Meine sorgfältige, ehemalige Studien der Osteologie und der Körper überhaupt sind mir sehr zustatten gekommen, und ich habe gestern die Hand, als den letzten Teil, der mir übrig blieb, absolviert. Die nächste Woche werden nun die vorzüglichsten Statuen und Gemälde Roms mit frisch gewaschnen Augen besehen.

Diesen Cursum habe ich an der Hand eines Schweizers namens Meyer, eines gar verständigen und guten Künstlers, gemacht, und ein junger Hanauer namens Büry, der mit mir zusammen wohnt und ein gar resolutes gutes Wesen ist, hat mir nicht wenig geholfen. Meine Absicht ist nun, im Februar einige Landschaftszeichnungen zu kopieren, einige Veduten nach der Natur zu zeichnen und zu kolorieren und so auch darin sichrer zu werden. Den März wollt ich anwenden, das Wichtigste nochmals zu durchlaufen, einige Menschen zu sehen, dann die Benediktion aufladen und von Rom für diesmal Abschied nehmen.

An denselben

(Venedig, den 3. April 1790)

Am 31. März bin ich in Venedig glücklich angelangt, nach einer vergnüglichen Reise. Das Wetter war meist schön, besonders durch Tirol.

Diesseits der Alpen, von Verona bis hierher habe ich immer Nordost gehabt, hellen Himmel, aber kalt. Heute, den zweiten April, hat es hier geschneit. Auf dem Lande sind die Bäume noch sehr zurück, bei Bozen blühten Mandeln und Pfirschen, um Verona war es auch sehr schön, an den Hügeln hin, das flache Land sieht aber noch nicht italienisch aus. Nun bin ich unter den Amphibien und werde mich bald daran gewöhnen. Von Ihrer Frau Mutter habe ich noch keine Spur, und Einsiedel hat mir einen Gasthof angezeigt, der gar nicht in Venedig existiert. Durch einen Zufall bin ich in eine gute Wohnung gekommen und habe den wahrhaften Musäus zum Wirte, ich erneuere mir sachte den Begriff dieser seltsamen Stadt und gehe das Merkwürdigste darin durch.

Diese Reise hat mich recht zusammengeschüttelt und wird mir an Leib und Seele wohltun.

Übrigens muß ich im Vertrauen gestehen, daß meiner Liebe für Italien durch diese Reise ein tödlicher Stoß versetzt wird. Nicht, daß mirs in irgend einem Sinne übel gegangen wäre, wie wollt es auch? aber die erste Blüte der Neigung und Neugierde ist abgefallen, und ich bin doch auf oder ab ein wenig schmelfungischer geworden. Dazu kommt meine Neigung zu dem zurückgelaßnen Erotio und zu dem kleinen Geschöpf in den Windeln, die ich Ihnen beide, wie alles das Meinige, bestens empfehle. Ich fürchte, meine *Elegien* haben ihre höchste Summe erreicht, und das Büchlein möchte geschlossen sein. Dagegen bring ich einen Libellum *Epigrammatum* mit zurück, der sich Ihres Beifalls, hoffe ich, erfreuen soll.

In manchen Augenblicken wünsch ich Sie mit mir zu sehen, nur damit Sie sich in Deutschland besser freuten.

Das ist nun hier mitten im Wasser, und wir sind mitten im Land! das ist das beste Element, wo man sich seiner und der Seinigen freuen kann. Leben Sie recht wohl.

G.

KARL PHILIPP MORITZ

1756–1793

An Karl Friedrich Klischnig

Rom, den 5ten November 1786

So wäre ich denn in dieser Hauptstadt der Welt und hätte das Ziel erreicht, wonach ich mich so oft sehnte!

Noch ist mir meine Ankunft in diesem Lande wie ein schöner Traum. Ich fürchte zu erwachen.

Bin ich denn wirklich derjenige, frage ich mich oft, der noch vor wenigen Wochen von klösterlichen Mauern eingeengt ein Pflanzenleben führte und wie das Roß in der Mühle alle Tage denselben Kreislauf begann?

Frei wie ein Gott durchwall ich diese herrliche Gegend, wo die Vorzeit den Stempel ihres großen Geistes rings um mich herum in den erhabensten Überbleibseln eingedrückt hat. Alles ist mir heilig. Wie einen alten Freund nach langer Trennung umfasse ich mit Liebe manches Plätzchen, das ich schon in der Entfernung kannte. –

Verona, Mantua, Ancona bin ich nur durchflogen. Nach Rom verlangt ich! Hier denk ich durch das Studium der größten Meisterwerke mir erst einen Maßstab für die Merkwürdigkeiten dieser Städte zu erwerben, und dann, von diesem festen Wohnplatz aus, die umliegende Gegend mit größerm Nutzen zu besuchen.

Horaz, Martial, Virgil und Livius sind allenthalben meine Begleiter.

An denselben

[Rom,] den 23ten November 1786

Ich wünschte Dir die Gegend von Rom beschreiben zu können, wie ich sie vor einigen Tagen an einem schönen Morgen in Gesellschaft einiger deutscher Künstler vom Capitol hatte. Rom auf seinen Hügeln, an der mäandrisch sich schlängelnden Tiber, rings umher fruchtreiche Täler mit Gebirgen abwechselnd! Ein majestätischer Anblick! Und dies der Schauplatz, wo die Helden handelten, die nach so vielen Jahrhunderten noch von den entferntesten Völkern des Erdbodens bewundert werden! –

Was meinen Aufenthalt in Rom noch angenehmer macht, ist die Gesellschaft eines Mannes, der mir wie ein wohltätiger Genius nirgend gewünschter erscheinen konnte als eben hier.

Goethe – ich brauche nur seinen Namen zu nennen, um Dir alles gesagt zu haben – ist vor kurzem angekommen. Ich habe mich sogleich an ihn angeschlossen und mit ihm mehrere kleine Spaziergänge in der umliegenden Gegend gemacht.

Es ist eine Wollust, einen großen Mann zu sehen! – Wie warm empfinde ich dies jetzt.

Ich hab ihm von Dir, unserm Zusammenwohnen und unsern Wanderungen erzählt. Er nimmt viel Anteil daran.

O warum kannst Du nicht auch Dich an seines Geistes milder Flamme wärmen!

Ich fühle mich durch seinen Umgang veredelt. Die schönsten Träume längst verfloßner Jahre gehn in Erfüllung.

An Frau Bergrat Standtke

Neapel, den 3. Mai 1787

Vor mir sehe ich aus meinem Fenster das stille Meer und in einiger Entfernung die Insel Capri; zu meiner Linken raucht der Vesuv, rund umher mit Weinbergen bepflanzt und mit Landhäusern besäet, die im Kontrast gegen die rauchende und flammende Spitze des Berges einen Anblick gewähren, der über alle Beschreibung geht. Zu den Füßen des Vesuv dicht am Meere sehe ich, über dem verschütteten Herkulanum, das angenehme Städtchen Portici mit dem königlichen Lustschlosse liegen; und unten, längs dem Meere hin, die schöne breite Straße, welche von Neapel dorthin führt. Die Stadt Neapel macht in dem Meerbusen einen halben Zirkel von unabsehlicher Größe, weil es wegen der immer fortgehenden Landhäuser scheinet, als wenn die angrenzenden Städte Portici usw. mit dazu gehörten. Um sich einen Begriff von dem Meerbusen von Neapel zu machen, schlagen Sie doch in Ihrem Atlas die Karte von Italien auf und stellen Sie sich vor, Sie könnten mit einem Blick die ganzen Ufer vom Vorgebirge der Minerva bis zum Misenischen Vorgebirge übersehen. Diesen Anblick hat man hier, wenn man sich nur auf einer Barke eine kleine Strecke weit ins Meer fahren läßt; und nun denken Sie sich dieses ganze Ufer mit Weinbergen, Städten und Landhäusern in solcher Fülle überdeckt, daß das Auge an dem Anblick sich fast nicht ersättigen kann: und dann in der Mitte von diesen allen die Stadt Neapel mit ihren himmelansteigenden Palästen, deren Anblick immer schöner wird, je weiter man sich von ihr entfernt und je mehr man den Prospekt vom Meere aus gewinnt. – O meine Beste, wie oft habe ich hier schon am Abend auf der ruhigen See, indem ich nach dem prächtigen Neapel und in der Ferne bis nach Surrento hinüber blickte, an Berlin und an die Ufer der Spree gedacht und mich in einem seligen Augenblicke dahin gewünscht! Hier ist der Königliche Maler und Kupferstecher Hackert, aus Berlin gebürtig, mit dem ich mich am meisten und liebsten von Berlin unterhalte, so oft wir zusammen sind.

An dieselbe

[Neapel,] den 5ten Mai [1787]

Ich schreibe Ihnen dies in einem Wirtshause in Portici am Fuße des Vesuv, auf dessen höchsten Gipfel ich mich noch vor ungefähr zwei Stunden befand. Diese schreckliche Naturerscheinung habe ich also nun auch in der Nähe betrachtet. Heute früh, weil es ein heitrer Tag war, entschloß ich mich, mit einer Gesellschaft von noch drei Personen, worunter sich auch ein Landschaftsmaler aus Berlin befand, hinaufzusteigen. Am Fuße des Berges liegt ein Dorf, aus welchem die Bauern die Fremden hinaufführen. Hier nimmt man also Wegweiser und Maulesel, mit denen man zwar eine ziemliche Strecke den Berg hinanreitet, aber noch eine weit größere Strecke durch Lava und Asche zu steigen hat, ehe man den Gipfel erreicht. Der untere Teil des Berges ist rund umher mit den schönsten Weingärten umpflanzt, worin der vortrefflichste Wein wächst. Gegen diesen untern Teil macht der obere Teil des Berges, welcher aus lauter Asche und Lava besteht und schwarz aussieht, einen sonderbaren Kontrast, so wie auch der breite schwarze Strom von Lava, der sich das letztemal bis ans Meer hinunter ergoß und dessen Gang man noch sehr deutlich wahrnimmt. Mitten durch diesen ehemaligen Lavastrom führte uns zum Teil unser Weg wie auf lauter Eisenschlacken, und selbst aus dieser Lava sahe man doch schon hin und wieder grüne Sprossen hervorkeimen. Nun kamen wir aber erst an den eigentlichen Fuß des schwarzen Aschenberges, wo, so weit man siehet, auch nicht ein Grashälmchen wächst, und wo man gar keinen Weg mehr sieht, sondern bis an die Knie durch Asche und Lava steil in die Höhe steigen muß. Unsre Maulesel wurden hier an große Steine fest gebunden, und unsre Führer banden sich einen Gurt um den Leib, woran man sich halten muß, um von ihnen gleichsam heraufgezogen zu werden, weil sie in der Asche und Lava einen festen Tritt haben. Ob man nun gleich auf diese Weise gezogen wird, so ist doch das Hinansteigen das allerermüdendste, was man sich nur denken kann; denn bei jeden drei Schritten, die man vorwärts tut, fährt man wenigstens einen Schritt selbst mit dem Wegweiser wieder in der Asche zurück. Und weil es so erstaunlich steil hinangeht, muß man sich alle hundert Schritte wenigstens einmal ausruhen. Aber zur Belohnung für diese Ermüdung sieht man auch jedesmal, wo man ausruht, die Aussicht auf eine wunderbare Art um sich her erweitert. Von dem schwarzen Aschenberge übersieht man die reizenden grünen Ufer des ganzen Meerbusens von Neapel, welche einem immerwährenden Lustgarten gleichen. Man sieht endlich weit über dem Meerbusen von Neapel zur Rechten den Meerbusen von Gäta und zur Linken den von Salerno und auf dem Meere die Inseln Ischia, Capri, Procida usw. wie auf einer Landkarte vor sich liegen; auf der Landseite die ganze fruchtbare Ebene, welche sich bis weit über Capua hin erstreckt. Wenn Sie diese Örter auf der Landkarte nachsehen, so werden Sie sich von dieser Aussicht ohngefähr eine Vorstellung machen können. Am schönsten ist der Anblick der nahen Inseln, die man mit ihren Städten, Bergen, Tälern und Flüssen mitten im Meere liegen sieht. Wenn man endlich auf die Spitze des Berges gekommen ist, so ist auf dieser Spitze noch eine andere, welche den eigentlichen Krater ausmacht, der beständig Rauch und Flammen und Steine auswirft, und auch auf diesen Krater steigt man herauf, bis an den Rand des Abgrundes, aus welchem die Flamme hervorbricht; hiebei nimmt man immer eine solche Stellung, daß der Wind den Rauch, die Flamme und den Steinregen von einem wegtreibt, wo man alsdann gerade in den Krater hineinsehen kann, und wo die Wegweiser einen hinführen, da steht man auch immer völlig sicher. Der oberste Krater, so wie der ganze oberste Gipfel des Berges, ist weiter nichts als eine dünne Kruste, unter welcher sich unmittelbar das Feuer befindet, und der Boden ist an manchen Orten so heiß, daß man kaum darauf stehen kann. Hie und da sind dünne Spalten, über welche man wegschreitet und die beständig rauchen; die Wegweiser steckten einen von ihren Stäben mit der Spitze in eine solche Spalte hinein, und er fing sogleich an zu brennen. Nun war es ein Unglück für uns, daß sich plötzlich der Wind änderte und wir nicht von der rechten Seite auf den Krater steigen konnten, wo man gemeiniglich hinaufzusteigen pflegt: denn hier trieb uns der Wind den Rauch und Steinregen gerade entgegen, so daß noch halb glühende Schlacken dicht vor unsern Füßen niederfielen, wovon ein jeder, nachdem sie kalt geworden waren, ein Stück in die Tasche steckte. Um nun auf die andere Seite, wo der Wind nicht herkam, zu kommen, mußten wir die Zeit abwarten, wo der Steinregen eine Weile aufhörte, und so geschwind wir konnten über die ausgeworfenen Schlacken hinklettern, ehe wieder ein neuer Steinregen erfolgte. Vor jedem Steinauswurf geht in dem Berge immer ein kurzes Gebrüll vorher, wodurch er sich ankündigt. Als wir nun auf die andere Seite gekommen waren, so rauchte der Berg fast auf allen Ecken, und nun stiegen wir denn den Krater selbst herauf, welches eine der schrecklichsten Ermüdungen war, die ich in meinem Leben gehabt habe: denn die Außenseite des Kraters besteht aus nichts als losen Steinen und Schlacken, die bei dem geringsten Anstoß herunterrollen. Zwischen diesen Steinen nun, die über und unter einem wegrollen, muß man sich auf Händen und Füßen hinaufarbeiten; mein Wegweiser kroch auf die Weise hinan und ich ihm nach, und da wir schon beinahe in der Mitte waren, rutschten wir beide wieder beinahe den ganzen Krater hinunter, und so mußten wir zwei- bis dreimal ansetzen, ehe es uns endlich gelang, den Gipfel zu ersteigen; der Rauch, welcher hiebei allenthalben aus den Ritzen hervordrang, die Schlacken, welche um uns her rollten, und der Berg, welcher unter uns brüllte, machten diesen Aufmarsch sehr ernsthaft und feierlich. So wie wir an den obersten Rand des Kraters kamen, war es mir vor Ermüdung kaum mehr möglich Atem zu schöpfen; ich warf mich auf den Boden nieder und wäre hier gern eingeschlafen, wenn es Zeit dazu gewesen wäre; allein ehe wir es uns versahen, stieg ein neuer Steinregen mit einer Rauch- und Feuersäule so nahe vor uns auf, daß wir sie mit der Hand hätten erreichen können; sie wurde bald vom Winde auf die andere Seite von uns abgetrieben. Hier sahe ich also nun dieses fürchterliche Schauspiel, das schon in der Ferne einen so schaudervollen Anblick gibt, so nahe, als man es nur sehen kann, und nun ging es ebenso schnell den Krater und den Berg wieder herunter, als es langsam heraufgegangen war; denn man geht nicht, sondern glitscht nur durch die Asche und Steine wieder hinunter, wodurch denn freilich die Schuhe in Stücken zerrissen werden. Am Fuße des Berges warteten unsere Maultiere, und als wir in dem Dorfe wieder anlangten, von welchem wir ausgezogen waren, tranken wir echte Tränen Christi, einen Wein, der am Vesuv wächst, und erinnerten uns der gehabten Beschwerlichkeiten mit Vergnügen . . .

Gestern bin ich in der ausgegrabenen alten Stadt Pompeji gewesen, wovon eine ganze Straße wieder aufgedeckt ist, die man mit allen Häusern und Buden an beiden Seiten, mit dem alten Wagengleise, das sich ins Pflaster eingedrückt hat, mit den Stadttoren und allem, was zu einer Stadt gehört, siehet, und in den Häusern, die seit mehr als fünfzehnhundert Jahren von der Asche überdeckt gewesen sind, wieder umhergehen und die ganze häusliche Einrichtung der Alten, ihre Küche, Kammern, Speise- und Schlafzimmer, ihre Malerei in den Zimmern usw.

betrachten kann. Es ist ein wunderbarer Anblick, wenn man in dieser Straße zwischen den beiden Reihen Häusern, alle von antiker Bauart, auf- und niedergeht. Doch mündlich auch hiervon eine ausführlichere Beschreibung!

ALEXANDER TRIPPEL

1744–1793

Adressat unbekannt

(Rom, den 9. Dezember 1786)

Vor ungefähr vierzehn Tagen ist ein groß Unglück über den guten Schwendemann gekommen, es wurde ihm ein teutscher Pütschaftstecher von dem kaiserlichen Agenten anentfohlen, ein Mensch ohne Nase und der dabei noch stark hinkte, dieser überlief ihn sehr öfters und fragte ihn um Arbeit, der gute Schwendemann konnte ihm nicht so viele verschaffen, daß er davon leben konnte, weilen dieser sich mit die Menscher abgab. Eines Morgens früh kommt dieser Bösewicht zu ihm und will ihm Werkzeug verkaufen, der Schwendemann sagt ihm, er brauchte es nicht, dieser drang es ihm aber auf, er fragte ihn, was er davor haben wollte, dieser forderte ihm davor 2 Zechin, darauf sagte ihm der Schwendemann, daß all die Sachen neu nicht mehr als zwölf Paule koste, dieser drang ihn so darauf, daß ihm endlich 30 Paul davor gab, um ihn los zu werden. Den andern Morgen darauf kommt dieser Verruchte wieder zu ihm und sagte, er könne die Sachen nicht um das Geld geben, und er täte es ihm abdrücken, weilen er in Nöten wäre, darauf gab ihm der Schwendemann den Werkzeug zurück und schenkte ihm die 30 Paul, darauf wurde der Bösewicht so verbost und sagte, das will so viel sagen, daß ich nicht mehr kommen soll. Der arme Schwendemann, ohne was Böses zu denken, arbeitete fort, dieser gab ihm einen Hieb mit einem Hirschfänger an den Hals, der Schwendemann griff mit der Hand zu und nahm ihm den Hirschfänger aus der Hand und warf ihn gleich zum Fenster hinaus, er hatte aber dabei seine Hand sehr verwundt, den Kerl aber hat er zu Boden geschmissen und wollte ihm weiters nichts tun, dieser aber, wie er gesehen hat, daß er das Gewehr nicht mehr hatte, zog ein zweischneidig Messer hervor und gab dem armen Schwendemann mehr als 24 Stich. Das wurde ein Lärmen, die Wache wird geholt, die sprangen die Tür auf und fanden noch, wie sie mit einander ringen, der Bösewicht, wie er die Wache gesehen hat, schnitt sich selber den Bauch auf und krepierte drauf in Zeit von einer Viertelstund, der andere wurde nach dem Hospital gebracht alle Consolation, da wurde alles Mögliche an ihm getan, er wurde noch dazu vom Papst entfohlen, das halfe aber alles nichts, er bekam die Convoltion und sechs Tage darauf müßte er sterben. Das war den 30. Novemb. in der Nacht, er hat ausgestanden wie ein Martirer, denn er war allerwegens verwundt, jedermann hat ihn bedauert, und war auch bedaurenswürdig, denn er war der beste Mann von der Welt, der keine Mücke beleidigen konnte, daran kann man sehen, er hatte den andern entwaffnet und konnte ihn umbringen und wurde durch seine Gutheit von dem andern umgebracht. Woher der andere war, das weiß kein Mensch nicht, ich habe den Bösewicht öfters gesehen und wollte Bekanntschaft mit mir haben, aber sein Gesicht hat mir nicht gefallen und ließ ihm keine Gelegenheit, daß er nur mit mir sprechen konnte, man sagt, er habe noch zwei ander erstechen wollen, wenn ihm dieser gut geraten wäre, und darunter war der große Rat Reiffenstein und der ander ein teutscher Abati. Was hat nun der arme Schwendemann gehabt vor all seine Müh und Arbeit, als daß er hat auf eine elendige Art aus dieser Welt gehen, das war seine Belohnung vor seine Rechtschaffenheit. Wär er ein schlechter Mensch gewesen, so hätte er gewüß mehr Glück in dieser Welt gehabt.

Der Herr Göde ist vor ungefähr vier Wochen hierher gekommen unter dem Namen Müller eines teutschen Gelehrten, er logiert beim Tischbein, er geht bei niemand als beim Reiffenstein und bei der Angelika Kauffmann, denn sie haben einen Komplott gemacht, daß er nirgends darf hingehen, als wo sie ihn hinführen, also dieser große Löwe läßt sich durch die Gasse an der Nase herumführen. Es heißt, er bleibt den ganzen Winter hier, und er schreibt Tragödi di Iphgenia. Er ist einmal bei mir gewesen, sonsten bei keinem anderen.

JOHANN HEINRICH WILHELM TISCHBEIN

1751–1829

An Johann Kaspar Lavater

(Rom, den 9. Dezember 1786)

Sie haben in allem recht, was Sie von Goethe sagen. Das ist gewiß einer der vortrefflichsten Menschen, die man sehen kann. Stellen Sie sich meine unbeschreibliche Freude für, welche ich vor einigen Wochen hatte, Goethe kam mir unverhofft hierher, und jetzo wohnet er in meiner Stube neben mir, ich genüße also von des Morgens bis zur Nacht den Umgang dieses so seltenen klugen Mannes, was das nun für Vergnügen für mich ist, können Sie sich leicht denken, indem Sie Goethens Wert und meine Hochachtung gegen große Männer kennen.

Lieber, bester Lavater, könnte ich Sie hier auch einmal sehen, auf denen Ruinen, wo vor diesem so große Taten geschahen, scheint ein lebendiger Mann erst recht groß, es ist, als erkennte man ihn besser. Goethe ist ein *werklicher Mann,* wie ich in meinen ausschweifenden Gedanken ihn zu sehen mir wünschte.

Ich habe sein Porträt angefangen und werde es in Lebensgröße machen, wie er auf denen Ruinen sitzet und über das Schicksal der menschlichen Werke nachdenket – Unter allen Versprechungen, die ich Ihnen getan und nicht vollbracht habe, soll dieses aber gewiß geschehen, daß ich Ihnen sein Porträt bestimmt gezeichnet schicke. Sein Gesicht will ich recht genau und wahr nachzeichnen. Denn man kann wohl keinen glücklichern und ausdrucksvolleren Kopf sehen.

Goethe war mir durch Ihnen und seine anderen Freunde schon ziemlich bekannt, durch die vielen Beschreibungen, welche ich von ihm machen hörte, und habe ihn ebenso gefunden, wie ich mir ihn dachte. Nur die große Gesetztheit und Ruhe hätte ich mir in dem lebhaften Empfinder nicht denken können, und daß er sich in allen Fällen so bekannt und zu Hause findet. Was mir noch so sehr an ihm freut, ist sein einfaches Leben. Er begehrte von mir ein klein Stübgen, wo er in schlafen und ungehindert in arbeiten könnte, und ein ganzes einfaches Essen, das ich ihm denn leicht verschaffen konnte, weil er mit so wenigem begnügt ist. Da sitzet er nun jetzo und arbeitet des Morgens an seiner Efigenia fertig zu machen, bis um 9 Uhr, denn gehet er aus und siehet die großen hiesigen Kunstwerke. Mit was für einem Auge und Kenntnis er alles siehet, werden Sie sich leicht denken können, indem Sie wissen, wie wahr er denkt. Er laßt sich wenig von den großen Welt-Menschen steren, gibt und nimmt keinen Besuch außer von Künstler an. Man wollte ihm eine Ehre antun, was man denen großen Dichter, die vor ihm hier waren, getan hat, er verbat sich es aber und schützte den Zeit-Verlust vor und wandte auf eine höfliche Art den Schein von Eitelkeit von sich ab. Das ihm gewiß eben so viel Ehre macht, als wenn er werklich auf dem Capitol gekrönet worden wäre. Ich freue mich, daß ich jetzo lebe des Goethens und Lavaters wegen.

Tauset Empfehlungen an alle Freunde.

J. H. W. Tischbein

An Anna Amalia von Sachsen-Weimar-Eisenach

(Napoli, den 18. Dezember 1792)

Gnädigste Herzogin! Es vergehet kein Tag, an dem ich nicht an Ew. Durchlaucht denke, jedesmal, daß ich etwas Neues von Kunstsachen sehe, die mich freuen, so wünsche ich, daß selbige auch Ew. Durchlaucht sehen möchten, weil ich weiß, daß schöne Kunstwerke Sie erfreuen.

Ich habe jetzt täglich neue Freuden, seitdem ich mich sehr ernsthaft an das Studio der Figuren, die auf den etrurischen Vasen sind, gegeben habe. Fast jeden Tag mache ich neue Entdeckungen und bekam neue Zeichnungen, um meine schon zahlreiche Sammlung damit zu vermehren. Ich lasse jede Vase, die man ausgräbt oder die ich nur zu sehen bekomme, gleich abzeichnen, denn durch das viele Sehen lernt man unterscheiden und gelangt zu einer gewissen Kenntnis der Sachen. Denn bis jetzt sind diese Sachen noch nicht erkannt worden, und kann auch nicht eher geschehen, bis daß man viele dieser Zeichnungen beisammen sieht.

Man findet jetzt Vasen mit den sonderbarsten Vorstellungen, die einem auf die wunderbarsten Gedanken bringen. Als z. E.: Neulich fand man eine Vase, worauf ein hölzernes Kreuz gemalt war. Daneben steht eine weibliche Figur mit einem kurzen Mantel, und ein Held stehet auf der anderen Seite des Kreuzes. Auch hat man welche gefunden, wo Ritter sind, die auf ihrem Kleid ein Kreuz haben, auch ist dasselbe Zeichen auf ihrem Schild. Einen silbernen Ring fand man auch, worauf dieses Zeichen war. Diese Erscheinung hat die hiesigen Antiquare ganz irre gemacht und sie wissen selbiges noch nicht auszulegen.

Auch mythologische Vorstellungen hat man gefunden, die in diesem Fach sehr viele Aufklärung geben werden. Besonders ist der Marchese del Vasto glücklich gewesen, eine Vase zu finden mit vielen Figuren, wo die Hauptperson die Hekate ist, bei jeder ist der Namen auf Griechisch geschrieben. Dieses ist die schönste Vase, die ich je gesehen habe, und übersteigt an schöner und feiner Zeichnung alle anderen Vasen, die der König, Hamilton, Vincencio und andere haben. Nach dem Stil der Zeichnung zu urteilen, so ist sie in Sizilien gemacht worden. Er fand selbige auf der Grabstätte der Hauptstadt der Samniter, wo er jetzt graben läßt und täglich Vasen findet, so daß er in wenig Zeit einen ansehnlichen Schatz zusammen gebracht hat und noch zusammen bringen wird, weil in seinen Gütern die Grabstätte einer großen Hauptstadt liegt, und da, wo der König gräbt, war nur eine geringe Stadt gegen jene, und hat so viele vortreffliche Vasen gefunden, daraus läßt sich hoffen, daß dieser noch mehr finden werde. Der Cavaliere Venuti hat eine Zeitlang in Locri gegraben und viele aber nur kleine Vasen gefunden und viele Fragmente von großen Vasen, die alle von wunderbarer, schöner Zeichnung sind. Aber alles ist zerbrochen. Man glaubt, daß die Ursache hiervon sei, weil das Erdbeben diese Gegend so oft durcheinander geschüttelt und sogar einen Ort bis zum andern geworfen hat. Es kann auch sein, daß schon vor Alters die ganzen Vasen sind weggebracht worden. Was man aber da findet, ist sehr schön, und der Stil der Zeichnung ist aus einem hohen Alter, die schönsten Zeichnungen kommen von da. Aber noch schöner sind die aus Sizilien, nach diesen zwei kamen erst die Nolaner. Hamilton hat auch welche aus Griechenland bekommen. Der Stil der Vasen ist so unterschieden als der von den Malereien, so wie man den venezianischen von dem römischen unterscheidet, so kann man es auch bei den Vasen. Ich kenne sie jetzt so ziemlich, woher sie sind, weil ich viele verschiedene Zeichnungen habe, und dann habe ich mir ein Kabinett gemacht, wo alle diese Bilder aufgehangen sind, nach den Geschichten gereiht, so daß man sie in einem Blick übersiehet. Ich habe auch für den kaiserlichen Gesandten Esterhazy ein solches Kabinett machen lassen, das einen schönen Effekt macht, und verschiedene Fremde haben sich welche bestellt. Nach England, nach Rußland, nach Portugal und nach Wien. Mich freut es, daß diese Sachen so allgemein bekannt werden, und ich hoffe, daß es viel beitrage, um den guten Geschmack wieder einzuführen. Ich habe sie so eingerichtet, daß alle Bilder von einer Größe sind, mit Ornament und Rahmen, damit sie leicht zu verschicken sind, und jedes kostet eine Unze napolitanisch Gold. Da kann sich denn ein jeder nach seinem Gefallen so viel wählen, als er Lust hat, sich ein Zimmer auszuzieren. Die ganze Sammlung bestehet aus hundert Stück. Noch eine andere Arbeit habe ich unternommen, die mir viel Freude verschafft. Ich sammle antike Vorstellungen aus dem Homer und die dazu gehören, um ihn zu erklären. Dazu lasse ich alle Götter und Göttinnen abzeichnen und alle Helden, griechische und trojanische und auch die Frauen, welche darin vorkommen und denn alle Vorstellungen, die man findet, es sei in Marmor oder in Metall, und Bilder und Vasen. Wenn es nur antike sind. Auf diese Art werde ich mit der Zeit einen Bilderhomer haben von lauter antiken griechischen Zeichnungen. In meinem Hause habe ich des Abends eine Zeichen-Akademie, da werden die Köpfe nach den Antiken gezeichnet. Es sind fünfzehn Zeichner, die in die Runde um den Kopf sitzen, also siehet man den Kopf eben so vielmal verschieden und lernt den Charakter dadurch kennen, und den, welcher unter diesen am besten ist, hebe ich zu der homerischen Bildergalerie auf. Ein Gelehrter liest jeden Abend einige Gesänge im Homer, dadurch werden die Zeichner noch mehr befeuert.

Man hat vor kurzem in Rom einen Kopf vom Apollo entdeckt, der von außerordentlicher Schönheit ist, in dem erkennt man das Haupt der Musen und den Gott der lieblichen Gesänge. Der Kopf ist etwas niederwärts gebogen, in seinen Mienen ist ein zartes freundliches Lächeln, als genösse er in sich eine Freude, über einen schönen Gedanken. Viele Künstler wollen diesen Kopf dem vatikanischen zornigen Apoll vorziehen.

Seine Majestät der König [Ferdinand IV. von Neapel] fährt immer fort, den Künsten hier aufzuhelfen, und es ist jetzt wirklich ein großer Schatz von Statuen in den Studien zusammen gebracht, wo selbige restauriert werden, und kauft auch Bilder, um die Galerie zu vermehren. Vor einigen Tagen hat er ein schönes Bild von Dominichino bekommen, das wirklich eine Zierde dieser Galerie ist. Auch ein ander Bild von einem Maler, der vor Leonardo da Vinci lebte, das ein Wunder von Kunst ist. Wenn nur die Unruhen des Kriegs dieses Land nicht stören, so können die Künste auf einen hohen Grad kommen. Die schönen reizenden Ufer von dem neapolitanischen Meerbusen sehen jetzt fürchterlich aus, alles ist mit Feuerschlünden besetzt, und die Schiffe, welche sonst da herum fuhren und man hörte die fröhliche Musik davon erschallen, von denen hört man jetzt die donnernden Kanonen brüllen. Täglich werden kriegerische Übungen gemacht. Es siehet schön aus, wenn sie die Probe machen, feurige Kugeln zu schießen, wie die über das Meer hinhüpfen und wie dann das Wasser in die Höhe spritzet. Es ist zu wünschen, daß diese Vorsorge und Zubereitungen, den Feind abzuhalten, nicht gebraucht wird. Vor einigen Tagen sah ich einen Trupp neu angekommener Rekruten, das alle Griechen waren, in ihrer einfachen Tracht, wo man den Mann fast nakkend sieht, machte auf mich einen großen Eindruck, ich glaubte den Achill, den Ajax, den Ulyss zu sehen, eine solche Munterkeit und frischen Geist sieht man in diesen Gegenden nicht, und man sagt, daß diese Männer mit ein wenig Brot und einigen Zwiebeln leben und den ganzen Tag und Nacht unermüdlich arbeiten, und sie sollen von unerschrockenem Mut sein und sehr geschickt zu allen Arten von beschwerlichen Arbeiten. Mir machte es eine rechte Freude, diese Menschen gesehen zu haben.

Soeben war ein Lärm in der Stadt, und es heißt, die Flotte der Franzosen kommt. Alle Männer, die mit dem Seewasser zu tun haben, werden abberufen, um sich in ihre Posten auf die Schiffe zu begeben. Den 15. Dezember abends um 10 Uhr. Die Nacht hindurch wurde alles in Bereitschaft gebracht, um sie zu empfangen, und kaum graute der Morgen, so sahe man sie schon am Horizont herauf steigen; 14 an der Zahl, sie hatten guten Wind, und um Mittag war das erste Schiff schon am Hafen, und so nach und nach kamen die andern und ankerten dem Hafen gegenüber. Alle die Schnäbel der Vorderschiffe waren mit einem Olivenzweige geziert, zum Zeichen des Friedens. Da es eben Sonntag war, so kamen erstaunend viele Menschen am ganzen Ufer entlang, um diese Schiffe zu sehen, und heute Morgen, da der Tag anbrach, sahe man schon die Flotte am Horizont wieder wegfahren. Es ist also alles friedlich zugegangen und ist hier alles wieder so ruhig, als wäre gar nichts gewesen.

An Friedrich Wilhelm Basilius von Ramdohr

(Neapel, den 10. Januar 1795)

Die Ursache, warum ich in Italien bin geblieben, haben Sie mir selbst geschrieben. Gewiß, wer einmal in die Geheimnisse der Kunst geschaut hat, kann dieses Land schwerlich verlassen. In Deutschland ist der Fehler, daß sie nur das Nötige und Nützliche zu üben suchen und wissen nicht, daß alles in der hohen Kunst liegt und alles von selbst aus ihr fließt. Die hohe Kunst muß gesucht werden. Da Sie jetzt, mein werter Freund, Kraft haben, so suchen Sie, daß die Regierung sich der Kunst annimmt; wenn sie von der unterstützt wird, so werden Sie bald Künstler haben. Es kann kein Volk groß und vollkommen gesittet sein, das nicht die hohe Kunst übt. Es braucht wenig dazu, schaffen Sie nur hierzu Abgüsse von antiken Statuen und Köpfen an und geben sie an jedermann frei, darnach zu zeichnen; und der ein besonderes Genie zeigt, eine Unterstützung. Dieses ist die leichteste Art; zum wenigsten wird der gute Geschmack dadurch ausgebreitet. Denn zur Vollkommenheit gehört gar viel. In Neapel habe ich gute Hoffnung für die Kunst; man hat Riesenschritte in wenigen Jahren gemacht, der König unterstützt sie kräftig und wird dadurch sich Ehre und sein Volk glücklich machen. Denn die Kunst hat großen Einfluß auf alles. Wer sie nur als Zierat betrachtet, hat sich geirrt.

ANGELIKA KAUFFMANN

1741–1807

An Goethe

Rom, den 10. Mai 1788

Teurer Freund! Ihr Abschied von uns durchdrang mir Herz und Seele, der Tag Ihrer Abreis war einer der traurigen Tagen meines Lebens, vor die liebe Zeilen, die Sie mir geschrieben, da Sie im Begriff waren, Rom zu verlassen, habe ich Ihnen schon vielmal gedankt.

Nun dank ich Ihnen herzlich vor Ihr Schreiben aus Florenz, welches ich mit größtem Verlangen erwartet; mir träumte vor ein paar Nächte, ich hätte Briefe von Ihnen empfangen, und war getröst und sagte, es ist gut, daß er geschrieben, sonst wär ich bald aus Wehmut gestorben. Mich vergnügt zu wissen, daß Sie wohl seind, der Himmel erhalte Sie immer so. Ich lebe so ein trauriges Leben, in einer Art von Gleichgültigkeit, weilen ich nicht sehen kann, was ich zu sehen wünsche, ist mir alles eins, was ich sehe, oder wen ich sehe, ausgenommen unseren würdigen Freund Herrn Reiffenstein, mit dem ich von Ihnen sprechen kann. Die Sonntage, auf die ich mich sonsten so sehr gefreut, haben sich in traurige Tage verändert. Und Sie sagen, die Sonntage kommen nicht wieder, das will ich nicht hoffen. Das Wort nicht wieder kommen tönt so hart – nun will ich vor das Mal von Sorgen nichts mehr sagen. Wissen Sie wohl, daß ich etwas habe, das Ihnen gehört und das Sie mit viel Sorgen auferzogen haben, dem guten Schütz dank ich vor das. Ihr kleiner Pinienbaum stehet nun in meinem Garten, das ist nun meine liebste Pflanze. Noch etwas habe ich, das ich Ihnen gewidmet, ehe denn es mein war, die Figur, von der ich Ihnen gesprochen, die Muse, nur fehlt mir an sicherer Gelegenheit, es Ihnen zu schikken. Zu dem werden Sie mir helfen, denn mir wär leid, wanns sollte verloren gehen.

An denselben

Rom, den 5. August 1788

Schon wieder Träume, werden Sie sagen – aber ich weiß, Sie verzeihen mir. –

Mir träumte verwichne Nacht, Sie waren wieder gekommen, ich sahe Sie von ferne – und eilte Ihnen entgegen bis zur Haustüre, fasse Ihre beiden Hände, die ich so fest an mein Herz gedruckt, daß ich darvon erwachte, ich war böse auf mich, daß ich mein getraumtes Glück zu lebhaft gefühlt und mir selbsten dardurch das Vergnügen abgekürzt. Doch bin ich mit diesem Tag zufrieden, denn heute empfing ich Ihren lieben Brief vom 19. Juli. Daß Sie ohneracht der vielen mancherlei Zerstreuungen, der vielen Geschäften – Freunden und Bekannten im Geiste wieder zurück nach Rom kehren, wundert mich nicht; daß Sie meiner gedenken, ist ein Zeichen Ihrer Güte, vor die ich Ihnen unendlich danke. Ich erfreue mich an Ihrem Wohlsein herzlich und wünsche Ihnen ununterbrochen den Genuß vergnügter Tagen.

Ich lebe so das Leben, in Hoffnung eines bessern Leben – Nun etwas von der Kunst und vor allem von Daniel di Volterra. Das Bild ist anjetzo ganz mein. Wie und auf was Art es ist in das Haus gekommen und was mit Herr Tischbein vor eine Abrede war, nämlich das Bild zu verkaufen, den Gewinn zu teilen pp. ist Ihnen glaube ich schon bekannt. Ich konnte den Gedanken nicht erdulden, ein solchen Schatz von mir zu lassen, sprach mit Zucchi darüber, und wurde beschlossen, an Tischbein zu schreiben, um das Stück frei zu haben, ihme einen Antrag zu machen ... Und nun haben wir das Bild, welches man ein Meisterstück nennen kann, ganz unser, das lasse ich nicht von mir, so lange ich lebe. Es wird in dem großen Saal mit allem decorum aufgestellt werden. Der Merkur muß weichen und kommt in die Mitte von dem Saal, die Venus und der Adonis kommen auf die Seite, wo der Ganymed und der Apollino stehet. Das Gemälde bleibt in seinem Kasten, und es sollen es nur die sehen, *die sehen können.* Ich erzähle Ihnen alles so genau, weilen ich weiß, daß es Ihnen Vergnügen machen wird. Lieber Freund, wann werden wir es wieder zusammen sehen? Ich lebe immer zwischen Forcht und Hoffnung und leider mehr Forcht als Hoffnung – ich muß schweigen – – was hilft mein Klagen – Sie verlangen zu wissen, was ich arbeite – folgende Stücke denke ich, habe ich fertig – das Porträt vor die Lady Harvey – die Kalmucken – das Porträt von dem Kardinal Rezzonico vor den Senator [Rezzonico], und heute bin ich mit dem Virgil zu Ende gekommen, von der Disposition erinnern Sie sich wohl – ich bin mit der Zubereitung in chiar e scuro sehr zufrieden, das Stück hat viel Kraft und die Farben seind mir sehr durchscheinend geworden. Die zwei aus Shakespeare habe ich auch angefangen, auch eins vor den Herzog von Kurland – und bald muß ich auf das große Stück bedacht sein vor die russische Kaiserin [Katharina II.]. Ich habe so ziemlich gearbeitet und suche es so gut zu machen, als mir möglich – um das zu tun, muß ich mir einbilden, es werde *Sonntag* und Sie kommen in mein Studio – ach die liebe Zeit? Doch gar nicht daran denken – –

Mein Porträt oder besser zu sagen, das Gemälde, so ich vor die Galerie in Florenz gemacht habe, ist gütigst aufgenommen worden. Vor ein paar Tagen hatt ich Briefe, daß man mich in sehr gutes Licht und neben einen ernsthaften Mann gestellt, nichts weniger als Michel Angiolo Buonarroti – ich wünschte in Werken, nicht nur in Effigie neben ihm stehen zu dörfen, aber er ist zu förchterlich – – Der Großherzog [von Toskana] hat mich zur Zeugnüs des gütigen Aufnehms obgesagtem Portrait mit einer ungeschickt großen Goldmedaillen beehret. Nun ist es Zeit, daß ich aufhöre von mir selbsten zu sprechen, denn ich habe schon zuviel gesagt –. Hätten Sie von den mir gütigst versprochnen gezeichneten Gegenden nichts gemeldet, so hatte ich mir schon vorgenommen, Sie darauf zu vermahnen, daß ich doch gezeichnet die Gegend besitze, wo ich mit Gedanken mich oft, oft, sehr oft finde – lieber Freund. Rom ist schön, aber nun vor mich – doch stille, daß ich meiner Feder einmal Meister werden könnte. Der Brief von Ihrem jungen Freund [Fritz von Stein] hat mir viel Freude gemacht, auch ist mir lieb zu wissen, daß Herr Kayser wieder kommt und daß ich Herrn Herder kennen werde. *Aber Sie kommen nicht,* das ist mein ewiger Schmerz und meine Klage. Leben Sie wohl und recht vergnügt und vergessen Sie mich doch nicht, ich ehre und verehre Sie von Herzen.

Angelica

JOHANN GOTTFRIED HERDER

1744–1803

An Caroline Herder

Verona, den 5. September [1788]

Als ich gestern den Brief an Dich mit sonderbarer Rührung geschrieben und weggeschickt hatte, gingen wir das Theater, die Akademie und die Antiquitäten zu besehen, die *Maffei* gesammelt hat. Die beiden ersten Gegenstände gingen mir leicht vorüber; unter den alten Steinen, die einem großen Teil nach Grabsteine und Sarkophagen sind, übernahm mich das Andenken unsrer gemeinschaftlichen Freude und Arbeit so sehr, daß ich in ein Nachdenken kam, das mich fast zu Tränen erweichte. Da standen die Gegenstände der Griechischen Epigramme ruhig da, die Hände, die sich einander auch auf dem Grabstein mit Treue gaben, und die Kinder zwischen ihnen. Hier eine häusliche Gesellschaft um den Tisch, dort ruhende Personen, vier-, fünfmal auch unser Freund Schlaf mit der gesenkten Fackel. Du kannst denken, in welchen Gedanken ich unter den Arkaden umherging. Nach Mittage sahen wir sie noch einmal in Gesellschaft wieder; des Morgens sah ich sie mit Dalberg allein. Wir gingen und sahen noch den Bogen Vitruvs, die kostbare Brücke über die Etsch, und kehrten zum Mittagsmahle. – Gegen Abend fuhren wir durch Höflichkeit eines Bankiers, an den Dalberg empfohlen war, zur Komödie in die Arena oder das Amphitheater, wo wir einen Akt durch blieben und das lustig-kleine Schauspiel bei hellem Tage sahen; sodann in ein Naturalienkabinett von merkwürdigen Petrefakten; dann im Corso umher und auf den Brà-Platz, wo die ganze Welt von Verona, von der ersten Dame bis zur gemeinen Fille, vom Stutzer bis zum Pfaffen, umherfährt, geht, konversiert usw. Wir gingen das größeste Kaffeehaus durch und sahen die Gesellschaften, unter denen auch Damen waren, nahmen eine Tasse Schokolade und kehrten nach Hause. So ward der erste Tag begangen und beschlossen, den wir in einer italienischen Stadt zugebracht haben; Du kannst denken, nach dem langen Wagengedränge sehr vergnügt . . .

Der Himmel ist hier sehr schön, und alles lebt und webet. Die Häuser sind gegen die Hitze wohl eingerichtet, nicht aber so gegen die Kälte. –

Der Tag ist zu Ende, und ich will vor dem schönen Monde unter diesem schönen veronesischen Himmel noch beschließen, womit wir heut Verona beschlossen haben; denn morgen früh geht die Reise fort.

Unter den Gemälden der Kirchen hat mir insonderheit ein Raffael wohlgefallen, der erste, den ich in Italien sah. Es ist eine Ankündigung: der Engel ist himmlisch leicht, ein hinanschwebender Jüngling, voll Naivetät und Unschuld; die Maria bescheiden in sich gesenkt, gar nicht exaltiert, sondern innig menschlich, nicht eben schön, aber sehr sittsam und bescheiden. Die Veronese sind nicht für mein Herz sprechend, so voll Kunst der Farben und des Lichts sie sein mögen. – Wir sahen den bischöflichen Palast und den Bischof selbst, eine schöne, große, edle Figur, mit einer venezianischen Nase und scharfen Augen, siebzig Jahr alt und noch sehr munter. Mich hat, wie er lebt und wie er schläft, sehr behaget: zwei Figuren, die sich herzlich umarmen, in seinem Schlafzimmer und nebenan eine sehr sanfte Magdalene. Er nahm uns sehr würdig und artig auf. Gegen Abend fuhren wir in die Giustischen Gärten, wo ich zuerst die Ehre hatte, unter Pinen (Zypressen) umherzuwandeln und diesen edlen, melancholischen Baum in die blaue Luft steigen zu sehen. Der Garten geht hoch an einem Felsen hinauf, so daß gleichsam ein Garten über dem andern stehet, bis sich oben die weiteste, schönste Aussicht öffnet. Ganz Verona siehet man sich zu Füßen liegen, zur Linken die schöne Ebne, die bis Venedig hingeht, zur Rechten in die Ferne die blauen Gebirge, die unter einem Himmel, wie Ihr ihn nie sahet, daliegen. Vor sich hin siehet man die Türme von Mantua, die Berge von Parma – und in dieser Aussicht ging die schöne

Sonne unter, und der holde Mond stand da. Ich war meistens wie im Traum und fühlte mich, da ich die schöne Sonne durch die Reihen von Zypressen untersinken sah, wunderbar still und traurig. Wir fuhren nach dem Corso, wo ich nochmals mein großes, großes, majestätisches Amphitheater begrüßte und von ihm Abschied nahm . . .

Morgen gehts nach Mantua, vielleicht zu Wasser nach Ferrara, dann nach Ravenna, Rimini, Ancona, Loreto, wohin ich zu Dir, meine liebe Mutter Gottes, und zu unsrer armen heiligen Hütte, die freilich nicht von Silber ist wie diese Santa Casa, mit herzlichen innigen Gebeten für Dich und die Deinen wallfahrten werde. Du denkst auch an mich und betest für mich, meine Teure.

So ist Verona beschlossen, wo uns ein Kaufmann Locatelli herrliche Dienste geleistet hat, dergleichen wir Deutsche keinem Fremden leisten. Ich habe mir eine Sammlung von Gedichten eines veronesischen Nobile gekauft, der vor drei Monaten gestorben ist, und worin viele Griechische Epigramme mit dem Original stehen; das nehme ich mit aus Verona.

An Luise von Sachsen-Weimar-Eisenach

Rom, den 28. Oktober 1788

Vielleicht kommt dieser Brief Euer Durchlaucht wie die Stimme eines aus dem Reiche der Toten; denn da man sich das alte Rom nur als eine Gegend von Überbleibseln denket, so bin ich vielleicht von Ew. D. auch längst unter diese Trümmern im Andenken begraben worden, und mein Stillschweigen hat ohne Zweifel dazu beigetragen. Über das letzte will ich kein Wort einer Entschuldigung verlieren; denn wenn Ew. D. die Gnade haben, von meiner Frauen einmal eine Reihe von Umständen von meiner Reise und der ersten Wochen, die ich in Rom gehabt habe, sich erzählen zu lassen (Ihnen darf sie nichts verschweigen), so hoffe ich, entschuldigt gnug zu sein. Soviel ist gewiß, daß, wenn in jedem Augenblick, da ich an Ew. D. gedacht habe, indem Ihr edles Bild, durch so mancherlei Gegenstände der alten Römerwelt geweckt, oft, sehr oft von selbst vor meine Seele trat, ein erinnerndes Lüftchen Ew. D. umschwebt hätte, so wären manche große und schöne Bilder Ihrer Seele vorübergegangen, die plötzlich und unerwartet die Römerin an ihr Vaterland erinnert hätten. Aber leider ists auch so von der andern Seite; in Rom verlernt man das Schreiben. Die Gegenstände dringen zu gewaltig auf die Seele, ihre Zahl und Masse überhäuft und übertäubet, so daß ich noch immer aus jedem hohen Ort, den ich betreten hatte, wie ein Berauschter zurückkam und mich oft müde und stumm zwischen Statuen oder Trümmern niedersetzen mußte. So ging es mir im Museum des Vatikans, so kam ich vom Capitol, vom Campo Vaccino im alten Rom bis zum Colisseum hinab, vom Pantheon, aus der Villa Borghese und Albani, aus der Sixtine und Raffaels Stanzen, von den Kaiserpalästen, dem Circus des Caracalla nebst allem, was dahin liegt, den Bädern des Diokletians usf., ja noch ehegestern aus Tivoli zurück und habe noch keine Feder ansetzen können, um über das, was ich gesehen und betrachtet, mir selbst einige Rechenschaft zu geben. Man ist, oder wenigstens ich bin in einem Meere, wo große, zuweilen etwas plumpe Wellen einen umbrausen, prächtig heben und denn unvermutet an eine Klippe werfen, wo man nur sein Haupt sichern muß. Das älteste, alte mittlere und neue Rom tritt nicht nur mit seinen Gegenständen in wilder, bunter, dissonanter, oft fataler Verwirrung vor die Seele, sondern, indem es Ideen weckt, woher denn dies alles geworden, so erliegt mein armer Kopf ganz und gar, so daß ich Gefahr laufe, aus Rom unwissender zu gehen, als ich hineinkam. Wäre meine Reise nicht so unvermutet gewesen, hätte ich mir vorläufige Notizen nehmen können, wie ich sie jedem andern würde angeraten, ja selbst von ihm würde gefodert haben, wäre ich endlich jünger und hätte mich nicht im Dienst des Staats, der Kirche und der gelehrten Republik so sehr verlebet, hätte ich endlich Geld und könnte, wie ich wollte, ja, so lang ich wollte, reisen mit der schönen Aussicht, zwanzig Jahre meines Lebens zurückzuhaben und sie anwenden zu können, wie ich wollte, so wäre etwas. Aber nun – jetzt? Doch ich mag keinen Kalkül ziehen und dränge mir das arme Wozu, sooft es mir vorkommen will, mit Gewalt weg aus der Seele. Ein sonderbares Schicksal hat mich hergeführet, und ich lasse in mich schreiben, was mir das Schicksal vorzeigt. – Verzeihen

Ew. D., daß ich so viel von mir rede, aber ich betrachte mich nur, indem ich dies schreibe, als Werkzeug, durch welches eine Partikel vom Weltgeist gewisse Sachen der Vor- und jetzigen Zeit siehet; man muß eine verzweifelt starke Ichheit haben, wenn man sie in diesem Strom der Dinge vorwiegend jeden Augenblick fühlen wollte. Was mich in der Seele dauret, ist, daß Ew. D. nach Ihrem Römergeist und Römerherzen, nach der Lektüre, die Sie in römischen Schriftstellern gemacht, und den Kenntnissen, die Sie darin erworben haben (so daß ich, ohne Kompliment zu reden, dagegen ein Kind bin), nicht einen, einen lebendigen Anblick dieser Gegenden haben können. An Genuß denke ich dabei gar nicht; der ist im jetzigen Rom weder zu suchen noch zu finden, aber nur eine Ansicht wünschte ich Ew. D. und einen unsichtbar-sichtbaren Spaziergang durch diese Gegenstände. Mit Ihnen auf dem Capitol und seinem Turme, auf dem palatinischen Berge an der Ecke des Hauses Augusts zu stehen und umherzuschauen oder im Friedenstempel des Titus, im Colisseum, im Circus, in den Thermen etc. der Kaiser umherzuwandern, das wäre freilich was Großes! Ach, daß Rom so entfernt liegt, und doch ists gut, daß es da liegt; denn seit ich Italien kenne, bin ich sehr gern ein Deutscher.

An Caroline Herder

Rom, den 4. November 1788

Deine Briefe vom 12. und 17. Oktober habe ich heut bekommen, und mich freut herzlich Eure Gesundheit und Euer Teilnehmen. Aber, liebes Weib, die Regeln aus Goethes Munde schmecken mir nicht. Was sollen die Tadeleien, die Korrektionen, wo uns ja das Schicksal selbst scharf gnug korrigieret. Ist diese zärtliche Schonung meine Eigenheit, so kann ich nicht dafür: ich kann ohne sie nicht leben und will lieber untertreten werden als untertreten. Du hast überhaupt gefehlt, daß Du ihm aus meinen Briefen so viel mitgeteilt hast. Ich schrieb für Dich und gewiß für keinen andern: ich bat Dich auch ausdrücklich, *niemanden* von dem allen, was hier zwischen uns vorging, zu sagen. Gutes kann daraus auf keine Weise erwachsen: denn sowohl von dem *Beklagt-* als *Ausgelachtwerden,* welche beide

Stücke im menschlichen Leben oft wechseln, halte ich nichts. Wie Goethe hier gelebt hat, habe ich Dir schon geschrieben, kann, mag und will ich nicht leben; verzeihe mir den Kommentar hierüber, der sich eher sagen als schreiben läßt. Bei meiner ganzen Reise habe ich mir keinen Fehler vorzuwerfen, als daß ich mit einem Menschen, wie Dalberg ist, die Reise aufs Ungewisse unternommen hatte; mit diesem Fehler war alles getan, und in Augsburg war, das könnt Ihr mir glauben, nichts mehr zu ändern, als daß ich zurückgereiset wäre, was denn offenbar mir ein Schimpf und ihm höchst angenehm gewesen wäre. Also spart jetzt Eure Weisheit, lieben Leute, gebt mir Rat, wie Ihr wollet, tadelt aber nicht und philosophiert nicht, weil das letzte, weiß Gott, auch nicht passet. Goethe spricht über Rom wie ein Kind und hat auch, wie ein Kind, freilich mit aller *Eigenheit,* hier gelebet; deshalb ers denn auch so sehr preiset. Ich bin nicht Goethe, ich habe auf *meinem* Lebenswege nie nach seinen Maximen handeln können; also kann ichs auch in Rom nicht. Ich nehme aber, soviel ich kann, meine Vernunft zusammen, um so würdig und gut zu handeln, als sich unter einer gegebenen Reihe von Umständen handeln läßt. Das alles ist bloß für Dich geschrieben, und ich bitte Dich, mein Gebot diesmal nicht zu übertreten.

Von Dalberg bin ich jetzt ganz los; ich ließ den Apfel so lange hangen, bis er abfiel, weil ich nach meinen Grundsätzen, die ich nun einmal befolgen muß, ihn mit Gewalt nicht abschlagen wollte.

An dieselbe

Rom, den 13. Dezember [1788]

Moritz wird jetzt auch endlich bei Euch gewesen sein: er hat sich, wie seine Art ist zu schlendern, lange in Venedig, Mantua u. f. aufgehalten; es ist gut, daß er aus Rom weg ist, und ich habe ihn stark angespornt, Rom zu verlassen. Rom erschlafft die Geister, wie man selbst an den meisten hiesigen Künstlern siehet; viel mehr einen bloßen Gelehrten: es ist ein Grabmal des Altertums, in welchem man sich gar zu bald an ruhige Träume und an den lieben Müßiggang gewöhnet.

Auf mich hat es nun zwar die Wirkung nicht, da ich so leicht keinen Tag vorbeistreichen lasse, ohne was gesehen oder mich um etwas bemühet zu haben; es bleibt indessen auch für mich ein Grabmal, aus dem ich mich allmählich herauswünsche. Man fühlet sich darin wie in einer Tiefe, in der man nicht viel weiter kommt, je mehr man mit Händen und Füßen strebet. Das Altertum, als Studium betrachtet, ist unendlich an Tiefe und Weite; die Fäden, die sich aus Rom in alle Geschichte schlingen, sind so vielartig und die Mittel, sie zu verfolgen, werden hier so erschweret, daß es besser ist, zu guter Zeit sie aus den Händen zu lassen und nur den Knäuel in seinem Gemüt zu behalten. Aus dem Vatikan werde ich nicht viel bringen; er liegt mir zu weit ab, mir fehlt Zeit; einen freien Gebrauch der Katalogen habe ich nicht erhalten können, noch weniger eine freie Ansicht der Schränke ... Indessen bin ich gesund, gesunder als jemals; das Klima bekommt mir wohl, und jedermann sagt, daß ich eine Farbe habe, wie ich sie in Deutschland nie gehabt habe. Das macht, man lebt unter dem schönen Himmel (wenn es nicht regnet! alsdann ists ein Jammer und Elend) ein bloß sinnliches Leben; das Denken und die Mühe verlernt man ganz und gar, weil sich immer der Gedanke zuerst aufdringt: wozu die Mühe? wozu das Denken? Dabei aber, glaube ich, gewinnt, wenn ein solches Leben nicht zu lange anhält, die innere Elastizität des Geistes und Körpers. Ich bin von guter Laune und eine gewisse sinnliche Gleichgültigkeit ist die einzige Göttin, die mich regieret, weil doch alles ein Traum ist und für mich in kurzem sein wird.

An Goethe

Rom, den 27. Dezember 1788

Mir ists nun freilich nicht ganz so, und ich kann mich in dem, was ich suchte und erwartete, des guten Glückes nicht so ganz rühmen. Da aber in der Natur der Dinge nichts vergebens ist, so wird auch dies übelgeratne Impromptu meiner Reise nicht ganz vergebens sein, wenigstens dadurch, daß es mich vor jedem ähnlichen bewahre. Ich will nur dagegen kämpfen, daß ich nicht in Deine Fußtapfen trete und eine «Gleichgültigkeit gegen die Menschen» nach Hause mitbringe, die mir übler bekommen würde als Dir, weil ich keine Kunstwelt wie Du an die

Stelle der erloschenen zu setzen wüßte. Fast möchte ich sagen, daß ich von der Kunst nie kühler gedacht habe als hier, da ich sie in ihrem Werden, Tun und Wirken dem ganzen Umfange nach vor mir sehe; einst wars eine schöne Blüte des menschlichen Bestrebens, jetzt aber ists eine Blumenfabrik wie unsrer Freunde Kraus' und Bertuchs. Auch sonst läßt die römische Welt meine Seele entsetzlich leer, wozu Du Dir die Ursachen wohl ausfinden wirst. Nicht der geringsten ist diese eine, daß den armen Tom hier entsetzlich friert, und wenn man friert, mag man weder sprechen, noch denken, noch empfinden, kaum sehen und hören und, am wenigsten von allem, sprechen lernen.

Mit Dir wars in allem anders, weil Du ein artifex bist, und mich freuets, daß Du Deinem Beruf treu bleibst und dort Dein Werk fortsetzest. Wenn ich aus Italien komme, will ich mir von Dir erzählen lassen, was Du gesehen hast und ich hätte sehend sehen sollen, und meinen Mund dazu nicht auftun. Denn wollen wir Dich in Deinen Wagen setzen und wieder nach Rom senden. Ich fürchte, ich fürchte, Du taugst nicht mehr für Deutschland; ich aber bin nach Rom gereist, um ein echter Deutscher zu werden, und wenn ich könnte, würde ich eine neue Irruption germanischer Völker in dies Land, zumal nach Rom veranlassen. Die Italiener sollten mir dienen, und in Rom wollte ich insonderheit werben. Wenn ich nach Hause komme und wieder warm werde, will ich einen Aufsatz schreiben, wie Rom im Jahr Christi 1800 aussehen wird, und ich wollte, daß ich Hand anlegen könnte, diesen Plan, der trefflich ausgedacht ist, zu realisieren. So lange lebe wohl, Lieber, denn ich kann für Kälte nicht mehr schreiben; mein Herz ist ganz zugefroren, und auf meiner Seele tauet nur Glatteis. Lebe wohl und grüße alle, den Herzog, die Herzogin und wer sich sonst meiner noch etwa erinnert!

Lebe wohl, Lieber!

An Caroline Herder

Napel, den 12. Januar 1789

Rom ist eine Mördergrube gegen diesen Ort, und ich sehe jetzt gar wohl, warum es mir da nie recht wohl ward. Ich wollte, daß alle Gegenstände des Studiums hier wären! . . .

Hier sind andre Menschen als in Rom, auch andre Schriften: auch in diesen bin ich schon recht glücklich. Auch Italienisch wollte ich nirgend als hier lernen; hier lernt sichs von selbst. Gott sei herzlich gelobt, daß ich hier wenigstens in der Luft einen Genuß meiner Reise habe. Wenn Ihr alle hier wäret, gingen wir auf den Sommer auf die Insel Ischia und lebten da, von der Welt abgeschlossen und als ob uns alle Welt gehörte.

Nun Gott sei mit Dir, Liebe, Liebe! und mit unsern Zweigen. Ich denke oft an Dich, wenn ich das Meer anschaue und wünsche, daß es mir immer so wohl sein könnte und diese Physiognomie mir auch hinter der Peter-Pauls-Kirche bliebe. Sie wird mir indeß gewiß eine lange Zeit bleiben, und ich danke Gott für Napel. Wenn ich etwas mehr Zeit und Raum haben werde, will ich den Kindern von diesen Gegenden und Orten schreiben; da geht nichts drüber. Himmel und Hölle, Elysium und Tartarus ist hier erfunden. Homer und Virgil haben das einzige Ewige ihrer Gedichte aus Einer Gegend genommen, die vor meinen Augen ist, rechter Hand vor meinem Fenster.

Lebe wohl, Liebe! Alle guten Geister seien mit Dir! O wenn du hier wärest! Grüße die Kleinen und Großen, auch Goethe, Knebel und alle Freundinnen, denen Du allen sagen kannst, daß ich in die Juno und Venus-Amphitrite, d. i. in Luft und Meer, verliebt bin und daß es mir recht wohl ist. Wenn ich nur erst Briefe von Euch hätte! Auch für meine Philosophie der Geschichte habe ich hier in acht Tagen mehr erwischt als in Rom in 3⅓ Monat. Lebe wohl, einzige Beste.

An dieselbe

Napel, den 19. Januar 1789

Ich bin gesund im schönen Napel, Liebe, Liebe, das wird Dir gnug sein. Wir kommen eben aus Pompeji und haben zugleich nebst einer Makkaronifabrik die Herculanischen Gemälde durchsehen, an einem sehr schönen, reizenden Tage. Luft, Himmel, Berge, Meer und Erde sind ein Zauberanblick, in den man wie versunken ist, so daß man darüber kein Wort hat. O eine Gegend. Man fährt mitten im Winter durch Gärten Adonis' und wird von dem holden Traum trunken. Lange indessen könnte ichs hier nicht aushalten in dem Zustande, worin ich bin; meine einsame Seele wiegt sich zuletzt in den Wellen des Meers zum Abgrunde oder in die Ferne traurig, traurig. Ehegestern fuhr ich allein um den Posilipp herum wie hinein in die Abendröte und kam so sanfttraurig wieder, daß ich drei Stunden hernach wie stumm war. Verzeihe mir also, daß ich aus Napel überhaupt und auch jetzt Dir so wenig schreibe. Wenn wir durch sind, will ichs an die Kinder tun. –

Die Herzogin [Anna Amalia] ist wohl und gegen mich gütig; wir leben alle gut miteinander, nur sind wir Mannspersonen enge beieinander durch des alten Reiffensteins dumme Bestellung. – Übrigens ists entsetzlich teuer in Napel; daher wir auch nicht überlang hier sein werden. Was ich in Napel suche, finde ich sehr und werde es von Tage zu Tage mehr finden.

Grüße Goethe und Knebel und sage dem letzten, daß ich ihn oft herwünsche, mit ihm am Ufer des Meers spazieren zu gehen, den Vulkan mit ihm zu besteigen, am Grabe Sannazars auf Capo di Monte oder sonst mit ihm in Magna Graecia zu philosophieren. O wie ist die Natur hier groß und schön! Ich glaube, meine Seele ist von hier nach den Nordländern herübergeflogen; hier, wenn ich hier meine Heimat hätte, wiegte sie sich wie ein Vogel auf den Zweigen. Jetzt aber fliegt sie höchstens wie eine Seemöwe, sich ein paar Fische zu holen. Lebe wohl, Liebe, küsse von mir die Kinder und wenn es anginge, küsse Dich selbst von mir, holde Seele, mein einziges, inniges Leben. Ich könnte hier wiedergeboren werden, wenn ich nicht so alt wäre und jemand um mich hätte, mit dem ich von Herz und Seele lebte. Indessen bin ich gesund und sehe die See und den Mond drüber und die Lichter auf ihr, die da fischen, und höre in der Nacht die hohen Wellen brausen. Lebe wohl, Engel, und denke an Deinen einsamen Ulysses am Ufer des Meers freundlich. Alle guten Geister seien mit Dir; meine Sehnsucht sendet sie Dir über Meer und Berge zu und ziehet Dich oft her in meinen Gedanken. Lebe wohl, meine Liebe. Grüße die Kalbin, Steinin, Schardtin. Empfiehl mich der Herzogin, ihr dankend für ihren guten, gnädigen Brief. Addio, cara, carissima mia, addio! addio!

ANNA AMALIA VON SACHSEN-WEIMAR

1739–1807

An Karl Ludwig von Knebel

Rom, den 18. November 1788

Man sollte glauben, lieber Knebel, daß es leicht wäre, von Rom aus zu schreiben, und dennoch ist nichts Gewisseres, als daß es eine sehr schwere Sache ist. Stellen Sie sich eine Person vor, die an einer sehr guten und schmackhaften Tafel sitzt und deren Magen nicht gehörige Verdauungskräfte hat, so können Sie sich meinen Zustand vorstellen. Der Genuß ist hier groß, man ist umringt mit dem Schönsten und Vollkommensten, was man in der Welt wünschen kann. Lieber Knebel, könnte ich Sie hierher zaubern und Sie in das Heiligtum des Tempels der Musen führen! Apoll steht umringt von den neun Musen, selbst als Muse bekleidet, er spielt auf der Leier, sein ganzes Wesen ist Harmonie, man hört den himmlischen Gesang, wird entzückt, und die Seele wird selbst zur Harmonie. Der Geist des Künstlers muß über Herder gekommen sein, als er ‹das Saitenspiel› dichtete, es ist ganz der Nachklang dieser vortrefflichen antiken Statue. Lesen Sie es mit Bedacht und Sie können sich eine Vorstellung dieses himmlischen Werkes machen.

Ihre kleinen süßen Verse, die Sie an Herder geschickt haben, sind bei der Angelika [Kauffmann] vorgelesen worden, als ich mich von ihr malen ließ. Mein Portrait, oder vielmehr das Tableau, was die Angelika von mir macht, ist die schönste Poesie, die man auf mich hätte machen können, ich finde mich dadurch sehr geschmeichelt; mit der Zeit sollen Sie alles erfahren. Jetzt ist die Zeit zu kurz, ich muß schließen.

Leben Sie wohl, lieber Knebel, und vergessen Sie nicht die, die immer Ihre Freundin sein wird.

Amelie

An denselben

Portici, den 29. Mai 1789

Ich bin Ihnen, lieber Knebel, für Ihr Andenken sehr verbunden. Das Gute und Schmeichelhafte, was Sie mir sagen, ist von einer Art, daß, besäße ich mehr Eigenliebe, ich stolz darüber werden könnte; es soll mir aber vielmehr zur Ermunterung dienen, mich noch mehr zu befleißigen, meinen Freunden nützlich zu werden, um bei meiner Zurückkunft in meinem Kreise so viel wie möglich mitzuteilen, was ich hier in Italien empfangen habe. Unterdessen bitte ich Sie, lieber Knebel, lesen Sie den sechsten Gesang der Äneide Virgils, Sie werden darin alles finden, was ich jetzt fast beständig vor Augen habe; wie sehr wünschte ich, daß ich es mit Ihnen genießen könnte!

Der Vesuv, zu dessen Füßen ich jetzt wohne, hat die große Höflichkeit und gibt mir alle Abende ein kleines Feuerwerk. Für jemanden, der nie dergleichen sah, ist es eine große Erscheinung. Vor einigen Tagen war er mit Wolken ganz umkränzt, die Mündung ausgenommen, die eine dunkelrote hohe Flamme ausstieß; die glühenden Steine, die er auswarf, tanzten leicht in der Luft, alsdann kam die Lava, die sich mit den Nebelwolken mischte und sie zerteilte. Der Widerschein der Lava machte über den Berg eine dunkelrote glühende Glorie, die bis tief in die Nacht dauerte. Es war das schönste Schauspiel, was ich in meinem Leben gesehen habe; ich ermangele auch nicht, alle Abende meine Andacht dem Vesuv gegenüber zu halten, und kann mir recht gut vorstellen, wie es Nationen gibt, die das Feuer anbeten.

Herder ist jetzt von mir weg. Es tut mir sehr leid, daß er nicht bei mir geblieben ist, denn viel genossen hat er nicht in Portici, doch kommt er nicht leer zurück.

An denselben

Neapel, den 13. September 1789

Ich kann Ihnen nicht genug sagen, wie sehr Sie mich durch Ihr liebes Andenken erfreut haben; sein Sie versichert, lieber Knebel, daß, ob ich schon im Genuß der schönsten Natur lebe, mir doch eine liebe bekannte Stimme von dort her sehr willkommen ist. Wie sehr wünschte ich, daß ich auf Art der Napolitaner mit Allegorien und feinen Sprüchwörtern die Schönheit der Natur hier beschreiben könnte, um Ihnen Lust zu machen, sie selbst einmal in Augenschein zu nehmen. Die Napolitaner sagen wohl mit Recht: è un pezzo di cielo caduto in terra.[1]

Könnten Sie nur einen hiesigen Mondenschein sehen, wenn er, schöner als die thüringische Sonne auch in den wärmsten Abenden bei uns untergeht, hier majestätisch hinter dem Vesuv hervortritt, auf der Spitze desselben ruht und die ganze Gegend begrüßt, deren glühender Purpur nur dem neuen Lichte weicht. Der dunkelblaue Himmel, dessen brillantierte Sterne den Mond zu umkränzen und lieblich um ihn zu tanzen scheinen; die funkelnde Milchstraße mit ihren Millionen Sternen, die, wie der Gürtel der Venus, den ganzen Erdkreis mit Liebe zu umgeben scheint; dieses alles doppelt in dem silbernen Meere widerscheinend, das ruhig und still alles das Schöne aufnimmt, womit es rund umgeben ist. Aber ich komme mir ordentlich wie ein elender Schmierer vor, der ein Gemälde von Raffael kopiert, indem ich eine Szene der Natur beschreibe, die nur durch Anschauen und Gefühl kann genossen werden; auch will ich schweigen und es Ihrer fruchtbaren Imagination überlassen, sich selbst ein Bild davon zu machen.

Was die französische Revolution betrifft, so traue ich mir nicht, darüber zu urteilen, aber ich glaube, man könnte über den jetzigen Zustand der Franzosen einem gewissen Griechen nachsprechen, der zu Solon sagte: chez vous les sages discutent et les foux décident. Bis jetzt ist es noch eine völlige Anarchie; ob etwas Gutes herauskommen wird und kann, muß die Zeit lehren. Man erwartet hier viele französische Prinzen mit Weib und Kindern.

1 ein Stück Himmel ist auf die Erde gefallen

FRIEDRICH LEOPOLD GRAF ZU STOLBERG

1750–1819

An Johann George Scheffner

Piano di Sorrento, 21. September 1792

Ehe ich Italien ganz verlasse, werde ich ein rundes Jahr darin zugebracht haben. Ich habe also alle Jahreszeiten in diesem Lande des ewigen Frühlings und der schönsten Natur zugebracht. Alle Provinzen des südlichen Italiens habe ich besucht und bin zu Pferde um ganz Sizilien gereist. Ich war auf dem Vesuv im Augenblicke eines Ergusses. Ich vergaß seinen Feuerbach, als ich in der Nacht beim Feuerstrom des Ätna stand, welcher sich aus einem seiner Vulkane wie ein Wasserfall ergießt, dann sich in Arme teilt, Inseln bildet und drittehalb deutsche Meilen weit fortströmt. Von Otrantos Küste sah ich Griechenlands akrokeraunische Gebirge. Die griechischen Altertümer in beiden Königreichen machten mich fast kalt für das alte Nest der Wölfin, und umfangen von den jungen Reizen der tarentinischen, der ätnaischen Wonnegefilde – denn neben seiner Hölle oder vielmehr unter ihr blüht mehr als ein Elysium –, den Reizen des nördlichen Gestades von Sizilien, der sorrentinischen und ischiesischen Paradiese vergaß ich gern jede Erinnerung des Altertums, wiewohl ich auch diesem nicht minder heilige Stunden widmete. Über den Charakter der Italiener und Sizilier hört man bei uns in Deutschland manches Wahre, welches durch Verschweigung manches andern, das auch gesagt werden sollte, verleumdende Unwahrheit wird. Ich habe in allen Ständen einige edle und liebenswürdige Männer kennen gelernt, und mehr als einige solche wird schwerlich in irgend einem Lande ein wildfremder Reisender antreffen. In Puglien, Kalabrien und Sizilien wird jene herzliche Gastfreundschaft geübt, welche nicht allein der hergebrachten Sitte, sondern den Empfindungen der Bewohner dieser Länder Ehre macht. Auch die moralische Natur dieser Länder bringt neben den üppig wachsenden Disteln edle Früchte jeder Art, und wer nur die Beschwerde des heißen Sonnenstrahls, sich nicht verjüngt fühlt unter ihrer lebenerzeugenden Kraft, wer nur Aufwallungen zum Frevel, nicht auch hohen Geistesschwung und liebenswürdige Freudenfülle in Italien inne wird, der sieht wahrhaftig nur den Schatten, nicht den Leib, geschweige daß ihm vom Geiste etwas ahnen dürfte.

Seit acht Wochen haben wir teils in diesem Felsentale am Meere, teils in der Insel Ischia zugebracht. In Ischia lebten wir mit Familien froher freundlicher Winzer. Sie wissen besser, als ich Ihnen sagen kann, liebster Scheffner, daß man den Menschen im Volke suchen muß, und Diogenes hätte seine Laterne sparen können, wenn er nicht in den Gassen Athens damit hineingetapset wäre. In Ländern, wo der Mensch nicht in ungleichem Kriege mit den Elementen lebt, wo die Fülle der Naturgeschenke und die Milde des Himmels ihn teils vieler Bedürfnisse enthebt, teils die übrigen freiwillig oder für geringe Mühe befriedigt, in solchen Ländern gedeiht der Landmann gewiß besser als bei uns, wo gänzlicher Mangel an Muße von Kind an ihn an die rastlose Arbeit schmiedet. Hier sah ich vernünftige, milde Greise, Hausmütter von Bonhommie, zartgebildete, schöne, so sittsame als freundliche Mädchen, rasche Jünglinge und Kinder, welche mehr Vertrauen und teilgebende Freude zeigten, als ein verschüchtertes Bauernkind in andern Ländern Fremden zeigen wird. Daß die vornehmen Stände – wiewohl nicht ohne Ausnahme – hier weniger taugen mögen als bei uns, das glaube ich gern. Die Entfernung von einer solchen Natur mußte sich selbst desto härter strafen, je mehr sie mutwillig dem Modeton opferte.

An Caroline von Baudissin

Rom, 7. Oktober 1792

Hier sitze ich nun am letzten Abend meines hiesigen Aufenthalts und fange diesen Brief an, welchen ich vielleicht erst in Venedig auf die Post geben werde. Wir werden diesen Tag bei der lieben Angelika [Kauffmann] beschließen, deren Charakter den geistreichsten und liebenswürdigsten Ideen ihres zaubernden Pinsels ähnlich ist. Diesen Morgen sahen wir zum letzten Mal die Stanzen von Raffael.

Diesen Augenblick rief mich Jauchzen des Volks und Musik an das Fenster. Einige tanzten die Straße hinab die Tarantelle, begleitet von Fackeln, bei dem jovialischen Klang der Tamburinen, zahlloses Volk ging ihnen oder lief vielmehr ihnen nach. Das Leben und die Freude des Volkes in Italien sind unendlich interessant. Doch vorzüglich in beiden Sizilien und am vorzüglichsten in der allerliebsten Insel Ischia ...

Durch die vielen schönen Gegenstände dieser Länder wird man im Anfang wie betäubt und verblendet. Nach und nach kommt der stille Genuß. Die Seele kommt zu sich selbst, dann erst schreibt die Erinnerung auf ihr Täfelein manches auf, zeichnet, greift sogar zur Palette und malt. Und diese in der Stille oft wieder aufgefrischten Gemälde sind der Natur ähnlich, wiewohl auch sie ihr nicht völlige Gerechtigkeit widerfahren lassen. Wenn ich zum zehnten Mal dieselbe Naturschönheit sah, übertraf sie zum zehnten Mal meine Erwartung. Es ist ein großer Gewinn, daß man sein Ideal der Naturschönheit erhöht fühlt. Wir sind für eine bessere Welt geschaffen und haschen hier nach Schatten. Aber die schöneren Gestalten hiesiger Schattenschönheiten öffnen unsern innern Blick für höhere Ahnungen der Herrlichkeiten jener Welt.

An Adolf von Droste-Vischering

Venedig, 24. Oktober 1792

Wir haben von Rom bis hierher eine sehr schöne Reise gehabt. So wie man die Apenninen nicht beurteilen muß, wenn man sie nur zwischen Bologna und Rom gesehen hat, ebenso muß man auch nicht von der Campagna di Roma auf den übrigen Teil des

Kirchenstaates schließen. Alles, was wir auf dieser Reise davon gesehen haben, ist vortrefflich angebaut, und man sieht ebenso viel Fleiß und Industrie in der Marca d'Ancona und in der Romagna als in irgend einer Provinz Italiens. Die Küste des adriatischen Meeres ist fruchtbar, aber nicht schön. Sie würden sich mit uns über die Menge, Größe und Schönheit der Städte an dieser Küste gewundert haben. Ancona, Sinigaglia, Pesaro, Rimini, Forti, Faenza sind alle sehr gut gebaut; überall sieht man Spuren des Wohlstandes und einer weisen Regierung. Am adriatischen Meer fanden wir zuerst in Italien unsere niedern sächsischen Häuser von Mauersteinen ohne Tünche und bald darauf bei Ferrara Strohdächer – überhaupt in dieser Gegend eine auffallende Ähnlichkeit mit Deutschland, die Sie gewiß freuen wird, wie sie uns gefreut hat. Wir haben sehr oft an Sie gedacht, es sehr oft bedauert, daß Sie diesen Weg nicht haben nehmen können. Auch das Volk naht sich je mehr und mehr im Äußern den Deutschen sehr auffallend.

Sie werden über Venedig staunen. Denken kann man sich diese sonderbare Stadt nicht, man ist froh, sie gesehen zu haben, aber daheim fühlt man sich nicht unter diesen Amphibien. Besuchen Sie doch die Türken in ihrem Kaffeehaus auf dem St. Markusplatz und auch in ihrer eigenen Wohnung. Es sind gar gute Leute. Auch den Truffaldin in der Komödie müßt Ihr besuchen und Euch nicht über ihn skandalisieren. Er hat uns herzlich lachen gemacht; es ist, glaube ich, das unschuldigste aller Schauspiele. Hätten wir unsere Harlekins noch, so wären unsere Sitten weniger verderbt.

ASMUS JACOB CARSTENS

1754–1798

An Friedrich Anton Freiherr von Heinitz

Rom, den 9. Februar 1793

Gnädiger Herr! Die Schönheit in den Werken Raffaels und Michelangelos kann so wenig mit Worten beschrieben werden, als Kupferstiche und Zeichnungen einen Begriff davon geben. Mit Dingen, die bloß für den Sinn des Gesichtes sind, wo man nur durch das Anschauen der Sache selbst sich belehren kann, ist dieses fast immer der Fall. Wie ganz anders habe ich es hier gefunden, als ich mir aus den Nachrichten des Herrn Rehberg einen Begriff gemacht habe. Kein einziges Gemälde ist mir zu Gesicht gekommen, worin nur eine Spur zu sehen, daß sein Verfasser die unsterblichen Werke der beiden obengenannten Männer gesehen hätte. Ich habe die Kunstausstellung auf der hiesigen französischen Akademie gesehen, aber gedankenlosere Malereien sind mir noch nicht vorgekommen. Es scheint diesen Künstlern nie eingefallen zu sein, daß die Kunst eine Sprache der Empfindung ist, die da anhebt, wo der Ausdruck mit Worten aufhört; daß sie es mit der anschaulichen Darstellung von Begriffen zu tun hat; daß sie eine Unterhaltung für Vernünftige und nicht für Toren ist. Alles Mechanische der Kunst verstehen diese Männer sehr gut, und es scheinet, als stünden sie in der Meinung, daß die Kunst darinnen bestehe. Alle Nebensachen sind oft sehr schön, die Hauptsache aber schlecht. Ein hingeworfner Helm, Pantoffel, ein Fetzen Gewand, das über einen Stuhl hängt, ist oft so schön, ja zum Angreifen natürlich, daß man wünschen sollte, der Künstler möchte nie etwas anders machen. Die alten wahrhaftig großen Maler wandten allen Fleiß auf die Hauptsache und behandelten die Nebensachen so, daß sie erstern nicht schadeten. Bei den itzigen ist es umgekehrt. Die Franzosen, die fast alle in den gegenwärtigen Umständen Rom haben verlassen müssen, waren doch noch bei weitem die besten. Mit denen deutschen Malern sieht es hier sehr elend aus. Sie stehen in allen Stücken weit unter jenen. Mit der Bildhauerei steht es so so, sie ist nie so hoch gestiegen wie die Malerei seit der Wiederherstellung der Kunst und nie so tief gesunken. Herr Schadow ist ein besserer Bildhauer als Canova und dieser ist hier der beste. In der Baukunst habe ich nichts gesehen, was mit dem hängenden Turm, dem Dom und dem Baptisterium in Pisa zu vergleichen wäre, außer etliche von den alten Ruinen in und um Rom. Ich bin seit Oktober-Monat vergangenen Jahres hier, und es ist mir, als wären es nur fünf Tage. Vom Morgen bis am Abend beschäftiget mich meine Kunst, wenn ich nicht in Gesellschaft Kunstwerke besehe, welches alsdann nicht so kostbar ist, und das Leben itziger Zeit noch außer den Kunstbedürfnissen teuer ist. Dieses und daß ich des Abends bei Licht meine noch nicht ganz wiederhergestellten Augen nicht angreifen darf, ist die Ursache, warum Ihro Exzellenz noch keinen Brief von mir erhalten. Ohnehin gehöret ein ganzes Jahr dazu, Rom zu übersehen. Ich bin itzo wieder krank gewesen, und da ich noch nicht wieder arbeiten kann, schreibe ich Briefe. Man sagt mir, daß ich mich durch zu viel Arbeiten ruiniere; aber ich muß meine Zeit nützen, so viel ich nur kann, sollte es auch auf Unkosten meiner Gesundheit geschehen.

Ich habe einen Karton von meinen Argonauten gemacht, von ungefähr halber Lebensgröße Figuren, worin ich von meiner ersten Idee gänzlich abgewichen bin. Meine Arbeiten machen Aufsehen. Man gafft und staunt und weiß nicht, wie ich den großen Stil aus Deutschland mit nach Rom bringe, ja, wie ich dazu gekommen. Ebenso sehr wie ich mich verwundere, wie alle hiesige Künstler auch keine Spur davon in ihren Arbeiten haben. Es ist eine wahre Belohnung für meinen Fleiß, wenn mir zu Ohren kommt, daß man meine Arbeiten nur mit Julius Romanus, Polidor oder Michelangelo vergleicht. Es ist ein Zeichen, daß ich auf dem Wege bin, den die großen Männer geebnet haben. Vielleicht habe ich schon zu viel zu meinem Lobe gesagt. Aber, kann Selbstlob mich zu einem bessern Künstler machen als ich bin?

Die Zukunft, diese strenge unbestechliche Richterin, wird meine Verdienste und Fehler genau gegeneinander abwägen, und dieses furchtbare Gericht habe ich stets vor Augen.

Meine Reise hieher ist nicht über Venedig gegangen. Man hat es mir schon in Dresden widerraten, mitten im Sommer dorthin zu gehen, indem der Ort sehr ungesund sei. In Dresden bin ich acht Tage gewesen. Die Galerie ist eine der vorzüglichsten in Europa. Solche Arbeiten von Correggio, wie dort sind, findet man nirgends. Von dort setzte ich meine Reise nach Nürnberg fort. Eine Grablegung von Albrecht Dürer, in der Sebalduskirche, ist von solcher Schönheit, daß man sie mit den besten Werken Raffaels vergleichen kann. Albrecht Dürer wird hier in Italien außerordentlich geschätzt. Man erzählet, daß Raffael einst bei Betrachtung eines Gemäldes von Dürer gesagt haben soll: wehe uns! wenn dieser Maler nach Rom kommen sollte, und er hatte nicht unrecht. Diese Grablegung und ein Monument des heiligen Sebaldus, aus vielen Figuren von Bronze, von Peter Vischer, sind das Merkwürdigste von Kunstsachen in Nürnberg. In Augsburg habe ich nichts Bemerkenswertes gefunden. Von dort bin ich auf Lindau, welches eine sehr schöne Lage hat, und auf den Bodensee den Rhein hinab bis nach Schaffhausen gefahren, wo ich wie alle Reisende den Rheinfall von oben und unten begafft und, wie ers wirklich verdient, bestaunt habe. (Die Schweiz muß man nur der großen und schönen Natur wegen bewundern.) An Kunstsachen ist außer den Werken des Holbeins in Basel nichts Erhebliches zu sehen. Diese sind sehr schön. Er ist den großen Malern Italiens sehr nahe gekommen. Dann bin ich den St. Gotthard passiert, und im Lago Maggiore habe ich die borromäischen Inseln besehen, welches der Mühe nicht wert ist. Auf der Isola Bella ist alles im höchsten Grade geschmacklos. Es ist ein ziemlich hoher Fels. Man hat die Aussicht längst dem See, der mit lauter hohen Gebürgen ringsum eingeschlossen ist. Von da bin ich mit meinen beiden Reisegefährten querüber gefahren und habe den Lago di Lugano, der von einem schmalen Strich Landes vom Lago Maggiore getrennt wird, besehen. Dieser See ist viel schöner und Lugano eine schöne Stadt. Von dort sind wir den Lago di Como hinunter nach Como gefahren, sind in der Villa des jüngern Plinius gewesen, welche noch bis auf unsere Zeit, größtenteils wie sie von Plinius erbauet, gekommen ist. Man findet noch Inschriften von ihrem ersten Bewohner, welche aber die Zeit unleserlich gemacht hat. Como ist volkreich und hat eine vortreffliche Lage. Wir setzten unsere Reise mit Vetturino von da nach Mailand fort. Diese Stadt ist groß, blühend im Handel, überall Wohlstand und alles auf einem großen prächtigen Fuß. Das Sehenswürdigste, in Absicht der Baukunst, ist das Hospital von gotischer außerordentlicher schöner Baukunst. Alles an diesem großen weitläufigen Gebäude ist mit großer Weisheit gemacht. Ich habe mich nicht satt dran sehen können. Den Namen des Baumeisters, der wahrlich ein großer Mann war, habe ich nicht erfahren können. Wie ist doch in neuerer Zeit diese Kunst bis zum Kindischen, ja Ekelhaften herabgesunken. Michelangelo ist der Vater des schlechten Geschmacks in der Baukunst, die unter seinen Nachfolgern bis auf unsere Zeit sich immer verschlimmert hat. An den Werken der gotischen Baukunst erblickt man überall Genie. An den Werken der Neueren nur Regeln. Das Abendmahl von Leonhard da Vinci in Mailand ist eins der schönsten Gemälde in der Welt. Unter den Gemälde-Galerien ist die des Cavaliero Melzi die sehenswürdigste dort. Sie besteht aus lauter Malereien, die vor Raffaels und Michelangelos Zeit verfertiget worden; worunter man ausnehmend schöne Stücke findet. Wir setzten unsere Reise über Pavia nach Genua fort. Hier ist weiter nichts sehenswürdig als der prächtige und schiffreiche Hafen, die Lage der Stadt, welche wie ein Amphitheater an den Bergen herumgebauet ist, und republikanischer Wohlstand. Von Genua gingen wir zu Schiffe nach Livorno. Unterwegs hat uns ein heftiger Sturm mit Gegenwind genötigt, in Portofino einzulaufen, wo wir zwei Tage bleiben mußten. Der Sturm hätte beinahe alle Schiffe in dem Hafen zertrümmert. Am dritten Morgen wurde Anker gelichtet, und wir gingen unter Segel. Ein abermaliger Sturm aus Westen brachte uns glücklich denselben Nachmittag in den Hafen von Livorno. Diese Stadt ist nicht groß, aber sehr volkreich, hat einen schönen Hafen und ist, wie alle Handelsstädte, blühend. An Kunstwerken siehet man hier nichts. Sie ist aber dennoch für den Künstler eine der vorzüglichsten Städte. Hier ist der Ort, morgenländische Charaktere zu studieren. Und Kostüm! Ich habe hier vornehme Konstantinopolitaner gesehen, die in weißen Gewändern und genau wie die griechischen Bildsäulen drapiert waren. Perser und Araber, Griechen und Palästriner und Ägypter und von allen Nationen, die um das mittelländische Meer herumwohnen. Es ist auffallend, wie diese Menschen im Gehen und Stehen und Sitzen, Essen und Trinken und in allen ihren Handlungen von Okzidentalen und Nordländern verschieden sind. Alles so zwanglos, so natürlich. Es müssen sich noch keine Tanz- und Hofmeister dort eingenistet haben, dachte ich bei der Betrachtung dieser Menschen. Unter den Türken und Griechen gibt es sehr schöne Menschen. Ich bin vier Tage dort gewesen, es ist aber teuer dort zu leben. Von hier ging es auf Pisa. Es ist eine große Stadt und wenig Einwohner. Der hängende Turm, Dom und Baptisterium sind, wie oben gesagt, Meisterstücke der Baukunst. Der Baumeister war ein Deutscher. So wie man von hier ins Florentinische kommt, findet man überall Wohlstand, von Livorno und Pisa an bis ins päpstliche Gebiet. Florenz ist eine der schönsten Städte in Italien. Die großherzogliche Galerie, woselbst sich auch die berühmte Gruppe der Niobe befindet, ist bewunderungswürdig. Schönere Straßen gibt es nirgends als hier. Meine beiden Reisegefährten setzten, nachdem sie ein paar Tage dagewesen, die Reise nach Rom fort, und ich blieb da. Den folgenden Tag wurde ich krank und habe vierzehn Tage das Bett hüten müssen. Es ist sehr schlimm, in Italien krank zu sein, weil die Ärzte bis zum Unverschämten kostbar sind. Nachdem ich wieder genesen, habe ich täglich die hiesigen Kunstwerke besucht. Außer der Galerie findet man in allen Kirchen aus der florentinischen Schule Meisterstücke. Masaccio und Ghirlandaio lebten vor Raffael und waren große Meister. Letzterer hat ohne Bedenken ganze Gruppen von diesen beiden Männern entlehnt und seinen Werken einverleibet. Dann Andreas del Sarto, ein Zeitgenosse Raffaels. Er ist der florentinische Raffael. Das Grabmal der Medicis vom Michelangelo, wo nach meiner Einsicht die beiden sitzenden Statuen der Herzöge Laurentius und Cosmus die beste Bildhauerarbeit ist, welche seit der Wiederauflebung der Kunst verfertiget worden. Johann di Bologna hat weniger Fehler, aber auch weniger Geist wie Michelangelo. Ich habe dort eine große Komposition gezeichnet von ungefähr 30 Figuren, welche Zeichnung mir viele Reputation dort gemacht hat. Sie stellet vor den Streit der Zentauren und Lapithen nach Ovids Beschreibung. Sie hat mir auch hier Ehre gemacht, kommt aber gegen meinen itzigen Arbeiten, nachdem ich die unsterblichen Werke eines Michelangelo und Raffael gesehen, nicht [an?]. Wenn ich nur immer gesund wäre. Ich bin schon einmal kurz nach meiner Ankunft allhier krank gewesen. Ich lebe nur in meiner Kunst. Die ganze Natur betrachte ich in dieser Absicht. Itzt noch kann ich diese Glückseligkeit genießen, darum arbeite ich gern. Sollte meine Lebenslänge weiter hinausgehen, als es mir die Baufälligkeit meiner Maschine ahnden läßt, so kann eine Zeit kommen, wo ich mit Ekel auf meine Arbeiten zurücksehe, wo es mich verdrießt, der Seifenblase Ruhm meine Gesundheit aufgeopfert zu haben.

In Florenz bin ich mit Sr. Durchlaucht, dem Fürsten Hatzfeldt bekannt geworden, mit dem ich hier zu Anfange an vielen Orten herumgefahren bin. Ich habe es aber müssen von mir ablehnen, weil es mir zu viel Zeit kostete. Seine Durchlaucht haben mich verschiedentlich besucht und sind itzt nach Neapel gereiset.

Der Rat Reiffenstein ist ein würdiger und einsichtsvoller alter Mann. Herr Cabott kopiert die berühmte Grablegung von Raffael im Palast Borghese. Die Kopie ist halb fertig und hat den Vorzug, daß alle Figuren durchgezeichnet sind. Doch hievon muß nichts bekannt sein, weil es dem Custodi seinen Dienst kosten würde.

Über die gegenwärtige politische Verfassung Roms, den Charakter des Volks, so viel ich in so kurzer Zeit habe einsammeln können etc., ließen sich viele Anmerkungen machen. Da mein Brief aber an eine so hohe Person gerichtet ist und man in gegenwärtiger Zeit nicht sicher ist für Erbrechung der Briefe vor ihrer Absendung, so muß ich davon schweigen, um mich keiner Ungelegenheit auszusetzen. Es ist hier gegenwärtig gefährlich genug für Fremde. Mein Brief ist sehr lang geworden. Ich bitte daher untertänigst, Ihro Exzellenz wollen es mir zugute halten, wenn in den itzigen kriegerischen Zeitläuften Hochdieselben einen gnädigen Blick auf die Künste des Friedens und ihre Arbeiter herablassen können. Mit tiefster Ehrfurcht ersterbe

Ihro Hochfreiherrlicher Exzellenz

untertänigster

Carstens

An denselben

(Rom, den 31. Januar 1795)

Gnädiger Herr! In aller Untertänigkeit nehme ich mir die Freiheit, Seine Exzellenz zu berichten, daß ich im Mai meine Ausstellung halten und nach derselben von meinen Arbeiten nebst dem darüber gefällten Urteile hinübersenden werde; aber bitte auch zu gleicher Zeit um Verlängerung meines Hierseins. Es ist für mich notwendig, viele Sachen nach den Antiken abzuzeichnen, die mir dort von großem Nutzen sein müssen und wozu ich gegenwärtig noch keine Zeit gehabt habe. Auch möchte ich meine übrigen, noch angefangenen Arbeiten gerne vollenden. Ich halte mich überzeugt, daß Seine Königliche Majestät werden eine Galerie von mir malen lassen. Eine Galerie, die bloß dieses (wie es die hiesigen sind) und zu keinem andern Gebrauche bestimmt ist, die für jedermannes Zutritt offen stehet: indem dieses wohl der einzige Weg ist, bei einer Nation das Gefühl des Schönen für bildende Kunst und was damit verwandt sein kann, zu erregen. Wenn es anders nicht durch den Überfluß, wie dieser durch den Wohlstand, erzeugt wird. Hat eine Nation erstlich Sinn fürs Schöne bekommen, so wird dieses ein Bedürfnis, und man kann alsdann keine schlechten und gleichgültigen Formen mehr ansehen. Bloß meine Stelle bei der Akademie wieder anzutreten und in diesem eingeschränkten Wirkungskreise den Rest meines Lebens versäuern, hätte es meiner Ausbildung nicht bedurft. Dazu wußte ich damals genug. Die Zweckmäßigkeit dieses Instituts stehet ohnehin auf schwachen Füßen. Vielleicht ist bloß die Befriedigung der Eitelkeit derer Regenten, sich dadurch das Ansehen zu geben, als täten sie Wunder für die Künste, der Zweck der Akademien. Wäre dieses, so sind so viele Lehrer als Monate im Jahre noch nicht genug. Mit den Schülern hat es nichts zu bedeuten. Die Anzahl dieser sind bei allen Akademien dreimal geringer als die der erstern. Ich meine hier keine Knaben, die man in die Schule jagt, damit sie kein Unheil im Hause stiften, sondern im eigentlichen Sinne Schüler. Die Frage (nicht, welcher Nutzen) sondern wie mancherlei Schaden in allen Ländern die Kunstakademien anrichten, verdiente von einsichtsvollen Männern eine genaue Untersuchung. Wann wird doch diese Tyrannei, durch die so viele Menschen verdorbene Bürger im Staate werden, die das Talent schon in der Wiege verkrüppelt, die dem Geschmack nach Belieben eine Nase ansetzt: wann wird dieser Despotismus einmal aufhören? Ich werde dieses nicht erleben. Bringt die Natur (welches doch nur selten geschiehet) ein Genie hervor, schwingt es sich durch tausend Widerwärtigkeiten ans Tageslicht: so unterstütze man dieses. Es ist einem Monarchen so viel Ehre für die Nachwelt, ein Genie unterstützt als eine Schlacht gewonnen und Provinzen erobert zu haben. Doch, ich breche ab und bitte in aller Untertänigkeit, da Hochdieselben dem Herrn Rehberg seine Zeit bis itzt verlängert haben, auch mir in Gnaden meine Bitte zu gewähren.

CARL LUDWIG FERNOW

1763–1808

An Carl Leonhard Reinhold

Florenz, den 17. März 1794

So würde denn, wenn alles nach meinen Wünschen ginge, das, was ich mir ehemals in meinen kühnsten Hoffnungen kaum möglich dachte, jetzt wirklich werden! Ich würde, umgeben von den Kunstwerken der lombardischen Schule und von den Werken eines Raffael, eines Guido, eines Tizian, täglich mein Auge und meine Hand in der Nachbildung und Betrachtung ihrer unsterblichen Meisterwerke üben und in der Nähe von Florenz und Rom auch dort mit leichter Mühe meine Bildung fortsetzen können, wenn ich in den ersten Gründen mich etwas fester gesetzt hätte. O, mit dieser hellen und heitern Aussicht wird mir Italien, das ich bis jetzt schon paradiesisch fand, ein Himmel werden, aus dem ich einst, mit geläutertem Geschmack, mit geübterer Hand und mit einem von dem Ideale der Schönheit verklärten Auge die göttlichen Formen der jugendlichen Vorwelt, mit reinem Sinne aufgefaßt, in mein kunstbedürftiges Vaterland zurückbringen und zur Bildung anderer darstellen kann. So flüchtig ich während unserer Reise auch nur die vorzüglichsten Malereien betrachten, so wenig ich sie durch ruhige Betrachtung ganz verstehen, durch Zergliederung ihrer Teile gehörig beurteilen lernen konnte, soviel Nutzen hab ich doch von diesem Durchlaufen durch die venezianische und lombardische Kunstschule gehabt. Vieles dämmert vor meinem Blicke, was bis dahin in Nacht verhüllt lag; und wenn ich auch nur dann und wann unvermutet den Schlüssel zu einer Hieroglyphe finde, so ist das Bewußtsein, ihn gefunden zu haben, mir doch ein Beweis, daß ich einst diese Sprache ganz verstehen, vielleicht noch selbst sprechen werde. –

Aber ich fülle fast einen Bogen von meinem teuren Ich an; der Egoismus ist doch gleich mit im Spiele, wenn man in der Freude des Herzens gesprächiger wird, und man spricht dann am liebsten von sich selbst. –

Ich eile, Ihnen jetzt noch Einiges von unserer Reise zu melden. Je tiefer wir in Italien kommen, je interessanter wird alles um uns her. Jedes Fleckchen Erde ist hier bedeutend, entweder durch Schönheiten der Gegenwart oder durch den Geist der Vorzeit, der unter den gesunkenen Trümmern der stolzen Werke eines mächtigen, einst die Welt beherrschenden Volkes, das jetzt kaum noch Sinn für die Größe seiner Väter hat, den Wandrer anwehet. Immer wird darum Italien das interessanteste Land der Welt bleiben, auch wenn es nicht diese üppigen Fluren, diese reizenden Hügel, diese gesegneten Täler, diesen wollüstigen Himmel und diesen ewigen Frühling hätte.

Aus Klagenfurt schrieb ich Ihnen zuletzt; aus Triest schrieb ich an meinen Freund Curtius und trug ihm auf, Ihnen Baggesens Wohlbefinden und unsere glückliche Reise bis dahin zu melden. Von Triest schwammen wir in einer Barke bei fast gänzlicher Windstille in dreißig Stunden den adriatischen Meerbusen hinüber nach Venedig; wir blieben alle wohl im Schiffe und keiner hielt für ratsam, sich mit dem adriatischen Meere zu vermählen.

Am 23. Februar früh mit dem grauenden Morgen stiegen die Türme Venedigs vor uns aus den Wellen herauf, nach einigen Stunden waren wir schon in den Lagunen dieser schwimmenden Welt und um zehn Uhr auf dem Markusplatze, in dessen Nähe wir uns nach einer halbstündigen Contumaz debarquierten. Venedigs gesunkene Herrlichkeit duftete uns, schon ehe wir den Fuß ans Land setzten, entgegen, und mit zugehaltenen Nasen eilten wir über den Fischmarkt. Auf dem Markusplatze umfing uns das Gewimmel von Masken, Müßiggängern, Seiltänzern, Zahnärzten, Bärenhütern, Taschenspielern und Gauklern aller Art, womit er vom Morgen bis Mitternacht, besonders in der Karnevalszeit, angefüllt ist. Unwillkürlich sah ich mitten in diesem Gedränge mich nach dem Armenier um, der mir von allem, was ich von Venedig gelesen, am hellsten vorschwebte, aber ich sah ihn nicht. Wir bezogen den Gasthof zur Königin von Ungarn, hatten noch einige Stunden mit Schiffern, Lastträgern und

Mautbedienten zu zanken, und der erste Tag ging größtenteils mit Untersuchung der Frage hin, ob wir denn wirklich in Venedig seien? Manche Gegenstände überzeugten uns freilich davon, aber wir fanden doch fast alles weit unter unserer Erwartung. Wir hatten die durch tausend Reisebeschreiber gepriesenen Herrlichkeiten Venedigs nach einem etwas zu großen Maßstabe unserer Einbildungskraft vorgemalt, und jetzt fanden wir das Gegenteil. Venedig ist, die Eigentümlichkeiten, die es zu Venedig machen und vor allen andern Städten der Welt auszeichnen, abgerechnet, die stinkendste, schmutzigste, häßlichste Stadt, die ich gesehen habe; es hat die engsten, krummsten Gassen, die man sich denken kann, die freilich mit Marmorplatten gepflastert sind, aber dadurch doch keinen Menschen, der an Licht und Luft gewöhnt ist, für Beraubung der Sonne und des Tageslichts schadlos halten können; denn beide können in die mehrsten Gassen das ganze Jahr lang nicht hinabdringen. Freilich sind hier Paläste von Palladio und Sansovino, die ihresgleichen in der Welt suchen, und Kirchen, die es wert sind, Tempel Gottes für Menschen zu sein; freilich ist die Aussicht übers Meer, über die Venedig rings umgebenden, mit schönen Kirchen und Klöstern bebauten Inseln, über die fernen Gebirge Tirols und über die ungeheure Stadt selbst, die man vom Markusturme hat, einzig in ihrer Art, aber Venedig hat keinen Frühling, keine Spaziergänge, keine Rosenlauben; sie ist eine Welt von Steinen, und ein ewiges Einerlei herrscht hier bei dem Wechsel der Jahreszeiten in der übrigen Welt. Keinem Bürger aus dieser, wenn er nicht von den Wollüsten Italiens berauscht, sich und die Welt vergißt, wird es möglich sein, lange in dieser engbrüstigen, beklemmten Existenz auszuhalten; er wird sich bald wieder nach der Terra Ferma, nach ihren grünenden Fluren, ihren duftenden Wiesen und geräuschlosen Hütten zurücksehnen. Dies waren oft die Empfindungen und Reflexionen, die sich mir bei dem Anblicke des aus Wollust und Leiden, aus Reichtum und Elend, aus Nobili und Pöbel, aus Andächtigen und Narren, aus Lechzenden und Satten, aus Genießenden und Genossenen zusammengedrängten Menschenhaufens, der während des Carnevals in Entzücken und Taumel und die übrige Zeit in Druck und Elend schwimmt, aufdrängten. In diesen zwei, drei Monaten des Müßigganges verlieren Tausende die Lust zur Arbeit für die andern neun bis zehn Monate und werden Betrüger, Kuppler oder Bettler. Von letztern wimmelt's auf allen Plätzen, auf allen Gassen und überall, wo soviel Platz übrig bleibt, daß ein Elender liegen und mit seinen Wunden und Eiterbeulen von dem vor Abscheu zurückfahrenden Fremden, der diesen Anblick, an den der Venezianer schon gewöhnt ist, nicht ertragen kann, einige Sols zu erbetteln. Auf den Brücken, an den Kirchen findet man ganze Gruppen dieser Elenden, die so kunstmäßig komponiert und auf den beabsichteten Effekt berechnet sind, daß man den Geschmack und den Erfindungsgeist, der selbst Gegenstände des Elends und Entsetzens ästhetisch darzustellen und statt Abscheu Wohlgefallen zu erregen sucht, bewundern muß.

Wir haben alle sieben bis acht Theater besucht, eines ausgenommen, wo nur Possenspiele für den untersten Pöbel gegeben werden. Kann je etwas die Sinne berauschen, das Herz vergiften und die Vernunft auf eine Zeit lang vom Throne stoßen, so sind es die Opern und Balletts der Italiener. Letztere besonders sind einer reizbaren, leicht in Schwung zu bringenden Einbildungskraft gefährlich. Einige hundert reizende Geschöpfe, von Jugend auf dazu abgerichtet, Auge und Ohr durch wollüstige Stellungen und Töne zu entzücken, üben auf diesen verschiedenen Theatern an jedem Abende ihre Kunst aus, die gewiß nie ihren Zweck ganz verfehlt. Das süße Gift stiehlt sich unbewußt auch in das am besten bewahrte Herz und bewirkt wenigstens einen augenblicklichen Rausch. Man kann nichts Blendenderes, Prächtigeres sehen als den Glanz und die Pracht der Theater al Fenice und al S. Cassano, gegen welche die des Wiener Nationaltheaters wie der volle Mond vor der Morgenröte schwindet. Schönheit der Tänzer und Tänzerinnen, die herrlichste Musik, Schönheit und Reichtum der Dekorationen und Kleidungen, alles vereinigt sich, durch den mächtigen Zauber so vieler zu einem Zweck vereinten Künste den wollüstigsten Genuß zu verschaffen und alle Sinne mit Vergnügen zu berauschen. Es freut mich, nicht sowohl des Vergnügens wegen, das ich genoß, als vielmehr deswegen, daß ich das Höchste und Vortrefflichste dieser Künste, soweit sie sich bis jetzt ausgebildet haben, zu einer Zeit sah, wo ich die Bildung meines Geschmacks und die Empfänglichkeit meines Sinnes für schöne Formen erhöhen und befestigen will. Jene Abende, wo ich diese Feereien sah, sind noch zu lebhaft in meinem Gedächtnisse, als daß ich nicht noch lange einen Maßstab für die Beurteilung des Schlechten und Vortrefflichen, an den mir aus ihnen vorschwebenden Bildern, haben sollte.

Hier ist die große Pflanzschule der Sängerinnen und Tänzerinnen, aus der die Fürsten Deutschlands und Europas ihre Schauspielergesellschaften und ihre Harems rekrutieren. Jede Sonne dieser Art, die aus einem der vier Konservatorien hervorging, hat mit den ersten Strahlen ihrer Morgenröte bereits die Großen und Reichen ihrer Mutterstadt beglückt, ehe sie, wie ein ominöser Komet, über die Alpen schwebt und die Herzen der Fürsten und die Schicksale der Völker lenkt, aber zum Glück für beide gewöhnlich nur auf kurze Zeit; denn jenen Zauber, der auf längere Zeit ein Herz fesseln und Liebe einflößen kann, besitzen diese Zauberinnen nicht. Sie haben nur die Kunst, Wollust zu erregen, gelernt, und darum ist ihr Reich, so wie ihre Schönheit, von kurzer Dauer.

An Jens Baggesen

Rom, den 15. Dezember 1796

Jetzt sehe ich auch in dieser Dunkelheit Licht und komme allmählich mit meinem System einer Kritik der bildenden Kunst ins Reine; es ist mir nun noch darum zu tun, es im Detail auszuarbeiten und im Zusammenhange auch für andere glücklich darzustellen. Dies wird eine Zeit lang meine Hauptbeschäftigung sein, zu der ich bereits im vorigen Winter durch meine Vorlesungen über Ästhetik in Rücksicht auf bildende Kunst, die ich jetzt wieder umarbeite, eine gute Vorbereitung gemacht habe.

Je weiter ich im Studium der Kunst fortschreite, desto mehr erweitert sich der Umfang meines Zwecks und desto mehr Interesse bekommt es für mich, so daß ich auch den Vorsatz gefaßt habe, es auf jeden Fall mit meinem Schicksale aufzunehmen und Italien nicht eher wieder zu verlassen, bis ich alles Merkwürdige in dem Vaterlande der neuern Kunst hinreichend gesehen und die Kenntnisse eingesammelt habe, die mich in den Stand setzen können, etwas in seiner Art so Vollständiges, als meinen Kräften möglich ist, zu liefern; und ich hoffe, man soll mir den Vorwurf nicht machen, daß ich mein Ziel zu niedrig gesteckt habe.

Von meinem Freunde Carstens soll ich Ihnen, leider! nur unbekannterweise, einen herzlichen Gruß sagen. Es tut mir leid, daß Sie beide einander nicht kennen. Ich könnte Ihnen dann noch mehr von ihm und seiner Kunst sagen. Jetzt nur soviel, daß ich in der ganzen neuern Kunst, außer Raffael und Michelangelo, keine merkwürdigere Erscheinung kenne als ihn; und ich bin überzeugt, daß, wenn sein schwächlicher, von der Energie seines Geistes überwogener Körper ihn noch so lange leben läßt, um einem Teil seiner Ideenfülle *die* Wirklichkeit zu geben, die er ihnen jetzt, nachdem er in Rom gleichsam die letzte Hand an die Ausbildung seines Talents gelegt hat, zu geben fähig wird, – die Nachwelt ihm seinen Rang neben jenen großen Lichtern der neuern Kunst bestimmen wird ... Es ist ein Fluch unsers Zeitalters, daß jetzt so wenig Gelegenheit zu großen Arbeiten sich darbietet. Carstens müßte eine Capella Sixtina und einen Vatikan zu bevölkern haben, um seinen Ruhm so, wie er es fähig ist, gründen zu können; aber jetzt reichen die Schatzkammern unserer Großen nicht einmal hin, Pulver und Blei genug für den Krieg anzuschaffen, und wir leben in einem papiernen Zeitalter, in dem das bißchen Kunst, was hie und da nach Brot hungert, völlig zugrunde gehen würde, wenn der Geist der Raffaele, der Klopstocke und Shakespeare nicht fähig wäre, sich über jeden Fluch seines Zeitalters zu erheben, während die Denis, Alxinger, Stephanie usw. nach goldenen Dosen und Medaillen kriechen und mit ihrem zeitlichen Lohn ewige Schande davon tragen. Die Berliner Akademie hat niederträchtig an Carstens gehandelt. Zum Glück ist er jetzt wider jede nachteilige Folge dieser Behandlung gesichert. –

Über Rom möchte ich Ihnen lieber gar nichts schreiben, da sich ein so unendlich reichhaltiger Gegenstand in einem Briefe unmöglich ganz berühren, geschweige erschöpfen läßt. Des Merkwürdigen, Schönen und Großen, so wie des Abscheu Erregenden, Empörenden und Niederträchtigen ist hier soviel, daß man jedem Versuche, es in eine vernünftige Einheit zu bringen, unterliegen muß. So wie Roma antiqua das Edelste und Schönste enthält, was der menschliche Geist in den glücklichsten Tagen seiner Blüte erdacht und geschaffen hat, so enthält Roma moderna gewiß das Unwürdigste, Schändlichste und Schädlichste, was der menschliche Unsinn ersonnen und ausgeheckt hat, und das Elend und sowohl physische als moralische Verderbnis der Menschen sind hier so groß und allgemein, daß es vielleicht in kurzem seinen Hochpunkt erreicht hat, und wenn das in allen Fugen morsche Gerüst dieses heiligen Unwesens zusammenkracht, so wird es eine schreckliche Zerstörung geben. Alle Umstände der Gegenwart kündigen die Nähe dieses Zeitpunkts an, den ich vielleicht noch an Ort und Stelle zu erleben das Glück habe.

Die vermöge des Waffenstillstandes nach Paris bestimmten Kunstwerke stehen noch eingepackt, wie sie standen, als der Waffenstillstand aufgehoben wurde, und wir sind noch nicht sicher, daß sie diese Reise, alles Widerstrebens ungeachtet, nicht noch machen müssen. So unlieb es mir auch sein würde, diese ersten Werke der Kunst aus Rom wandern zu sehen, so sehr würde ich mich doch freuen, wenn sie der Preis wären, um den Italien eine glücklichere Zukunft erkaufte. Die Kunst würde durch dieses Opfer nichts verlieren, davon bin ich überzeugt; ja es läßt sich denken, daß sie sogar gewinnen könne, wenn sie in Frankreich neues Leben gewönne und eine Sache der Nation würde. Rom würde freilich einen unersetzlichen Verlust erleiden, der aber nichts bedeutet, sobald die Menschheit dadurch gewinnt. Der Künstler studiert in Rom nie nach den Originalen, weil sie größtenteils einen ungünstigen Standpunkt haben, und überdem sind nur sehr, sehr wenige unter dem großen Haufen hier studierender, sowohl fremder als einheimischer Künstler, denen es etwas helfen würde, wenn sie auch zeitlebens die Antiken vor der Nase hätten. Das wahre Genie zur Kunst ist überall selten; das sieht man nirgends besser als in Rom, wo sich eine Auswahl aller derer, die sich in den verschiedenen Ländern Europas der Kunst widmen, findet und wo es demungeachtet sehr schwer sein würde, ein halbes Dutzend herauszufinden, die die Natur selbst zur Kunst bestimmt hat . . .

Was ich in Rom am meisten entbehre, ist die Gelegenheit, das Merkwürdigste der deutschen Literatur kennenzulernen, besonders in den Fächern, die mit meinem Studium zusammenhangen. Erst neulich hat mir ein Freund aus der Schweiz einen Auszug aus Iths Anthropologie geschickt, der mich äußerst begierig auf das Werk macht, weil ich darin manches für mich Neue und Nützliche zu finden hoffe. Die Unsicherheit der Posten während des Kriegs in der Lombardei erschwert die Kommunikation so sehr, daß wir hier seit dem Maimonat keine Literaturzeitung, keine Horen mehr erhalten haben; ich weiß also jetzt beinahe gar nichts von dem, was seit Jahr und Tag in Deutschland Merkwürdiges erschienen ist. Desto mehr bin ich gezwungen, mich um das, was in Italien vorgeht, zu bekümmern. Sie können sich also leicht vorstellen, daß ich ein mächtiger Politiker, oder wie der Italiener sich kürzer ausdrückt, ein Politicone geworden bin und mich jetzt um viele Dinge bekümmere, die mir sonst gleichgültig waren. Viele interessante, mit größter und in Italien unerhörter Freimütigkeit geschriebene Broschüren, die jetzt in der Lombardei herauskommen und ein mächtiges Fortschreiten der dämmernden Aufklärung ankündigen, werden, aller Aufsicht ungeachtet, in Rom hereingeschwärzt und machen auch hier unter der Hand große Sensation. Man sagt dem Heiligen Vater unerhörte Dinge ins Angesicht, und sein Bologna und Ferrara scheinen unwiederbringlich für ihn verloren zu sein. Bologna hat bereits seine neue, sich selbst gegebene Konstitution öffentlich angenommen und eingeführt und rüstet sich mit aller Tätigkeit, sie auch im Fall der Not zu verteidigen. Daß auch die vierte österreichische Armee in Italien unter Alvinczy von dem gewaltigen Bonaparte größtenteils aufgerieben und über die Brenta zurückgejagt ist, werden Ihnen vielleicht die Zeitungen schon gesagt haben, wenn nicht die deutschen, doch wenigstens die französischen. Wurmser sitzt noch in der Mausefalle zu Mantua und lernt Hunger leiden. Allem Anschein nach werden die Franzosen diesen Winter ruhig in Italien sitzen. Bonapartes Manifeste sind eben so nachdrücklich, kurz und entschlossen als seine Manifeste auf dem Schlachtfelde, die er mit dem Blute seiner Feinde ins Geschichtbuch Italiens schreibt. Er ist in allem Betracht ein erstaunlicher Mensch und vielleicht bestimmt, das Schicksal Italiens für Jahrtausende zu entscheiden.

JOHANN HEINRICH MEYER

1760–1832

An Goethe

(Rom, den 8. Januar 1796)

Die Menge von Gegenständen dringt so gewaltig und mit so verschiedenem Reiz auf mich ein, daß ich, ungewiß, mir selbst und meiner eignen Überlegung und Entscheidung nicht oder doch nur mit Furcht vertraue. Seit ich hier bin, habe ich vorzüglich nur die Altertümer studiert und nachgesehen, inwiefern ich [mich] in meinen gehabten Vermutungen betrogen oder aber richtig geschlossen habe. Unter diesem vorausgesetzten Zweck habe ich bisher schon das meiste, was hier ist, betrachtet, habe gesehen, daß ich im ganzen zwar Recht behalte, aber im einzelnen mich sehr oft geirrt habe, habe viel merkwürdige, dahin einschlagende Stücke gefunden und manche Bemerkung gemacht, die mich freut und in der Erkenntnis weiter gebracht, also daß, wenn auch wenig gezeichnet worden (es sind nur etwa sechs Stücke nach den ältesten Werken im Capitol), ich doch nicht Ursache habe, die Zeit zu bereuen, die darauf verwendet ist. Aber je mehr ich in diesen Dingen vorwärts dringe, je genauer ich beobachte, je schwieriger und weitläufiger, je verwickelter wird die Sache; das Ziel und Ende bleibt zwar immer noch sichtbar, ist aber in gar keinem Verhältnis zu der Zeit und dem Aufwand, die ich daran setzen will und kann; es erforderte überhaupt nicht weniger, als von allen denen Sachen, die besonders für die ältere Geschichte der Kunst merkwürdig und belehrend sein können, genaue Abgüsse machen zu lassen, um sie gegen einander halten und vergleichen zu können. Es sind so wunderbare Dinge, solche Zartheiten, solche Kleinigkeiten zu bemerken und zu vergleichen, die alle wichtig werden, daß man sich ohnmöglich auf das Gedächtnis verlassen kann, wenn es auch nur aus einem Museum in das andere eine Betrachtung übergetragen und fortgesetzt werden soll. Selbst der gering scheinende Umstand von verschiedenem Licht gibt zu Täuschungen und Irrtümern Anlaß. Allein ich werde bei aller Weitläufigkeit und Mühe, welche dieses Studium heischt, solches doch, solang ich hier bin, soviel, als ohne Abbruch der übrigen Studien geschehen kann, forttreiben. Denn es muß endlich für unsere Hauptabsicht hinlänglich sein, *mehr als andere Leute davon zu verstehen und den Weg zeigen zu können,* wenn er auch für uns zu lang und mühsam war und wir ihn nicht selbst durchaus bis ans Ziel gewandelt sind. Zwar zweifle ich freilich noch und bin unentschlossen, aber ich merke bei mir selbst, daß ich mich in meinem Gemüt, je mehr ich wäge und überlege, dazu neige, wenigstens *hier* am Quell der Kunst mich nicht auf flüchtig gemachte Sachen einzulassen, sondern, wenn ich etwas zeichne oder male, solches, so gut möglich, fleißig und fertig [zu] machen. Da werden wir denn freilich nicht manches Stück erhalten, aber das, was werden kann und wird, [wird] desto erfreulicher sein. Es scheint auch, daß es auf einer andern Seite noch Nutzen hat. Ich sehe, daß man von keinem Kunstwerk recht genau unterrichtet werden kann, es sei dann, man zeichne solches ab, und man erfährt die zartesten, wichtigsten, verstecktesten Kunstgriffe der Meister nicht anders, als wenn man ihnen auf das genaueste nachspürt, und dieses kann nicht anders als in einer geendigten Nachahmung geschehen. Zudem ist gegenwärtig eine Zeit, wie sie noch nie war, und wenn die Römer schon vorher gefällig waren, so sind sie es jetzt doppelt und dreifach, da sie die Not drückt. Die Aufseher der Galerien bieten sich nun an, Erlaubnis zu schaffen, Bilder zu kopieren, und sind überhaupt ausnehmend höflich. Um billigen Preis bekomme ich eine Leiter, um die hochstehenden Köpfe im Capitolium zu untersuchen, bekomme auch den Katalog und, wenn ich will, die Ariadne oder sonst etwas Transportables in gutes Licht gesetzt, um es zu zeichnen. Da wäre nun freilich eine *Ariadne,* nach dem Original selbst getuscht, keine Kleinigkeit, denn sie ist ein Wunderding; aber ich werde wieder von der Raffaelischen Madonne in der Galerie Borghese angezogen (die jetzt in gutem Licht hängt). Sie ist fleißiger gemalt als die zu Dresden, und diese ist vielleicht von größerem Stil, aber jene ist noch lieblicher, und was fast ungläublich ist, sie scheint mir noch gemütlicher zu sein – zarter, jugendlicher, unschuldiger gewiß.

Des da Vincis Bild in der obern Galerie des Palasts Borghese ist jetzt ebenfalls leicht zugänglich, aber vor allem andern läßt sich bedenken, ob nicht die Aldrovandinische Hochzeit eigentlich dasjenige Stück wäre, so die meisten Zwecke für uns erfüllt. Ich habe sie gestern gesehen und die Anmut, die Leichtigkeit, das Geschick, die gute, große Manier der Beleuchtung bewundert und, worüber auch Sie sich verwundern und freuen werden, *eine Harmonie und Verständnis* der Farben gefunden wie noch in keinem andern Bild. Ich glaube sogar, daß Widerscheine und Mitteilung der Farben darinne sei, welches bei den besten Neuern so rare Dinge sind (unser Peter Cortona selbst weiß hievon nichts). Eröffnet dieses nicht alles weite und vortreffliche Aussichten? Ach, möchten Sie doch bald kommen, allen diesen Reichtum, diese Schätze der Kunst, welche fast allein *unser* gehören, zu teilen! Bis die andere Woche werde ich im Capitolium mit Beschreiben und Bemerken im Museum wohl fertig werden, und da wäre also schon ein Hauptstück getan. So genau ist es wohl noch nicht gesehen und erwogen worden, und ich habe nicht übel Lust, wenn Hirt Ihnen sein Manuskript über den *Lago di Fucine* schickt, diese meine Arbeit beizulegen, damit Sie doch sehen, wie das Ding geht und wie oder was davon zu nehmen oder dazu zu tun wäre ...

Gestern habe ich im Palast Borghese ein großes Gefäß von Bergkristall gesehen, worauf viel Figuren geschnitten waren. Die Fassung und Henkel ist Gold mit Farben eingeschmelzt. Die Henkel sind schlangenartig ineinander gewunden, und wo sie aufhören, sind Masken von Satyren. Es soll des Cellini Arbeit sein, und es ist gar nicht unwahrscheinlich; wenigstens hat der Geschmack nichts Widersprechendes und deutet auf jene Zeiten. In Santa Cecilia a Ripa ist in einem Reliquienschrank ein ganzer Schatz dieser Art und wohlgearbeitetete, große Büsten von Silber dabei; in der Villa Pamfili gibts ebenfalls einen Schrank und dergleichen Sachen in Menge darinnen p. Wenn man sich Mühe geben will, solche Dinge aufzusuchen, so kann die Ausbeute sehr reich werden.

Was macht Schiller? Gerne schrieb ich auch an ihn, aber wahrlich, es ist keine Zeit zu gewinnen.

An denselben

(Florenz, den 7. Octobris 1796)

Fiesole oder vielmehr der Hügel, auf und an welchem dieser Ort, der gegenwärtig nicht mehr sehr beträchtlich ist, liegt, fällt von Florenz aus ungemein zierlich in die Augen. Er steigt ziemlich regelmäßig in konischer Form aus einem Kranz von Fruchtbäumen, der um seinen Fuß her liegt, in die Höhe und ist nur an der hintern Seite mit andern, niedrigern Hügeln, die von den Apenninen her nach der Ebne zu streichen, verbunden. Seine Seiten sind nicht kahl, sondern mit Wein, Feigen und Oliven bedeckt, und auf den Absätzen stehen zierliche Landhäuser und Klöster. Ganz auf der Spitze haben die Franziskaner ihren Sitz genommen und den Platz vor der Kirche mit einer Gruppe hoher Zypressen geschmückt, welche das Ganze lieblich endigen. In der Vertiefung zwischen diesem Hügel und dem zunächst darhinter liegenden ist der Dom und der Platz von Fiesole. Man sieht leicht, daß sich der Ort ehemals ziemlich weit auf dieser Höhe herum verbreitet hatte, aber gegenwärtig ist nichts mehr Zusammenhängendes. Einige Reste von Mauren, die hetrurische Arbeit zu sein scheinen, bemerkte ich nicht weit unter dem genannten Franziskanerkloster, und auf der entgegengesetzten Seite am Abhang des andern Hügels soll noch ein Bogen stehen, welchen ich diesmal nicht gesehen habe, weil es schon Abend war, als wir hinkamen. Denn es ist von Florenz aus eine gute Strecke und ein steiler, mühsamer Weg. Allein man wird durch die herrliche Aussicht, welche man oben genießt, für die Mühe des Steigens doppelt und dreifach belohnt. *Florenz* liegt, ein gedrungener, mächtiger Klumpe von Häusern, in der Ebene, die sich, vom Arno durchstrichen, herauf und weiter herunter ausbreitet, fruchtbar, ein Wald von Bäumen und übersäet mit unzählbaren Villen, mit Dörfern, Flecken und Städten. So fürstlich und herrschend erscheint an keinem anderen Orte die hohe Kuppel des Doms; es ist gleichsam, als wenn ihr die Stadt nur zur Base diente, auf welcher sie sich stolz erhebt. Der Arno zeigt und verbirgt seinen Lauf durch die Ebne vielmals; irrend scheint er bald die Hügel der jenseitigen Kette aufzusuchen, bald sie zu fliehen, bis er sich endlich unter *Prato* dem Auge entzieht. Ich will nicht sagen, daß es nicht schönere, malerischere Aussichten gebe und daß diese in solcher Rücksicht zu den vorzüglichsten gerechnet werden könne, aber erfreulich ist sie; denn man wird schwerlich ein fruchtbarer und besser angebautes Gefild finden als das, so man hier vor sich liegen sieht.

Fiesole selbst hat einige Merkwürdigkeiten der Kunst. Ein Palast und eine Kirche von Michelozzo, einem der besten Florentiner Baumeister, und die Badia von Brunelleschi; überdem ist die alte Domkirche ein eigenes Ding in ihrer Art. Ihre Form ist simpel und gibt zu erkennen, daß die alten Tempel und Basiliken zum Muster gedient. Von dem, was wir gotische Bauart nennen, kommt an diesem Gebäude sehr wenig vor. Die Fenster sind sehr schmal, hoch, rund gewölbt. Inwendig hat sie zwo hübsche Säulenreihen, nicht mager, sondern von starker, männlicher Proportion. Diese Säulen haben verschiedene Arten von Kapitälen, meist mit Blättern, Abarten der korinthischen Ordnung; ein paar sind wirklich korinthisch und scheinen alt zu sein. Sie sind für den Schaft der Säulen zu klein und bedecken ihn nicht ganz. Der Chor ist sehr erhöhet und erhebt sich über die Fläche der Kirche wohl um ein Dutzend Stufen.

Von den andern Kirchen und Gebäuden und von den Bildern, welche darinne sind, ein andermal.

Wenn man sich auf der Höhe des Franziskanerklosters umsieht, so ist es nicht schwer, sich die ganze Geschichte, die Entstehung, Wachstum und Abnahme von Fiesole vorzustellen. Als sich eine Kolonie hier niederlassen wollte, so mußte dieser Hügel gewählt werden, weil er Sicherheit verschaffte und von demselben aus die Ebene beherrscht werden konnte. Es war also die erste Burg, unter seinem Schutz wurde hernach die Stadt angelegt, diese ist, wie wir sehen, zu einer beträchtlichen Größe erwachsen. Als aber die Gesellschaft gebildeter und friedlicher wurde, mehr Sicherheit und Ruhe war, so folgte natürlich, daß sich die Einwohner um der Bequemlichkeit willen auf der Ebene herum verbreiteten und daß Häuser am Fluß gebauet wurden, und dieses scheint, es sei nun in frühern oder spätern Zeiten geschehn, der Ursprung von Florenz gewesen zu sein. Wenn der Arno an dieser Seite fließen würde, wie er im Gegenteil an den Hügeln der andern Seite vorbei läuft, so würde das Ganze wahrscheinlich ungetrennt geblieben sein und Fiesole wäre die Zitadelle von Florenz geworden und würde dann ohngefähr die Gestalt von Bergamo gewonnen haben. Es liegt also schon in der Natur der Lage beider Örter, daß Fiesole gerade in dem Maß abnehmen mußte, als Florenz zunahm, und es ist dahero auch nicht wahrscheinlich, daß die Florentiner Fiesole aus Eifersucht zerstört haben, sondern vielmehr darum, weil sie in den mittleren Zeiten aus demselben immer beunruhigt und beraubt worden sein mögen. Auch geschah die Zerstörung der Burg anno 1010.

JOHANN GOTTFRIED SEUME

1763–1810

An Carl August Böttiger

Rom, den 2. Mai 1802

Vorgestern war ich auf meinem Wege hierher in *Terni.* Nachdem ich meinen Reisesack in dem Wirtshaus niedergelegt hatte, trollte ich, ob ich gleich schon von Spoleto gekommen war, nach dem Sonnentempel, nämlich der jetzigen Diminutivkirche des heiligen Erlösers. Sie war verschlossen; ich ließ mich aber nicht abweisen und ging zum Sakristan, der – keine Notiz von mir nahm, bei seiner Schüssel und seinem Buche unbeweglich sitzen blieb und mich durch eine alte Sara in die Kirche weisen ließ. Der Mann hatte in seinem Sinne Recht; denn er dachte ohne Zweifel: Der da kommt weder mir noch meiner Kirche zu Ehren, sondern nur der heidnischen Sonne sein Kompliment zu machen. Richtig! Die Leute haben bekanntlich das Tempelchen wie wahre Obskuranten behandelt, das heißt, sie haben dafür gesorgt, daß in den Sonnentempel keine Sonne mehr scheinen kann. Alle Eingänge sind vermauert und zu Nischen gemacht, in deren jeder ein Heiliger für Italien schlecht genug gepinselt ist; und über dem Altar steht ein Sankt Salvator, der auch seinen Verfertiger nicht aus dem Fegefeuer erlösen wird. Nun stieg ich noch eine Meile lang den hohen Steinweg zu dem [Wasser]-Fall des Velina hinauf. Das war denn Belohnung. Der Tag war herrlich; kein Wölkchen, und es wehte ein lauer, lauer Wind, der nur in der Gegend des Sturzes etwas kühl ward. Die Sonne stand schon etwas tief und bildete in der furchtbaren Schlucht der Nera hoch in der Atmosphäre einen ganz herrlichen hellen und einen dunklern Bogen aus dem Staube des Falles. Ich saß gegenüber auf dem Felsen und vergaß einige Minuten alles, was die Welt sonst Großes und Schönes haben mag. Etwas Größeres und Schöneres von Menschenhänden hat sie schwerlich aufzuweisen. Folgendes war halb Gedanke, halb Gefühl, als ich wieder bei mir selbst war:

Hier hat vielleicht der große Mann gesessen
Und dem Entwurfe nachgedacht,
Der seinen Namen ewig macht,
Hat hier das Riesenwerk gemessen,
Das größte, welches je des Menschen Geist vollbracht.
Es war ein göttlicher Gedanke,
Und staunend steht die kleine Nachwelt da
An ihres Wirkens enger Schranke
Und glaubet kaum, daß es geschah.
Wie schwebte mit dem Regenbogen,
Als durch die tiefe Marmorkluft
Hinab die ersten Donnerwogen
Wildschäumend in den Abgrund flogen,
Des Mannes Seele durch die Luft!
So eine selige Minute
Wiegt einen ganzen Lebenslauf
Alltäglichen Genusses auf;
Sie knüpft das Große an das Gute.
Es schlachte nun der zürnende Pelide
Die Opfer um des Freundes Grab;
Es zehre sich der Filippide,
Sein Afterbild, vor Scheelsucht ab;
Es weine Cäsar, stolz und eitel,
Um einen Lorbeerkranz um seinen kahlen Scheitel;
Es mache sich Oktavian,
Das Muster schleichender Tyrannen,
Die je für Sklaverei auf schöne Namen sannen,
Mit Schlangenwitz den Erdball untertan;
Die Motten zehren an dem Rufe,
Den ihre Ohnmacht sich erwarb,
Und jedes Säkulum verdarb
An ihrem Tempel eine Stufe.
Hier steigt die Glorie im Streit der Elemente,

Und segnend färbt der Sonnenstrahl
Des Mannes Monument im Tal,
Wo sanft der Ölbaum nickt, und hoch am Firmamente.
Das Feuer glüht mir durch das Rückenmark,
Und links schlägts ohne Neid hoch in der Seite stark:
Wer so ein Schöpfer werden könnte!

Oben am Sturz ist zwischen den Bergen, ungefähr eine Stunde im Umkreis, eine schöne Ebene, die voll ungeheurer Ölbäume und verdorbener Weinstöcke steht. Ich wollte schon den Päpstlern über das Sakrilegium an der Natur fluchen, als ich hörte, dieses sei im letzten Krieg eine Lagerstätte der Neapolitaner gewesen. Sie schlugen hier die Franzosen durch den alten Felsenweg hinunter, und ich begreife nicht, wie sie es wagen konnten, sie weiter zu verfolgen. Sie bezahlten bekanntlich für ihre Kurzsichtigkeit sehr teuer und gingen in das Manöver. Aber es ist doch traurig für die Humanität, daß man sich – unter den Ölbäumen schlägt. Sehen Sie, so sehr ich der Härte beschuldiget werde, ein Ölbaum und ein Weizenfeld würde mir Heiligtum sein, und ich könnte mich gleich zur Kartätsche gegen denjenigen stellen, der beides zerstört. Die Sonne ging unter, als ich in den schönen Olivenwald hinab kam, und kaum konnte ich unter den Weinstöcken noch einige Veilchen und Hyazinthen pflükken, die dort ohne Pflege blühen. Es war zu spät, noch die Rudera des Theaters in den Gärten zu sehen, und den andern Morgen wanderte ich nach Narni. Die Gegend von Narni aus an der Nera hinunter ist furchtbar schön. Die Brücke bei *Borghetto* über die Tiber ist zwar ein sehr braves Stück Arbeit, aber als Monument für drei Päpste immer sehr kleinlich, wenn man sie nur gegen die Reste des alten Ponte Rotto bei Narni über die Nera hält. Das sind doch noch Triumphbogen, die Sinn haben, diese Brücke und der Trajanische an dem alten Molo in Ancona. Ich bekenne, daß ich für zwecklose Pracht, auch wenn es Riesenwerk wäre, keine sonderliche Stimmung habe.

An Georg Joachim Göschen

[Rom, Anfang Mai 1802]

Mein voriger Brief war von Rom und dieser ist es wieder. Ich habe seitdem in den Pontinen geschlafen, habe das schöne Neapel so gut als möglich genossen, habe auf den Trümmern von Akragas junge Mandeln gefrühstückt, bin die Steinbrüche von Syrakus durchkrochen, habe aus dem Anapus Aale gegessen und bin fast in dem Simäthos ersoffen, habe dem Vater Ätna nun wirklich, so hoch und tief man kann, in sein ungeheures Maul gesehen und habe überall die Hesperidenäpfel Trinakriens mit dem Andenken an meine vaterländischen Freunde gepflückt, bin bei der kumischen Sybille und in dem Becher des furchtbaren bösen und guten Nachbars von Parthenope gewesen, habe in Salerno viel Unsinn und in Paestum – keine Rosen gefunden; und nun sitze ich wieder hier bei Freund Fernow an dem Spanischen Platze in Rom. Sie begreifen leicht, daß das alles sehr schnell gegangen ist, weit schneller, als einem gelehrten Manne geziemt. Aber meine Zeit und meine Börse wollten und wollen das nun so; ein anderer macht es anders und besser. Daß der Spaziergang etwas expedit gewesen sein muß, zeigt mir das Schicksal Ihres letzten Briefes, der mich wahrscheinlich noch in Wien treffen sollte und den ich erst in Neapel erhielt, und zwar, als ich schon von der Runde aus Sizilien zurückgekommen war. Es geht gesund und gut; wenigstens glaube *ich* das, und mich deucht, ich bin bei der Sache eine Hauptperson. Versteht sich, daß ich weder antiquarische Entdeckungen mache noch antiquarische Werke schreibe; das mögen andere tun, die mehr Zeit und Lust und Gelehrsamkeit haben. Gestern hätten mich die Banditen in dem Walde von Ariccia bald mit Dolchen in eine bessere Welt befördert: – aber dieses und meine andern Fährlichkeiten will ich Ihnen erzählen, wenn wir in Hohenstädt wieder einmal bei unserm deutschen Braunkohl sitzen, wo ich meinen guten Appetit schon so manchmal mit irgend einer Schnurre aus meiner Jugend geschlossen habe. Ich bin nicht lange weg und sehne mich schon wieder in den Kreis meiner Bekannten im Vaterlande. Jetzt werde ich nach Florenz und Mailand wandeln, dann durch die Schweiz höchst wahrscheinlich einen Abstecher nach Paris machen und zu Ende des

Herbstes wieder bei Ihnen in Leipzig sein. Die große Hälfte meiner kleinen Wanderung ist nun ziemlich glücklich gemacht; es war die gefährlichste; und ich hoffe, die andere kleinere soll noch besser und angenehmer sein. Wenn ich gehörige Vorbereitung gemacht und mit einigen unserer vaterländischen Philologen gehörige Rücksprache genommen hätte, könnte ich in literärischer Rücksicht auch Ihnen vielleicht nützlich werden und mir einigen Dank verdienen; aber so wie ich bin und gehe, fehlen mir alle Mittel, auf meiner Durchflucht irgend etwas zu leisten: denn ob ich gleich meinen Theokrit am Anapus mit viel Genuß las, so wissen Sie doch, daß ich in der Philologie als Schulwissenschaft viel zu schwach und überhaupt viel zu sorglos bin, als daß sich von mir Autoschediasten etwas Gutes aus dem Stegreif erwarten ließe. So viel habe ich gesehen, daß in Sizilien und Unteritalien die alten schönen Ausgaben ziemlich selten sind und noch seltner die Männer, die sie benutzen könnten. Sterzinger in Palermo und Bandolina in Syrakus sind die einzigen, die ich jenseit der Pontinen als geschmackvolle Kenner der alten schönen Literatur gefunden habe. Der erste ist, wie Sie schon aus dem Namen sehen, unser Landsmann, und einer der humansten und rechtschaffensten. Für die Schulweisheit bin ich leider ein verdorbener Kerl, und für die Weltweisheit und die Welt selbst ist es, so wie die Welt ist und ich bin, nicht viel besser. Ich schließe, sonst bin ich in Gefahr, ins lamentable Räsonnieren zu fallen . . .

Muß Ihnen nur die Geschichte von Ariccia in einigen Worten erzählen. Ich bin ausgeplündert worden. Zum Glück hatte ich nicht meine ganze Barschaft, sonst wäre ich tüchtig aus den Hosen. Vier Kerle griffen mich an, zwei mit Dolchen, zwei mit Karabinern. Einer faßte mich am Kragen und setzte mir den Dolch an die Kehle, der zweite auf die Brust. Die zwei Schnapphähne hielten mit gespanntem Gewehr etwas von ferne. Das war gar pathetisch anzusehen, wie geschickt die Schurken die Kammerdiener machten.

WILHELM VON HUMBOLDT

1767–1835

An Schiller

Rom, den 10. Dezember 1802

Ich bin seit 14 Tagen in Rom, liebster Freund, und fange an, mich ein wenig zu orientieren. Mehr noch meine Einführung in meinen Posten als unsre erste Einrichtung, die im Grunde noch meist ganz zu machen ist, hat mich zwar bis jetzt sehr zerstreut, aber ich habe immer Stunden gefunden, mich loszureißen und einsame Spaziergänge zu machen. Ich sage einsame, denn das habe ich bisher charakteristisch und auf mich von wohltätiger Wirkung gefunden, daß man unter großen Monumenten einsam umherwandelt, daß man sich ebenso *seinen* Gedanken, *seinen* Empfindungen überläßt, als wäre man in der freien Natur. Die tiefen Gefühle der Seele zu wecken und von allem übrigen abzuziehen, ist allen großen Gegenständen eigen; in Rom bewirken es die ungeheuren Monumente der neueren, die rührenden der alten Zeit; in Paris, erinnere ich mich noch sehr gut, tat selbst das Gewühl, das wie das Bild Einer bewegten Welt die Einbildungskraft ergriff, dasselbe. Auf diese Weise, und mehr noch mit dem Totaleindruck als dem Einzelnen beschäftigt, habe ich erst die Hauptpunkte an den verschiedenen Enden der Stadt besucht, die Peterskirche, das Lateran, Maria Maggiore und im Mittelpunkt den capitolinischen und palatinischen Hügel mit dem Colossäum und den unzähligen andern Überresten. Meine nächste Sorge soll nun die sein, genau das Lokal des alten Rom zu kennen. So unbedeutend das auch scheinen mag, hier wird man einmal durchaus und durch alles dahin getrieben, und einmal über das andre fällt mir ein: ‹Aber Rom in allem seinem Glanze / Ist ein Grab nur der Vergangenheit!› Wohin man blickt, wird man in das Altertum hinübergezogen, und gern wendet man die Augen vom heutigen Elend und der heutigen Erbärmlichkeit ab. Denn Elend und ein unbegreifliches, von dem man jedem, der es nicht selbst zu sehen braucht, das Bild ersparen muß, ist im Volke und Erbärmlichkeit über Erbärmlichkeit in den Reichen und Großen. Glücklicherweise ist es leicht, sich von da zu besseren Zeiten zu flüchten, und selbst mich verbinden meine Geschäfte nur wenig, in Gesellschaft zu gehen, die freilich auch hier nichts weniger als interessant ist ... Die Häuser sind viel fester gebaut, als ich vom Süden erwartete; es gibt häufig Kamine, hie und da kleine eiserne Öfen und dann noch Behältnisse, die man über die bloßen Feuerbecken stellt und die ihr sonst unvermeidliches Dampfen verhindern. Aber dagegen sind die Quartiere, die man findet, übel verteilt und durch Mangel an Licht und altmodisches Ameublement ebensowenig freundlich als durch die Größe der Zimmer heimlich. Überhaupt hätte man Unrecht, Rom eine schöne Stadt zu nennen, sie hat kaum einzelne schöne Teile, nur schöne und große Stücke. Die Straßen sind meist eng, es sieht fast überall schmutzig aus, und die große Volksleere wird dem Fremden selbst in den am meisten begangenen Straßen fühlbar. Ohne sonderlichen prophetischen Geist läßt sich in der Tat sagen, daß Rom sich seinem politischen Untergange naht. Die päpstliche Regierung, deren Glanz und Größe immer mehr auf der Meinung anderer und eignem Stolze beruhte, hat jetzt, da diese beiden Stützen wanken, ganz ihren Charakter verloren. Wenn man es sich hier auch nicht immer geradezu gesteht, so fühlt man doch, daß es nur eine erbettelte Existenz ist, die ihr noch verstattet wird. Weder der Papst, ein gutmütiger verständiger Mann übrigens, noch die Kardinäle haben mehr das wahre Vertrauen zu sich und dem Glauben andrer; und da der Glanz nun gewichen ist, so sieht man die ungeheuren und Schauder erregenden Blößen. Soviel die Regierung erpressen und zusammenscharren kann, tut sie es; wohin sie es wieder wendet, ist zweifelhafter, wenigstens genießt schwerlich das Land und das Volk diese Summen, die es mit den größten Aufopferungen erschwingt. Seit einigen Jahren sind nun unglückliche Ernten dazugekommen, und so ist jetzt Teurung und Elend aufs höchste gestiegen.

Es kommt wirklich einer Hungersnot äußerst nah, und man fürchtet sogar, daß die ekelhaften Nahrungsmittel, zu denen die ärmste Volksmasse ihre Zuflucht zu nehmen genötigt ist, im Frühjahr und Sommer eine Epidemie hervorbringen können . . .

Sobald nur meine ersten häuslichen Einrichtungen gemacht sind, werde ich sagen können, in Ruhe zu sein. Dann, wie ich schon jetzt sehe, gibt es wenigstens fürs erste der Geschäfte nicht so viele, daß sie mich von eignen Studien abhalten sollten. Ich denke dann wieder ernstlich an diese zu gehen, und hoffe, Sie sollen bald mehr davon hören. Wie ich Ihnen im Anfange dieses Briefes schrieb, so glaube ich, ist Rom sehr gut, alles zu treiben, selbst wozu Abgezogenheit und eigne Stimmung gehört, und Schellings Projekt, die Metaphysik zur Veränderung einmal hier zu treiben, kommt mir so übel nicht vor. In den Hallen der Peterskirche muß es sich schon sehr schön meditieren lassen. Den Anblick dieses Gebäudes wünschte ich Ihnen doch. Den meisten jetzigen Fremden scheint sie zu mißfallen, sie kommt ihnen nicht einmal so groß vor, als sie ist, und wahr ist, daß sie nicht ungeheuer erscheint, weil alles in so wundervollem Ebenmaße ist. Aber die recht eigentliche, reelle Größe, deren Eindruck doch viel bleibender als der des Ungeheuern ist, die lernt man erst an ihr kennen. Himmlisch schön und groß ist noch die Gegend um Rom. Erinnern Sie z. B. Goethe einmal an den Platz vor dem Lateran. Wie man da über eine prächtige Wasserleitung hin auf die Gebirge von Tivoli und Frascati sieht, darüber geht nichts; und dann, daß man diese Plätze so still und einsam, als wanderte man in einer zerstörten Stadt, genießen kann, das gibt, mit dem Anblick der alten Ruinen verbunden, ein so wunderbares Gefühl, als sähe man auch schon jene neueren Gebäude in Trümmern sinken.

An Karl Gustav von Brinkmann

Rom, den 22. Oktober 1803

Ich kann in wenig Tagen nun auf ein Jahr zurückblicken, das ich hier verlebt habe. Ich habe in diesem Jahr eigentlich nichts getan, das ich aufweisen könnte, allein demungeachtet rechne ich es zu den sehr wohltätigen meines Lebens. Ich kam in einer

Art der Abstumpfung hieher. Sei es der Aufenthalt in Paris oder der in Berlin oder keiner von beiden, sondern nur ein inneres Bedürfnis, durch neue Umgebungen neue Anstöße zu erhalten, kurz, ich fühlte in mir ein gewisses Unvermögen, mich auf eine eigentlich interessante Art zu beschäftigen, und ich glaube, mit Wahrheit sagen zu können, daß ich hier sehr viel gewonnen habe. Rom ist eine Einöde, lieber Brinkmann, aber die schönste, die erhabenste, die fesselndste, die ich je gesehen habe. Rom ist nur für wenige und nur für die Bessern gemacht, aber wen es einmal anspricht, der findet die Welt hier. Ich sage mit Wahrheit die Welt. Denn er ist allein einer ungeheueren Natur gegenüber; was er sieht, ladet ihn ein, auszuschweifen in die entferntesten Gegenden und in die dunkelsten Zeiten, und der Charakter der Gegend ist gerade von der Art, daß er in der Seele die Stimmung hervorbringt, sich diesem Spiele der Phantasie zu überlassen. Sie, wie ich ehemals, werden auch oft von der Lieblichkeit italienischer Gegenden gehört haben. Ich habe sonst immer wenig daraus gemacht und vieles für Einbildung gehalten. Aber an Ort und Stelle bin ich es inne geworden. Das Geheimnis besteht darin, daß entweder die Dinge hier so gestaltet sind oder der Standpunkt so begeisternd ist, daß das Große, um groß zu scheinen, nicht groß zu sein braucht. Was man hier sieht, kann man sagen, trägt die Form der Kunst und der Phantasie. Man sieht und sieht es ewig wieder mit Lust, man untersucht es einzeln und findet eigentlich nichts Einzelnes, was sonst außerordentlich wäre, nicht die hohen Felsen der Gebirgsgegenden, nicht die alten Eichen unsrer Wälder, nicht die großen romantischen Seen der Schweiz, aber man wirft einen Blick auf das Ganze und es ist ein Gemälde, es wirft die Phantasie nicht zerstreuend auseinander und in die Fernen, es versammelt sie zurück auf denselben Punkt, wenn sie eben ins Unendliche ausschweifen will, es macht das Gemüt still, es bringt Wehmut hervor und vermehrt doch die Klarheit und nimmt kaum etwas der Heiterkeit. Kann man damit, wie es dem Deutschen nur so leicht gelingt, weil er in keiner fremden Eigentümlichkeit je sich verliert, die Stimmung fürs *Romantische* (lassen Sie mich das Wort zum Gegensatz des Antiken gebrauchen) verbinden, so ist es der höchste aller Genüsse und zugleich der am meisten erwekkende. Wer nicht mehr bloße Natur ist (wie doch nur die früheren Griechen es waren), wer schon anfängt zu reflektieren, der muß romantisch geboren und gebildet werden, unter Eichen und Klippen, in rauhem Klima, fern von Kunst, mit weniger harmonischer Sprache, unter dunkler Metaphysik, pedantischem Schulstudium und sentimentaler Dichtung; der Streit, der die Reflexion begründet, der Urstreit zwischen Freiheit und Notwendigkeit, muß sich reproduzieren in ihm für jede Kraft, in jeder Gestalt, in jedem Gedanken und jeder Empfindung – dann komme er hieher und nichts Menschliches ist mehr an ihm verloren. Dort kann man auch allein werden, wohin man nur strebt, und der Deutsche ist glücklich genug, nie über die Alpen steigen zu dürfen. Er verliert nur Genuß. Wer aber, dort noch unausgebildet, hieher kommt, der findet keinen Geschmack an der hiesigen Eigentümlichkeit, oder wenn er ihn findet, ist er verloren. Er wird halb in jeder Natur. Denn zwei verschiedene sind es, das gibt der erste Anblick.

Ich fühle mich also hier glücklicher, das leugne ich nicht. Ich bin erweckter zu Ideen und fruchtbarer in jedem Betracht. Ich habe für nichts Sinn verloren, wofür ich ehmals ihn hatte, und für manches hat sich ein neuer in mir erschlossen.

An Goethe

Marino, den 23. August 1804

Mir geht es sehr gut, mein bester Freund; meine beiden kleinen Mädchen sind sehr wohl, und aus Paris habe ich fortdauernd gute Nachrichten. Nur gehe ich diesen Sommer, meine Geschäfte, die Gott mich bewahren soll, Tätigkeit zu nennen, ausgenommen, ein wenig müßig. Ich glaubte hier auf dem Lande viel zu arbeiten; aber wer könnte am Tisch sitzen in dieser himmlischen Gegend, in diesem Sommer, der schlechterdings nicht heiß ist? Jeden Nachmittag also gehe ich oder reite ich, zu Pferd oder Esel, aus, näher oder weiter, und gehe und genieße so viel und so innig, daß ich doch diesen Sommer zu der am besten angewendeten Zeit rechnen werde. Ich weiß nicht, ob Sie dies Latiner Gebirge und die Ufer des Albaner- und Nemier-Sees recht kennen. Wer verhältnismäßig nur kurz in Rom ist, den zieht Rom mehr an. Aber wer Muße hat, hier alles einzelne zu durchgehen, der findet unbegreifliche Standpunkte, einen Reichtum in einem spannenlangen Raume, der sich immer wieder durch sich selbst von der Phantasie neu befruchtet. Den großen Unterschied zwischen diesen und unsern Gegenden finde ich darin, daß die unsern uns immer entweder aus uns hinaus ins Ungestüme oder in uns hinein ins Düstere treiben, immer unruhig oder schwermütig, also empfindsam machen. Hier löst sich alles in Ruhe und Heiterkeit auf. Man bleibt immer klar, immer gleichmütig, immer objektiv gestimmt. Die spanischen Gegenden, habe ich oft bemerkt, wirken im ganzen wie die deutschen.

Ich habe oft darüber und über die ganze Wirkung nachgedacht, die Rom macht, und mich gefragt, wieviel wohl davon objektiv sein mag. Schelling hat, denke ich, irgendeinmal gesagt, daß das klassische Altertum eine Trümmer eines ursprünglichen höhern Menschengeschlechts sei, und etwas Wahres liegt darin; jede Vergleichung zwischen Modernen und Alten hinkt, weil es für uns nicht mehr dieselbe Gattung ist, die beide umfaßt. Ein Vers Homers, selbst ein unbedeutender, ist ein Ton aus einem Lande, das wir alle als ein besseres und doch uns nicht fernes anerkennen, jeder ergreift zugleich und in einem Gefühl mit Götterehrfurcht und mit Heimatsehnsucht. Vieles kommt zusammen, das hervorzubringen; schon das trägt bedeutend dazu bei, daß jene Glücklichen eine Sprache redeten, die für uns nie zum Gepräge des Gemeinen dient. Aber der eigentliche Erklärungsgrund liegt für mich in den Zeiten der Barbarei. Durch das Christentum und den Zustand gesellschaftlicher Wildheit (die Griechen kannten nur eine Naturwildheit), wurde der Mensch so mürbe gemacht, daß natürliche Ruhe, ungestörter innerer Friede auf ewig für ihn verloren war und beide jetzt uns erst durch einen sauern Sieg erkämpft werden müssen. Man spaltete seine Natur, setzte der Sinnlichkeit eine reine Geistigkeit entgegen und erfüllte ihn mit nun nie mehr weichenden Ideen von Armut, Demut und Sünde. Wenn er nun so, in seinem Innern zerknirscht durch ein Gemisch gnostischer Spitzfindigkeiten und Schwärmereien, engherziger schreckenvoller Begriffe des Judentums, in seinem Äußern geschreckt und geplagt durch willkürliche Gewalt, die aber immer mit dem Namen des Rechts (wie keine Tyrannei bei den Alten) Unterwerfung forderte, wenn er so zum erstenmal aufblicken konnte zu jenen Geschlechtern, die in ganz entgegengesetztem Zustande gelebt hatten, wenn er ihre Werke noch dazu mit allem Zauber der Einbildungskraft umgeben sah, so mußte er niederfallen, wie vor Göttergestalten, und da wir noch immer, nur hier und da geringer, in demselben innern und äußern Zwiespalt fortleben, so muß auch jene Anbetung bei uns fortdauern. Niemand hat je die moderne Welt aus der alten eigentlich deduziert, und niemand kann es. Es ist da eine Kluft, die jeder bemerken muß, wo nur noch das plötzliche Erscheinen des Christentums einen notdürftigen Erklärungsgrund abgibt.

Rom ist der Ort, in dem sich für unsere Ansicht das ganze Altertum in eins zusammenzieht, und was wir also bei den alten Dichtern, bei den alten Staatsverfassungen empfinden, glauben wir in Rom mehr noch als zu empfinden, selbst anzuschauen. Wie Homer sich nicht mit andern Dichtern, so läßt sich Rom mit keiner andern Stadt, römische Gegend mit keiner andern vergleichen. Es ist allerdings also das meiste an diesem Eindrucke subjektiv, aber es ist nicht bloß der empfindelnde Gedanke zu stehen, wo jener oder dieser große Mann stand. Es ist ein gewaltsames Hinreißen in eine von uns nun einmal, sei es auch durch eine notwendige Täuschung, als edler und erhabener angesehene Vergangenheit, eine Gewalt, der selbst, wer wollte, nicht widerstehen kann, weil die Öde, in der die jetzigen Bewohner das Land lassen, und die unglaubliche Masse der Trümmer selbst das Auge dahin führen, und da nun diese Vergangenheit dem innern Sinne in einer Größe erscheint, die allen Neid ausschließt, an der man überglücklich sich fühlt, nur mit der Phantasie teilzunehmen, ja an der keine andere Teilnahme nur denkbar ist, und dann dem äußern Sinne zugleich die Lieblichkeit der Formen, die Größe und Einfachheit der Gestalten, der Reichtum der Vegetation (die doch wieder nicht überüppig ist, wie in noch südlichern Gegenden), die Bestimmtheit der Umrisse im klaren Medium und die Schönheit der Farben in durchgängige Klarheit versetzt, – so ist nur hier der Naturgenuß reiner, von aller Dürftigkeit entfernter Kunstgenuß.

Überall sonst reihen sich Ideen des Kontrastes daran, er wird elegisch oder satirisch. Freilich indes ist es auch nur für uns so. Horaz empfand Tibur moderner als wir Tivoli. Das beweist sein ‹beatus ille, qui procul negotiis›. Aber es ist auch nur eine Täuschung, wenn wir selbst Bewohner Athens und Roms zu sein wünschten. Nur aus der Ferne, nur von allem Gemeinen getrennt, nur als vergangen muß das Altertum uns erscheinen. Es geht damit, wie wenigstens mir und Zoega mit den Ruinen. Wir haben immer einen Ärger, wenn man eine halbversunkene ausgräbt. Es kann höchstens ein Gewinn für die Gelehrsamkeit auf Kosten der Phantasie sein. Ich kenne für mich nur noch zwei gleich schreckliche Dinge, wenn man die Campagna di Roma anbauen und Rom zu einer polizierten Stadt machen wollte, in der kein Mensch mehr Messer trüge. Kommt je ein so ordentlicher Papst, was aber die 72 Kardinäle verhüten mögen! so ziehe ich aus. Nur wenn in Rom eine so göttliche Anarchie und um Rom eine so himmlische Wüstenei ist, bleibt für die Schatten Platz, deren einer mehr wert ist als dies ganze Geschlecht.

Sie glauben nicht, welchen Ärger ich manchmal in mich fressen muß bei gewissen Fremden, denen keine Villa hier recht ist, die bald zu wenig Schatten, bald zu viel geschnittene [unlesbar] finden, die sich immer wundern, warum die Römer keine englischen Gärten anlegen, und nicht sehen, daß das gerade noch eine der größesten Exemtionen ihres gesunden Menschenverstandes ist, höchstens noch der Partie am See in der Villa Borghese Gerechtigkeit widerfahren lassen, weil da sogar künstliche Ruinen sind, nicht einsehen, daß der Anblick der Campagna mit den vielen Wasserleitungen und Trümmern darin und den hohen, schön bewachsenen und reichlich bevölkerten Bergen am Ende unendlich größer ist, als wenn nun da eine Menge moderner Landhäuser und Gärten und Parke, wie um Paris, alles verdeckte und verwirrte, endlich klagen, daß um Rom keine Bäume sind, und rein aus Eigensinn die Gegenden nicht besuchen, wo die göttlichsten stehen, die Gottes Erdboden trägt, darauf nach Neapel gehen, in Entzückung geraten und bei der Zurückkunft einen ordentlich mit Gutmütigkeit bedauern, daß man in Rom wohnen muß! Ich konnte Ihnen, mein teurer Freund, dies Bild meiner Leiden nicht schenken. Glücklicherweise treffen sie immer mit den Leiden des Herrn in der Passionswoche zusammen, zu ihnen stoßen die Langeweile der kirchlichen Funktionen und die mir in den Tod verhaßte Musik; so dient mir alles zusammengenommen zur heilsamen Buße und löst sich im Sommer, wo das Phantom der bösen Luft glücklicherweise alle diese ultramontanen Unholde wieder verscheucht, in reinen Genuß auf.

An Christian Gottfried Körner

Rom, den 8. Junius 1805

Tausend Dank für den Einfall, mein teurer geliebter Freund, mir gerade jetzt, nach Schillers Tode, wieder zu schreiben. Auch mir sind Sie zuerst eingefallen; wir standen in vieler Rücksicht in gleichem Verhältnis zu ihm und haben gleich viel verloren. Mir ist es in der Tat, als hätte ich auf einmal eigentlich den Leitstern aller meiner intellektuellen Richtungen verloren, und ich wage es noch nicht zu entscheiden, wie es eigentlich auf mich wirken wird . . .

Haben Sie aber nicht auch bei diesem Tode, mein teurer Freund, das Gefühl gehabt, daß die bessere Welt vor uns hingeht und wir der minder guten preisgegeben bleiben. Mir hat dieser Verlust eines der stärksten Bande gelöst, die mich an Deutschland knüpften. Es ist, als bannte mich das Schicksal immer fester in dies Land, das nur Schatten beleben und in dem alles Lebendige nur wie durch Zufall in eine Einöde gebannt scheint. Möchten Sie nur einmal diese trümmerbedeckten Hügel, diese wüsten Fluren und diese langsamen gelben Tiberwogen gesehn haben! um ein anschauliches Bild davon zu haben. Wenn Sie recht lebhaft zu fühlen vermögen, wie es in der Seele wird, wenn sie sich durch und durch in Vergänglichkeit und Trümmer versenkt, aber die Trümmer die Trümmer einer Welt sind, so haben Sie den Eindruck, den Rom auf mich macht. Das erste Gefühl ist Wehmut, aber die Unermeßlichkeit des Dahingeschwundenen gibt der Wehmut eine Größe, die wieder heiter wird und wieder in lichtem Äther über der Erde schwebt. Alles, was einen großen Eindruck macht, oder alles, was in rechter Stimmung empfunden wird, wirkt, dünkt mich, symbolisch. Das Unbekannte und nie zu Erkennende strebt in einem sichtbaren Zeichen aus. Sich selbst so zu einem Symbole des Weltalls umzuschaffen, wäre die höchste Aufgabe der Menschheit. Gehen Sie von dieser Idee aus, die, wie ich gern gestehe, jetzt und seit längerer Zeit meine Lieblingsidee ist und für mich den Schlüssel alles Daseins, wie es ist und sein soll, enthält, so ist Rom das Symbol zugleich der Vergänglichkeit und des Weltzusammenhangs, wie er intellektuell und ästhetisch für uns existiert. Hier gewann griechische Kultur Festigkeit, und von hier zerstreute sie sich und ging aus in die Ferne und in die Irre. Hier nahm das Christentum und mit ihm aller sentimental religiöse Mystizismus denselben Gang. Um daher durch die Phantasie in diesen Mittelpunkt der Weltansicht gestellt zu werden, muß man hierher gehen und hier lang bleiben. In fruchtbarer Einsamkeit legen sich erst hier die Weltgestalten deutlich und ruhig auseinander, Gedanke und Empfindung schmilzt klar, Wehmut und Frohsinn heiter ineinander über, und auf der Grenze zwischen Leben und Tod tritt man leichter in jenem auf und neigt sich sanfter zu diesem hinüber.

Hier haben Sie, Lieber, mit wenig Worten, meine Ansicht meines Aufenthalts hier und den Schlüssel meiner Existenz. Ich fühle mich sehr glücklich, ich bin nie heitrer in einer doch sehr verwickelten Geschäftstätigkeit, nie fruchtbarer in Ideen, nie poetischer gestimmt, nie zufriedner mit meiner häuslichen Lage, nie ungeteilter dem Andenken derer, die ich verloren habe, gewidmet gewesen als hier. Es fehlt mir bloß Eins, nach dem ringe ich, aber ich weiß nicht, ob ich es je erreichen werde. Es ist mir oft, als hätte mir die Natur nur Auge, das Hohe zu sehen, und Sinn, das Tiefe zu fühlen, gegeben, aber Flügel und Sprache versagt. Ich möchte etwas gemacht haben, in dem ich mich selbst eigentlich achten könnte, eine Reihe von Ideen entwickelt haben, durch welche die innere Ansicht der Menschheit weiterrückte.

KARL FRIEDRICH SCHINKEL

1781–1841

An Heinrich von Reuß-Köstritz

[Rom, Oktober 1803]

Fünf glückliche Monate waren durchwandert, Östreichs waldige Gebirge überstiegen, von Triests grottenreichen Steinwüsten des Meers unendliche Fläche zum ersten Mal erblickt, Istriens felsigte Küsten umschifft, das liebliche Italien und seine glänzenden Städte und Schätze bewundert, – als mir ein stiller Abend die Herrscherin der Welt auf ihren sieben Hügeln zeigte. Tausendmal versuchte man auszusprechen, was der Geist auf diesem Fleck empfand, und häufte fruchtlos leere Töne, Schweigen ist gewiß das Weiseste, denn über das Erhabenste klingt jedes Wort gemein. –

Häuslich habe ich mich sonach niedergelassen unter den höchsten Werken der Kunst. Mein Fenster beherrscht von der Höhe des Monte Pincio den westlichen Teil der Stadt; viele tausend Paläste, von Kuppeln und Türmen überstiegen, breiten sich unter mir aus; die Ferne schließt St. Peter und der Vatikan, in flacher Linie zieht sich hinter ihm der Mons Janiculus, vom Pinienhaine der Villa Pamfili gekrönt. Fast aus meiner Tür trete ich auf die ungeheure Treppe der Kirche S. Trinità de' Monti, die vom Gipfel bis in den an dem Fuße des Hügels hängenden Piazza d'Espagna fährt. Monte Pincio, ehemals Collis Hortulorum genannt, trug die Gärten des Lucullus, in welchen Schwelgerei die raffiniertesten Genüsse häufte; jetzt lebt der größte Teil der fremden Künstler hier, frugal und ärmlich oft, und genießt den Vorzug der gesunden Luft ...

Ists mir erlaubt, so sage ich bald ein Wort von meiner Wanderung mehr, was Sie vorzüglich interessieren kann, wie ich den

Cassas so oft auf Lügen ertappt, und wie sein Talent erlöscht, wenn man die Natur gesehen, von Triests und Istriens wunderbarem Land, von Venedigs sarazenischen Palästen, der Apenninen reicher Landschaft und tausend gleichen Objekten. Meine Skizzen mehren sich und gewähren mir bei der Durchsicht manche frohen Augenblicke der Rückerinnerung.

An Valentin Rose

Neapel, den 3. Mai 1804

Wertester Cousin. Das Ziel der Reise liegt nahe vor mir, der Gedanke an die Verlassung so vieler Schönheiten bangt nirgends mehr als in dem Lande, das man mit Recht für Europens schönstes hält. Seit mehreren Wochen genieße ich die Milde von Capuas Fluren, die selbst den starken Hannibal bezähmte, daß er des Ruhms vergaß, des langen Krieges Glück wollusttrunken scheuchte. Wäre es möglich, Sie auf eine Stunde den Anblick aus meiner Wohnung genießen zu lassen. Die Loge vor dem Zimmer ragt weit hinaus ins Meer, daß, wenn es stürmt, ich hier ein kaltes Bad genieße; ist warmer Sonnenschein, so gibt ein vorgestrecktes Dach, von kleinen Säulchen unterstützt, mir süße Kühlung, und ich blicke ins weite Meer, an dessen Küste links Vesuv den Feuerschlund erhebt, indessen harmlos ihn am Fuße die Orte Portici, Resina, weißen Pünktchen gleich, umziehn. Die lange, hochgetürmte Küste von Salerno und Sorrent zieht hinter ihm sich in den Horizont des Meers, aus dessen Mitte kühn die Felseninsel Capri steigt. Rechts lehnt am Vorgebirg die Stadt und streckt einen Damm und ein Kastell ins Meer. –

Gehe ich in das Gewühl der Stadt, so bietet sich ein neues Schauspiel dar, das man in jedem anderen Ort vergeblich sucht. Paris und London müssen weit in dem Tumult der Gassen den Rang Neapel räumen. Denken Sie sich in dem Raum, der nicht größer ist als der, auf dem Berlin gebaut, die Anzahl von fast einer Million Seelen, wovon der größte Teil sein ganzes Leben auf der Straße treibt, dort handelt, wohnt und schläft, der jede Handlung durch die höchste Lebhaftigkeit, durch beständigen Frohsinn bezeichnet, dem das öffentliche Leben einen Nationalcharakter gibt, der sich in jeder Miene, in jedem Gestus in einem Grade zeigt, daß der, der eingeweiht, von fern den Sinn der Unterredung schon durch Miene und Gestus errät. Schneller Fassungsgeist leuchtet aus jeder Unternehmung, Gefühl fürs Schöne zeigt sich auf allen Gassen, nicht selten hört man in einem Kreis von Lazzari den aufmerksamen Ohren Gesänge Tassos oder Dantes klingen, oft sammelt abends eine gut gespielte Zither ein weites Auditorium von allen Klassen, das oft durch ‹bravo› den Künstler ermuntert, ihm die Freude zu verlängern. An öffentlicher Pracht vielleicht nicht weniger erhält Neapel vor allen den ersten Platz. Man sieht an Feiertagen auf den Promenaden des Corso mehr als zweitausend Karossen von zwei bis zu 8 Pferden, reich bis zur Verschwendung und mit Bedienten überladen. –

Die Landpartien, die man von Neapel aus nach allen Richtungen auf klassischem Boden unter beständiger Einwirkung der schönsten Natur macht, sind so belehrend als angenehm. Vorgestern kehrte ich von einer Reise auf die Insel Capri zurück, die vor dem Golfo 30 Miglien von Neapel ihre enormen Felswände aus dem Meer erhebt. Drei Tage lebte ich unbeschreiblich glücklich in diesem lieblichen Ländchen hoch in der reinen ätherischen Luft, umgeben von Orangenwäldern mit dem unverdorbensten Völkchen der Welt. Die Aussicht von der Felshöhe auf die Küsten von Salerno und Kalabrien, auf den Vesuv und das daran gereihete Neapel mit seinen Vorgebirgen und der Kette der Apenninen im Hintergrund ist grenzenlos und bezaubernd. Bei hellem Wetter sieht man die Höhen von Sardinien. Die Anzahl der mir ganz fremden Pflanzen, die ich besonders auf dem Teil der Insel fand, den man Anacapri nennt, ist erstaunlich; ich pflückte mehrere, um sie, wenn sie sich konservieren, nach Berlin zu schaffen. Anacapri ist der höchste Teil der Insel, eine ungeheure senkrechte Felswand trennt es von der andern Hälfte; vermittelst einer in den Fels gehauenen Treppe, die aus alter griechischer Zeit stammen soll, erklimmt man mühsam diese Höhe, überrascht steht man oben auf einer schönen, fruchtbaren Ebene, in der die niedlichsten Häuschen [stehen], welche an schöner malerischer Form und Reinlichkeit alles übertreffen, was ich von ländlichen Anlagen jemals sah. Hier wohnt ein Völkchen, das vollkommen die Sitte der Unverdorbenheit trägt, das sich in wenigen Familien, aber unvermischt mit andern, erhält. Es gibt alte Leute hier, die nie die Felsentreppe hinabstiegen, die nie Neapel selbst, nie ein Schiff in der Nähe, nur von der Höhe des unermeßlichen Felsens sahn. Einfachheit, Biederkeit und Eintracht leben hier verschwistert, ich werde nie den Aufenthalt unter diesen Leuten vergessen. –

An Christian Daniel Rauch

Neapel, den 6. September 1824

In dem Meer von Kunstwerken, in welches man hier eintaucht, können Sie denken, wie mir zumute ist, stündlich werde ich erschreckt von ganz neuen Aufschlüssen über Kunst durch die Werke, welche in der vollendetsten Art die Aufgaben lösten. Gestern habe ich die Bronzen und Vasen gesehen, ich habe keine Vorstellung von dem Gehaltvollen der Sammlung gehabt; wenn man nur zeichnen dürfte, und wenn nur das, was hier auf Befehl davon abgebildet war, im Allerentferntesten die Feinheit der Gegenstände ahnden ließe. –

In Betracht der Beleuchtung und Aufstellung habe ich die Freude gehabt, daß ich beim neuen Museum im ganzen das einzig Rechte getroffen habe. Überall wo in den Museen Italiens nach diesem Prinzip beleuchtet und aufgestellt ist, hat man völlige Befriedigung, leider ist aber dies selten der Fall; in Mailand, Florenz und Neapel geht man fast wie in Kellern umher, um die schönsten Werke dürftig zu sehn. In Chiaramonti ist alle Skulptur flach gerade durch die Beleuchtung. Nur im Clementinum entzückt das Charakteristische der Räume, die, obgleich das zweckmäßige Licht auch oft fehlt, durch die Pracht des Materials und der Kunst, die sich in ihrer Mannigfaltigkeit auftut, nichts zu wünschen übrig lassen; zu solcher Einrichtung gehören aber auch solche Schätze, sonst möchte die Sache sehr kleinlich ausfallen. Es ist mir höchst auffallend gewesen, wie ich fast jeden Gegenstand Italiens ohne Veränderung in Größe und Stil bei mir festgehalten hatte und wie ich ganz alte unveränderte Bekannte wieder begrüßen konnte. Die Jugend ist darin doch beneidenswert, daß ihre Eindrücke unvergeßlich bleiben. Die

Gegend Neapels hat immer etwas Unglaubliches, und so sehr man sie kennen mag und sich ihr Bild in der Phantasie zurückrufen konnte, sie erscheint immer wie ein überirdischer Traum.

Über Ausschmückung öffentlicher Gebäude durch Malerei sind mir durch die mailändische Kirche von Luini, durch die Hallen, Vestibüle und Höfe von Genova, durch die alten Kirchen aus Giottos Zeit und seiner Nachfolger in den lombardischen und römischen Provinzen große Lichter aufgegangen und besonders auch, wie die Skulptur damit in farbiger Weise eingreifen kann. Indes bleibt immer der Gipfel die raffaelische Weise und die Decke in der sixtinischen Kapelle, wie die Farbe gebraucht werden muß.

Über Thorwaldsens sehr reich ausgestattetes Atelier muß ich mündlich vollständiger sprechen. Nach meinem Gefühl hat er für Grazie am entschiedensten Talent, sein Christus hat zwar alle die Schwächen, welche wir in den Abbildungen erkannt haben, aber macht doch in Natura eine ganz andre Wirkung. Schön ist die Hauptproportion und die geringe Wendung des Körpers, wenn man die Statue seitwärts sieht. Das Pferd von Poniatowsky ist noch nicht ganz in Ordnung, ich glaube, daß er noch bedeutend ändern muß, obgleich der Abguß fertig ist; mir scheint die Bewegung nicht kräftig genug für das, was sie vorstellen soll, außerdem hat die Schwierigkeit der Aufgabe des Stützens manche Verzeichnung oder manchen Mißstand des Körpers erzeugt. Die 12 Apostel von Schülern nach Skizzen und unter Aufsicht Thorwaldsens ausgeführt, sind im ganzen alle gut geraten und machen in Zusammenstellung mit Christus einen imposanten Zyklus. Die Komposition des Tympanums der Kirche in runden Figuren: Die Predigt in der Wüste vorstellend, ist vielleicht das gelungenste seiner großen Werke. Der Kopernikus, sehr kolossal, ist nicht glücklich drapiert, besonders seine linke Seite ganz schlecht. Die drei Grazien und den Schäfer finde ich außerordentlich schön. Der Babylonische Zug wird in großem und kleinem Maßstabe immer wiederholend in Marmor gearbeitet ...

Die Schnorrschen Freskos in Villa Massimi sind bei weitem die feinsten, die Farbe, wenn auch nicht schöner und stilvoller, doch kräftiger fast wie irgend eine der alten Bilder der besten

Zeit, wie sie uns jetzt erscheinen. Man sieht aber hier, wie weit der Protestant den beiden Katholiken Veit und Overbeck in Feinheit und Originalität vorgerückt ist. So viel Talent in den Bildern der letzten zu sehen ist, so schmerzlich ist auch das Gefühl von verkümmerten und eingeketteten Naturen, welches unwillkürlich daraus hervorgeht.

JOSEPH ANTON KOCH

1768–1839

An Gerhard Friedrich von Fischer

Rom, den 3. Mai 1805

Hoho! hoho! eine Sache all' improviso, ein Brief von meinem alten Mitgenossen in der Trübsal. Wahrlich ein guter Freund, der nach so langer Zeit meiner eingedenk, wie mir unvergeßlich ist. Tolles Zeug haben wir erlebt, es ging drunter und drüber, – wahrlich tolles Zeug.

Zuvor ganz kurz meine Geschichte seit meiner Entweichung aus der Akademie [in Stuttgart]. Ich kam nach Straßburg, hielt mich dort einige Wochen bei de la Vaux auf, wollte aber kein Jakobiner ohne eigenen Erwerb sein, nahm daher, nachdem ich mich mit meiner roten Mütze auf dem Kopfe noch tüchtig um den unfruchtbaren Baum herumgetummelt hatte, von der populären Gesellschaft Abschied und ging nach Basel. Hier blieb ich beinahe ein Jahr, bis ich in den Geruch eines gefährlichen Menschen kam und verwiesen wurde. Ich kam nach Bern, da wollte man mich nicht haben; ging nach Biel, da wurde ich geduldet. Der Schultheiß des Ortes war mir günstig, und alle Kabalen gegen mich prellten an ihm ab, wie die Meereswellen von trotzenden Felsen, obwohl manchmal die Worte: à bas les Jacobins in meine Ohren klirrten. Meine Börse hatte wie gewöhnlich die Schwindsucht, ich stellte mich daher auf die Beine, ging nach Neufchatel, verkaufte einige Bagatellen, machte Bekanntschaft mit einem englischen Prediger aus Oxford, der mir mehres abkaufte und mir Mut nach Italien zu gehen machte. Vorher ging ich in die Berner Alpen, fraß Rahm mit am Feuer gebratenen Käse und stolperte gleich einem Gemsenjäger auf den Bergen herum. Dort hörte ich den Sturz der Jakobiner und war darüber entrüstet, denn an diesem fatalen neunten Thermidor sah ich die Gegenrevolution im Geiste voraus. Ich ging wieder nach Neufchatel zurück, allda empfing ich einen Brief des obgedachten Engländers Georg Nott aus Neapel, daß er mich dort erwarte. Es war das Ende des Monates Dezember. Ich marschierte deshalb in allgewaltiger Kälte über den Gotthard, Mailand, Bologna, Florenz und Rom nach Neapel, blieb dort zwei Monate und ging, nachdem ich noch Salerno und das alte Paestum oder Poseidonia gesehen hatte, nach Rom zurück. Außer einer kleinen Streiferei nach Livorno, Pisa und Florenz war ich seither immer in dieser famosen Stadt. Drei Jahre hatte ich eine Pension von etwa 200 Scudi jährlich vermittelst dieses Freundes; diese Zeit ging vorüber, um als Künstler zu verlernen, was ich in der Akademie gelernt hatte. Nun machte ich für Frauenholz in Nürnberg mehrere Zeichnungen. Damals war Papier statt Silbermünze, der Verfall des Papiergeldes war für den Fremden eine ungeheure Begünstigung, man lebte damals für nichts, denn für einen römischen Taler bekam ich oft sieben in Assignaten. Da ich aber doch dem Handel nicht traute, schaffte ich mir wohlweislich alles Papiergeld vom Halse, kaufte mir eine gewaltige Menge Kupferstiche und versah mich mit einer braven jungen Hausgenossin. Nun wälzte sich der Sturm der Revolution auch hierher. Eine kleine Partei sogenannter Patrioten machte Unfug, wollte mich auch mit Dolchen bewaffnen, aber ich wollte in einem fremden Land einer Sache, die mich eigentlich nichts anging, mich nicht annehmen. Noch klang zwar süß in meinen Ohren die Marseiller Hymne, aber wie ganz verändert war der Geist dieser Propaganda della Liberta. Die Gesichter der Chefs drohten Verbrechen, Betrug und Raub, an die Stelle spartanischer Simplizität kam durch Plünderung mehr als asiatischer Prunk. Ich fing an, mich des Republikanismus zu schämen, dieweil die Freiheit zur feilen Dirne geworden; man sah alles, nur keine Republikaner; Leute, die vor dem Einzuge der Franzosen noch mit mir den Löffel in eine Schüssel tauchten, hatten einige Wochen nachher schon eigene Equipage und schwelgten wie die Sardanapale. Nur wenige waren kauscher; wer sein Glück machen wollte, wurde Patriot und verriet aus Patriotismus sein Vaterland; der größte Teil der römisch maskierten Republikaner übertraf an Niederträchtigkeit noch die französischen. Ein gewisser Barberini, um nicht Namensähnlichkeit mit einem hiesigen Monsignore zu haben, ließ sich auf öffentlicher Tribüne die Taufe abwaschen, legte sich dann drei Tage lang zu Bette und ließ uns sagen, er sei gestorben, dann stand er auf und ließ sich Tisifonte nennen; seine Frau und ihre zwei Töchter überließen ihre Gunst gratis allen Patrioten und rauchten Tabak, was sonst bei Römerinnen nicht Brauch ist. Zwei solche Republikanerinnen, die ich früher und nicht als Vestalinnen kannte, verschlossen mir ihre Türe, die von nun an nur für Kokardenträger offen blieb. Eines Tages sah ich in Trastevere ein Mädchen ihrem Liebhaber die zerlöcherten Kleider flicken, als ich darüber lächelte, riefen beide: adesso siano tutti egali[1], d. h. alle Bettler. Hier sah man Leute, die weggeworfene Beine abnagten und faule Salatblätter fraßen, dort Freiheitsfeste voll Glanz und Herrlichkeit; Muskadins, welche die Republikaner spielten, besonders solche, die hübsche Weiber hatten, meistens ausgesuchte Schurken, bekamen die besten Stellen. Einem hungernd und blaß herumschleichenden Bettler wurde ein Zettel angeheftet, mit der Aufschrift: La republica romana. Ihr werdet mit zutrauen, daß ich nicht Lust hatte, Bürger einer solchen Republik zu sein, aber fast wäre ich ein Giovanni Procida geworden, indem ich vielmals versucht war, eine sizilianische Vesper zu predigen. In Neapel wurden einige echte Republikaner Opfer ihrer Hingebung an Verräter, die mit der Politik Handel trieben; Vincenzo Rosso, ein Freund von mir, ein Mann voll Geist und Wärme für die Sache der wahren Freiheit, wurde zugleich mit dem bekannten Arzte Cirillo gehenkt; er haßte die Franzosen, konnte sich aber nicht mehr aus der Schlinge ziehen. Als später die berüchtigten neapolitanischen Helden Rom besetzten, mußten die zwei Konsuln den Eselsritt durch den Corso machen und wurden mit Kot beworfen. Endlich ist die Republik dem Kaisertume gewichen, das alles Republikanisieren zu ersticken scheint, und jetzt, da der Janhagel abgetreten ist und die Schurken von Freiheitsheuchlern ihre Gesichter wieder unmaskiert zeigen, – jetzt erst ist es

1 jetzt seien sie alle gleich

eine Ehre, sich zur Freiheit zu bekennen. Für mich war es ein Glück, daß die Franzosen mit ihrer Freiheitsboutique noch zur rechten Zeit abzogen; ich war nebst andern hiesigen Inwohnern, mit welchen ich abends auf Trinità di Monte spazieren ging, bereits aufgezeichnet, um in die Engelsburg geführt zu werden. Meine Neigung zu politischer Freiheit ist unverändert, aber ich bin ein giftiger Franzosenfeind geworden, und es rührt sich in mir die Galle, wenn ich den Namen der «großen Nation» höre. Jetzt haben wir hier wieder die Rotstrümpfe und die Blaustrümpfe, sie gehen mit hohen Krägen einher, gleichsam, als wären sie im Triumph eingezogen.

Nun noch etwas von mir und von dem Geiste der heutigen Kunst. Sie gleicht einem Treibhausgewächs, Sinn für das Große und Schöne, besonders in den zeichnenden Künsten, fehlt ebenso wie dem heutigen Republikanismus der Charakter der Zeit des Perikles oder des 15. Jahrhunderts; Ruhm kann ein Künstler nicht erwerben, oder die Fama müßte ihre Trompete verkehrt blasen. Ich war, wie Ihr wißt, in der Akademie kein Freund der dortigen Künstler, – die hiesigen sind, einige wenige ausgenommen, um kein Haar besser; großenteils sind sie Dummköpfe, die Verdienste an Kavalieren suchen. Freund, ich bin noch der alte Sepp; noch wie weiland besudeln die garstigen Harpyen mir, wie dem alten Phineus, das Essen; ich bin wie Prometheus an den Felsen gefesselt, wütende Geier zernagen mir die Knochen. Die Kunst ist ein Augiasstall geworden; die Mode verdrängt den gesunden, natürlichen Geschmack. Vor zwei Jahren war ich tödlich krank; es grassierte hier eine Seuche, die der französischen Republik zu vergleichen war, nämlich das Faulfieber. In meiner Wohnung lagen acht Personen auf dem Tod, fünf starben, auch meine vielgeliebte Ragazzina ging drauf, ich aber kam wieder auf die Beine und blieb seitdem gesund. Ich beschäftigte mich mit Geschichte und Landschaftsmalerei. Vor 4 Jahren schickte ich einen ganzen Plunder nach England, aber ich bin kein guter Spediteur; auf dem Wagen vermag ich wie Achilles die Lanze zu führen, aber Automedon muß der Wagenlenker sein, oder ich bin verloren. Ich bin wie der wütende Ajax, den Ulysses um Achilles Waffen betrog, möchte aber nicht vierbeinige, sondern die zweibeinigen

Schafe totschlagen, die bei der Schafdummheit noch bösartig sind – basta! ...

Hauptsächlich bearbeite ich die Göttliche Komödie des Dante, den Inferno habe ich in 30 Blättern gezeichnet. Dies kolossale Gedicht ist meine Erholung in trüben Stunden: es gibt keine Sache, mit der ich mehr sympathisierte, als mit diesem sublimen Dichter, dessen Sprache die Sprache des Donners ist. Seine ganze Reise durch die Hölle, die verschiedenen Qualen der Verdammten habe ich mehr oder weniger ausgeführt, samt einigen Danteschen Ideen, die nicht zur Geisterwelt gehören.

An Robert von Langer

Rom, den 9. Juni 1810

Man wirft mir Mangel an Originalität, Härte, Diebereien nach Raffael, Michelangelo, Dürer, Rubens, Poussin und was mehr vor. Selbst das Vortreffliche hat Flecken, ja sogar die Sonne, und ich, der ich mich von der Vortrefflichkeit entfernt fühle, wie sollte ich keine Fehler haben?

Vor zu übergroßer Originalität hatte ich immer einen Abscheu. Indessen glaube ich, in den Sinn und Geist der gedachten Meister einzudringen, [sei] gar sehr weit entfernt von kümmerlicher Dieberei. Das Urteil Ihres Herrn Vaters ist für mich sehr tröstend; es ist, was ich immer suchte, nicht sowohl für den Augenblick zu frappieren als zu Beschäftigung, so daß die Arbeit bei wiederholter Betrachtung neue Gegenstände darbietet. Um das zu erfüllen, ist es wohl möglich, in der Ausführung in gewisse Härte zu verfallen. Dieses begegnete selbst großen Meistern, welche unsere Muster sind, ohne gerade die Härte als Erfordernis eines Kunstwerks anzusehen. Mich freut es, Sie und Ihren Herrn Vater ähnlicher Gesinnung zu finden. Jedermann kann man nicht gefallen; dieser hat einen schwachen, jener einen starken Magen. Ich begnüge mich, indem ich nur wenigen gefalle. Die Menge ist selten des Lobes noch des Tadels fähig, obwohl sie öfters mit boshaft arroganter Stirne, ohne selbst etwas Besseres zu leisten, den Stab bricht ...

Einer Ihrer Freunde wünscht eine Landschaft von mir zu haben, und zwar in der Breite von 4 Fuß 3 Zoll und in der Höhe

3 Fuß 3 Zoll, vorstellend eine schöne italienische Gegend nach meinem Sinn zusammengesetzt und ausgeführt, mit der Frage, welche Gegend ich wählen würde. Ich glaube eine Gegend von Genzano mit dem See, der Aussicht über die Campagna und das Meer. Oder auch eine Gegend von Subiaco mit dem Apennine und dem Fluß Anio oder auch die Ruinen der Kaiserpaläste in einem großen Gesichtspunkt gesehen. Ich glaube so etwas, welches eine allgemeine Idee gibt von einer italienischen Landschaft, das heißt ein weit ausgestrecktes Land mit Figuren dem Geiste derselben gemäß. Zwei bis drei Monate wären notwendig, das Bild gut und fleißig auszuführen für den Preis von 100 Zechinen; wohl gemerkt: Ultramarin und andere Farben, welche haltbar und kräftig sind, dürfen nicht gespart werden.

Nun aber ist der Fall, daß ich ein Werk italienischer Gegenden auf Assoziation zu radieren angefangen habe, wovon schon 10 Blätter fertig und im Umlauf sind. Dieses Unternehmen gibt mir die einstweilige Existenz, außerdem daß ich die Platten behalten und die Hefte auch außer Italien verschicken kann. Diese Arbeit müßte ich auf soviele Zeit aussetzen, um das genannte Gemälde vollenden zu können. Ich wäre also ohne Geld, meinen Unterhalt während der Arbeit zu bestreiten, denn die Unterzeichneten bezahlen mich, sobald ich zwei Platten, deren ich vier in einem Monat mache, fertig habe. Diese Fortsetzung unterbliebe so lange, bis ich das Bild vollendet hätte. Es ist daher für mich notwendig, daß mir die Hälfte zum voraus gegeben würde; kann dieses geschehen, so würde ich mit allem Fleiß die Arbeit unternehmen. Ich wünschte nicht, daß der Hof von dem Preis des Bildes, noch viele Leute von dieser Bestellung, wenn sie ausgeführt würde, wüßten. Ich fürchte immer ... [die] Verdrießlichkeit, daß mir solche über das Genick kommen möchte.

AUGUST WILHELM SCHLEGEL

1767–1845

An Carl Schlegel

Rom, den 27. März 1805

Jetzt will ich Dir einige Nachrichten von mir und meiner Reise mitteilen. Daß sie in jeder Hinsicht äußerst interessant für mich ist, brauche ich nicht erst zu versichern, und wiewohl sie ziemlich schnell gemacht wird, hoffe ich doch allen den verschiednen Zwecken Genüge leisten zu können und bis auf einige Lücken eine gründliche Kenntnis von Italien zurückzubringen. Eine Reisebeschreibung zu geben, das liegt nicht in meiner Gesinnung, ich habe nicht einmal von mir gewinnen können, das anfangs gehaltne Tagebuch fortzusetzen. Indessen ist mir für manches, was ich in der Folge schreiben dürfte, der Anblick und die nähere Bekanntschaft unendlich wichtig. Die landschaftliche Natur haben wir zwar nicht in der günstigsten Jahreszeit gesehen, und der Genuß eines südlichen Frühlings steht uns erst bei der Rückkehr recht bevor, allein die wilden savoyischen Alpen erschienen in ihrer winterlichen Gestalt nur noch größer, und so manche andre Gegend, das freundliche Piemont am Fuß der Gebirge, das reich angebaute Bologna, Ancona mit seinem felsigen Seehafen, die zum Teil mit immer grüner Waldung besetzten Apenninen, Neapel mit seinem herrlichen Meerbusen, seinem oben glühenden Vesuv und seinen Zitronengebüschen, ja selbst die stilleren sieben Hügel Roms und sein rein begrenzter Horizont bedürfen dieses zufälligen Schmucks nicht einmal. Die bildenden Künste sind mein Hauptgegenstand, jedoch hier in Rom und in Neapel teile ich mich zwischen ihnen und dem Studium der Altertümer, die Sprache lerne ich beiher geläufig reden, und für die Gesellschaft geben mir die vielen Verbindungen meiner Reisegefährten Gelegenheit, die bedeutendsten Menschen aus allen Klassen kennen zu lernen. Das Theater konnte mich bei seinem jetzigen allgemeinen Verfall nicht sehr beschäftigen, und von der Musik, weißt Du schon, bin ich kein besondrer Kenner. Unser Gang war folgender. Wir machten von Genf aus den Umweg über Lyon, nächst Paris gewiß der schönsten und merkwürdigsten Stadt Frankreichs, dann durch Savoyen über den Mont Cenis nach Turin, wo wir 8 Tage blieben, von da nach Mailand, 3 Wochen, dann mit kurzem Verweilen in den Städten, wo etwas zu sehen ist, über Parma und Modena nach Bologna, von da nach Ancona, und dann ohne Ruhetag quer durch Italien nach Rom. Von hier aus gingen wir nach einem Aufenthalt von 14 Tagen nach Neapel, welches uns mit dem Hin- und Rückwege etwa 3 Wochen gekostet hat. Seit ein paar Wochen sind wir nun wieder hier und werden bis nach Ostern bleiben, dann geht es nach Venedig, von da wieder nach Mailand und über den Simplon nach der Schweiz zurück. Dies wird etwa in die Mitte des Junii fallen.

Daß meine schriftstellerischen Arbeiten unterdessen gänzlich ruhen, wirst Du leicht begreifen; indessen denke ich sie im Sommer mit Eifer wieder vorzunehmen . . .

Einen angenehmen Umgang habe ich hier an Humboldt, einem alten Universitätsbekannten, der preußischer Minister am päpstlichen Hofe ist. Sein Bruder, der berühmte Reisende, wird allernächstens eintreffen. Auch gibt es verschiedne junge deutsche Künstler hier, die sich viel zu mir halten.

An Friedrich Wilken

Mailand, den 15. Oktober 1815

Erlauben Sie mir, mich in einer literarischen Angelegenheit an Sie zu wenden. Es wird hier mit Anfang des nächsten Jahres eine gelehrte Zeitschrift erscheinen, welche zwar die Kritik italienischer Werke zum nächsten Zweck hat, zugleich aber die Italiener mit den wichtigsten ausländischen Erscheinungen bekannt machen und die wissenschaftlichen Berührungspunkte zwischen Deutschland und Italien vervielfältigen soll. Die Regierung [Metternich] begünstigt dies Unternehmen und gibt die nötigen Vorschüsse dazu her. Herrn Acerbi, der sich durch eine Reisebeschreibung von Lappland und Finnland bekannt gemacht hat, ist die Redaktion aufgetragen. Man wünscht einen kurzen monatlichen Bericht über die wichtigsten deutschen Schriften im Fache der schönen Literatur, der Philologie, der Geschichte und der Philosophie nebst allem dahin Gehörigen, jedoch mit Ausschluß der Mathematik und der physischen Wissenschaften, für welche letztere schon von hier aus gesorgt ist. Jeder von diesen Berichten dürfte etwa nur einen Bogen stark sein, er könnte also nur die Quintessenz des wahrhaft Neuen und Bedeutenden enthalten, und zwar müßte alles aus einem europäischen Gesichtspunkte gesagt sein. Er würde schicklich mit der letzten Ostermesse anfangen können, da man mit dem Stoff, der sich hiezu eignet, in Vorrat sein muß. Eine Übersetzung ins Italienische wird hier von guter Hand verfertigt. Der Gelehrte, der diese Arbeit übernimmt, kann seine *eigne Bedingungen* machen, die Vergütung, die er verlangt, darf nicht nach der Blätterzahl bestimmt werden ...

Ich glaube, der Zeitpunkt ist wirklich vorhanden, wo Deutschland einen literarischen und wissenschaftlichen Einfluß auf Italien ausüben kann: die politischen Umstände begünstigen ihn, und das geistige Bedürfnis wird auch wohl gefühlt. Uns, dünkt mich, kann dies nicht gleichgültig sein. In Frankreich ist der Haß gegen uns so groß, daß auf lange hin an eine Anerkennung nicht zu denken ist, wenn auch die Fähigkeit dazu da wäre, was bezweifelt werden muß. Auf Dänemark, Schweden und Holland erstreckt sich der deutsche Wirkungskreis schon; allein dies sind Nebenländer: nur durch England und Italien können wir ein europäisches Ansehen gewinnen.

Man rüstet sich hier mit großem Eifer zu der erwähnten italienischen Zeitschrift. Die vorzüglichsten Schriftsteller sind dazu eingeladen. Der Feldmarschall von Bellegarde nimmt lebhaften Anteil an dem Gelingen dieses Unternehmens und hat sich mit mir ausführlich über die Mittel dazu unterhalten.

PHILIPP HACKERT

1737–1807

An Goethe

Florenz, den 4. März 1806

Ihr Werk ‹Winckelmann und sein Jahrhundert› habe ich gelesen, welches mir unser Prediger Schultesius aus Livorno geliehen hatte. Ich mache Ihnen mein aufrichtig Kompliment über dieses Buch: Es ist mit Wahrheit, Kenntnis und Unparteilichkeit geschrieben, deutlich und belehrend, es ist das einzige Werk, was ich kenne, das über die Kunst geschrieben ist, was ich gut finde. Warum haben Sie mir nicht eher geschrieben, daß meine Vorgründe grell sind? Ich würde es gleich abgeändert haben; deswegen bin ich ein wenig böse auf Sie. Glauben Sie nicht, daß ich mir entschuldigen will, um meine Fehler bedekken. Es kommt daher, daß ich mir einzelene gemachte Studien bediene, die alleine wohltun, öfters im ganzen mit so viel andere Objekte zusammen schädlich sind, wenn sie nicht wohl mit der Harmonie des Ganzen verbunden sind. Öfters läßt man es auch die Zeit über, die durch ihr Patina mit malet und den durchsichtigen Ton läßt und das Ganze harmonischer macht, daß, wenn man es gleich tun wollte, den Gemälde mit der Zeit sehr nachteilig sein würde. Diese Patina ist nützlich und unvermeidlich, ohnerachtet alles erdenklichen Sorgfalt, Reinlichkeit in Öl und Farben usw., so ist es der Natur der Sache gemäß, daß ein Ölgemälde die kleine Patina bekommt und doch den Silberton behält, wenn er in die Gemälde würklich gemalet ist. Claudens Landschaften sind wesentliche Beweise davon. Der Speckton oder Rauchton, der vielmal in niederlandischen Gemälden herrschet, ist öfters den Künstler, aber öfters auch den Torf- oder Steinkohlen-Rauch [zu verdanken], der in die Luft herrschet, der sich, wenn das Gemälde frisch ist, so in die Farben versauget, daß es keine Möglichkeit ist, ihn heraus zu bringen, dieses geschiehet leicht in Winter, und ehe Fürnis auf dem Bilde ist, so dringt die Biesterluft in die Porus der Farben leicht ein ... Da jetzt wenig Fremde in Italien reisen, so sind wenige Bestellungen, ohnerachtet, so mache ich immer kleine Geschäfte, habe noch vor acht Tage 4 Stück Landschaften à 60 Zechinen nach Frankreich geschicket.

Ihr Buch hat mir auf eine Idee gebracht (ich hoffe, daß Sie meiner nicht spotten werden, daß ich in meinen Alter noch neue Dinge unternehmen werde). Das ist, mit den großen idealischen Stil Wahrheit der Natur, so wohl in Ton als Formen, zu verbinden. Poussin, Carrach, Domenikin usw. haben einen großen Stil. Allein die Objekte sind auch öfters so unwahr, als wären sie aus einer andere Welt. Diese Konvention ist einmal angenommen, wie bekannt ist. Was das Kolerit betrifft, so ist es nicht allein unwahr, sondern hart. Man entschuldiget diese respektabele Männer, daß die Zeit, die Art zu malen, die Gemälde schwarz gemacht habe. Ich kann durch die Wasserfarben-Gemälde, die ich in Palast Colonna und Francesco di Bologna, in Palast Borghese [gesehen], beweisen, daß Poussin nie harmonisch in der Farbe gewesen ist, seine Luft ist immer hart, die gewöhnlichen rote Streifen, die zu dunkelblaue Fernung, die hart grüne monotonische Bäume, die zu gelbe Felsen und Wege, wo der bloße Ocker herrschet. Diese Wasserfarben-Gemälde haben sich nicht verändert, hingegen durch das Verdunklen der Terra verde sind seine Ölgemälde eher harmonischer geworden. Francesco di Bologna ist in seine Wasserfarben harmonischer, seine Bäume haben denselben Fehler, daß sie zu dunkelgrün und monoton sind. Boquet hat in Pistoia einen Saal gemalt und den Poussin so imitiert, mit die gelbe Felsen und nach kohlschwarze Bäume gemalt, so daß man angst und bange wird, wenn man es ansiehet, es ist mir unbegreiflich, wie ein Mann wie Boquet, der würklich so viele Geschicklichkeit hat und ernsthafte gute Studien in Portefeuille besitzt, solch tolles Zeug darzustellen. Ich bin also mit meine Versuche in Werk. Vielleicht gelingt es mir, daß ich in einen großen verschönerten Stil den Silberton der schönen Natur, die nebligten Dünste, die schönen Formen der Bäume, ohne die Natur, den Charakter des Baums zu vernachlässigen, kurz alles mögliche Idial-Schönes, was die Natur einer Landschaft darbietet, in Einem Gemälde vorzustellen, das die Ellusion von einer schönen Landschaft machet. Um nicht in das Manierierte zu fallen und die großen Meister zu bestehlen oder schwach nach zu spotten, wie es leicht den Imitateurs geschiehet, also dieses zu vermeiden, so habe ich in meinen Portefeuille Gegenden gewählet, die würklich schon den Stempel des großen Stil haben, also diese idealisch zu verschönern, so hoffe ich, daß meine Werke die Originalität behalten werden und man immer die Wahrheit der Natur verschönert darin finden wird.

Jetzt wird es drauf ankommen, wie diese Werke von den Liebhabern der Kunst werden aufgenommen. Bis hieher ist der Geschmack fürs Wahre gewesen, ein jeder hat entweder zur Erinnerung Italiens getreue nachgeahmte Gegenden haben wollen, oder seinen Freunden in sein Vaterland nach seine Zurückkunft zu zeigen, was er gesehen hat, um Anekdoten usw. dabei zu erzählen. Gibt es für diesen meinen neuen Stil nicht allgemeine Liebhaber dafür, so wird es doch einige Kunstkenner geben, die, wenn es mir würklich glücket, Gerechtigkeit widerfahren lassen. Künstler wird es freilich gefallen, die sind aber die nicht, die da zahlen können. Herr Fabre, der hier seit der Basvilischen Geschichte aus Rom hieher geflüchtet ist, lebt seit der Zeit hier, er ist ein sehr geschickter Mann, malt mit Geschmack und hat ein sehr gut brilliant Kolerit. Er malet auch dann und wann Landschaften, mit kleine historische Figuren, im Poussinschen Stil, welche besser sein würden, wenn er den Poussin weniger imitierte, er traf mir bei einen Besuch, den er mir machte, bei meine neue Unternehmung, welche ihm sehr gefiel, ob ich ihm zwar noch nicht deutlich meine Idee entdecken wollte. Benvenuti ist jetzt hier Direktor von der Akademie, Demargy ist hier, er komponiert vortrefflich, ob er gleich kein Schüler von David ist. Seine Farbe ist schwer, kompakt, sein Pinsel nicht angenehm, seine Komposition in kleine Gemälde sind ausnehmend schön. Die Sujets aber immer grausam Mord und Totschlag, noch sehe ich keinen, der die Simplizität und Schönheit der Alten hat.

CHRISTIAN AUGUST KESTNER

1777–1853

An Charlotte Kestner

Neapel, 9. Mai 1809

Das Fest der Madonna dell'Arco gibt einen Begriff von der Wildheit des Volkes in den Vergnügungen; wer aber von ähnlichen Festen nichts sah, kann nie den Charakter des Volkes einigermaßen kennenlernen. Die Kirche liegt einige Stunden von Neapel am Fuße des Vesuvs. Sie heißt Maria dell'Arco, weil dort ein wundertätiges Marienbild unter einem Bogen in einer Nische steht. Hier wird Messe gelesen. Das Bild wird von mehr als hunderttausend Menschen angebetet, die nicht allein aus Neapel, sondern aus allen umliegenden Gegenden herbeiströmen. Das Fest ist so beliebt, daß in allen Ehestiftungen der Landleute in der Gegend umher ausgemacht wird, daß der Mann seine Frau dahin führen müsse. Zum Gebet läßt man sich dort nur eine kurze Zeit, die übrige gehört dem ausgelassensten Vergnügen, und man hört kaum den messelesenden Priester, indem durch die offenen Kirchentüren immer von allen Seiten das Rauschen des Tamburins hereindringt. Die Gruppen, die man hier sieht, sind unendlich mannigfaltig, aus jedem Stande und jeder Gegend verschiedene Kostüme. Man sieht eine unendliche Menge Buden und umhergehende Verkäufer, die Marienbilder, Stäbe nach Art der Thyrsosstäbe, ausgekernte Nüsse auf Fäden gezogen, kleine Körbe und Kinderspielwerk, vergoldete Pinienäpfel und Bänder verkaufen, und das Volk scherzt, ißt und trinkt und tanzt vom Morgen bis in den Abend, teils auf einem schönen Platz im Schatten hoher Bäume, teils in den Weinbergen. Das Interessanteste von allem ist aber, wenn das Volk abends wieder in Neapel einzieht. Von dem Largo di Castello bis an die Kirche der Maria dell'Arco ist alles Kopf bei Kopf. Die Straße, die aus Neapel dahin führt, geht am Meere hinaus. Die Mauer daran her und alle Fenster, Balkons und Dächer der Häuser gegenüber hängen voller Menschen, um das trunkene Volk nicht hereinziehen, sondern hereintaumeln und stürmen zu sehen. Nicht ein Bacchanal, sondern ihrer Hunderte wühlen sich durch die gedrängte Menge. Gruppen von zehn, zwanzig, dreißig Menschen, jung und alt, geputzt und lumpig, bekleidet, halbnackt, tanzen die Tarantella, oft mehrere Stunden weit von der Kirche durch den Staub her, kommen in Schweiß gebadet an und können des wilden Springens zum Tamburin und Gesange doch immer nicht genug haben, und tausend Scherze und ausgelassene Schelmenstücke mischen nicht allein die Tanzenden, sondern Herzulaufenden hinein; alles, es sei noch so derb oder auch schmerzhaft, ist erlaubt und erfreulich. Tausende von Menschen fahren in Wagen, Kutschen, halben Wagen, Kariolen, Brettwagen mit Pferden, Maultieren herein. Auch in dieser gedrängten Menge fährt man fast immer im Trabe, andere reiten auf Pferden oder Eseln herein. Alles schreit im Jubel, und der Thyrsosstab darf keinem fehlen, der nicht im Festornat mit grünen Büschen und Bändern behangen ist, wenn nicht die Ausgelassenheit die Attribute abgeworfen hat; Kariolen für eine Person hängen oft mit fünf bis sechs Menschen voll, und einen Wagen wie ein brettener Kasten hab ich mit dreißig Menschen angefüllt gesehen. Die Leute im Wagen schwingen ihre grünen Zweige, Kränze und Stäbe, und die Kutscher und Bedienten mischen ihre wilden Töne mit denen der Herrschaften. Den Vorübergehenden, die noch so zerlumpt sind, ist es erlaubt, sich an jeden Wagen zu hängen und ihre Späße zu treiben. Die Vornehmen aus der Stadt geben den Hereinziehenden eine Gegenkraft, vermehren das Geschrei und das Gewühl, und oben auf den Dächern der Häuser ertönen Hunderte von Tamburinen derer, in welche die Tanzwut der Festleute gefahren.

An dieselbe

Rom, 20. August 1826

Eine englische Familie, die in Albano ist, veranlaßte mich zu einem kurzen Aufenthalte dort, und ich besuchte die schöne Albanerin Vittoria [Caldoni], eine Freundschaft, von der ich Dir, wie ich glaube, noch nie einen vollständigen Begriff gegeben habe. Du mußt von diesem Wunder von Schönheit an Leib und Seele gewiß aus meinen und Redens Briefen Dir etwas erinnern. Sie ist dieselbe, welche von vielleicht zwanzig der besten Künstler gemalt und modelliert wurde, ohne daß man ihre Züge im mindesten ergreifen konnte, weshalb auch die Arbeiten der besten Maler vor ihr verborgen oder mit Unwillen von ihnen selbst zerstört sind. Wir lernten sie schon 1820 kennen, als ich mit Redens in Albano war, als ein halbes Kind, jetzt ist sie im neunzehnten Jahre – ich entdeckte sie, als wir zu unserer Übung Modelle zu Porträten suchten; und ihre reine Jungfräulichkeit und die Vollkommenheit ihres Naturells wie ihre Gesichtszüge nahmen uns so für sie ein, daß sie zuweilen einige Tage Redens besuchte, obgleich ihre Eltern arme Winzersleute sind und sie, wenn sie zu Hause ist, im Weinberg arbeitet oder Band webt, um des täglichen Erwerbs willen. Die ganze Familie ist sehr brav, die Mutter ein bißchen gemein, aber in der sanften Manier, alles friedlich unter ihnen und die Vittoria ein höchst edles Geschöpf. Diese Freundschaft hat sich so fortgesetzt, daß ich sie stets in ihrer dürftigen Hütte besuche und ihnen was mitbringe, wenn ich hinkomme, und die Familie hier bewirte, wenn sie zu Kirchenfesten oder wegen Geschäften hierherkommen. Dieses macht mir immer sehr viel Vergnügen, und ich habe eine Liebe zu der Vittoria wie zu einer Schwester, und es wird mir einmal sehr leid tun, wenn ich sie verlassen muß. Die Grazie im Betragen der Bauersleute, welche man hier oft findet, ist sehr verschieden von dem, was man im Norden sieht, ja, ich würde weit weniger verlegen sein, mit der Vittoria in einem fremden Lande aufzutreten als mit den meisten der hiesigen Prinzessinnen. Denke dir, es ist mir gelungen, ihr Gesicht mit einer bloßen Kontur so ähnlich wiederzugeben, daß einige Künstler es unter die gelungensten rechnen, und es war ein Werk von einer Viertelstunde. Freilich hatte ich mich halbe Tage vorher umsonst

1. *Philipp Hackert: Castel Gandolfo am Albaner See*

2. *Friedrich Müller: Italienische Landschaft*

3. *Angelika Kauffmann: Angler bei den Ruinen*

4 J. H. Wilhelm Tischbein: *Poststation in den pontinischen Sümpfen*

5. *Johann Wolfgang von Goethe: Blick auf die Peterskirche in Rom*

6. *Joseph Anton Koch: Aus Italien*

7. *Asmus Jacob Carstens: Italienischer Hirte*

8. *Heinrich Meyer, Villa Borghese in Rom*

damit abgequält. Zuweilen veranstalte ich nach dem Wunsche einiger Künstler, die meine Freunde sind, daß sie mit ihrer Mutter hereinkommt und man einige Tage an ihr malt und zeichnet. So taten auch Redens einmal. Von Wuchs ist sie übrigens nicht schön, sondern klein und beinahe dürftig von Gestalt, aber ihr Gesicht von einer Regelmäßigkeit, wie man sie nie gesehen, ganz dem griechischen Ideale gleich.

An dieselbe

Rom, 4. Juli 1829

Wir haben hier eine gelehrte Gesellschaft seit diesem Winter gebildet, benannt: Instituto di corrispondenza archeologica, deren Idee zum Teil von mir mit ausging und an der ich daher mitarbeiten muß. Ich lege das Manifest dazu ein, wenn etwa Archäologie-Freunde in Eurer Nähe sind oder Du es nach Straßburg senden willst, kann auch mehrere senden, wenn Du willst.

ZACHARIAS WERNER

1768–1823

An Johann Isaak von Gerning

Rom, den 14ten September 1810

In Rom wohnt Gottes *ernster* Frieden, aber Neapel ist ein Paradies, ich war von Ende April den Mai hindurch bis Anfangs Juni da und kann wohl sagen, daß ich, wiewohl ich dort nicht in den angenehmsten Verhältnissen war, dennoch in Entzücken geschwelgt habe. Was ist alle Erdennot gegen eine Vollmondsnacht in der Villa Reale zu Neapel! Geschlafen habe ich in Neapel fast gar nicht und keine Mondnacht in der Villa Reale versäumt. Und, o Gott, Ischia, Procida, Paestum! Und über *alles Cava* und *Molina* (das freundliche Tälchen bei Cava vor Salern) und Vietri und *Salern*! – Freund, liebster Freund, Sie wissen, daß ich immer unschlüssig war, wo ich für immer wohnen wollte. Jetzt hab ichs, nicht Rom, nicht Neapel, alles das göttlich, aber nicht immer, aber der Strich von *Cava* bis zum Meerbusen von Salern *immer, immer*! – Ich geh, wills Gott, auf Ostern künftigen Jahrs nach Deutschland zurück, aber macht man es mir dort zu bunt, so lasse ich alles und marschiere nach meinem lieben, lieben Cava und Salern! –

Freund, was verdanke ich aber Rom! Unendlich, unendlich viel! Es wird nicht zu besehn, nicht aufzuweisen sein, aber es wird, wills Gott, Früchte bringen! – Gemacht habe ich etliche Dutzend kleiner Gedichte, Stoßseufzer, sonst nichts Großes und behaupte auch, daß wenn man das erste Jahr in Rom ist und ein tragischer oder andrer Dichter und sich unterstehn wollte, vis à vis der großen Weltwunder gleich ein Trauerspiel im ersten Jahr zu schreiben, man entweder ein Shakespeare oder ein Esel sein muß. Ich werde über Rom nicht viel aufzuweisen haben, aber ewig den Augenblick segnen, wo ich herkam.

Apropos. Der hiesige geschickte Bildhauer Rauch aus Berlin hat eine Gipsbüste von mir gemacht, die schön gearbeitet und zum Grauen ähnlich ist.

An Caroline von Humboldt

L'Ariccia, den 27ten August 1811

Diese unruhige Periode hat jetzt einer friedlicheren Platz gemacht, und ich benutze die ersten Momente derselben, um Ihrer schönen Seele, meine sehr teure, sehr edle Freundin (erlauben Sie mir immer diesen Ausdruck!), einen recht freundlichen Gruß aus der Heimat des ewigen Friedens zu bieten! – Ich bin seit 14 Tagen in Albano wieder bei meinen guten Kapuzinern (die noch, wiewohl ihrer Auflösung täglich entgegensehend, existieren) und kann wohl sagen, daß ich, wiewohl der Scirocco und die Fliegen mich auch hier verfolgen, doch im eigentlichen Wortsinne im Genusse der schönen Natur, die der Vorhof, und der viel schöneren Andacht, die der Tempel Gottes ist, schwelge. Gott hat mich Sünder durch einen Frieden begnadigt, der, wenn er gleich oft noch von bitteren Reuetränen unterbrochen wird, doch mir Momente gewährt, die über alle Beschreibung süß und herrlich sind! Da die lieben Kapuziner mich darin eben so wenig als die lieben Reisenden (deren es gottlob jetzt in Albano keine gibt) stören, so kann ich der kostbaren Einsamkeit so recht freudig in der besten Gesellschaft, die ein Mensch haben kann, nämlich in der der Bibel, des Thomas a Kempis und des Dante (die ich mir mit heraus genommen habe) genießen. Übrigens schlafe ich, wie die Kapuziner, auf einem Strohsack, den die Gewöhnung mir schon passabel weich gemacht hat, esse mit den Kapuzinern herzlich schlecht, aber ohne durch aufgeklärte Konversation ennüyiert oder durch bengelhafte Garçons serviert zu werden, sehe alle Tage, wenns möglich ist, die Sonne auf dem einen Ew. Exzellenz wohlbekannten Speculo des Kapuzinergartens (auf dem nämlich, von dem man den Lago di Castello, die Sabinerberge und Rom sieht) über dem Monte Cavo auf- und des Abends etwa auf der Anhöhe von Ariccia untergehen und gehe alle Tage meinen Lieblingsgang, nämlich in der sogenannten Allee, die gerade vom Kapuzinerkloster den See entlang bis nach Castello Gandolfo läuft, wo gerade auf der Hälfte des Weges ein kleines, allerliebstes, ganz vom Gebüsch umwachsenes Altarchen der Gnadenmutter mich Mutter-, Kinder- und (in Rom wenigstens) auch Bruder- und Schwester-losen Witwer alle Tage so recht herzlich einladet, *der* mein von Wehmut und Freude und Reue und Hoffnung gepreßtes Herz auszuschütten, *die,* der Spiegel der himmlischen Liebe, unendlich über alle Wonnen der irdischen (welche als das Höchste töricht predigend ich mißgeleiteter Tor so viele mißgeleitet habe) erhaben ist! – So sind meine stillen Tage in Studium des Christentums, Lektüre, Gebet (wobei Sie, meine liebe gnädige Frau, nicht leer ausgehen!) und Spazierengehn geteilt und habe ich z. B. mir nur noch vor ein paar Tagen den Exzeß erlaubt, in einer göttlichen Vollmondsnacht die ganze Nacht durch im Kapuzinergarten herumzulaufen, und habe, ohne schlafen zu gehen, die Sonne unter-, den Mond auf- und unter- und die Sonne wieder aufgehen gesehen; eine Schwelgerei, deren Süßigkeit zu beschreiben, ich keine Worte finde! Wie lange ich so in Rom fortschlendern werde, wenn mich Gott von diesen süßen Spielen zu ernsterem Geschäfte abrufen wird, weiß ich vor der Hand nicht. Nur ist es wahrscheinlich, daß ich vor Ostern künftigen Jahres nicht von Rom abreisen werde, so wie ich auch mit Gott entschlossen bin, wenn ich nach Deutschland (wohin ich auf jeden Fall doch zurückmuß) gehe, meine Reise *über Wien* zu machen, und freue ich mich schon im voraus, Ew. Exzellenz und Ihre Lieben dort zu begrüßen. Was übrigens und weiter denn aus mir werden wird, weiß ich nicht, bekümmere mich auch nicht sehr darum. Mein liebes Vaterland hat eben keine besonderen Ansprüche an mich, und da mein gnädiger Monarch mich nach 13jährigen, ihm geleisteten Packeselsdiensten huldreichst dem Hungerstode preisgibt, während er den Herrn Clemens Brentano und andre große Männer zu Berliner Professoren der Ästhetik kreiert, so habe auch ich, wiewohl ich aus guten Gründen nach Deutschland zurück muß, nicht eben vorzugsweise Lust, meine letzten Pilgerschritte *gratis* im Berliner Triebsande zu machen, sondern bin in gewisser Rücksicht vogelfrei! ...

Ich hatte diesen Brief Anfangs August zu Albano angefangen und gedenke ihn jetzt in der letzten Augustwoche zu schließen und zwar zu L'Ariccia, wo ich seit acht Tagen bin, weil die guten Kapuziner seitdem würklich weggejagt sind und sonach abermals ein Paradies für mich verschlossen ist. Alles wie Gott will; ein Paradies ist ja ohnehin ein Gegenstand, der strenge genommen, nicht außer uns existiert!

FRIEDRICH OVERBECK

1789–1869

An Joseph Sutter

Rom, den 19. Juli 1810

Kaum weiß ich, womit ich anfangen soll; doch – vor allem vom Vatikan, wo wir noch heute den ganzen Vormittag zugebracht haben. Es ist wahr: man hat noch keinen Begriff von dem, was die Kunst hervorbringen kann, wenn man nicht gesehen, was sie wirklich hervorgebracht hat, wie namentlich die ‹Disputa del Sacramento›, die ‹Schule von Athen› und die unbegreifliche Sixtina, die sich wohl weit über alles andere, was die Malerei geleistet hat, erheben. Die *Disputa*, weißt Du, war das erste Bild, das Raffael im Vatikan malte, und doch zieht mich und uns alle keines so sehr an als grade dieses, und kein andres ist auch so außerordentlich vollendet. Nur durch die Grablegung kannst Du Dir einen deutlichen Begriff davon machen, denn die ist in eben dem Geist und Stil ausgeführt, nur daß hier, dem Gegenstande gemäß, eine höhere Poesie in der Glorie herrscht und auch noch ungleich mehr Individualität in den untern Figuren als in der Grablegung. Von der Komposition kann ich Dir nichts Neues sagen, Du kennst sie ja aus Kupferstichen; aber was ist der beste Kupferstich gegen ein solches Gemälde! Wenn man zu diesem hinaufblickt, wird man entzückt wie Stephanus und sieht den Himmel offen und die Herrlichkeit des eingebornen Sohnes voller Gnade und Wahrheit. Wie der große Dulder so voll Liebe und Sanftmut die Hände ausbreitet, als wolle er die ganze Welt mit seiner Gnade überströmen! Und nun die Charaktere der Erzväter, der Apostel und Heiligen! Wie das alles bestimmt ist, wie vollendet gezeichnet und gemalt, daß kein Ölgemälde diese Wahrheit übertreffen könnte! Derselbe

Geist durchweht noch die Schule von Athen, ein gewisser Grad von Freiheit, den Raffael sich erworben hatte, schadet hier noch nichts, denn alles ist aufs äußerste charakteristisch und bestimmt und mit unbeschreiblicher Liebe und Sorgfalt gezeichnet. Es ist eine Wonne, in diesem Zimmer sich zu befinden: auf der einen Wand die Disputa, gegenüber die Schule von Athen, auf den beiden andern Wänden der Parnaß und die allegorischen Figuren [Weisheit, Standhaftigkeit, Mäßigung], die Dir ebenfalls bekannt sein werden. Auch am Plafond sind vier allegorische Figuren: über der Disputa die Religion, über der Schule von Athen die Philosophie, über dem Parnaß die Poesie und über der vierten Wand die Gerechtigkeit. Wie hängt man so ganz und ungeteilt an diesen Werken! – Wenn sich ein Gedanke über die Schwelle hinauswagt, so ist es an Euch, ihr geliebten Brüder, die ihr uns überall vor der Seele schwebt, wo wir etwas Schönes sehen; und wie froh macht es uns, daß wir alle unsre Grundsätze in diesen Werken bestätigt finden, – wie denn überhaupt unsere Ansichten seit der Trennung von Euch durch den Anblick der höchsten Meisterwerke wohl erweitert, aber in nichts verändert wurden. Diese Bestätigung wird gewiß auch Euch von neuem Mut machen; und so laßt uns denn mit frischer Seele immer vordringen, unsern Bund immer fester schließen und um unserer Sache willen gern alles opfern. Ich schreibe Dir das eigentlich nur, um Dir zu zeigen, daß ich selbst noch ganz der Alte bin; und täglich will ich Gott bitten, daß er uns Gedeihen schenke und Kraft, um mit unserm guten Willen immer gleichen Schritt zu halten . . .

Überhaupt aber finde ich, daß man nach den Kupferstichen sich weit eher einen Begriff machen kann von Raffaels Werken als von denen Michelangelos. Diesen lernt man wirklich erst aus seinen eigenen Werken kennen, welche an delikater Ausführung, bestimmter Zeichnung und selbst an wahrem Kolorit die Raffaelischen größtenteils noch übertreffen. – Wie abgeschmackt hört man meistens über sein ‹Jüngstes Gericht› urteilen! – und es ist unbegreiflich, wie man so ganz falsche Berichte darüber ausstreuen konnte. Die Bilder der Sixtinischen Kapelle sind alle wie in Aquarellzeichnung ausgeführt, trotz der ungeheuren Größe; keine Behandlung ist zu erkennen, man sieht nur die Natur, die er zwar überall höchst charakteristisch auffaßte, aber keineswegs übertrieb, wie man gewöhnlich von ihm sagt. Michelangelo ist ein Mann über alle Vorstellung groß und ungeheuer, und grade dadurch so groß, daß er nichts für klein hält, was zur Sache gehört; – wohingegen die Neuern aus Sucht nach großem Stil alles für zu gering halten und grade dadurch in die allerkleinste Manier verfallen.

An denselben

Rom, den 10. Oktober 1810

Seit ich Dir zuletzt schrieb, sind wir aus der Villa Malta fortgezogen in ein Kloster des St. Isidorus, wo wir das herrlichste Leben führen, in frommer Eintracht, wie es Klosterbrüdern geziemt, ganz ausschließlich unserer Kunst obliegend. Ach, lieber Bruder, ich erkenne vollkommen, wie ich auch hierin so sehr über mein Verdienst glücklich bin, und ich mache mir fast Vorwürfe, wenn ich mich mit Euch vergleiche, die Ihr so manches entbehren müßt; aber da mir Gott so viel Glück schenkt, so halte ich es auch für Pflicht, seine Gaben zu genießen, und suche mir den Aufenthalt in Rom so vielseitig wie möglich nützlich zu machen, soweit es mich nicht von meiner Kunst abwendet. Darum schaffe ich mir auch nach und nach eine kleine Sammlung römischer und griechischer Autoren an, die ich mit vielem Genuß lese. In Rom macht natürlich das Lesen des Horaz, des Cicero usw. doppelt starken Eindruck, und habe ich mich fast zu hüten, daß ich nicht zu viel Zeit darauf verwende ... Doch kann der klassische Geist, der uns aus diesen Werken anspricht, gewiß auch auf den Künstler nur guten Einfluß haben. Das Lesen der besten Dichter bereichert die Phantasie; aus den Rednern lernt man den Nationalgeist kennen; die philosophischen Bücher hellen den Geist auf und führen zugleich auf das Erhabene, Überirdische; und ich meine, daß ein *vollkommener* Künstler gar nicht ohne Philosophie gedacht werden kann, so wenig wie ohne Poesie. Hier aber muß man besonders, um die Überreste aus der altrömischen Zeit genießen zu können, durchaus die Geschichte einigermaßen kennen, und zu dem Ende lese ich auch den Livius in der Ursprache. Wenn man dann einen

Gang über das Campo Vaccino macht, unter den Triumphbögen und Tempeln, dann lebt die alte Welt erst recht vor einem auf, man wandelt unter kolossalen göttergleichen Gestalten und vergißt die kleinliche Gegenwart. O daß ich diesen Gang einmal mit Dir, Du Geliebter, machen könnte! Wie würdest Du staunen über all diese Bogen und Säulenordnungen!

An denselben

Rom, den 25. November 1811

Lieber Bruder! Wie segensreich ist doch unser Bund schon für jeden einzelnen von uns geworden; wie viel Freude strömt mir täglich aus dieser Quelle zu! – Auf die Stunde, in der wir unsre Verbindung schlossen, muß der Allmächtige mit Huld herabsehen, und was in ihr gesäet und gepflanzt wurde, muß unter Seinem Schirm und Schatten wachsen und gedeihen. Du hast uns durch Deinen wackern Kampf für unsre gute Sache ein herrliches Beispiel gegeben. Der Herr gebe auch mir Mut und Kraft zum Handeln wie Du. Denn auch hier steht uns ein großer Kampf bevor, und ein doppelt schwerer, weil hier den *Worten* nach jeder das Gute will und rechtfertigt und ewig die Natur und die Alten im Munde führt, aber ohne danach zu handeln; auch haben die meisten hier, wo sie täglich das Beste vor Augen sehen, einen gewissen Grad von Reinheit des Stils erlangt, sind aber dabei im Grunde ebenso herzlose Praktiker wie die Akademiker in Wien.

Vor kurzem ist hier ein Deutscher namens *Cornelius* angekommen, dessen meisterhaft ausgeführte Federzeichnungen zu Goethes Faust hier viel Aufsehen erregen. Aber bei aller Sorgfalt der charakteristischen Zeichnung und deren makellosen Vollendung hat er, wie es scheint, Bescheidenheit und ernstes Streben genug, um noch weit mehr hoffen zu lassen. Was mich und unsere Freunde noch besonders zu ihm hinzieht, ist eine gewisse Ähnlichkeit mit Dir. Gott gebe, daß er sich bei näherer Bekanntschaft als einer der Unseren bewähre, denn die Zahl unserer Feinde ist auch im Wachsen, und zu diesen gehört namentlich der berüchtigte ‹Maler Müller›, der eine eigene Schrift gegen Carstens herausgegeben hat und diesen unvergleichlichen Künstler überhaupt auf alle Weise angefeindet haben soll, was freilich für uns Grund genug ist, uns seine Feindschaft zur Ehre anzurechnen. Wir aber vertrauen dem stillen Gange der Wahrheit und der ihr innewohnenden unwiderstehlichen Kraft, halten uns ruhig in unsern Zellen, unbekümmert um das, was draußen vorgeht, und streben nach besten Kräften dem Ziele der Vollkommenheit nach.

An denselben

Rom, den 21. Mai 1813

Ich war ... vergangenen Herbst kaum von meinem Sommeraufenthalte auf dem Lande in die Stadt zurückgekommen, als ich die Bekanntschaft eines Geistlichen [Ostini] hier machte, eines Mannes, den ich in jedem Betracht ein Muster eines Weltgeistlichen nennen möchte, indem er strenge unverrückte Rechtgläubigkeit mit einer schönen edlen Aufklärung verbindet, unermüdeten Eifer für seinen Beruf besitzt und durch liebevolles Entgegenkommen alle Herzen gewinnt. Ich hatte oft und lange über das *Wichtigste dieser Welt,* den wahren Glauben, nur bei mir selbst nachgedacht und war auf den Punkt gekommen, zu glauben, daß nur dadurch wieder Eine Herde und Ein Hirt entstehen könnte, welches doch der innigste Wunsch jedes Christen sein muß, wenn alle Menschen des Unterschiedes zwischen Katholiken und Protestanten vergessen würden, welches freilich nur aus Unkunde entstehen konnte, indem es recht bedacht, Erkaltung von beiden Seiten voraussetzt; allein so dachte ich, als ich die Bekanntschaft jenes Priesters machte. Ich wußte bis dahin von der katholischen Lehre sehr wenig, nichts gründlich, und wollte mich daher bei diesem Priester ein wenig unterrichten, dachte aber nichts weniger als das, was daraus hernach wirklich folgte. In wenigen Abenden aber bewies er mir die *Notwendigkeit einer sichtbaren Kirche* so klar und überzeugend, daß es mir wie Schuppen von den Augen fiel und ich nicht begreifen konnte, wie das nicht jeder Mensch erkennen müßte.

Ich setzte meine Abendbesuche fort mit einigen Freunden und war nach kurzem innern Kampf durchaus überzeugt von der Wahrheit der katholischen Lehre, daß nämlich *nur bei der Kirche die von unserm Herrn geoffenbarten Wahrheiten rein und vollständig aufbewahrt seien,* daß es also die Pflicht eines jeden Menschen sei, in ihr die Fülle des Heils zu ergreifen. Welch ein Licht ging mir mit dieser Erkenntnis auf! Ich erkannte nun, warum mit der Reformation auf einmal jener Geist der Einfalt und Frömmigkeit, der aus allen alten Werken aller Kunst und Wissenschaften spricht, wie verwischt, wie verschwunden ist, und statt dessen eine Aufgeblasenheit eintritt und eine Art von Aufklärung, die dem Menschen alle sichere schönere Beziehung raubt, ihn kalt und unempfindlich für die Schönheit und den Einfluß der Künste macht. Kurz, wohin ich sah, strahlte mir neue Klarheit, neue Überzeugung entgegen, und ich wäre auf der Stelle übergetreten, wenn ich nicht gefürchtet hätte, meine ehrwürdigen Eltern durch einen so plötzlichen Schritt hart zu treffen ...

Der Palmsonntag war der für mich so wichtige, so unvergeßliche Tag, wo ich nach einer viertägigen Vorbereitung in einem Kloster in den Schoß der Kirche aufgenommen ward. Es geschah ganz im stillen, aber was in mir vorging, das sprechen keine Worte aus. Seitdem führe ich ein geregeltes katholisches Leben, und der Genuß der heiligen Sakramente wirkt eine Ruhe und himmlischen Trost in mir, daß ich mit Mut allen Kämpfen, die meiner deshalb warten, und allen Leiden, die sonst der Herr mir schicken sollte, entgegen gehe.

An denselben

Rom, den 1. September 1814

Möge es mir gelingen, durch eine wahrhafte Schilderung der großen Fortschritte, die die gute Sache hiesigen Orts macht, Dich von neuem aufzurichten und zu beleben. Ja wahrlich man kann ohne alle Übertreibung und Selbsttäuschung mit der vollsten Zuversicht sagen, es ist bereits eine bessre Zeit im Werden und die wirklich gute Zeit gewiß nicht mehr so ferne. Da ich vor etwas mehr als 4 Jahren nach Rom kam, pflegten die deutschen Künstler sich fast alle Abende zu versammeln, um in corpore in irgend ein Weinhaus zu ziehen; nicht zu gedenken, daß es dabei meistens nicht am würdigsten zuging, war es noch gleichsam eine ausgemachte Sache, daß dabei von Kunst nicht die Rede sein dürfe, teils um keine Zwistigkeiten zu veranlassen, teils weil man meinte, daß wenn man sich den ganzen Tag damit geplagt habe, man am Abend mit gutem Gewissen sich einer so lästigen Sache, wie die Kunst sei, wohl ein wenig entladen dürfe. Wie ganz anders sieht es, Gottlob! jetzt aus! – Damals nahm man es uns allgemein sehr übel, daß wir an solchen Gelagen kein Teil nahmen, sondern uns ruhig in unsern Klosterzellen hielten, um in süßer Einsamkeit mit der geliebten Braut, der Kunst, zu buhlen; wir ertrugen das und mußten es ertragen. Aber siehe, schon sehen wir die Früchte des besten Samens, den wir im stillen ausstreuten, reifen; an die Stelle jener Saufgelage sind allgemeine deutsche Künstlerversammlungen getreten, in denen auf die würdigste und erbaulichste Weise mit ebenso lebendigem und allgemeinem Eifer als vollkommener Eintracht und Einigkeit über das, was sich zum Besten der Kunst tun ließe, verhandelt wird. O daß Du, mein teurer Bruder! einer solchen Versammlung beiwohnen könntest, wie wir sie noch gestern abends hielten!

Der Zweck derselben war, einen Aufsatz, den *Platner* im Namen der gesamten deutschen Künstler geschrieben, zu unterzeichnen. Es soll nämlich dieser Aufsatz, in welchem dargetan wird, daß die Akademien zur Beförderung der Kunst nicht nur nicht vorteilhaft, sondern sogar nachteilig wirkten, und in welchem wir anhalten, daß die deutschen Fürsten doch statt des vielen Geldes, das auf so unnütze Weise an dieselben verschwendet wird, solches lieber auf die Verfertigung von Kunstwerken verwenden möchten, an den Fürsten Metternich nach Wien gesandt werden, auf den bevorstehenden Kongreß, welche Übersendung der hiesige österreichische Minister von *Lebzeltern* übernehmen will. Zu gleicher Zeit werden zwei andere Exemplare davon an den Kronprinzen von Bayern und den preußischen Minister Fürst von Hardenberg abgesandt, damit die Sache womöglich als eine allgemeine deutsche Sache angesehen werde. Dies allein reicht hin, Dir einen Beweis zu geben, daß wir hier nicht müßig sind und was für ein Geist überhaupt unter den Deutschen rege geworden ist.

An Friedrich Wenner

Rom, den 31. Januar 1829

Was nun die weitere Ausbildung der dem Bilde zugrunde liegenden Idee anlangt, so wird es Sie wohl überhaupt nicht wundern, daß nach so vielen Jahren aus den beiden Bräuten [Sulamith und Maria] ein Paar ehrbarer Frauen geworden sind, die Frauen *Germania und Italia.* Es trat nämlich in späterer Zeit der Ausarbeitung natürlich das Bedürfnis ein, der jugendlich unklaren Vorstellung eine bestimmtere Bedeutung unterzulegen, wozu schon die häufigen Fragen: was denn das Bild eigentlich vorstelle? veranlaßten. Daß ich nun aber gerade die Idee einer Germania und Italia wählte, darüber gibt mein besonderer Standpunkt hier als *Deutscher in Italien* Aufschluß. Es sind die beiden Elemente gleichsam, die sich allerdings einerseits fremd gegenüberstehen, die aber zu verschmelzen nun einmal meine Aufgabe, wenigstens in der äußeren Form meines Schaffens, ist und bleiben soll und die ich deshalb hier in schöner inniger Befreundung mir denke. Es ist einerseits die Erinnerung der Heimat, die unverlöschbar dem Gemüte eingeprägt steht, und andrerseits der Reiz alles des Herrlichen und Schönen, was ich dankbar in der Gegenwart genieße, und beides zusammen, nicht getrennt und einander ausschließend, sondern in Harmonie gedacht und in gegenseitiger Würdigung. Es ist endlich, wenn es allgemeiner ausgesprochen werden soll, die Sehnsucht gemeint, die den Norden beständig zum Süden hinzieht, nach seiner Kunst, seiner Natur, seiner Poesie; und dies im bräutlichen Schmuck, beides, die Sehnsucht sowohl als Gegenstand ihrer Liebe, weil beides als Idee sich fortwährend verjüngt. – Das ist ungefähr, was ich zur Erklärung darüber zu sagen weiß: ob aber diese Erklärung nun auch andern klar macht, was ich gewollt, weiß ich freilich nicht, da ich wohl einsehe, daß eine Vorstellung zum Grunde liegt, die aus meinem besondern Standpunkt hervorgegangen; und so mag man das Bild denn auch schlechtweg die *Freundschaft* nennen, wenn ihm einmal ein Name gegeben werden soll.

An Peter Cornelius

Rom, 1. Dezember 1831

Nach manchem Schritt und manchem Tritt durch die weite Welt glücklich wieder am Ziel meiner Wanderung bei den Meinigen angelangt, kann ich nicht umhin, demjenigen ganz besonders den glücklichen Ausgang dieser Reise mitzuteilen, der so wesentlichen Anteil an allem hat, was mir aus derselben und durch dieselbe Gutes geworden ist. – Ja, mein geliebter Freund! Daß ich das teure Vaterland nach so langen Jahren endlich wiedergesehen und so viel Großes und Herrliches, was es in sich schließt, gesehn – den Rhein, das alte Köln, die Münster zu Straßburg und Freiburg, und alle die Schätze alter und neuer Zeit, die München in sich vereinigt, nebst so unzählig viel anderem; daß ich die Schweiz mit ihren wunderbaren Gletschern und Seen begrüßt und ihre reine Alpenluft geatmet habe; daß ich auch so manchen alten Freund wieder umarmt und in seinem Treiben gesehen und von Bekannten und Unbekannten so unbeschreiblich viel Liebe im Vaterlande erfahren; dann daß ich auch mein zweites Vaterland – Italien – nochmals fast nach allen Richtungen durchstreift habe; und endlich, daß ich mit einem solchen Schatz von Eindrücken und Erinnerungen bereichert und dabei leiblich gestärkt zu den Meinigen zurückgekehrt bin, und nun, so Gott will, mit neuen Kräften an meine schönen Aufträge gehen kann: das alles – mit Freuden bekenne ich es – das alles verdanke ich ganz wesentlich *Dir*!

Möge denn, geliebter Freund! den ich im Geiste mit vollster Inbrunst umarme, möge Dir zu nie endendem Segen werden, was mir durch Dich zu einer nie versiegenden Quelle erhebender und stärkender Erinnerung geworden ist! . . .

Daß ich dann mein teures Rom am Ende auch mit lebhafter Freude wiedergesehn, wirst Du begreifen; wie ich Dir denn auch nicht verbergen will, daß ich bei der Verwirrung der Ansichten und Meinungen, die ich im Vaterlande gefunden, und die mir allerdings auch manchen schmerzlichen Eindruck gemacht, in der Überzeugung meine Ruhe finde, daß es eine Fügung von oben gewesen ist, die *mir* in römischer Abgeschiedenheit meinen Platz gewiesen hat; einen Platz, auf dem ich indes keineswegs die Hände in den Schoß zu legen gedenke, sondern nach besten Kräften zu arbeiten, gespornt durch den Gedanken, daß ich auch hier in der Ferne zu Euerm Kreise gehören soll. Nie werde ich diesen schönen Kreis und Euer großartiges Treiben und begeistertes Schaffen vergessen, dessen glänzender Eindruck durch keinen spätern irgend ist verdunkelt worden. Gebe Euch Gott, daß Sein Wohlgefallen mehr und mehr sein letztes und einziges Ziel sei, damit wahrhaften und dauernden Segen bringe, was mit so herrlichen Kräften gefördert wird.

JOHANNES VEIT

1790–1854

An Dorothea Schlegel

Venedig, den 12. März [1811]

Es ist mir auf der ganzen Reise nichts unangenehmer gewesen als der Verlust meiner liebsten Bücher, welche mir sind auf der italienischen Grenze in Pontebba von den Douaniers fortgenommen worden, um sie zur Revision nach Udine zu besorgen, von wo aus sie mir hieher und dann weiter nach Rom sollen nachgeschickt werden. Unser poetischer Vetturin hat uns Freitagnachmittag hierher geschafft, und wir befinden uns nun im Mittelpunkt einer Stadt, wo es scheint, als wäre die ganze Welt zu verkaufen. Dieser ungeheure Lärm aber interessiert mich nicht sehr; ich habe in diesem Gewühle einen Schatz gefunden, der meine Blicke unwillkürlich zu seinem verborgenen Glanze hinlenkt. Einige Bilder von Johannes Bellinus, welche der gierigen Raubsucht und der Zerstörung der Zeit entgangen, sich in einigen alten Kirchen noch ihres heimatlichen Daseins erfreuen, besitzen meine ganze Liebe, und ich suche mich ihrer im ungeteilten Genusse zu erfreuen. Sie haben mir in einigen lichtvollen Momenten den Weg, den ich zu gehen, und das Ziel gezeigt, und glücklich wäre ich, wenn ich mit frohem Mute fest ergreifen könnte, was mir der Himmel durch einen seiner Heiligen wie im Traume offenbart hat. Es scheint nämlich, wenn man lange vor einigen Bildern von Bellinus verweilt, welche sich in der Kirche S. Giobbe, Madonna dell'Orto, Gli Frari und mehreren andern befinden, als würden alle Heiligen von ihren Altären niedersteigen, um die Geheimnisse der christlichen Mysterien zu erklären; auch erfüllt mich ihr bloßes Anschauen mit himmlischem Trost. Wenn ich nicht selbst noch einen Trieb fühlte, etwas Ähnliches hervorbringen zu wollen, so könnte ich im Gebete vor so einem Bilde mein Leben enden. Ich war schon fest entschlossen, hier zu bleiben, um so bald noch nicht von diesen geliebten Bildern zu scheiden; ich halte mich aber noch nicht für stark genug, in einer ganz fremden Stadt, ohne Freunde, ohne Kenntnis der Sprache fortzukommen. Sollte ich in Rom nichts finden, was mich so anspricht, so kehre ich sehr bald zurück, um hier die Kunst in ihrem schlichten Gewande zu studieren. Die Markuskirche hat keinen bestimmten Eindruck auf mich gemacht. Ich wurde im ganzen mehr an das alte Testament dabei erinnert als an das neue; doch möchte dieses Gebäude für einen tieferen Forscher und Gelehrten vielleicht die größten Aufschlüsse sowohl über die Kunst als über die christliche Kirche geben.

An Simon Veit

Rom, den 7. Juli 1812

Ich komme soeben von einer Landpartie zurück, und mein erstes Geschäft soll sein, einen Brief von Dir zu beantworten, der in der Zeit meiner Abwesenheit angekommen ist. Es war diesmal nämlich nur ein Ausflug von drei Tagen, den ich mir teils der Gesundheit wegen, teils um meinen teuern Overbeck zu besuchen, erlaubt habe. Ich werde Dir wohl schon geschrieben haben, daß letzterer mit noch einem Freunde nach Ariccia gezogen ist, um einem andern draußen die letzten Dienste erweisen zu können. Dieser vortreffliche junge Künstler namens Pforr ist nun wirklich dort in ihren Armen verschieden, und unsere Verbindung hat dadurch einen unersetzlichen Verlust erlitten. Es war mir zum dringendsten Bedürfnis geworden, Overbeck, welcher mit seiner Arbeit schon seit mehreren Wochen hinausgezogen war, wiederzusehen, und so machte ich mich denn vorgestern früh mit noch vier andern deutschen Künstlern auf, und wir fuhren durch die Campagna nach Albano, welches nur durch einen angenehmen Buchenwald von Ariccia getrennt ist. Ich habe Dir schon im vorigen Jahre die Beschreibung dieser köstlichen Gegend zu geben versucht. Du kannst wohl denken, mit welchen Empfindungen ich sie nun wiedersah, und wie ich mich in der reinen Gebirgsluft erquickte und stärkte. Ich ward mit meinem Reisegefährten, welcher mich schon von Wien her begleitet hatte (die übrigen drei hatten andere Wege genommen), in dem Hause unserer Freunde aufgenommen und hatte die Freude, sie gefaßt und beruhigt zu finden. Das Hinscheiden eines Freundes, der mit sehnsuchtsvollem Gemüte zu einem schöneren Leben übergeht als das gebrechliche Erdenleben, hinterläßt für die Hinterbleibenden einen unauslöschlichen Eindruck, nicht des Schmerzens, sondern des Trostes und erweckt in einem religiösen Gemüt die Hoffnung eines schöneren Daseins. Wenn überdies der reine und ungestörte Genuß einer Natur, wie sie uns hier umgibt, die Seele mit ihrem Einklang durchdringt, so vermag der Geist des Künstlers sich zur reinsten Begeisterung zu erheben und in harmloser Unschuld die Freuden seines Daseins zu genießen. Kunstwerke, die aus solcher Stimmung hervorgehen, in der die Seele wie ein heller Spiegel die Erscheinungen zurückstrahlt, werden gewiß das Gepräge der Ewigkeit erhalten und gewiß das Herz eines jeden Guten erfreuen. Sich diesen reinen unbefangenen Sinn zu erhalten, sollte wohl das höchste Bestreben sein; doch nur wenigen mag es ganz gelingen.

Ich schätze mich glücklich, hier einen Freund [Overbeck] gefunden zu haben, dessen himmlische Seele ein Spiegel der Tugend und Vollkommenheit ist, ein Mensch, wie ihn nur wenige auch nur zu denken fähig sind. Er scheint das Irdische kaum zu berühren, und doch huldigt ihm jedes Wesen und fühlt sich glücklich in seiner Nähe und sehnt sich nach seiner Liebe. In seinen Bildern atmet das heitere Leben aus höheren Regionen, und doch ist alles so natürlich und wahr aufgefaßt, daß man überall die umgebende Natur wieder darin findet. Ich halte ihn jetzt, da er ein Jahr jünger ist als ich, schon für den bedeutendsten Künstler nach Raffaels Zeit, und wenn ihn nichts in seinem Lauf zurückhält, so haben wir große Dinge von ihm zu erwarten.

Am 8ten – – Ich war vorgestern außer am Albaner See noch am See von Nemi, der nur durch eine waldige Landzunge von ersterem getrennt ist. Ich sah ihn schon voriges Jahr von Monte Cavo aus, und obgleich dieser Anblick schon in der Entfernung etwas sehr Anziehendes für mich hatte, so übertraf das Vergnügen, ihn von seinen Ufern zu sehen, meine Erwartung. Ein von uralten Bäumen gebildeter Gebirgsweg, der überall die malerischen Durchsichten nach Ariccia und das waldige Tal gewährt, führte uns nach Genzano, einem Städtchen, welches Nemi gegenüber am See liegt. Wunderbare Lichter fielen durch Gewitterwolken auf seine dunkeln Ufer, und in diesem magischen Lichte sahen wir ein merkwürdiges Schauspiel. Das Gewitter hatte sich über uns zusammengezogen, und aus den donnernden Wolken fiel plötzlich der Regen über die eine Hälfte des Sees, während wir auf der andern Seite unversehrt dieses Schauspiel bewunderten, welches mich an ein Gemälde von Raffael erinnerte aus den Loggien im Vatikan, wo die Kinder Israels am Ufer des Schilfmeeres sehen, wie Pharao vom Meere und der auf ihn stürzenden Wasserwolke verschlungen wird. Ich wünschte wohl, Dir einen lebendigen Eindruck zu verschaffen von dieser Vorstellung sowohl als von allen übrigen im Vatikan oder doch den ausgezeichnetsten, an denen sich Raffaels unsterblicher Malergeist verewiget hat, und ich werde so bald als möglich Hand ans Werk legen. Meine bisherigen Beschäftigungen sollten mir den Weg bahnen, um diesen Meister studieren zu können, und sobald das Bild, woran ich jetzt male, fertig sein wird, soll es recht ernstlich daran gehen. Auch denke ich, alsdann einiges recht fleißig für Dich auszuführen.

An denselben

Rom, September 1812

Am liebsten steigen wir auf das Colisseum, und mein Erstaunen vermehrt sich mit jedem Male über die Wunder dieses zerstörten Riesenwerks. Die Hälfte desselben ist im Mittelalter fast gänzlich eingerissen worden, indem streitende Parteien sich beiderseitig in dieser Felsenburg verschanzten und nun hinter diesem starken Schirm aufeinander losschossen, daß man jetzt noch die Spuren davon in den Mauern entdeckt. Doch hat dies dem Gebäude noch nicht so sehr geschadet als die Baulust der spätern Päpste. Ein Kardinal Farnese hat einst Erlaubnis vom Papst erhalten, so viel Steine zur Erbauung eines Palastes vom Colisseum hinwegzuführen, als es ihm in *einer* Nacht möglich sei. Er ließ darauf, um es desto besser ausführen zu können, eine Menge Kanonen gegen die äußere Mauer richten und schoß die ganze Nacht hindurch mit Kartätschen dagegen, so daß er dann seinen Endzweck trefflich erreichte. Von diesen großen Steinen ist nun der berühmte Palast Farnese von Michelangelo erbaut worden. Dieser Verlust scheint indes auch nur geringe zu sein gegen das noch Vorhandene, indem der noch übrige Teil lächelnd auf die zerstörende Zeit herabblickt und der Ewigkeit scheint trotzen zu wollen. Kaum vermögen die schrecklichsten Felsenklüfte, die wir im Ottowaldener Grunde und am Brocken im Harz miteinander gesehen, einen Begriff zu geben von Steinmassen, wie sie hier Menschenkunst aufeinander getürmt hat; und wenn mir etwas den Geist der Römer merkwürdig gemacht hat, so ist es dieses unsterbliche Werk. Dabei hat man den Genuß, nach einem mühevollen Aufsteigen wie auf einem Gebirge durch eine Ansicht über Rom belohnt zu werden, die wohl kaum ihresgleichen hat. Und es hat einen eigenen Reiz, diese fernen Herrlichkeiten bei untergehender Sonne durch ungeheure Fensterbogen von morschem Gesteine wie in einem Rahmen ein Gemälde zu sehen.

Den erhabensten Eindruck erhält man aber hier bei einsamer Nacht im Mondenschein, und ich habe wie Benvenuto Cellini geglaubt, den ganzen innern Kreis mit Legionen von Geistern angefüllt zu sehen und alle Spalten und Felsenlöcher mit Teufeln, und es wird einem begreiflich, wie seinen Gefährten bei seinen nekromantischen Künsten so übel zumute ward. Er aber als ein Mann von unbezwinglichem Geiste ließ sich von nichts aus der Fassung bringen und sah sogar noch beim Zuhausegehen die Teufel neben sich auf den Dächern laufen. Es hat mir viel Vergnügen gemacht, den ‹Cellini› hier in Rom zu lesen, wo ich nun jeden Fleck, den er beschreibt, vor mir sehe und mich mit ihm in seine Abenteuer versetze. Die Straßen heißen fast alle noch ebenso, und seine Wohnung ai Banchi scheint sich noch bis jetzt mit allen andern Umgebungen erhalten zu haben, denn die ganze Straße ist mit Werkstätten von Goldschmieden angefüllt, die sogar noch ihr altes Ansehen beibehalten haben. So ist die Engelsburg, von der herunter er so viel unter die Feinde geschossen hat und wo er hernach gefangen gesetzt und sich befreit hat, bis auf alles noch ganz dieselbe, und wenn ich zuweilen vorbeigehe nach dem Vatikan hinaus, so meine ich ordentlich, ich sähe ihn, wie er sich an den Binden herunterläßt.

Aber auch von andern sind uns hier teure Angedenken geblieben, außer in ihren Werken; z. B. sehe ich Raffaels Wohnhäuschen mit großem Vergnügen und den Ort, wo er seine Fornarina besucht hat. Neulich habe ich auch das Haus gesehen, in welchem er sein glorreiches Leben beschlossen und wo bei seinem Sarge die noch nicht ganz vollendete ‹Transfiguration› ausgestellt war, sein letztes Bild, welches ihn der Tod zu vollenden hinderte. Neulich habe ich im Capitol zwei Heilige entdeckt, welche ich für Jugendbilder von Raffael halten muß. Niemand war bisher auf selbige aufmerksam, und ich bin höchst glücklich über diese Entdeckung. So finden wir fast alle Sonntage, die wir zum Besuche der Museen bestimmt haben, neue Schätze, und man kömmt hier kaum dazu, etwas Gesehenes wiederzusehen. Du siehst also, daß ich hier noch vollauf zu tun habe und kaum weiß, wie ich einmal fertig werden soll.

An denselben

Florenz, am 22. Juni 1813

In *Orvieto* war ich 5 Wochen; mein Hauptaugenmerk dort war der Dom, welchen zu erbauen die Stadt Jahrhunderte lang alle ihre Kräfte aufgeboten hat. Das Merkwürdigste an diesem alten gotischen Gebäude war mir 1) die überaus künstliche und reiche in Marmor gearbeitete vordere Fassade, mit Basreliefs verziert aus dem alten und neuen Testament, von Nicola Pisano; 2) eine Kapelle, der heiligen Jungfrau gewidmet, innerhalb der Kirche linker Hand. Diese ist von zwei der größten Meister des Altertums ausgemalt und zwar so, daß Lucas Signorelli die Hölle und Fra Giovanni da Fiesole [Angelico] die Seligen des Himmels vorgestellt hat. Ersterer ist der Lehrmeister von Michael Angelo und letzterer war ein Mönch, welcher mit so vieler Andacht gemalt hat, daß man ihn öfters Tränen bei der Arbeit vergießen sah. Auch ist er nach seinem Tode von der Kirche selig gesprochen worden und hat uns in Rom sowohl als in den meisten Städten Italiens unsterbliche Werke hinterlassen ...

Die Stadt ist auf einem mächtigen Felsen gegründet, welcher fast eine deutsche Meile im Umfange hat, und diente den Päpsten in Zeiten, wo innerliche Kriege Italien zerstörten, zu einem Zufluchtsort gegen die Feinde. Die Türme und verfallenen Mauern, welche aus jener Zeit noch erhalten sind, geben ihr ein wunderbar romantisches Ansehen, und aus der Mitte derselben erhebt sich nun über alle Gebäude der majestätische Dom. Ein verfallenes Kastell, außerhalb mit der Statue eines Papstes verziert, welcher dort belagert war, bildet das Stadttor. Hier ruhete ich oft bei Sonnenuntergang und sah in das weite Tal hinaus und begleitete mit den Augen einen Fluß, der sich in vielen Krümmungen durch die fruchtbaren Wiesen und Felder windet. Mit dem Sinken der Sonne vergoldeten sich die Gegenstände um mich her und wurden lebendig in dem mannigfaltigen Spiel der sich verändernden Farben. Heitere Lieder durchdrangen die Luft von Vögeln und frohen Menschen, die ihr Tagewerk beendigt, nun mit Spaten und Hacke in ihre Wohnung zurückkehrten. Andere hatten die Herden getränkt und geweidet, andere brachten Lebensmittel in die Stadt, und alle zogen friedlich vor mir vorüber zum Stadttor hinein. Ich konnte mich nicht satt sehen an diesem Anblick und erwartete auf diesem meinem Lieblingsplätzchen, auf einer steinernen Bank sitzend, oft die einbrechende Nacht und die Sterne, welche hinaufstiegen.

PETER VON CORNELIUS

1783–1867

An Karl Mossler

Rom, im März 1812

Was Du mir von dem Gemälde im Dom sagst, ist mir eine wahre Erquickung gewesen, denn außer bei den *Klosterbrüdern* hört man hier nur mit einer gewissen Vornehmheit von der deutschen Kunst sprechen, welches mir um so schmerzlicher ist, da mir das Wesen derselben hier in Italien erst recht in seiner Glorie erschienen und mir immer lieber wird. Ich sage Dir, Mossler, und glaube es fest: ein deutscher Maler sollte nicht aus seinem Vaterlande gehen. Ich habe nun diesen Schritt der Zeit entgegen getan, und es ist gut so, aber lange mag ich nicht unter diesem warmen Himmel wohnen, wo die Herzen so kalt sind, und ich fühl es mit Schmerz und Freude, daß ich ein Deutscher bis ins innerste Lebensmark bin. Indessen ist nicht zu leugnen, daß hier viel an Kunstmitteln zu holen ist, aber auch viel Verführung ist hier, und zwar die feinste im *Raffael* selbst. In dieser liegt das größte Gift und der wahre Empörungsgeist und Protestantismus, mehr als ich je gedacht. Man möchte blutige Tränen weinen, wenn man sieht, daß ein Geist, der das Allerhöchste gleich jenem mächtigen Engel am Throne Gottes geschaut, daß ein solcher Geist abtrünnig werden konnte. Über diesen Punkt ein andermal, jetzt ein Wort von den *Klosterbrüdern.* Diese sind eine Gesellschaft ganz vorzüglicher Menschen, die sich für die Kunst und alles Gute verbrüdert haben und musterhaft sich lieben und einander anhängen. Es sind ihrer sechs, fünf davon sind hier, einer ist in Wien. *Overbeck* aus Lübeck ist derjenige von ihnen, der durch die Milde seiner Seele und die Kraft seines edeln Geistes die andern alle um sich versammelt und für alles Herrliche entflammt hat. Er mag wohl der größte

Künstler sein, der jetzt lebt, und Du würdest erstaunen, wenn Du seine Arbeit sähest. Dabei ist er die wahre Demut und Bescheidenheit selbst... Auf unserem Weg hierher fanden wir einen in Lodi, namens *Hottinger,* der auch zu ihnen gehörte, der aber ausgeartet und abgefallen war. Sie bedauerten diesen Verlust einer Seele, wie man billig soll, weil er der größte ist. An seiner Stelle bin ich nun aufgenommen, und ihre Freude darüber ist so groß und ungeheuchelt, daß ich es zu den glücklichsten Ereignissen meines Lebens zähle und mir so die Entfernung vom Vaterland erträglicher wird. Auch Du, lieber Mossler, wirst mich beneiden, aber ich hoffe, auch Du sollst einmal zu uns gehören, wie Du es in Deinen Gesinnungen, Deinem Streben und Deiner Vereinigung mit mir auch schon bist. Da aber unser Verein republikanisch ist, so muß und soll ein jeder das Herz eines jeden gewinnen, weil die Liebe das Band ist. Auch kann hier keiner jemand empfehlen, er muß es auf irgend eine Art selbst; dann aber ist ers auch bei allen auf Leben und Tod.

Ich mache jetzt Zeichnungen zu dem Liede der *Nibelungen* und habe heute die Nachricht bekommen, daß Reimer in Berlin dieselben unter sehr vorteilhaften Bedingungen, die ich ihm vorgeschlagen, verlegen wird. Meine Existenz in Italien ist also auf eine angenehme Art gesichert.

An Friedrich Wenner

Rom, den 20. Oktober 1813

Nehmen Sie doch nicht übel, wertester Freund! daß ich Ihnen auf Ihren lieben Brief vom 10. so spät erst antworte. Sie wissen, daß es meine Absicht [war], nach meinem Vaterlande zurückzukehren, und zwar vorderhand nach Wien. Da ich aber nach Rom kam, war alles in der größten Spannung, weil Österreich sich für die Alliierten erklärt hatte. Es war nicht daran zu denken, einen Paß nach Wien zu erhalten, und späterhin wußte man, daß man nicht wohl mehr durch Italien reisen konnte, ohne sich den lumpigsten Behandlungen auszusetzen. Ehe ich mich aber beruhigen und entschließen konnte, hier zu bleiben, und zu einer Zeit, wo sich das Vaterland zu einer glorreichen

Wiedergeburt ermannt und aufrichtet, ging eine Zeit nach der andern in dem peinlichsten Zustand dahin, und nimmermehr werde ich mich darüber trösten können. Wie nun die Sache im ganzen immer mag zu nehmen sein, ich will an nichts anders denken, als wie ich meine babylonische Gefangenschaft so würdig als möglich benutze. Denn am Ende gehört zu allem guter Mut und tapfere Beharrlichkeit. Mehr kann der Mensch nicht, als sein Leben und alle seine Kräfte an seine liebste, heiligste Überzeugung setzen. Jeder aber tuts nach seiner Art, seiner Umgebung, seiner Natur gemäß. Alles, was ich nun hier tun kann, mag in diesem großen Augenblick unnütziger und überflüssiger erscheinen, als es in der Tat ist. Denn wenn die Freiheit, die jetzt gewiß und wahrhaftig wird errungen werden, wenn dieselbe würdig soll genossen und den künftigen Zeiten soll gesichert werden, so muß der Genius der Nation in allen Dingen durchdringen bis zum untersten Glied. Denn nicht große Armeen, Festungen und Bollwerke sind der Schutz eines Volkes, sondern sein Glaube, seine Gesinnung. Dieses ist die innere Kraft, die nach außen wirkt und schafft und belebt, auf alle Weise und in jeder Sache. Und kein Ding ist da gering zu achten, denn es ist ein lebendiges Glied zum lebendigen Körper. Daß alles beinah in unserm Vaterland anders werden muß, wenn es der Zeit und dem Sinne des Volkes gemäß sein soll, begreift und fühlt ein jeder. Doch jeder kann nicht zu jedem tauglich sein und die Quelle des Übels so eigentlich aufspüren. Ich kanns in keiner Sache, aber in meiner Kunst kann ichs. Ich sehe deutlich, wo es hier fehlt. Die Vorsehung hat mir einen großen Wirkungskreis angewiesen. Möge es ihr doch auch gefallen, daß ich nur einen Stein zu den Grundfesten eines deutschen Kunsttempels lege, so werde ich mich in der Überzeugung, nicht ganz vergeblich gelebt zu haben, beruhigt fühlen.

An Friedrich Wenner

Rom, den 20. Februar 1817

Sie wußten wohl nicht, teuerster, bester Freund! in welchen Zustand mich Ihr lieber Brief versetzte, als Sie Ihr treues, teilnehmendes Herz darin ergossen: Tadel, Teilnahme, Hülfe und, mehr als alles dieses, jenes große Anerbieten, jene hülfreiche Rechte, die Sie mir bieten, mich hinüber zu helfen ins Vaterland. O, Gott! wie hat dies alles mich ergriffen, wie bestürmt; doch welch ein geheimes, wunderbares Schicksal hängt über mir und meinem Aufenthalt in Rom! Ich soll es nicht verlassen; dies scheint der Wille einer höheren Macht, wie sehr ich mich auch nach der Heimat sehne. Hören Sie, teuerster Freund, und urteilen Sie selbst.

Sie wissen nämlich, wie sehr ich mich schon seit langer Zeit nach einer Gelegenheit gesehnt, mich in der Freskomalerei auszubilden. Sie wissen auch durch unsern Xeller, daß mir eine solche Gelegenheit geworden und daß ich meinen ersten Versuch in dieser herrlichen Kunstgattung aufgestellt habe. Wie wenig dieser nun auch mich selbst befriedigen kann, so ist er doch so ausgefallen, daß er für mich schon bedeutende Folgen bewirkte. Es sind mir nämlich von zwei Seiten in Rom Aufträge in Fresko-Arbeiten gemacht. Zuerst hat mir Canova eine solche im Vatikan angeboten; nachher ersuchte mich der Marchese Massimi in seiner Villa in der Nähe San Giovanni in Laterano, in einem gewölbten Zimmer des Casinos, die Commedia Divina des Dante zu malen, wozu er mir die Summe von tausend Scudi, ohne die Auslagen des Maurers und der Gerüste, bewilligte. Ich brauche Ihnen wohl kaum zu sagen, mit welcher Begierde ich letzteres ergriffen, um mit dieser Gelegenheit von Rom aus zu zeigen, wie ich in meinem Vaterlande könne gebraucht werden. O! daß es dieses Umwegs bedarf, daß die schönsten Jahre meines Lebens zuerst in einer unendlichen Sehnsucht müssen verloren gehen, und dann das Ausland für eine geraume Zeit meine besten Kräfte in Anspruch nehmen muß: – daran erkenne ich leider auch, daß ich ein Deutscher bin. Sie werden bei so bewandten Umständen mir schwerlich raten, diese Gelegenheit fahren zu lassen und nach Frankfurt zu kommen, mich dort um eine Professor-Stelle zu bewerben. Sollte man aber einsehen, daß man mit bloßen theoretischen Lehranstalten und dem unglückseligen Akademiewesen die Kunst nicht fördern [kann], sondern daß nebst einer Lehranstalt oder Akademie, wie man das Kind nennen will, auch ein Tummelplatz des künstlerischen Wetteifers, ein Spielraum der Phantasie und der Begeisterung vorhanden sein muß, wie die toten Theorien der Schule, das akademisch fragmentarische Chaos durch jenen göttlichen Hauch ins Leben gerufen und geordnet werden zu einem organischen kräftigen Dasein: will man so etwas in Frankfurt, so lasse ich alles fahren, was Rom mir immer bieten kann, und komme mit Freuden zu Euch. Herr Passavant, so ich hier kennen lernte, ist von der Wahrheit meiner Ansicht durchdrungen. Er hat hier solche durch die Arbeiten unsrer besten Künstler bewährt gefunden; er hat an die Bevollmächtigten der Städelschen Hinterlassenschaft geschrieben und ihnen vernünftige Vorschläge gemacht. Es könnte vielleicht frommen, wenn Sie solche dort unterstützten. Nun habe ich aber seit Ihrem lieben Brief keine Ruhe, die Freude an dem neuen Auftrag ist sehr in den Hintergrund meiner Seele zurück gedrängt, und mein Herz sehnt sich hinaus zu Euch. Doch die allgemeine Stimme meiner hiesigen Freunde und die der Vernunft raten mir, hier auszuhalten und von hier aus, vereint mit Ihnen, zur Aufmerksamkeit und Berücksichtigung gleichsam zu zwingen. Denn so wir hier solche Beschäftigungen finden, so können wir mit Gewißheit voraussehen, daß dereinst eine ehrenvolle Rückkehr ins Vaterland nicht fehlen kann. So brachte mir vor einigen Tagen der Staatsrat Niebuhr (woran ich einen teilnehmenden warmen Freund gefunden, der sich für mich unaufhörlich auf alle Weise bemüht) die Nachricht, daß der Minister des Kultus beschlossen, uns zur Ausmalung einer Kirche in Potsdam zu verhelfen. Dieses ist freilich ein fataler Ort, doch wo uns unser Schicksal auch hinwirft, so werden wir reich und glücklich sein, wenn uns vergönnt ist, uns in jenen seligen Regionen der Kunst zu ergehen. Denn ihr Reich ist doch nicht von dieser Welt. Aber doppelt glücklich würde ich mich schätzen, wenn ein milderes freundlicheres Geschick mir erlaubte, in jenen schönen vaterländischen Gegenden einen Grund zu einer neuen deutschen Kunst legen zu helfen, wo sich alle schönen Erinnerungen des Lebens anknüpfen. Jener Gegend, ich fühle es tief und immer tiefer, Euch gehör ich so eigentlich an. Ich kann der Maler werden für den Rhein, und dort [in Potsdam] bleib ich immer ein Fremdling und bin geduldet und begünstigt und mit aller Auszeichnung immer willkürlich behandelt, denn die Preußen ehren in jedem

Talent nur ihr Urteil über dasselbe. Darum werden sie in dieser Sache nie zu etwas Ordentlichem kommen, denn es bedarf mehr, es bedarf jener Sonnenstrahlen der Liebe. Darin will die Kunst wachsen und gedeihen.

CHRISTIAN DANIEL RAUCH

1777–1857

An Friedrich Gottlieb Welcker

Rom, 29. September 1813

Wie Sie durch Humboldt wissen werden, bin ich beinah ein ganzes Jahr von hier abwesend und in den Bergen von Carrara mit der Anlage des Monuments der höchstseligen Königin [Luise] beschäftigt gewesen, in einem kostbar romantischen Tal, ich meine die Höhen der Berge und die engen Täler, denn die Menschen haben weder das eine noch das andere, was ich an den Bergen habe. Also auf die Länge war es ein trauriger Aufenthalt, und hätte ich nicht dort Herrn Tieck in gleichem Zwecke wie ich beschäftigt vorgefunden, ich glaube, ich wäre dort gestorben; so hatte ich doch wenigstens einen Freund und Künstler gleichen Interesses, nicht die Tage, wo man arbeitet, aber die langen Winterabende miteinander zu verplaudern. Ich bin nun seit Juli wieder hier und hoffe im nächsten Monat mit der Statue der höchstseligen Königin ganz fertig zu sein. Ob ich aber mit dem ganzen Monument im nächsten Frühjahre nach Berlin reisen werde, darüber werden die großen jetzt sich ihrer Krise nähernden Umstände entscheiden. Ich weiß nicht, ob ich bekannte oder neue Kunstnachrichten mitteile, wenigstens das, was ich mir als Neues denke. Canova hat eine sehr schöne Gruppe der Grazien im Modell aufgestellt, die wohl sein Gelungenstes in diesem Genre sein mögen, alle drei sind stehend, aber sehr glücklich und neu komponiert, auch dabei recht lebendig und naiv, ich glaube, diese Gruppe ist für die Kaiserin Josephine bestimmt. Dessen Herkules und Lichas ist endlich in Marmor fertig und in Torlonias neuem Palast aufgestellt (sonst Bolognetti). Thorwaldsen ist seit diesem Frühjahr in Monte Nero abwesend und hat zuletzt zwei Korbträgerinnen (Karyatiden) für das Herzogtum Warschau im Modell vollendet, sehr schön, jedoch ist dieser Gegenstand durch die Athenischen und die der Villa Albani zu erschöpft, um etwas diesen nur Gleiches oder gar Besseres schaffen zu können. Thorwaldsens Bossierung [?] Der Triumphzug Alexanders in Babylon für Monte Cavallo ist ein sehr gelungenes Kunstprodukt geworden und bestimmt das Beste, was in neuerer Zeit in dieser Kunst hervorgebracht ist, es zeigt von der größten Genialität und dem reinsten Geschmacke in diesem uns beinah fremden Teile der Plastik. Sie glauben nicht, wie schön das Ganze und das Einzelne ist, die Länge des ganzen Frieses beträgt 260 Palm. rom.[1] und 4½ Palm. Breite. ... Mit den Ausgrabungen geht es jetzt sehr langsam, und es ist merkwürdig, daß bei so großer Anstrengung sich gar nichts von Bildhauerei gefunden hat und Rom in jeder Hinsicht also gar nicht schöner dadurch geworden ist. Erfreulich interessant mag es sein, aber ärgerlich dem Auge und insbesondere meinen, da ich nichts mehr hasse als solche backsteinerne alte Mauern. In den Titusbädern habe ich neulich einen sehr langen Korridor ausgegraben gesehen, jedoch unvollendet; in der Mitte desselben, ich meine auf halbem Wege, steht ein gemauerter Altar, und dahinter an der Mauer ist eine schwarz gemalte Inschrift, die so lautet:

> Die zwölf Obergottheiten, auch Diasia und Jupiter, der allerhöchste Gott, möge[n] dem zürnen, welcher an diese Wand kackt oder pisset.

Die gewölbte Mitte ist sehr schön gemalt und verziert. Dieser Korridor scheint ein öffentlicher langer Durchgang gewesen zu sein. Im Forum des Trajan, dessen ganzer Grund ausgegraben ist, finden sich die schönsten antiken architektonischen Fragmente, auch reine Sklavenkönigsköpfe, alles schön. Im Colosseum jagt der Wind die Wellen in die Arena, und die Pumpen sind ermüdet. Merkwürdig sind die Inschriften von Basilius Zeit, die von der Zerstörung des Erdbebens sprechen und der ersten Reparatur. Lorenzo Re ist jetzt der klügste und berühmteste Antiquar hier in Rom, auch Keller interessiert sich mit diesem dafür.

1 Palmo = flache Hand, Spanne: früheres Längenmaß

An Johann Ludwig Lund

Carrara, am 7. September 1816

Liebster Freund! Auf Deine Zeilen aus Rom hätte ich Dir schon längst geantwortet, aber bis heute ists mir erst möglich gewesen, alle Geschäftsbriefe seit meiner Ankunft zu beendigen. Und das Tägliche will auch besorgt sein, so tausend Bedürfnisse und Relationen, alles muß mit der Feder besorgt und unterhalten werden, auch habe ich ziemlich fleißig gearbeitet. Die zweite Büste wird (diese) nächste Woche fertig, und so wird alle Tage ein Schritt weiter getan, auch habe ich das Glück gehabt, ein paar sehr schöne große Blöcke zu den Statuen der Generäle Bülow und Scharnhost zu kaufen [und] nebst andern Marmor meines Bedarfs nach Livorno eingeschifft, wo ich selbst war, um dergleichen Geschäfte einzuleiten.

Dir vertraut, hoffe ich Ende Oktober nach Rom zu kommen, um die Humboldtischen Kunstsachen abzusenden, auch die Granitbagnarolen in Arbeit zu geben, dann aber nach vier Wochen hieher wieder zurück zu kehren, um die Statue Alexander zu modellieren und in Marmor anlegen zu lassen. Im Frühjahr komme ich dann auf einige Monate wieder nach Rom zurück, ohne dies komme ich mit meinen Arbeiten und allgemeiner Zeiteinteilung nicht aus, besonders da alle meine Modelle aus Berlin so lange unterwegs bleiben. Die beiden Kandelaber für die Vendée bestimmt sind schon angefangen, und eine Gruppe dazu modelliere ich nächstens. Tieck habe ich den einen übertragen, da beide im Juli 1817 fertig abgeliefert sein müssen. Ich arbeite hier mit viel Lust und Muße, letztere hat man wohl an keinem andern Orte so; glaubst Du wohl, daß ich keines andern Hauses Schwelle hier betreten habe als die des meinigen und zur Erholung die Spazierwege? – – Diese Zeilen treffen Dich wohl schon wieder in Rom vom Lande zurückgekehrt. Ich höre viel davon, wie sehr heiß es in Rom war, hier haben wir keine Ahndung davon gehabt, im Gegenteil viel Nässe. Sehr freue ich mich, daß Du so sbrigativo[1] mit dem ersten Bilde gewesen bist und es so weit vollendet hast! und freue mich sehr darauf es zu sehen ...

1 schnell

Da ich außer von meiner Kleinen ohne Briefe aus Berlin bin, so weiß ich Dir nichts Bestimmtes von Niebuhr zu sagen. In Livorno erfuhr ich, daß ein Bruder des Königs Prinz Heinrich in Livorno erwartet wurde. Laura Zoega besuchte ich in Pisa, läßt Dich grüßen und war voller Verwunderung, Dich in Italien zu wissen. Sie ist ganz hergestellt und wohl, auch sehr heiratslustig, aber leider nicht schöner geworden. Die Bäder von Lucca haben mich gar nicht erbaut, desto mehr aber der Weg dahin längs dem Serchio mit seinen wunderbar hohen Steinbrücken, nie habe ich dergleichen Landschaften gesehen. Ich fand dort [in Pisa] recht freundliche Bekannte. Campo Santo und dies Revier ist doch ein himmlischer Genuß, unendlich selig bin ich da gewesen, und schon so oft. Was ist doch alles Leben, solche Genüsse nicht ereilen zu können? Recht innig habe ich dem Schicksal oder der Fürsorge dafür für solche Gnade gedankt...

Freitag und Sonnabend denke ich immer an unsere deutschen Neukatholiken, wie sie dem Herrn mit stänkrigem Stockfisch sich sättigend dienen. Ich speise in einer frommen Familie, wo die arme Padrona an Magenschwäche leidet, aber dennoch dient sie dem Herrn mit Stockfisch, daß ihr die Schmerzen den Rücken krumm gezogen. Es ist sonderbar, es fehlt mir die Phantasie oder der Verstand, wie es möglich ist, Neukatholik zu sein; daß eine alte Hure oder gar abgetriebener Kerl so etwas werden könne, das ist mir ziemlich klar, aber wie ein rüstiger Mann nicht so vortrefflich sein könne, in seinem Handeln und Tun Gott und der Welt dienend mit klarem Mutterverstande und Sinn, zugleich aber das auch verachten muß, was diese trübseligen Kreuz und Knickse verehrenden Neukatholiken für das Wesentliche und Eigentliche im Leben halten wollen.

BARTHOLD GEORG NIEBUHR

1776–1831

An Dore Hensler

Rom, den 7. Oktober 1816

Mit ernstem Sinn erblickte ich heute Morgen von der Höhe der öden Heide zuerst die Kuppel der Peterskirche und den Anblick der Stadt von der Brücke, wo sie mit aller Majestät der Gebäude und Geschichte ausgebreitet vor dem Ankommenden liegt: und so fuhr ich zur Porta del Popolo hinein. Ich habe sie nun schon zum Teil durchwandert und die berühmtesten Ruinen gesehen. Meine Vorempfindung der Gefühle, mit denen ich diese betrachten würde, ist ganz richtig gewesen. Neu ist mir nichts gewesen: so oft lag ich als Knabe stundenlang vor den Bildern, die Du mir zu Liebe an Dich genommen hast, daß mir schon damals ihr Bild so anschaulich war, als hätte ich sie gesehen: – dann aber stößt es mich zurück, daß dies alles aus der Kaiserzeit ist und ein Werk der Baukunst unmöglich isoliert und ohne Verbindung mit andern Ideen zum Herzen reden kann. Ganz besonders störend ist das absolut Moderne, was hier allenthalben umgibt und sich aufdringt: der unbestreitbar schlechte Geschmack der Kirchen der letzten drittehalb Jahrhunderte, das durchaus Unfeierliche, was man in allen erblickt. Herrlich und tief mußte alles in Petrarchs Zeiten auf bewegte Gemüter wirken: ja noch gar vieles von dem, was vor nicht gar langer Zeit poetisch ansprach, hat das Wegräumen des Schutts vom Forum und vom Colosseum vernichtet. Die Mauern und Säulen stehen jetzt abgeputzt und nackt, wie sie von der Zeit benagt sind, ohne den Schmuck der üppigen und wilden Vegetation, die auf dem verfallenen Gemäuer lebte und rankte. Rom erscheint dem Reisenden auch in der Ausdehnung klein: nur der Weg von der Vaticana, wo ich meine besten Freuden zu finden hoffe, muß immer noch länger sein als von Malens und meiner letzten Wohnung bis an das Königstor in Berlin, welches in Regen und Sonnenglut keine erfreuliche Aussicht ist ...

Zweifle aber auch nicht, daß ich meinen heiligsten Beruf, den für meine Geschichte, unter allen literarischen im Auge behalte. Ich habe auf der ganzen Reise Land, Gegenden, Sitten, Einrichtungen mit Anstrengung und unzähligen Erkundigungen studiert und allerdings bestätigt gefunden, daß die meisten Reisenden sich um das Wichtigste wenig bekümmerten und so gut wie nichts sahen und hörten. Ganz besonders anziehend und lehrreich ist Terni für mich gewesen. In dieser Stadt habe ich wenigstens funfzig unversehrte altrömische Häuser gefunden: habe die alte Grenzscheidekunst noch in praktischer Anwendung angetroffen und die Weinbereitung der Alten so weit üblich, daß mir jetzt alles klar darüber ist und ich es übernehmen könnte, den rätselhaften Wein der Römer ganz darzustellen. Laß mir immer die Eitelkeit, meine kleinen Verdienste Dir darzulegen, und diese bestehen doch nur im planmäßigen Fragen und Schwatzen mit sogenannten gemeinen Leuten, die ich hier in Italien, wie in Deutschland, zutraulich und mitteilend zu machen weiß. In dieser Art hoffe ich auf manche Ausbeute und auf manche unschuldige kleine Freude. Denn darin hat Nicolovius allerdings recht, daß der gemeine Mann auf dem Lande in Italien keinesweges so schlecht ist, wie man ihn verschreit: nur muß man ihn sehr vorsichtig behandeln und zu guter Laune stimmen. – Habe ich Dir geschrieben, daß ich zu Venedig mit einem Albaneser aus Scutari in dieser Art eine sehr lehrreiche Bekanntschaft gemacht habe? Ungeziefer gibt es bei solchen Gelegenheiten wohl einmal; aber fünf Wochen Italien ändern die Begriffe darüber unglaublich.

Wenn man aber dies gesegnete Land sieht, wogegen unser fruchtbarstes dürre ist, wo – bei Terni – in einem Jahr zwei Kornernten von demselben Felde gewonnen werden, eine von Weizen im Junius und der dann gesäete Mais im Oktober; wo dies so alle Jahr fortgeht und der Weizen funfzehnfältig trägt: – wenn man sieht, wie es da eigentlich gar keinen Bauernstand gibt: – wie noch die Gegenden die glücklichsten sind, wo der

Bauer die Hälfte des Ertrags abgibt und nicht, wie viele Meilen um Rom herum, alles von Tagelöhnern des enorm reichen Adels betrieben wird: wenn man die Bettlerscharen sieht, die mit einem Gesicht, dem man den Glauben nicht versagen kann, versichern, sie hätten keinen Bissen Brot den Tag lang genossen; wenn man hört, wie viele Hungers gestorben sind: – so regen sich bittre Gefühle. Wie dies Elend aus der Kaiserzeit entstanden ist und wie die deutschen Eroberer es verewigt haben und mit nichten die Wohltäter Italiens geworden sind, ist mir sehr klar geworden.

An Friedrich Karl von Savigny

Rom, den 17. Oktober 1816

Schreiben Sie es übrigens nicht auf die Rechnung dieser sehr düstern Aussichten und des Mißmuts über die unvermeidliche elende Zeitvergeudung, die über mich [als Gesandten] verhängt ist, um ein Werk zu vollenden, welches in stiller Einfachheit des Lebens begann und nur in ihr wieder erneut werden kann, wenn ich Ihnen ferner gestehe, daß Rom mir keineswegs einen erfreulichen oder erhebenden Eindruck macht. Den kann es dem nicht geben, der wirklich sieht, was wirklich ist. Venedig und Florenz waren mir groß und erfreulich. In beiden lebt noch sichtbar und handgreiflich das Bild und Denkmal der großen Zeiten fort. Venedig ist für mich das Größte, was ich je gesehen, und alles war mir lieb, auch die Einwohner sehr: das Volk ist sanft und edel, und allenthalben äußert sich eine ernste Wehmut, der unser Herz aus dem Innersten entspricht. In Florenz ist jede Straße und viele Gebäude sind historisch. Ich habe den Umfang der römischen Kolonie und der erweiterten Mauern Schritt vor Schritt verfolgt: ich habe Dantes Haus besucht, Machiavellis und Benvenuto Cellinis Handschriften gelesen, die Grabmäler in Santa Croce und San Lorenzo besucht; – in beiden Städten ist noch jetzt ein unermeßlicher Schatz der echten Kunst, d. h. der bis auf Raffaels Tod. Rom sollte gar nicht diesen Namen tragen, sondern höchstens Neu-Rom (wie Neu-York) heißen. Hier gehet keine einzige Straße in der Richtung der alten: es ist eine ganz fremdartige, auf einem Teil des Bodens der alten erwachsene neue Vegetation, so modern und unbedeutend wie möglich, ohne Nationalität, ohne Geschichte: es ist sehr charakteristisch, daß die wirklich alte und die neue Stadt beinahe ganz nebeneinander liegen. Die abscheuliche Bauwut des 16. und 17. Jahrhunderts hat eine Menge Kirchen und Gebäude hervorgebracht, die man ohne Vorurteil, geradehin elend und geschmacklos nennen muß, und alles Alte weggeschafft und verkleistert. Was sich von einem Ort nach einem andern hat fortschaffen lassen, ist nirgends geblieben. Die Ruinen sind alle aus der Kaiserzeit, und wer sich an denen enthusiasmiert, muß auch wenigstens Martial und Sophokles nebeneinander nennen. An Gemälden ist Rom, den Vatikan ausgenommen, arm gegen jene beiden Städte: Bologneser Fabrikarbeiten und noch schlechtere zähle ich nicht; die Peterskirche, die Sixtina, die Logen sind freilich herrlich: aber die Peterskirche ist doch im Innern durch die jämmerlichen Statuen und Dekorationen entstellt: – und wer will denn freilich leugnen, daß auch Rom seine Herrlichkeiten hat? Den Statuen muß ich allmählich Interesse abgewinnen: die Türen des Battistero, besonders der Randschmuck derjenigen, die nicht vom Ghiberti, sondern nach Giottos Zeichnung ist, spricht mehr an als alle Basreliefs. – Wissenschaft ist hier vollkommen tot: von Philologen, den alten sterbenden de'Rossi ausgenommen, ist gar die Rede nicht. Das Volk ist freudenlos, und wahrhaftig, wenn es ehemals bedeutende Persönlichkeit gehabt haben sollte, so muß es wunderbar verändert sein. In ganz Italien haben wir – mit wenigen Ausnahmen in Venedig – nicht ein einziges schönes Gesicht gesehen – wahrlich auch hier nicht: wohl aber weit mehr Häßlichkeit als in Deutschland. So hört man auch, was uns noch immer unbegreiflich ist – eben so wenig von Menschenstimmen als aus Vogelkehlen Gesang: nur zuweilen ein widriges Geschrei.

Das also ist das Land und der Ort meines Lebens! Es ist ein schlechtes Heil, welches von Bibliotheken ausgehen soll, und doch ist meine einzige Hoffnung noch auf die Vaticana gegründet. Damit uns alles widerwärtig gehe, so ist sie bis zum fünften November geschlossen.

An Friedrich Heinrich Jacobi

Rom, den 11. Januar 1817

Es ist hier in Italien ein trauriges Leben: aber so trübselig, wie sich hier alles findet, habe ich selbst es mir nicht gedacht. Was helfen mir die Kunstwerke, da ich unglücklicherweise eben so wenig als meine alten Römer ein Enthusiast für die Kunst in der Art wenigstens bin, daß ich in ihr leben und durch sie mich für das schadlos gehalten finden kann, was eigentlich meiner Natur angemessen ist. Wo das Lebende anekelt, wie kann der, welcher nur durch Menschengeist und Menschenherz sich selbst gehoben und glücklich zu fühlen vermag, an Bildsäulen, Gemälden und Gebäuden Ersatz finden? Wer kann bloß von Gewürz oder Wohlgerüchen leben? Wer es kann oder vielmehr auf kurze Zeit dadurch berauscht war, der sollte doch von einem vielleicht überhaupt anders Gearteten nicht fodern, daß er es versuche und darüber zugrunde gehe.

Die Italiener sind eine Nation von wandelnden Toten. Beklagen muß man sie und darf sie nicht hassen; denn ein unabwendliches Unglück hat sie in diese Erniedrigung gestürzt; aber sie ist darum nicht weniger vorhanden. Geist und Wissenschaft, jede Idee, welche das Herz schlagen macht, jede edle Tätigkeit sind von diesem Boden verbannt. Alle Hoffnung, alles Sehnen, alles Streben, ja alle Fröhlichkeit: denn eine freudenlosere Nation habe ich nie gesehen. In Venedig und Florenz fanden wir noch einzelne, die es wußten, wie elend sie seien, und einigermaßen die Höhe kannten, von der sie herabgesunken sind. Hier, wo gar keine Nationalgeschichte vorhanden ist, woran sich die Gegenwart durch eine noch nicht gebrochene Kette anschlösse, hier ist auch keine Spur von diesem Gefühl: ein Mißbehagen ohne Schmerz und ohne Sehnsucht nach etwas Besserem. Man gewinnt hier ein Bild, wie wohl die Griechen unter August und Tiberius sein mochten.

An denselben

Rom, den 26. Juni 1818

Das ganze Leben des Römers ist Vegetation, und wenn man sich hier an die Entschuldigungen der Vorliebe erinnert, welche sogar ihre Faulheit beschönigt, so kann man sich des Unwillens nicht enthalten. Wie ganze Familien, nicht von den Domestiken zu reden, im Winter um die Kohlenbecken schlafen und manchmal ersticken, aus bloßer Langeweile, so treiben sich die Vornehmen in ihren Konversationen, in denen auch die meisten weder sprechen noch hören. Die allgemeine Schelmerei und die Räuberei sind auch Folgen der Faulheit: man muß doch essen und sich bedecken; das muß möglich werden, ohne der Faulheit Abbruch zu tun.

Die jetzige Regierung hat sich die Aufgabe gestellt, leidliche bürgerliche Sicherheit bei einer immer wachsenden Schlechtigkeit und Versunkenheit durch Polizei einzuführen: ein System des Zwangs und der Einschüchterung, welche dem tierischen Menschen Ketten anlege.

Es wird nicht daran gedacht, ihn wenigstens behaglich zu machen: er mag immer elender werden, aber Hiebe und Galeeren soll er mehr fürchten als seine Triebe lieben. Mit einer unermeßlichen Polizei-Spionerie umgeben, sich bewußt, wie er selbst für sichern Sold jeden andern angibt und verrät, soll Angst seine höchste Göttin sein. In der Hauptstadt ist dies zum Erstaunen gelungen, und gewaltsame Verbrechen des einen gegen den andern sind seltener als in andern Hauptstädten. Das Cavaletto oder die Maschine zum Auspeitschen ist beinahe permanent und während des Karnevals buchstäblich. Die Polizeiverordnungen für das Karneval, für die dann offenen Theater und für alle öffentlichen Feierlichkeiten lauten empörend, und sie werden ausgeführt. Einen Kriminalkodex gibt es eigentlich gar nicht, sondern die Strafen sind ganz willkürlich. Eins der schändlichsten Verbrechen wird ganz gelinde bestraft, warum? weil – – –. Der Kardinal Ruffo ist tot, und ein historischer Charakter, der keinem Konventskommissar nachsteht, erzählt mit belebtem Schmunzeln, wie es seine Kalabreser mit Städten und selbst Klöstern gemacht hätten, die *jakobinisch gewesen wären.* Auch der Mord der eigenen Frau wird sehr gelinde bestraft. Ich habe die casus in terminis aus den Listen der Verurteilten ausgezogen, weil mir niemand dergleichen glauben wird. Aus dieser Strenge aber folgt die absolute Leblosigkeit des gemeinen Mannes. Die Vornehmen, die nichts zu fürchten haben, sind, in bloßer Untätigkeit und Übersättigung der gemeinsten Lust, ebenso abgestorben.

Liebster Jacobi, ich dürfte es vor unsern germanischen Patrioten nicht laut sagen, was ich nicht scheue, meiner Regierung zu schreiben, daß die Zerstörung der Bonapartischen Herrschaft – Sie wissen, ob ich sie sonst hasse – das größte Unglück für *Rom* war. Die alte wieder hergestellte Regierung konnte nicht mehr in ihrem alten Schlendrian gehen: sie mußte entweder weiser oder noch verderblicher werden, und – jenes war unmöglich.

Wohin es bei diesem Wesen kommen soll, da gar keine Aussicht auf Besserung und Hülfe ist, mag Gott wissen. Wußte ja doch *Woldemar* nicht, wie es bei einem relativ goldenen Zustande ohne Sündflut oder Wunder anders werden sollte! Die Jeremiaden über das Elend Roms unter Bonaparte sind dummes Gewäsch unwissender Künstler. Das Pfaffenwesen, so wie es war und ist, mit der Wurzel auszureißen, war eine notwendige Amputation, und sie ward – meine Freunde mögen gegen mich schreien, wie sie wollen – im *ganzen* mit Klugheit, Schonung und Mäßigung vorgenommen, das Volk ward beschäftigt und versorgt. Die Bevölkerung der Stadt ward plötzlich vermindert, aber die Übrigbleibenden würden sich bald weit besser befunden haben, und alles wäre auf natürliche Bahn gekommen. Die Zahl der Gebornen nahm sehr zu; die Priester durften nicht mehr den Abort gebieten oder erlauben; die der Toten nahm unglaublich ab. Die Konskription tat weh, aber gut: ein französisches Regiment war für einen Italiener eine Schule der Ehren und Sitten, wie für den Deutschen des Verderbens. Bei den vornehmeren Ständen ward Lebhaftigkeit erweckt: man fing an, sich an irgend etwas zu interessieren, und es wäre unendlich viel, vielleicht für den Römer alles Mögliche gewonnen, wenn er wieder lebhaft würde. Es gab eine hübsche Zahl Hinrichtungen ohne Priesterbegleitung, also ewige Verdammnis – anstatt daß jetzt jeder Hingerichtete nach der Meinung des Volks ganz gereinigt in den Himmel geht. Die Beamten gaben den Römern ein Muster von Liberalität und Gewissenhaftigkeit, wie die Fournisseurs den Hospitalverwaltern von strenger Rechtschaffenheit und Menschlichkeit – welches alles Sie nicht mißverstehen werden.

Einer Radikalreform stand freilich der fiskalische Eigennutz und der Götzendienst des sogenannten Eigentums im Wege. Die Großen mußten genötigt werden, ihre Ländereien in Erbpacht zu geben, und die geistlichen Besitzungen hätten viritim geteilt werden müssen: das aber freilich wäre sicherlich niemals geschehen. – Die Abgaben sind jetzt schwerer als 1813.

Wie einem ehrlichen, politisch gesinnten Manne unter solchem Volke zumute sein kann, wissen Sie. Es ist eine grundfalsche Idee, daß sich hier noch irgend eine Spur von Altertum in Sitten und Gewohnheiten usw. erhalten habe: auf dem Lande vielleicht hin und wieder; aber man kann der Räuber wegen nicht hinkommen. Ihnen darf ich es ja sagen, daß ich die Kunst, als bloßes Zuckerbrot zur Nahrung, satt habe, ohne daß es der Teilnahme an den Werken unserer deutschen Künstler Abbruch tue. Es lebt hier aber niemand, zumal seitdem Brandis und Bekker fort sind, mit dem ich über das, was mir am meisten am Herzen liegt, gebend und nehmend reden könnte. Ein Berner Deputierter, Obrist Fischer, machte eine vorübergehende Ausnahme und ist mir daher unschätzbar. Ich entbehrte noch zur Not gelehrte Gespräche, aber über allgemein menschliche Angelegenheiten, über die Vorfälle in England, Deutschland, Frankreich mit niemand ein echtes Gespräch haben zu können, ist wahrer Tod. Ob die ‹Disputa› oder der ‹Heliodor› vollkommner gemalt sei etc. etc., läßt mich nicht nur gleichgültig, sondern bringt auf die Länge unendliche Langeweile hervor. Auch ist es nicht erbaulich, immer nur über Sachen zu sprechen, die man schlecht versteht und wodurch man ziemlich unverschuldet vor dem Mitsprecher in ein untergeordnetes Verhältnis kommt.

Indessen ist dies nicht das einzige Übel im deutschen Umgange. Unsre jungen Leute sind nicht umsonst von ihren Zeitgenossen: ohne Kenntnisse, ohne Nachdenken, sind sie äußerst absprechend und übersehen uns andere in allem völlig. Sehr schöne Talente erscheinen hier zum Erstaunen, und niemand ist wohl eifriger als ich, ihre Entwickelung zu fördern. Es ist ein wahrhaft neues Licht in der Kunst aufgegangen. Meine Sendung hat hier, ohne blöde Bescheidenheit zu reden, vielleicht viel gewirkt. Ihr Kronprinz [Ludwig von Bayern] kann mehr tun: aber sein Aufenthalt hier hat auch geschadet. Er hat die Jünglinge hochmütig gemacht; der besonnene Freund genügt seitdem nicht mehr, weil er nicht anbetet, und die Kunst, wie man das Wort im engen Sinne gebraucht, lange nicht so hoch stellt als Weisheit und Kunst, die sie kleidet: in Philosophie und im Staat oder auch nur die anspruchslose Gemeindeversammlung von Eisenerz (heißt es nicht so?) oder der gesunde Geist dessen, der sie schildert. Dazu kommt das Religionswesen. –

Eine glorreiche Ausnahme macht Ihr Landsmann Cornelius, der Ihnen in einigen Monaten einen Brief bringen wird: – das ist der Goethe unter den Malern und in jeder Hinsicht ein frischer und mächtiger Geist: frei von aller Beschränktheit.

An Dore Hensler

Rom, den 21. Mai 1819

Wo man Erbpächter oder kleine Eigentümer trifft, da findet man auch Fleiß und Bravheit. Ich gaube, daß ein Mann, der ein großes Vermögen anwendete, um kleine Besitzungen einzurichten, die Räuberei in den Bergen ausrotten könnte. Der Italiener ist noch jetzt, wie zu der Römer Zeiten, ganz und allein für den Ackerbau geschaffen. Eine poetische Nation sind sie so wenig, wie es die alten Römer waren; sie sind vielmehr prosaisch und nicht einmal heiter, wie der Deutsche es in einigen Gegenden ist. Kein Volk kann unmusikalischer sein: sie haben nur eine Ritornellmelodie, die ganz abscheulich klingt, und gar keine Volkslieder. Die Weisheit der alten Römer ist erstaunlich auch in Hinsicht des Maßes des Grundeigentums, welches die Gesetze bestimmten. Sieben Juchern [Morgen] reichen vollkommen hin, um eine starke Familie zu ernähren und zu kleiden. Auf diesem Umfang kann sie alle Arbeiten selbst tun, deren es hier weit mehrere als bei uns bedarf. Das Korn muß gejätet werden. Diese Arbeit beschäftigt das ganze Jahr, und es gibt keinen Wintermonat, wo nichts auf dem Felde zu bestellen wäre. Ein größeres Eigentum tut dem Italiener nicht gut, und wer seine Grundstücke verpachtet und ohne Arbeit lebt, ist ein verlorner Mensch, eben so wie der arme Müßiggänger. Der bloße Tagelöhner ist auch ein bedauernswürdiger Stand, und es sind wohl meistens schlechte Leute, aber auch Not. Die großen Pachter verdingen die Feldarbeiten an sie, und um nur etwas zu erübrigen, arbeiten sich viele im Sommer tot, wenigstens sind die Hospitäler immer mit ihnen angefüllt. Der Reiche lernt gar nichts und hat an gar nichts Interesse. Einen ordentlichen Bürgerstand gibt es gar nicht; man findet nichts seltener als ordentliche und fleißige Handwerker. Die Priester sind jetzt größtenteils sehr arm und unglaublich schlecht. In Rom gibt es Pfarrer, die umhergehen und betteln. Die Mönche taugen gewiß fast alle nichts, obgleich ich einen sehr ehrwürdigen Franziskaner kenne. Gelehrsamkeit und Literatur steht tiefer als wohl irgendwo in einem andern Lande. Die Devotion ist bloß äußerlich, und diese hat sehr abgenommen: nach der Versicherung der Einheimischen selbst glauben die jüngeren Leute gar nichts. Vom Vornehmsten bis zum Geringsten haßt und verachtet alles die Regierung: aber zu Rom finden sich keine oder doch sehr wenige von denen, die sonst in Italien an der sehr verzeihlichen Phantasterei der Einheit Italiens hängen. Ich redete hier mit einem gescheuten Eigentümer über die Stadt und die Einwohner, und er machte von einem der Angesehenen nach dem anderen eine abscheuliche Schilderung, deren Wahrheit sehr glaublich schien. Da er nun vorher die Regierung auch, leider nur zu wahr, gescholten hatte, so fragte ich ihn, wie denn geholfen werden könnte, wenn die, welche zur Macht kommen würden, wenn das Priesterregiment aufhörte, so schlecht wären? Er bekannte, daß gar an kein Besserwerden zu denken sei. – Die kleinen Besitzungen gehen alljährlich ein, und so werden die Städte immer mehr der Aufenthalt eines Bettlergesindels.

KARL FRIEDRICH VON RUMOHR

1785–1843

An Robert von Langer

Florenz, den 23. November 1816

Bester Robert, da Horny mir versprochen hat, unsere Geheimnisse zu verschweigen, so bediene ich mich seiner gewandten Feder ... Ich bin also allhier durch einen Zauberschlag unwillkürlich angelangt, habe ein artiges Haus gemietet, welches nach Gerberlohe riechen soll und dessen Lage deshalb im Rufe der Gesundheit stehet, und denke morgen schon eine eigene Haushaltung anzufangen. Im Vorbeigehen habe ich schon einige Herrlichkeiten von Florenz gesehen, welches nun wieder so überreich an Staffeleigemälden ist. Unter den Antiken finde ich fast allein den Eber und die Mediceische Venus einer dauernden Aufmerksamkeit würdig. An dem französischen Theateranstand der Kinder der Niobe nahm ich ein unmaßgebliches Bedenken. Was ich aber ganz Neues gesehen habe, ist die Heilige Cäcilia von Raffael, welche sehr wohl beleuchtet mit den andern aus Paris zurückgekommenen Bildern in einem Kapellchen zu Bologna aufgestellt ist. Der Eindruck des Bildes, der seelenvollen Stille, welche darin herrscht, schadet selbst in der Erinnerung den schönen Bildern Raffaels in der Tribuna zu Florenz. Die rechte Seite des Bildes scheint mir stark gelitten zu haben oder überhaupt nicht so schön gemalt zu sein als vorzüglich der Paulus, dessen tiefes Sinnen die wundervollste Wirkung auf die Seele ausübt, deren ich je in der Anschauung eines Kunstwerkes gewärtig worden bin. Man lernt den Raffael nie aus; wie nur das gestreifte Übergewand der Cäcilia, wie nur Papst Julius in der Tribuna gemalt sind! Die Galerie, welche man in Bologna aus Kirchen zusammengestellt hat, ist sehr schlecht aufgestellt, beleuchtet und gehalten. Es ist ein Jammer zu sehen, wie so viel gute Bilder der Bolognesischen Schule zerbrechen und stückweise abfallen. Was von Francia in Bologna geblieben ist, hat mir diesmal weniger gefallen; freilich sind seine Köpfe über allen Vergleich mit den Zeitgenossen beseelt, und es spiegelt sich darin eine unvergleichliche Reinheit der Andacht. Aber auf der andern Seite scheint mir seine Anordnung schwerfälliger als die seiner nächsten Zeitgenossen, von denen man in Bologna verschiedentlich Bilder sieht. Des Segens der Carracci und ihrer Schüler in Bologna wird man frühzeitig satt; die Leute wiederholen sich gar zu sehr in Formen und Charakteren. Mit Vergnügen sieht man unter ihnen einige von Bagna Cavallo und Marco di Cottignola, welche unter ihren Zeitgenossen immer nur für mittelmäßig gelten können. – Mit Verwunderung habe ich gesehen, daß die ältere, angeblich auch von Lorenzo Ghiberti herrührende Türe des Baptisteriums in der Anordnung und im Geschmack tief unter der älteren von Pisano steht, welche ich auch raten würde, teilweise formen zu lassen. Vielleicht würde hinreichen, 2 oder 3 der allerschönsten Vierecke herauszuwählen; wenn ich Dir behülflich sein kann, dieselben genau zu bezeichnen, so gib nur einen Wink. Obgleich die bronzenen Tore mehr Schärfe haben als die Gipse, so ergötzen doch die Abgüsse bei willkürlicher Beleuchtung mehr. Indessen, was soll ich Dir nach vierundzwanzig Stunden von Florenz schreiben; etwa daß mir die Reise wohlbekommen ist? daß ich von den Toren von Bologna bis eine halbe Stunde vor Florenz Schnee und Eis gefunden habe?

An denselben

Florenz, den 15. April 1817

Von der hiesigen Kunstübung kann ich nur wenig Vorteilhaftes schreiben. Der Geschmack ist aus dem französisch Karikierten ins italienisch Weichliche hinüberspielend, und es wird dabei so unverschämt gestohlen, daß des Thorwaldsen Briseis allhier unter den Preisstücken der Schüler glänzt. Indessen wird doch mehr zu machen aufgegeben als in Deutschland, nur ist es Dicketuerei, die immer nachteilig auf den Künstler zurückwirkt, wie dann das Verhältnis der Künstler zum Besteller recht schlecht und italienisch gemein ist. Was überhaupt die florentinischen Städter schlecht, abgefeimt und betrügerisch, dann wieder feig und doch unverschämt sind, wenn man sie beim Schopf nimmt, davon habe ich früher nichts glauben wollen und meine auch, daß sie die Zeit her schlechter geworden sind. Das Landvolk hat mehr innere Religion, so wie es schöner und naiver, demütiger und doch nicht niedrig, stolz und doch nicht grob ist. Ich kann wohl sagen, daß es mir sehr wohlgefällt...

Rom, den 7ten Mai. Zufällig finde ich dies angefangene Schreiben wieder... Vielleicht freut es Dich, mein Urteil über die hiesigen Kunstarbeiten zu hören. Du würdest Dich über die Besten wundern und erfreuen... Koch macht vieles besser als in Wien. Der Blick von Monte Mario, eine Wiederholung des Haslitals, ein paar poetische Landschaften sind noch über die Münchner Bilder in der Ausführung hinaus. Vorzüglich das erste, was er leider dreimal machen soll. Indes erspart ihm Horny bereits Zeit, indem er recht brav untermalt. Der Bursch macht gute Fortschritte, aber es fehlt nicht an Leuten, welche sein Selbstgefühl aufzuregen streben und ihn der unleugbaren Vorteile gründlicher Schule zu überheben streben. Indes wird die bessere Einsicht und selbst die Notwendigkeit siegen. Overbeck hat sich mächtig herausgemacht. Das Bild in München scheint ein Schülerversuch gegen sein neueres Freskogemälde und die vorderen Teile des Einzugs in Jerusalem gehalten. Die Arbeiten des Cornelius, den Du kennst, machen sich ebenfalls mächtig heraus. Der Einzug Alexanders von Thorwaldsen ist wundervoll. Der romantische Reiz des Gegenstandes ist wunderbar in einem einzigen Guß voll Mannigfaltigkeit, ohne alle antike Erinnerungen, ganze Motive im Sinn Ghibertis ergriffen, hingezaubert. Überhaupt zeigt sich der Einfluß des Wetteifers auch in geringeren Geistern. Die Brüder Schadow, Veit und andre erheben sich zu einem guten Sinne.

CAROLINE VON HUMBOLDT

1766–1829

An Wilhelm von Humboldt

Venedig, 11. Mai 1817, abends

Ach ja, Italien grüße ich recht in Deiner Seele. Wer hat seinen Reiz, seine Tiefe mehr empfunden wie Du!? Es ist auch ein eigenes Gefühl, mit dem ich das herrliche Land wiedersehe. Vieles, merk ich, dringt mir erst jetzt recht in die Seele, wird erst jetzt recht von mir verstanden. Hat die Sehnsucht, hat die Reife des Lebens mich erst so gemacht, ich weiß es nicht, aber alle Liebe, alle Innigkeit, der kunstverständige Fleiß der großen Maler, ihr inneres Leben, das sie dargestellt haben in unsterblichen Werken, dringt so auf mich ein, daß mich eine recht lebendige Ahndung jener Zeit und, wenn ich mich so ausdrücken darf, jener Form der Menschheit übernimmt. Venedig hat mich durch seine Schönheit aufs neue unendlich ergriffen. Die Markuskirche, der Palast des Dogen haben wirklich etwas fabelhaft Schönes, Wunderbares, es ist in dieser Pracht des Materials, diesen Säulen, Verzierungen, diesen Mosaiken, diesem kostbaren Fußboden, in der Anordnung und Bestimmung des Ganzen etwas ganz Eigenes. Die vergoldeten bronzenen Pferde, der Löwe stehen wieder auf ihrem alten Platz. Ich war mit den Kindern heute oben auf dem Vorsprung, wo sie stehen, und fand sie schöner denn ehemals, wo ich sie in Paris sah.

An denselben

Lacco, 8. August 1817

Du schreibst, Du seist begierig, von meinem Aufenthalt in Ischia zu hören. Ach, meine teuerste Seele, wie gemacht wäre er für Dich. Heiterer Himmel, bedeutende Wärme, wenig Schatten, also Sonne aus der ersten Hand, herrliche und großartige Gegend, schönes Meer, gar keine Gesellschaft, denn ein jeder besinnt sich, Visiten auf Eseln zu machen, tiefe Stille, am Hause schöne Terrassen, einen Weingarten, nachts einen von Millionen Sternen glänzenden Himmel, das alles wüßtest Du zu schätzen wie wenige. Die Milchstraße glänzt wie ein Strom reinen Lichts. Ich habe einen sehr großen Salon, der Fenster, vielmehr Glastüren nach Mitternacht, Abend und Morgen hat. Nach Abend und Morgen sind schöne Terrassen. Da treten wir oft heraus, August liebt auch sehr die Nacht, und wir ergötzen uns an der tiefen Stille und an der balsamischen warmen Nachtluft und den Sternen. Nach Mitternacht hin liegt ein Berg, der die Meeresaussicht kupiert, er ist kegelförmig, und an seiner linken Seite tritt das Meer in seine Bucht. Zu dieser Meeresbucht, die nur wenige Schritte vom Hause ist und in der August sich täglich badet, gehen wir oft. Wir fanden letzt im Meeressande eine Unzahl weißer Lilien am Ufer. Eine alte Sage geht auf der Insel, daß da, wo die Lilien am Ufer blühen, der Leichnam der heiligen Restituita gefunden ward, die Schutzpatronin der Insel ist und dem stärkendsten Wasser ihren Namen beigelegt hat. Man habe, sagt man, die Lilien in die Fruchtgärten verpflanzen wollen, allein sie kommen nur in dem Sande des Meeres und an der Stelle fort . . .

Sonntagabend, den 10.

Ich bin gestern abend glücklich von meiner etwas fatiganten Tour zurückgekommen. Es würde mir sehr leid gewesen sein, den Epomeo nicht bestiegen zu haben, und nun ich oben war, sehe ich, daß man die Insel gar eigentlich nicht kennt, wenn man nicht oben war. Erst war einiger Nebel zwischen uns und der Gegend, die weißen Wölkchen schwebten auf der dunkelblauen Meerflut, es war, als ob man sich auf den Rücken legt und über sich in den Himmel schaut. Dann sanken die Wolken, und alle Inseln, die fernen Küsten, die Kette der Berge und die paradiesische Gegend nach Neapel hin wurden sichtbar. Wie habe ich Deiner gedacht! Wie hättest Du den wirklich einzigen Anblick mit mir genossen! So wunderbar schimmern die Inseln im Meer, das Land scheint nur so hergegeben, gleichsam aus Gunst des mächtigen Elements. Der Berg ist wunderbar, oben die Kuppe ist wahrscheinlich ein Produkt früherer Eruptionen, nun sehr verwittert. In diese Art Tuffstein hat man ein Kloster und eine dem heiligen Nicolo geweihte Kapelle eingehauen. Das Kloster ist zerstört, nur drei Eremiten wohnen da, von denen gewöhnlich zwei auf Almosensammeln aus sind. Die Fenster dieses kleinen Klosters sind immediate in den Tuffelsen eingehauen, mancher Schritt in den kleinen Zellen führt zu dem jähsten Abgrund. Die Insel liegt wie ein Basrelief vor einem. Wir konnten in unseren Garten, in die Zimmer der Kinder herabsehen, und Monte Vico, der von hier unten so groß und hoch aussieht, lag wie eine kleine Erhöhung vor uns.

An denselben

Rom, 18. Oktober 1817

Donnerstag, der einzig schöne Tag, den wir seit acht Tagen hatten, waren wir auf der Via Appia. Wir konnten in dem Casale, wo der Fahrweg aufhört, niemand finden noch vom Felde errufen. Allein mußten wir den Übergang über die Mauer suchen, und allein wanderten wir bis gegen Torre di Mezza Via unter den verfallenen Gräbern. Es ist eins der größten Bilder der Zerstörung, die man irgend sehen kann, und erfüllt das Gemüt mit süßer und tiefer Wehmut. Denn süß ist es, daß alles Irdische vergeht, daß das Schöne, das Hohe, das Große und Edle aufgelöst in den ewigflutenden Strom der Zeit nur noch dem Höchsten im lebenden Menschen, dem Gedanken, angehört. Wenn man sich so in seine Träume verliert, so wird die Vergangenheit gleichsam zu einem großen geistigen Bilde in einem, und es schwebt über diesen Trümmern ein Hauch des Lebens.

Wir irrten viele Stunden da herum, jeder für sich. August suchte Steine und Pasten, das frischumgepflügte Feld lag voller Fragmente, überall Bildnerei, überall Fleiß, überall der Sinn schöner Form, womit diese Wohnungen der Toten so reichlich ausgestattet waren. Mich dünkt, die Alten drückten unendlich mehr ihre Liebe für ihre Toten aus als wir, und doch sollte der christliche Glaube die Bande noch viel enger knüpfen. Das einzige, was ich nicht wiederfinden konnte, ist der mit den großen Steinen eingefaßte Platz, wo sie die Leichname verbrannten, um dann in «zierlicher Urne» die Asche und die Gebeine zu sammeln.

An denselben

Rom, 15. Januar 1818

Den Montag war ich auf dem Hügel des Testaccio und dann unten bei unseren Gräbern. Die Berge ruhten gleichsam durchsichtig von Farbe an dem Rande des Horizontes. Wie schön, wie ernst, wie groß ist diese Erde! Wie verstanden es die, die hier den Sitz der Weltherrschaft gründeten!

Wir gingen hinab und fuhren hernach nach dem Priorat von Malta, wo schon Orangenblüten sich an den mit goldenen Früchten schwer behangenen Bäumen zeigten und der ganze Garten voller Rosen blühte und Veilchenduft aus dem Grase aufstieg. Wir gingen auf die Loggia. Die Gegend, von dort aus gesehen, war noch schöner als vom Hügel. Die Meereslinie zeichnete sich nicht allein durch ihre Fläche, auch durch den silbernen Glanz aus, den das Meer heraufstrahlte. Ich gedachte der Abende, wo wir zusammen auf der Loggia waren, einer Nacht, wo wir die Erleuchtung der Peterskuppel von da sahen. Ich dachte der entfernten Kinder. Der Tod ist ja wohl auch nur eine Entfernung, und was so sich angehört hat, sollte das in keiner anderen Form sich wieder begegnen? Die Pyramide [des Cestius] liegt, von der Loggia herunter gesehen, in einem Meer von grünender Vegetation, und wo das Auge in der weiten Campagna umherschweift, ruht es auf Denkmälern der Toten. – Ich dachte an Dich und wie Du, süßes, liebes Herz, in dem dunklen neblichten London dieser einzig seligen Klarheit des Himmels und der Erde entbehren mußt, Du, der Du sie so zu schätzen wußtest, dem sie so tief im innersten Busen zusagte, daß Dein inneres Sein gleichsam ein Abbild solchen Himmels ist, und mein Auge füllte sich mit stillen Tränen.

FRANZ HORNY

1798–1824

An seine Mutter

Rom, den 31. Juli 1817

Olevano de Borghese heißt der Ort, wo ich in der Gesellschaft des Herrn v. Rumohr, Grafen Seinsheim und des Meisters Cornelius drei für mich unvergeßliche Wochen zugebracht habe. Das ist ein wahres Zauberland, gewiß einer der schönsten und bedeutendsten Punkte Italiens, und dennoch wird er fast von keinem der Fremden, die Italien in unzähliger Menge bereisen, besucht, denn nicht einmal ein Gasthof ist im Ort; wir bewohnten daher das dem Hause Borghese zugehörige Casino, wo vielleicht seit fünfzig Jahren niemand hingekommen ist, ganz allein, und König machte den Koch vortrefflich, und wir lebten dort wie Prinzen in einem verzauberten Schloß, mit welchem unser Casino mit seinen alten Meublen und Bildern viel Ähnliches hat. Überhaupt ist die ganze Gegend dort so phantastisch, daß man es in Deutschland gar nicht glauben würde, wenn man Zeichnungen davon sähe. Man ist nämlich im Sabinergebirge, alle Orte liegen ganz oben auf Felsen wie Schwalbennester, mit alten Schlössern und Burgen; oft muß man stundenlang auf schmalem Fußpfad, wo nur das Maultier zu brauchen ist, die nackten Felsen hinauf, um dahin zu gelangen; und die Farbe! davon hat man keine Ahnung.

An dieselbe

Frascati, den 29. August 1817

Übrigens muß ich Ihnen sagen, daß mir noch keine Ader wehe getan hat, seitdem ich hier in Rom bin; das römische Klima, das so vielen nicht bekömmt, schlägt mir sehr gut an, ich werde dick und fett dabei, gewachsen bin ich wenig. Seien Sie nur ja meinetwegen ganz unbesorgt; ich bin in Rom unter so guten Freunden, daß es gar nicht besser sein könnte. Baron Rumohr steht an der Spitze, er überhäuft mich vor wie nach mit seiner Güte und Gewogenheit und tut so viel an mir, daß ich gar nicht weiß, wie ich es einmal wieder gutmachen soll. Er wird aber auch von allen den vortrefflichen hiesigen Künstlern so geliebt, daß es wohl selten einen Menschen gibt, der mehr Freunde hätte als wie er. Nirgends geht er hin, wo etwas Merkwürdiges zu sehen wäre, wo er mich nicht mitnähme, und behandelt mich ganz wie seinen Sohn; daß mir dieses von sehr großem Nutzen und Vorteil ist, können Sie sich denken. Er hat mich jetzt mit sich hinaus nach Frascati genommen, weil die Hitze in Rom ganz unerträglich war; dieser Sommer ist nach dem Zeugnisse aller Italiener seit anno elf der heißeste ... Drum ist man wie in einer andern Welt hier haußen in Frascati; weils hoch liegt, ist hier die reinste und kühlste Luft der Welt; sieht man in die Campagna hinaus, so liegt Rom beständig in einem grüngrauen Nebel, während man hier das angenehmste Leben führt, das man sich nur denken kann. Weltbekannt sind die Villen Conti, Borghese, Aldobrandini mit ihren ganz einzigen Gärten; dort geht man bei der Hitze des Tages unter dichten Gängen von breitblättrigem Kirschlorbeer und alten hohen immergrünen Eichen, die keinen Sonnenstrahl durchlassen; klares Wasser fällt als Cascadellen unter hohen schattigen Steineichen den Hügel herunter und saust und braust, und feiner Wasserstaub erfrischt die Luft; als zierliche Springbrunnen zerteilt es sich in alle Teile der schattigen Gänge des Gartens. Angenehm ists dann am Abend im klaren Mondenscheine, in der Gesellschaft der vielen trefflichen Deutschen im lauten Gespräche auf der Terrasse des Gartens bis in die Nacht hinein herumzuwandeln; das ferne Meer und die Tiber glänzen im Mondlicht, und unzählige Feuer der Hirten in der Campagna beleben das weite Land. Viele der reizendsten Orte liegen in der Nähe, und alle Abstecher werden zu Esel gemacht. Nemi und Albano mit ihren Seen, wie herrlich ist es dort; eine halbe Stunde bloß von Frascati durch einen Eichenwald, schön wie in Deutschland, kommt man nach dem alten Kloster Grottaferrata, berühmt wegen seinen Malreizen, dort gingen wir so oft hin. Mehrere schöne Tage brachten wir in dem alten Tusculum zu, dem Ort, wo im Altertum eine berühmte Stadt stand, welches auf demselben Berge wie Frascati, nur eine Stunde höher hinauf liegt. Es zeigen sich noch viele Spuren seiner alten Größe. Ein Theater etc. etc. Während in Rom unerträgliche Hitze ist, ist es hier eine Witterung wie deutsches Septemberwetter, und einen Tag wie den andern, seit vier Monaten hat es nur fünf Tage geregnet. Die Aussicht von Tusculum ist ungeheuer; man glaubt, die halbe Welt liegt unter einem; Tagereisen weit sieht man über die Campagna mit ihren unzähligen Ruinen, die auf der einen Seite von blauen Gebirgen begrenzt wird, auf der anderen Seite schneidet das Meer den Horizont als eine ruhige Fläche ab und wird von mehreren ganz sonderbar gestalteten felsigen Inseln und dem Vorgebirge der Circe unterbrochen. Von Rom aus sieht man die Tiber, die in unendlich vielen Krümmungen durch die Landschaft zieht und ins Meer fällt. Ostia liegt in blauer Ferne dicht am Meere an der Mündung der Tiber. Ganz prächtig ist, wenn die Sonne schon untergegangen ist und die Dämmerung hereinbricht, dann glänzt oft das Meer in der Ferne noch lange ganz rosenrot. Es tut mir so leid, daß ich Frascati und seine schönen Umgebungen so bald verlassen muß, denn in einigen Tagen kehren wir nach Rom zurück, weil Baron Rumohr in einigen Wochen nach Florenz zurückkehren wird, welches mir sehr leid tut; doch kommt er im Februar wieder hierher.

Ich bin den vorzüglichsten Künstlern in Rom durch den Baron Rumohr außerordentlich bekannt geworden und werde von allen mit besonderer Liebe behandelt; wie gering man sich aber vorkommt in Gesellschaft solcher Leute, das glauben Sie nicht; doch muß man sich nun wieder in Obacht nehmen, daß man sich nicht übernimmt, denn sonst ruiniert man sich gleich die Brust . . .

Was ich aber für eine Sehnsucht habe, Nachricht von Ihnen

zu bekommen, das glauben Sie nicht; Sie sind doch recht wohl, liebe Mutter? Schreiben Sie mir nur so bald als möglich und recht viel von Weimar, das Geringste interessiert mich.

An dieselbe

Olevano, den 24. Juni 1821

In diesen letzten Tagen war der Hunger bei einem großen Teile der armen Leute sehr drückend, das reife Korn auf dem Felde, und man konnte nicht ernten wegen dem häufigen Regen. Doch jetzt, da die schöne Witterung eingetreten ist, die auch nun Monate lang fortdauert, da ist alles vergessen; und es äußert sich der größte Jubel der Freude. Der Segen des Feldes ist über alle Begriffe; man erntet Korn für zwei Jahre. Das türkische Korn hat schon Ähren und ist bereits gesichert; Wein, Öl und Kastanien versprechen eine reiche, reiche Ernte; Obst gibt es wenig, aber die Feigenbäume sind voll zum Brechen. Morgen gehe ich wieder aufs Feld. Wir haben 30 Schnitter; sie sind von den Bergen von Ponsa; mehrere sind darunter, die den Dudelsack blasen, und es ist eine außerordentliche Heiterkeit, zuzusehen. Unter Jubel und Gesang wird gearbeitet; ein hiesiger Volksgesang (voce stesa), wenn er vielstimmig und gut gesungen wird, was hier der Fall ist, macht mir große Freude. Es ist hier Sitte, daß die Schnitter, solange die Ernte dauert, des Nachts auf dem Felde schlafen, und den letzten Abend, wenn alles vorüber ist, kehren sie nach Olevano zurück unter Jubel und Tanzen; sie haben da einen ganz eigentümlichen Tanz, wo sie mit den Sicheln zusammenschlagen, und was sehr malerisch anzusehen ist. Dabei sind sie gekleidet in weite Hemden, an der Hüfte umgürtet, das gibt ihnen ganz altertümliches Ansehen; zu Hause endigt endlich die ganze Bescherung mit einer große Cena von Maccaroni.

An dieselbe

Olevano, Ende September 1823

Ich kann gar nicht begreifen, was das für ein Vorteil ist, wovon Sie mir immer sprechen. Immer heißts: wenn Du nicht bald kömmst, wenn Du nicht bald zurückkehrst, so verlierst Du allen Vorteil, so wird es auf keine Weise vorteilhaft für Dich sein – ohne daß Sie mir im geringsten auseinandersetzen, worin eigentlich dieser Vorteil besteht.

Das ist eben mein Leiden, daß ich in Deutschland gar keinen Vorteil vor mir sehe, und das schmerzt mich eben so sehr, daß, wenn ich jetzt zu Ihnen komme, ich Ihnen gewissermaßen zur Last fallen muß, denn das ist eine gar schlimme Sache, wenn der eine Bruder schon außer Hause ist und eine gewisse Selbständigkeit erlangt hat, und der andere lebt noch bei der Mutter. Das ist eben das Unglück in einer so kleinen Stadt; wenn einer da nicht herrschaftlicher Diener ist, so kann er als Maler fast gar nicht existieren; erstlich weil man dort gar keine Maler braucht, und für die geringen Bedürfnisse, die dort sind, die schon existierende Anzahl Maler so groß ist, daß sie ganz Weimar zehnmal versorgen könnten. – Viele Reisende räsonnieren zwar sehr, daß so viele und die vorzüglichsten deutschen Künstler in Rom leben und nicht, wie sie sagen, im Vaterlande. Das ist aber eben der Teufel, weil sie im Vaterlande nicht leben können als freie Künstler und wie das fünfte Rad am Wagen sind, wenn sie nicht von der Herrschaft besoldet werden. Ich will nur z. B. die Landschaftsmaler in Rom vornehmen. Rom, besonders im Winter, ist der Zusammenfluß von Reisenden aus ganz Europa, so daß man im Durchschnitt an die 15 000 Fremde in Rom zählt; wer reist, hat Geld; fast jeder nach seinen Kräften wünscht immer, ein Andenken an Italien mit fortzunehmen, und besonders Landschaften. Dazu braucht man Maler und Landschaftsmaler, und da haben die Leute eine Bestimmung, und das will was heißen. Sie leben als lustige Handwerker von ihrer Zunft und sind nicht unnütze Leute, wie bei uns; das begeistert eben alle.

HENRIETTE HERZ

1764–1847

An Louise Seidler

Rom, im Februar 1818/den 12.

Wie soll ich nur anfangen, Ihnen zu erzählen, zu sagen, wie glücklich und angenehm unsere Reise war und wie unendlich herrlich es hier ist! Ja, liebste Louise, wer nicht notgedrungen muß, der soll nicht sterben, ohne Rom gesehen zu haben, ohne durch Tirol dahin gereist zu sein. Wie übertrifft die Wirklichkeit jede Beschreibung! wie viel höher steht Tirol mit seinen Bewohnern, als selbst Goethe sie beschreibt!

Wie wohl mir in München war, das müssen Sie gesehen haben; dem verehrten, trefflichen Jacobi, dessen flüchtige Bekanntschaft wie ein schöner Traum mir vor der Seele schwebte, näher zu sein, ihn zu sehen, zu sprechen, mich seiner Freundlichkeit, deren er mich würdigte, zu freuen, die Bekanntschaft von Schellings, Gotters, Niethammers und des bei Jacobis versammelten Kreises – alles das war eine schöne Weihe zur Erfüllung meines Jugendtraums.

Mit München ging mir fürs erste das Leben mit interessanten Menschen unter, das der Natur ging aber auf, und wahrlich, alles was ich bis jetzt Großes, Schönes und Herrliches gesehen habe, vermindert den Eindruck nicht, den jenes herrliche Land auf mich gemacht hat. Alle Beschreibung der Natur und der Menschen dort gibt keinen Begriff von der Wirklichkeit – ich schweige also auch gegen Sie davon, liebe Louise, und sage Ihnen nur, daß, vom Himmel begünstigt, wir glücklich in Verona ankamen.

Verona war nun eigentlich die erste große italienische Stadt, die wir sahen, und in ihr die ersten Überbleibsel großer, längst vergangener Zeiten. Das schöne Amphitheater verfehlte seine Wirkung nicht auf uns, auch gingen wir gläubig in ziemlich starkem Regen nach einem kleinen, wüsten Garten und holten uns ein Steinchen von Julie und Romeos Grabe. Durch unsern Bankier, einen Schweizer, sahen wir das Merkwürdigste in Verona, und nach drei Tagen reisten wir ab, gingen durch das schöne, aber öde und wüste Padua längs der Brenta nach Venedig. Liebste Louise, bilden Sie sich ja nicht ein, durch alles, was Sie gelesen, gesehen und gehört haben von dieser Zauberstadt, auch nur einen entfernten Begriff von ihr zu haben; in jeder Hinsicht übersteigt sie das Bild, das man sich von ihr macht. Bunt, voll und fast kleinlich ist alles, was ich von Venedig gemalt gesehen habe. Die Paläste stehen aber in grauer, stiller Pracht längs des großen Kanals, indes ein auf keine Weise zu beschreibendes Leben auf dem herrlichen Markusplatz und der Riva schiavone in unendlichen Gestalten und Tönen sich zeigt. Berauscht vom Unerwarteten, Großen, Reizenden war ich die ersten Tage, und die fünf Tage unseres dortigen Aufenthalts verstrichen in *einem* Genuß, und das Bild Venedigs steht wie ein schöner Zauber vor meiner Seele. Von V. nach Florenz hielten wir uns nur einen Vormittag in Bologna auf; in Florenz waren wir 4 Wochen, und dort sah ich zuerst mehrere herrliche Marmorbilder, deren schwache Nach- und Abbildungen ich früher an mehreren Orten gesehen hatte. Wie Bekannte in verklärter Gestalt traten sie mir entgegen – und mit Wahrheit kann ich Ihnen sagen, liebe Louise, daß ich zuerst vor ihrer mächtigen Herrlichkeit so erschrak, daß mir die Brust eng ward, ich die Augen niederschlug und mich wegwandte. Vor der Gruppe der Niobe war dies besonders der Fall; allmählich ward ich vertrauter mit ihnen, und ich kehrte gern und freudig immer wieder zu ihnen zurück. Deutscher Umgang fehlte mir in Florenz, und nachdem ich alles tüchtig, nach meinen Kräften, gesehen hatte, verließ ich es gerne, um dem höhern Ziele entgegen zu eilen, und vergnügt und gesund kamen wir am 11. Oktober vormittags um 12 Uhr in Rom an. War ich den ganzen Morgen des letzten Reisetages außer mir, so war ich es nicht weniger, als ich endlich wirklich durch das Tor einfuhr, den Obelisk, die auf dem Platze liegenden Kirchen usw. sah. Das Wetter war herrlich in den ersten

Tagen unseres Hierseins, und mir war oft, als hätte ich Flügel an der Seele, so leicht, so gehoben, so getragen fühlte ich mich. In den ersten Tagen sah ich mehr, als ich vertragen konnte, und der sich einstellende Regen machte mir die nötige Ruhe erreichbar. Der Regen hielt ungewöhnlich lange an, wir waren aber dennoch sehr glücklich, denn wir waren in Rom! In Frau von Humboldt, der gegenüber wir unser kleines Quartier bereit fanden, umarmte ich eine längst bewährte Freundin, in den Söhnen der Friedrich Schlegel liebe junge Freunde, die ich wie Söhne selbst liebe, da sie meinem Herzen durch die Liebe der Mutter nahe verwandt sind; in den beiden Schadows sah ich alte, gute Bekannte, und ebenso machte ich in den ersten Tagen die Bekanntschaft von Cornelius und Overbeck. Bin ich in meiner Unkunde und Unwissenheit in der Kunst schon nicht berechtigt, etwas darüber auszusprechen, so darf ich Ihnen doch sagen, daß die Arbeiten dieser jungen Männer mich wunderbar, jedes nach seiner Individualität, ergriffen. Den jüngsten Schadow sah ich beim Abschiede von Berlin als einen zierlichen jungen Weltmann und eleganten Porträtmaler, der durch einige ähnliche Porträts vornehmer Personen schon eine Art von Ruf hatte, der ihn über die Gebühr eitel machte. Den jüngsten Veit (Philipp, den Sie wohl von Dresden her kennen) sah ich als Anfänger der Malerkunst Berlin verlassen, nachdem er von der schönen Prinzeß Wilhelm ein gut gedachtes, aber dürftig und schwach ausgeführtes Bild gemalt hatte. Von Overbeck kannte ich ein kleines Madonnenbildchen mit steifen Falten und gelben, steifen und starren Haaren, von Cornelius Zeichnungen zum Faust und den Nibelungen – nichts in Farben –, und wie fand ich alle diese Leute, nachdem ich sie ganz anders zu finden, nach Goethes Main- und Rheinreise glauben mußte! Schadow war ein Porträtmaler geworden, der jedes Porträt zum Tableau erhöhte, so wie in seinen Kompositionen sich stilles, frommes Gemüt ausspricht, und zwar auf die lieblichste Weise durch Form und Farbe. Philipp Veit, der im Jahre 11 sein erstes Ölbild malte, dessen Studien durch den Freiheitskrieg Deutschlands, den er mitgemacht hatte, unterbrochen wurden, hatte Riesenschritte gemacht, und stehen seine Gestalten und ihre Umgebungen vielleicht jenen an Lieblichkeit nach, so drücken sie doch ebenso tiefen Sinn auf vielleicht kräftigere Weise aus. Overbeck verbindet mit eben diesem tiefen, stillen Sinn eine ungewöhnliche Grazie in Männer- und Frauengestalten. Cornelius steht vor allen hoch da, und alles, was ich früher von ihm gesehen hatte, verschwindet gegen das, was er seitdem gemacht hat und jetzt macht. Der tiefe Ernst in den ältern Manneskopfen, die Milde und Männlichkeit und sogar Lieblichkeit und Innigkeit in den jüngern, die hohe Weiblichkeit in den Frauenköpfen ist in allen seinen Kompositionen gleich groß und schön. Bartholdy, der preußische General-Konsul, gab den vier Genannten zuerst Gelegenheit, ihr Talent in der Freskomalerei zu zeigen, und das kleine Zimmer, das er in der gemieteten Wohnung konnte malen lassen, enthält viel, sehr viel Schönes, und jetzt läßt der Marchese Massimi in seinem Palaste zwei Säle malen – den Dante und den Tasso –, d. h. die Haupt- und bedeutenderen Nebenmomente beider Gedichte darstellend. Cornelius hat sich den Dante, Overbeck den Tasso gewählt, und beide haben schon Kartons dazu fertig, die ein selten herrliches Werk versprechen. Overbeck hat erst das Mittelstück der Decke ganz fertig; das befreite Jerusalem in der Gestalt einer auf einem prächtigen Sessel sitzenden Frau, der zwei Engel eben die Ketten abgenommen haben, die sie schwebend noch in den Händen haben. Die schöne Gestalt sieht ernst und fest und mit erlaubtem stolzen Gefühl aufwärts, den Wert der Freiheit fühlend, doch anerkennend, von wannen sie ihr kommt. Cornelius, der sehr schnell arbeitet, hat schon zwei Kartons mit vielen Figuren fertig, von denen die meisten trefflich gelungen sind.

So, liebe Louise, hat der eigene Genius diese Jünglinge über das erhoben, wonach sie sich mit Gewalt bilden wollten: ich meine, daß ihr besserer Genius sie bewahrt hat vor den Unvollkommenheiten derer, nach deren Vollkommenheiten sie mit Recht strebten und streben, die sie in einem gewissen Grade schon erreicht haben und hoffentlich immer mehr erreichen werden. Hätte Goethe die Arbeiten dieser jungen Männer gesehen, er würde vieles nicht über sie haben sagen lassen; sähe er sie noch, er nähme manches zurück. Ich habe Ihnen nur diejenigen genannt, die mit Recht als die vorzüglichsten genannt werden – es gibt aber noch einige, die Lob verdienen, und dazu gehören der älteste Veit, der langsamer als die andern arbeitet, daher auch weniger große Fortschritte gemacht hat; seine Bilder sind melancholisch in Komposition und vielleicht auch in Farben, derselbe tiefe, fromme Sinn aber ist auch in ihnen. Lassen Sie uns den Geist, der über jene gekommen ist, nicht tadeln, wenn er auch etwas in sie gebracht, das vielleicht aus ihnen wegzuwünschen wäre. Ist es in unserer Macht zu sagen, daß sie so streng sittlich, so gründlich künstlerisch, so rechtlich, wacker, fromm und treu wären, wenn sie geblieben, was sie waren? Und was waren die meisten? Etwa Protestanten? Nein – sie waren nichts, sie waren ohne alle Religion, denn wären sie Protestanten im wahren Sinne des Wortes gewesen, so könnten sie ja wohl alles gewesen und geworden sein, was sie jetzt als Katholiken sind.

Ich habe Ihnen, liebste Louise, flüchtige Worte über die neue Kunst hier und gar keine über die alte gesagt, denn mit meinem Verstehen der Kunst steht es schwach; ich fühle sie allenfalls – die Menschen und die Natur verstehe ich besser, und so erfreue ich mich täglich des Umgangs mehrerer Künstler, die den Abend gerne teilnehmen an unserm Teetisch, der mit seinem siedenden Kessel uns nordische Abende nach südlichen Tagen bereitet –, so entzückt mich täglich der dunkelblaue Himmel, die herrlichen, mit Schnee bedeckten Berge, die in der schönsten Mittag- und Abendbeleuchtung vor mir liegen, indes ich in warmer Sonne unter ewig grünen Bäumen stehe, auf hellgrünem Rasenteppich, der mit den mannigfaltigsten Blumen von ungeheurer Farbenpracht bedeckt ist – umgeben vom Duft der fast nie verblühenden Veilchen, nie aufhörendem Vögelgesang, indes fast rund umher die jetzt reifen Pomeranzen mich aus dunkelgrünem Laube anglühen. Sagen Sie nur, wie das alles eine arme Nordländerin, die im Schnee geboren und erzogen ist, aushalten soll –, mir ist auch oft, als könnte ich es nicht – und nun in all dieser Himmels- und Erdepracht gesammelt und aufgehäuft Schätze der Kunst aus ihren besten Zeiten, in unglaublichem Maße, ja, aufgehäuft und einzeln; denn in jedem Winkel der Stadt findet man Andenken der großen Kunstzeit! Und doch, und doch gibt es treffliche Menschen, denen das alles nicht genügt, denen es in Rom nicht gefällt – die sich in dem, was da ist, stören lassen durch das, was sie vermissen, die über das Nichtgute, das wirklich da ist, das nicht sehen, was klar, groß und herrlich da liegt.

Zu diesen aber gehört der Kronprinz von Bayern nicht, an dessen großer Freude an Rom ich meine eigne Freude habe, dieses ist ein einziger Prinz, wahrlich, in dessen Nähe man vergißt, wie hoch er in der äußeren Welt über einem steht. Er erkennt in vollem Sinne den Wert und das Verdienst der hiesigen deutschen Künstler nicht nur, sondern alles, alles, was hier zu erkennen ist – läßt sich durch nichts stören im Genuß der Herrlichkeit, die einem gesunden innern Sinne hier überall, aus jedem Winkel, von jedem alten Gemäuer, in hohen Sälen, wie vom Rasen, entgegenstrahlt. Er ist in *einem* Entzücken, das ich vollkommen mit ihm teile, und wahrhaft wohl tut es mir, daß er die deutschen Künstler, und besonders die Preußen, auszeichnet. Eberhard, seinen Landsmann und künftigen Untertan, hat er erst während seines jetzigen Aufenthaltes recht kennen und würdigen gelernt. Steht er als Bildhauer nicht so hoch wie mancher andere und besonders wie Thorwaldsen – der wahrlich auf selten hoher Höhe steht –, so ist er als Komponist bewundernswert und wahrhaft groß. Das tiefste Gemüt spricht sich in anmutigen Gestalten und Zusammensetzungen in seinen Zeichnungen aus, auch wird der Kronprinz ihn hoffentlich beschäftigen. Dieser besucht alle deutschen Künstler und hat sich mit seinem Gefolge mit altdeutscher Tracht bekleidet; er meint, Ringseis sähe wie ein Geisterbeschwörer darin aus; und finde ich auch das gerade nicht, so sieht er doch wunderlich genug mit seinem Schnurr-, Knebel- und Zwickelbart aus, der seinem magern Gesicht ein wunderliches Ansehen gibt.

Den 17.

Nun, liebste Louise, will ich nur aufhören; denn wie viel ich auch noch zu sagen hätte, so muß ich es, denn wo die Zeit hernehmen? Des Vormittags scheint mich die Sonne zum Zimmer hinaus, ich kann es nicht aushalten im Hause, und den Abend sind entweder Leute bei uns oder wir sind später drüben bei Frau von Humboldt, wo auch immer deutsche Künstler sind . . .

Schreiben Sie mir bald wieder, ich sage Ihnen meine Adresse in dem Papierchen, in welchem die Veilchen liegen: ein paar Veilchen, in der Villa Pamphili gepflückt!

Leben Sie wohl und sein Sie gewiß, daß wir Ihrer oft freundlich gedenken.

Henriette Herz

DOROTHEA SCHLEGEL

1767–1839

An Friedrich Schlegel

Genzano, 3ten Juli 1818

Gott wolle doch seine Kirche bei uns nicht verlassen – aber wenn ich mir alles das so vorstelle: den Zustand bei uns, hier, in Frankreich – ja in ganz Europa – wie sollte wohl da die Furcht nicht entstehen, daß nun die schreckliche Zeit für uns angebrochen ist, die Zeit des Strafgerichtes, wie früher über Afrika und Asia, wo doch auch einmal die Kirche blühte! Dir sind alle diese Betrachtungen nichts Neues, ich teile sie Dir auch mehr um meinetwillen als um Deinetwillen mit. Welch ein furchtbarer, schrecklicher Zustand der Religion auch hier, im Mittelpunkte des Christentums ist, nein, das kann kein Mensch glauben noch begreifen, der es nicht mit Augen sieht! Deine Klage über die Äußerungen jenes jungen Mannes aus Sailers Schule machten mich hier erseufzen. Wer errichtet uns hier eine solche Schule? Hier wäre sie nötig, mehr als in Deutschland, wo man ohnehin mehr innerlich ist und das Äußere von jeher verabsäumte. Aber hier, hier! Von diesem Skandal der Vernachlässigung der innern Sinne hat man keine Vorstellung. Die Greuel des verworfensten Heidentums scheint inmitten des Christentums hereingebrochen zu sein; abscheulich, traurig und lächerlich zu gleicher Zeit. Von diesem Aberglauben, Unwissenheit, Geldgier, Trägheit und Sittenlosigkeit bei Geistlichen wie bei Weltlichen, in der Stadt wie auf dem Lande, davon kann man sich keine Vorstellung machen.

Eins nur ist besser als bei uns; nämlich daß man das Gute nicht verhindert und daß es ungestört neben dem Schlechten existieren kann, wenn jemand es ausüben will. Und das ist das Einzige, was uns wieder eine beruhigende Zuversicht auf die strömende Gnade Gottes gibt, nämlich daß es inmitten dieser Wüstenei des Verderbnisses doch nicht an auserwählten Seelen fehlt, welche treu und in kleiner Gemeinde das Bild der göttlichen Kirche in sich aufbewahren, daß es nach ewigem Ratschluß einmal wieder leuchten möge in der Welt, denn jetzt ist es total verfinstert. So lange es Männer gibt wie Ostini, Litta, Martin und wohl noch einige andre, die mir noch unbekannt sind, so lange es noch Jünglinge gibt wie unser Philipp [Veit] und die meisten der deutschen Jugend hier, so lange dürfen wir auf Gottes Erbarmung auch in Hinsicht unsers Vaterlandes nicht verzweifeln. Nur Eines dünkt mich schlimm auch bei diesen, und ich weiß nicht, wie man es bekämpfen soll, da es so gar zarter Natur ist; nämlich daß sie ihre Kraft alle in den Kampf gegen die Protestanten verschwenden, die sie viel eher und mit besserm Erfolg zur Bildung und Veredlung der eignen Glaubensverwandten anwenden könnten, denen es große Not tut; das Beispiel größerer Frömmigkeit, reinern Lebenswandels und erhöhter Einsichten würde mehr Abtrünnige zurückführen als Streit und Widerrede oder Überredung. So hat der Abbé Martin [de Noirlieu] hier eine Broschüre zur Widerlegung des Protestantismus herausgegeben . . ., die ganz gut ist und die längst bekannten, so oft wiederholten, so oft mißverstandenen, mißhandelten und ignorierten Wahrheiten enthält. Schlagende Wahrheiten für diejenigen, die sie bereits anerkannt haben, für jene aber, welche sie nicht anerkennen wollen, nur eine neue Gelegenheit zur Verleugnung und zum Hader. Noch habe ich nicht gehört, daß dies Buch nur einen Protestanten überzeugt habe; sie sind aber alle hier in großen Rumor darüber geraten und sind wütend, besonders Niebuhr und die Humboldt. Doch muß man an diesen beiden Personen rühmen, daß, obgleich sie sich mit Leidenschaft gegen alle erklären, die zur Kirche zurückkehren, und besonders gegen die gehässig sind, die etwas dazu beitragen, so tun sie beide doch sehr viel für die Künstler ohne alles Ansehen der Religion, ja eigentlich mit sichtbarer Vorliebe für die Katholischen; sei es nun, daß sie ihre Unparteilichkeit zeigen wollen, oder ziehen sie ganz unbewußt ihre Arbeiten vor, die allerdings auch bei weitem die vorzüglichsten sind, das läßt sich gar nicht übersehen. Wahr aber ist, daß ohne Niebuhr und die Humboldt sehr viele von ihnen gar nicht durchkämen, namentlich Sutter, Eggers, der jüngere Schadow und Cornelius ...

Das Volk der Italiener sowohl als ihre Gesellschaft ist mir bis jetzt noch unbekannt geblieben. Was ich davon weiß, reizt mich nicht zu größerer Bekanntschaft. Mein erster Gang in Rom war nach St. Peter, über dessen ungeheuern Umfang und unaussprechliche Pracht man allerdings in großes Erstaunen gerät – mir aber hat es mehr den Eindruck eines kaiserlichen Palastes gemacht als den eines Tempels des lebendigen Gottes. Die Andacht wollte sich nicht erheben in meinem Herzen so wie in einer deutschen oder auch florentinischen alten Kirche. Vielleicht war es auch nur die Neuheit, die mich ängstigte. – Aber ich konnte mich kaum fassen, und mir war, als wenn der große Apostel, wenn er hierher käme, vielleicht sein Gewand zum zweiten Mal zerreißen würde – es ist wie eine heidnische Pracht darin. St. Paul außer den Mauern hat mir einen viel heiligern Eindruck gemacht. Den größten, rührendsten und erschütternden Eindruck aber machte mir das Colisseum! Das ist etwas über allen Ausdruck Erhabenes, wobei das Andenken an die ursprüngliche Bestimmung desselben und an die verschiedenen Vorfälle darin wie Geister um einen schweben; man ist ganz der Gegenwart entrückt; man meint die Spuren zu sehen, wo die Christen gefesselt, mit Wache begleitet vor den Augen des prächtigen, stolzen, grausamen Volks, durch die Gänge zur Schau herum geführt wurden – ich betrachtete wehmutsvoll das einfache hölzerne Kreuz mit den Marterwerkzeugen, welches in der Mitte aufgerichtet den Ort bezeichnet, wo so manche Heldenseele ihr Bekenntnis unter tausend Martern besiegelte. «Hier ist der Gang, wo die wilden Tiere durchgeführt wurden auf den Platz», sagte mein Begleiter, und ich erschrak heftig, die Kniee bebten mir, ich mußte mich zusammen nehmen, um nicht umzusinken. Und noch jetzt bei der Erinnerung kann ich der Tränen mich nicht enthalten.

An denselben

Genzano, 6. September 1818

Überhaupt, wie hier in diesem Lande alle Luft- und Licht-Erscheinungen großartig und herrlich sind, davon hat man doch gar keine Vorstellung, wenn man es nicht gesehen hat. Die Sterne funkeln, wie ich es nie bei uns gesehen, auch nicht im strengsten Winter; auch sieht man, dünkt mich, weit mehr als bei uns z. B. in der Milchstraße. Der Mondschein ist so hell und rein wie helles Sonnenlicht; die Farbe des Himmels vom reinsten tiefen Blau über uns und in sanfter Abschattung blässer gegen den Horizont zu. Der Strom des Lichts dermaßen verklärend, daß man ganz entfernte Gegenstände wie nah bei sich sieht. So kann ich mit bloßen Augen oft die Wellen des Meeres in Bewegung sehen, welches ungefähr $2^1/_2$ deutsche Meilen von uns entfernt liegt, die kleinen Orte am Ufer erkenne ich ganz genau. An einem ganz besonders klaren Abend haben wir die Berge von Ischia erkannt. Nichts aber kommt der Beleuchtung der untergehenden Sonne gleich; man sieht es ganz deutlich ein, wie die alten Maler darauf gekommen sind, auf goldnem Hintergrund zu malen, und doch ist alles jenes Gold nur ein matter Schein gegen dieses Licht, und wie dieses flüssige Goldlicht zwischen den grünen Bäumen auf den Rasen oder gegen den braunen Boden oder Baumstämmen oder gegen altes, mit Efeu umranktes Gemäuer spielt, sich dann am Himmel in den verschiedensten Schattierungen von Purpur im Meere und an den Bergen in Blau und Violett bricht, wie die Menschen davon verklärt und licht aussehen, das geht über alle Beschreibung, und ich versuche es umsonst.

FRIEDRICH SCHLEGEL

1772–1829

An Dorothea Schlegel

Terni . . ., den 13. Juni 1819

Die Hitze hat mir gestern etwas stark zugesetzt, und ich hatte viel Kopfweh im Wagen; doch bin ich jetzt wieder ganz erfrischt und erstarkt, auch heiter im Kopfe. Diese Gegend ist, wenn man aus der Römerwüste herauskömmt, ganz herrlich und wird immer herrlicher. Das auf dem Felsen hängende Narni hat mich entzückt; hier müßten Deutsche wohnen, alte Goten und sonst echtes Volk. Die Gegend und Natur selbst hat etwas Deutsches, man sieht keine eigentlich italienischen Bäume, nicht einmal Pinien; wir sind 6 bis 8 Stunden durch das herrliche Grün gefahren, Bäume wie bei uns, die Fülle von Wiesen, alles fruchtbar und grünend, kurz le vrai Grün allemand, kannst Du nur dem Abbé sagen. Es ist diese Gegend ganz wie eine im südlichen Deutschland, in Schwaben oder am Rhein. Auch die Leute haben ein festeres und schlichteres, redliches Ansehn. Die Weiber sind schön, fast scheint mir schöner als in dem berühmten Albano.

An dieselbe

Perugia, den 15. Juni 1819

Von der Reise und dem Eindrucke, den dieses herrliche grüne Land auf das deutsche Herz macht, schrieb ich Dir schon aus Terni. An Assisi sind wir den zweiten Tag vorbeigefahren; doch sahen wir in Angeli, eine Post von hier, die Einsiedlerhütte des Franziskus, worin der heilige Mann gelebt hat und gestorben ist, nebst der alten Kapelle seiner Andacht und der großen modernen Kirche, einer schwachen Nachahmung von St. Peter, darüber; – die moderne, breite und bei allem Prachtanschein gehaltleere große Kirche – über der alten heiligen Hütte, die mir sehr rührend war; das ist so recht sinnbildlich, wie es in der Weltgeschichte zugeht.

Hier ist das Beste und Größte die Sala del Cambio. So große und herrliche Kompositionen vom Perugin sieht man wohl nirgends sonst; und so zusammenhängend alles, die beiden nicht großen Zimmer so reich bemalt, so gut erhalten und in Zimmer und Kapelle gut zu sehen, daß man eine rechte Liebe für die Alfresco's gewinnt. Hat Philipp [Veit] diese Sachen gesehen? – Manches andre habe ich noch gestern gesehen, aber das Sehenswerte ziemlich einzeln und zersplittert; der Cambio bleibt das Beste. Heute will ich nun alles übrige noch besuchen ... Besonders merkwürdige Beobachtungen über die Landessitten habe ich noch nicht gemacht, außer daß man von Terni an und auch hier gläserne Blumentöpfe mit geflochtenen Büscheln und Girlanden verziert statt der Nachtgeschirre braucht. Ich werde an Wilhelm [Schlegel] desfalls schreiben, ob vielleicht bei den Etruskern auf diese Weise zu p. üblich gewesen und wie dies mit der pelasgischen Götterlehre zusammenhängt.

An Franz Bernhard von Bucholtz

Florenz, den 28ten Juni 1819

Ich habe oft genug an Dich gedacht, besonders auch bei manchen deutschen Denkmalen, die selten in Italien, aber nur desto rührender sind. So war es mir, als ich gleich zu Bologna mit einemmale unter andern Gräbern in einer Kirche die Inschrift fand: Hic situs est rex Henricus. Ich konnte mir so recht lebhaft denken, wie dem edlen deutschen Ritterherzen zu Mute war in dem fremden italienischen Lande. Zu Rom haben diese Heiden von dem Grab des Kaisers Otto in der Gruft der Peterskirche allen äußern Zierat und Bekleidung abgenommen; und so liegt der ungeheure Granit nun roh und bloß da in Sargesform. Vor allem aber herrlich sind die Trümmer von Theoderichs Burg hoch oben auf einem der wunderlich-romantischsten Felsen, bei Terracina dicht am Meere. – Merkwürdig ist, daß einiger Kunstfleiß und eine bessere Lebensordnung auch jetzt noch in Italien genau nur in jenen Ländern gefunden wird, die einst – zum deutschen Kaisertum gehörten.

An Dorothea Schlegel

Venedig, den 15. Juli 1819

Die Fahrt über den Apennin in einer recht schönen und nicht zu warmen Sommernacht war sehr angenehm, besonders auch durch die wundervollste Beleuchtung von mannigfacher Art: erstlich von unzähligen Tausenden von Leuchtwürmchen, viel größer, heller und höher fliegend, als ich sie jemals auf dem Monte Pincio gesehen; dann vom Kometen, der so hell und groß schien wie im Jahre 11; und endlich nebst den übrigen Sternen von dem vollen Monde. Ich bin beide Nächte durchgefahren, habe aber dagegen am Tage in Bologna und dann in Padova einige Stunden ausgeruht. In Padua hätte ich mir gewünscht, den unermeßlich großen Ratssaal mit den vielen allegorischen Bildern von Giotto mit Philipp [Veit] sehen zu können, wo es mich viel mehr erfreut haben würde, als allein ohne Guido, mit einem ebenso dummen Lohnbedienten als Custode.

Ich habe jetzt überhaupt auch zum Sehen der Kunstwerke sehr gern Gesellschaft. Diese Geselligkeit ist vermutlich eine Wirkung des zunehmenden Alters. Auch in Florenz würde ich weit mehr gesehen d. h. wiedergesehen haben, wenn Ihr da gewesen wäret. Mein Befinden ist auf der Reise recht gut gewesen; die Bewegung ist mir auch bei sehr starker Hitze viel besser als das Stillsitzen, und ich werde gewiß nicht irren, wenn ich dies auch sinnbildlich nehme, wenn Du anders nichts dagegen hast, und eine moralische Anwendung davon mache. Von der Hitze habe ich eigentlich nur insofern gelitten, daß die Calora einigemal ganz unerträglich stark gewesen ist, fast so wie im vorigen Sommer. Im ganzen mag dies aber doch für die Gesundheit gut sein.

Am Montag, den 12. d. traf ich nachmittags in Mestre und dann abends in der seltsamen Gondelstadt ein, die mir selbst wie ein großes Schiff vorkömmt. So bin ich doch nun auch in Italien noch zum Sitzen gelangt; denn in diesen Gondeln sitzt man wirklich, und es würde eine große Verbesserung des Lebens sein, wenn man auch im übrigen Italien und namentlich in Rom die Gondeln einführen könnte, nämlich in den Zimmern, damit es doch einmal wirklich zum Sitzen käme und nicht immer nur die grausamsten Täuschungen an die Stelle des Sitzens träten. Gesehen habe ich in den 2½ Tagen – mehr habe ich mir nicht gestatten wollen, obgleich der Fürst [Metternich] mir «vier oder fünf» sagte, um seine Erlaubnis auf keine Weise zu mißbrauchen – ziemlich alles, was zu sehen ist; auch in den Gemäldesammlungen manches Gute; doch das will nach Florenz und Rom wenig sagen; so auch die meisten andern Kirchen, die einzige Markuskirche und eine andere gotische St. Giovanni und Paolo ausgenommen, denn die ist wirklich einzig, auch nach allem, was man in Rom und Siena und Florenz gesehen hat; so wie überhaupt der Markusplatz mit dem Palast des Dogen, dem großen Platz, dem Turm, den Arkaden und dem Molo wohl in der Welt nicht seinesgleichen hat. Gestern abend sah ich auch auf dem Lido beim Sonnenuntergang das Meer selbst, welches mit seinem ewigen milden Brausen immer den gleichen unbeschreiblich zauberischen Eindruck auf mich macht. Heute morgen sah ich denn auch von dem St. Markusturm ganz Venedig vor mir liegen, und da kann man recht deutlich sich einen Begriff davon machen, wie es in seinen Sümpfen und Untiefen so sonderbar sicher und versteckt da liegt.

In der Markuskirche haben mich, außer der wundervollen Baukunst selbst, auch die unzähligen alten Mosaiken sehr angezogen. Von Seite der Kunst mögen sie noch auf einer sehr geringen Stufe stehen; aber die Art der sinnbildlichen Darstellung ist oft sehr merkwürdig. Sie schließen sich wohl zunächst an die ersten christlichen Bilder in den Katakomben zu Rom und Neapel an; und es ist mir von neuem recht klar geworden, wie wichtig es wäre, eine Geschichte der christlichen Symbolik, mit allen in dieser Hinsicht ausgezeichnet merkwürdig alten Bildern im Abbilde begleitet, zustande bringen zu können. Aber das könnte freilich nur durch gemeinschaftliche Kräfte und Anstrengungen geschehen.

JULIUS SCHNORR VON CAROLSFELD

1794–1872

An Friedrich Rochlitz

Rom, den 12. September 1818

Die Elemente, die hier mein Leben gestalten, mich bewegen, beruhen besonders auf meinem Stande. Soll ich die Gegenstände nennen, die mich besonders aufregen und beglücken, so sind es folgende: *der Süden, die alte Kunstwelt, das Kunstleben unserer Landsleute hier zu Rom und endlich das eigne Treiben meiner Kunst.*

Was nun das erste betrifft, so habe ich dieses zu sagen. So natürlich es ist, daß unserm rechtlichen, einfachen Landsmann der Italiener gewöhnlich recht zuwider ist, besonders wenn er den Maßstab anlegt, mit welchem man bei uns den Bürger mißt, so muß ich doch gestehn, daß in dem Verhältnis, in welchem ich nun einmal zu ihm stehe, ich mich mit dem Italiener nicht so ganz verfeinden kann: je weniger, je mehr es mir gelingt, ihn mit Unbefangenheit in seinem eignen Wesen zu betrachten, welches auch sehr wohl auf zehn Schritt geschehen kann. So weit mag ich ihm doch gern vom Leibe bleiben. Auf jeden Fall kann ich sagen, er mache mir, wie er mich nun eben berührt, mit seinem lebhaften, sinnlichen, eigentlich recht kindischen Wesen viel mehr Vergnügen als Verdruß. Und was nun den Künstler insbesondere anbelangt, so ist das Treiben und Leben des Italieners, seine Erscheinung fürs Auge im ganzen weit mehr geeignet, ihn aufzuregen, als das Treiben deutscher Bauersleute; wenigstens sehe ich eine schöne Albaneserin auf ihrem Maultier weit lieber als die Frau Höhn aus Schönfeld mit ihrem Tragkorb auf dem Rücken, gleichsam selbst ein Lasttier. Wenn nun von der sogenannten leblosen Natur die Rede ist, wer kann sagen (wenn er sie gesehen und nicht von Holz ist), daß er nicht entzückt sei? wer sich nicht mit ihr auf das innigste befreunden und an sie schließen? Und so kann auch ich nicht genugsam es sagen, wie mich diese recht eigentlich lebendige Natur mit gewaltsamer Macht anzieht. Engel und Heilige kann ich mir in unsern Fluren besser denken, denke mir sie lieber da; kommt es daher, weil ich ein Deutscher und parteiisch bin, oder weil wirklich unsere Natur mehr als die italienische auf etwas Geistiges hinführt, welches in den wunderbaren Übergängen aus dem Winter durch den Frühling in den Sommer, aus dem Sommer durch den Herbst in den Winter zum Teil liegen mag, denn diese Übergänge sind bei uns viel schärfer und bedeutungsvoller.

Das zweite, worin ein großer Teil meines Glücks besteht, ist das Anschauen, das Genießen der Werke alter christlicher Kunst. Fürwahr, süße Früchte in einem schönern Frühling der jetzt so winterlichen Erde gereift. Von dieser süßen Kost darf man nur einmal genossen haben, um ein stets wachsendes Verlangen darnach zu empfinden. Je öfter man *Raffaels* Werke betrachtet hat und deren Vollkommenheit uns aufgegangen ist, desto mehr fühlt man, daß man sie noch lange nicht genug betrachtet hat. Bisweilen, wenn ich etwa lang nicht im Vatikan war, befällt mich eine große Unruhe, als ob das Heil meiner Seele hier im Spiel wäre. Bin ich dann wieder dazu gelangt, diese Wunderwerke zu betrachten, so finde ich immer, daß ich das vorige Mal gar vieles übersehen habe, manchen trefflichen Mann noch nicht erkannt. Es bilden sich hier wirklich die zärtlichsten Verhältnisse der Freundschaft, Liebe und Verehrung, denen man sich nicht genug hingeben, sich nie so sättigen kann, daß man nicht von neuem verlangte. Und was wäre nun noch alles über die Kapelle des *Fiesole* [Angelico], über die Sixtinische Kapelle zu sagen, deren Decke besonders zu den erstaunlichsten Werken, die je in der Kunst hervorgebracht wurden, gezählt werden muß! Was wäre über die zahllose Menge trefflicher Werke, die Rom enthält, noch alles zu sagen, wenn ich überhaupt etwas gehörig zu sagen wüßte! . . .

Obwohl ich die feste Überzeugung habe, es sei zu wünschen, daß einst der Zeitpunkt komme, wo die deutschen Künstler nicht mehr scharenweise nach Rom ziehen, daß wir in unserm Lande ein deutsches Rom haben (wie es wohl Köln einst gewesen sein mag), weil dies das einzige Mittel ist, wollen wir wieder eine deutsche Kunst haben – so muß ich doch bekennen, daß, wie die Lage der Dinge jetzt nun einmal war, Rom dem Aufblühen einer neuen deutschen Kunst nicht nur nicht schädlich, sondern höchst förderlich war. Rom war wirklich der günstigste Ort, um den deutschen Künstler, dem ein anderer Sinn aufging, in diesem sonderbaren Zeitpunkt aufzunehmen. Das Publikum sträubte sich gegen die neuen Produktionen, der Künstler wollte und konnte das, von dessen innerer Echtheit er überzeugt war, nicht fahren lassen, trat mit der Welt in Kampf, zerfiel mit der Gegenwart. Es würde zu weit führen, auch wär es über meine Kräfte, hier entwickeln zu wollen, ob einzig und allein oder wie weit durch die Schuld der Gesamtheit des Publikums oder auch wie weit durch den neuen Künstler selbst, der, sich umwendend, eine neue Bahn suchend, nun auch nicht gleich ganz gesund, nicht als Meister auftrat, nicht als solcher auftreten konnte (denn bei jeder gewaltigen Veränderung kann es kaum fehlen, daß die Kräfte, denen nun auf einmal andere Verrichtungen angewiesen werden, nicht mehr oder weniger aus dem Gleichgewicht kommen) – genug, im ganzen genommen fühlte sich der deutsche Maler, der deutsche Kunst wiederherstellen wollte, nicht recht zuhause, so lieb ihm immer sein Land war. Das Auge derjenigen, durch deren Anteil und Beifall er ermutigt und unterstützt werden konnte, zu neuen Anstrengungen aufgeregt, war gewöhnlich blind genug, um den Kern zu verkennen, wenn er ihnen in ungewohnter Form erschien. Und so war es denn besser, sich lieber ganz und gar zu trennen, da die Gemüter schon getrennt waren ...

Doch, um auf meinen Text wieder zurückzukommen, es scheint mir nun unter solchen Umständen Italien am besten ins Mittel getreten zu sein, sowohl seiner Natur und seiner Kunstschätze wegen, weil es, in beidem so sinnlich entgegentretend, gewiß vorteilhaft auf den sich leicht in Ideen verlierenden, strengen deutschen Maler wirkte, als auch besonders, weil es den günstigsten Vereinigungspunkt darbot für viele Gleichgesinnte, Künstler und Kunstliebhaber, die durch ein schönes freies Leben sich kräftigten, durch wechselseitigen Austausch der Ideen ihre Ansichten berichtigten, durch Liebe und Teilnahme einander aufmunterten, mutvoll und treu den eingeschlagenen Weg zu verfolgen. Das fremde Land, die fremde Sitte und Sinnesweise bleibt ihm darum immer fremd, der Deutsche ist nie deutscher gewesen, als er es jetzt hier ist. Das Element, das nicht das seine werden kann, macht, daß er sich erst recht in dem eignen fühle und sich darauf stütze und stelle. Darum ist das Verhältnis der Künstler untereinander hier edler als oft selbst in Deutschland. Die Trennung von seinem ewig geliebten Vaterland macht ihn weicher, und der jetzt leider so gemütlose, falsche Italiener lehrt ihn gegen seinen Bruder und Landsmann zärtlicher sein.

Daß durch so ein edles, reges Leben mancher erregt und entwickelt werden mußte, dessen Kräfte vielleicht nie zum Vorschein gekommen wären, ein jeder aber in seinem Wesen gefördert und gehoben, der Mutlose ermutigt und zu verschiedenem Streben begeistert, und in diesem Treiben nun die trefflichsten Werke ans Tageslicht gefördert wurden, oft von solchen, von denen man es am wenigsten vermutete, ist nun wohl ganz natürlich. Im Durchschnitt machten die schon früher Ausgezeichneten die allerwesentlichsten Fortschritte. Sähen Sie die gelungensten Werke von unserm *Cornelius,* Herr Hofrat, Sie und alle Kunstfreunde meiner lieben Vaterstadt würden erstaunen. In seiner letzten großen Arbeit, in einem Karton zum *Dante* (welchen er nun leider nicht in Fresko ausführen wird) hat er sich am vollkommensten gezeigt. Dieses Werk ist aber auch so trefflich, daß man es dem trefflichsten Alten an die Seite setzen kann. Erstaunen würden Sie und jeder sinnvolle Beschauer, sähen Sie seine neuesten Kompositionen für den Kronprinzen [Ludwig] von Bayern mythologischen Inhalts, *die Darstellung des gesamten Götterreichs der Griechen.* Anstatt unsern Kindern, denen man die Mythologie der Griechen einprägen will, jahrelang vorzuschwatzen, soll man sie in die Säle des Cornelius führen, und sie werden in einer Woche vielleicht mehr gelernt haben. Ja, mein verehrtester Herr Hofrat, schenkt Gott unserm Cornelius das Leben und unterstützt er ihn mit seiner Kraft und Liebe, dies Werk durchzuführen, so werden wir ein solches sehn, welches allein schon einen jeden nicht ganz verschrobenen Menschen überzeugen muß: der eingeschlagene Weg war der rechte, die Richtung, welche die Kunst der Deutschen nahm, ist nicht als ein Irrtum oder Abweg zu betrachten, denn solch ein Werk, würdig in der besten Zeit der Kunst entstanden zu sein, konnte daraus hervorgehen. Unter den Künstlern, die ich kenne, muß ich den Cornelius als den gedankenvollsten, schöpferischesten anerkennen. Der enge Raum gestattet mir nicht, das Wie und Warum weiter zu entwickeln, auch wär es hier nicht am Platze, aber nur Geduld, Sie werdens einst schon erfahren, Sie werdens mit gewaltigen Buchstaben in den Decken in München lesen können.

Was das Streben und die Tiefe betrifft, so kann ich nun von *Overbeck* nicht weniger sagen, vielleicht ist er in seiner Kunst sogar entwickelter, fertiger zu nennen, und gewisse Gegenstände, die dem künstlerischen Verstande, der Phantasie weniger unterworfen sind, die jenem nicht so gelingen, weiß er durch die Kraft seines liebevollen, frommen und einfachen Gemütes uns auf eine rührende Weise vors Auge zu bringen. Unschuld, Schönheit und Frömmigkeit uns zu zeigen, das ist seine Stärke. Jedoch scheint er nicht die Gewalt des Geistes, die auf Cornelius ruht, zu besitzen.

Ebenfalls sind die Brüder *Veit* mit Auszeichnung zu erwähnen. Besonders ist der jüngste [Philipp] ein Mensch von großen Talenten. Wie weit sein Talent für die Kunst reicht, kann man eigentlich noch nicht bestimmen, da er spät angefangen und noch wenig große Werke ausgeführt hat. Scheint die Erfindung ihm nicht so leicht vonstatten zu gehen als Cornelius oder Overbeck, vielleicht weil es ihm an Übung fehlt, so ist doch das, was er uns gibt, immer in seiner Art vortrefflich. Im Malen, sowohl in Öl als in Fresko, ist er fast Meister zu nennen. Sie wissen schon aus öffentlichen Blättern, daß ihm nun der *Dante* in der Villa Massimi übertragen ist. An Reichtum der Gedanken, noch mehr an Umfang des Talents scheint der ältere Bruder [Johannes] dem jüngern nachzustehn, an Tiefe des Gemüts kömmt er ihm vielleicht bei.

FRANZ GRILLPARZER

1791–1872

An Karoline von Pichler

Rom, am 9. April 1819

Gnädige Frau! Sie sehen aus der Überschrift, daß ich in Rom, dem Hauptziel meiner Reise, bin. Nach einer beschwerlichen, mit mancherlei Unannehmlichkeiten verbundenen Fahrt trafen wir am verflossenen Mittwoche hier ein. Was soll ich sagen, was *kann* ich sagen? Ich bin in einer neuen Welt und befinde mich darin um so besser, je weniger die alte nach meinem Sinne war. Dieses Kommen und Gehen, dieses Schauen und Genießen; bei Gott! ich könnte mein ganzes Leben so zubringen, obwohl nichts dabei heraus käme, denk ich.

Anfangs war unsere Reise nichts weniger als erfreulich. Durch die steirischen und krainerischen Gebirge Tag und Nacht zu fahren, zu einer Zeit, wo sie noch größtenteils mit Schnee bedeckt sind und noch mit der Grüne alles Reizes entbehren; in Triest ankommen und dort die Pässe zur Fortsetzung der Reise sich verweigert sehen; von dort nach einem zweitägigen Aufenthalte auf einer elenden Barke nach Venedig übersetzen, zwei Nächte und einen Tag durch widrige Winde auf der See gehalten zu werden, die Seekrankheit bekommen und unpäßlich in Venedig anzukommen, darin ist wahrlich nichts, was eine Reise angenehm machen könnte, und doch traf uns dieses alles. Aber in Venedig war der Wendepunkt unserer Leiden. Vom Gouverneur auf das freundlichste aufgenommen, erhielten wir die Pässe zur Fortsetzung unserer Reise und fuhren, nach einem unfreiwilligen Aufenthalte von zweieinhalb Tagen, von Venedig ab. Ich sage: ein unfreiwilliger Aufenthalt, unter diesen Umständen wohl, unter andern wäre ich mit Vergnügen Monate lang dort geblieben. Venedig übertrifft alles, was ich bisher von Herrlichem gesehen habe, selbst Rom, ja selbst das ewige Rom, was nämlich die Macht des ersten Eindrucks betrifft. Dieser Markusplatz, diese Markuskirche, dieser Markuspalast, diese Denkmäler einer Größe, die zwar auf dem Sterbebette liegt, aber doch noch in den letzten Zügen die Riesenglieder dehnt und streckt, indes Rom ganz tot und unbeweglich daliegt – bei Gott, gnädige Frau! Reisen Sie nach Italien! Tun Sie's nicht, so begehen Sie ein Verbrechen an sich selbst und an allem Großen und Schönen.

Ich bin in Gefahr, eine Reisebeschreibung zu schreiben statt eines Briefes, aber der bloße Gedanke an den Markuspalast und an dieses kolossale Venedig, das, wie jene heiligen Siebenschläfer im Mittelalter, eingeschlafen zu sein scheint und jetzt erwacht, sich selbst in seiner altertümlichen Tracht und die Umgebungen in ihrer neuen nicht zu kennen scheint, das alles spukt gewaltig in meinem Kopfe herum.

Die Reise nach Florenz herrlich. Wir passierten die Apenninen bei Nacht. Warum habe ich meinen Jaromir nicht in die Apenninen statt nach Böhmen versetzt; mir tat es beinahe leid, daß wir nicht angefallen wurden, so notwendig schienen Räuber zu diesen wilden Klüften und Abstürzen zu gehören. Und als nun die Sonne aufging und, durch Streifnebel gebrochen, die grimmigen Felsen von einer Seite und die friedlichen Täler von der anderen beleuchtete, und als nun endlich die Berge allmählich sich senkten und das gottgepflegte Toskana dalag in einer Schönheit, für die die Sprache keine Worte hat, grün und blühend mit Zypressen und Pinien, mit Lorbeern und Ölbäumen – noch einmal: Reisen Sie nach Italien, gnädige Frau.

Florenz. Fort ohne Aufenthalt, und so fort, Tag und Nacht, durch die wildesten Gegenden, mitten durch die aufgehangenen Glieder von hingerichteten Mördern, die gedörrt an Pfählen baumeln und die Orte geschehener Morde bezeichnen, fort bis endlich hinter alle Storta der Postillon still hielt, auf eine rundliche Erhöhung in nebliger Ferne mit der Peitsche hinwies und sagte: Dort liegt Rom!

Was ich in Rom gesehen und gehört, weiß ich so eigentlich selbst nicht mehr. Ich war in der Sixtinischen Kapelle und habe die Lamentation samt dem Miserere gehört, welchem letztern nichts beikommt, was ich gehört habe bis jetzt, selbst Beethovens Sinfonien nicht, mein Fräulein Lottchen! Ich habe den Papst gehen und tragen gesehen; ich habe ihn gesehen den Segen austeilen orbi et urbi vom Altar der Peterskirche, und in der Tat, der Eindruck dieses letztern war größer als alles andere, was ich bis jetzt erfahren, und wird mit dem Markuspalast und dem ersten Anblick des Meeres als Merkzeichen in meiner Erinnerung stehen.

An Joseph Schreyvogel

Neapel, am 30. April 1819

Beinahe hätten mich die Manen der Catonen und Szipionen bei sich behalten. Von all dem Treiben, um zu sehen und zu genießen, von all den Eindrücken und Bildern, die da unaufhörlich in immerwährendem Wechsel auf das Gemüt einwirken, ward ich in Rom wirklich ernsthaft krank. Die Unwissenheit der dortigen Ärzte, der Zustand der verfluchten römischen Küche und das Unbehagliche meiner Lage vermehrten mein Übelbefinden, und ich war nahe daran, das bösartige Wechselfieber zu bekommen, dem Deutsche in Rom so sehr ausgesetzt sind. Dr. Jäger, der Arzt des Fürsten Metternich, hat mich aber glücklich wieder hergestellt, und da ich nun überdies statt des sumpfigen, abspannenden Dunstkreises von Rom Neapels Seeluft atme, so wird, hoff ich, bald alles gut sein.

Was habe ich gesehen! was habe ich gefühlt! Was habe ich – gedacht? – Nein, gedacht verflucht wenig; ich war vielmehr in einem immerwährenden Zustande von Dumpfheit, die nur, wenn mir so etwas recht Tüchtiges vorkam, als z. B. der Laokoon oder die Stanzen des Raffael, wie von Blitzen durchzuckt wurde. Im ganzen hat der Eindruck, den Rom macht, beinahe etwas Unangenehmes. So zu jagen von einem Museum zum anderen, von einem Denkmal zum anderen, von einer Herrlichkeit zu einer größeren, und dabei in einem fremden Lande, wo alles anders ist als bei uns – man braucht tüchtige Nerven; die meinigen hielten es nicht aus. Den Hauptgenuß verspreche ich mir erst nach der Zurückkunft, wenn die Bilder sich erst nebeneinander vertragen gelernt haben und, ohne sich wechselseitig zu verdrängen und zu verschlingen, sich ordnen und reihen.

Den Raffael sollten Sie sehen, das ist ein Dichter, ein dramatischer nämlich! Seine ‹Transfiguration› könnte man wohl ebenso gut eine dialogisierte Pantomime nennen als der Elefantenrüssel im Theater in der Josefstadt.

Und die Stanzen! Jede Figur ein Meisterstück, und jede Gruppe wieder ein Meisterstück und jedes Bild wieder eines. Diese ‹Schule von Athen›, Shakespeare hat kaum herrlicher charakterisiert. – Dieser Mensch hat mich außer mir selbst gesetzt vor Verwunderung. – Von den antiken Statuen hatte ich mir im ganzen mehr versprochen. Nicht als ob man etwas Herrlicheres sehen könnte als die besten darunter, aber in meiner Einbildung hatte ich mir das ganze vatikanische Museum als eine Sammlung von lauter mediceischen Venussen und belvederischen Apollos gedacht, und das ist es denn doch nicht. Überhaupt hat meine Phantasie nur zu oft den Sieg über die Wirklichkeit davon getragen. Selbst das Meer habe ich mir erhabener gedacht, aber nicht so *schön,* und daher entzückte es mich dennoch.

Übermorgen besteige ich den Vesuv, dann nach Pompeji und Herkulanum und so fort, bis ich wieder bei Ihnen bin und mich wieder besinnen kann nach all dem Herumtreiben.

FREIHERR VOM UND ZUM STEIN

1757–1831

An Graf Spiegel

Mailand, 28. Oktober 1820

Die Nachrichten aus dem Vaterland und von meinen Freunden werden mir durch die lange und weite Entfernung doppelt angenehm, und danke ich daher Euer Exzellenz herzlich für Ihr ausführliches Schreiben d. d. 5ten m. c. Der Aufenthalt in Italien ist ganz geeignet zu erheitern und Seele und Körper zu stärken. Milde des Klimas, Schönheit der Gegenstände und Reichtum an Werken der Kunst und der Natur, Lebendigkeit der Bewohner, alles würkt zu diesem Zweck. Auch in der neuen Literatur Italiens herrscht noch ein gewisses Leben, Alfieri und der noch lebende Monti sind vorzügliche Dichter, mehrere unter dem italienischen Adel widmen sich mit Ernst den Wissenschaften, so hat z. B. der junge Graf Ottavio Castiglione den größten Anteil an der von Majo besorgten Ausgabe der Fragmente des Ulfilas. Allerdings sind jetzt politische Ideen die herrschenden, Befreiung von fremder, ultramontanischer Herrschaft, Bund italienischer Staaten oder Einheit Italiens, das sind die Ideen, welche die Aufmerksamkeit der gebildeten Klasse ausschließend fesseln und an sich ziehen. – Wie soll aber ein Problem, das seit dem Untergang des Römischen Reichs unaufgelöst blieb, unter den gegenwärtigen Verhältnissen aufgelöst werden können – mir scheinen es nur Spiele einer gespannten Einbildungskraft.

Ich verlasse Mailand ungern und reise den 30sten Oktober nach Florenz, wo ich mich einen Monat aufhalte und im Dezember Rom erreiche. Daß dieser Aufenthalt sollte gestört werden durch innere oder äußere Unruhen, scheint mir nicht so recht wahrscheinlich – sollen gleich die Bewohner der vier Legationen der päpstlichen Herrschaft sehr müde sein.

An Johannes Anton Graf Capo d'Istria
(Original französisch)

Rom, den 29. Dezember 1820

Da ich Eure Exzellenz dem schönen Lande, in dem ich mich jetzt befinde, so geneigt weiß, kann ich dem Wunsche nicht widerstehen, mich bei Euch wieder in Erinnerung zu bringen und Euch von diesem Italien zu sprechen, das an großen Erinnerungen so reich und wegen seines augenblicklichen moralischen Zustandes so interessant ist.

Generationen, die sich dem Genusse des Klimas, der Sinne und der schönen Künste hingaben, oder die sich mit den Phraseologien ihrer Akademien beschäftigten, sehen wir hier eine neue folgen, die mitten in Kriegen und revolutionären Bewegungen erzogen wurde und oft einen unfreiwilligen Anteil daran genommen hat. Dieser Zustand der Dinge hat notwendigerweise tiefe Spuren hinterlassen, und es ist natürlich, daß eine geistvolle, leidenschaftliche Nation, deren Einbildungskraft mit den schönsten Erinnerungen jeder Art von Ruhm erfüllt ist, das Dunkel verschmäht, in welches sie sich seit 3 Jahrhunderten getaucht findet, und hofft, nach einer langen Epoche von Abhängigkeit und von Leiden wieder einen ehrenvollen Platz unter diesen Nationen, denen sie Gesetze gegeben und Erkenntnisse vermittelt hat, einzunehmen, und daß ein freies und unabhängiges Italien der stete und teure Wunsch der geachtetsten Männer dieses unglücklichen Landes ist.

Wahr ist, daß man nicht bloß durch die unfruchtbaren Wünsche die politische Unabhängigkeit erhält. Italien hat die Chancen, die ihm die Jahre 1813, 14 und 15 angeboten haben, entwischen lassen, und sehr viele Unvollkommenheiten seiner inneren Organisation stellen sich den Wünschen seiner Bewohner entgegen – wovon die größten *ihre Eifersucht* zwischen Land und Stadt, ihr *Mangel* an einer bäuerlichen Bevölkerung, die durch ständigen oder teilweisen Besitz an den *Boden* gebunden ist, und der *Verlust der militärischen Gewohnheiten* sind, da dieses selbe Land, das die hohe militärische Wissenschaft geschaffen hat, die so viele berühmte Heerführer hervorgebracht hat, z. B. Alexander, den Herzog von Parma, Montecuccoli, den Prinz Eugen von Savoyen usw., die militärischen Einrichtungen

9. *Joseph Anton Koch: Frauen am Flußufer in Rom*

11. *Joseph Anton Koch: Tiberlandschaft bei Acqua Acetosa*

12. *Karl Friedrich Schinkel: Hafen von Genua*

13. *Karl Friedrich Schinkel: Concordia-Tempel bei Girgenti*

14. *Karl Friedrich Schinkel: Forum Romanum in Rom*

15. *Karl Friedrich Schinkel: Die drei Tempel von Girgenti*

16. *Anselm Feuerbach: Im Park der Villa d'Este in Tivoli*

mit Ausnahme von Piemont vernachlässigt und den kriegerischen Geist verloren hat, der durch die Gewohnheit und die Erinnerung an abgewehrte Gefahren erzeugt und genährt wird. Die Regierungen, die Napoleon und den Napoleoniden in Italien nachgefolgt sind, hätten von den erwähnten Umständen profitieren können ... sowohl durch gerechte und weise Maßnahmen der Erregung der Geister eine wohltätige Richtung geben als auch alle Interessen der Nation an die des Thrones binden können. Sie zogen es vor, einen entgegengesetzten Weg zu beschreiten; die einen wendeten die schweren und absurden Formen eines Steuersystems an, das lähmt, indem es zentralisieren will, sie gaben ihr ganzes Vertrauen den Angestellten, die den Regierten fremd waren, und indem sie diese jeder Beteiligung an der Besorgung ihrer ländlichen und städtischen Interessen beraubten, reizten sie sie und verdammten sie zu einer demütigenden und gefährlichen Untätigkeit.

Der König von Neapel begann seine neue Verwaltung, indem er das dem neapolitanischen Volk gegebene Verfassungsversprechen brach, indem er die Sizilianer der Rechte beraubte, die sie legal erworben und ruhig über Jahre hinweg besessen hatten, und indem er sich selbst durch die Abmachungen mit einer auswärtigen Macht der Möglichkeit beraubte, den mit einem Teil seines Volkes eingegangenen Verpflichtungen und den Versprechungen, die er dem anderen gegeben hatte, treu zu sein.

Eine notwendige Folge dieser Führung war die allgemeine Erregung der Geister, die Isolierung des Thrones, welcher, indem er seine wahren Freunde, die Grundbesitzer, zurückstieß, sich nur auf die Steuereinnehmer und die Bajonette stützte, alles beides Gegenstände für die Verführungen der Meinung, des Ehrgeizes, des Geldes und um die Geister empfänglich zu machen, sich dem Einfluß einer aktiven Sekte, die gefährlich und kriminell in ihrem Ziel und in der Wahl ihrer Mittel ist, hinzugeben.

Die Ungerechtigkeit und die Liebe zur Willkür haben also eine Krise hervorgebracht, einen Thron erschüttert, die Gärung in Italien verbreitet und die Notwendigkeit eines Krieges herbeigeführt – aber was ist das Ziel? Was werden die Ergebnisse sein?

Das sichtbare Ziel ist, eine in ihren Elementen, in den Formen ihrer Einführung fehlerhafte Verfassung zu entfernen; eine in ihren Mitteln entartete Sekte zu entfernen, die durch die Zahl und die Eigenschaften ihrer Mitglieder gefährlich ist, die zum großen Teil aus der Klasse der Proletarier gewählt ist. Aber will man zu gleicher Zeit das Blut für die Wiedererrichtung der bureaukratischen Monarchie vergießen, will man die Neapolitaner und die Sizilianer der Vorteile des parlamentarischen Systems berauben, das man in Frankreich befürwortet, für Deutschland auf dem Wiener Kongreß ausgerufen und wahrhaft im Süden gefördert und dem Norden dieses Landes heuchlerisch versprochen hat? Der Zustand der Schweiz und die unterschiedliche Veranlagung der Geister in den verschiedenen Teilen Deutschlands zeigen deutlich die Richtung an, der die Regierungen folgen müssen, um die Gärung der Völker zu neutralisieren. Sie ist groß in Preußen, wo das Ministerium sich aus Individuen zusammensetzt, die um die Achtung gebracht worden sind durch ihre Sittenlosigkeit, ihren Mangel an Aufrichtigkeit und ihre Verschwendungssucht, wo die Verwaltung einer bureaukratischen, schwerfälligen, hinderlichen, kostspieligen Hierarchie anvertraut ist, wo vor sechs Jahren gegebene und häufig erneuerte Verpflichtungen jeden Glauben verloren haben. Die Geister sind ruhig, zufriedengestellt und vertrauensvoll in Bayern, Württemberg, Baden, und dort besteht eine vollkommene Übereinstimmung zwischen den Regierungen und den Regierten.

ARTHUR SCHOPENHAUER

1788–1860

An Friedrich Gotthilf Osann

Florenz, den 29. Oktober 1822

Werter Freund! Wieder steht jetzt der große Bär niedrig am Horizont, – wieder steht in unbewegter Luft dunkelgrünes Laub, scharf abgeschnitten auf dem dunkelblauen Himmel, ernst und melancholisch, – wieder machen Oliven, Reben, Pinien und Zypressen die Landschaft, in der zahllose kleine Villen zu schwimmen scheinen, – wieder bin ich in der Stadt, deren Pflaster eine Art Musik ist; auf dem Hauptplatz stehn 3 enorme, bunte, marmorne, polierte Bijous, vom Regen rein gewaschen glänzen sie in der Sonne, der Dom, Kampanil, Battistero: und wieder gehe ich täglich über den wunderlichen, von Statuen bevölkerten Platz, von dem Sie einen sehr ähnlichen Kupferstich haben: – wieder lebe ich unter der verrufenen Nation, die so schöne Gesichter und so schlechte Gemüter hat: am auffallendsten ist die unendliche Heiterkeit und Fröhlichkeit aller Mienen: sie kommt von ihrer Gesundheit und diese vom Klima: dabei sehn viele so geistreich aus, als ob etwas dahinter stäke; sie sind fein und schlau und wissen sogar, sobald sie wollen, brav und ehrlich auszusehn und sind dennoch so treulos, ehrlos, schamlos, daß die Verwunderung uns den Zorn vergessen läßt. Fürchterlich sind ihre Stimmen: wenn in Berlin ein einziger auf der Gasse so gellend und nachhallend brüllte, wie hier Tausende, so liefe die ganze Stadt zusammen: aber auf den Theatern trillern sie vortrefflich.

Wieder sind die Zimmer hoch; oben Gebälk, unten Steinpflaster, alles Eisen und Stein, Möbeln schlecht, Türen und Fenster albern eingerichtet: ich schreibe am Licht der hohen messingnen dreiflammigen Lampe, die der Bediente soeben mit Schwefelschilfhalmen anzündete und, nachdem er es mühsam zustande gebracht, ein feierliches felicissima notte a Vossignoria[1] aussprach. Feigen, Trauben und Zitronen, mit vielen Blättern am Stiel, stehn gehäuft vor mir. – Mein Schatz, war das vor 3 Jahren nicht alles auch so? Sie haben einen Hauch dieser Existenz hinüber verlangt: Ecco la servito![2] – In den letzten 3 Jahren träumte mir bisweilen, ich wäre in Rom, in Neapel: aber dann erwachte ich und lag noch in der Niederlagstraße: jetzt glaubte ich anfangs bisweilen, es könne mir wieder so gehn: aber dies Mal schwindet die Erscheinung nicht. – Der 2te Eintritt in Italien ist noch erfreulicher als der erste: mit welchem Jubel begrüßte ich jede italienische Eigentümlichkeit! Das uns ganz Fremde und Ungewohnte beängstigt beim 2ten Male nicht, wie beim ersten: selbst das Lästige, Widrige, Unbequeme wird als ein alter Bekannter begrüßt, das Gute weiß man zu finden und versteht es zu genießen. Ich fand, daß alles, was unmittelbar aus den Händen der Natur kommt, Himmel, Erde, Pflanzen, Bäume, Tiere, Menschengesichter, hier so ist, wie es eigentlich sein soll: bei uns nur so, wie es zur Not sein kann.

Als ich von der langen und schönen Schweizerreise, die herrliche Erinnerungen zurückläßt, in Mailand ausruhte, hoffte ich einen Brief von Ihnen: sed frustra[3] . . . Da muß ich denn jetzt Ihnen mein Andenken zurückrufen und meine Bitte erneuern um etwas literarische Neuigkeiten, zumal solche, die mich näher interessieren. Hier erfährt man nichts, wenn gleich im Lesekabinett der ‹Hermes› und die ‹Amalthea› (mit einem Aufsatz von Ihnen) liegen: denn das ist eben auch alles. Mich freut bisweilen das Heterogene meiner Umgebung: ich belächle mich selbst, wenn ich mit einem weißen Domenikaner im Boboli promeniere und den Verfall der Klöster beseufzen helfe oder im kerzenhellen Urvätersaal einer Villa einer englischen Dame die Cour mache: «doch wenn in unsrer stillen Zelle das Lämpchen freundlich wieder brennt» – dann bin ich wieder ich selbst

1 beste Nacht Euer Wohlgeboren

2 Da kommt er!

3 aber vergeblich

und weiß, wo mein Leben eigentlich liegt: da wünsche ich denn auch von außen etwas zu vernehmen, was darauf Bezug hat. Sie wissen meine Wünsche hierüber, und ich kenne Ihre Güte. – Hat der neue Meßkatalog remarkable Philosophica gebracht? – Drei philosophische Lehrstühle, in Heidelberg, in Breslau, in Berlin, waren zu besetzen: mit welchen Subjekten hat man sie ausgefüllt? – Hat sich irgend jemand über mich ausgelassen oder gar wieder eine eigne Pièce über meine Sache abgefaßt? – Die würde ich bitten, mir mit der Post zu schicken und meines Dankes wie des Kostenersatzes gewiß zu sein. – Hier ist man selbst mit Büchern nicht gut daran: man muß alles kaufen: die Bibliothek hat die unbequemste Einrichtung: ein Kistchen Bücher, das ich habe nachkommen lassen, hat schmähliches Geld gekostet. Indessen ist nichts verboten. In Mailand zeigten sie mir mich selbst im dicken Verzeichnis verbotener Autoren.

Ich bleibe den Winter hier: noch ist es warm, ich trage fortwährend nankingne Hosen und so tun alle: das Laub fängt an, hin und wieder gelb zu werden: die meisten Bäume kennen keine Jahrszeit: selbst Orangen stehn im Klosterhofe von S. Lorenzo das ganze Jahr im Freien und unbedeckt, hoch, stark, den Hof beschattend: wird es kalt, so werde ich mich an diesem Anblick trösten. – Eldorado ist unter der Erde. Mit Italien lebt man wie mit einer Geliebten, heute im heftigen Zank, morgen in Anbetung: – mit Teutschland wie mit einer Hausfrau, ohne großen Zorn und ohne große Liebe.

ALEXANDER VON HUMBOLDT

1769–1859

An Wilhelm von Humboldt
(Original französisch)

Neapel, den 3. Dezember 1822

Wir stehen kurz vor unserer Abreise nach Rom, mein lieber und trefflicher Freund. Man veranlaßte den König 15 Tage hier zu bleiben, was, wie Du wohl empfinden wirst, in keinem Verhältnis zu dem kurzen Romaufenthalt steht. Die Natur und die Künste bieten in letzterer Stadt weit mehr Interessantes, und trotz des herrlichen Klimas (das Thermometer ist immer auf 18 ° R. gewesen) und der malerischen Ansicht des Hafens habe ich von neuem gemerkt, um wieviel dieselbe Landschaft um Rom, Tivoli und Frascati eingeschlossen, abwechslungsreicher ist als die von Neapel. Die Vegetation fehlt hier fast ganz, und man langweilt sich an den ewigen Weinstöcken der Elyseischen Felder. Da die Regengüsse und die Gewitter den Weg nach Paestum verdorben haben, hat man leider auf diese interessanteste aller Fahrten verzichtet: Wir hatten als Ersatz viele Balletts und Schauspiele, selbst am Hofe, wo man den König damit marterte, seine Büste in dem Augenblick gekrönt zu sehen, wo der Geist Friedrichs des Großen erschien, gestiefelt und gespornt, den Krückstock in der Hand, in einer Wolke, ein zugleich lehrreicher und erschreckender Anblick. Ich gewann dadurch ein wenig Muße, um drei Exkursionen auf den Vesuv zu machen, jede von 10–12 Stunden zu Fuß. Ich war grausig durchnäßt, und da ich den König immer nur spät verlassen konnte, wurde ich auf der letzten Exkursion von der Nacht überrascht, als ich eben die steilabgeschrägte Wand des Somma herunterstieg. Ein Gewitter kam hinzu; um von den Wassern, die sich im Atrio del Cavallo sammeln und in das Tal von Veterana wie eine Kaskade von Terni herniederbrausen, nicht fortgerissen zu werden, machten sich große Umwege nötig. Niemals habe ich in drei Stunden so viel Regen und Hagel auf dem Körper gehabt. Wir waren ohne Fackeln, die Gipfel des Vesuvs und des Somma, vom Blitz erleuchtet, boten ein wundersames Schauspiel. Ich konnte ohne Angst sein, denn ich hatte glücklicherweise einen ausgezeichneten Führer, Salvator Madonna. Wir kamen erst um neun Uhr abends bei dem Eremiten an, und um Mitternacht war ich in Neapel. Zu meinem Glück konnte ich alle die Messungen zu Ende führen, die ich mir vorgenommen hatte. Es ist sehr wichtig, von Zeit zu Zeit die Gestaltung des Vesuvs festzuhalten: es gibt ebensoviele fixe Punkte in den von Natur variablen Erscheinungen. Der letzte Ausbruch im Oktober 1822 wirft viel Licht auf Pompeji. Die Asche von Bosche tre Case war 10 Fuß hoch. Der König ließ sich am 25. auf den Krater tragen, der nur noch raucht. Was für eine Karawane, wir waren 318 Personen auf dem Berge. Der Oberst L . . ., dessen Unterhaltung immer vorgezogen wird, konnte unseligerweise nicht bis zum Krater steigen: das war mein Unglück, denn er erklärt mir mit einer unerschrockenen Zudringlichkeit die kompliziertesten vulkanischen Erscheinungen. Es ist ein bißchen hart, ihn in 22 Tagen täglich 14 Stunden reden zu hören. Vorgestern brachte ein Kurier von Genua die große Neuigkeit vom Tode des Fürsten Hardenberg. Sie hat hier nur für einige Stunden Sensation gemacht. Das Ereignis ist schon vergessen; er war seit längerem nicht mehr beliebt, und so ist es gleichsam eine Fessel weniger. Ich bilde mir ein, daß diejenigen, die in diesem Augenblick mit dem Kronprinzen regieren, an der Spitze der Geschäfte bleiben werden. Man hätte gewünscht, der Tod eines Menschen, der überdies bedeutend war, hätte mehr Würde besessen. Er starb in den Armen der Magnetiseuse Madame von Kinski. Herr von Voß wurde zum Ministerpräsidenten ernannt. Der König fährt in seinem Wohlwollen gegen mich fort: er behandelt mich mit der größten Aufmerksamkeit, und ich kann ihm dafür nicht genug dankbar sein.

LUDWIG RICHTER

1803–1884

An Johann Christoph Arnold

[Rom,] 31. Januar 1824

Bis jetzt hat mich Italien noch gar nicht so angezogen wie Tirol und überhaupt wie die deutsche Natur. Farbe und Form der Gebirge und Fernen ist freilich schöner als bei uns, aber was das Gemütvolle und der eigentliche Geist in der Natur ist, das spricht sich bei uns höher und reiner aus. Das schönste, reichste Feld für den Landschafter bietet der Wechsel der Jahreszeiten, und dieser zeigt sich in Deutschland kräftig und entschieden, indes hier alles unbestimmt in- und durcheinanderfließt. Der italienische Winter mit seinen auch ziemlich kalten Tagen, aber doch meist heiterem Himmel ist ganz reizlos. Die Fluren liegen grau und farblos, die Bäume sind dürr, bis auf die Zypressen, Lorbeeren und immergrünen Eichen, auf den Gebirgen liegt Schnee, die Fläche sieht öde; welche oft reizende, auch ungeheuer ernste Bilder kann uns ein nordischer Wintertag geben. – Der Frühling beginnt hier schon im Januar, wo einzelne Blumen hinauskommen, im Februar blühen dann einige dürre Mandelbäume, und so kommt nach und nach bis im Mai und Juni das Grüne heraus, wo es dann die schreckliche Hitze braun dörrt und der Scirocco welkt. Wie unendlich schön ist ein deutscher Frühling! wo sich die Natur auf einmal aus dem Winterschlafe ringt und in ihrer höchsten Pracht und Jugendschöne zeigt. Und ebenso ist es mit Sommer und Herbst. Das zweite ist der Mangel an Bäumen, und wo es deren gibt, sind sie immer klein und kümmerlich. Die Gebirge sind zwar aus der Ferne wunderschön, aber in der Nähe tote, dürre Steinmassen. Wo das Land mit den Orangenwäldern und der ewige Frühling blüht, möcht ich wohl wissen.

Freilich gibt es auch entzückend schöne Partien, besonders unendlich großartige Ebenen, reizende Gebirgslinien, das Meer, Ruinen und fast überall klassischen Boden. Doch gewährt den höchsten Nutzen der Reichtum von Kunstwerken und die Menge der Künstler, und der junge Künstler kann nirgends so gefördert und von den Wogen der Kunst so ergriffen und fortgerissen werden als in Rom, und es ist gewiß der einzige Ort, wo man die letzte Ausbildung erhalten kann. Aber meine höchste Liebe ist auf die Schweiz und den alten deutschen Rhein gerichtet. Jetzt erst fühle ich recht, wie sehr ich das schöne Vaterland verkannte; seine Schönheiten, seinen ungeheuren Reichtum läßt man gewöhnlich liegen und eilt in die Ferne. Das Fremde reizt mehr, ist aber selten besser. – Hat unser Rhein, die Donau mit ihren wunderschönen Gegenden, die Insel Rügen, das nordische Sizilien, nicht eben den klassischen Boden, nicht eben so schöne Gegenden als Italien? Und muß uns jener Boden nicht heiliger und von vieler Wichtigkeit sein? O, wie sehr freue ich mich darauf, das Gute, das ich hier erlerne, vorzüglich auf jene Gegenden anzuwenden. – Wie ernst ermahnend an alte deutsche Zeit ist der Harz mit seinen Burgen und Bergen, Heidelberg und der Odenwald, das Riesengebirge, die Elbe vom Quell bis in die Meißner Gegend, Sachsens Paradies! Wenn man solche Gegenden, Burgen und Städte charaktervoll, echt volkstümlich und historisch auffaßte, wie bedeutungsvoll und höchst interessant könnte ein solches Werk werden, wie erhöht noch durch sinnreiche Staffage, welche einzelne Charakterzüge, Gebräuche, Tugenden jenes Volkes darstellten, oder wohl gar, wo es passend wäre, Szenen aus der Geschichte oder Sage, wie es der verstorbene, höchst geistvolle Fohr in einer Reihe Darstellungen der Burgen an der Bergstraße versuchte. Dazu müßte das Ganze so naturgetreu und zart als möglich ausgeführt sein, daß sich der Gebildete wie gemeine Mann darüber erfreuen könnte, Kunst ist fürs Volk, was nützt sie sonst? – Ein solches Werk wäre wie ein mächtiger Tempel, worin der Deutsche sich vergangener Taten und Sitten erinnern und über die künftige blühende Schönheit seines Landes erfreuen könnte; ja, einem solchen Werke möchte ich mit Freuden mein Leben weihen. Eine solche Auffassung der Natur könnte vielleicht auch noch etwas anderes sehr Gutes bewirken, was ich mich aber schäme zu sagen, da ich noch zu wenig Künstler bin.

An denselben

Rom, den 17. Juni 1824

Kaum getraue ich mir es zu schreiben, und doch habe ich es schon seit dem letzten Briefe, den ich Ihnen aus Rom schrieb, mit Mühe unterdrücken können, und einmal muß es heraus. Mit einem Worte: Italien gefällt mir nicht, es bietet bei weitem nicht das reiche Feld, die große herrliche Natur, die ich schon in Salzburg sah, in der Schweiz leicht noch größer wiederfinde; ja, ich bin fest überzeugt, daß ein längerer Aufenthalt in Italien für den deutschen Landschaftmaler, der den Boden, auf welchem er die frühesten Eindrücke empfing, nicht auf immer vergessen kann und darf, nicht allein unnütz, sondern auch schädlich sein kann. Eine solche Meinung wird Ihnen auf alle Fälle wunderbar genug vorkommen; doch hören Sie mich. Mein Gefühl hat schnell und bestimmt entschieden. Ich sehe, was dabei herausgekommen ist, wenn geistvolle Künstler, die drei und sechs Jahre in Italien studierten, endlich zurückkamen und italienische Landschaften malen wollten; es wurden Zwittergeburten, in welchen deutsche und italienische Natur vereinigt und geschändet wurden. Ich könnte sehr gefeierte Namen aufführen, in deren Werken auch nicht der geringste Zug an Italien erinnert. Unser Dahl hielt sich nicht lange hier auf und machte hier obendrein nordische Landschaften, da ihn die südlichen nicht ansprachen, ja er hätte beinahe seinen Ruf verloren, wenn er bei seinen italienischen Gemälden geblieben wäre. Der berühmte und größte der neuen Landschafter, der Tiroler *Koch,* welcher nun seit 30 Jahren hier lebt, verdirbt sein ungeheures Genie an charakterlosen Bildern; denn in seinen südlichen Landschaften sieht man immer das wilde Tirol, da hingegen seine Schweizerlandschaften, wozu er nicht einmal Studien hat, als einzig dastehen. Die alten Niederländer *Berghem* und *Both* verdarben ihr hohes Talent in Italien, da hingegen *Ruisdael* und *Everdingen,* die nie Italien sahen und noch dazu in einer fast ganz unmalerischen Gegend lebten, die größten Männer in diesem Fache sind und unerreichbar dastehen. – Wie viel weniger Eindruck eine italienische Landschaft übrigens auf einen Deutschen, der Italien nie gesehen hat, macht, als die Darstellung auf einem gleich gut dargestellten deutschen Bilde, davon habe ich die stärksten Beweise. – Wie wäre es auch anders möglich? Wie kann sich ein echter deutscher Mann über ein fremdes, ihm ganz unbekanntes Land so recht freuen? Das sind und bleiben ihm ungemessene Größen, und das ist so auch recht gut; *aber die oft unbeachteten Schönheiten seines Vaterlandes auf eine edle und bedeutende Art vor Augen zu stellen, damit der Deutsche sich daran erfreuen kann, indem er darin sich selbst und die geringste seiner Umgebungen wiederfindet, das scheint mir das Wahre, Rechte.* – Doch durch Taten wollte ich Ihnen das alles besser zeigen als hier mit den abgerissenen schwachen Worten. Ich will meinen eigenen Weg gehen, weil mir kein anderer genügt. Die Landschaftmalerei ist jetzt sehr gesunken, man ahnet ja kaum das höhere göttliche Leben der Natur und die heilige, schöne Bestimmung der Kunst; und nun denken sie, wenn sie nur den Schein recht genau nachmachen, steckt auch der Geist mit drinnen; aber der Geist läßt sich so nicht binden und fesseln, im Herzen des Künstlers muß er sich wiedererkennen, sich spiegeln können. Die eine Partei ist ganz naiv, die andere ganz sentimental, und eines ist so weit von dem Wahren wie das andere; und letzteres ist gewiß die allerabscheulichste Kunst unseres nervenschwachen Jahrhunderts. Die alten Griechen und selbst die Römer, als Menschen, welche die Natur selbst bildete und welche dabei eine Höhe erreichten, über welche wir staunen, kannten nichts von jenen mephitischen Ausdünstungen, in welchen sich unsere reizbaren, empfindsamen Mondscheinseelen so wohl befinden; sie hielten sich rein an die Natur und *erhielten deren hohen Geist.* – Rom *muß* der Künstler sehen, der sich völlig ausbilden will, um die Richtung zu begreifen, die er eigentlich zu nehmen hat, und an den großen Werken der Künstler zu lernen; doch dazu bedarf es für den deutschen Landschafter nicht Jahre, denn wer das Schöne im ersten Augenblick nicht faßt und versteht, faßt es auch in Ewigkeit nicht. – Das Gute liegt uns so nah, warum es immer in weiter Ferne suchen? – Und läßt sich das millionenfach sprudelnde Leben der Natur in 2 bis 3 Jahren fassen oder gar studieren und in Koffer gepackt nach Hause tragen? –

Künftiges Frühjahr möchte ich mit dem Skizzenbuch für ein paar Monate das Neapolitanische durchstreifen und im Sommer wieder in Salzburg oder in der Schweiz sein. Meine Sehnsucht nach den wunderschönen Alpen ist unaussprechlich, das ist mein Paradies, und dort möchte ich studieren. Einen Winter könnte ich noch in München nützlich zubringen und dann an den Rhein und an die Donau, die Grenzströme Deutschlands zurück. Heute lege ich diesem Briefe ein kleines Erzeugnis meines Pinsels bei. Nehmen Sie es mit Nachsicht auf.

Ihnen vielleicht einiges Vergnügen damit zu machen, gab mir neue Lust und Kraft zur Arbeit; Sie werden es hoffentlich nicht ausschlagen. Gebe der Himmel, daß es in der Heimat eben den Beifall erntet wie hier; der Wille war gut, aber die Hand noch sehr schwach. Es soll besser kommen, aber das Beste kann nicht eher hervorgebracht werden, als bis ich deutschen Boden unter mir habe, deutsche *freie* Luft atme. Hier beim schwächenden, gräßlichen Scirocco muß alles, auch die Kraft des Geistes welken.

L. R.

CARL ROTTMANN

1797–1850

An Friederike Rottmann

Massa, September 1826

Liebe Friederike! Du wähnst vielleicht, daß ich schon lange in Florenz oder Rom angelangt sei, während ich noch hier in Massa bin und mich kaum von diesen herrlichen Gegenden trennen kann, die vielleicht mit die glücklichsten sind, die Dir [?] und dort dem Erdboden ausgeteilt worden. Ich kann Dir jetzt im Augenblick nicht mehr davon sagen, denn um Dich nicht lange ohne Nachricht von mir zu lassen, schreibe ich Dir jetzt nur so viel, daß ich endlich gefunden, was meine Phantasie suchte. Du hast wohl aus meinen Briefen ersehen, daß mir noch vieles zu wünschen übrig geblieben war, das ich an jener Küste gegen Nizza nicht gefunden und vielleicht auch nirgends gefunden hätte, wenn ich nicht meine Küstenreise fortgesetzt hätte. Fast melancholisch, kann ich sagen, ging ich von Genua aus von Ort zu Ort der Küste entlang, traf viele hübsche Sachen, immer aber nur darum schön, weil das Meer mit seinen Wellen sie anatmete. Auf einmal aber tat sich mir eine neue Welt auf, was ich Dir nicht beschreiben kann; kurz was meiner Sehnsucht nach Italien endlich genügte, war der Golf von La Spezia, von dem mir niemand etwas Außerordentliches gesagt, weil gewöhnlich die Reisenden von der breiten Straße sich nicht entfernen, und so hat auch niemand von diesen einen Begriff von dessen Schönheiten, wer nicht die Umgebungen von Spezia bestiegen oder den Meerbusen beschifft hat. Hier in Massa ist ein Reichtum der Natur, der unerschöpflich ist, doch wollte ich nochmal nach Spezia umkehren, um das Zeichnen, was ich über dem Schauen ganz vergessen hatte, nachzuholen, doch das Wetter, das dieses

Jahr in Italien ungewöhnlich ist, drohte einen ungünstigen Erfolg, was denn auch gestern eingetroffen; ich reise deshalb übermorgen nach Lucca und Florenz ab mit dem unerschütterlichen Entschluß, hierher zurückzukehren, mag ich auch darüber in Unteritalien und Sizilien versäumen – Schöneres kann ich in der Welt wohl nicht wiederfinden. Da S. Majestät der König mich vielleicht in Bestellungen von Sizilien zu beauftragen gedenkt, so werde ich deshalb anfragen, wo nicht, so ist mir in der Tat nichts daran gelegen; weil ich doch nur ein Jahr Zeit habe, kehre ich so bald, wie der Winter zu Ende, hierher zurück, um Studien zu holen, die ebenso neu als schön und großartig sind. Was ich bis jetzt gezeichnet und gemalt, möchte ich zerreißen und vernichten können.

An dieselbe

Neapel, 27. März [1827]

Von Rom, das mit aller seiner Größe des Charakters seinen bedeutsamen Ernst auf mich wirkte, ist Neapel himmelweit verschieden, und wie in einem Zauberspiegel schaue ich die Natur und frage wie Faust, als er in solchem das Gretchen zum erstenmal sah: Wie, ist das Weib so schön? Ich, der ich nicht weiß, wie schön das Weib ist, frage: ist die Welt so schön? Ohne von der Reise hierher gestern ein wenig zu rasten, ging ich in der Frühe nach dem Camaldolikloster, das seiner herrlichen Lage wegen schon berühmt ist, und heute bestieg ich den Vesuv. Höchst interessant war mir diese Tour, doch da sie etwas weit, d. h. fünf Stunden von hier aus hinauf und ohngefähr vier zurück, so konnte ich zum Zeichnen nicht kommen und [war] deshalb ein Tag verloren, dafür mir aber unvergeßlich und meine Neugierde auch hierin befriedigt. Der Weg vom Eremiten aus nach dem Krater ist bei weitem nicht so beschwerlich, als mans macht ... Als ich oben an der höchsten Spitze des furchtbar schönen Vulkans stand, schickte ich Grüße an Euch, Ihr Lieben, und Küsse Dir und meinem Herrmann ... Mein ganzes Leben lag schön wie die Stadt, die jetzt unter mir war, ausgebreitet da, manches grau und schwarz wie der Krater hinter mir, hinaus aber über grüne und freundliche Fernen das weite Meer mit segelnden Schiffen und auch wieder Berge, über die ich nicht hinaussehen konnte. – Mein Begleiter kam endlich und mahnte mich zum Aufbruch, und damit nahm ich Abschied vom Vesuv. Es will mir übrigens nicht recht in den Kopf, daß ich all dem Herrlichen, was ich bis jetzt in Italien gefunden, auch gleich wieder auf ewig Lebewohl sagen soll, und ohne Dich würde ichs nie recht genießen können, obschon von allen Seiten dazu aufgefordert ...

Neapel ist, wie man sagt, die belebteste Stadt Europas, wenn auch Paris und London größer sind, sollen sie doch Neapel an Spektakel nicht beikommen, den diese doch kaum mehr als dreimalhunderttausend Einwohner machen. Davon hat man wirklich keinen Begriff, denn das den Italienern eigentümliche Straßenleben ist hier nach der Möglichkeit ausgedehnt, sogar ganze Straßen mit Schmieden, die ihre Feueressen auf den Gassen haben, und so hämmern sie die sprühenden glühenden Schlakken im Kreuzfeuer herum, daß es einem gefährlich scheint, durchzugehen, und so alle Handwerke, ehrliche und unehrliche werden getrieben, und so geht es bis tief in die Nacht hinein und ruhet und rastet nicht; geht man durch die Stadt, so hat man nur auf der Hut zu sein, nicht über die Füße gefahren zu werden oder sich zwischen dem Volk nicht einklemmen zu lassen; ebensolche Straßenszenen sind für den Künstler höchst interessant und besonders für mich das Schiffsvolk. Des Abends auf dem Molo warten die müßigen Matrosen und dergleichen auf ihre Dottoren und Improvisatoren, und mit wahrem Vergnügen sieht man, wie das gemeine Volk Anteil an seinen älteren und neueren Dichterwerken nimmt und die wirklich ins Volk übergegangen sind. So ein Dottor setzt sich dann auf den ersten besten Sitzplatz, der noch übrig ist, nimmt seine Hefte aus dem Tasso, Ariost, den Orlando und Rinaldo hervor, liest und erklärt ihnen die Stellen, Anmerkungen von einem oder dem anderen der Zuhörer dazwischen; den Schiffsbuben, die so an der Erde oder in ihren Körben herum liegen, ist doch, wie man ihnen ansieht, die Sache oft zu lang oder wenig Spaß dabei, diese gähnen dann gewaltig an den Dozenten hinauf, ich konnte stundenlang die Kerls so nach der Reihe beobachten, denn es ist wirklich eine der schönsten Staffagen, die man finden kann ...

Da das Wetter gar zu schön war, unternahm ich des anderen Tags darauf, als ich den Vesuv bestiegen, die schöne Tour nach dem klassischen Boden. So wie alles durfte ich auch diesen nur im Vorübergehen beschauen, und in vier Tagen machte ich zu Fuß den Weg über Puzzuoli nach Bajae, von dessen ganzer Herrlichkeit nur einige Reste von Tempeln und Bädern in den Felsen der Bucht zu sehen sind; das Ganze wie einzelne Teile sind äußerst malerisch. Von da nach dem Campo Miseno, dem Geburtsort des Herkules (?), und von da fing ich an zu zeichnen, und weil man nirgends zu Nacht bleiben kann, kehrte ich immer wieder nach Puzzuoli zurück, des anderen Tags nach den wenigen Überbleibseln von Cumä; auf diese Gegend war ich sehr begierig, konnte aber wegen Gewitter wenig von der Ferne erblicken und deshalb keine Ausbeute holen; von da durch die elysäischen Felder (die aber auch total ihren Ruhm überlebt haben) nach dem toten Meer, dem Styx [Lago d'Averno], wohin die homerische Legende den Eingang zur Unterwelt verlegt, und wieder nach Miseno zurück, um meine angefangene Zeichnung zu vollenden (leider vergeblich). Dann über den ausgebrannten Berg, Solfatara genannt, nach dem See Agnano, sah die Hundsgrotte und ließ mir auch ein Experiment aufführen und hielt sehr müde gestern abend meinen Einzug in Neapel; nun will ich nur noch die Inseln und die östliche Seite von Neapels Umgebungen kennen lernen.

An dieselbe

Neapel [Juni 1827]

Unbeschreiblich ist mir, Dir zu sagen, welche Gefühle mir die Seele durchkreuzten, als ich an der afrikanischen Küste zwischen Syrakus und Agrigent mich so weit von Dir sahe und nun da endlich meine Schritte zur Heimkehr richtete. Ich habe ganz Sizilien umkreist und nun mit das Schönste der Natur und was uns aus dem Altertum übrig geblieben ist, gesehen; an den Orten, die teils durch ihre Geschichte wie durch ihre sonstigen Schönheiten berühmt sind, einige Tage mich aufgehalten und manche interessante Motive zu Bildern geholt. Man kann in kurzer Zeit in diesem Lande die verschiedensten Einwirkungen alles Herrlichen, das es in reichster Fülle bietet, erleben und genießen, aber rastlos muß man sein, und darum war diese Reise die beschwerlichste, die ich je gemacht habe. Doch kaum hatte ich Zeit, daran zu denken, weil man immer zu neuen fremden Gegenständen hingerissen wird und nur durch Mißgeschicke, die sich dann auch dabei einstellen, wieder an die Zeitlichkeit erinnert . . .

Seit drei Monaten ruhe ich hier wieder aus, doch war ich gestern am Tage meiner Ankunft auf dem festen Lande schon wieder bei dem herrlich gelegenen Kloster Camaldoli auf dem höchsten Berge von Neapel, nachdem wir das Vergnügen gehabt hatten, fünf Tage und fünf Nächte auf der See geschaukelt zu werden. Der letzte Tag unserer sizilianischen Reise, bei der ich wunderbare Erscheinungen und große Naturszenen gesehen habe, schloß sich in Palermo mit einem Erdbeben und war so der Schluß alles Sonderbaren, das ich dorten erlebt habe. Des Morgens zwischen 10 und 11 kam ich nach Hause auf mein Zimmer und spürte auf einmal eine Bewegung, als wäre ich schon auf dem Schiffe, das ich eben angesehen hatte, um abzureisen, doch das Zittern der Fenster erinnerte mich, daß es ein in Sizilien so gefürchtetes Erdbeben sei, und so griff ich nach meinem Hut, hinunter auf den freien Platz mich zu begeben, von da sich das Zusammenpurzeln doch besser ansehen ließe, als mitzumachen. Da unten rannte es denn auch schon durcheinander, als wenn schon alles beisammen läge, und die Hökerweiber und dergleichen, denen wohl nichts andres einfallen konnte als ihre bretternen Läden und Hühnerkörbe, schrieen am allerärgsten; sie warfen sich nieder und küßten die Erde und schlugen sich mit den Fäusten auf die Brust. Die Knaben aus dem Waisenhause kamen herausgelaufen und weinten, und ihre Lehrer trösteten sie, und wie die Weiber wieder die Knaben weinen sahen, schrieen diese wieder viel ärger. Ein nahestehendes Madonnenbild hat gesprochen, weil aber der Lärm zu groß war, hat niemand was gehört. Augenblicklich hatte einer (von der Polizei, wie mir schien) eine Büchse bei der Hand, ein Bildchen darauf geklebt und forderte, um die Gelegenheit zu benützen, ringsherum für die Madonna, in der Hoffnung, daß manchen das Gewissen zu opfern bewegen sollte. Da die Erdstöße sich aber nicht wiederholten, so bekam er nichts. In diesem Stadtviertel sind doch vier Häuser und ein Kirchenportal beschädigt. Ich schreibe Dir über Sizilien nichts, denn ich habe davon zu erzählen.

AUGUST VON PLATEN

1796–1835

An Friedrich von Fugger

Rom, den 2. Dezember 1826

Wenn Cotta mir nicht fortwährend hilft und sich für das, was ich ihm schicke, großmütig erzeigt, so werde ich katholisch und mache mich zum Pfaffen, wie Winckelmann. Ich befinde mich nun fünf Wochen hier, und wie manchen Beschwerlichkeiten man hier ausgesetzt sein mag, nichts kommt einem Aufenthalt gleich, wie dieser ist. Während dieser Zeit in irgend ein Detail einzugehen, ist nicht möglich; man hat genug an dem allgemeinen Anblick der Stadt und verbringt den ganzen Tag mit Spazierenlaufen. An Kälte ist nicht zu denken, und man kann im Freien sitzen und lesen. Das Gefühl, in Rom zu sein, sich täglich den Genuß der größten Meisterwerke verschaffen zu können, die die menschliche Kunst hervorgebracht, in diesen Ruinen umherzuwandeln, die so malerisch zwischen Kirchen und Wohnungen und Weinbergen zerstreut liegen, sich an einem Orte zu befinden, der in der Tat unerschöpflich ist, dies alles läßt sich so leicht nicht mit dem Hasse des deutschen Pöbels vertauschen, der mir von nun an auf allen Lebenswegen folgen wird, aber in Rom mich nicht verletzen kann.

Der Reichtum und Wert der beiden großen Antikenmuseen auf dem Capitol und im Vatikan ist unbeschreiblich. Und nicht bloß Gebäude und Statuen und Obelisken und Gemälde staunt man hier an, auch die Menschen, deren Schönheit häufig über allen Ausdruck ist. Weit entfernt, an Ideale zu denken, zweifelt man, ob in Italien die Natur jemals erreicht worden.

An Friedrich von Fugger

Rom, den 19. April 1827

Ich bin nun ein halbes Jahr hier und habe mir gleichwohl noch manches Merkwürdige für das nächste Mal versparen müssen. Ich werde nun lernen, was es heißt, Rom zu entbehren; doch freue ich mich, den eigentlichen Garten Italiens zu sehen, homerischen Grund und Boden zu betreten und in die lebhafteste und schönstgelegene Stadt Europas einzuziehn, die noch jetzt griechischen Namen trägt und in welcher noch in den spätern Römerzeiten griechisch gesprochen wurde. Ich werde das Vorgebürg der Circe, die Lästrygonenstadt, die Küsten sehn, die Odysseus befahren hat, und mein Geist wird sich mehr als je in die Vergangenheit versenken und mit den Heroen und Göttern leben.

Du willst etwas von der Karwoche wissen, und ich gebe ein kurzes Resumé davon. Was diese Festlichkeiten von denen des katholischen Deutschlands wesentlich unterscheidet, ist der Geschmack und herkömmliche Kunstsinn, der sie begleitet, und es macht natürlich einen ganz verschiedenen Eindruck von dem dort gewöhnlichen, wenn man hinter dem Thron des Papstes einen Teppich von Raffael hangen und über dem Hochaltar der sixtinischen Kapelle das Jüngste Gericht von Michelangelo sieht. Die Hauptgottesdienste sind in den Kapellen des Vatikans, in der Paolina das heilige Grab in einer prachtvollen Beleuchtung und in der Sistina die drei Miserere. Zwei jedoch waren von einem noch lebenden Meister, das dritte schien von einem ältern zu sein, aber nicht von Allegri. Die Hauptsache ist aber der Gesang selbst, der wirklich der Vorstellung zu vergleichen ist, die man sich von den Stimmen der Engel macht. Ein zweites Moment in den drei letzten Tagen der Karwoche ist die Eröffnung des Vatikans, dessen prachtvollste Appartements dem ganzen römischen Volk offen stehn und bloß von den umhergehenden Schweizern bewacht werden. Denn wenn man auch das Einzelne, die Museen, die Bibliothek usw. schon gesehen hat, so sieht man doch hier zum erstenmal diese prachtvolle Masse von Sälen in ihrem Zusammenhange und immer von einer Volksmenge durchströmt. Als ein drittes Moment wäre die Messe anzusehn, die der Papst am Ostersonntag in der Peterskirche liest, und der darauffolgende Segen, den er der Welt und der Weltstadt, orbi et urbi erteilt, indem er auf seinem goldnen Sessel von den Prälaten auf den mittelsten Balkon von St. Peter getragen wird und von da die ganze Menschenmenge übersieht. Merkwürdig ist es, daß auch in diesem feierlichsten Moment im Jahr, zu dem Scharen und Scharen Eingeborne und Fremde über die Engelsbrücke und auf allen andern Zugängen der Peterskirche herbeiströmen, der Petersplatz doch nicht voll wird. Man hat daher die Veranstaltung getroffen, daß zwischen der Gradinata und dem Obelisk die Truppen ein großes Quarree bilden, so daß ein bedeutender Raum in der Mitte leer bleibt und die übrigen Räume desto voller erscheinen. Etwas Ähnliches ist in der Peterskirche der Fall, welche niemals voll wird. Ein andres Fest ist die Beleuchtung der Kuppel, Fassade und der Säulenhallen auf dem Petersplatz, welche in zwei Verwandlungen vor sich geht und den grandiosesten Effekt eigentlich in der Ferne, z. B. auf dem Monte Pincio macht. Den Schluß des Ganzen und das Schönste von allem ist die sogenannte Girandola, ein Feuerwerk, das nach der Angabe Michelangelos, in der Form des Vesuvs, von den Zinnen der Engelsburg abgefeuert wird. Das läßt sich nun freilich nicht beschreiben; aber es ist ein so großartiges Schauspiel, als man nur irgend in der Welt sich denken kann. Man muß sich aber dabei die Engelsburg, diesen babylonischen Turm, dieses Riesengrab des Kaisers Hadrian, diesen kolossalen Festungsbau des modernen Roms vorstellen, zu dessen Füßen die Tiber fließt, in deren Wellen sich Flammen, die das ganze Firmament bedecken, abspiegeln. Dies ist das Osterfest in Rom, das mit leisen Klaggesängen, wie mit Äolsharfen, anfängt und mit dem lautesten Jubel, dem Geläut aller Glocken und dem Donner aller Kanonen schließt.

An Gustav Schwab

Neapel, den 5. Mai 1827

Da meine Nerven in Rom sehr gelitten haben, so hindert mich gegenwärtig mein Gesundheitszustand und der Rat des Arztes, an eine größere poetische Arbeit zu denken. Doch werde ich in

Neapel mit jedem Tage besser. Hier werde ich meinen bleibenden Aufenthalt aufschlagen, hier ist eine heilsame Luft, ein unwandelbarer Himmel und ringsher Elysium. In meinen Oden werden Sie einige Eindrücke von Rom niedergelegt finden; doch sind das freilich nur Splitter eines unermeßlichen Gebäudes. Aber Rom stimmt durchaus melancholisch. Diese grandiosen Ruinen, diese wüsten Plätze, diese stolzen Villen mit ihren dunkeln, unverwelklichen Hecken und Alleen, in denen kaum das Laub sich rührt, diese ewig plätschernden Springbrunnen, die Peterskirche, die Engelsburg, alles scheint wie auf der Seele zu lasten. Der Winter ist dort, sobald es nicht regnet, ein vollkommener Frühling; aber eben diese ungewohnte Mildigkeit der Luft ist mir verderblich geworden.

An Georg Friedrich Puchta

Rom, den 14. Januar 1828

Da ich in das chaotische Deutschland, um keinen schlimmern Ausdruck zu gebrauchen, vorerst nicht zurückzukehren gedenke, da ich sodann vor allem der Ruhe und einer sichern Existenz bedarf und nicht auf der Schneide des Schwerts, wie bisher, leben will, so weiß ich ein einziges Mittel, mir die erwünschten Güter zu verschaffen, ein Mittel, das Sie nicht billigen werden, dem ich mich aber doch unterwerfen muß, wenn ich nicht ganz verkümmern soll. Stellen Sie sich eines der paradiesischen Klöster in der Nähe von Neapel, in der Nähe des Meers vor und gestehn Sie, daß es noch nicht das schlimmste Schicksal ist, das Leben dort, wenn auch in einer Kutte, zu beschließen. Glauben Sie nicht, daß mich die Verzweiflung dazu treibt. Noch diese Tage habe ich einen Antrag von Berlin erhalten, worin man mir eine jährliche Pension von 2500 Talern verspricht, um dafür ein theatralisch-kritisches Wochenblatt herauszugeben. Ich habe es ausgeschlagen. Daß ich noch weniger gesonnen bin, mich in einer deutschen Kanzlei oder Bibliothek mißbrauchen zu lassen, daß ich fest entschlossen bin, meine Freiheit zu behaupten, können Sie versichert sein. In Deutschland werde ich nie unter meiner Würde erscheinen, und wenn ich hier zu Lande ein Sklave bin, so bin ich es wenigstens nicht in meinem Vaterlande. Auch ist die religiöse Sklaverei eines Klosters unter allen noch immer die sittlichste und ehrenvollste. Nie soll ein deutscher Geschäftsherr sich rühmen, mich gepeiniget zu haben. Unter dem ewigschönen Himmel, in reizenden Myrtengebüschen am Ufer des Meerspiegels gedenke ich die Tage, die mir noch vergönnt sind, an die Unsterblichkeit meines Namens und hoffentlich mehr als meines Namens zu setzen; von dort gedenke ich keinen der deutschen Skribbler zu beneiden und mich ruhig von ihnen verachten zu lassen. Vorerst will ich noch meine Gedichte und den romantischen Ödipus in Deutschland bekannt machen, um zu zeigen, was ich in einem weniger chaotischen Jahrhundert vermocht hätte. Mein Klosterleben soll ganz der tragischen Muse angehören; denn die Deutschen verdienen, daß man ihre besten Tragödien im Kloster schreibt; mit dem Theater haben sie ohnedem nichts zu schaffen. Es wird ihnen dann um so weniger an jener hohen religiösen Weihe fehlen, welche die Grundlage jedes wahren Trauerspiels ist.

Erschrecken Sie daher nicht vor der Kutte oder Glatze. Auch ohne dieselben ist mein gegenwärtiges Los nicht beneidenswert. In Gesellschaft habe ich Langeweile, und die beständige Einsamkeit ist ebenfalls drückend. Hier kann man sich nicht einmal, und wär es bloß der Unterhaltung wegen, verlieben; zuerst, weil die Schönheit zu universell ist und es unmöglich macht, sich zu fixieren, sodann, weil in diesem Klima die Liebe sogleich einen sinnlichen Charakter annimmt und an eine geistige Neigung oder Unterhaltung nicht zu denken ist. Endlich ist auch seit jenem Nervenanfall meine Gesundheit nicht ganz wieder hergestellt worden; ich muß mich beim Essen und Trinken sehr in Acht nehmen; Wein, Kaffee, Schokolade, Gewürze und andres Ähnliche sind mir verboten, und ein Mensch, der sich nicht mehr mit Vergnügen satt essen kann, ist unglücklicher, als man beim ersten Anblick glauben sollte. Ich kann wohl sagen, daß mein einziger Genuß noch darin besteht, bei schönem Wetter in den römischen Ruinen herumzuwandern, der schönen Aussichten von allen Hügeln mich zu freuen, in der Peterskirche oder einem andern herrlichen Bauwerk spazieren zu gehn. Das sind freilich einsame Freuden, bei denen man nicht einsieht, was Lord Byron sagt, daß das Glück ein geborner Zwilling sei. Sie sehen daraus, daß ich meinen Klosterberuf nicht ganz unvorbereitet antreten werde und daß ich das bißchen Ruhm, das mir allenfalls zu hoffen steht, hinlänglich bezahlt habe.

FRIEDRICH KARL VON SAVIGNY

1779–1861

An Karl Christian Josias von Bunsen

Neapel, den 14. Mai 1827

Ich kann Ihnen nicht sagen, wie wohl mir Neapel gefällt, nicht bloß die Natur, auch die Menschen, weit besser als alle übrigen Italiener. Talent findet man in Italien auch sonst, aber hier ist Leben und Rührigkeit dabei wie sonst nirgends. Wahrlich wenn da eine ordentliche Schule hinzukäme und Anregung durch glückliche öffentliche Verhältnisse, da könnte etwas werden! Was ich bis jetzt von Literatur gesehen habe, z. B. Scotti, Joris [?], Avellino, macht mir denselben angenehmen Eindruck. Die Universität freilich scheint viel schlechter, unbedeutender und mehr Nebensache als in Rom.

An Achim von Arnim

Castellammare, 7. Juli 1827

Die ersten Wochen in Neapel war ich sehr heiter und meist schmerzenfrei, dann sind wieder schlimmere Zeiten eingetreten, und so ist noch alles höchst unsicher. Das Wetter war so ungewöhnlich kühl, daß erst seit diesem Monat an Seebäder zu denken war. Jetzt hat die Hitze angefangen. Um die Bäder bequem und ruhiger zu brauchen, bin ich hierher aufs Land gegangen, wo jedoch auch 20 000 höchst lärmende Menschen zusammen wohnen; meine Frau hat mich vor der Hand hierher begleitet, die andern sind mit dem Onkel in Neapel geblieben, und wir werden dann gelegentlich abwechseln. Neapel erscheint mir als die Krone von Italien, nicht bloß durch die üppigste Fülle der Natur, sondern auch wegen der Menschen. Im übrigen Italien sieht man Kunstwerke in Menge, den Schauplatz mehr als Einer großen Vorzeit, einzelne brave und verständige Menschen, aber ein Volk sucht man vergebens, und selbst jene Einzelne haben nur das ergrimmte Gefühl einer unwiederbringlich verlorenen Herrlichkeit und einer wertlosen Gegenwart. Hier aber findest Du noch jetzt eine Nation voll Geist und Leben, nichts ist ihnen verloren gegangen, obgleich kein Volk der Erde eine unglückseligere Geschichte gehabt hat als sie, ja selbst der Geist der antiken Zeit spricht Dich aus ihnen in ernsten und komischen Zügen unaufhörlich an. Ich habe besonders liebe und interessante Bekanntschaften in dem Advokatenstand gemacht, aus dem hier von jeher die meisten Staatsmänner und Gelehrten hervorgegangen sind; seinen Charakter hat er behauptet, obgleich die Zahl von 6000 in der Stadt Neapel auf 2–3000 heruntergekommen ist. Eine Sitzung der Herkulanischen Akademie war mir höchst anziehend, schon des Personals wegen, Bischöfe, Principi, Advokaten, Abbaten, wenige, die nichts als Gelehrte waren: darunter Männer ausgezeichnet an Gelehrsamkeit und Verdienst, und von denen noch jetzt vielleicht mehr Neues und Merkwürdiges geschrieben wird als im ganzen übrigen Italien. Gerade in diesem Altertümer-Fach tragen denn auch die unaufhörlich fortgehenden Entdeckungen in Pompeji dazu bei, das Leben zu erhalten. Die Akademie hat mich zum Ehrenmitglied erwählt. Ich werde suchen, mehr Verbindung zwischen Berlinern und Neapolitanern zu gründen.

Fortsetzung den 14. Julius

Es sind wieder so schmerzvolle Tage für mich eingetreten, daß ich den Brief erst heute fortsetzen kann. Ich habe es jetzt versucht, oben in den Bergen zu wohnen anstatt am Meer, was mir besser zu bekommen scheint. Der neapolitanische Teil der Familie hat uns besucht, um hier eine Fregatte vom Stapel laufen zu sehn, was der prachtvollen Landschaft eine neue glanzvolle Herrlichkeit gab; die königliche Familie war gegenwärtig, und ein Linienschiff war hergekommen, um die Honneurs zu machen ... Von der Umgebung von Neapel habe ich gesehen Caserta, das alte Capua, Sorrent, Capri, Salerno, Amalfi, Paestum; bleibt freilich noch vieles übrig. Vor der Hand gedenke ich die Seebäder diesen und den folgenden Monat fortzubrauchen und dann nach Hause zu reisen. Ob ich die Gesundheit wieder finde, die ich mit so vielen Umständen gesucht habe, weiß Gott; was mich tröstet, ist, daß ich jetzt in meinem traurigen Zustande zu Hause doch auch nicht viel hätte leisten können, also nicht viel versäumt ist. Für den Franz habe ich eine Vorlesung über kombinierte Rechtsgeschichte, Institutionen und Pandekten eingerichtet, die ich freilich bloß aus dem Gedächtnis habe halten müssen, womit wir aber doch schon bis über die Hälfte gekommen sind. Nun lebe wohl, Du lieber Arnim, mit Frau und Kindern, und laß uns von Deiner Liebe, die uns auf der ganzen Reise so oft sorglich zugesprochen hat, bei der Heimkehr freundlich empfangen werden.

S.

WILHELM WAIBLINGER

1804–1830

An den Vater

Rom, den 30. Juli 1827

Nie in meinem Leben hab ich Euch mehr geliebt als in dieser Zeit, wo mich das Schicksal über menschliche Kraft und Schwäche, über Freundschaft und Liebe schrecklich genug aufgeklärt hat. Ich weiß und habe durch bittere Erfahrungen aller und jeder Art gelernt, wie auf Menschen nicht zu bauen ist, die wir in unserem Lebensgang finden und mit Feuer und Schwärmerei auf ewig an uns zu fesseln glauben. Ich habe schon, ehe ich vom Vaterland Abschied nahm, so viele traurige Dinge erlebt und, ohne daß Ihr's wußtet, Aufklärung über irdisches Treiben erhalten, die nur den unglücklichsten Sterblichen vorbehalten sind. Diese machten mir mein Vaterland so gehässig, daß ich noch mit Entsetzen an jene Zeit zurückdenke, wo ich zumal durch die grausame Hand der Verhängnisse aus meinen Träumen gerissen wurde. Ich ging fort, erzürnt über alle meine bisherigen Verhältnisse, mit dem Entschluß, in weiter Welt, unter dem süßen Himmel Italiens, unter den Trümmern dreitausendjähriger Herrlichkeiten mich zu meinem großen Lebenswerke, zu meiner Bestimmung als Dichter und zu Erreichung meiner menschlichen Zwecke zu stärken und zu bilden. Allein das Schicksal spielte mir freilich so traurig mit, daß die meisten erlegen wären. Aber zu derselben Zeit, da ich nicht mehr wußte, wie nur soviel zu gewinnen, als ein römischer Bettler hat, schämte ich mich zu verzagen, stellte mir lebendig meine Zwecke vor Augen und macht' es mir zum unwiderruflichen Gesetz, trotz allen Hindernissen, trotz allem Unglück dennoch standhaft zu bleiben und endlich vielleicht zu siegen ...

Gegenwärtig wird ausnehmend viel gemordet. Vorigen Sonntag wurden drei erstochen. Alle Wochen wenigstens einige. Da hier jedes Weib auch ihren Geliebten oder mehrere hat, so gibt das leicht Dolchstiche. Wo der Deutsche Ohrfeigen gibt, zückt der Römer das Messer. Es ist eine schändliche Regierung. In Rom sind 10 000 Geistliche. Am Fronleichnamsfest sieht man sie alle in einer Prozession mit den sieben Hauptbasiliken von Rom. Zuletzt kommt der Papst, auf einem Tragsessel betend getragen. Die Prozession dauert zwei Stunden. Besonders schön sind die griechischen und armenischen Erzbischöfe und die Kardinäle. Neulich hatt' ich den Papst fünf Mohren und zwei Türken taufen sehen.

Meßt doch den dummen Gerüchten über mich keinen Glauben bei. So sagt man, ich sei Bildhauer geworden. Andere wieder, ich werde eine Römerin heiraten. Beides ist Unsinn. Die Weiber in Rom sind zwar die schönsten der Welt, aber als Ehefrauen die schlechtesten. Es werden wenige Männer ohne Hörner hier sein. Wenn ich einmal nach langen Jahren des Alleinseins satt bin und gute Aussichten habe, so ists vielleicht eine jener göttlich schönen Albaneserinnen oder Olevaneserinnen, die ich nach Deutschland nehme. Aber das sind für jetzt Hirngespinste, denn ich binde mich so bald noch nicht. Die Weiberliebe ist ein Ding, dessen ich fast satt bin; und das will etwas heißen unter diesen Wundern von Schönheit. Es wäre mir für jetzt lieber, meine gute Mutter bei mir zu haben, deren Bild mir so oft im Traum erscheint, und die ich so sehnlichst wieder zu sehen wünsche.

An die Eltern

Rom, den 1. Mai 1828

Die drei Wochen, die ich auf der Reise war, gehören unstreitig zu den schönsten meines Lebens. In einer Gesellschaft junger Männer von vorzüglich feiner Bildung, welche sich Jahre in Paris aufgehalten und mir sämtlich werte Freunde geworden sind, unternahmen wir die beschwerliche Reise ins wilde Abruzzogebirg, an den höchsten Schneeberg Italiens, die Velina, an den See von Fucino, nach Alba Longa und Tagliacozzo, wir sahen das ungeheure Riesenwerk des Kaisers Claudius, den Wasserkanal, den er 25 000 Palmen durch den Berg ziehen ließ, und tausend interessante Dinge. Jene Gegenden sind wild und rauh und dennoch von der süßesten italienischen Farbe verklärt. Der See ist eine entzückende Wasserfläche, voll Dörfern und Städten an den violetten Ufern, und so klar, wie ich noch nie, selbst in Italien, eine Flut gesehen. Wir wurden in jenen Berghöhen, wohin nur wenige Reisende vordringen, weil es beschwerlich und durch die Räuber höchst gefährlich ist, wie Meerwunder angesehen; die ganze Einwohnerschaft verfolgte uns hinterher, und wir speisten immer vor dem halben Dorfe. Oft trafen wir kaum einen Bissen schlechte Nahrung, in Avezzano aber, einem Dörfchen am See, wurden wir so gut in einem Privathause aufgenommen, daß wir uns vier Tage in dieser überschwenglich reizenden Natur aufhielten und uns nur mit Schmerz von dem lieblichen Orte trennten, an den uns noch dazu unsere einzig schönen Wirtinnen fesselten. Die Namen Clorinda, Gemma und Palmira werden mir immer ein freundliches Andenken an eine Gegend bleiben, wo nach der Meinung der Leute nur abruzzesische Banditen hausen. Wir kamen über Berge von drei Stunden zu steigen und wateten selbst durch Schnee von drei Schuhen, während auf der Sonnenseite des furchtbaren Gebirges Millionen Hyazinthen und Zeitrosen blühten. Nach unzähligen Abenteuern und Naturgenüssen, in beständiger Heiterkeit und gesellschaftlicher Lust, ohne das geringste Unglück, wiewohl nicht ohne manches Ungemach, gelangten wir wieder in den römischen Staat zurück, schwärmten in meinen Lieblingsorten Subiaco, Civitella und Olevano noch viele Tage, zogen dann in die Volskergebirge nach Cori und verweilten uns zwei Tage in dieser wahrhaft himmlischen Fels- und Blumenstadt. Hier unter unzähligen blühenden Aloes, unter Oliven, Zypressen, Myrthen und Palmen steht der unvergleichlich schöne Tempel des Herkules aus dem grauesten Altertum in einem paradiesischen Garten, von dem aus das ganze unendliche Tyrrhenische Meer, das Cap der Circe, die drei Ponzainseln und die Pontinischen Sümpfe sich ausstrecken. Sofort gings übers Albanergebirge wieder nach Rom zurück, nachdem wir noch den Feuerwein von Genzano und Velletri tüchtig gekostet.

Die Hitze drückte uns in den letzten Tagen mit einer Glut, wie sie nur selten bei Euch im August ist. Diese drei Wochen lebten wir unterm fortwährenden Gesang der Nachtigall, denn der April ist unser Mai, und dieser Sängerinnen gibts hier im Süden Millionen. Ich fühlte mich so unsäglich glücklich, daß ich Angst hatte, es möchte mich zu Hause ein Schlag von Bedeutung treffen, der mir die genossene Freude vernichte. Aber ich traf einen Brief von Reimer, der mir Geld sandte, und Eure Worte, liebe Eltern! So will ich denn nun diese unvergeßliche Wanderung in einer Reihe Briefe beschreiben, und auf diese Weise schlag ich mir noch das Doppelte und Dreifache der Kosten heraus, die sich nur auf 50 fl. beliefen.

An die Eltern

Insel Capri, den 1. Oktober 1828

Liebe teure Eltern! Seit Wochen bin ich im irdischen Paradiese, in der Fülle des Schönsten und Lieblichsten, Größten und Reizendsten, was auf dieser Welt entzücken kann. Schon hab ich alle Inseln und die drei Meerbusen von Gaeta, Neapel und Salerno bis ans griechische Paestum durchzogen und gesehen und genossen und wie im brennenden Durst in mich hineingeschüttet, was hier in Strömen von Schönheit fließt. Nun aber ist mir das erschrecklich tumultuarische Neapel und das Wogen, Schreien und Lärmen einer halben Million Menschen so zur Last geworden, daß ich mich auf diese reizendste aller Inseln zurückgezogen, welche zu Christi Zeiten einst der Tyrann Tiberius bewohnte, von dessen Palast noch eine Menge Ruinen vorhanden sind. Hier, mitten im Mittelländischen Meer, leb ich wie ein Gott so froh und glücklich. Zu vier Seiten erblick ich Meer durch mein Fenster und schauderhafte Felsen und Palmen, Orangen, Myrthen, indianische Feigen, Aloe, Lorbeer und Trauben. Auf dem Dache genieß ich eine himmlische Aussicht auf das hohe Meer von zwei Seiten, gegen Afrika und gegen Nord. Alles atmet hier orientalischen Geist: die Häuser sind auf morgenländische Weise gebaut, die Frauen selbst tragen griechisches Kostüm. Giuseppe Pagani, ein Notar, bei dem ich wohne, ist der erste Ehrenmann der Welt, und der Capriwein ist weit berühmt. Seit drei Wochen wechsle ich täglich zwischen den köstlichsten Weinen von Calabrien, Ischia, Capri, Syrakus, Marsala und Lacrimae Christi. Auf der Felsspitze meiner wilden Insel genieß ich die Aussicht über drei Meerbusen und sehe vom Vorgebirg der Circe von Terracina bis nach Kalabrien hinunter, und tief in hoher See duften mir die Ponzainseln herüber. Der Vesuv erhebt sein dampfendes Haupt, und Neapel selbst, wiewohl 26 Miglien entfernt, ist als heller Streifen über dem Meer erkennbar. Hier einen Sonnenuntergang! Das ist das Elysium selbst, und ich gedenke noch Monate hier zu verweilen. Gegenwärtig aber sind wir von den Tripolitanern und Algierfahrern bedroht: es zeigten sich afrikanische Schiffe in unserer Nähe, und gestern sahen wir drei neapolitanische Kriegsschiffe in die See stechen. Es wäre ein Spaß, wenn der Türke käme. Auf den kleinen Warten der Insel schaut man immer gegen Süd, ob sich kein tunisches Fahrzeug zeige.

Unterdessen bin ich tagelang in den Pomeranzenwäldern von Sorrent umhergeirrt, habe die zauberischen Inseln Ischia und Procida besucht, den Meerbusen von Salerno ganz durchschifft, Amalfi, Atrani, Salerno und die dreitausendjährigen griechischen Tempel in Paesto gesehen, bin in dem aufgegrabenen Pompeji umhergewandelt, das die Lava des Vesuvs 70 Jahre nach Christi Geburt bedeckte und das nun wieder ans Licht tritt. Denkt Euch, in diesen Straßen zu wandeln, wo noch die Spur der Wagenräder auf den Steinen ist, alle Handwerkszeuge, Zieraten, Schmuck und selbst noch Lebensmittel gefunden werden. Da lebt die Vorwelt auf, und welche Vorwelt! Welche niedlichen Zimmer, Höfe, Häuser, Gräber, Tempel, Theater, Bäder. Sodann habe ich den Vesuv erstiegen. Gott sei gelobt, er brennt entsetzlich gegenwärtig. Das will aber Mühe und Schweiß, bis an die Spitze des Kraters hinaufzuklettern. Er wirft Lava, alle fünf Minuten brach ein ungeheurer Qualm von Feuer und Dampf und Rauch, Asche und Steine mit furchtbarem Donner aus dem schwarzen Kegel. Eine halbe Stunde noch unter der Spitze konnten wir in zwei Minuten in der Erde Eier sieden. Dies Schauspiel nun bei Nacht genossen, hat seinesgleichen nicht auf der Welt. Über dem entsetzlichen Krater, aus dem die Feuersäule emporwallt und der recht wohl das Bild der Hölle vors Auge rückt, sahen wir endlich den Mond aufgehen, und er schien so südlich helle, daß wir die fernsten Inseln im Meere entdecken konnten. Auch von unten entzücken einen bei Nacht die großen Flammenwolken über dem Vulkan.

An die Eltern

Palermo, den 16. September 1829

Zuerst ging ich von Messina nach dem unbeschreiblich schönen Taormina, wo dann der alte Riese Ätna zum erstenmal nahe vor meinen Augen aus dem Meere stieg. In Catania sodann sah ich gleichfalls das erste Kirchenfest der heiligen Agatha, das bezaubernd reizend ist. Außerdem hatte ich die besten Empfehlungen dahin und genoß unsäglich viel Freundschaft. Und von hier aus, am 23. und 24. August, habe ich den Ätna bestiegen. Unter zehn Reisenden, die es versuchen, die höchste Spitze dieses 11 000 Fuß hohen Vulkans zu erklimmen, gelingts kaum einem. Der lindeste Wind wirft einen zu Boden. Ich habe, dank dem Gott, den ich nie größer sah als an jenem Morgen, alles äußerste Glück gehabt. Zehn Stunden steigt man empor und übernachtet unter dem Krater in einem Hause, wo man in ein Matrosencapotto gehüllt am Feuer sich vor der sibirischen Kälte schützt. In jener Nacht schlief kein Mensch in ganz Europa so hoch als ich, denn ich war 10 000 Fuß hoch. Ich spürte gar keinen schädlichen Einfluß der Luft. Die meisten erbrechen sich. Ich verzehrte mein Huhn und trank meinen göttlichen Wein, aber fror dennoch. Zwei Stunden vor Tag trat ich mit dem Führer (denn ich habe zwei Personen und zwei Pferde für die Reise nötig gehabt), über und über eingehüllt, mit dem gewaltigen Stock die fürchterliche Wanderung auf den Krater an. Es rauchte erschrecklich, und der Dampf kam uns entgegen, denn es war Ostwind. Weiter empor als über die grauenvolle Lava kommt selten jemand. Mir gelangs. Eine Stunde lang kletterte ich empor und erreichte den Gipfel glücklich. Noch war Dämmerung. Ich glaubte zu sehen, wie Gott die Welt schaffe. Kein Wort reicht, um Euch diesen Anblick zu beschreiben. Angeklammert in Todesangst (denn der leiseste Luftzug ist lebensgefährlich), zu Boden auf der rauchenden Erde liegend, sah ich in diese Hölle hinab unter Dampf und Feuer und Donner. Schaudervolleres hab ich nicht gesehen. Aber Erhabeneres nichts als auf der höchsten Spitze, wo ich, freilich zitternd vor Angst und zu Boden gestreckt, die Sonne hinter Kalabrien aus dem griechischen Meere heraufglühen sah, während es auf der ganzen Erde noch Nacht war. 800 Miglien übersieht man hier oben, die ganze Insel mit all ihren tausend Gebirgen, die nur wie Maulwurfshügel umherliegen, drei Meere, das äolische, ionische und adriatische, Italien wie eine Landkarte, bis nach Malta und Afrika; die ungeheuren aus der Hölle verdampfenden Wolken vergoldeten sich im Sonnenstrahl, das gab das schönste Schauspiel, das ich sah. Der Schatten der Berge lag azurblau und triangular wie eine Pyramide die Insel entlang, und also über 6 Tagereisen weit nur ein Bergschatten. Allmählich tagte es auch unten auf Erden. Der Ätna hat 52 kleine Berge um sich, die bei Ausbrüchen entstanden und von denen die meisten höher sind als die Achalm, und doch sehen diese nur wie Hügelchen aus. Eine halbe Stunde hielt ichs oben aus, bis uns der Wind forttrieb. Zweimal wurden wir zu Boden geworfen. Weiter oben hätts uns das Leben gekostet. Wir stiegen herab und langten glücklich beim Hause an. Unser Wasser war uns gefroren! Das gab ein Frühstück! Wir ritten aber unsere zehn Stunden wieder hinab, und ich verlebte in Nicolosi und Trecastagne himmlische Stunden mit muntern Catanesern.

JOSEPH VON FÜHRICH

1800–1876

An die Eltern

Rom, den 11. September A. D. 1827

Ihr solltet einmal eine Wohnung armer Leute in Italien sehen, davon kann man sich keinen Begriff machen, ebenso wenig von dem Müßiggange der einen Volksklasse und dem Vergnügen der Italiener ... Zu den letzteren gehört den Sommer über die *Giostra,* eine Art spanischer Stiergefechte in dem alten Amphitheater des Augustus. Eine ganz kurze Schilderung dieses echt nationalen Vergnügens kann ich mir nicht versagen, Euch mitzuteilen: Große Hunde werden abgerichtet, die Stiere oder Büffel zu halten, wobei die Eigentümer beiderseitig große Wetten machen. Auf den sechs übereinander laufenden Reihen Stufen, die im Kreise die Arena oder den Kampfplatz umgeben, sitzt das Volk zu Tausenden gedrängt und erwartet bei einer lärmenden Musik die Ankunft der Giostratoren. Endlich treten diese auf, in Weiß und Rot gekleidet, mit roten Fahnen in den Händen und begrüßen die Menge, welche ihnen Beifall zujauchzt. Nun schweigt die Musik. Die Männer machen sich zum Empfange des Tieres bereit; der Aufwärter öffnet das Behältnis des Stieres, springt hinter die Türe und an einer das Ganze umlaufenden Eisenstange auf die erste Stufe. Nun schießt der wütende Stier auf den nächsten Giostratoren los, der ihn unglaublich behende mit der roten Fahne täuscht, während sich alle gegenseitig unterstützen und beistehen. Ist nun der Stier sehr böse, so schwebt jeder dieser Menschen in der augenscheinlichsten Lebensgefahr, und man sieht sie oft, kaum einen Zoll von dem entsetzlichen Horn, wie vom sicheren Tode, entfernt, mit fürchterlichem Sprunge die erste Stufe erreichen, während das gereizte Tier im selben Augenblicke krachend gegen die Mauer rennt. Wird dieses Spiel nicht hinlänglich lebensgefährlich, so ist das Volk unzufrieden, pfeift und lärmt so lange, bis es entweder einen dieser Männer in der entsetzlichsten Gefahr gesehen, oder er durch ein fürchterliches Wagestück sich seinen Beifall wieder erworben hat. Immer neue Tiere kommen auf diese Weise an die Reihe, und wenn ein Stier recht wütend geworden, so daß er mit Horn und Klaue Staub und Sand, wie eine Wolke, um sich verbreitet, so ruft man: Cane! Cane! (Hunde!) Diese kommen nun ebenso wütend aus einem Behältnis: einer, zwei und nach und nach mehr, je nachdem es nötig, um das Tier zu stellen. So schleudert es rechts und links und hoch in die Lüfte die Hunde, die oft tot, mit zerquetschten Gliedern oder sonst beschädigt weggeschafft werden, bis es einigen gelingt, es wo immer recht fest mit den Zähnen zu packen und sich, ohne loszulassen, herumschleppen zu lassen. Wenn nun das Tier matt und brüllend, daß es einem schaudert, ruhig dasteht und die Hunde gierig an dessen Blut sich letzen, so ertönt ein tausendstimmiges Bravo; auch werden Menschen und Hunde, denen etwas geschieht, hinlänglich bedauert. Da heißt es von allen Ecken: Poveretto, ach Ärmster! – Mit solchen und ähnlichen Manövern wird fortgefahren, bis der Abend dem wilden Spiel ein Ende macht und die Zuschauer die Stufen verlassen. An diesem Schauspiel hängt das Volk mit beinahe unglaublichem Interesse, und bei dessen natürlicher Lebhaftigkeit glaubt man sich ganz in die alte römische Kaiserzeit versetzt, wozu auch das völlig antike Amphitheater viel beiträgt. Wie sonderbar dergleichen Art sich zu freuen auf ein deutsches Gefühl wirkt, läßt sich nicht sagen.

An dieselben

Rom, den 7. Dezember 1827

Hier in Rom kündet sich die Nähe der Weihnachtsfeiertage sehr bestimmt an; das Läuten der Glocken zu allen Stunden der Nacht hat sich vermehrt und deutet auf das nahe Fest. Auf allen Straßen und Plätzen sieht und hört man die Pifferari. Mit Dudelsack und Pfeife stehen sie an den Madonnenbildern und blasen eine einfach kindliche Weise, die sehr alt, das Original aller Pastorale, an die Urzeit der Väter außerordentlich rührend erinnert. Wenn ich vor Tage erwache, höre ich schon nahe und ferne diese Hirtenmusik; es trägt hier wirklich alles das Gepräge der Bibel, und man kann sich recht augenscheinlich die achtzehn Jahrhunderte zurück nach Palästina versetzen. Hier sind die Hirten noch ein eigener, für sich bestehender Stand; nicht in verschneiten Ställen halten ihre Herden die lange Winterruhe: im Freien liegen sie unter der Sternenpracht heiterer italischer Nächte. Jetzt erst sind die Felder grün, und die verdorrten Kräuter duften, der stille Ölbaum behält das ganze Jahr seine fahlgrünen Blätter, nur wenige Bäume stehen entlaubt, gelbe Orangen und Zitronen blicken aus den dunkeln Blättern, und heiter und stolz ragen Palme und Lorbeer in die blaue Luft.

An dieselben

Rom, den 28. Dezember A. D. 1827

Vorigen Sonntag besuchte ich in Gesellschaft von mehreren die Katakomben. Sie liegen auf der Appischen Straße, eine Stunde vor den Mauern Roms; man gelangt dahin durch die Kirche S. Sebastiano, welche die Marterstätte dieses Heiligen bezeichnet und seitab vom Wege in einem kleinen Haine von Zypressen liegt. Ein Ordensbruder schritt, nachdem er jedem von uns ein brennendes Licht in die Hand gegeben, vor uns hinab in diese Behausungen des Todes, die ehemaligen Freistätten der Unschuld und des Glaubens. Man hat keinen Begriff von den Schauern dieser Orte, ehe man sie gesehen hat. Wie in Maulwurfshöhlen geht es enge und gebückt in den regellosesten Verschlingungen bald gerade aus, bald krumm und immer tiefer und tiefer. Die Lichter leuchten kaum und drohen jeden Augenblick zu verlöschen, die Schritte der Vorangehenden schallen dumpf aus der Tiefe; links und rechts Gräber, hie und da Inschriften aus den Zeiten der Verfolgungen, auf den wenigen größeren Plätzen einfache Steine zu gottesdienstlichem Gebrauch. Wir sahen viele Plätze, wo man die Leichname heiliger Martyrer gefunden, unter andern den der heiligen Cäcilia. Auf einigen geräumigen Plätzen, Grotten ähnlich ausgegraben, rief uns unser Führer zu: Ecco, Signori, il piccolo Vaticano (der kleine Vatikan), wo zur Zeit der Verfolgungen unter Diocletian, Nero, Valerian und anderen die ersten Bischöfe der Kirche wohnten. Diese Räume sind nicht größer als Euer erstes Zimmer, wo der Sparofen steht, nur bei weitem nicht so hoch. Das Ende dieses Labyrinths ist noch nicht entdeckt. Die Höhlen sind an vielen Stellen verschüttet und hindern die weiteren Forschungen. Größere Verlassenheit als da unten läßt sich nicht denken. Als wir heraufstiegen und der ferne Chorgesang der Mönche aus der Kirche zu uns herabtönte, erinnerte ich mich recht lebhaft an eine Stelle im Chateaubriand. Auf solchen Wanderungen denke ich immer recht lebhaft an Euch, Ihr Lieben in der Heimat, und wünschte Euch bei mir zu haben; beinahe alles Kleinliche tritt hier in Rom ganz in den Hintergrund, überall begegnen einem Erinnerungen, Geister alter Zeiten, und das furchtbare Omnia vanitas! predigt sich hier in jedes nur nicht ganz verschlossene Herz. Aber das Ewige, alles Große, Heilige und Schöne schwebt wie ein seliger Geist über den Trümmern.

CARL GUSTAV CARUS

1789–1869

An Johann Gottlob Regis

Florenz, den 21. April 1828

Lieber Freund! Und sollten auch nur wenige Zeilen für unsern Briefwechsel reif werden, einiges muß doch erübrigt sein als Zeichen, daß ich Ihrer nicht minder gedenke, wenn auch ein anderthalbhundert Meilen mehr als sonst zwischen uns liegen! – Ich schreibe Ihnen hier aus dem Palast der alten Medicäer zu Florenz, wo wir den 18. April eingetroffen sind, nachdem wir den 1. April von Dresden abgereist waren. Trotz dieser Schnelligkeit haben wir 1½ Tage in Wien, 2 Tage in Venedig, 1 Tag in Verona, einen Tag in Parma, einen in Bologna verlebt und noch an manchen andern Orten zu mehrern Stunden oder halben Tagen verweilt. – Es ist unglaublich, was man an Zeit erspart bloß durch Umgehen gewöhnlicher Wirtshausschererei und Pferdefütterns und dergleichen, indem man da, wo es darauf ankommt, vorwärtszukommen, auch eben nur dies mit tüchtigen Mitteln bezweckt. Hier ist nun der erstere größere Ruhepunkt, und bei der Rückkunft von Rom und Neapel werden wir hier 4–5 Wochen bleiben. – Florenz ist trotz des Regenwetters, welches jetzt hier die Lorbeer- und Olivenwälder tränkt, herrlich und durch die interessantesten Kontraste der am meisten poetische Ort, so mir bisher vorgekommen. Von der Menge der Kunstschätze, die ich hier gesehen, wo sich mir übrigens auch zu wissenschaftlichen Arbeiten ein reichlicher Stoff darbietet, kann ich gar nicht anfangen, dazu will es ruhigere Zeiten! – Von großartigen Anschauungen im Freien will ich nur des Überganges über die Kärntner Alpen, der Ansicht Venedigs vom Markusturm, des Amphitheaters von Verona und des Überblicks vom Arnotale von den Apenninen herab gedenken. – Warum konnten Sie mir nicht an diesen Punkten wenigstens zur Seite sein! – Daß in diesen Tälern jetzt alles grünt und blüht, können Sie sich denken, aber der Anblick eines solchen Tales selbst mit seinen Olivenwäldern und Zypressen, seinen sanften Bergformen und langhingestreckten Baulichkeiten muß undenkbar bleiben, ich habe durchaus eine neue Seite des Erdlebens kennen lernen. – Die Familie des Großherzogs hat uns mit vieler Freude aufgenommen, ich speise täglich einmal mit ihnen und finde sie für jede geistreiche Mitteilung auf äußerst anmutige Weise empfänglich. Die beiden Schwester-Großherzoginnen sind namentlich mit größter Herzlichkeit um ihren Bruder, den Prinzen, geschäftig, die eine war uns bis Bologna entgegengekommen. Und nun leben Sie wohl und nehmen Sie zum 23. diese 3 Lorbeerblätter aus Dantes Vaterstadt mit den herzlichsten Grüßen

Ihres Carus

HEINRICH HEINE

1797–1856

An Eduard von Schenk

[Lucca, Anfang September 1828]

Was ich über Italien denke, werden Sie ... spät oder früh gedruckt lesen. Der Mangel an Kenntnis der italienischen Sprache quält mich sehr. Ich versteh die Leute nicht und kann nicht mit ihnen sprechen. Ich sehe Italien, aber ich höre es nicht. Dennoch bin ich oft nicht ganz ohne Unterhaltung. Hier sprechen die Steine, und ich verstehe ihre stumme Sprache. Auch sie scheinen tief zu fühlen, was ich denke. So eine abgebrochene Säule aus der Römerzeit, so ein zerbröckelter Longobardenturm, so ein verwittertes gotisches Pfeilerstück versteht mich recht gut. Bin ich doch selbst eine Ruine, die unter Ruinen wandelt. Gleich und Gleich versteht sich schon. Manchmal zwar wollen mir die alten Paläste etwas Heimliches zuflüstern, ich kann sie nicht hören vor dem dumpfen Tagesgeräusch; dann komme ich des Nachts wieder, und der Mond ist ein guter Dolmetsch, der den Lapidarstil versteht und in den Dialekt meines Herzens zu übersetzen weiß. Ja, des Nachts kann ich Italien ganz verstehen, dann schläft das junge Volk mit seiner jungen Opernsprache, und die Alten steigen aus ihren kühlen Betten und sprechen mit mir das schönste Latein. Es hat etwas Gespenstisches, wenn man nach einem Lande kommt, wo man die lebende Sprache und das lebende Volk nicht versteht und statt dessen ganz genau die Sprache kennt, die vor einem Jahrtausend dort geblüht und, längst verstorben, nur noch von mitternächtlichen Geistern geredet wird, eine tote Sprache.

Indessen, es gibt eine Sprache, womit man von Lappland bis Japan bei der Hälfte des menschlichen Geschlechtes sich verständlich machen kann. Und es ist die schönere Hälfte, die man par excellence das schönere Geschlecht nennt. Diese Sprache blüht in Italien ganz besonders. Wozu Worte, wo solche Augen mit ihrer Beredtsamkeit einem armen Tedesco so tief ins Herz hineinglänzen, Augen, die besser sprechen als Demosthenes und Cicero, Augen – ich lüge nicht –, die so groß sind wie Sterne in Lebensgröße.

Quand on parle du loup, il est derrière nous. Eben kömmt meine schöne Wäscherin, und ich muß aufhören mit meinem eignen Gewäsche. Adieu, Dichter des Belisars! – Ich denke oft an Sie, wenn ich Lorbeerbäume sehe, und je mehr ich an Sie denke, desto mehr muß ich Sie lieben.

An Moses Moser

Bagni di Lucca, den 6. September 1828

Lieber Moser! Diesen Brief erhältst Du aus den Bädern von Lucca, wo ich jetzt bade, mit schönen Frauen schwatze, die Apenninen erklettere und tausenderlei Torheiten begehe. Ich hätte Dir viel zu schreiben, aber ich sehe eben mit Entsetzen, daß das Papier fließt. – Ich werde noch 14 Tage hier bleiben, dann gehe ich nach Florenz, Bologna, Venedig – und dort in Venedig erhalte ich Brief von Dir poste restante. – Ich denke viel an Dich und finde es unrecht, daß Du mir nicht in München geantwortet. In München habe ich ein köstliches Leben geführt und werde mit Freuden dorthin zurückkehren und immer dableiben ...

Vorderhand aber will ich mich noch etwas in Italien herum amüsieren. Ich lebe viel und schreibe wenig. Ich lebe die schönsten Gedichte, sogar Heldengedichte. In Genua hat ein Schurke bei der Madonna geschworen, mich zu erstechen, die Polizei sogar sagte mir, solche Leute hielten gewissenhaft ihr Wort, und riet mir, gleich abzureisen – ich blieb aber sechs Tage und ging wie gewöhnlich des Nachts am Meer spazieren. – Ich lese alle Abend im Plutarch, und ich sollte mich vor einem modernen Menschenmörder fürchten?

Wenn ich nach Deutschland zurückkehre, will ich den 3. Band der Reisebilder herausgeben. Man glaubt in München, ich würde jetzt nicht mehr so sehr gegen den Adel losziehn, da ich im Foyer der Noblesse lebe und die liebenswürdigsten Aristokratinnen liebe – und von ihnen geliebt werde. Aber man irrt sich. Meine Liebe für Menschengleichheit, mein Haß gegen Klerus war nie stärker wie jetzt, ich werde fast dadurch einseitig. – Aber eben um zu handeln, muß der Mensch einseitig sein. Das deutsche Volk und Moser werden eben wegen ihrer Vielseitigkeit nie zum Handeln kommen.

H. Heine

An Eduard von Schenk

Florenz, den 1. Oktober 1828

Lieber Schenk! Diesen Morgen um sieben Uhr bin ich hier angelangt, und mein Erstes war, nach der Post zu eilen – und da finde ich keinen Brief von meinem lieben Schenk. Zum Glück ist die Post hier auf dem Markt, und der Markt von Florenz ist der herrlichste und interessanteste Anblick, den nur ein Mensch finden kann. Die Altertümlichkeit, die bedeutungsvollen Statuen, die hohen Arkaden, die Großartigkeit, dabei dennoch überall der Hauch altflorentinischer Grazie, überall Blüte des Mediceertums, und gar oben im Palast Uffizi die griechischen Götterwohnungen! Ich will Ihnen freimütig gestehen, im Boudoir der mediceischen Venus vergaß ich Schenk und seinen Brief. Es war aber doch nicht die uralte zusammengeflickte Göttin der Liebe, die mich so gewaltig erhob, vielmehr warens die Augen einer Italienerin, die gar andächtig an sie hinauf sah – ich glaube, die alten Götter werden in Italien noch immer angebetet.

Ach Schenk! Die Seele ist mir so voll, so überfließend, daß ich mir nicht anders zu helfen weiß, als indem ich einige enthusiastische Bücher schreibe. Im Bade zu Lucca, wo ich die längste und göttlichste Zeit verweilte, habe ich schon zur Hälfte ein Buch geschrieben, eine Art sentimentaler Reise. Sie und Immermann habe ich mir meistens als Leser gedacht.

An Johann Friedrich von Cotta

Florenz, den 11. November 1828

Herr Baron! Ich hoffe, dieser Brief findet Sie ohne Schnupfen, Husten und ähnlichen Freuden, die jetzt in dem Lande, wo die Zitronen blühen, ebenfalls ganz besonders gedeihen und noch wohlfeiler zu haben sind. Ich armer Schelm bin jetzt in der Blüte eines Katarrhs, der es nicht ratsam macht, jetzt über die Alpen zu gehen, ich muß wohl hier überwintern und Ihnen schreiben, statt Ihnen persönlich aufzuwarten.

Damit Sie aber nicht glauben, ich sei in eine Tänzerin verliebt und bliebe deshalb hier und wäre recht börnisch faul, so habe ich den Anfang meines italienischen Tagebuchs ausgearbeitet, d. h. die starken Worte und Kapitel ausgemerzt, so daß das beikommende Manuskript im Morgenblatte (und zwar recht bald) abgedruckt werden kann.

Ich habe seitdem in den Bädern von Lucca sehr angenehme Tage verlebt, so wie auch in Livorno. Hier bin ich seit sechs Wochen, warte auf Briefe und studiere schöne Künste, wozu auch das Ballett gehört. Ich mache Sie aber nochmals darauf aufmerksam, daß ich in keine Tänzerin verliebt bin, obgleich sich eine solche Liebe sehr gut mit Schnupfen und Husten verträgt und ein ebenso großes Unglück ist. Im Gegenteil, ich bin fleißig, schreibe sogar ein Buch, lese Malthus und Bentham, ersinne Strafrechtstheorien usw. Was die Fortsetzung der ‹Annalen› betrifft, so weiß ich nicht, was ich Ihnen Bestimmtes darüber sagen soll. Wenn Sie den Wunsch hegen, sie nicht fallen zu lassen, so habe ich mir gedacht, es sei gut, den Titel einigermaßen beizubehalten, und nur bequemer zu machen. ‹Neue Annalen, eine Zeitschrift für Politik, Literatur und Sittenkunde.›

Dies wäre ein Titel, der dem Redakteur die größte Freiheit ließe, ein Titel, der ihm auch gestattet, das belletristische Publikum ins Interesse zu ziehn und diejenigen Materialien, die das Ausland nicht brauchen kann, vollauf zu benutzen. Was die Redaktion betrifft, so gestehe ich Ihnen, daß weder meine politischen Kenntnisse oder vielmehr meine Kenntnis von der Tagespolitik noch meine Schreibart mich zum Redakteur eines solchen Journals geeignet machen. Sollten Sie aber dennoch, Herr

Baron, ganz besonders wünschen, meinen Namen als Redakteur auf den Titel der ‹Annalen› zu setzen, so will ich Ihnen darüber meine Gedanken, so weit ich sie selbst kenne, offen mitteilen.

LEOPOLD VON RANKE

1795–1886

An Heinrich Ranke

[Venedig, 20./21. November 1828]

Wir reisten vergnügt durch breite und enge Täler, zwischen Waldgehegen und Felsklüften. Je näher wir an Italien kamen, je schönere Landschaft, herrlich am Tage und im Mondschein; bis wir zuletzt an einer Höhe anlangten, auf der, wie ich mir einbilde, Alboin gestanden haben mag, als er den Garten von Friuli übersah. Eine tiefstille Nacht, ohne Wind und Blättergeräusch, mitten hindurch zwischen Gärten und Palästen.

Der Markusplatz, den ich täglich beschreite, ist die vornehmste Schönheit dieser Stadt: Säulengänge umgeben ihn; er ist wie ein Zimmer mit den schönsten Wänden und einem wohleingerichteten Fußboden, der niemals staubt, da man hier niemals mit Wagen fährt, und in dem Himmelblau mit einer herrlichen Decke. Es ist eine bürgerliche, ganz bürgerliche Stadt, für Handelsleute eingerichtet; das Meer bildet ihre Straßen, dem Land ist sie bequem gelegen; was dann da glücklichere Jahrhunderte aufgehäuft, bin ich zugegen zu genießen. Es ist sonderbar: Genuß ist nicht Verständnis, und wo man das Verständnis hat, hört die Bewunderung auf. Im Bewundern ist Genuß. So ist der Mensch doch gut geschaffen. Die rechte Freude ist, sich vergessen, sich hingeben, sein selber besser bewußt werden in dem Größeren.

Hier sind nun diese unzähligen Kirchen, alle mit Gemälden über und über versehen; glücklich, wo sich die alten gerettet haben. Gewiß ist: einst malte die Frömmigkeit, doch malte sie nicht vollkommen; um besser zu werden, verließ man sie: damit hat man alsdann alles verloren. Ich kenne keinen Meister, der was taugt, ohne in der alten Manier angefangen zu haben.

Als ich vierzehn Tage hier gewesen war und das Land noch schön sah, machte ich eine kleine Reise. Erstens nach – nun wohin? – nach den Sieben Gemeinden. Daß es keine Cimbern sind, sondern ein wenig vorgeschobene Tiroler, kannst Du mir glauben; aber merkwürdig sind sie. Ich habe einige Teile ihres Archives gesehen, und von ihren Privilegien haben sie mir ein schönes Exemplar geschenkt, sowie einen Katechismus in ihrer Sprache. In meinem Bande will ich ihnen einen Abschnitt widmen. Die Hütten der einsam wohnenden Senner bin ich durchkrochen.

Alsdann Vicenza. Bibliothek; Stadtarchiv von Wichtigkeit, Bauwerke Palladios; auf dem Platz unten Musik: voll Gefühl einer fremden Tugend und Größe – wie auch immer vergangenen –, einer der schönsten Abende meines Lebens!

Und dann Verona. Ich hatte eine gute Empfehlung von Savigny. In einer Privatbibliothek fand ich ein für mich wichtiges Manuskript. Bauwerke, darum wundervoll, weil aus allen Jahrhunderten vortrefflich. Denke Dir dort das Amphitheater, und dann aus dem früheren Mittelalter die Bilder der Pari di Francia, des Orlando und Rinald an dem Turm des Doms, und aus dem späteren wundervolle Grabmale der Scala; endlich erste Entwickelungen neuerer Baukunst, über die keine späteren emporgekommen. Da wäre viel zu betrachten, zu lernen gewesen . . .

Den größten Teil des Tages habe ich der Bibliothek gewidmet. Die Studien rücken langsam vorwärts, doch stündlich. Ich finde mehr Masse, doch nicht soviel Blut und Geist wie in Wien. Das Beste, hoffe ich, soll noch geschehn. Schon habe ich aus Wien eine Zusicherung, daß ich auch hier in dem Archiv soll arbeiten dürfen. Dann ist für mich hier das meiste und mehr als in irgend einem andern Ort der Welt zu tun. Offiziell ist die Erlaubnis nicht gekommen. Erhalte ich sie, so werde ich wohl den ganzen Winter über hier bleiben. Bleibe ich gesund und munter, so bringe ich eine schöne Beute davon.

So lebe ich, mein lieber Bruder, und weiß, daß ich auf dem Wege bin, den Gott mir vorgeschrieben hat; ich bin gerade in einer Stellung, wie ich sie brauche. So gut ist der, der uns geschaffen, gegen seine geringfügigen Kreaturen: unter den geringfügigsten bin ich nun und erfahre an mir sichtlich seine fürsorgende Hand. Wie machst Du's, daß Du so gut bist? Meine cattività, alle meine Mängel folgen mir schändlich nach, wohin ich auch fliehe. Sehe ich mich jetzt um, so hoffe ich, in dem Umfange, wie jetzt italienische, noch einmal französische, englische, noch einmal deutsche Studien, vornehmlich deutsche. Doch zuerst müssen wir diesen Hauptweg durch die moderne Historie durchwandelt haben.

An Heinrich Ritter

Rom, 27. März 1829

Wisse, daß ich durch die Nachricht von dem Tode des Papstes, womit die Möglichkeit eines römischen Karneval aufgehoben war, bewogen wurde, von Bologna nach Florenz zu gehen statt sogleich nach Rom. Ich habe nun den florentinischen Karneval zu genießen gesucht und ihm so zugesehen wie einer, der am Meer steht und sein Vergnügen an den spielenden Wellen hat, ohne sich zu scheuen, daß manchmal eine oder die andere ihn berührt. Es war der erste kommende Frühling. Aus dem Winter von Bologna, wo das Land gegen die Mitte des Februar noch mit Schnee bedeckt war, kamen wir, als wir die Höhe des Apennin überstiegen hatten, nach dem von Ölbäumen und aufkeimendem Getreide grünen Toscana. Freudig ging ich dem Wagen voraus; es war ein ganz heiterer Tag. Als wir ankamen, drängte sich bereits die Menge maskierten und unmaskierten Volkes am Arno auf und ab.

Zwischen dem Genuß antiker und moderner Kunst, der Natur und freundlicher Lebensverhältnisse, auch den Studien in Bibliotheken und Archiven, habe ich da ein paar schöne Wochen gelebt. Ich war um so mehr abgeschieden und sozusagen im Stande der Unschuld, da ich von keiner Seite Briefe bekommen konnte. Bei den Fra Bartolommeos habe ich viel an Dich gedacht. Ich habe ihn doch über meine Erwartung ausgebildet gefunden, seine Manier breiter und vollständiger, als ich geglaubt hätte; er steht der letzten Manier sowohl Raffaels als

Tizians weit näher als ihrer ersten. Von der ‹Deposizione di Croce› macht man jetzt einen Kupferstich; Du wirst Dich sehr daran erfreuen. Es ist schade, daß alles restauriert wird. Wir werden bald nur noch eine restaurierte Kunst haben; schöner anzuschauen für den, der einen bequemen Genuß sucht; minder tief vielleicht und nicht so wahr.

Die Antike erschien mir zum erstenmal, und es war mir, als hätte ich noch nie etwas gesehen. Es ist aber schwer, sie ganz zu fassen, sich ihrer in Gedanken zu bemeistern. Hältst Du nicht dafür, daß das eigentliche Interesse, das wir an der Welt nehmen, darin besteht, daß wir das «Außer uns» zu einem «In uns» zu machen suchen?

An denselben

Rom, 6. November 1829

Mein trauter Freund, ich bin gestern von Neapel zurückgekommen, Du kannst Dir denken, wie erfüllt von alledem, was dort zu sehen und zu genießen ist. Ich hatte eine Wohnung in S. Lucia, hart am Meer, bei dessen Brausen ich entschlief und erwachte, was ich immer den Tag über, so oft ich auf die Terrasse vor der Tür trat, bis Capri und Ischia hin vor Augen hatte, von dem ich nach so langem Genuß, als ich Terracina verließ und mich der Weg in das innere Land führte, traurigen Abschied nahm. Ich weiß nicht, warum, was so formlos, doch so schön ist. Aber es ist so reizend, auf das Gitter gelehnt hinauszusehen; oft denkt man freilich wieder an sich, zumal wenn man nicht recht mit sich zufrieden ist; oft aber reißt das Anschauen eines Unbegrenzten, Unendlichen, immer Bewegten uns zu höhern Gedanken fort. Es wäre hier nun ein Ort gewesen, um etwas auszuarbeiten. Jedoch in meinen 3 Wochen daselbst habe ich nur an Sehen, Aneignen, Genießen denken können. Zur Hervorbringung gehört auch ein gewissermaßen schon eingewohnter Zustand; wo nichts Neues uns stört, sondern nur das Alte in hergebrachter Weise auf uns wirkt. Dort aber sind Natur und Altertum immer neu und geben uns unzählige nie gehabte Eindrücke. Den Tag habe ich meistens von 10 bis 2 Uhr den Sammlungen, die in den Studi vereinigt sind, gewidmet. Ich möchte Dir gerne den Toledo in die Gedanken zurückrufen, der zwar nie gepflastert, voll Schmutz und Staub, nur lang und nicht gerade und doch von allen Straßen in der Welt, die so ausdrücklich und mit Absicht gemacht sind (Vizekönig Toledo ließ sie ziehen), vielleicht die schönste und gewiß die lebhafteste ist. Dies sich selbst überrufende Gespräch, das man auf den Bergen, die eine Miglie weit, wie ein verworrenes Getöse vernimmt, das Gedränge der Esel und Wagen, die aufgeputzten Kram- und Kaufläden, die so mannigfaltig angeordneten Wasser- und Limonibuden, die malerisch aufgebauten Weintraubenkörbe, die blühenden Blumen, im Anfang Novemmber schöne frische Rosen (auch bei mir auf der Terrasse wachsen deren) und dazwischen allenthalben Gelaufe, Gebettle, kleines Gewerbe; wie ist Rom dagegen so ernsthaft, so still, so gesetzt! Also über den Toledo, der zwar lang ist, aber mir nie Langeweile macht, zu den Studi hinauf.

Ich wüßte, wären die Altertümer eigentlich mein Fach, so bliebe ich ein paar Jahr in Neapel, und wenn ich auch als Lazzarone leben müßte. Nicht allein, daß man sich hier die ganze antike Umgebung bis ins allerkleinste vergegenwärtigen kann, daß man auch Kunstwerke höheren Stils von ernstem Verdienst täglich anzuschauen Gelegenheit hat; ferner dieser zwischen Rom und Griechenland in der Mitte stehende und beide vermittelnde Himmel selbst, mit einer Gegenwart, zu deren Erklärung man keine Historie bedarf, sondern welche selbst Natur ist, versetzt uns unmittelbar in eine jenen alten Jahrhunderten, wie mich dünkt, analogere Stimmung. In Ermangelung griechischer verschaffte ich mir wenigstens einige lateinische Poeten; ich muß Dir sagen, daß ich an Virgils Euboicis Cumarum adlabitur oris etc. und an etlichen Oden des Horaz neuen Geschmack fand. Du kannst Dir denken, daß ich auf der einen Seite nach Sorrent und Paestum, auf der andern nach Porto Miseno und Ischia (obwohl von da zurück nicht ohne Gefahr), nach dem Vesuv und den Orten, die er verschüttet und eben dadurch aufbewahrt hat, reisepflichtgemäß ging. Ich will nicht versuchen, Dir das zu beschreiben.

An Heinrich Ranke

Rom, 15. November 1829

So lange schon bin ich hier in Rom. Den ganzen Sommer, ohne zu wanken und zu weichen, habe ich ausgehalten. Es ist auch in diesem Suchen und Finden, in dem unausgesetzten Verfolgen eines größeren universellen Zweckes etwas Belebendes und Muntererhaltendes, ob es gleich nur Bibliotheken sind, wo man seinen Weltlauf hält, und nur Bücher oder vielmehr oft ein wenig vermoderte Papiere, mit denen man umgeht. Es ist immer eine Unternehmung. Man hofft, wünscht und nähert sich. Man findet Schwierigkeiten, nur durch persönliche, ich weiß nicht, soll ich sagen, Geschicklichkeit oder Beweglichkeit zu überwinden. Man findet ein weiteres Feld, als man erwartet hatte. Von kleineren Interessen wird man unwillkürlich in die größeren geführt. Es gibt auch ein Ziel, über das hinaus man niemand urgieren kann; indes eröffnen sich andere Bahnen. Man muß am Ende sagen: hierzu war ich berufen; hierzu bin ich da und geboren; hierin sind meine Leiden und Freuden, mein Leben und meine Bestimmung ist hierin begriffen!

Übrigens aber ist Rom schön und würdig, daß man da ein Jahr lebt. Die italienischen Städte sind einander doch weit unähnlicher als z. B. die deutschen. Auch ist die ganze Nation weit mehr von landschaftlichem als vaterländisch universellem Sinn durchdrungen. Der Gegensatz zwischen dem maritimen, höchst beweglichen, schreienden Neapel und dem binnenländischen stillen, gesetzten Rom fällt bei der Rückkehr von Neapel jedwedem auf. Mir ging es sonderbar. Während ich hier wirklich Altertum Altertum sein lasse und recht gut und ungestört in der modernen Welt fortlebe, machte Neapel die entgegengesetzte Wirkung. Die Umgebung der ganz an die Sinne redenden, in das Kleinste unmittelbar einführenden Antikensammlungen, Besuch von Pompeji und Paestum, doch auch selber die Natur, die Nähe des Meeres weckten meine alte Liebe wieder auf; und ich griff wenigstens zu dem, was zu haben war, zu Horaz, zu Virgil und den lateinischen Elegikern.

Wie kurz muß ein Brief sein; wie vieles hätte ich Dir von Leben, Ereignissen, Vergnügungen und hauptsächlich von Studien zu melden! Nachdem ich in Rom den Stoff von 3 bis 4 Bibliotheken, insofern er mich angeht, ziemlich erschöpft habe, arbeite ich jetzt in der fünften, die mir früher unzugänglich war, und vor drei Tagen hat der päpstliche Archivar mir Nuntiaturberichte über Frankreich, Spanien und auch über Deutschland herauszugeben versprochen. Meine Sammlung ist durch Beihülfe einiger Kopisten ziemlich ins Große gewachsen. Über Staat und Kirche in den letzten Jahrhunderten ist viel zu sagen. Gebe mir Gott Vollendung dieses Unternehmens und alsdann innere und äußere Ruhe, Sicherheit leitender Überzeugung und penetrierende Einsicht, daß ich diese Geschichten einmal beschreiben kann. Vielleicht kommt mir meine Sache wichtiger vor, als sie ist; doch bin ich über viel gesetzt. Zu der Erlaubnis, das venezianische Archiv zu benutzen, ist neulich auch die wichtigere, nach Venedig zurückzukehren und die dort allein aufbewahrten Relazionen, die ich sonst nirgend fand, zu sehen, gekommen. Eins nach dem andren; bleibe ich gesund, so hoffe ich alles zu bemeistern.

An denselben

Rom, Anfang April 1830

Es setzt sich mir allmählich eine Geschichte der wichtigsten Momente der neueren Zeit fast ohne mein Zutun zusammen. Sie bis zur Evidenz zu bringen und zu schreiben, wird das Geschäft meines Lebens sein. Ich bin zufrieden, daß ich weiß, wozu ich lebe; meine Brust erfüllt sich mit freudiger Bewegung, wenn ich das Glück vorausfühle, das mir die Ausarbeitung eines wichtigen Werkes machen wird; ich schwöre täglich, es auszuführen, ohne einen Fingerbreit von der Wahrheit abzuweichen, die ich erkenne. Man macht mir oft den Einwurf, daß mein Weg doch allzu weitläuftig, daß das Ziel am Ende auch kürzer zu erreichen wäre, daß ich mir schade, so lange in fremden Ländern zu leben, allein ich höre das nur und tue doch nach wie vor. Man kann sich seine Bahn nicht selber machen. Eine angefangene Sache in der Mitte abzubrechen, würde mein ganzes Leben mit einem schmerzlichen Gefühl von Übertretung erfüllen. Auch da ich jetzt – damit will ich aber nicht die neidischen Mächte mir zu Feinden machen – gesünder bin als früher und man mir meine Jahre noch immer nicht ansehen will, so hoffe ich noch so lange zu leben, bis ich alles zu Ende bringe.

Hier, wie Du weißt, ist noch vieles andere zu tun und zu lernen, und man kann über die Manuskripte doch Rom nicht versäumen. Leider habe ich die Reste des Altertums noch nicht so weit studiert, um sie zu verstehen. Ich habe angefangen, mir meine Anschauungen zusammenzusetzen, aber erst da recht gefunden, wie mangelhaft sie sind. Ich bin beflissen, sie jetzt zu vervollständigen und nicht ohne einen stattlicheren Erwerb zu weichen.

Höchst anziehend wäre nun, hier an Ort und Stelle die Entwickelung der modernen Kunst sich eigentlich deutlich zu machen. Natürlich nur diejenige seit dem Ende des 15. Jahrhunderts. Ich bin darauf gekommen, daß ihr Gang und Entwickelung der Poesie und übrigen Literatur völlig entspricht, daß, sobald es gelingt, die wichtigsten Umwandlungen mit sicherer Wahrnehmung zu ergreifen, man sich einer Geschichte des inneren Daseins der Nation annähern könnte, an deren Möglichkeit man kaum glauben sollte. Es ist mir schlecht zumute, daß ich gestehen muß, auch hier noch weit zurück zu sein. Übrigens kommt man an einen Punkt, wo die Entwicklung nicht mehr national, sondern ganz universell ist.

Doch auch die Nation wäre kennen zu lernen, und man müßte ihre Hauptunterschiede von uns in klarer Anschauung fassen. Ich habe es, überdies durch ganz besondere Verhältnisse veranlaßt, so viel als möglich zu tun gesucht. Auch ist kein Zweifel, daß hier ein Mensch ist von wesentlich anderen Eigenschaften, Talenten, Ideen, als wir sind; allein es gehört viel dazu, etwas sagen zu wollen, ohne den Irrtum selber auf der Stelle inne zu werden.

ERNST RIETSCHEL

1804–1861

An Christian Daniel Rauch

Rom, den 4. Oktober 1830

In dem herrlichen Venedig blieben wir 6 Tage, es ist dieser Ort ein wahres Atelier für Architektur. Wir sahen alles, was zu sehen war, auch die ganze schlechte Ausstellung, und gingen über Padua (8 Stunden Aufenthalt), über Vicenza (ebensoviel) nach Verona, wo wir einige Tage blieben, doch ohne Ruhe zu haben, uns zog Florenz und Rom. Mit Vetturin ging es über Mantua nach Bologna. Wir sahen in Mantua Romanos Fresken im Palast Tè. Auf uns alle machte es den Eindruck, den Sie gehabt haben, und wir begriffen nicht, wie diese Sachen nur einigen Ruf erhalten konnten, im Gigantensaal vermißt man wohltuend die architektonische Einteilung und findet nirgends etwas anders als wilde und gemeine Handhabung der Technik. In Bologna blieben wir 3 Tage, trotz der herrlichen Kunstschätze sehnten wir uns fort, denn außer Venedig war es uns überall unheimlich, die großen alten herrlichen Städte mit ihren toten Straßen, auf denen sich meistens faule Fachinos herumtreiben, ließ uns noch nicht das schöne Italien fühlen, wenig schöne Frauen, kein Ton eines Instruments, keine originelle Tracht. Erst in Florenz ward es uns wohl, und dort blieben wir 12 Tage, wir wohnten bei Herrn Metzger, ein freundlicher, gefälliger Mann. Wir haben uns gelabt an den alten einfachen und so großartigen Florentinern, wie *Giotto, Gaddi* und *Memmi* und besonders die späteren *Ghirlandaio* und *Masaccio. Angelo* in seinen zwar kühnen Marmorarbeiten ließ keinen angenehmen Eindruck zurück, sein David auf der Galerie und einen der Mediceer (der Pensieroso) ausgenommen, die ohne Übertreibung wahrhaft großartig sind. Die herrlichen Raffaels, besonders seine wunderbar schönen Porträts, haben uns entzückt. Auch haben uns die beiden Statuen von *Brunelleschi* und *Arnulfo* von *Pampeloni,* wovon Sie mir sagten, aufs höchste überrascht, sie sind so schön gedacht und so lebendig, daß sich in der Anordnung nichts mehr wünschen läßt. Die Ausstellung war besser als in Venedig, dennoch aber unter der Kritik schlecht. Von Florenz besuchten wir auf 3 Tage *Pisa* und *Livorno,* in letzterer Stadt ist das Monument eines Mediceers von *Giovanni dell' Opera.* Die Statue selbst kann man des nahen Standpunktes wegen nicht gehörig sehen und beurteilen, doch die 4 bronzenen kolossalen nackten Sklaven am Fußgestell [von Tacca] sind so wunderschön, daß ich wenig der Art gesehen habe. Auch genossen wir dort auf dem Meere den herrlichsten Sonnenuntergang, badeten und fuhren vor dem Hafen bei starkem Wind, aber hellem Himmel herum, eine herrliche Stunde ... Von Florenz fuhren wir, unser 7 deutsche Künstler (Wilken und Bendemann in einem besonderen Wagen dabei) über *Perugia* nach Rom. Erst bei *Perugia* kam mir es recht italienisch vor, indem das Land und die Straßen einen eigentümlichen Charakter annahmen. Doch erschienen mir dort immer noch die saftig grünen Berge und Täler Deutschlands schöner, denn nirgends große Massen, überall sieht die helle Erde zwischen den Weinreben und grauen Ölbäumen durch. 4 Stunden von Rom, wo man es auf einer Höhe zuerst sieht, jubelten wir laut und erstaunten über die herrliche Lage und das schöne Gebirge, das sich vor uns ausbreitete. Unser erster Gang in Rom war nach der Peterskirche, ein anderer Tag nach dem Campo Vaccino und so fort, überall etwas Herrliches, Großes. Flüchtig besahen wir uns jetzt alles, um erst eine Übersicht zu erhalten. Thorwaldsens Atelier ist ein eigenes Museum, in das ich oft zurückkehren werde. Herrlich ist der Christus, auch einige Apostel und viele seiner mythischen Sachen. Was Sie über die Gewänder des Papstes und des Kopernikus geäußert, finde ich ganz bestätigt. Auch im *Poniatofsky* kann ich den *Poniatofsky* nicht finden, und mehrere seiner religiösen Sachen als die Bergpredigt, Abendmahl und andere gefallen mir weniger, doch wunderbar schön ist der Alexanderzug, sein Engel mit dem Taufbecken pp. Ich habe ihn in der Wohnung besucht, wo er mich sehr freundlich aufgenommen hat.

An denselben

Rom, den 19. November 1830

Bevor ich noch von einigen spreche, drängt sich der oft wiederkehrende Wunsch aufs neue auf, daß ich meine Reise mit Ihnen möchte gemacht haben, wie doch ganz anders noch würde ich manches betrachtet, wie viel mehr Nutzen davon gehabt haben. Oft fühle ich mich vor einem Kunstwerk so ratlos, daß ich sehnlich das geübte Auge und den freundlichen Rat eines Meisters neben mir wünsche, mir ist immer, als müßte man von jedem Betrachten eines Kunstwerkes den Nutzen scheffelweis forttragen, und da das nicht ist, so bilde ich mir oft ein, daß ich das Ding nicht anzufangen weiß, der Schlendrian anderer kann mir hierin auch nicht Trost geben. Ich tue übrigens, was ich kann, und es kommt mir doch auch vor, als würde ich eine neue Arbeit wieder mit anderen Augen anfangen, und als würde sie besser werden als die letzte, also doch ein gutes Zeichen!

Ich bin seit einer Woche aus Neapel zurück und habe dort von Kunst und Natur so viel genossen, als man nur genießen kann. Ich war bis zu den herrlichen Tempeln *Paestums,* ich war in *Amalfi, Sorrent,* wo ich im Fremdenbuch der Cocumella mit großer Freude Ihren Namen las, in *Capri,* dem Vorgebirg *Misenum, Pompeji,* Vesuv pp. Da überall ist das Paradies der Erde, oder es würde es sein, wenn keine Menschen dort wären, die die niedrigste Brut ist, die mir je vorgekommen. In das Museum bin ich 8 Tage ununterbrochen gegangen und [habe] mich ordentlich gelabt an den vielen Herrlichkeiten. Besonders haben mich die Bronzen groß und klein und die Statuen der beiden Balbus [aus Herkulanum] angezogen, nicht so die antiken Gemälde, eine kleine Anzahl extraordinärer ausgenommen, die ich mir auch ein wenig skizziert habe, sowie auch manche Sachen im Bronzekabinett.

In Rom habe ich mich jetzt nur mit Sehen beschäftigt, einmal ein Museum oder ein antikes Monument oder ein Atelier, noch vieles habe ich gar nicht gesehen, was ich mir aber aufgehoben, nur des Nachmittags mit Muße zu sehen, denn bei dem ununterbrochenen Herumstreifen kommt man zu keiner rechten Ruhe. Thorwaldsen riet mir, da ich nur bis Ende Februar hier bleiben kann, keine Arbeit anzufangen, er meinte, daß ich die Zeit nur anwenden sollte, alles recht ordentlich zu sehen, zu behalten und zu sammeln. Allerdings würde mir eine noch so unbedeutende Tonarbeit, sollte sie von einigem Nutzen sein, nebst meinem Königsmodell (das aber noch nicht hier ist) in diesen kurzen trüben Tagen leicht 2 Monate wegnehmen und somit wenig Zeit zum gehörigen Besehen aller Kunstwerke hier übrig bleiben; um aber doch etwas zu tun, nahm ich mir vor, einige Sachen zu zeichnen, vielleicht ein Relief, und die Modelle hier zu benutzen, teils nackte Figuren, teils auch Köpfe, und vielleicht auch mit der Komposition der 4 Figuren am Postament ins reine zu kommen. Ich hoffe, mit der Ankunft des Modells auch Nachricht zu erhalten, wie und auf welche Weise diese 4 Figuren angebracht werden sollen. Einige Freunde von mir zeichnen des Abends Gewandstudien, wovon immer einer von ihnen als Modell mit dem Gewand steht; da ich meiner Augen wegen nicht daran teilnehmen will und kann, so kopiere ich mir jeden Morgen in kurzer Zeit das Beste und erhalte auf diese Weise eine bedeutende Anzahl der schönsten Motive. Rom ist ein Ort, wo sich jeder wünschen muß, bleiben zu können, doch recht gut kann ich mir denken, wie man sich des Fleißigseins entwöhnt, denn überall [ist] etwas Schönes und immer etwas Neues, das einen bei aller Lust zur Arbeit verführt und so in steter Unruhe erhält. Da ich einmal hier nicht bleiben kann, so freue ich mich außerordentlich auf Berlin und auf meine Arbeit, denn nur in der Unruhe der Arbeit kann man ruhig sein.

FELIX MENDELSSOHN BARTHOLDY

1809–1847

An seine Familie

Venedig, den 10. Oktober 1830

Ich hatte mir den ganzen ersten Eindruck von Italien, wie einen Knalleffekt, schlagend, hinreißend gedacht; – so ist es mir bis jetzt nicht erschienen, aber von einer Wärme, Milde und Heiterkeit, von einem über alles sich ausbreitenden Behagen und Frohsinn, daß es unbeschreiblich ist. Hinter Ospedaletto geht es in die Ebene; die blauen Berge bleiben im Rücken; die Sonne scheint klar und warm durch das Weinlaub, die Straße führt zwischen Fruchtgärten fort; ein Baum ist an den andern durch Ranken gekettet; es ist, als ob man da zu Hause wäre, alles schon lange kennte und nun wieder einmal Besitz davon nähme. Dazu *fliegt* der Wagen über die glatte Straße, und als es Abend wurde, kamen wir nach Udine, wo wir die Nacht blieben, wo ich zum erstenmal Abendbrot italienisch forderte und wie auf dem Glatteis mit der Zunge bald ins Englische ausglitt, bald sonst stolperte. Darauf am andern Morgen wurde ich geprellt; aber ich machte mir nichts daraus, und es ging weiter fort. Es war gerade an einem Sonntag; von allen Seiten kamen die Leute in ihren bunten, südlichen Trachten mit Blumen; die Frauen Rosen im Haar; leichte Einspänner rollten vorüber; die Männer ritten auf Eseln zur Kirche; an den Posthäusern überall Haufen von Müßiggängern in den schönsten, faulsten Gruppen (unter andern faßte einer einmal seine Frau, die neben ihm stand, so ganz ruhig in den Arm und drehte sich mit ihr um, und sie gingen weiter; das hieß so gar nichts und war so hübsch!). Nun zeigten sich hin und wieder venezianische Landhäuser an der Straße und wurden nach und nach dichter und dichter; man fährt endlich zwischen Häusern und Gärten und Bäumen, wie in einem Park; das Land sieht so feierlich aus, als sei man ein Fürst und hielte seinen Einzug; denn die Weinreben zwischen den Bäumen sind mit ihren dunklen Trauben die schönsten Festkränze; alle Menschen haben sich geschmückt und geputzt; ein paar Zypressen stören nichts. In Treviso war gar eine Erleuchtung; papierne Laternchen hingen über den ganzen Platz, in der Mitte gab es einen großen bunten Transparent. Prächtig schöne Mädchen gehen auch da umher in ihren weißen langen Schleiern, mit den roten Kleidern. So gelangten wir gestern in finstrer Nacht nach Mestre, stiegen in eine Barke und fuhren bei stillem Wetter nach Venedig ruhig hinüber. Da ist unterwegs, wo man nur Wasser und weit vor sich Lichter sieht, mitten im Meer ein kleiner Fels; darauf brannte eine Lampe; die Schiffer nahmen alle den Hut ab, und einer sagte dann, das sei die Madonna für den großen Sturm, der hier zuweilen sehr gefährlich und bös sei. Nun ging es ohne Posthorn oder Wagenrasseln oder Torschreiber in die große Stadt, unter unzähligen Brücken durch; die Stege wurden belebter, viel Schiffe liegen umher, beim Theater vorbei, wo die Gondeln, wie bei uns die Wagen, in langen Reihen auf ihre Herrschaften warten, in den großen Kanal bei dem Markusturm, dem Löwen, dem Dogenpalast, der Seufzerbrücke vorüber. Die Undeutlichkeit der Nacht erhöhte nur meine Freude, als ich die wohlbekannten Namen hörte und die dunkeln Umrisse sah, und da bin ich denn in Venedig. Nun denkt, daß ich heut die größten Bilder in der Welt kennen gelernt, daß ich die Bekanntschaft eines sehr liebenswürdigen Mannes, von dem ich bis jetzt nur gehört hatte, endlich persönlich gemacht habe: ich meine den Herrn Giorgione, der ein prachtvoller Mensch ist, und ebenso den Pordenone, der die edelsten Bilder hinstellt und dann einmal sich selbst, mit vielen dummen Schülern, so fromm und treu und andächtig malt, daß einem wird, als spräche man eben mit ihm und gewönne ihn lieb: – da sei ein anderer nicht verwirrt. Soll ich aber ein Wort von den Tizians sagen, so muß ich ernsthaft werden. Bisher habe ich nicht gedacht, daß er ein so glücklicher Künstler gewesen sei, wie ich heut gesehen habe. Daß er das Leben mit seiner Schönheit und seinem Reichtum genossen habe, zeigt das Bild in Paris, und das habe ich gewußt; aber er kennt auch den allertiefsten Schmerz und weiß, wie es im Himmel ist; das zeigt seine göttliche ‹Grablegung› und die ‹Himmelfahrt›. Wie die Maria da auf der Wolke schwebt und ein Wehen durch das ganze Bild geht; wie man ihren Atem und ihre Beklemmung und Andacht und kurz die tausend Empfindungen alle in einem Blick sieht, – die Worte klingen nur alle so philiströs und trocken gegen das, was es heißen soll! – Und dann sind drei Engelsköpfe auf der rechten Seite, die von Schönheit das Höchste sind, das ich kenne; die reine, klare Schönheit, so unbewußt, heiter und fromm. Aber nichts weiter! ich muß sonst poetisch werden, oder bin es gar schon, und das kleidet mich wenig; aber sehen werd ichs alle Tage. Und doch muß ich noch ein paar Worte von der ‹Grablegung› sagen, denn Ihr habt den Kupferstich davon. Schaut ihn an und denkt an mich; das Bild ist das Ende von einem großen Trauerspiel, so groß und still und schneidend schmerzlich. Da ist die Magdalena, die hält die Maria, weil sie fürchtet, daß sie vor Schmerz sterben möchte, und will sie zurückführen, sieht sich aber dennoch selbst noch einmal um, und man erkennt, daß sie sich diesen Augenblick für ewig einprägen will, und daß sie ihn jetzt zum letztenmale hat; das ist über alles! – Und dann der verstörte Johannes, der mehr an die Maria denkt und leidet; und der Joseph, der, nur mit dem Grab und seiner Andacht beschäftigt, das Ganze offenbar ordnet und leitet; und der Christus, der so ruhig daliegt und nun alles überstanden hat, – dazu die herrliche Farbenpracht und der dunkele streifige Himmel: – es ist ein Bild, das mit fortreißt und spricht und das mich nie verlassen wird. Ich glaube nicht, daß mich noch vieles in Italien so ergreifen wird; aber Vorurteile habe ich nicht, das wißt Ihr und könnt es auch jetzt wieder daran sehen, daß mir das ‹Märtyrertum des heiligen Petrus›, von dem ich am meisten erwartete, am wenigsten von den dreien gefallen hat. Mir kam es nicht so wie ein Ganzes vor; die Landschaft, die herrlich ist, schien mir ein wenig überwiegend; und dann störte mich in der Anordnung, daß *zwei* Leidende da sind, aber nur *ein* Mörder (denn der kleine weit im Hintergrunde ändert das nicht); es wollte mir nicht wie ein Märtyrertum erscheinen. Aber ich irre mich wahrscheinlich und will morgen noch einmal besser nachsehen; ich war auch beim Sehen gestört, denn es klimperte einer ganz gotteslästerlich auf der Orgel, und die heiligen Gestalten mußten sein jämmerliches Opernfinale anhören. Tut alles nichts; wo solche Bilder sind, brauche ich gar keinen Organisten; ich spiele mir die Orgel selbst dazu in Gedanken und ärgere mich so wenig über den Unsinn, wie ich mich überhaupt über Pöbel ärgere. Tizian aber war ein Mensch! an dem muß man sich erbauen; und das will ich tun und mich freuen, daß ich in Italien bin. Jetzt schreien eben wieder die Gondoliere einander an, und die Lichter spiegeln sich weit ins Wasser hinein; einer spielt Guitarre und singt dazu. Es ist eine lustige Nacht! Lebt wohl und denkt mein in jedem frohen Augenblick wie ich Euer.

Felix

An Karl Friedrich Zelter

Rom, den 1. Dezember 1830

Lieber Herr Professor! Ich komme eben vom Quirinal herunter, wo der Papst gestern abend gestorben ist, und da nun wohl in der nächsten Zeit sich zum Schreiben wenig Muße finden wird, so will ich nicht säumen, Ihnen heut für Ihren lieben Brief zu danken und Sie zu bitten, mir, sobald es Ihre Zeit erlaubt, wieder einige Zeilen zukommen zu lassen ... Den verlangten Bericht nun von hier anzufangen, wird mir ein wenig schwer, weil so unendlich viel zu erzählen, so mannigfache herrliche Eindrücke zu beschreiben sind, daß man nicht weiß, wo man anfangen soll. Der Eindruck des ganzen Roms ist so ernsthaft, so durch und durch ins Innere dringend und so heiter erhebend, wie man sich das Leben des Altertums vorstellen möchte; *andere* Trümmer sind niederschlagend und melancholisch, die Ruinen *hier* sind die festesten Denkmäler einer reichen Vergangenheit, und wenn mich anderswo alles an die Zerstörung und den Untergang erinnerte, so freue ich mich hier der ewig bleibenden Größe und Allgewalt. So steht das Colisseum und die Basilika des Konstantin da, und jeder Mensch, der sieht, wie alles das auch von Menschen gemacht ist, muß sich erhoben fühlen. Auch verdanke ich dem, was nicht die eigentliche, unmittelbare

Musik ist: den Ruinen, den Bildern, der Heiterkeit der Natur, am meisten Musik. – Von der musikalischen Musik (wenn ich so sagen darf) habe ich aber auch schon mancherlei und Interessantes erfahren und will es herzuzählen suchen. Die Capella del Sommo Pontifice (die päpstliche Kapelle) habe ich viermal gehört, zweimal im Quirinal (der Sommerwohnung des Papstes), einmal in S. Carlo und vorigen Sonntag in der Sixtinischen Kapelle. Es ist ein Chor von Geistlichen, die nur in Gegenwart des Papstes oder seines Stellvertreters singen; ihre regelmäßige Anzahl ist 32, doch sollen sie selten vollzählig sein. Der Direktor selbst singt mit und dirigiert mit seiner Stimme, indem er allen einhilft und vom tiefen Baß schnell zu einem Diskant-Eintritt ins Falsett überspringt, wo es not tut. Knabenstimmen sind gar nicht dabei und bis jetzt nie dabei gewesen, und Baini, der darüber klagte, daß sich von Jahr zu Jahr weniger Sopräne fänden, nahm es fast übel, als ich fragte, ob man dem Mangel nicht durch Knabenstimmen abhelfen wolle. Was man von der besonderen Art des Vortrags zu erzählen pflegt, der sich durch Traditionen in der päpstlichen Kapelle für die Palestrinasche Musik erhalten haben soll, so habe ich davon sehr wenig bemerken können. Die einzige Eigentümlichkeit in ihrer Art zu singen fand ich darin, daß sie meistenteils und fast durchgängig mit der äußersten Kraft ihrer Stimmen singen und die langen Noten aus voller Kehle in gleicher Stärke aushalten, so daß wir es bei uns, glaub ich, fehlerhaft nennen würden; es tut aber bei den schönen, breiten Stimmen der Bässe und auch bei den Tenören zuweilen sehr gut, nur bei den Oberstimmen wird es oft zu einem widrigen Kreischen. Eine andere Eigentümlichkeit wäre noch etwa das Beibehalten der kleinen Verzierungen und Trillerchen, wie sie im Anfang des vorigen Jahrhunderts beliebt waren; indessen ist das wohl fast ein Fehler zu nennen, da sie alle Mittelstimmen ohne Unterschied mit diesen Zusetzungen bereichern.

An seine Familie

Rom, den 7. Dezember 1830

Da nun der Papst gestorben ist, den 14ten das Konklave anfängt und also mit den Zeremonien der Beerdigung und denen der Erhebung des neuen Papstes ein großer Teil des Winters hingeht und für alle Musik und größere Gesellschaften verloren wird, so zweifle ich fast, daß ich hier zu einer ordentlichen öffentlichen Unternehmung kommen werde; bin auch wenig betrübt darüber, denn innerlich genieße ich hier so viel und Mannigfaches, daß es wohl wenig schade ist, wenn ich es eine Weile mit mir herumtrage und zu verarbeiten suche. Die Aufführung der Graunschen ‹Passion› in Neapel und namentlich die Übersetzung von Sebastian Bach zeigen nur, wie das Rechte dennoch durchdringen muß. Den lebendigen Sinn der Leute werden sie nicht ergreifen und nicht entzünden; aber es ist damit nicht schlechter als mit dem Sinn für alle anderen Künste, eher noch besser; denn wenn man einen Teil der Logen von Raffael durch eine unsägliche Roheit und einen unbegreiflichen Barbarismus weggekratzt sieht, um Inschriften mit Bleistift Platz zu machen; wenn der ganze Anfang der aufsteigenden Arabesken völlig vernichtet ist, weil Italiener mit Messern und Gott weiß wie ihre erbärmlichen Namen eingeschrieben haben; wenn einer unter den Apoll von Belvedere mit großer Emphase und noch größeren Buchstaben hinmalt: «Christus»! wenn mitten vor dem Jüngsten Gericht von Michelangelo ein Altar aufgerichtet ist, so groß, daß er gerade die Mitte des Bildes überdeckt und so das Ganze stört; wenn durch die herrlichen Säle der Villa Madama, wo Giulio Romano die Wände gemalt hat, das Vieh getrieben und Kraut darin aufbewahrt wird, bloß aus Gleichgültigkeit gegen das Schöne: – so ist das wohl *noch* viel schlimmer als schlechte Orchester; und Maler muß *das* mehr schmerzen als mich erbärmliche Musik. Das Volk ist wohl innerlich angegriffen und zerstreut. Sie haben eine Religion und glauben sie nicht; sie haben einen Papst und Vorgesetzte und verlachen sie; sie haben eine glänzende helle Vorzeit, und sie steht ihnen fern; – da ist es kein Wunder, wenn sie sich nicht an der Kunst erfreuen, – wenn ihnen sogar alles Ernstere gleichgültig ist. Die Indifferenz bei dem Tode des Papstes, die unziemliche Lustigkeit bei den Zeremonien ist wirklich entsetzlich. Ich habe die Leiche auf dem Paradebett gesehen, und die Geistlichen, die umherstanden, flüsterten fortwährend miteinander und lachten dann auf. – Jetzt, wo für seine Seele Messen gelesen werden, zimmern sie in derselben Kirche fortwährend am Gerüste des Katafalks, so daß man vor dem Hallen der Beilschläge, vor dem Lärmen der Arbeitsleute vom Gottesdienst nichts hören kann. Sobald die Kardinäle im Konklave sind, kommen die Satiren auf sie heraus, wo sie dann z. B. die Litanei parodieren und statt der Übel, um deren Ende sie bitten, immer die Eigenschaften der wohlbekannten Kardinäle nennen; oder wo sie eine ganze Oper von Kardinälen aufführen lassen, wo einer der Primo Amoroso, ein anderer Tiranno Assoluto, ein dritter Lampenputzer ist usf. So kann es nicht sein, wo die Leute sich an Kunst erquicken sollen. Früher war es nicht besser; aber sie haben daran geglaubt, und das macht den Unterschied. Die Natur aber und die warme Dezemberluft und die Linie vom Albanerberge bis ins Meer hinunter: das ist alles noch so geblieben; da können sie keine Namen einschneiden und keine Inschriften dichten, – das genießt jeder frisch und für sich allein, und das ist es, woran ich mich halte!

An seine Familie

Rom, den 4. April 1831

Die Leute haben die Zeremonien der heiligen Woche viel gelobt und viel getadelt und haben, wie es wohl oft geht, immer die Hauptsache zu sagen vergessen, nämlich, daß es ein Ganzes ist. Das ist auch das einzige, weshalb ich davon erzählen will. Sonstige Beschreibungen möchten Vater wieder an Madame de R. erinnern, die am Ende nur dasselbe tat, was die meisten tun, die über Musik und Kunst schreiben, indem sie mit einer heisern, prosaischen Stimme bei Tische uns einen Begriff von dem klaren, schönen Chor in der päpstlichen Kapelle geben wollte. Viele andere haben wieder die bloße Musik abgesondert und sind darüber hergefallen, weil sie der Äußerlichkeit bedürfe, um zu wirken. Die mögen Recht haben; so lange aber diese not wendige Äußerlichkeit da ist, und zwar in ihrer ganzen Voll-

17. *Franz Horny: Blick auf die Volskerberge*

18. *Franz Horny: Bildnis Giuseppe Baldi aus Olevano*

19. *Franz Horny: Olevano*

20. *Friedrich Overbeck: Italia und Germania*

21. *Julius Schnorr von Carolsfeld: Sitzender Frauenakt nach rechts*

Julius Schnorr von Carolsfeld: Nisida, Cap Miseno, Ischia

23. *Ludwig Richter: Ariccia in den Albaner Bergen*

Ludwig Richter: Tibermündung

kommenheit, so lange *wirkt* sie doch eben; und so gewiß ich überzeugt bin, daß Ort, Zeit, Anordnung, die große Menschenmenge, die in größter Stille den Augenblick des Anfangs erwartet, das Ihrige zum Eindruck beitragen, so verhaßt ist es mir doch, das, was einmal zusammen gehört, absichtlich zu sondern, um einen Teil zu erhalten, den man gering schätzen kann. Es müßte ein unglücklicher Mensch sein, auf den die Andacht und Ehrfurcht einer großen Versammlung nicht auch einen andächtigen, ehrfürchtigen Eindruck machte, und wenn sie auch das goldene Kalb anbeteten; denn nur der darfs zerschlagen, der was Besseres dafür hinstellen kann. Ob es nur einer dem andern nachsagt – ob es der einmal erlangte große Ruf tut; ob es bloß in der Einbildung liegt, ist einerlei; genug, man hat ein vollkommenes Ganzes, das einen mächtigen Eindruck seit Jahrhunderten ausgeübt hat und noch jedesmal ausübt, und davor habe ich Ehrfurcht, wie überhaupt vor jeder wirklichen Vollkommenheit. Die Sphäre zu beurteilen, möchte ich den Theologen überlassen; denn was man darüber so hin sagt, kann doch nicht tief gehen. Mit der bloßen Zeremonie ist es nicht abgetan; mir ist es genug, wie gesagt, daß in irgend einer Sphäre etwas mit Treue und Gewissenhaftigkeit nach Kräften vollkommen ausgeführt werde, um Respekt davor zu haben und mich daran zu freuen.

An seine Eltern

Rom, den 6. Juni 1831

Liebe Eltern! Nun ists mal wieder Zeit, daß ich Euch einen ordentlichen vernünftigen Brief schreibe; ich glaube, daß alle die aus Neapel eigentlich nichts recht getaugt haben. Es ist, als wolle einen die Luft da nicht zum Nachdenken kommen lassen; wenigstens ist es mir nur sehr selten gelungen, mich dort zu sammeln. Jetzt bin ich aber kaum ein paar Stunden wieder hier, und das alte römische Behagen und die heitere Ernsthaftigkeit, von der ich Euch in meinen ersten Briefen aus Rom schrieb, haben sich wieder ganz über mich ausgebreitet. Ich kann nicht sagen, wie ungleich mehr ich Rom liebe als Neapel. Die Leute sagen, Rom sei monoton, einfarbig, traurig und einsam; es ist auch wahr, daß Neapel mehr wie eine große europäische Stadt ist, lebendiger, verschiedenartiger, kosmopolitischer. Ich sage Euch aber im Vertrauen, daß ich nach und nach auf das Kosmopolitische einen ganz besonderen Haß bekomme; – ich mag es nicht, wie ich überhaupt Vielseitigkeit nicht recht mag oder eigentlich nicht recht daran glaube. Was eigentümlich und schön und groß sein soll, das muß einseitig sein, wenn diese eine Seite nur zur größten Vollkommenheit ausgebildet ist: – und das kann kein Mensch Rom abstreiten. Um als große Stadt eigentümlich zu sein, dazu scheint mir Neapel zu klein. Das ganze Leben und Treiben beschränkt sich auf zwei große Straßen, den Toledo und die Küste vom Hafen bis zur Chiaja. Die Idee eines Mittelpunktes für ein großes Volk, die London so wunderbar schön macht, gibt mir Neapel nicht, und zwar, weil eben das Volk fehlt; denn die Fischer und Lazzaroni kann ich kein Volk nennen. Sie sind mehr wie Wilde, und ihr Mittelpunkt ist nicht Neapel, sondern das Meer. Die Mittelklassen, die gewerbetreibenden, arbeitenden Bürger, die in den andern großen Städten die Grundlage bilden, sind hier ganz untergeordnet; man möchte sagen, es fehlt ganz daran. Das ist es, was mir eigentlich den Aufenthalt in Neapel selbst oft verdrießlich gemacht hat, so sehr ich die Umgebung liebe und genossen habe; und wie mir das immer von neuem vor die Augen trat, so glaube ich am Ende sogar an mir selbst den Grund davon erfahren zu haben. Ich kann nicht sagen, daß ich eigentlich unwohl war in dem fortwährenden Sciroccowetter; aber es war unangenehmer als eine Unpäßlichkeit, die in ein paar Tagen vorübergeht. Ich fühlte mich schlaff, unlustig zu allem Ernsthaften: kurz, untätig. Wie ich denn nun tagelang mit mürrischem Gesichte die Straße auf und ab schlenderte und mich am liebsten eigentlich auf die Erde gelegt hätte, ohne irgend etwas zu denken, zu wollen, zu tun, – da fiel mir auf einmal ein, daß die Hauptklassen von Neapel am Ende wirklich so lebten, und daß also der Grund zu meinem Mißbehagen nicht, wie ich fürchtete, in mir, sondern im Ganzen, – in Luft, Klima usw. liegen möchte. Das Klima ist für einen großen Herrn eingerichtet, der spät aufsteht, nie zu Fuß zu gehen braucht, nichts denkt (weil das erhitzt), nachmittags seine paar Stunden auf dem Sofa schläft, dann sein Eis ißt und nachts ins Theater fährt, wo er wieder nichts zu denken findet, sondern da Besuche machen und empfangen kann. Auf der andern Seite ist das Klima wieder ebenso passend für einen Kerl im Hemde mit nackten Beinen und Armen, der sich ebenfalls nicht zu bewegen braucht, – sich ein paar Gran erbettelt, wenn er einmal nichts zu leben hat, – nachmittags sein Schläfchen macht auf der Erde, am Hafen oder auf dem Steinpflaster (die Fußgänger steigen über ihn weg oder schieben ihn aus dem Wege, wenn er gerade in der Mitte liegt), der dann sich sein Frutti di Mare etwa selbst aus dem Meere heraufholt, dann da schläft, wo er abends zuletzt hinkommt, – kurz, der in jedem Augenblicke das tut, was ihm gerade gemütlich ist, wie ein Tier. Das sind denn nun auch die beiden Hauptklassen in Neapel. Bei weitem der größte Teil der Bevölkerung des Toledo besteht aus zierlich geputzten Herren und Damen oder schönen Karossen, in denen sich Mann und Frau einander spazieren fahren, oder aus diesen braunen Sansculottes, die mal Fische zum Verkauf tragen und gräßlich dazu brüllen oder Last tragen, wenn es an Gelde fehlt. Leute aber, die eine fortgesetzte Beschäftigung haben, – irgend eine Sache mit Fleiß und Beharrlichkeit verfolgen und ausbilden, – die Arbeit um der Arbeit willen lieben, gibt es nur wenige, glaube ich. – Goethe sagt, das sei der Jammer des Nordens, daß man dort immer etwas tun wolle und immer nach etwas strebe, und gibt einem Italiener Recht, der ihm rät, er solle nicht so viel denken: – das mache nur Kopfschmerzen. Es muß wohl sein Spaß sein; wenigstens hat er nicht darnach gehandelt. Will er sagen, daß die verschiedenen Charaktere in der Natur begründet seien und von ihr abhängen, so hat er natürlich Recht, das versteht sich. Ich kann auch wohl einsehen, wie das alles so sein muß und warum die Wölfe heulen; aber man braucht darum doch nicht mit ihnen zu heulen; das Sprüchwort sollte gerade umgekehrt sein. Die Leute nun, die ihrer Lage nach arbeiten und also auch denken und tätig sein müssen, die behandeln das Ding wie ein notwendiges Übel, das ihnen Geld verschafft, und wenn sie es haben, leben sie wie die großen oder wie die nackten Herren. Daher ist kein Laden, wo man nicht betrogen würde. Einheimische, die viele Jahre lang dort Kunden sind, müssen ebenso handeln und auf ihrer

Hut sein wie Fremde; und einer meiner Bekannten, der funfzehn Jahre aus einem Laden kaufte, erzählte mir, wie seit funfzehn Jahren immer derselbe Kampf um ein paar Scudi sei, und wie nichts ihm dagegen helfe. Daher eben gibt es so wenig Industrie und Konkurrenz; daher macht Donizetti eine Oper in zehn Tagen fertig; sie wird ausgezischt, aber das tut gar nichts; denn er bekommt dafür bezahlt und kann wieder spazieren gehen. Sollte aber seine Reputation endlich gefährdet werden, so würde er wieder zuviel arbeiten müssen, und das wäre unbequem. Darum schreibt er einmal eine Oper in drei Wochen, gibt sich zu ein paar Stückchen Mühe, damit sie recht gefallen, und kann dann wieder eine Weile spazieren gehen und schlecht schreiben! So malen ihre Maler die unglaublich schlechten Bilder, die noch weit unter der Musik stehen. So bauen die Architekten die abgeschmacktesten Gebäude (unter andern eine Nachahmung von St. Peter im kleinen, im chinesischen Geschmack). Alles das ist aber einerlei; die Bilder sind bunt, die Musik macht Lärm, die Gebäude geben Schatten – mehr will der neapolitanische Große nicht davon.

ARNOLD RUGE

1802–1880

An Friedrich Wilhelm Ritschl

Florenz, den 10. September [1832]

Ich will gleich anfangen, als würd ich durch Goethes langweilige italienische Perücke inspiriert:

Ich habe Dir schon geschrieben, viele Kunstwerke wären mir völlig unverständlich. Das will sich nicht ändern, und ich komme auf die Alternative: Entweder habe ich nicht den Schlüssel zum Heiligtum oder viele sogenannte Kunstwerke sind gar keine. Die Analogie mit der Poesie spräche wohl für das letztere, aber ich habe hier nicht dasselbe Recht oder nicht dieselbe Anmaßung ... Mit allen mythologischen und geschichtlichen Vorstellungen, die weder eine *Begeisterung* in sich haben, noch eine solche erzeugen können, weiß ich gar nichts zu machen, so z. B. der tote Christus, der geschundene Marsyas, alle Grablegungen und Abnahmen vom Kreuz, alle Hinrichtungen, alle Priapen und bloß geilen Satyrn, die Erweckungen vom Tode, Christus mit dem Zinsgroschen, was eine bloße Politesse gegen die Pharisäer ist, der ersoffene Kaiser Friedrich pp. – wenn diese Sachen noch so energisch dargestellt, die Lage der Betreffenden, ihre Gemütsbewegungen noch so deutlich und wahr sind – es bleibt mir völlig unmöglich, eine Freude oder eine Teilnahme zu haben, und zwar aus dem Grunde, weil ich meine, daß alle von gemeinen Gesichtspunkten ausgehen und keinen Blick nach dem *überhimmlischen Ort* zulassen. Wozu die Handwerksmeisterschaft? Was geht es mich an, daß dieser oder jener malen kann, was man auch ohne seine Fertigkeit sieht, oder gar bedeutungslose Absurditäten bis ins einzelne zurecht legt? Es gibt ein Raffaelsches Bild im Pitti, welches die

Vision des Hesekiel vorstellt, mit aller Energie des Ausdrucks, die nur irgend lebende Ungeheuer der Art haben könnten, und mit solcher Vollendung des einzelnen, daß alle Maler übermäßig davon entzückt sind, unterdessen bleibt die Frage übrig: aber was ist es denn? Nichts. Wie kann es ergreifen? Nur als Kunststück. Ich weiß es wahrhaftig nicht anders. Es kommt mir vor, als wenn einer eine ganze Komödie voller der schönsten Verse machte, über die niemand lachen und für die nur die Metriker sich interessieren könnten.

An den Vater

Venedig, den 11. Mai 1833

Lieber Vater, Florenz hat uns etwas länger aufgehalten, als wir dachten, dennoch siehst Du, wir sind jetzt stark auf der Rückreise und schon wieder unter den Fittigen des deutschen Vogels. Gestern kamen wir des Nachmittags an. Wir waren die Nacht durch gefahren, weil wir in Ferrara einen so unverschämten Wirt fanden, daß ich gar nicht mit ihm handelseins werden konnte, was mir sonst noch nirgends als in Neapel begegnet ist. Die letzte Poststation nach Venezia ist eine Wasserpost. Von Mestre durch das Marschland auf der eingedeichten Brenta, die oben braun und stinkend, unten aber weniger pfuhlmäßig ist, ruderten uns 4 Leute in einer Postgondel nach den Lagunen, die große Ähnlichkeit mit dem Bodden haben, denn sie sind ein untiefes Binnenwasser, das nur gewisse Fahrkanäle für ordentliche Schiffe hat. Gleich hier sieht man allenthalben Forts und Häuser unmittelbar über dem Wasserspiegel zu beiden Seiten, und grade vor sich die Masse der Stadt, welche den ganzen Horizont mit den beiden Armen, die von jenem Körper ausgehen, einspannt. Dies ist aber natürlich nur scheinbar. Denn in Wahrheit geht der lange, schmale Inseldamm wie ein großer Bogen hinter der Stadt herum und ist durch starkes Gemäuer gegen die See abgedeicht. Diese Mauer kenne ich selbst noch nicht; denn der Schlingel von Barcarole will 20 Franken für eine solche Rekognoszierungsfahrt haben, was ich bis jetzt noch zu teuer finde. Man kommt hier immer mit dem Gedanken an, dies sei eine in Verfall geratene Herrlichkeit, und glaubt dies denn auch gleich den Häusern und den Gondeln anzusehen. Denn alles sieht traurig aus, alle Gondeln teerschwarz und alle Häuser schwarz und schmutzig mit abgefressener Bekleidung. Hierin aber soll es, wie ich höre, nie anders gewesen sein, und diese ungeheuer reiche Stadt hat immer ein so schlechtes Äußere gehabt, weil das Meerwasser keinen Kalk und keine Farbe duldet. Übrigens kann man sich nur freuen, daß dieser nichtswürdige Freistaat gefallen ist, der eigentlich, so lang er diesen Namen führte, wenigstens seit dem Jahr 1300, ein völliger Sklavenstaat war und erst durch *Napoleon* zu einer Regierung mit honetteren Grundsätzen kam. Der alte Dogen- oder Markuspalast mit dem Gerichtsstübchen der 10 und der 3 Staatsinquisitoren, den licht- und luftlosen Gefängnissen, den unterirdischen Henkerstätten, alles dies sind scheußliche Denkmäler des langen Tigerregiments, unter dem so viele geseufzt und geblutet und an dem jeder Versuch zur Rettung der Menschenehre viele Jahrhunderte lang systematisch gescheitert. In seinen Handelsschicksalen hat übrigens Venedig viel Ähnlichkeit mit Stralsund, und das Tote, von dem so viel geredet wird, ist hier nicht anders wie dort. Der Platz ist immer noch bedeutend, aber der Verfall freilich noch ärger, obgleich kein Mensch lebt, der die eigentliche Blüte zu schätzen wüßte, denn ich bin überzeugt, daß man so etwas, um es zu kennen, mit eignen Augen sehn muß. – Wir haben auf unsrer ganzen Reise von Rom her das beste Glück gehabt: das beste Wetter, gute Stimmung und völlige Gesundheit. Wir nahmen nach Florenz zurück einen andern Weg, als wir gegangen waren. Dieser letzte ist sehr schön. Den ersten Tag kömmt man durch das schöne Tibertal in die Apenninen. Die Berge waren in der Nähe und Ferne blau wie der Himmel und die Täler unbeschreiblich lieblich, bis wir höher kamen und große Felsenmassen enge Schluchten bildeten. Man sieht tief unter sich die Nera, in die der Velino ungeheuer hoch herabstürzt durch ein Felsenbette, welches ihm die alten Römer ausgehauen haben, weil er früher durch Überschwemmungen viel Schaden anrichtete. Dieser Wasserfall ist nicht so tobend und hat weniger Wasser wie der Rheinfall; aber der Fluß ist doch keineswegs klein und die Höhe gar nicht zu vergleichen. Es war des Morgens, und so schien die Sonne grade mitten in den Staub hinein, der die ganze Schlucht ausfüllt, und machte 2 schöne Regenbogen. Wir hielten uns hier ziemlich lange auf ... Die Witterung ist herrlich, und da wir immer nordwärts steuern, so haben wir noch immer Frühling. Im Februar blühten die Mandeln in Neapel, die andern Bäume schlugen aus, die Bohnen dufteten aus den Gärten, und junge Erbsen kamen zu Tisch. Als wir wieder nach Rom kamen, war der ganze schöne Frühling da, und die ganze, sonst öde Campagna ein Wiesen- und Kornteppich; die Rinder, welche den Winter überlebt, wateten bis an die Knöchel im Grase, jetzt sahn wir erst, wie herrlich dieses Land ist. Wir machten eine sehr angenehme Partie nach dem Monte Cavo, wo der Tempel des lateinischen Jupiters gestanden und wo wir so helles Wetter hatten, daß wir Elba rechts und Ischia und Procida in der neapolitanischen Bucht links sahen, eine unglaubliche Strecke. Hier sind nur 3 oder 4 Gärten, ein öffentlicher, den Napoleon angelegt hat, ein botanischer und der des Vizekönigs beim Markusplatz ... Ich muß gestehn, daß die Reise und ihre guten Resultate, bis jetzt weniger von unserer Weisheit als von einem eigenen günstigen Geschick geleitet, immer mehr Erfreuliches zeigen, je weiter wir nach Hause kommen.

MORITZ VON SCHWIND

1804–1871

An Eduard von Bauernfeld

Rom, 25. Juli 1835

Lieber Freund! Da ich in einigen Tagen mittelst Abreise nach Neapel meinen mehr als zweimonatlichen Aufenthalt in Rom beschließe, so will ich noch von meinem hohen Befinden Nachricht geben. Die Reise von Venedig bis her war von schlechtem Wetter sehr begünstigt, indem es nur auf der Straße schlecht, in den großen Städten schön war. So habe ich in Padua, Ferrara, Bologna und vor allem in Florenz, wo ich zwar nur fünf Tage blieb (aber wieder hinkomme), die schönste Zeit gehabt. Ich war den ganzen Tag auf den Beinen, steckte in allen Galerien, Kirchen und Kapellen, war alle Tage früh in S. Miniato und alle Tage abends am Arno und auf den Brükken rudernd durch wasserglacisartige Menge von unglaublich schönen Frauen. Sonntag auf der Promenade, die sich gewaschen hat, und zur Abwechslung zu Haus auf dem Kanapee rauchend, Briefe schreibend, mitunter einen Marsala-Dusel ausschlafend, eine Gattung, die sehr zu empfehlen ist. Das ist eine Stadt, um angenehm zu leben. Alles reich charakterisiert, im Aufnehmen, das Gefrorne höchst gut und viel und die Wirtshäuser sauber. An der römischen Grenze geht das Elend an. Am Trasimenischen See, der übrigens ungeheuer schmutzige Wellen machte, kehrten wir in einem Loch ein, wo kein Stein auf dem andern festsitzt. Im Hause trotz Hunger und Durst nichts zu genießen, und die Türe von einem Haufen von Bettlern, alt und jung, belagert, die einen, wollte man ausgehen, verfolgten, sah man zum Fenster hinaus, anheulten. Es war völlig zum Umkehren. Dagegen ist Perugia – Raffael. Ebenso ist

Arezzo reizend, wo ich abends einen Spaziergang auf einer Art Bastei machte, hinter einer prachtvollen Kirche mit der schönsten Aussicht. Bis spät in die Nacht spazierte ich leider allein vor dem Tore auf der Straße, wo die ganze Stadt, lustig und laut schwatzend, im Mondschein spazieren ging.

Das ist aber noch im Florentinischen. Wer rein verzweifeln will, der begebe sich von Terni zum Wasserfall. Der erste Jammer ist langsam fahrender Postillon und ein Kerl, der schweißtriefend neben dem Wagen läuft, um ja gewiß den Cicerone zu machen. Poveri Custodi, Bettelmänner, -weiber und -kinder von allem Kaliber, Beschwörungsformeln, Unverschämtheiten und Flüche machen einen fast rasend. Man kann sich nur höchstens sammeln, so genau als möglich überall hinzuschauen; von einem Eindruck ist bei solcher Aufreizung zum Prügeln nicht zu denken. Aber das ist eine Sache, die sich gewaschen hat, und ebenso merkwürdig als der Fall ist die Gegend. Rauh, wild, üppig an Unkraut, als hätte nie ein Mensch da gewohnt, dazwischen so eine Art Langischer Anlagen, Strohhütten, Aussichten, Inschriften und so Zeug. Noch schöner ist Narni, von solchen Städten hat man bei uns keinen Begriff. Es mag sich zu unsern Städten verhalten wie ein altes Schloß zu einem Landhaus, verrücktes, schwarzes, phantastisches Zeug. Der Eintritt in die Campagna ist enterisch genug. Die Wälder auf Schußweite rechts und links ausgehauen, Gendarmes in Laubhütten einquartiert, andere streifend. Die Wagen einer hinter dem andern. Wir waren drei. Zwischen den Posten kein Haus, kein Feld, kein Zaun. Vor Nepi gleich an dem Tor beschäftigte sich ein harmloser Haufe Landbewohner damit, ein gefallenes Pferd abzudecken und zu zerlegen. Die Haut war herunter, die Eingeweide hingen heraus, und in der Bemühung, die Hinterfüße abzutrennen, zogen sie die Geschichte auf der Wiese herum. Sind das Schweinskerle!

Rom macht einen ganz stillen Eindruck, durchaus bequem und so, als wäre man schon dagewesen. Die Ermüdung von der Herreise, die große Menge von Kunstsachen, die in einem raschen Lauf durchzunehmen rein unmöglich ist. Es ist auch alles so zur Aufnahme von Künstlern bereitet, man trifft so viele Freunde, lernt so viele kennen, deren jeder als bestimmt annimmt, man bleibe hier – alles das versetzt einen in einen wohnlichen Zustand, daß man die ganze Welt vergißt, und ich finde es jetzt ganz begreiflich, daß einer hier für zeitlebens hängen bleibt. Die Ungeniertheit ist grandios. Man kann, glaub ich, in der Unterhose ausgehen, es kümmert sich kein Mensch darum. Auf dem Corso, einer Art Kohlmarkt, liegen mitten unter der eleganten Welt die Bauern auf dem Pflaster und schlafen. Esel und Ziegen spazieren überall herum, so wie auch in den entlegensten Stadtteilen prachtvolle Paläste stehen. Erquicklich sind die unzähligen Brunnen, wo die Limonari ihre lustigen Anstalten aufgeschlagen haben. Da sitzt man in der Nacht, raucht und trinkt. Die Umgegend in der Weite wie Mödling ist über alle Maßen schön. Leider war ich nicht so viel draußen, als mir jetzt lieb wäre. Morgen will ich noch einmal nach Tivoli fahren.

Von den alten Kunstsachen etwas zu sagen, ist vergeblich. Nur so viel ist gewiß, daß man von Michelangelo und Raffael keinen Begriff hat. Die Nachbildungen sind alle viel zu plump. An die Arbeiten des Cornelius denke ich von hier aus mit noch mehr Respekt als je, schon das, was hier ist, kann man neben allem sehen. Thorwaldsen packt ein. Overbeck läßt sein großes Bild nicht sehen, Koch hat mir eine Zeichnung von Macbeth geschenkt, die Deutschen machen nichts und die Italiener können nichts. Das ist alles. Ich selbst habe ‹die Arbeiter im Weingarten des Herrn› in Wasserfarben gemacht, wofür ich Lob und Elogi einernte erstaunlich.

FRIEDRICH THEODOR VISCHER

1807–1887

An Bruder und Schwester

[Venedig] (16. August 1839)

Ich war also in dem Land, wo auch der gemeine Mann nobel und interessant aussieht, wo die deutsche Kartoffelnase verschwindet. Der Deutsche genießt sich in seiner Substantialität bei unglücklicher Form, der Engländer ist stolz in seiner Stärke, der Franzose eitel in seiner Eleganz und seinem point d'honneur, der Italiener genießt in legèrem Behagen das Bewußtsein, ein klassisches Volk zu sein. Woher die italienischen Maler solche höchst bedeutungsvolle Köpfe im Überfluß nahmen, darf man nicht mehr fragen, wenn man in Italien ist, man darf nur an eine Gondel, man darf nur auf die Straße gehen. Männerköpfe von größter Schönheit bei gemeinen Schiffern, edle Linien der Knochen, lauter gerollte Haare, schöne, glänzende Augen, worin freilich keine Treue ist und eine Dolchspitze lauert. Die fashionable Welt entwickelt die schönsten schwarzen Bärte, und es könnten da so manche unsrer Damen, die (aus Gründen) in schwarze Haare und Bärte verliebt sind, reiche Weide finden. –

Mit dem Eintritt in Italien, in sein Volk, seine Luft, seine Altertümer fühlt man sich von jenem Geiste des Realismus angehaucht, aus welchem die Alten ihre Größe in Kunst und Staat schöpften. Ein Unvorsichtiger verliert hier den inneren ideellen Fond der deutschen Natur, das Land ist wie eine schöne Frucht, wovon man, wenn man sie ißt, ja den Butzen wegwerfen muß, es ist ein Giftstachel darin, der Kluge, der Feste speist sie und wird neu belebt. Goethe feierte hier seine volle Durchgeburt zum klassischen Geiste. Er ist mir immer auf den Fersen, die schönsten Stellen aus seinen herrlichen Briefen summen mir immer in den Ohren. Ich darf dem Großen die Schuhriemen nicht lösen, aber «es lebt etwas in mir von seinem Geist», und dieses Etwas, der südliche Mensch in mir, wird vielleicht, ja ich hoffe es, endlich mit meinem nordischen und skeptischen Menschen einen Frieden schließen. Es ist eine gute Ahnung in mir. Es wird mir leicht. Es geht. Va bene. Bleibt mir gut.

An Geschwister und Freunde

(Rom, den 5. Dezember 1839)

Unten auf dem Corso ist man in einer rein modernen Stadt und wird von englischen, französischen, russischen Equipagen fast überfahren. Rom ist eine Stadt voll moderner raffinierter Korruption: aber dazwischen sehen, wie in der Architektur, so in Sitte, Tracht, Gebäude, Haltung, Sinn doch überall noch die Ruinen untergegangener Größe hervor, und der gemeinste Römer ist immer ein Römer. Was ist ein Klang in dem Wort! Roma! Da hört man den dumpfen Donner der alten Siegeswagen auf der Via Sacra, derselben, auf deren Resten ich jetzt wandle, und wo man noch Spuren der alten Wagengeleise sieht, unter dem Triumphbogen des Titus durch, wo auf dem Relief der jüdische Tempelleuchter noch heut zu sehen ist, den die Sieger aus Jerusalem schleppten. – Es gibt Momente, wo man es nicht glauben kann, daß man in Rom sei, daß es möglich sei, hier, ganz ordentlich und eigentlich hier, wo all die großen und all die schrecklichen alten Männer wandelten, hier als ein spitznasiger, blond- und glatthaariger Deutscher mit Handschuh und Kravatte herumzugehen. Ehe ich hieher kam, hatte ich das entgegengesetzte Gefühl; jetzt glaube ich nicht zu sein und zu bestehen auf Einem Raume mit diesen ungeheuren Erinnerungen; damals glaubte ich nicht recht, daß Rom existiere. Versteht mich nicht falsch, meine Trefflichen, ich meine es ganz wörtlich. Ich hatte aus Büchern und Erzählungen als Mann von Kopf allerdings gemerkt, daß es eine solche Stadt gebe, welche das alte Rom ist, daß Titus die Juden, Marc Aurel die Quaden und Markomannen, Cäsar die Gallier besiegt hat usw. Ich dachte aber als feiner Kopf: all diese Sachen erzählt man zwar, aber ich bin nicht dabei gewesen; weiß der Henker, ob sie wahr sind; die Zerstörung Karthagos, Jerusalems, so viele andere ungeheure Schauspiele sind wohl nur große Schattenspiele der Phantasie. Aber siehe, da sind nun die handgreiflichen Reste: dieser Mörtel ist wirklich von Menschen aus jener Zeit angemacht, da stehen noch die Säulen, die Triumphbogen, in diesem Colosseum erhob sich wirklich das Gebrüll der Tiger und Löwen, das Waffengeklirr der Fechter, – da tritt aus dem Schulstaube, der die Klassiker dir bisher umgab, plötzlich die alte Welt vertraut und hell vor die Augen, du siehst ihr ins Angesicht, sie lebt. Ich bin *hier*, das kann man auch sagen, wenn man in Degerloch, Lustnau, Derendingen ist, nur nicht hinzusetzen: Cäsar war auch hier, Pompejus auch hier, und dieser Fleck Erde hat einst die Welt erobert.

Aber ich vergesse ganz, daß ich erzählen wollte.

In Florenz studierte ich noch die Kunstschätze mit Genauigkeit durch und genoß so manche schöne Stunde in den reichen Sälen der Museen, die mit größter Liberalität unentgeltlich alle Tage geöffnet sind, vor den Bronzetüren des Ghiberti am Baptisterium, von denen einst Michelangelo sagte, sie wären würdig, die Pforten des Paradieses zu sein, in den Kirchen, wo die interessantesten Fresken sowohl aus den ersten naiven Zeiten des Cimabue und Giotto als aus dem großen Fortschritt des herrlichen Masaccio und endlich der Blütezeit des Fra Bartolommeo und Andrea del Sarto die Hauptepochen der mittelalterlichen Malerei darstellen. Es ist auch behaglich leben in Florenz, nicht teuer, und ein höfliches, gutes Volk dort, die Toskaner sind die italienischen Sachsen ... Mit großem Genuß sah ich ein italienisches Ballspiel, das ich einmal mündlich beschreiben will. Da sieht man Männer, Köpfe, Stellungen, Leben, so antik! – Das Wetter hatte ich glühend heiß getroffen, zuletzt ging es durch einige Gewitter mit Platzregen in empfindliche Kälte über. Ich reiste am 30. Oktober nach Siena ab. Gute Gesellschaft von lauter Italienern in der Chaise, worunter eine Frau mit Gemahl, ganz honett, aber im Gespräch von einer Natürlichkeit, wobei ein Deutscher, der es noch nicht gewohnt gewesen wäre, sich auf den Kopf gestellt hätte. Z. B. stiegen einige aus ob certam necessitatem. Die Frau sagte: Io sono donna, non smonto mai, sono stata a cavallo dieci miglia e non sono smontata mai.[1] Das war aber auf mein Wort eine ganz honette Frau von viel Anstand. Und doch sind die Italiener in andern Dingen viel strenger dezent als wir. Auf dem Theater darf kein Kuß auf die Wange, auch nicht scheinbar, gegeben werden, sondern nur auf die Hand. Überhaupt gilt Küssen als etwas durchaus Verfängliches. Ein Beweis der Verdorbenheit, denn je verdorbener die Sitten, desto ängstlicher die Dezenz. Selbst in einer Kirche ist mir zu Pisa ein schändlicher Antrag gemacht worden, worauf ich aber ganz still meinen schönen, braungebeizten Reisestock von starkem eichenem Kaliber dem Antragsteller dicht vor die Nase hielt, der dieses Deutsch augenblicklich verstand.

Siena hat einen wunderherrlichen Dom und so vieles andere Schöne, das ich nur leider wegen des naßkalten Regenwetters in schlechter Beleuchtung und unbehaglichem Zustande sah. Ich war an einen Sprachlehrer, Cypriani, empfohlen, einen gar ehrlichen Mann, der in der italienischen Garde gedient hat. Die Sieneser sind überhaupt nette Leute und ihre Sprache ist durch das Sprichwort berühmt: lingua Toscana in bocca (Mund) Romana. Im Café hatte ich abends den eigentümlichen Genuß, mit einem Bibliothekar, dem man in seiner italienischen Samtjacke und dem jugendlichen Lockenwald den Gelehrten nicht ansah, über Schiller zu disputieren. Die Italiener sind gewaltig für das Sentimentale, er nahm aber doch meine Bemerkungen zu Berichtigung seiner Begriffe sehr willig auf und faßte im Moment den Unterschied zwischen rhetorisch und poetisch. Überhaupt, was ist das für ein Volk, welche Fassungskraft! welch liebenswürdiger Kern, wie heiter, wie frisch, wie immer fidel! Was wäre aus dem Volke zu machen, da es ohne alle Volkserziehung so wild aufwächst und doch das ist, was es ist! Besonders die Knaben liebe ich. Sie sind entsetzlich unartig, man sieht selten eine Katze, der sie nicht den Schwanz abgeschnitten hätten. Doch abgesehen von diesen Straßenunarten erscheinen sie so naiv klug, gegen Erwachsene freimütig und doch edel bescheiden,

1 Ich bin eine Frau, ich steige niemals aus, ich bin zehn Meilen zu Pferde gewesen und bin kein einziges Mal abgestiegen.

daß man nicht ohne Unwillen an die verwünschte deutsche Erziehung denken kann, die den Menschen fast bis zum 30. Jahr als unfrei und dumm behandelt, wovon die Folge ist, daß er es wird. Im Rate der Erwachsenen darf der Knabe hier in Italien frei mitsprechen, da horcht er aufmerksam auf die Hand gestützt, die dichten Locken fallen ihm leichtsinnig unter der Mütze auf die Stirne herunter, da bringt er denn auch seinen Senf herbei, hat zu fragen, zu urteilen, zu erzählen, und die Alten lassen ihn billig mitankommen. Sagt er was Dummes, so belehrt man ihn lachend, sagt er was Kluges, so heißt es: der Kleine hat Recht usw. Ebenso behandelt man die Dienstboten als Menschen; im Anfang verwunderte sich meine deutsche Korporalsstocknatur nicht wenig, wenn eine Dienstmagd oder ein Bedienter im Vorzimmer einer Familie auf eine Frage nicht einfach antwortete, sondern eine Bemerkung machte, wodurch er sich mit mir auf den Fuß der Unterhaltung zwischen Menschen von gleicher Würde setzte. Dort fährt eine glänzende Equipage über den Corso, bei der Familie sitzt eine Amme in ländlicher Tracht und unterhält sich mit Herr und Frau wie ein Glied der Familie, und das ist von dieser keine Herablassung, sondern Gefühl der Menschengleichheit, Menschenwürde. Man meine nicht, das begünstige die Unbescheidenheit, nein der *Sklave* wird unbescheiden ...

Den andern Tag sah ich das merkwürdige Chiusi, das alte Clusium, eine der 12 etruskischen Republiken, deren Lucumone Porsenna war, derselbe, der vor Rom zog. Es war ein grauer melancholischer Tag, ganz geeignet zu Erinnerungen an das finstere Wesen der alten Etrusker; die Stadt liegt hoch mit der Aussicht auf ernste Eichenwälder. Außer dem Museum der ausgegrabenen Urnen, Bronzen usw. versäumte ich nicht, eines der gefundenen Gräber zu besuchen, das schönste. Ich kannte die Form dieser Gräber gut aus dem Werk von Inghirami, aber wie anders, wenn man die Sache selbst sieht und das Antike einem plötzlich wahr, wirklich, gegenwärtig wird! Eine Kammer in die feste Lehmerde des Berges gehauen mit steinerner Tür, mit Farben und heiteren Bildern, von Tänzerinnen, Gauklern und dergleichen in dem harten, aber doch edlen etrurischen Stile bemalt, frisch und glänzend, als wäre es von gestern; hier standen nebst den Vasen und anderem die Aschenurnen, viereckige Kästchen mit Relief, auf dem Deckel hingestreckt das Bild des Toten – die finstern, mürrischen Etruskerköpfe, doch auch liebliche Gruppen, eine Mutter, das kleine Töchterchen im Arm, das liebreich zu ihr aufblickt. Der Tag war empfindlich kalt, hier unter der Erde war eine dumpfe Hitze, was den eigentlichen Eindruck bei der mystischen Lampenbeleuchtung vollendete. – Mit diesem Momente begann eigentlich für mich das Gefühl des Antiken, d. h. das Gefühl, in der Heimat des Antiken zu sein, bisher war es mehr das Mittelalter mit seiner Baukunst und Malerei gewesen, was mich beschäftigte. Den *Ort* zu betreten, wo *handgreifliche* Spuren dartun, daß hier einst «das Antike neu» war – dies gibt dem Gemüt den ersten starken, durchgreifenden Eindruck ...

Am 11. November zog ich abends in Rom ein. Ich wußte vorher, was von dem ersten Eindruck zu erwarten war, nämlich wenig, und steifte mich nicht im mindesten auf große Gefühle. Überhaupt nur sich auf keine Gefühle forcieren, nur nicht sentimental sein, das ist nirgends mehr zu raten als in Italien. Wenn man nämlich von der Porta del Popolo hereinfährt, so sieht man zuerst nur das *neue* Rom, das so ziemlich den Anblick einer gewöhnlichen modernen Stadt darbietet. Die Architektur des ganzen neuen Roms an Kirchen und Palästen ist bekanntlich lauter Zopf. Rom war seine Wiege und fruchtbarste Residenz. Ich will statt hundert anderer Beispiele nur das schauderhafte anführen, daß in den von den schönen Säulen des alten Tempels der Faustina eingeschlossenen Raum eine Zopfkirche mit der hier gezeichneten unerträglichen Fassade gebaut ist. Dieser Stil nun gefiel sich bekanntlich besonders in der Kuppelform, und es geben die vielen Kuppeln neuerer Zeit, so weit dieselben auch von der herrlichen, viel flacher gehaltenen Kuppel des Pantheons abweichen, dem modernen Rom in der Perspektive ein allerdings großartiges Aussehen. Tritt man aber ins Innere dieser Kirchen, so herrscht hier der Berninische Zopf in allen Formen des Abgeschmackten. Die Peterskirche ist bekanntlich ebenfalls bereits Zopf und verfehlt ganz den großen Eindruck, den ihre ungeheure Höhe beabsichtigte. Der Grund des letzteren ist namentlich, daß aller Schmuck an Gelenken, alle Gemälde, Statuen, welche die ungeheuren hohen Wände und Kuppeln schmücken, perspektivisch so berechnet sind, daß die Figuren für das Auge in gewöhnlicher Größe erscheinen. Sie sind nämlich je höher, desto größer ausgeführt, statt daß, wenn alle denselben Maßstab hätten, die Figuren, je entfernter, desto kleiner erschienen und so dem Auge ein Maß der grandiosen Höhe gäben. – Im Stile des Mittelalters hat Rom an Palästen und Kirchen fast nichts aufzuweisen, und so bleiben ihm nur die Ruinen der Römerzeit und der Zopf. Man kann sich das schon gefallen lassen, denn so haben diese Ruinen keine Nebenbuhler und stehen in tragischer Einsamkeit um so ergreifender da. Dagegen sind die byzantinischen Basiliken, meist außer der Stadt, aus den ersten christlichen Jahrhunderten, höchst lehrreich für die erste Baukunst des Mittelalters . . .

In der ersten schönen Woche machte ich Ausflüge nach Ruinen, Villen, Punkten schöner Aussichten. Das Colosseum sah ich besonders eines Abends in wundervoll warmer, goldiger Beleuchtung, das Blau drang so klar zwischen den altersgrauen Bögen hindurch, die Lichter der Abendsonne flossen an dem Efeu und anderm Schlingkraut wie flüssiges Feuer nieder. Fast hätte ich aber mein, nicht mehr junges, Leben eingebüßt, da wir über einen dünnen Bogen von Backsteinen in bedeutender Höhe kletterten und ein Stück unter meinen Füßen in die gewaltige Tiefe mit dumpfem Getöse rollte. Himmlische Aussichten auf die Campagna habe ich genossen. Diese weite Öde um Rom, teilweise von den Albaner- und Sabinergebirgen abgeschlossen, an den übrigen Punkten als unendliche Fläche sich im Horizont verlierend, bietet ein Farbenspiel, einen bläulich silbernen Duft der Ferne, der den Maler entzückt und dem Laien vielleicht besser als irgend ein Fleck der Erde sagt, was Schönheit der Landschaft sei. Wenig Mittel, nichts Bestechendes, alles einfach, aber Größe und Stille der Götter. Wer einmal die Campagna gesehen hat, der eilt von den reichsten und glänzendsten Landschaften Neapels sehnsüchtig zu ihrer melancholischen Größe, ihrer ernsten Einsamkeit zurück. Ja, meine lieben Freunde, ich lerne, ich lerne viel; als ich kam, war mein Auge noch wie ein ungeschliffenes Glas, jetzt fange ich an zu sehen.

Die Kunstwelt Roms, der Statuenwald des Vatikans, die Stanzen und Loggien Raffaels eigne ich mir in kleinen, aber nahrhaften Portionen langsam an. Es ist so viel, man taumelt; man muß sehr diät leben. Endlich wird mir Raffael klar. Ich betrachtete ihn früher, weil ich ihn nur von dieser Seite kannte, bloß als religiösen Maler, und allerdings steht mir noch jetzt seine Sistinische Madonna in Dresden am höchsten unter seinen Leistungen, dieses Wunder der Malerei, an das ich nicht ohne die tiefste Rührung zurückdenken kann, diese höchste Vereinigung heiliger und menschlich naturgemäßer Schönheit, Spitze und Abschluß der Malerei des Mittelalters. Hier in Rom lernt man nun aber Raffael erst kennen in der Komposition figurenreicher, zu einer Handlung vereinigter Gruppen; wie er dort als Abschluß der Malerei des Mittelalters steht, so hier als Beginn der historischen Malerei, wie sie nur der neuern Zeit möglich, aber bisher freilich nicht erreicht ist, besonders in den wundervollen Tapeten. – Doch genug von der Kunst, denn wo aufhören, wenn ich recht anfinge?

An dieselben

(Rom, den 25. Januar 1840)

Die Römer sind bekanntlich von Alters her ein stämmiger, stierhalsiger, dickköpfiger, fetter Schlag. Größere, schlankere Leute sind in Oberitalien. Doch findet man auch hier immer 10 schöne Menschen, bis man bei uns 2 findet. Mehr schöne Männer als Frauen, doch auch unter diesen, besonders im Stadtviertel jenseits der Tiber (Trastevere), wo der alte Schlag am ausgeprägtesten ist, eine Menge höchst bedeutender Gestalten und Köpfe. Wer Almanachbegriffe im Kopfe hat, wird ... sich hier wie in Italien überhaupt in Hinsicht auf weibliche Schönheit sehr betrogen finden. Wer aber fühlt, was bedeutende Formen sind, was Stil heißt, der wird gar viel Herrliches sehen.

Die Natürlichkeit verleugnet sich auch hier nicht. Die römischen Weiber aus allen Ständen essen nicht sehr fein, beißen drauf los, zerschlitzen einen Hahn halb mit dem Finger und schmatzen laut. – Körperliche Bedürfnisse werden höchst unverhohlen behandelt. Dort geht ein fein gekleideter Mann mit einer Dame, er gibt ihr seinen Stock oder Schirm zu halten, geht etwas weniges auf die Seite und sie wartet. Ein junger Deutscher wurde in seinem Logis von den Töchtern seiner Hausfrau, 2 sehr schönen Mädchen, bedient. Diese sahen in seiner Gegenwart jeden Morgen nach dem Nachtstuhl (denn bessere Anstalten sind sehr selten und dann nichts weniger als eine commodité). Das genierte den schamhaften Jüngling so, daß er ihn gar nicht benutzte, sondern jeden Morgen bei Freunden eine Gastrolle gab, bis ihn die Mädchen fragten, ob er krank sei? «Warum?» Perchè non cacate mai.[1] Ich selbst habe meinen Nachtstuhl auf dem Korridor, die Tochter der Wirtin ging einmal vorbei, ich saß auf Kohlen und konnte doch nicht aufstehen, sie sagte, ohne zu lachen oder überhaupt nur irgend etwas Ungewöhnliches darin zu finden, fate pure (machen Sie getrost weiter).

Höchst neugierig die Weiber. Habe ich einen Besuch, so streckt von meinen Hausleuten eins ums andere den Kopf herein. Eine große Wichtigkeit ist ihnen, daß ich mich morgens gurgle, was sie in ihrem Zimmer hören. Bei dem ernsten römischen Wesen doch beständig heiter und zum Lachen aufgelegt. Wenn ich abends nach Haus komme, steht meine dicke Wirtin da, stemmt die Arme in ihre fetten Hüften und fragt, wo ich gewesen sei? – «In der Kneipe bei den deutschen Künstlern». Avete riso? (Haben Sie gelacht?) Wenn ich nun nichts zum Lachen habe, geht es mir sehr schlecht, bringe ich aber einen Brocken zum Lachen mit, so wiederholt sie es 3-, 4mal und will sich ausschütten vor Lachen. Mein Zimmer und meine Habe betrachten sie so ziemlich als zum gemeinschaftlichen Gebrauch. Brenne ich meinen kleinen sturzenen Ofen ein, so sitzt in kurzer Zeit mein Zimmer voll, wie von Fliegen, die der Wärme nachziehen, oft Vetter und Basen dazu; einmal brachten sie noch einen Vetter, der schrecklich langweilige selbstgemachte Oden deklamierte. Meinen Wachsstock etc. muß ich gewöhnlich drüben suchen, dagegen kann ich nach demselben Rechte drüben holen, was ich will.

Treue in der Liebe, auch in der Ehe ist ziemlich selten. Freie

1 Weil Ihr niemals kackt.

Liebe ohne Rücksicht auf Geldgewinn ebenfalls selten. Interessiertheit ist römisches Nationallaster. Ein Fremder, der mit allerhand Illusionen käme von hoher Liebe, wäre sehr geprellt, und klug tut jeder, der diese Weiber als schöne Bilder an sich vorübergehen läßt und übrigens seine Zeit ganz der Kunst und Vergangenheit widmet. Die jüngste Tochter meiner Wirtin ist ein Mädchen voll Anmut, ja noch von einem Ausdruck süßer Unschuld, ist aber von den Verwandten an einen Kerl verkauft, der im Hause ißt und schläft und dafür des Mädchens Garderobe etc. bestreitet, auch wohl sonst Zuschüsse gibt. Glaubt aber darum nicht, daß ich in einem schlechten Hause sei, dies ist ländlich sittlich. Ich möchte sagen, ein Engel sei es, der, nachdem das Herz des Mädchens zerstört war, noch in den Formen und Gebärden, im naiven Hinlauschen des zierlichen Köpfchens, dem anmutsvollen stets belebten Spiel der Hände sich leise und stille regt. – Es ist wahr, es sieht arg aus im Familienleben der Römer; ärger als man glaubt. Der Grund ist klar. [folgt die Zeichnung einer Tiara!]. Und doch noch so viel gute Anlage! So viel unverwüstliche Natur! Ja so viel Gutmütigkeit in der Spitzbüberei! Die römischen Hausfrauen haben gar etwas Behagliches, Freundliches, fast Deutsches, nehmen dir aber dabei so viel als möglich Geld ab und stehlen von deinem Holz (nicht alle, aber viele) . . .

Die männliche Jugend gefällt durch Schönheit und Ausdruck von Freiheitsgefühl. Besonders der Haarwuchs ist schön, niemals straff hängend, schön gerollt und prächtige Bärte. Es ist aber ein Volk von Taugenichtsen; gehst du hinter zweien und hörst sie reden, so ist es mathematisch gewiß, daß du jedesmal die Worte: Paoli und Scudi, bella ragazza (Mädchen) und vestiti (Kleider) hörst. – Ein schöner Sinn der Italiener ist ihr Bausinn, ihre Lust, durch herrliche Paläste und Villen ihren Namen der Nachwelt zu lassen und hierin, so sparsam sie sonst sein mögen, nichts zu sparen. Bei uns stößt man in die Posaune, wenn einmal einer einen großen Kasten mit Zimmerchen wie Schubladen baut, hier ist Palast an Palast, große weite Säle mit Fresken und Statuen, Räume, von denen man im Norden nichts weiß. Auch die gewöhnlichen Häuser sind alle großartiger als bei uns, Platz und Geld nirgends so kleinlich gespart, und man meine ja nicht, das Bauen sei hier wohlfeiler, im Gegenteil, es ist, wie alle Arbeit von Künstlern und Handwerkern, entsetzlich teuer. Das kleinste Dorf hat eine schöne Kirche, einen schönen Kirchhof etc. Da ist Sinn für das Öffentliche, großklassisches Wesen. Ich werde mich an unsere Nußschalen und Speisekästen von Häusern schwer wieder gewöhnen.

Das ungünstige Licht, das nach dieser Schilderung auf die italienischen Sitten fällt, gilt mehr den Städten, wohin Reisende schon längst die Korruption verschleppt haben, als dem Lande überhaupt: Erträglich ist die Welt, wo der Engländer nicht hinkommt mit seinem Geld. Am Landvolk besonders sieht man die herrliche ursprüngliche Natur. Teufel, wie vornehm ist ein solcher Bauer mit dem feinen Profil, dem männlich antiken Barte, dem markig stolzen Gesicht, und mit welch noblem Selbstgefühl spricht er mit dir, der du vielleicht meintest, dich herabzulassen. Es ist doch etwas Großes um den Stolz, den großen ernsten Völkerstolz, und zehrt er auch nur von der Größe der Ahnen und dem Gefühl unentwickelter Fähigkeiten. Es sind und bleiben liebenswürdige Spitzbuben. Gestern sah ich ein Bauernweib in der schönen Tracht von Genzano (Dschenzano), so edel schön, so fein, nobel, daß die geputztesten Zirkeldamen neben ihr als Mägde hätten erscheinen müssen. Zu einem Soldaten von der Schweizergarde sagte ein Trasteveriner, der von ihm bei einer Prozession im Gedränge zurückgestoßen wurde: «Barbaro, non sai tu, che io sono di sangue Trojano? Barbar, weißt Du nicht, daß ich von trojanischem Blute bin?» Gebt den Deutschen dieses Nationalgefühl und sie fressen die Welt auf dem Butterbrote. Die Deutschen machen hier in Italien durchweg durch den Ausdruck von Timidität, den sie haben, durch jenes Gesicht, das aussieht, als hätte es jederzeit Angst vor einem Polizeidiener, den unglücklichsten Eindruck unter allen Nationen. Ich habe inzwischen schon mehrfachen Italienern lebhafte Standreden über unsern Wert und ihre Lumperei gehalten.

ERNST CURTIUS

1814–1896

An Victorine Boissonnet

Rom, den 8. Februar 1841

Es war keine kleine Prüfung, daß ich gleich nach meiner Übersiedelung zur Piazza Barberini dem römischen Fiebergotte anheimfiel, aber ich muß es dankbar anerkennen, daß ich so leicht und, was selten ist, ohne Rückfälle, davongekommen bin und, nachdem mir noch einige Zeit lang eine Schwäche der Füße anklebte, jetzt wieder frisch und gesund mich herumtummele. Und seitdem genieße ich alles doppelt. Rom läßt sich nun einmal mit keiner Stadt der Welt vergleichen, und seine Größe läßt sich durch keine Beschreibung erreichen. Es will empfunden sein, welche Weihe Natur und Geschichte diesen sieben Hügeln mitgeteilt haben. Gerade jene Wunder, welche der Beschreibung am meisten Stoff geben und in den Itinerärs die meisten Seiten füllen, die Plätze, Paläste, Brunnen, die einzelnen alten Monumente und Kirchen sind es nicht, welche der Stadt ihren eigentümlichen Reiz geben, die sind alle auch anderswo zu finden und meist viel schöner – aber dies ungeheure Ensemble in aller seiner Verwirrung, dies Gesamtbild von Alt und Neu, von Leben und Zerstörung, das wie eine aufgerollte Weltgeschichte vor Augen liegt, das ist das unbeschreiblich Große in Rom. Man steht auf dem Vulkane und fühlt unter den Füßen die dämonischen Gewalten, die ein Jahrhundert nach dem andern hingestürzt; man fühlt das Leben der Menschheit wie sein eigenes Leben und erbebt vor dem Ernst der Geschichte. Und wie schließt sich diesem ernsten Bilde die Stadt, die Umgegend so würdig und feierlich an. Die ruhigen Formen der fernen Berge, deren Fuß in die unabsehbare Ebene wellenförmig ausläuft. Nirgends habe ich so sehr den verschiedenen Einfluß der

Beleuchtung empfunden wie hier. Bei hellem Tageslichte läßt Rom kalt. Man freut sich, all das einzelne Schöne aus alten und mittelalterlichen Zeiten zu erkennen, zu verstehen und zu prüfen, man freut sich auch der Blicke auf das Gebirge, wenn im scharfen Lichte und Schatten sich die Abhänge der Albanerberge zeigen. Aber das Bild der Stadt selbst ist zu unruhig, es erscheint des einzelnen zu viel, um einen Gesamteindruck zu haben. Aber wenn die Sonne hinter dem Janiculum und den Pinienwäldern von Villa Pamfili sinkt und ein dämmerndes Abendlicht sich über die Hügel des alten Roms und die Ufer des Tiber legt, dann hebt sich das Alte und Große, dann wachsen die Formen der Hügel und der großen Gebäude zu gigantischen Umrissen, das kleinliche Einzelne verschwindet, eine großartige Ruhe tritt in das Bild. Mein Lieblingsplätzchen ist der Hof des Kapuzinerklosters Bonaventura, auf dem Palatin. Dort steht ein Palmbaum und breitet in flachen Bogen seine Blätter über das schönste Bild aus, das je ein Menschenauge genossen hat. Dort habe ich oft mit Abeken halbe Stunden gestanden, wenn das Ave Maria von den Klöstern und Kirchen der benachbarten Hügel läutete, und wir standen und gingen, ohne ein Wort sprechen zu können, vom Eindruck dieser Landschaft überwältigt. Ganz andere Bilder wieder im Mondlichte, besonders am Tiber, wenn man von Ponte Sisto herüber und hinunter schaut; da bilden sich aus den elendesten Häusern, die sich hart am Ufer erheben, großartige Gruppen, über die sich wieder in abgeschlossener, stiller, selbstbewußter Pracht der Palazzo Farnese erhebt – oder vom Ponte Rotto die Tiberinsel – das Schönste aber bleibt doch, in heller Nacht das Forum auf und ab zu wandeln. Dann ist man nicht mehr auf dem Campo Vaccino, das Treiben des Tages ist verklungen, die schmutzigen Hütten verschwinden, die alten Gebäude beherrschen wieder das Forum; die beiden Häupter des Capitols, die Höhen von Aracoeli und von Monte Caprino, treten entschiedener hervor, die Rückmauer und die Unterbauten des Senatorenpalastes, von den beiden Aufwegen eingefaßt, begrenzen den Raum des Forums und der Tempel; auf dem Palatin heben sich die alten Kaisermauern, und die Triumphbögen mit dem glänzenden Pflaster warten auf einen neuen Pompejus.

GEORG HERWEGH

1817–1875

An Robert Prutz

Mailand, 25. Juli 1843

Gehe nach Italien, übersättige Dich an der vielgepriesenen christlichen Kunst, an den gebratenen und geschmorten Heiligen, reise vier Monate, ohne einen Menschen zu finden, der Mensch wäre, hab ein deutsches Herz, so ein recht dummes deutsches Herz, das im Golf von Neapel die deutsche Misere doch nicht vergessen kann – dann erst begreifst Du, was ein Brief wie der Deinige einem Freunde sein kann. Dies Paradies ist doch eine Wüste, und ich bin froh, daß ich sie verlasse. Nicht Flöhe, Wirtshäuser und Vetturini vertreiben mich – da sei Gott vor, ich bin kein Nicolai – aber was soll ich in einem Lande, wo ich nur die Toten ehren kann und die Lebenden verachten muß, in einem Lande, das keine Geschichte hat und keine mehr haben wird? – Auch die großen Toten fangen an, mich zu ennuyieren, da ich keine Beziehung derselben zu den Lebenden entdecken kann. Der Genuß ist mir nachgerade lästig und eine Art Arbeit geworden, die Arbeit wird mir wieder Genuß sein. Draußen in Deutschland, Frankreich, England, wo sichs regt, wo noch was geschieht, wenns auch kaum der Rede wert ist, da ist mein, da ist Dein Posten. Ich bin einmal desertiert, ich wills nicht zum zweiten Male. Es ist so bequem, in den blauen Himmel zu sehen oder zu disputieren, ob Raffael oder Michelangelo ein größerer Maler, ob der Dom von Florenz oder die Peterskirche imposanter; die Menschheit dankt einem das schlecht. Die Hauptsache ist, daß wir etwas tun, nicht daß wir das Dagewesene jahraus, jahrein bereisen und bewundern; neun Zehnteile der Reisenden sind auch geradezu Gesindel und die nichtsnutzigsten, indifferentesten Kerle von der Welt. Probieren wir, was unsere Weltanschauung schaffen kann, das wird die beste und fortan einzige Verehrung sein, die wir vergangener Größe zollen. Basta ... Ich bin mit Deutschland aufgestanden und mit Deutschland zu Bett gegangen. Sieh! solche Esel sind wir. Aber wir wollens bleiben und sollten wir uns darüber zu Tod ärgern.

An Emma Herwegh

Roma, 18. Februar 1847

Der tolle Lärm des Carnevals läßt mich nicht früher als heute dazu kommen, Dir ein paar Zeilen von Rom aus zu schreiben und Dir wenigstens zu wissen zu tun, daß ich noch lebe und viel, viel an Dich denke. Ich bin von Morgen bis Abend auf den Beinen, teils, um meinen Lieblingen nachzulaufen, die Du kennst und mit mir gesehen hast, teils, was Dir vielleicht nicht so erwünscht sein wird, um mich in dem Strom von Schönheit zu baden, der täglich den Corso auf- und niederflutet und über alle weitere Beschreibung erhaben ist. So etwas sieht man nur in dem einzigen Rom auf der Welt. – Dazwischen verlier ich leider etwas zu viel Zeit mit deutschen Künstlern, deren Werke im Durchschnitt kaum das Mittelmäßige erreichen und unter denen Rahl noch als ein Stern erster Größe glänzt. Er hat ein großes historisches Bild eben ausgestellt, das wirkliche Schönheiten besitzt und das im Augenblick in Rom kein Künstler ihm nachzuahmen im Stande wäre. Daß es mich besonders ergriffen hätte und ich mich für den Künstler oder den Gegenstand interessierte, kann ich nicht sagen. Die wirkliche Inspiration fehlt überall – und wie könnte es anders sein –, was ich sehe, sind mit mehr oder weniger Geschick zusammengestellte und zusammengeflickte Modelle, aber keine Kompositionen, die – in erleuchteter Stunde aus Einer großen Anschauung des Künstlers hervorgegangen – auch auf den Beschauer den Zauber einer solchen geschlossenen künstlerischen Einheit ausübten; die Malerei im Durchschnitt [ist] Flachmalerei und überall in den Formen so wenig Relief, als ob Raffael und Michelangelo nie existiert hätten. – Raffael nehme ich wieder durch von A–Z, und er bleibt mir als Denker, Dichter und Maler der alte ewig bewundernswürdige Mensch. – Ich werde von allem, was ich gesehen, Zeichnungen mitbringen und diejenigen, die Du bereits besitzest, ergänzen. – Welcher Genuß für mich, Dich nur auf einige Stunden täglich bei mir zu haben! An den langen Abenden fehlt mir alles, das Logis, das ich bezogen und das Rahl zum voraus für uns gemietet, ist höchst unwohnlich, und so bin ich genötigt, meine Zeit auf deutsche Weise und mit Deutschen, die noch mitunter gar zu unbedeutend sind, auf elende Weise zu verbringen. Da balg ich mich dann unter anderm auch über das königliche Patent seiner preußischen Majestät herum, das Du wahrscheinlich gelesen hast und wenn nicht, wenigstens lesen mußt, um von neuem zu erfahren, mit wie wenigem man ein deutsches Gemüt zufriedenstellen kann. Ich habe den Gegenstand so satt, daß ich nicht noch einen Liebesbrief – denn das sind und bleiben die Briefe unter uns – damit anfüllen mag ... Vater hat mir unter mancherlei Bedauern 350 fr. geschickt; besser als nichts. Über meine Abreise ist noch nichts beschlossen; ich erinnere Vogt nicht daran und bleibe gern so lang als möglich, schwerlich aber länger als bis zum letzten dieses Monats, so daß Du die Antwort auf diesen Brief jedenfalls nach *Florenz* poste restante adressieren kannst, wo wir noch einige Tage zu verweilen gedenken.

JACOB GRIMM

1785–1863

An Wilhelm Grimm

Rom, 4. September 1843

Bei der übermäßigen und fast unerträglichen Hitze in Neapel wurde die Reise nach Palermo, wo es noch mehr glüht, aufgegeben, und ich hielt es meiner Gesundheit für zuträglicher, nicht alle Ausflüge in die Umgegend mitzumachen, die Horkel unternahm. So habe ich auch weislich den Vesuv nicht bestiegen, was außerordentlich angestrengt hätte. Da es mich nun langweilte, nach 14tägigem Aufenthalt noch in Neapel zu bleiben, während mein Reisegefährte nach Sorrent und Paestum ging, machte ich mich unterdessen auf den Weg nach Rom, wohin er mir in einigen Tagen folgen wird. Wir stimmen insofern nicht zusammen, als er mir zu viel und ich ihm zu wenig sehn will. Ich suche mir gern Punkte heraus, die ich ruhig betrachten kann, mehr noch die schöne Natur als Altertümer, wobei man in einem fortgehetzt und von den begleitenden Ciceronen gestört wird; sie fruchtbar und ordentlich zu betrachten, würde viel längere Zeit fordern, so lauft man müde darüber hinaus.

Indessen war ich in Camaldoli, einem hochgelegenen Mönchskloster einige Stunden von Neapel, zu dem nur Männer, keine Frauen Zutritt haben. Ich ritt auf einem Esel durch steile Waldpfade hin, die Sonnenstrahlen wurden durch die dichten Bäume abgehalten, Pflanzen, Sträuche und Bäume duften hier viel stärker aus als bei uns, der Geruch ist mir aber angenehm. Oben auf dem Gipfel soll die schönste Aussicht von der Welt sein, ein Bruder Luigi von etwa 20 Jahren führte herum und erklärte die Gegend, man schaut einen tiefen Abhang hinunter über breite Wälder und Landseen bis aufs Meer und die Inseln, da sahen wir an einem der schönsten Sommertage (so lang ich in Neapel war, ist kein Tropfen Regen gefallen) und sahen die Sonne untergehn. Herab mußte zu Fuß und im Dunkeln der Weg durch das Gefilde und die Vorstädte gesucht werden. Einen andern Tag war ich zu Puzzuoli, Bajae und in dem Lago di Averno, wo durch enge Höhlen mit Fackeln und durch unterirdische Fluten zur Grotte der Sibylle gelangt wird ...

Dann war ich auch zu Herkulanum und Pompeji. Mit der Eisenbahn, die bis Castellammare lauft, fährt man auf gewisse Stationen und hat dann nur noch kleine Wege zurückzulegen. Diese Orte hinterließen in mir zwei Haupteindrücke. Einmal ist es ein unbeschreibliches Gefühl, daß gerade das ungeheure Unglück, welches sie vernichtete, all ihr einzelnes Leben auf die Nachwelt gebracht hat. Es geschah vor 1764 Jahren, eben auch im August; seitdem lagen sie in der Erde, bis sie seit ungefähr 100 Jahren wieder (doch nicht ganz) ausgegraben wurden, und dieselbe Sonne die alten Mauern wie ehemals bescheint, dieselben Gebirge darein schauen und etwa dieselbe Vegetation treibt. Dann aber empfängt man besonders in Pompeji, das anschaulicher ist als Herkulanum, den vollen Eindruck einer römischen Stadt, deren ganze Art und Weise unsern heutigen Einrichtungen entgegengesetzt ist. Alles ist nun reinlich, zierlich und edel entworfen, die Straßen gerade, aber eng, die Häuser klein, meistens einstöckig, aber wohl geordnet und eingeteilt und selbst in den Vorhöfen anmutig und geschmückt, alles, öffentliche Tempel, Gerichtsplätze, Amphitheater, steht groß und geräumig daneben; auf Brunnen, Wasserleitungen, Grabmäler ist große Sorge gewandt. Da muß sich recht anmutig und nachbarlich gelebt haben. Bei jenem Ausbruch des Vesuvs retteten, scheint es, die meisten Menschen durch Flucht das Leben, verhältnismäßig sind nur wenig Skelette gefunden worden, darunter mehrere, die sich umarmt hielten, einige mit Laternen in der Hand (um sich aus der einbrechenden Nacht zu retten).

Neapel, in dessen schöne Gegend die alten Römer gern zogen, muß damals heimlicher und schöner gewesen sein; im heutigen möchte ich mein Leben nicht hinbringen. Es ist da Geschrei, Gestank und Schmutz allenthalben, lauter enge gewühlvolle Gassen mit 6- oder 7stöckigen Häusern. Abends wird unaufhörlich geschossen, Feuerwerke und Erleuchtung sind ihre Freude. Wir hatten ganz oben im sechsten Stock eine Stube, wo die Sonne aufs Dach brannte, zwar elastische Betten, aber grobe hanfne Tücher, die nicht kühl werden ließen, und an Fliegen und Flöhen war aller Überfluß. Dazu befiel mich ein heftiger Durchfall, der mich besonders nachts in dem dunkeln Haus, wo die Bequemlichkeit schwer zu suchen war, quälte, und ich hatte Widerwillen vor allem Essen, nur beständigen Durst. Haberschleim oder Tee wußte niemand zu schaffen, endlich ist das Übel (durch Hungern) doch gewichen, aber ich spürte es in den Beinen, wenn ich die 100 Stufen im Haus zu steigen hatte. Durch Meerbäder durfte ich mich erst nachher erquicken, aber auch sie greifen die Haut an, weil das Wasser ungemein salzig ist.

Sonnabend 2 fuhr ich mit der Diligence ab und kam bei eine reisende Engländerin zu sitzen, die drei oder vier Handbücher und Karten bei sich führte, alle Stationen verfolgte und nicht eher Ruhe hatte, bis sie den Namen des Orts fand, wie dieser selbst hernach aussah, schien ihr völlig einerlei. In der Umgegend von Neapel ist der Staub auf der Heerstraße so arg, daß alle Bäume und Blätter weißgrau angestrichen aussehen, erst in der Ferne von 200–300 Schritten kommt wieder grüne Farbe. Aber die Berge sind herrlich geschnitten und gestaltet, je weiter man kommt, wird die Landschaft herrlicher und malerischer, zumal bei Itri, Fondi und Ferrarina. Die Fruchtbarkeit des Bodens scheint hier außerordentlich. Die Weinstöcke stehen wie große Bäume aufrecht, und ihre Ranken verschlingen sich, fast gemahnt es, als stünden sie im Kreise und hielten einen Reigen zusammen. Die schönsten Exemplare von Aloe, wie man sie nicht in unsern Gärten einzeln sieht, stehen hier nebeneinander und bilden natürliche Zäune: ein treffliches Mittel, Vieh oder Einsteigende abzuwehren. Daraus aber, daß alle Weinstöcke schwer voll Trauben hängen, folgt noch nicht, daß man sie auch zu essen bekommt, oder daß guter Wein daraus gemacht wird; in Molo di Gaeta trug man zum Mittagessen dickhäutige, ungenießbare Trauben auf und faden, trüben Landwein, desgleichen mir auch von einem der teuer bezahlten Führer in Pompeji dargereicht wurde.

Zwischen dem Meer und den pontinischen Sümpfen auf der alten Via Appia bin ich gestern mittag 2 Uhr glücklich in Rom eingetroffen, wo es mir besser zu gefallen scheint als in Neapel.

FRIEDRICH HEBBEL

1813–1863

An Elise Lensing

Rom, den 21. Oktober 1844

Die ganze Reise habe ich in einer Klein-Kinder-Stimmung gemacht. Es war mir nämlich zumute, als ob ich ein Märchen erlebte. Zweiundzwanzig Jahre in Dithmarschen auf einem Fleck und nun doch auf dem Weg nach Rom! Das summte mir beständig im Kopf. So flog ich durch Lyon und Marseille hindurch, so kam ich in Rom an. Mein Reise-Journal wirst du später lesen ...

In Rom selbst verließ mich jene Stimmung. Ich habe jetzt die Erfahrung gemacht, daß der Mensch zu einem Sprung nie die Kraft hat, daß er ganz wie die Blume oder die anderen Gewächse ist, die, wenn sie in einen frischen Boden gepflanzt werden, immer einen Tag lang die Blätter hängen lassen. Aber klüger war ich in Paris, wo ich den dummsten Eindruck für einen dauernden hielt und ihn in einem Brief an Dich einpökelte und nach Deutschland schickte. Das unterließ ich hier. Übrigens ist der Unterschied zwischen Paris und Rom auch in der Tat sehr groß. Paris ist ein Ozean, Rom das Bett eines Ozeans. In Paris kann man mitschwimmen, in Rom muß man untersuchen, wie andere vor Jahrtausenden geschwommen haben. Für mich ist nun aber das Leben die Hauptsache, und selbst meine Träume werden durch das Leben, durch das wirkliche, gegenwärtige angeregt. Zu der bildenden Kunst habe ich kein so inniges Verhältnis wie z. B. Goethe. Nur ihre höchsten Meisterstücke wirken gewaltig auf mich, und auch die nicht immer. Was jetzt außerordentlich gut für mich wäre, weiß ich sehr wohl. Geistreiche und vornehme Gesellschaft. Doch dazu ist hier nicht zu gelangen, wenigstens nicht im Anfang. Da nun die gewaltige Springflut, die mich in Paris über das Gefühl einer beklemmenden Einsamkeit so weit erhob, wegfiel und kein entsprechender Ersatz eintrat, so brauche ich mich nicht zu schämen, daß ich mich in Rom nicht augenblicklich wie im Himmel fühlte. Seltsam genug trat mir auch der Geist der Geschichte nur langsam, erst nach und nach, nah. Das wüßte ich mir nicht zu erklären, in Paris war das Umgekehrte der Fall. Bei meiner Ankunft war ich freilich infolge der neunstündigen Fahrt im Interieur der Diligence vor Kopfweh dem Sterben nah.

Was habe ich nun nicht schon alles gesehen! Die Petrikirche ist ein Gebäude, worin die Menschen groß werden. Der Geist muß sich doch so weit erweitern, um den gewaltigen und doch nicht ungeheuerlichen Eindruck in sich aufzunehmen, er dehnt sich also aus, so weit er kann, und wenn er sich auch wieder zusammenzieht, so wird er doch nicht ganz so klein wieder, als er war. Der Vatikan enthält des Bedeutenden so viel, daß man keine Rettung weiß, als sich an das Allerbedeutendste zu halten, und das sind der *Apoll* von Belvedere und *Laokoon.* Respekt! Ich habe sie jetzt auch gesehen und – befühlt! So kindisch das Letztere ist, ich habe es zum Zeichen der geistigen Besitzergreifung getan, und zur Strafe will ich es beichten. Apoll übertrifft alles, was man sehen kann. Der stammt aus einer Welt, wo selbst die Michelangelo und die Thorwaldsen herausgewiesen würden. Und frisch, wie heute gemacht.

An dieselbe

Rom, den 16ten Dezember 1844

Hauptursache meiner Krankheit war eben mein Zimmer. Es ist groß und gut möbliert, aber ohne Sonne, und das italienische Sprichwort sagt: wohin die Sonne nicht kommt, dahin kommt der Arzt! Was soll ich machen? Dies Zimmer habe ich für 4 Scudi, jedes nach der Sonnenseite kostet 6 bis 7, und ich bin natürlich mit meiner Kasse so herunter, daß ich *nur mit genauester Not* noch 3 Monate existieren kann, dann aber keinen Pfennig mehr habe. Alle meine Freunde sagen: wechseln Sie! Sie haben schlechte Luft, gar keine Sonne, Sie wohnen bei dem Tod zur

Miete! Ich schüttle den Kopf, denn ich denke an meine Börse. Von dem Klima dieser Stadt macht sich niemand eine Vorstellung. Eine *halbe* Straße ist gesund, die andere Hälfte brütet Krankheiten. Ein Fremder glaubt es nicht, bis ers gefühlt hat. Morgens und abends immer giftige Nebel, die wie Dämpfe aus der Erde steigen. Die Italiener *stürzen* in ihre Häuser, so wie das Ave Maria den Sonnenuntergang verkündigt; keiner geht des Morgens aus, ehe die Sonne am Himmel steht. Vor meiner Krankheit hatte ich Bekanntschaft mit einem Landsmann, Gurlitt aus Altona, sehr tüchtigem Landschaftsmaler, gemacht. Dieser hat sich meiner sehr wacker angenommen, auch der junge Östreicher, von dem ich Dir schon schrieb. Die Magd im Hause war so einfältig, daß ich in der Wut mehr als einmal den Dolch nach ihr geworfen habe ...

Sonst ist meine Situation begreiflicherweise eine sehr peinliche. In einem fremden Lande, hunderte von Meilen von Deutschland entfernt, nur noch notdürftig für 3 Monate versehen und für meine nächste Zukunft auf eine *Hoffnung* angewiesen, statt auf einen Bankier, das ist eine Lage, die es wohl unmöglich macht, den Moment zu genießen, selbst, wenn etwas daran zu genießen wäre, worin Du Dich aber irrst, denn ohne Geld führst Du in Rom ein ebenso erbärmliches Leben wie in Wandsbeck. Du siehst, wie expedit sie in Kopenhagen sind; ich muß vielleicht 5 Monate auf Antwort warten und dann doch noch immer auf ein Nein gefaßt sein. Was soll ich die 2 Monate machen, wie zurückkommen, wenn ich das Stipendium nicht erhalte? In meiner Krankheit hat mir Gurlitt zwar gesagt, daß er mir 50 bis 100 Scudi leihen könne, aber er schickt jetzt Bilder nach Paris, was viel kostet: wird dies seine Überschüsse nicht verzehren? Du machst mir wahrlich sehr mit Unrecht meine hypochondrischen Stimmungen zum Vorwurf, hypochondrisch ist man, wenn man sich mögliche Übel erträumt, aber gewiß nicht, wenn man vor gewissen, unausbleiblichen zittert. Ich soll mich hier amüsieren? Wie? Nicht einmal die Galerieen kann ich besuchen, denn in jeder muß man 2 Paoli (10 ß) Trinkgeld geben. Weihnacht steht vor der Tür, ich könnte ihn angenehm mit meinen Landsleuten feiern, sie haben mich eingeladen, aber das kostet einige Scudi, und natürlich muß ich mich krank machen, wenn ich es nicht wirklich bin. Alle Welt freut sich auf den Karneval, kein Künstler ist so lumpig, daß er nicht in diesen Tagen der Freude 10 bis 20 Scudi opfert, ich? Nun ja, ich kann hier den Karneval besuchen wie in Hamburg die Maskeraden, die Straßen sind überall frei. Ich habe nicht so viel Geld, mir einen anständigen Hut anzuschaffen, wenn ich nicht schon in den nächsten 3 Monaten zu kurz kommen will. Und dabei muß man es geduldig hinnehmen, wenn Du, als ob Du von meiner Lage gar nichts wüßtest, mir schreibst: Du Glücklicher! Beneidenswerter! Tantalus ist nie zu beneiden, und ich drücke hier keine Stimmung aus sondern die Sache.

Mein Gesuch um das Stipendium geht morgen an den [dänischen] König ab. Der Grund, auf den ich mich stütze, ist, daß man Italien in einem halben Jahr nicht kennen lernen könne; natürlich kann ich, wenn ich es erhalte, nicht gleich abreisen. Dies Geld ist schon völlig berechnet. Rousseau muß doch wohl bezahlt, das Diplom eingelöst werden, und rechne ich nun noch einige Monate Aufenthalt in Italien und die Kosten der Rückreise hinzu, so bleibt bei höchster Sparsamkeit nichts übrig. Was weiter? Als Dichter werde ich auf die Masse des Volks nie die geringste Wirkung haben, auch verläßt mich mein Talent schon, ich bin tot, nichts regt sich in mir, es ist kein Wunder. Es gibt für mich gar keine Aussicht als ein Nervenfieber; mehr als einmal habe ich mir schon einen Gehirnschlag gewünscht, denn ich kann die Qual des Daseins unter solchen Bedingungen nicht mehr ertragen. Ich habe Dir alles dies immer verhehlt, weil Du ja immer krank warst und ich dachte, Du sagtest es Dir selbst, aber ich sehe jetzt deutlich genug, daß Du alles, was mir Schonung und Mitleid eingaben, für bare Münze genommen hast. Wie kannst Du z. B. glauben, daß ich das eine Kind anders betrachten könne als das andere? Ein Kind ist für mich ein Wechselbrief, den ich nicht bezahlen kann, weiter nichts. Und eine Ehe, die kein reelles Fundament in einem Vermögen hat, das die Existenz sichert, ein Sprung in den Abgrund.

An dieselbe

Rom, den 31sten Januar 1845

Weihnachtsabend war mein erster fröhlicher Tag seit der Krankheit und einer der fröhlichsten meiner ganzen Reise. Gurlitt hatte mich eingeladen, an dem Fest der Dänen als sein Gast teilzunehmen; ich sagte zu. Mittags ging ich aus. Da sah ich zum ersten Mal Italien. Welch ein Tag! Als ich die spanische Treppe, die auf den Monte Pincio führt, hinanstieg und zum Himmel aufschaute, mußte ich unwillkürlich ausrufen: Nein, so habe ich Dich nie gesehen! Unser Blau verliert sich entweder ins Schwarze oder ins Graue, hier ist es rein und so, daß das Auge nicht müde wird, sich darin zu baden. Ich setzte mich auf dem Pincio, da ich zum Gehen zu matt war, auf eine steinerne Bank, mit dem Rücken gegen eine Felsenwand gelehnt, und saß dort vier Stunden. Vor mir die Stadt, auf allen Seiten von den freilich fernen, aber sich doch scheinbar zum Kreis zusammenschließenden Bergen umkränzt, dicht unter mir sanft ansteigende Gärten mit zahllosen Beeten voll blühender Rosen und mit Orangen- und Zitronenbäumen, und über mir eine Sonne, nicht unangenehm heiß, wie bei uns im Sommer, aber noch weniger frostig, wie im Frühling. Ich sog die Wärme ein, wie neuen Odem, den die Natur mir zublies, und kam wirklich aus einer gelinden Entzückung nicht heraus. Abends ging ich dann mit Gurlitt zu meinen Landsleuten ...

d. 6ten Februar. Jetzt ist es kalt und rauh, ich habe vor der Porta Popolo Eis gesehen. So ist das Klima hier, ungesund bis zum Unglaublichen wegen des beständigen Wechsels. Nur durch schnellstes Purgieren habe ich mir in der letzten Woche das Fieber, das sich wirklich in bester Form meldete, vom Leibe gehalten. Nun bin ich wieder frisch, aber ich muß den ganzen Tag, um mich nicht zu erkälten, im Bett oder im Café zubringen, das ist doch gewiß sehr langweilig. Dies z. B. schreibe ich im Bett. Du meintest, liebe Elise, Du wolltest gern mit Brot und Wasser Dich begnügen, wenn Du nur Italien sehen könntest? In den ersten 4 Tagen würdest Du krank, in den letzten tot sein. In den südlichen Ländern verändert sich der ganze physische Mensch; was sagst Du z. B., daß ich immerwährend am Magen leide, ich, der ich früher Steine verdauen konnte und es in Deutschland hoffentlich noch würde können? Darum eben, weil hier so vieles notwendig ist, was man anderwärts entbehren kann und was *ich* doch entbehren muß, wird man hier härter als anderswo an die Misere, mit der man sein ganzes Leben lang zu kämpfen hat und die einen alles nur halb oder zum zehnten Teil genießen läßt, erinnert. Ich schweige über diese Dinge, obgleich die Erbitterung, die sie in mir erregen, von Jahr zu Jahr steigt, ich schweige darüber wenigstens schriftlich, wenn auch nicht mündlich; nur, weil Du sie ganz zu übersehen schienst, habe ich in meinem letzten Brief davon gesprochen. Das magst Du mir glauben, ich kämpfe jetzt einen schwereren Kampf, als ich noch je gekämpft habe; meine Geisteskräfte verlassen mich, in meinem Innern ist es öde, und die Welt, die die Lücke ausfüllen sollte, die vielleicht, ja gewiß, neues Leben in mir entzünden könnte, ist völlig düster um mich her. Was bleibt mir? Darnach miß die Stimmung, in die der Gedanke mich versetzt, daß ich jetzt nach Deutschland reisen und, nachdem ich um Kindheit, Jugend und Jünglingszeit betrogen bin, als Mann den Vertrag mit dem Elend feierlichst abschließen und besiegeln soll.

An dieselbe

Rom, den 30sten März 1845

Die heilige Woche ist zu Ende, und die feierlichsten Zeremonieen der katholischen Kirche hätte ich nun auch gesehen. Tausende von Fremden kommen bloß ihretwegen nach Rom; ich würde, obgleich sich die Schatten einer jedenfalls großen Vergangenheit daran knüpfen, keine zehn Schritte darum machen, nun ich weiß, was daran ist. Natürlich ziehe ich das ab, was man neben und mit diesen Zeremonieen zugleich sieht: Petrikirche und Vatikan; das sieht man ja aber auch ohne sie und besser. Zuerst, am Sonntag, war Palmenweihe, Prozession, großes Amt; für mich schreckliches Ennui, wenn nicht eine schöne Engländerin mich ein wenig zerstreut hätte. Es fiel mir auf, daß der Papst, wenn er durch die Kirche getragen wird, die Augen immer geschlossen hält; er tut es, weil er auf ebener Erde seekrank zu werden und sich zu erbrechen fürchtet. Eine verfluchte Gefahr, nicht wahr? Mittwoch: Fußwaschung. Der Alte wäscht 12 Mönchen in Person die Füße. Der Akt beginnt mezzo giorni (um 12 Uhr), aber schon um 8 Uhr sammeln sich Zuschauer. Ich kam um 12, und da in diesem Augenblick 3 Engländer, die schon 4 Stunden gewartet hatten, gerade in Verzweiflung ihren Platz verließen, so bekam ich eine gute Stelle, um zu sehen, daß nichts zu sehen war. Denn die Kardinäle scharen sich um den Papst und verdecken das triste Schauspiel. Nachmittags ging ich in die Capella Sixtina, um das berühmte Miserere zu hören. Man muß mehrere Stunden vorher da sein, der Andrang ist gewaltig. Dann dauern die Lamentationen, der einförmig-dumpfe Priestergesang, wieder einige Stunden, endlich wird die letzte der angezündeten 13 Kerzen gelöscht, ohne daß jedoch, wie man es sich nach den Beschreibungen denkt, völlige Dunkelheit entsteht, und nun beginnt das Miserere, schöne Musik, von ekelhaften Kastratenstimmen schlecht vorgetragen, die in 5 Minuten vorüber ist. Auch dies entsprach also meiner Erwartung durchaus nicht; dennoch ging ich Freitag noch einmal hinein. Freilich sieht man bei solchen Gelegenheiten die größten Wunderwerke der charakteristischen Malerei, die Sibyllen und Propheten Michelangelos, die nach meinem Gefühl weit mehr bedeuten als das weit berühmtere Jüngste Gericht, das ich barock finde, und das nicht bloß des unsinnigen Gegenstandes wegen, denn unsinnig ist dies Zurückkriechen der Geister in ihre Staubkittel auf jeden Fall schon deswegen, weil die Leiber sich am Ende aller Tage nach tausendfachen Metamorphosen ärger ineinander genestelt haben müßten als die Beine der Schildbürger. Abends in der Dämmerung hatte ich in der Petrikirche den ersten ergreifenden Moment; der Papst ging, nicht mehr in pontificalibus, sondern aller seiner hohenpriesterlichen Pracht entkleidet, zum Grabe der Apostel, um zu beten, und der Anblick des alten Mannes mit seinen schneeweißen Haaren, die man unter der Tiara nicht sieht, ergriff mich, wie mich alles Menschliche ergreift, während heilige Fratzen mich kalt lassen. Damit war es denn vorbei, denn Sonnabend stand der Herr Christus mit fürchterlichem Lärm und Spektakel von den Toten auf, und zwar schon vor 12 Uhr, damit der Römer grasso (fett) zu Mittag essen dürfe; Kanonen wurden gelöst, aus allen Fenstern wurde geschossen, und die

Knaben schrieen in den Gassen. Ich war auch herzlich froh, das Herumlaufen in den Kirchen war mir schon zum Überdruß geworden, und doch glaubte ich, nicht mit gutem Gewissen zu Hause bleiben zu dürfen. Sonntag erteilte der Papst von einem Balkon der Petrikirche herunter dem versammelten Volk die Benediktion; große Massen, die zu einem einzigen Zweck versammelt sind, haben immer etwas Imposantes, und so machte denn auch dieser Akt Eindruck. Übrigens bemerkte ich einiges Unkraut unter dem Weizen der Kirche, ich sah einen Türken, an Juden war kein Mangel und an Heiden fehlte es auch nicht. Abends wurde die Petrikirche von oben bis unten beleuchtet. Das ist ein einziger Anblick; besonders der Moment, wo die einfache Lampenbeleuchtung sich, wie auf einen Zauberschlag, in eine flammende Fackelillumination verwandelt. Zuerst erscheint eine einzelne Fackel, die ein Mensch, rasch emporsteigend, oben auf dem eisernen Kreuz befestigt; hierauf steht das ganze ungeheure Gebäude, wie im Nu, in seiner Glorie da, es ist wie ein Flammenfrühling, den die Nacht auf einmal gebiert. Montagabends die Girandola (sprich Schi), ein großes Feuerwerk, das jährlich zu Ostern auf der Engelsburg abgebrannt wird, auch sehr schön und, obgleich ich in Paris wohl noch brillantere gesehen habe, doch wirksamer als alle, weil man es des hohen Gebäudes wegen besser sieht. Die Engelsburg war ursprünglich das Grabmal Kaiser Hadrians, der sie bei seinen Lebzeiten aufführen und rund herum mit Marmor, von dem man jetzt keine Spur mehr erblickt, bekleiden ließ; sie bildet ein rundes Oval und ist im edelsten Stil. Ihre Größe ergibt sich aus ihrer gegenwärtigen Bestimmung von selbst; vielleicht hätte man den alten Kaiser ruhig schlafen lassen, wenn er sich mit einer etwas bescheideneren Grabstätte begnügt hätte. Es machte einen eigenen Eindruck, sie mit bengalischer Flamme beleuchtet zu sehen, wenn man sich an ihre ursprüngliche Bestimmung erinnerte; es war, als ob die Gegenwart der Vergangenheit die Zunge zeigte. So viel über die heilige Woche; Du siehst, es ist ein Schauspiel in mehreren Abteilungen, das der Fremden wegen – denn die Einheimischen kümmern sich wenig darum, auch ist für sie in der Capella Sixtina kein Platz! – aufgeführt wird und worin der Papst den ersten Akteur abgibt ...

Doch wozu viele Reden über ein Fratzenwesen, das sich bei den Protestanten ebenso gut findet wie bei den Katholiken, nur in steifleinener Form! Hier gibts andere Dinge, die ein Wort verdienen. Ich war nun schon zweimal in der Villa Ludovisi, in die man sehr schwer hineinkommt, und habe dort gesehen, was über alles, was man sehen kann, selbst in Rom, hinausgeht, die Juno. Wie neben dem Apoll ein Werk von Thorwaldsen oder Canova zu nichts verschwindet, so würde der Apoll neben der Juno wenigstens zu *Etwas* herabgesetzt werden, d. h. er würde aufhören, ein alle Elemente umfassendes Wunder der Darstellung zu sein, für das ich ihn anfangs hielt. Leider ist der Genuß eines solchen Werks auf die wenigen beschränkt, die ein wohlwollendes Geschick nach Rom und der Fürst Torlonia, denn ohne diesen gelangt man selbst hier nicht dazu, in die Villa führt; Beschreibungen helfen zu nichts, sie mögen von Winckelmann oder von mir herrühren, und Gipsabgüsse helfen nicht viel mehr: der Hauch des Lebens verfliegt. Mich hat mein Stern so weit begünstigt, daß ich zweimal hineingekommen bin, an ein drittes Mal ist aber schwerlich zu denken. Auch ist die Villa an und für sich sehr schön, und man hat von einer Terrasse aus eine Aussicht, die auch so leicht nicht übertroffen wird. Man sieht in den vollen italienischen Frühling hinein, der sich einem zu den Füßen gelagert hat und das Auge lange fesselt; wenn man den Blick weiter streifen läßt, so stellt sich die Stadt Rom in höchst eigentümlicher Gestalt dar, nämlich wie verschlungen von dem wuchernden Grün, das aus tausend Gärten und Villen hervorbricht und sie zu ersticken droht wie die Unmasse von Veilchen die Gäste des Kaisers Heliogabalus; und in der Ferne stellen sich die Berge dar, unten blau, oben mit Schnee bedeckt, zur Erinnerung, daß er noch nicht allenthalben geschmolzen ist. Ich versichere Dich, teuerste Freundin, es ist schwer, schwerer als Du denkst, sich aus einem solchen Paradies weg zu sehnen, kein Mensch bringt es weiter, als diejenigen, die er liebt, herbei zu wünschen, und das tu ich so gut, wie Du es tun würdest, wenn es mich gleich von Jahr zu Jahr mehr anekelt, Gefühlsergüsse zu Papier zu bringen und Wünsche und Gedanken, die nichtig und unerreichbar sind und sich ohnehin von selbst verstehen, schwarz auf Weiß nach Deutschland zu schicken. Wunderbar ist es übrigens, wie bald ein Mensch sich an den Himmel gewöhnt; möchte es mit der Hölle ebenso leicht gehen! Dies alles kommt mir jetzt schon vor, als ob es so sein müsse, ja, als ob es allenthalben so wäre ... Aber fürchterlich ist auch wieder das Ringen meines Geistes, ich bin nicht umsonst nach Italien gekommen, mir ist, als ob ich wieder in die Elemente zerfallen und als ob die Natur beschäftigt wäre, mich wieder neu zusammen zu setzen. Das ist kein Spiel in mir, wie in den übrigen dummen Jungen, die der deutsche Janhagel bekränzt, das geht anders her wie beim Kränzewinden oder beim Schmetterlingsfang; eben deswegen aber, weil ich mich dieses tiefen Ernstes und meiner Schmerzen bewußt bin, weiß ich auch, daß ich, wenn ich mich um andere Dinge nur so weit bekümmre, als meine Kunst es mir gestattet, nicht unsittlich handle.

THEODOR MOMMSEN

1817–1903

An Otto Jahn

Florenz, 16. 5. 1845

Ihr Brief vom 30. April ist mir nach Florenz nachgefolgt, wo ich ihn erst heute erhalten habe; es ist das erste, was ich hier vornehme, Ihnen, lieber Freund, auf Ihre Anfragen zu antworten. Was soll ich Ihnen anders sagen, als daß ich darauf eingehe und bereit bin, was ich vermag, zu dem großartigen Unternehmen [Corpus Inscriptionum Latinarum] beizutragen? Ich weiß es wohl, daß ich damit in vieler Hinsicht ein Opfer bringe; so mancher wissenschaftliche Lieblingsplan, so manche fast fertige Arbeit, die ich, zurückgekehrt aus Italien, mit frischen Kräften anzufassen dachte, ist nun für lange Jahre hinausgeschoben für eine am Ende doch zum guten Teil nur mechanische Arbeit. Aber sie ist einmal notwendig, und da wir alle doch nur Diener der Wissenschaft sind, so will ich nicht nein sagen, wenn der Ruf an mich ergeht. Ehe ich Ihnen, wie Sie es verlangen, die Bedingungen angebe, die ich zu stellen habe, lassen Sie mich ein paar Worte sagen über die Art, wie das Unternehmen nach meiner Meinung anzufassen ist; ich habe die letzten sechs Monate wenn auch nicht gerade von Inschriften, doch fast immer unter ihnen gelebt, und da der französische Plan so viel angekündigt und besprochen war, manches darüber mir zurechtgedacht, was Ihnen vielleicht bei Ausarbeitung des Plans dienlich sein kann.

Wir haben eigentlich drei Hauptteile zu bearbeiten: die Steine selbst, die handschriftlichen Sammlungen und die Literatur. Es versteht sich, daß wir soviel möglich von allen noch vorhandenen Originaldokumenten glaubwürdige Kopien haben müssen; das soll und muß eben die Grundlage unsrer Sammlung sein. Die Franzosen haben in dieser Intention die Abklatschungsmethode an die Spitze gestellt; das scheint recht gut und gefiel mir auch, so lange bis ich hieher kam und selbst Erfahrungen machte, nach denen ich jetzt ganz andrer Meinung geworden bin. Daß sich die Italiener die Mühe geben werden, viel solcher Abdrücke einzusenden, ist nicht zu erwarten, auch nicht einmal zu verlangen. Ich war neulich bei dem Marchese Eroli in Narni, einem gebildeten und tätigen Mann, der sich für die Sache interessiert und der direkt zur Teilnahme aufgefordert war; aber die Schwierigkeit, den Apparat beizuschaffen, nach den oft entlegenen Lokalen zu transportieren, mit der Aussicht, daß die Mühe doch umsonst ist (denn daß die meisten Steine wenig wert sind, wissen die Leute meist recht gut) hatte ihn abgeschreckt, überhaupt etwas zu tun. Auch steht in der Tat der Kraftaufwand mit dem Erfolg in gar keinem Verhältnis – denn unter zwanzig Steinen ist es ja doch vielleicht nur einer wert. Und, was die Hauptsache ist, abgeschrieben müssen die Sachen doch werden; warum soll der Prophet nicht zum Berge kommen, sondern der Berg zum Propheten? Ich meine daher, daß gute Inschriftenleser, die *pratica* haben, durch Italien reisen zu lassen, in jeder Beziehung vorteilhafter ist und diese Abschriften den Grund unserer Sammlung bilden sollen. Diese können dann erforderlichen Falls abklatschen, wo es sich der Mühe lohnt. Ich habe gerade soeben für mich eine solche Reise gemacht und dabei gesehen, daß dies doch der einzig vernünftige Weg ist und über eine mit Sachkunde gemachte Abschrift doch nichts geht; so zuverlässig ist die französische Kopiermaschine bei weitem nicht, da man nun einmal doch nicht alles mit mechanischen Hilfsmitteln erreichen kann. Sieht man eine zerstörte Inschrift von unten, so sieht man mehr schimmern, als wenn man sie gerade vor sich hat; die verschiedene Färbung des Steins gibt das Papier nicht wieder und ebensowenig das Aussehen der Epidermis, ob sie absichtlich gehöhlt oder nur zufällig korrodiert ist. Diese Arbeit ist auch so unendlich nicht; Italien ist nicht so groß, daß wir nicht sagen könnten, wir legten es darauf an, alle Inschriften, die noch darin vorhanden sind, selbst zu sehen. Ich habe auf dieser kleinen achttägigen Tour von Rom nach Florenz, die ich mit einem Vetturin gemacht habe wie jeder andere Reisende, Città Castellana, Narni, Spoleto, Foligno, Spello, Assisi, Perugia, Cortona und Arezzo ausgebeutet, großenteils für Inschriften sehr wichtige Orte, und über 150 Inschriften in neuen Abschriften mitgebracht, abgesehen davon, daß ich das ganze Museum in Perugia, gewiß über 200 Steine, nach Vermigliolo kollationiert und unzählige zum Teil wichtige Fehler darin berichtigt habe. Reist man eigens hierauf, so kann in einem Sommer ungemein viel ausgerichtet werden. Sehr wünschenswert wäre allerdings, in jedem Ort womöglich nicht neue Abschriften zu nehmen, sondern die vorhandenen zu kollationieren, da dies natürlich die Sicherheit verdoppelt und die Arbeit verkürzt; ich würde deshalb sehr dafür sein, die Vorarbeiten topographisch anzulegen, für jeden alten Distrikt einen Faszikel, was auch sonst viele Vorteile hätte. – Von den Italienern würde man dann nichts zu verlangen haben als Nachweisung der Orte, wo sich Inschriften befinden; eine Sache, wozu sie meist sehr bereit sind. Höchstens könnte man Abschriften fordern, um zu sehen, ob der Stein die Reise lohnt. Ich zweifle gar nicht, daß wenigstens die Florentiner und die österreichische Regierung hiezu auch die Hand bieten würde, durch Empfehlungen an die Lokalbehörden und die Klöster, die allerdings von sehr großem Wert sind. Was in Rom und Neapel ausgerichtet werden kann, läßt sich freilich nicht voraussagen; aber Sie werden natürlich es geltend machen, daß die preußische Regierung Himmel und Erde bewegen muß, um die Erlaubnis zum Kopieren der Inschriften des vatikanischen Museums *und* der Magazine zu erhalten. Da es sehr wohl möglich ist, daß in beiden Staaten wir von oben her eher gehindert als gefördert werden, so gebe ich Ihnen zu bedenken, ob es nicht klug wäre, diesen Plan, auch wenn er in Berlin angenommen ist, fürs erste noch nicht öffentlich zu machen, sondern z. B. in Neapel erst zu versuchen, was einige Reisen durch das Königreich ausrichten können; Sie wissen, daß man auch die Franzosen gewarnt hat, ihren Plan in Neapel zu verbreiten, und daß Kellermann im besten Abschreiben des Museo Borbonico plötzlich gehemmt wurde, weil er zuviel von seinem Corpus sprach. Ich hatte doch die Absicht und habe sie noch, in Neapel das Museum abzuschreiben, ehe ich zu Avellino usw. hinginge; denn so tun einige Carlin bei dem Kustoden Wunder, aber wird von obenher das Verbot geschärft, so ist die Sache schlimmer. – Ein zweites Hauptkapitel sind die Inschriftensammlungen in den Bibliotheken, in vieler Hinsicht der schwierigste und verdrießlichste Teil der Arbeit. Hier in Florenz ist nichts, in Paris wenig; die Pinellischen Sammlungen in Mailand und die Schedae Jucundi in Verona (auch in der Propaganda in Rom) kenne ich nicht, sie würden aber leicht zugänglich sein. Sehr schlimm ist es aber, daß in der Vaticana eine ungeheure Masse solcher Manuskripte existiert, zu denen einmal ebenso schwer zu kommen sein wird wie zum Kopieren des Vatikan, da man beide als proprietà des Prof. Sarti betrachtet und deren Ausnutzung ebenso zeitraubend als unergiebig ist. Sie wissen, welche Schwierigkeiten es hat, Inschriften zu finden, und nun im Vatikan, wo man jedes gedruckte Buch hinschleppen muß und neunzig Tage im Jahr täglich drei Stunden arbeiten kann! Sie müssen darauf dringen, daß die preußische Regierung hier Erleichterungen auswirkt... Was die Literatur anbetrifft, so ist davon allerdings auch ein bedeutender Teil nicht über die Alpen gekommen und muß hier nachgesucht werden, was seine großen Schwierigkeiten hat, zumal bei dem gänzlichen Mangel einer Bibliographie; Sie wissen wohl, daß es hier ein reiner Zufall ist, ob man ein Buch bekommt oder nicht... Sehr wünschenswert wäre es, wenn Sie sich Auskunft verschafften über die Besetzung der einschlagenden Fächer (namentlich auch Lokalchroniken, wie es hier so zahllose gibt) auf einigen der bedeutenderen deutschen Bibliotheken. Die eigentlichen Corpora, Gruter, Muratori usw. können daheim ebenso gut und besser benutzt werden; vielleicht könnten wir diese ersten zurücklassen. Ich weiß wohl, daß Kellermann es anders im Sinn hatte; aber überlegen Sie die Sache einmal, ob sie nicht so richtiger angefaßt ist. Wir machen das Corpus nachher in Deutschland, wie Boeckh das seinige in Berlin; erst aber müssen wir aus den Marmorn und den Bibliotheken das Material zusammenbringen, was in Deutschland fehlt. Dadurch kürzen wir nicht bloß unsern Aufenthalt hier um ein Bedeutendes ab, was ein großer Gewinn ist, sondern die Arbeit wird auch besser; denn was Klima und Büchernot hier allem eigentlichen Arbeiten für Schwierigkeiten in den Weg setzen, wissen Sie so gut wie ich. Wenn wir dann zurück sind, müssen wir das Gesammelte ordnen, die großen Sammlungen zerschneiden und einordnen und uns dann an die Indices machen, die nach meiner Meinung der eigentlich wissenschaftliche Teil des Werkes sein sollen. Bloß Steine zu sammeln mit einem Index, geht nicht an, auf einen Kommentar wie Boeckh können wir es auch aus vielen Gründen nicht anlegen, aber hier glaube ich, ist ein Weg übrig, das Werk wissenschaftlich zu beleben. Z. B. Kollegialwesen, Munizipalverfassung – wie vortrefflich ließe sich das in dieser Weise abhandeln, wie vieles in kurzer und bequemer Weise vorbringen, wofür sonst nirgends in dem wissenschaftlichen Gebäude Platz ist. Die müßten wir dann unter uns teilen, z. B. würde ich um Munizipalverfassung anhalten; wie ausführlich das dann würde, ob Teil des Index oder supplementarische Abhandlung, das ist gleichgültig und findet sich. Daß aber *solche* Indices nicht in Italien gemacht werden können, versteht sich.

Erwägen Sie die Sache wohl, lieber Freund, und legen dann den Plan danach vor; ich habe schon oft über die Sache nachgedacht und mir manchmal die Zeit mit Träumen über ein Corpus Inscriptionum Latinarum, wie es sein sollte, vertrieben, und immer mehr ist mir dies als die beste Weise erschienen. Es hat etwas Verlockendes, eine römische Inschriftensammlung in Rom; aber in der Ferne mehr als in der Nähe, und daß am Orte zu sein nicht unerläßliche Bedingung ist, davon ist das griechische Corpus der beste Beweis. Wir bleiben ja auch mit Italien in Verbindung; ist einmal ein Corpus da, so muß ein fortlaufender Nachtrag zu demselben gestiftet werden, und das kann sich sehr schön ans Instituto archeologico anschließen, zumal da Henzen ex professo Epigraphiker ist. Über einzelne Zweifel wird der uns belehren, und besser ist es, es wird später, wenn die Sache zum Abschluß steht, noch einmal eine schnelle Tour durch Italien gemacht, als wenn wir hier ewig in Italien sitzen. Ich bin überzeugt, wenn Sie den Plan so fassen wie ich, so brauchen wir nicht vier bis fünf Jahre; wenigstens richten Sie es so ein, daß Sie dies als Maximum stellen und unserem Ermessen vorbehalten, ob wir früher zurückkehren wollen.

JACOB BURCKHARDT

1818–1897

An Karl Fresenius

Rom, 21. April 1846
Adresse: Café del Greco, Via Condotti.

Großer Zefren! Ich bin seit bald 3 Wochen hier eingerückt, habe den ganzen heiligen Karneval mitgemacht, die ewige Stadt nach allen Enden durchloffen und mich endlich in soweit gefaßt, um vernünftige Briefe schreiben zu können.

Komm, Junge! Weiter sag ich nichts. Zuerst zu den praktischen Dingen. Laß mich Dir einen Monat vorrechnen. Basis ist der Scudo romano = $5^1/_3$ Franken:
Ein *gutes* Zimmer, monatlich 4 Scudi.
Mittagessen, Frühstück und Abendbrot *einen* Gulden.
Das Besehen jeder Galerie 1 Paul = $^1/_{10}$ Scudo = 15 Kreuzer.
Zigarren, rauchbar zu 1 Sou, besser zu 2 Kreuzer.
Schuhe billig und schlecht. Kleider: bei geringen Schneidern billig und schlecht, bei vornehmen Schneidern teuer und schlecht.
Wein deliciös und spottbillig. – Essen: säuisch aber schmackhaft.
Fahren: teuer. Weiteres sagt hörsten.

Mein 4 Scudi-Zimmer hat die schönste Lage mit der Aussicht über halb Rom; indem ich dieses schreibe, leuchtet Sankt Peter ($^1/_2$ Stunde in gerade Linie von mir) in majestätischem Mittagslicht zu mir herein.

Der Genuß Roms ist ein beständiges Erraten und Kombinieren; die Trümmer der Zeiten liegen in gar rätselhaften Schichten übereinander. Zwar fehlt mir hier ein vollendet schöner Bau, zu dessen Türmen und Nischen die aufgeregte Seele flüchten könnte: «Plump und zu bunt ist Rom» sagt Platen mit Recht; aber Alles zusammengenommen ist es eben doch noch die Königin der Welt und gibt einen aus Erinnerung und

Genuß so wundersam zusammengesetzten Eindruck wie keine andere Stadt. Ich wüßte nur Köln damit zu vergleichen; in Paris sind der alten Monumente zu wenige und die modernen Greuelerinnerungen absorbieren die älteren zu sehr. – Die Römer gefallen mir, d. h. das gemeine Volk, denn der Mittelstand ist so erbärmlich läppisch wie in Mailand. Der gemeine Römer hat nicht das tückisch Verkniffene des gemeinen Mailänders, er ist gentiler und in seinem Äußern malerischer. Er bettelt zwar, aber er sucht nicht durch geringe Dienstleistung den Fremden zu pressen. Wer ihm nichts gibt, den läßt er ganz artig und ohne Flüche laufen. Man fühlt sich auch in den größten Volksmassen von sozusagen honetten Leuten umgeben, besonders in den armen und verfallenen Quartieren um das Capitol und im römischen Sachsenhausen, welches man hier im Lande Trastevere nennt. – Die Stadt, soweit sie jetzt von den Armen bewohnt ist, scheint mir ungleich ärmlicher und verkommener als irgendein lombardisches Landnest. Gegen die Arbeit hat man sich hier seit Jahrhunderten als gegen den ärgsten Feind gewaffnet; von der leichtesten Industrie ist kaum eine Spur; so fehlen z. B. die öffentlichen Stiefelwichser hier fast ganz; Droschken- und Omnibusdienst existiert kaum in den ersten Anfängen; ein Avisblatt mangelt gänzlich; kaum ein oder zwei Restaurants haben ihre römische Küche nach der französischen modifiziert usw. Ja in jedem Neste der Sächsischen Schweiz z. B. existiert mehr Fremdenindustrie als hier, wo 30 000 Fremde (meist nur zu einem genießenden Dasein) wohnen. Ich halte dies für eine Wohltat Gottes, denn wenn man hier im Verhältnis etwa wie in Straßburg von Kommissionärs u. a. Lumpenpack dieser Art belagert würde, es wäre um des Teufels zu werden. Der Römer wartet, bis man ihn frägt, und auch der ganz zerfetzte Gassenjunge ist für stundenlanges Mitlaufen mit einem Bajocco (= Sou) zufrieden. Das ist es zum Teil, was den Fremden an dieses arme, in Luxussachen wahrhaft kümmerliche Rom kettet; der Müßiggang hat hier eine Kunst der Artigkeit zum Blühen gebracht, die dem Ausländer gar zu wohl tut.

Komm, Junge, sag ich. Du kannst von *einem* Monat schon so großen, dauernden Gewinn ernten, daß Dir Dein Leben um gut ein Stück mehr wert ist.

An Wilhelm Wackernagel

Rom, vor unserer Residenz
am Abhang des Quirinals,
den 10. Mai 1846 abends,
beim schönsten Mondschein

Liebster Herr und Freund! Ich will einstweilen einen Brief an Ew. Liebden anfangen und dann zusehen, wie ich selbigen bei diesem römischen Lotterleben zu Ende bringe. Wenn mir nicht das Zeichnen komplett verleidet wäre, so sollten Sie hier zunächst eine schöne Federskizze von der Aussicht finden, die über meinen Tisch weg durch das Fenster hereinsieht. Es ist hier buchstäblich ein Jugendtraum wahr geworden, es sind die Paläste im Mondschein, dann links ein ungeheures Panorama vom Pantheon bis Monte Pincio, jetzt in das schönste Silberlicht getaucht, endlich rechts über einige friedliche Klöster und zerfallene Mauern weg der schwarze Pinienhain von Villa Ludovisi; unten aber auf dem barberinischen Platz, tief zu meinen Füßen, spritzt «mein Freund der Triton» seinen schimmernden Strahl in die Mondnacht. (NB Dies alles ist ungelogen und buchstäblich so.) Von den Gassen herauf höre ich Gesang, auch «Lalen» und den Ausruf der Eßwarenverkäufer, das Fahren der Karossen, die vom Corso zurückkommen, und anderes ununterscheidbares Geräusch. Damit Sie aber den Moment ganz haben, müssen Sie sich die wunderbarste, reinste Nacht des Südens und den stärksten, herrlichsten Blütenduft von den Akazien des Monte Pincio her hinzudenken. Hiemit ist die Kunst meiner Schilderung zu Ende, und wenn Sie sich nun das Ding dennoch nicht so vorstellen können, wie es wirklich ist, so wasche ich meine Hände in Unschuld. Kardinal, ich habe das Meinige etc. etc.

Um nun mit dem Nächsten zu beginnen, so habe ich die Ehre, Ihnen meinen steinernen Freund, den Triton Berninis, vorzustellen, welcher nebst den Wasserkünsten im Barberinischen Palast mich jeden Abend in Schlaf zu rauschen die Ehre hat, wenn ich etwa nicht von selber müde genug bin. Sonst speit der brave Kerl jahraus jahrein Tag und Nacht, was er kann, allein die Barberinischen Wasserkünste, welche man sich als anspruchsvolle Zopfnymphen zu denken hat, machen ihm leider so viel Wasser abspenstig, daß er bisweilen kaum genug hat, um über sein aheneum pectus (ist übrigens von Travertin) herunterzugeifern. Jetzt haben zwei tüchtige Regentage seine Vorräte sehr gesteigert, und er ist so guter Dinge wie kaum jemals. Als angeheirateter Stiefvetter von Proteus und Konsorten weiß er etwas mehr als Menschenkinder und läßt mich aus nachbarlicher Freundschaft hie und da allerlei wissen.

An Eduard Schauenburg

Venedig, 13. August 1846

Mein herzliebster Ete, ich habe Eure Briefe richtig empfangen und gejubelt. Antworten kann man hier in Venedig nicht, weil man zu viel Tiziäne und Mosaiken auf Goldgrund zu inspizieren hat. Also nur das Nötigste:

Ich werde, so der Himmel nicht einstürzt, den 25.–28. September in Herford sein und den 1. Oktober in Berlin eintreffen, wo ich den Winter bleibe. Das Lieblichste, was mir geschehen kann, ist, daß ich *Dich* dort treffe. Himmel, Schatzkind, was werden wir dort alles auszutauschen haben! Wisse, Ete, daß man unter Leuten, die einen von Haut und Haar nichts angehen, sie mögen dann noch so artig sein, recht einsam lebt und sich nach den Freunden auf das heißeste sehnt. Ich habe hier zu Lande meine Pflicht getan und ganz in den Dingen und in den Menschen dieser Gegend gelebt, ich spreche italienisch bald wie ein Eingeborner – aber ich möchte doch in ganz Italien nirgends auch nur vier Monate bleiben, ausgenommen in Rom, welches ich vor allen Städten, die ich kenne, zu meinem Lebensaufenthalt machen möchte, und außer dessen Mauern ich nie mehr ganz glücklich sein werde. Aber was hat auch dazu gehört, um aus Rom das zu machen, was es ist! Neapel, Florenz und Venedig haben nicht wie Rom zweimal die Oikoumene zu ihren Füßen gesehen!

An Gottfried und Johanna Kinkel

Basel, 11. September 1846

Basel, das ich letzten Samstag wieder betreten, sieht mich übrigens so langweilig und philiströs an, daß ich meinem Herrgott selbst für einen Winter in *Berlin* sehr dankbar bin. Nein, unter *diesen* Geldprotzen hält es kein rechter Mensch aus! Rom! Rom! Rom! – capisce?

12. September

O wie ist mir diesmal der Abschied von Italien schwer geworden! Ich weiß es jetzt, daß ich außerhalb Roms nie mehr recht glücklich sein werde und daß mein ganzes Streben sich törichterweise in dem Gedanken konzentrieren wird, wieder hinzukommen und wäre es auch als Lakai eines Engländers. Ich könnte Dir in Rom verschiedene Stellen zeigen, auf der Straße, in Gärten usw., wo mich ohne besondern Anlaß das Gefühl überraschte, daß ich jetzt vollkommen glückselig sei; es war eine plötzliche, vom Genuß nicht abhängige, innere Freude. Eine dieser Stellen ist auf der Treppe des Palazzo Farnese, beim ersten Absatz, also nicht einmal eine sonderliche Lokalität. Eine andere Stelle, wo ich in den ersten Tagen des Mai einmal dasselbe Gefühl hatte, ist rechts von der Fontana Trevi. Ich fühlte mich zu Rom in einer Harmonie aller Kräfte, wie ich sie nie gekostet, einige gute Tage in Bonn ausgenommen. Denn verliebte Zeiten, wo man zwar bisweilen glückselig, aber dabei außer allem Gleichgewichte ist, rechne ich nicht in dieses Kapitel, weil es da gar keine Kunst ist, sich glücklich zu fühlen. – Als ich am 8. Juli Rom zum letztenmal verließ und der Wagen um der Pässe willen vor Porta del Popolo stille hielt, stieg ich noch einmal aus und ging feierlich wieder 3 Schritte weit zum Tor hinein, wodurch ich meine künftige Wiederkehr habe versinnbildlichen wollen. Am Ponte Molle hat es doch einige Zähren gekostet. Florenz und Venedig haben mir auf Rom hin gar nicht mehr recht munden wollen; dagegen hatte ich in Ravenna einen wahren und echten Nachklang von Rom, besonders, als ich die herrliche einsame Basilica in Classe besuchte, die so schön und traurig am Rande des großen Pinienwaldes liegt.

Mosaiken sieht man in Ravenna, lieber Urmau! Es sind die schönsten nächst jenen von SS. Cosma e Damiano in Rom, und alles datiert! Ich kann Dir nur sagen, daß die Galla Placidia nahezu das Unbedeutendste darunter ist, so schön das Ding sein mag. Die 12 Apostel im Baptisterium (d. h. im orthodoxen, nicht in dem der Arianer) sind noch von so außerordentlicher Schönheit, daß man sie dem V. Jahrhundert kaum mehr zutrauen kann, so herrliche Sachen auch damals noch geschaffen wurden – doch von all diesem mündlich.

An Max Alioth

Rom, 5. April 1875

Nachdem Sie vermutlich meinen Brief an Herrn Grüninger gelesen, will ich einen neuen an Sie wenigstens anfangen, da es ein schwüler Sonntagabend ist und begonnen hat zu regnen, ich auch zum Laufen zu müde bin, sintemal ich heut fast das ganze capitolinische Museum rasch durchnotiert und nachmittags die ganzen Kaiserpaläste durchirrt habe.

Mein Respekt vor dem Barocco nimmt stündlich zu, und ich bin bald geneigt, ihn für das eigentliche Ende und Hauptresultat der lebendigen Architektur zu halten. Er hat nicht nur Mittel für alles, was zum Zweck dient, sondern auch für den schönen Schein. Worüber einst mündlich mehreres.

Einstweilen befinde ich mich trotz aller Jagd und Hatz vortrefflich und genieße u. a. das Glück, nicht mehr ex officio wissen zu müssen, von wem das Altarblatt in der xten Kapelle rechts in San Dings herrührt. Nächstens werde ich nun Palazzo Altemps aufsuchen und den weißen Pfau von Ihnen grüßen, wenn er noch lebt. Ich habe die Schneigge [Nase] überall und empfinde namentlich, wie sehr doch Rom etwas anderes ist als z. B. Genua, wo es aussieht, als hätten Kinder Theaterdekorationen vierten Ranges schräg und quer auf Felsen herumgestellt. Was ich unterwegs von Frührenaissance gesehen, das sah ich mit tiefer Rührung, namentlich in Siena S. Caterina mit Fassade, Treppchen, Höfchen, Hällchen und Zubehör. Dagegen hat mich der Palazzo del Magnifico daselbst zum Narren gehabt; ich hatte ihn früher nur von außen gesehen und glaubte nun wegen der bronzenen Fackelhalter, das Innere müßte doch noch etwas aus der Tyrannenzeit enthalten, fand aber nichts als in einem stinkenden Höfchen einen vorgewölbten Gang, auf welchem vermutlich einst der selige Tyrann auf den Abtritt ging. In Genua wird jetzt im Palazzo Doria nur noch die untere Halle, der obere Hauptsaal, ein Zimmer und die Galerie gezeigt, letztere das Reichste, was von Dekoration unmittelbar raffaelischer Schule außerhalb Roms vorkommt; vor einundzwanzig Jahren sah ich noch neun Räume.

Rom ist enorm verändert, der Corso abends und nachts ein Stück Paris; die Invasion der Italiener und aller ihrer Dialekte fällt bei Schritt und Tritt auf; ich höre Milanese und Napolitanisch usw. Manches ist teurer, doch nicht so sehr, wie ich fürchtete. Manches ist entschieden bequemer als früher, und Essen und Trinken so gut als je. Der rote Wein vom letzten Jahr ist selbst in Kneipen wie Tre Ladroni und Archetto feurig und herrlich wie ein Burgunder, und wenn ich des Alleintrinkens in höherem Grade fähig wäre, so würde ich ein Trunkenbold. Die Kaffeewirte geben zu fünfzehn Cents einen Kaffee, der unsere jämmerlichen Basler Cafetiers mit ihrem Geschmier zu dreißig bis vierzig Cents jämmerlich zuschanden macht. Und NB., der Kaffee wächst ja auch in Italien nicht und zahlt hier ohne Zweifel einen höheren Zoll als in der Schweiz. In den kleineren Cafés achte ich jetzt immer darauf, was sich in der Mitte über dem Büfett befindet; bisweilen ist es noch die Madonna mit dem Lämpchen davor; irgendwo war es noch die Madonna, aber statt des Lämpchens war eine Zahl auserwählter alter Schnäpse in Flaschen davor aufgestellt; in den aufgeklärten Cafés sieht man statt der Madonna die Büste Vittorio Emanueles, meist tief verstaubt, so daß sich ihm der Staub auf die Stirn, die Augenhöhlen, den gewaltigen Schnauz und das Oberteil des Knebelbartes gesetzt hat, was ganz abenteuerlich aussieht. Übrigens bin ich in Italien und bis zu meiner Rückkehr völlig ministeriell und governativ gesinnt.

Was Rom für mich momentan besonders kennzeichnet, das ist die große Menge von Deutschen; heute in den Kaiserpalästen waren sie die beträchtliche Mehrzahl. Dieser Tage im Vatikan ging ich einer Partie Deutschen nach, welche einen alten ausrangierten Österreicher zum Cicerone hatten; Sie hätten hören sollen, was der ihnen erzählte! – Ganz rührend wars heute im großen Saal des Museo Capitolino, wo die Zentauren stehen; es war Öffnungstag und auch armes Volk von Rom lief herum; eine gute, alte Frau mit einem Kinde fragte mich ganz erschrocken, wo solche Kreaturen vorkämen, und ich mußte sie beruhigen, daß dies nur immaginazioni de' scultori[1] seien, perchè, fügte ich weise hinzu, sarebbe di troppo l'intelligenza dell' uomo insieme colla forza del cavallo.[2]. Aber ist es nicht eine herrliche Sache, für ein Volk zu meißeln, das auch das Kühnste für wirklich hält? das vielleicht noch die allegorischen weiblichen Figuren für Sante persone hält? während ja im Norden jedes Kind a priori weiß, daß die Kunst nur Spaß sei.

Eines gibt mir hier noch immer auf die Ohren: ich kann die freche Diagonale nicht ausstehen, in welcher die Bettler auf den Fremden als auf eine sichere Beute zugeschritten kommen. Übrigens noch lieber Bettler als Räuber; vorgestern sind nicht weit von der Caecilia Metella vier Engländerinnen in einem Wagen von Strolchen überfallen und völlig geplündert worden, eine sogar in den Hals verwundet worden.

Ich lebe bereits in einem Morast von Photographien und bin doch erst am Anfang. Allgemach kommen mir aber, nicht für mich, sondern für die, welche nach uns kommen, gewisse Bedenken: das alles wird verbleichen, während die geringste lithographische Ansicht dauerte; nun hat sich alles auf die Photographie geworfen, und man wird sagen: wenn eine verbleicht, so macht man tausend neue – allein die Objekte selbst sind nicht ewig! und ich habe im Camposanto zu Pisa manches viel zerstörter angetroffen als früher, auch im Palazzo Publico zu Siena.

1 Einbildungen der Bildhauer

2 weil die Intelligenz des Menschen zusammen mit der Kraft des Pferdes zuviel sei.

An denselben

Rom, 16. April 1875

Der Schirokko, dessen Regengüsse zuletzt Tag und Nacht fortdauerten, hat endlich vorgestern um Mittag plötzlich einem scharfen Nordwest mit klarem Himmel Platz gemacht; es war Zeit, denn allgemach hatte man jenes Gefühl, an den Beinen schimmlig zu werden. Ich kam eben aus dem Vatikan; während des Essens heiterte es sich auf, und ich beging das Ereignis festlich, indem ich ins Casino Rospigliosi eilte und die Aurora sah. Abends ging ich nach S. Pietro in Montorio und dann in eine Kneipe vor Porta S. Pancrazio und trank einen halben Liter, und als ich wieder nach S. Pietro in Montorio hinging, war es gegen Sonnenuntergang und die nähern Teile der Stadt schon im Dunkel, alles übrige aber, vom Pincio bis zum Lateran, in feuriger Sonnenglut, und in Frascati funkelten alle Fenster! Da habe ich doch heulen müssen. Es ist aber etwas Eigenes mit dieser römischen Landschaft; man sollte einmal mit dieser uralten Person ein ernsthaftes Wort darüber reden, was sie eigentlich für ein Privilegium hat, den Menschen zeitweise auf das höchste aufzuregen und dann in Wehmut und Einsamkeit stehenzulassen. – Auf dem Heimweg, nachdem ich im Falcone, im untern Römerstübchen links zu Nacht gegessen, wollte ich, weil der Halbmond fast senkrecht über die Welt dahinging, mir wieder wie vor Zeiten bei solchen Umständen das Pantheon aufschließen lassen, erfuhr aber offiziell, daß man es nachts nicht mehr öffne, was ein positiver Rückschritt ist.

Im übrigen ist Rom noch in all seinen wesentlichen Teilen, ausgenommen die Gegend um S. Maria Maggiore, leidlich intakt und hat noch jene ganze Fülle vornehmer architektonischer Anblicke wie keine andere Stadt auf Erden; es ist gar nicht immer die klassische Schönheit des einzelnen Gebäudes, welche entscheidet, sondern ganze Gruppen sind wie selbstverständlich in verschiedenen Zeiten nach einem gleichartigen großen Modell zusammengestellt worden. Freilich, wenn in einer Stadt der Weltherrschaft fünfundzwanzig Jahrhunderte in die Hände speien, kann schon was Stattliches herauskommen. (Hier fällt mir ein, daß fünfundzwanzig Jahrhunderte, welche in die Hände speien, kein schönes Gesamtbild abgeben, doch wenigstens ein kurzweiligeres als les quarante siècles censés de contempler l'armée française le jour de la bataille des pyramides.) Und auch das Neueste ist wenigstens so gut oder noch besser als anderswo. Der Bahnhof gefällt mir weiß Gott besser als in Paris die Gare du Nord mit ihrem Néogrec; Podestis Fresken im Vatikan sind besser als der meiste Kaulbach, und selbst das Denkmal der Immacolata auf Piazza di Spagna dürfte sich, abgesehen von seiner Bedeutung, künstlerisch noch immer sehen lassen, denn die Propheten sind gar nicht schlecht. Das lächerlichste Denkmal, das ich auf dieser Reise gesehen, ist unstreitig der Brunnen in Chambéry, wo aus einem Obelisken vier mächtige Elefanten hervorschreiten, die also innerlich im Obelisken zusammenhängen. Und nun denken Sie sich diesen gemeinsamen Stuhlgang! Es wird einem übel. Dafür wurde ich in Turin erquickt durch die herrlichste aller Reiterstatuen, den Emmanuele Filiberto.

Den Deutschen, mit Ausnahme des mir werten Bode, habe ich mich bisher völlig entziehen können; es wimmelt noch jetzt davon, nachdem der Abmarsch nach Neapel bereits begonnen hat und die Photographen Tag und Nacht kaum genug Ware für Souvenirs haben schaffen können. Freilich sagt mein Hauptlieferant Crippa, ein drolliger Milanese, «la fotografia sinora non è che una fanciulla»[1], es muß noch ganz anders kommen. Was ich meinerseits gegen diese Kunst auf dem Herzen habe, deutete ich Ihnen schon neulich an und bin seither sehr darin bestärkt worden. Ich weiß, wo sie die Kunstgeschichte fördert, aber auch, wo und in welchen schreienden Fällen sie dieselbe plötzlich im Stiche läßt. – Heute gegen Mittag, als ich aus dem Vatikan kam und im Palazzo Farnese stand, schritten vier Deutschinnen mit vier Baedekern in den Händen ganz militärisch gegen den Palast, und keine war auch nur leidlich, obwohl sie jung waren. Und überall dies laute jebildete Reden! – «Es wäre köstlich gewesen, bei Papstens zu Tee zu jehen, allein Sie bejreifen wohl, bei die jetzigen Verhältnisse . . .»

1 «die Photographie ist bis jetzt nur ein junges Mädchen»

An denselben

Bologna, 13. August 1878

In Modena habe ich gar nicht mehr skizzieren mögen, obwohl die Hülle und Fülle für mich dagewesen wäre. In S. Bartolommeo ist eine perspektivische Gewölbemalerei mit zahlreichen Figuren von Pozzo, welche derjenigen von S. Ignazio in Rom an Wert am nächsten kommt. S. Agostino, das Pantheon aller heiligen und berühmten Leute des Hauses Este, ist eigentlich ein flachgedeckter Prachtsaal, dessen Hallen sich gegen den Altar hin mit gedrängten Säulen- und Pilastermassen verengern, wozwischen man in ein lichtes Kuppelchor (dreiviertel einer Ellipse) hindurchschaut. Der prachtvolle theatralische Effekt läßt mich vermuten, daß nur der ältere Bibbiena dies Schaustück könne komponiert haben. Es reut mich jetzt doch, daß ich keine Skizze riskiert habe. In der Galerie war ein köstlicher, kunsteifriger Kustode, mit dem ich zweieinhalb Stunden von einem kritischen Bild zum andern ging und kaufte, was das Zeug hielt.

Gestern bei der Einfahrt in Bologna in offener Droschke mußte ich bekennen: diese Hallenstadt hat eine größere Zahl schöner und malerischer Straßenanblicke als die vier bis fünf übrigen italienischen Großstädte, die ihr ja an einzelnen Gebäuden überlegen sind. Gestern abend sah ich einen nagelneuen, in gutem gemäßigtem Barock erbauten Palast, der aussieht wie die nobelsten alten; eine reiche Marchesa (Lambertazzi oder sowas) hat ihn auf Spekulation erbaut und vermietet ihn hoch, während sie in einem kleinern alten Palast daneben wohnt. Das kann man freilich nur im jetzigen Bologna, wo sich viele Behörden und Reiche aus den verlassenen Nachbarstädten zusammendrängen. Eine ganze Anzahl Straßen, die früher mit Gassensteinen gepflastert waren, haben jetzt Steinplatten. Freilich die Krüge und die Munizipalfinanzen in Italien gehen heutzutage zum Brunnen, bis sie brechen. Ich liebe die Pracht, aber ein Wahnsinn wie der neue Palast der «cassa di risparmio» geht doch über das Maß und erinnert mich an den wirklich schönen und reichen Bahnhof in Zürich, der jetzt der verkrachten Nordostbahn so übel auf dem Magen liegt. (In dem bankrotten Florenz hat die Sparkasse vorige Woche wirklich fünf Tage lang nicht bezahlt, bis man ihr zu Hilfe kam.)

Die Italiener sind ganz wie vor Zeiten: gestern nachts im großen Tagestheater unter freiem Himmel bei deliziöser Luft wurde ‹Norma› [von Bellini] vor mindestens tausend Zuschauern gegeben, Platea 50 Cts., I. Platz 1 Lira usw. Es waren sogenannte Sänger dritten Ranges, aber noch immer ganz respektabel, und nun hätten Sie dies Publikum von kleinen Handwerkern, Geschäftsleuten, Wackesen usw. sehen sollen, wieviel besser es sich benahm, als so oft das Publikum der vornehmen und teuren Theater tut, wo man schwatzt, mit dem Stock den Takt gibt, beliebte Stellen nachsingt usw.; hier war lautlose Stille, mit Ausnahme der Applausstellen; dies geringe Publikum wollte seine alte herrliche Lieblingsoper wirklich hören. Es war schade, daß im Augenblick, da Norma die große Arie «casta diva» begann, der helle Vollmond gerade hinter eine Wolke ging. Das Auditorium war sehr genügend mit etwa neunzig Gasbecs beleuchtet; man verließ sich nicht auf den Mond.

Eins ist und bleibt schrecklich: das beständige Ausspucken. Auf der Eisenbahn habe ich einem, der eine Virginia rauchte, nachgezählt: er spuckte etwa fünfzigmal. In den Kirchen spukken die Betenden beständig; unter jedem Betstuhl ist eine nasse oder getrocknete Lache. So kommt es, daß dies so heitere und angenehme Volk sich periodisch in lauter Spuckgestalten verwandelt. Und um eines beneide ich die Leute: dies schöne vollständige Zahnwerk! So einer kann sagen, er zähle die Häupter seiner Lieben, und sieh, es fehlt kein teures Haupt. Es ist ein Vergnügen, diese Menschen gähnen zu sehen.

An denselben

Bologna, 15. August 1878, abends

Heute ist Assunta, und da mußte ich leider erleben, daß eine meiner Lieblingskirchen allhier, San Salvatore, innen völlig mit jenen abscheulichen Ornati behangen war, da die Säulen schmutzig-purpurrote Hosen mit verschundenem Goldbesatz tragen, wie etwa die Clowns bei Seiltänzern. Es ist der einfachschönste Barock in Backstein, den ich kenne, innen farblos – wenn nur bewußte Hosen nicht gewesen wären. – Vorher war ich im Bade; es fließt in Bologna dort hinein ein Arm jenes Flusses Reno, auf dessen naher Insel Augustus, Antonius und Lepidus Anno 42 v. Chr. das zweite Triumvirat schlossen, d. h. jenen Aderlaß dekretierten, welcher 4000 Römern aller Parteien, Konservative, Fortschritt, Zentrum und Nationalliberal, das Leben kostete. Nun badet man in Steinkammern, in welche besagter Fluß Reno sein Wasser, aber auch seinen Schlamm hineinführt, und ich fürchte, dreckiger heraus- als hineingekommen zu sein; tauchen mochte ich den Kopf nicht. Es war mir fast, als müßte ein altbackener S . . .kegel des Kaisers Augustus zur Öffnung hereingeschwommen kommen; soweit geht aber meine Verehrung für das Altertum nicht, daß ich so etwas angenehm befunden haben würde.

In Italien wird von den Wühlern auf dieselbe Auflösung hingearbeitet wie überall; hier erscheint u. a. ein ganz arges sozialistisches Hetzblatt, la Stella. Überhaupt ist es schon so weit, daß auch die sog. anständigen Blätter enorm vieles voraus zugestehen müssen, als selbstverständlich, was bereits ganz bedenklich lautet. Und wenn man die Zeitungsjungen mit dem schrillen Ton ausrufen hört: la gahzittah! la Stellah! so geht es einem durch Mark und Bein. – Seitdem man weiß, wie fast in allen großen Städten von Deutschland die Sozialisten ihre Kandidaten durchgesetzt haben, kennt man überhaupt die wahren Majoritäten in den städtischen Massen.

Es ist heiß, aber bewegte Luft – und eine Schönheit und Klarheit in derselben! Ich wollte nur, es gäbe einen Bläue-Messer, um diejenigen Leute zu überführen, die an das Himmelblau von Italien nicht glauben wollen. Jetzt, gegen sieben Uhr hin, mischt sich gegen den Horizont jener wunderbar sanfte, grünliche Ton hinein; fern über die Dächer leuchtet, flammend davon abstechend, in der Abendglut der gewaltige Oberbau von S. Petronio in mein Fenster. – Nun freue ich mich auf das Adriatico, wo ich den Schlamm des Reno wieder von mir waschen werde. Rimini und Fano sind ja Badeorte.

Wie es einst einen Abbé Trublet gab, welcher den Voltaire erzürnte durch eine Abhandlung «über die wahren Ursachen der Langweiligkeit der Henriade», so studiere ich hier über die wahren Ursachen der Langweiligkeit vieler Bilder der Carracci – nicht aller! Aber ich weiß jetzt den Punkt anzugeben, wo namentlich Lodovico Carracci umschlug: es war, als er nur noch das Allgemeine seines Wissens gab und keine psychologischen Kämpfe mehr um die einzelnen Charaktere und ihr Tun bestand; zuletzt mit der kolossalen Annunziata über der Apsis von S. Pietro merkte er es selber, wurde melancholisch und starb.

An Friedrich von Preen

Genua, 5. August 1881

Weshalb ich eigentlich nach Italien gegangen bin? Hauptsächlich um gewisse große Kunsteindrücke noch einmal aufzufrischen, bevor ich für solche Reisen unbeweglich werde. Für diesmal tut es noch ganz vorzüglich; ich beschränke mich und lasse die Sachen liegen, die ich nur mit gar zu viel Sonnenbrand und Blendung erreichen könnte; ich schleiche da, wo ich in jüngeren Jahren rannte, bin im Essen sehr mäßig und freue mich eher der Weine des Landes.

Und dieses imposante Volk! Diese Erstgeborenen von Europa! Es mag ihnen gehen, wie es will, in der Politik sogar übel und kindisch – das Wort Alfieris bleibt doch wahr: l'Italia è il paese, dove la pianta «uomo» riesce meglio che altrove,[1] und wer es nicht glauben will, der sehe nur eine halbe Kompanie Bersaglieri im Geschwindschritt vorbeidefilieren. Gestern auf der Bahn zwischen Lavona und hier, wo ich terza Classe fuhr, schlüpfte ein fettes, aber bildhübsches Weibstück mit einer Geige in den Wagen und sang zu ihrem Spiel mit der hellsten Stimme ein Lumpenlied, wobei man – ach des Neides! – ihre zweiunddreißig Zähne in bester und schönster Ordnung sah.

Es ist wieder sehr heiß, aber in Genua mit den engen, hohen Gassen ganz wohl auszuhalten. Die Nächte sind von göttlicher Schönheit und Frische; es wird ganz kühl, so daß man sogar die leichte Decke wieder über das Leintuch zieht – notabene versteht sich bei sperrweit offenen Fenstern. Vielleicht gibt es auf der Welt keine so absolut süße und herrliche klimatische Wahrnehmung als diese Morgenkühle im heißen Süden. In Savona

1 Italien ist das Land, wo die Pflanze «Mensch» besser als anderswo gedeiht.

erwachte ich einmal und sah einen flammenden Stern, den ich erst für ein Meteor hielt, bis ich sah, daß es die alte Venus war, nur eben in der Klarheit einer Nacht am Mittelmeer.

Jetzt schleiche ich zur Börse, aber nicht um dort Geschäfte zu machen, auch nicht so sehr wegen des edel schönen Baues von Galeazzo Alessi, als vielmehr weil dort in der Nähe eine Photographiebude ist, wo ich einiges Geld opfern werde. Für diese edle Opfertat werde ich mich nachher mit einem Sorbetto belohnen, und zwar in dem nahen Café della Costanza, das ich schon gestern mit Rührung wieder aufsuchte. Hier habe ich nämlich als junger Student in den dreißiger Jahren die erste Ahnung von Bellini bekommen, und zwar durch einen Harfenisten und Klarinettisten, welche ein Potpourri aus «Romeo» spielten. – Und gestern nacht aus einer Birreria klangen wiederum von irgendeiner Bande her Stücke aus demselben «Romeo», was die deutsche musikalische Ästhetik um 1845 für unmöglich würde erklärt haben.

6. August, abends

Regt sich in mir der verdünnte Tropfen italienischen Geblütes, den ich durch diverse Mütter hindurch seit dem sechzehnten Jahrhundert in mir habe? Genug, daß mir alles so verwandt und selbstverständlich erscheint, was ich vor mir sehe. Mein Geschick will ich gar nicht tadeln; ich bin ein nicht ganz unnützer Basler geworden und wäre doch nur ein unzulänglicher Italiener, aber es ist mir doch lieb, daß ich hier das Gefühl der Fremde nicht mehr habe. Es ist mir hier reichlich so heimisch zumute als in Frankfurt oder in Dresden, und ich habe es leichter, mit den Leuten in Verkehr zu treten. Nur muß man den Genuesen gleich einige Komplimente sagen, wegen ihrer Neubauten und Stadterweiterung, die denn in der Tat erstaunlich sind, dann werden sie gesprächig auch über andere Dinge. – Die jetzige Antipathie gegen Frankreich ist groß und möchte kaum zu versöhnen sein, wenn die Franzosen nicht recta Tunis aufgeben, wozu sie sobald sich nicht entschließen werden. Nach meiner törichten Ansicht hätte Frankreich eigentlich Gott danken sollen, wenn ein anderes europäisches Volk, aber ein kinderreiches, ganz Tunesien besetzte und die Araber Schritt für

Schritt völlig austriebe. Die Franzosen, welche schon die Menschen zum wirklichen Kolonisieren nicht haben, sind in ihrem Algerien darauf angewiesen, die Araber «erziehen und zivilisieren» zu müssen – und dabei käme ihnen nichts besser zustatten, als wenn die Italiener zugleich in Tunesien eine gründliche Bresche in den Islam legten – statt dessen laden sich die Franzosen ein zweites Algerien auf den Hals, legen sich zu Deutschlands Wonne eine Kette an den Fuß und erzürnen gründlich eine Nation, die ihnen bei gewissen Vorkommnissen doch wenigstens die Flanke würde gedeckt haben.

7. August

Die Hitze ist erträglich, und *ich* habe wenigstens gewußt, daß ich ihr auf meiner Reise begegnen werde, während die Zeitungen melden, daß die, welche in Davos und anderen Höhen Kühlung suchten, dort oben erst recht schmachten. Es kam mir schon am Mont Cenis in Modane kaum kühler vor als in Chambéry. – Gestern besah ich mir wieder einmal den schönsten Rokokoraum, den es auf Erden gibt, den Saal im Palazzo Serra; ich begreife nicht, daß kein reicher Luxuriant sich anderswo dies (schon vor hundert Jahren in der Enzyklopädie umständlich in Kupfer gestochene) Meisterwerk gegen irgendeinen See oder einen gesicherten, freien Ausblick sonstwo einfach wiederholen läßt; ganz Versailles zieht den kürzeren daneben. – Dann ging ich ins Municipio und sah unter der Hofhalle die Statue Mazzinis aus seinen letzten Jahren des Leidens, die Hände vorn übereinander wie ein Christo alla Colonna. Es soll Bedenken erregt haben – doch warum? Sind nicht die großen Männer, welche in Erz oder Marmor alle Plätze von Turin einnehmen, im Grunde lauter mehr oder weniger erfolgreiche Verschwörer gewesen wie dieser? Anzufangen mit dem Riesendenkmal Karl Alberts? – Dann heißt hier eine jener Budengalerien, welche man in Italien hoch und prächtig liebt, Galeria Mazzini. Der Haken dabei ist bekanntlich, daß dergleichen als republikanische Manifestation gilt; aber: non aver paura! Die Clique von Advokaten, welche tatsächlich regiert, hat das stärkste Interesse, die Dynastie oben zu halten, denn

1 Ich habe keine Angst!

ohne diese zerfiele Italien in mehrere Republiken, und dabei wären gar keine Geschäfte mehr zu machen, ja, es kämen ganz ungefragt neue Gesichter empor, und mit dem Paradiesgärtlein, das man in Rom etabliert hat, wäre es gründlich zu Ende.

Heute ist Madonna delle Nevi, und schon seit einer Woche haben alle Säulen in der Kathedrale rotseidene, mit Gold galonierte Hosen an, und der ganze Bau flimmert von lauter Draperien und goldenen Fransen. Leider hat man neuerdings auch noch die ohnehin sparsamen Fenster mit modernen Glasgemälden versehen und damit Statuen und Gemälde so gut als ungenießbar gemacht.

Morgen nachmittag gedenke ich nach Spezia zu fahren und dort den Abend zuzubringen. Dann gehts nach Toskana – vierzehn Tage sind für Florenz bestimmt – und dann langsam durch Oberitalien heim; für Rom ist bereits die Geduld nicht mehr vorhanden.

JOHANN JAKOB BACHOFEN

1815–1887

An Wilhelm Henzen in Rom

[Siena, 17. März 1852]

Bester Henzen, Sie werden sich wohl nicht wundern, daß ich noch immer in dem italienischen Nürnberg sitze. Denn eine Witterung wie die, welche uns hier seit dem vergangenen Freitag beschert ist, hat selbst das in diesem Punkte so glückliche Schweizerland im Monat März nicht oft erlebt. Freitag ein halber Schuh Schnee bis in die Mittagstunde, und seither ohne Unterbrechung ein Eisorkan, wie ihn meine verzärtelte Haut nicht mehr zu ertragen vermag. In Folge davon saust mir nun Kopf und Ohren, als hätte ich die ganze schweizerische Demagogie darin verschlossen. Ich werde mich wohl zwei Tage noch im Zimmer halten müssen. Da amüsiere ich mich nun mit allerhand Schreibereien und Lesereien, unter andern Dingen auch mit Nachholung der im Sturm der Abreise versäumten oder absichtlich aufgeschobenen Korrespondenz ...

In Siena fehlt es nicht an sehr gebildeten und angenehmen Männern. In dieser Richtung bedaure ich meinen hiesigen Aufenthalt keineswegs. Die österreichische Garnison stört mich auch nicht. Und ihr so recht frisches Knöpfli-Deutsch hat mir schon manchmal Spaß gemacht. Kerle sinds, aus deren jedem man drei Franzosen schneiden könnte. Die Italiener grollen und sind im Grunde doch froh, sie zu haben. Dieser Haß ist sehr äußerlich und bei manchen gänzlich gezwungen. Item der Zweck ist erreicht: die schwarzen Schnurrbärte haben famosen Respekt. Die Juristen von Pisa sind jetzt hieher versetzt, 500 scolari, aber [Briefrest weggeschnitten].

An Heinrich Meyer-Ochsner

Rom, Pfingstsonntag [4. Juni 1865]

Lieber Freund, erst am zweiten Monatstage meines Hochzeitsfestes komme ich dazu, Ihnen einige Nachricht von mir und den Meinen zu geben. Ich sage die Meinen, weil ich die Gewißheit habe, bereits zu dreien in Rom zu sein. Seit einem Monat ist die arme Frau derart von Übelkeit und Brechen geplagt, daß ich sie seit 14 Tagen den größern Teil des Tages im Bett halten und pflegen muß. Viel zweckmäßiger wäre es gewesen, hätte dieses sonst fröhliche Ereignis noch einige Monde auf sich warten lassen. Denn nun ist natürlich mancher Genuß und manche Belehrung unmöglich geworden. Glücklicherweise habe ich eine gute Wohnung in der hochgelegenen Stadt – fast ganz Rom vor den Augen von oben herab! – und zudem gute Bedienung gefunden, so daß die Pflege nichts zu wünschen übrig läßt. Von der Hitze leiden wir freilich nicht wenig; denn diese ist heuer in Rom ungewöhnlich früh und in ungewöhnlichem Grade eingetreten. Die Weiterreise nach Neapel werde ich unter diesen Umständen wohl aufgeben und geraden Weges über Genua nach dem Norden zurückkehren müssen. Wann? hängt vom Befinden meiner Frau ab, das jetzt eben alles entscheidet.

Sie sehen, lieber Freund, daß ich den Verlust meiner Freiheit sehr schnell zu fühlen bekomme. Ille ego qui quondam, gracili modulatus avena et reliqua. Wir sind jetzt vier Wochen in Rom, und doch habe ich in diesen nicht so viel vorwärts gemacht als ehedem in acht Tagen. Recht possierlich nimmt es sich aus, wenn ich eine Stunde die Geschäfte eines Krankenwärters, die andere die eines Archäologen betreibe, jetzt das Becken und dann Antiken handhabe oder nach dem Arzte die Expositionen Rosas über die älteste Palatinische Stadt anhöre. Trotz dieser seltsamen Doppelrichtung habe ich eben an dem hiesigen Aufenthalt wie immer meine größte Freude und Genuß. Der Gedanke, ihn bald wieder aufgeben und zu unsern Basler Kümmeltürken zurückkehren zu müssen, ist mir widerwärtig und ein wahrer Schauder. Sie wissen, wie nach dem hiesigen Reichtum die Armut Ithakas schmecken muß. Unerschöpflich ist in jedem Betracht dieser Boden. Ich sehe alle Tage einiges Neue, bekomme stets Anstoß zu neuen Gedanken über das alte Rom, sehe Forum, Kloake, den Palatin in seiner neuen Herstellung, dann die Gräber der Scipionen, um alles andern nicht zu gedenken, und was ich bei den Alten lese, gewinnt so sehr Fleisch und Blut, daß man diese Hügel, Täler, Ruinen in seinem Kopfe mit dem ehemaligen Leben bevölkern und alles sich vor Augen stellen kann. Sie wissen, daß ich von der Geschichtlichkeit der römischen Überlieferung überzeugt und für die ultramontanen Stubengelehrten, Herrn Köchly nicht ausgenommen, mit Mitleid erfüllt bin. Hier im täglichen Verkehr mit den ältesten Monumenten schäme ich mich, einmal an Romulus gezweifelt und auf der Seite der Allegoriker gestanden zu haben. Ich fühle aber auch recht, wie schwer es sein muß, fern von diesem Boden in dem kalten Norden, einem verrauchten Zimmer, mitten unter verhunzten Rationalisten zu irgend einer wirklich richtigen Anschauung zu kommen. Die Geschichte ist eben nicht nur in den Büchern, und was man hier von Altem und Neuem an Sachen, Menschen, Himmel, an Berg und Tal, Wald und Feld täglich sieht, spricht mehr als tausend Bücher und noch weit mehr, als Herr Ampère zu vernehmen vermochte.

Ich fühle mich als einen sehr modernen Menschen und freue mich meines Tages so sehr als irgend jemand. Aber in allem, was mir hier begegnet, treten mir solche Fortsetzungen des Antiken entgegen, daß ich fast immer dieses deutlicher sehe als das Neue. Ich liebe diesen Ort, weil er von allem in der Welt verschieden ist. Als Äneas den Evander auf dem Palatin besuchte, zeigte dieser jenem Touristen bereits Ruinen. Nicht anders Rosa, der neue Evander, wenn man ihn heute auf dem Kaiserhügel aufsucht. Aber jetzt ist es das alte Rom, das man in Ruinen sieht, die Mauern des Romulus wie die Paläste der Kaiser; damals waren es die früheren Anlagen, wohl auch Jahrtausend alte. Die alte Überlieferung hat viele Andeutungen solcher Ruinenfunde im alten Rom erhalten. So findet man den Altar des Consus 20' unter der Erde. Heute stößt man in dieser Tiefe auf alte Kirchen und Basiliken, wie z. B. zu S. Agnese, und gräbt man noch 20' tiefer, so kommen Trümmer der Königsbauten, und darunter wieder die Katakomben, wie Numas Sarkophag, zum Vorschein. Fast alles, was im alten Rom begegnet, findet sich heute wieder, und wie die Penaten nach Lavinium zurückkehrten, so wandert Gesù bambino nach Aracoeli zurück. Was macht es für einen Unterschied, ob man den Schlüsselträger Petrus oder Ianus nennt? Ihre Tempel stehen ohngefähr am gleichen Ort. Ist der Aventin nicht heute noch wie ehemals ein collis sinister, verlassen, gefürchtet wie im Altertum, und das Forum wieder erfüllt von Stiergebrüll? Sieht man nicht auf 10 und 20 Minuten Distanz Hirten, die in Höhlen leben, und das glänzende Rom mit seinem Papste, der doch noch über die Seelen der Menschen gebietet? Also die pastores Palatini, Romulus' Gefährten und die Lupercalia neben den größten Erscheinungen. Eben dieser Kontrast ist das Merkwürdige.

Doch zum Schluß. Meine Frau läßt sich bestens empfehlen und hofft mit mir, daß Sie oft zu uns kommen werden. Mir kömmt es schwer an, Rom zu verlassen, um dann wieder das Gewäsche unserer Herrn Professoren über alt Rom, wie man es sich im Nord vorstellt, anhören zu müssen. Doch wiegt die Freude, oft mit Ihnen zu sein, manches auf. Von Antiquitäten habe ich manches acquiriert. Belehrendes eher als Schönes.

Ihrer Frau unsere freundlichsten Grüße. Ebenso Ihren l. Kindern.

Ihr alter JB .

VICTOR VON SCHEFFEL

1826–1886

An die Schwester

Albano, den 28. Juli 1852

In diesem albanischen Wald- und Kunsttreiben verfliegen die Tage so rasch, daß ich heute mit Schreck nachzähle, wie bereits 4 Wochen vergingen, seit mein letzter Brief an Euch geschrieben wurde. Nimm mirs nicht übel, teure Marie, daß auch an mir das Horazische «der Seinen vergessend und auch ihnen ein zu Vergessender» in Erfüllung zu gehen scheint. Es ist dem nicht also. Ich geleite Dich auf meinen Streifzügen durch Berg und Campagna überall, und nichts von dem Schönen dieser unerschöpflichen Natur geht an mir vorüber, ohne daß der Gedanke an Dich und die Teuren zu Hause zu dem Glanz der südlichen Sonne auch noch ein Stück Duft und Verklärung zufügt.

Wenn Dein Auge nur einmal – als Nebelbild – erschauen könnte, welcher Gestalt und auf welchem Stück Erde Dein Bruder sich herumtreibt. – Ob Du ihn wieder erkennen würdest, wenn er frühmorgens auszieht, den braungelben Ragazzino voran, der die große Mappe und den Feldstuhl trägt, er selber im grauen Hut und leinenen Rock, einen gewaltigen Schirmstock mit eiserner Spitze wie eine Lanze schwingend – und wenn er draußen unter den Steineichen der obern Galerie am Albanersee oder bei den Brunnen und Ulmen der Ariccianerstraße oder bei den Felsen und Höhlen oben im Sonnenbrand dasitzt und zeichnet – oder aber, wenn er an Sonn- und Festtagen mit der deutschen Malergenossenschaft zu Esel ausreitet, eine Kavallerie von 10 oder 12 Mann, und wenn in schwerem Eselstrab an den schönen Albaneserinnen vorübergesprengt wird?

Es liegt unendlich viel Poesie und Reiz über dieser Villegiatur im Albaner Gebirge. Wenn Du in Stahrs Italien die Schilderung seines Aufenthalts in Ariccia nachliesest, so ersparst Du mir ein paar große Briefe. Ort und Leben – wie es der deutsche Professor ziemlich ledern beschreibt – gleicht dem meinen durchaus. Eine Fülle von Bildern bei jedem Schritt und Tritt. Wenn ich frühmorgens am Kapuzinerkloster den Bergpfad hinaufsteige, durch die ummauerten Straßen, wo Strohfeuer lodern, um die Luft rein zu halten, und auf die graue verwitterte Lavafelsplatte trete – so halte ich eine Rundschau, die vergessen läßt, daß Neapel und das Schönste hier nicht fern liegen. Dort zeichnet sich ein leiser blauer Streif am Horizont; es ist das Meer, von Nebel umlagert, die Mauern von Nettuno und Porto d'Anzio heben sich dunkel davon ab, wie weiße Punkte tanzen die Fischerbarken auf dem blauen Grund, und in braungelb violetten Tönen schließen sich die Wellenlinien der Campagna daran – in der Mitte steigt Albano auf mit seinem schlanken Glockenturm, von dem Laubwald der Villa Doria und von Piniengruppen überragt. Ein paar Schritte weiter und den Blick gewendet, da liegt im Waldesdunkel versteckt, von Bergwänden rund umsäumt, im ehemaligen Krater des vulkanischen Gebirges der Albaner See, auf dem Bergrücken, zu dem die obere Galerie mit ihren ungeheuren Steineichen hinführt, ragt die Kuppel von Castel Gandolfo, und jenseits in verschwommener Campagnaferne – wo die trübe Luftschicht liegt – erkennt das Auge das Häuser-, Kirchen- und Palastgewimmel von Rom, dessen Einwohnern wir jetzt in der Waldesfrische ihre kaum zu ertragende Sommerhitze wohl gönnen! Rechts ab, wo der Pfad an umlaubten Felsen mit ihren Grotten und Höhlungen vorüber durch den Wald führt, glänzen die Mauern des armen Franziskanerklösterleins Palazzuolo, und drüben, auf steiler Höhe, ist das alte Felsnest Rocca di Papa und der Monte Cavo, wo einst die Völker des alten Latiums zum Nationalheiligtum wallfahrteten.

Ziehen wir aber zu einem andern Ende von Albano hinaus, da wo bei den Karmelitern fünf runde Säulen auf kolossaler Unterlage, von Eichen umschattet, am Wege stehen – das Grabmal der Horatier und Curiatier –, so führt uns die Straße nach

Ariccia. Die vielen aufgesteckten Schirme, unter deren jedem bei seinem Malkasten ein Landschaftsmaler sitzt, deuten darauf, daß hier eine unerschöpfliche Quelle landschaftlicher Studien fließt. Ein reizvoller Wechsel von Brunnen in der Kühle großer Baumwölbungen, alten Stämmen, deren wild verschlungene Wurzeln über Felsen oder antiken Mauerquadern ruhen, schönen Baumgruppen – und darüber das malerische Ariccia auf der Bergeshöhe mit der Kuppel der Kirche und den Türmen des Palastes Chigi – dazu durch die Öffnungen des Waldes der Blick in die ferne Campagna und Meer – immer schön und immer neu, so oft ich auch des Weges ziehe. – Jenseits Ariccia aber, auf der Berghöhe führt der Waldweg am Jesuitenkloster Galloro vorüber nach der Stadt der Rosen und schönen Frauen, nach Genzano – und tief unten – ähnlich dem Albaner See – glänzt der klare graue Nemisee, der «Spiegel der Diana». Wenn der Esel gut trabt, so reiten wir bis nach Nemi, das mit seinen Türmen und Mauern und dem kastellartigen alten Palast der Braschi stolz und hoch über dem See sich erhebt – und dort in der Osteria, in der reblaubumschlungenen Loggia, wo aus großer Korbflasche der feurige Genzanerwein geschenkt wird, öffnet sich der reizendste Blick in die Tiefen des Sees über die Berge von Genzano und den Monte Giove hinaus – weit – fern bis zum Meere.

Ein andermal suchen wir, auf dem biedern Eselein reitend, denn weit zu Fuß zu gehen, ist bei der ungeheuren Hitze nicht möglich, die Gegend hinter Castel Gandolfo auf. Der heiße Felspfad, von dem die weite Umschau nach der Campagna oft ein wundersames Farbenspiel der Sonne und der Wolken über dem Meere bietet, lenkt bald in Waldesschatten – ungeheure Kastanien stehen auf dem Tuff- und Lavagrund; unten im Tal, wo die Quelle in antiker Steinfassung viel Dutzend waschende Weiber beschäftigt, ist der Hain der Ferentina, Latiums alter Waldgöttin – hoch oben schneiden die grauen Mauern des festungsartigen Städtleins Marino in den blauen Himmelsraum hinein – und sind wir noch ein gut Stück geritten, durch Schilf und Olivenpflanzungen und Rebhügel, so kommen wir an ein von Mauern und runden Türmen im Viereck umschlossenes finsteres Kloster [Grottaferrata], dessen gotische Fassade sonderbar zu italienischer Natur und Architektur paßt – und eingeritten über die Brücke, wo der alte Nußbaum steht, in die schweigsamen Räume des Klosterhofs klopfen wir um Einlaß ans Tor. Ein schwarzer Mönch öffnet – über den Pforten stehen griechische Sprüche, aus dem Chor der Kirche tönt ein fremdartiger liturgischer Gesang: hier hausen griechische Mönche, Basilianer, deren Regel der heilige Nilus einst nach Italien brachte. In der Kapelle aber sind die wundervollen, frischkräftigen Fresken Domenichinos, der hier einst, als er in Rom einen Gegner erschlagen hatte, Asyl fand und den Mönchen zum Dank gastlicher Aufnahme die Klosterräume schmückte, und die farbigen lebensvollen Gestalten und der mächtige Humor, der neben dem geschichtlichen Ernst der Bilder überall wuchert, bilden einen schnippischen Gegensatz zu den starren, wie Statuen knienden Basilianermönchen. 's sind aber vornehme Kleriker, und als wir uns beim Prior meldeten und beiläufig die Frage stellten, ob für harmlose Pittori Tedeschi auf einige Tage Unterschlupf im Kloster zu finden sei, da sprach er mit vornehmem Lächeln: die freien Zimmer seien bereits einem Kardinal zugesagt, der von Rom zur Villeggiatur kommen werde. – Drum lassen wir die Griechen und reiten lieber zu unsern Freunden, den Franziskanern von Palazzuolo hinüber. Das gibt einen heitern Tag. Im hohen Klostergarten unter Zypressen lagern die deutschen Gäste, die Franziskaner bringen in großen Steinkrügen Wein, auch notdürftige Lebensmittel, beim Superior legitimiert sich unser Quartett durch das prächtige Ave piissima, ave dulcissima virgo Maria als gute Christen – und dann hebt ein vergnügliches Zechen an, deutsche Lieder klingen in die tiefblaue Luft hinaus: «Ich weiß nicht, was soll es bedeuten, daß ich so traurig bin», und der Zauber der Heimat, der Rhein, die Lurley senkt sich hernieder; der Superior aber, der mir an der Brille ansieht, daß ich so ein Stück Gelehrsamkeit mit in der Welt herumschleppe, läßt sich von mir den Inhalt der Lieder erklären und frägt, wie weit Deutschland von Palazzuolo entfernt sei, denn hinter Rom hört seine Geographie auf, und sagt mir, als ich ihm auseinandersetze, wie die Liebe zur Kunst uns so weit hergetrieben, daß das alles eitel fantasma und bittere Mühe um Seifenblasen sei. Endlich mahnt der Sonnenuntergang zum Aufbruch, und mit einem Lebehoch aufs Kloster und dem Lied «Ein Jäger aus Kurpfalz, der reitet durch den grünen Wald» wird abgezogen.

An die Mutter

Rom, am St. Stephanstag 1852

All das Einzelne, was aus antiker und christlicher Zeit noch zu uns Epigonen herüberragt, faßt sich wieder zu großen kulturgeschichtlichen Wahrheiten oder wenigstens Andeutungen zusammen, und die Beobachtung des ungeheuren Kreislaufs, den die menschlichen Dinge hier in Rom durchlaufen haben, ist eine Art historischer Astronomie, die jede Anwandlung zum Lachen in die gebührenden Schranken zurückweist. An äußerlich wahrnehmbare Tatsachen anknüpfend, läßt sich von hier – bei einem Gang in die Campagna – zurückdenken an die fernen Schöpfungstage, wo nur die Kalksteinrücken der Sabiner und Volsker Berge aus der Flut aufragten, wo, durch die Feuersgluten der alten Vulkanswerkstatt gehoben, das Lavagestein der Albanerberge und die lockeren Fundamente der Campagna und der 7 Hügel, der zerklüftete Tuff als Zuwachs der jungen Erdrinde aufstiegen, und die Flammen der itzt erloschenen Krater am Monte Cavo in die Nächte hereinleuchteten, deren Stunden kein menschlicher Wächter geblasen hat. Und dann, wie sich aus zusammengelaufenen Menschenkindern hier am Thybris ein Bauernstädtlein bildete, ein unscheinbarer, aber fester Kern der künftigen Weltherrscher – in der Villa Negroni steht noch, von Pinien umragt, der Rest des Walles, den Servius Tullius um das kleine Rom zog, und im capitolinischen Museum mahnt das Erzbild der Wölfin, die die Zwillinge säugt, womit schon im 4ten Jahrhundert vor unserer Zeitrechnung der ruminalische Abhang geschmückt war, an die Sage von Roms Gründung; – weiter, wie eine starke Republik die Mutter starker Taten war: die alten Kriegszüge Roms gegen seine latinischen, samnitischen, etruskischen Nachbarn sind schier verklungen, aber noch führt der Emissar durch meilenweiten unterirdischen Felsschacht die Gewässer des Albanersees in künstlichem Bett dem Meere zu wie zu Camillus Tagen, als delphischer Orakelspruch an dies

Werk den Fall von Veji knüpfte, und noch glänzen die Bogen der Aquädukte im Abendsonnenstrahl vor den blauen Bergen der Ferne wie damals, als der blinde Zensor Appius mit ihnen seine geradlinige Heerstraße nach Neapel anlegte, durch deren stille Gräbereinsamkeit ich schon so manchen – selbst nächtlichen – Gang gemacht habe. Tausche ich damit den Lärm des römischen Marktes, wo der Fischverkäufer mit schriller Stimme die barocken Produkte des Meeres feil bietet und das erlegte Wildschwein aus den Sümpfen von Ostia vom Koch der Trattorie geprüft und ersteigert wird – auch dort ragt die Geschichte in den kleinen Verkehr des Tages, die finstern Säulen und die unübertroffene Kuppel des Pantheons steigen auf, das Agrippa, als die Republik zur Neige ging, dem Badevergnügen der Römer baute und, von der erhabenen Schönheit seines eigenen Werks betroffen, zum Tempel aller Gottheiten umschuf; – und weiter die Kaiserzeit, mit deren Trümmern das jetzige Rom bedeckt ist, Thermen, Triumphbogen, Paläste, Mausoleen (draußen an Porta Sebastiano hat sogar das kaiserliche Hoforchester, die Symphoniaci und Cymbalistae, sein reichgeschmücktes Grabmal, und selbst der Bäcker Eurysaces ist mit seinem Backofenmonument an Porta Maggiore auf die Nachwelt übergegangen), und im capitolinischen Museum wie im Vatikan steht die marmorne Statuenpracht jener Sorte von Zivilisation, die dem Verfall vorausgeht und deren zweite Ausgabe wir in unserer Gegenwart suchen können, in solcher Masse, daß das Aug anfänglich fast verwirrt wird, bis das Kunstwerk aus der Handwerksarbeit, das Schöne aus dem Ordinären herausgefunden ist.

Eben in Rom haben sie damals Ungeheures geschaffen, – aber während der kaiserliche Hofbildhauer drüber nachgrübelte, welche marmorne Perücke wohl den Zügen Agrippinens oder Faustinens am besten stehen würde, steht draußen vor Porta Pia, wo die alten Puzzolangruben in labyrinthischen Gängen in die finstern Schlünde der Erde führen, tief unten beim Lampenlicht ein armer Wandmaler und malt den Propheten Jonas, der unter einer Kürbislaube hinüberschaut gen Ninive, ob der Zorn Gottes nicht bald mit Donner und Blitz herunterfahren werde; und in den Höhlungen des Tuffelsens begraben sie einen, den die Tiere im Colosseum zerfleischt oder die Liktoren von rechtswegen hingerichtet haben. Dort, im Schoß der Katakomben, wo itzt der freundliche Padre Marchi einem vornehmen fremden Besucher die alten Symbole deutet, bereitet sich eine zweite Umgestaltung der Erde, vulkanisch wie die erste, die die Katakomben selbst geschaffen, und in der christlichen Kunst, wie sie dann zum Tageslicht aufsteigt, von den alten Basiliken Besitz nimmt und sie umwandelt, in den ernsten großen Mosaikwerken, deren einfache Gestalten seltsam düster aus dem Goldgrund der Tribüne hinter den Altären herunterschauen, in den Sarkophagen und andern Bildwerken tritt jene bedeutsame Epoche, wo eine vollständige, abgeschlossene Kultur von einer neuen absorbiert wird, in all ihren feinen und gröberen Übergängen klar und deutlich vor das Aug; – gehen wir dann wieder zurück zu den Stadtmauern Roms, zu den Backsteinfesten, Türmen und Vorwerken, da stehts auch zu lesen, wie der Barbar über die Alpen gekommen, wie der Ostgote vor Rom lag und der alte Belisar im Dienst des Byzantiner Reichs vergeblich die ehemalige Weltstadt zu schützen sucht; – und so fort und fort bis zu jener Blütezeit päpstlichen Regiments, dessen feinen Kunstsinn die ewig jungen Werke Raffaels in den Loggien und Stanzen des Vatikans und Michelangelos gewaltige Hand verherrlicht haben, bis zur Plattheit des Perücken- und Zopfstils, dessen Großmeister Bernini sich fast auf jedem Platz und in jeder Kirche ein unzubeneidendes Denkmal errichtet hat, bis wir endlich auf Piazza Colonna still halten, wo der Franzosengeneral Gemeau Heerschau hält über seine Soldaten und ein «vive l'empereur!» kommandiert, und die Obristen rufens den Hauptleuten und die ihren Leutnants zu, und die Kürassiertrompeten schmettern lustig drein und die Artillerie defiliert, und ganz zuletzt kommt noch ein einsamer Reiter geritten, den aber nicht alle gesehen haben, der schwenkt auch seinen Hut und läßt den Mantel flattern und ruft grüßend zum General hinüber «vive l'empereur!» – Das ist der Tod; – und der bleibt in Rom wie anderwärts der Meister aller, wiewohl jetzt der Karneval beginnt und nächstens wieder tolles Leben den Corso auf und nieder toben wird.

ANSELM FEUERBACH

1829–1880

An Henriette Feuerbach

[Venedig, Ende Mai 1855]

Meine liebe Mutter! Gestern erhielt ich Deinen lieben Brief; was soll ich Dir jetzt antworten, wo ich ja keine Worte habe, mich auszudrücken. Ich bin zwei Tage in Venedig und habe vergeblich nach Ruhe gerungen, an Euch, die Ihr mir nie aus dem Gedanken gekommen seid, ein paar Zeilen zu richten. Ich hätte nie geglaubt, daß es einen solchen Abgrund von Gefühlen gibt, die ein Menschengemüt bestürmen können. Zuerst nachts beim Einfahren sprachloses Staunen, niederdrückende Melancholie, dann eine innere Freude, die die Brust zu zersprengen droht. Die Nacht betraten wir S. Marco, ein Feenmärchen; denkt Euch einen Traum, in dem sich die rastlose Phantasie Paläste, Feentempel baut, die sich alle hell und in Gold strahlend gegen einen mit Sternen besäten Nachthimmel absetzen, wunderbar phantastisch, toll und doch einheitlich, alle Baustile verachtend und doch alles in sich fassend. Dabei Meer, wohin man sieht, Musik und Blumen, zahllose Menschen, zahllose Lichter.

Den Tag ist Venedig, wie Boz sagte, eine schlummermüde Stadt, die sich schlafen gelegt hat in der heißen Mittagssonne. Ich habe noch wenige Bilder gesehen in der Kühle einiger Kirchen, aber genug, um jetzt zu wissen, worin meine Zukunft liegt. Alles, was ich so dunkel gefühlt, ist hier ans Licht gebracht, die Venezianer in ihrer dunklen Glut haben eine Sprache, die verloren gegangen zu sein scheint. – Als gutes Vorzeichen gilt mir, daß das erste Bild, die erste Kirche diejenige war, wo Pietro Martyr von Tizian ist, ich war in der Mittagshitze herumgelaufen, trat ein und sah es. Noch war ich nicht in der Akademie, sonst hätte ich nicht schreiben können, aber nimm die Versicherung, daß jetzt meine reichste Zeit beginnt. Ich will, abgeschlossen von der modernen Welt, in dieser Stadt der Toten Lebendiges schaffen. Wir wohnen am Meer, zahllose Schiffe wiegen sich vor dem Fenster, drüben Inseln mit Kuppeln; wir haben die Wohnung bloß für diesen Monat, da sie zu teuer ist, aber gesund, sowie wir Venedig kennen, ziehen wir hinein. Ich werde sobald von Venedig nicht loskommen, ich werde es zu lieb bekommen, es ist ja alles da ...

Meine Reise, davon später, war Bild auf Bild, doch alles erblaßt vor dem nächtlichen aus dem Meere ersteigenden Venedig. Wunderbar waren zwei Tage in Verona, da ruhen die alten Fürsten in steinernen Särgen in heller Mittagsglut auf offener Straße. Heute und morgen geht ein reges Umhertreiben los, von dem ich Euch in vierzehn Tagen klar berichten werde, ich bleibe da.

Rom hat Zeit. Noch muß ich Dir danken, liebe Mutter, für die Sorgfalt, mit der Du Dein Söhnlein mit allen Kleinigkeiten im Koffer ausgestattet hast. Ich denke soviel an Euch, und ich weiß, daß ich ohne Pariser Ausstellungen imstande sein werde, mich emporzuschwingen mit Hilfe der großen Toten, die mir verwandter sind als die Lebendigen.

An dieselbe

(Venedig, 16. Juni 1855)

Nach Bozen das alte Trient, dann mit einem raschen Vetturin über die Berge, das reizende Sarcatal entlang nach Riva. Das Sarcatal war das Schönste, ganz italienisch, da fühlte ich zuerst, wie man Italien malen müsse. Die Gegend war unbewohnt, das Tal mit den wildesten Granitblöcken übergossen, dazwischen stille kleine Seen, mit alten Kastellen darin; dahin muß man gehen, wenn man weltmüde ist, das gibt Ruhe und Stimmung. Abends lagen wir im Fenster des Gasthofes in Riva, da lag der Gardasee im Mondschein und wir fragten, wachen oder träumen wir ... Jetzt Verona, die stille heiße Stadt, die Frauen mit schwarzen Schleiern, römisches Theater, angeschwärzt vom Alter, mitten in der Stadt; die Etsch, ein wildes, gelbes Wasser, wälzt sich durch. Grabdenkmale, der Platz Signoria, eine stille trauernde Pracht, dabei heimlich und klein wie ein Zimmer, der erste Paul Veronese und Bonifazio. – Anderen Tages an Padua vorbei, der heilige Antonius mit sechs Kuppeln, dann wirds Abend, Nacht, die Eisenbahn führt ins endlose Meer hinein, immer fort, da liegt Venedig, langgestreckt mit zahllosen Lichtern, als wolle es in der Nachtkühle baden. Gondeln liegen da, wir steigen ein, und geräuschlos taucht Palast auf Palast auf, verschwindet, wir kommen in Seitenkanäle, eng, schwarz, die Gondoliere bücken sich unter dunklen Brücken, rufen sich zu. Endlich hälts, «buona sera»[1], ein Kellner mit Licht führt uns in ein hellerleuchtetes Haus, wir fragen nach S. Marco. «Sempre diritto»[2], und da stehen wir denn nicht wie die Ochsen am Berg, sondern wie Aladin mit der Lampe aus Tausendundeiner Nacht. – Jenen Abend wurde wenig gesprochen, viel gedacht und sich schlafen gelegt mit dem Gefühle, wie es in Vaters Biographie heißt: «Er war verzaubert und wußte die Formel nicht, den Schlüssel.» – Jetzt dieser Gedankenstrich bedeutet das Ringen, Suchen, Finden, kurz alles, was hinter mir ist, jetzt bin ich klar. Was soll ich von den Venezianern sagen, das ist eine Brüderschaft der echten Farbe, kurz, sie müssen so sein, wie sie sind. Alle unsere moderne Kunst macht mir keine Schmerzen mehr, ich bin da, wo ich sein muß, und hätte ich zu ihrer Zeit gelebt, so würde sich vielleicht in mancher dunklen Kirche ein Bild finden, was sich still in die große Kette als bescheidener Ring anschließen dürfte.

Die Venezianer sind ernst in ihrer Heiterkeit und heiter im Ernst, sie brauchen nichts zu suchen, weil sie es schon haben. Wöchentlich zwei-, dreimal stürze ich mich ins adriatische Meer und wasche alte Sünden ab, und von Tag zu Tag kommt mehr stille Heiterkeit, Ruhe und Klarheit über mich. Das Leben ist so einfach; mehr denn zwanzig Bilder sind hier, wo dunkle Madonnen sitzen in schöner Architektur, umstanden von ernsten Männern und Weibern in heiliger Konversation, und immer sitzen drei Engelchen unten mit Geigen und lieblichen

1 «Guten Abend»
2 «Immer geradeaus»

Flöten, das sind Bilder, in denen alles gesagt ist, was man braucht, um schön zu leben.

An dieselbe

Firenze, den 17. Mai. Im Jahre des Heils 1856

In Padua habe ich viele Stunden auf meinem Plaid auf einem grünen Stadtwalle gelegen, von den mannigfachsten Empfindungen nicht durchbebt, sondern durchschüttelt, ein ganz namenloser Schmerz, warum, weiß ich nicht, dann wieder eine dunkle, mir unerklärliche Freude. – Das war das letztemal, wo so Vergangenheit und Zukunft schreckbar und heiter an mir vorübergezogen sind, lassen wir alles in Padua zurück. In Bologna habe ich, wie der liebe Vater, vor der ‹Heiligen Cäcilie› [von Raffael] gestanden. Dann fuhr ich vierzig Miglien lang durch das Hochgebirge der Apenninen, wie schön das klingt, eine Gegend, deren grausenhafte Öde und Verlassenheit sich mit Worten nicht beschreiben läßt, aber es macht die Seele ruhig und stimmt sie ernst.

In selber stiller Mondennacht bin ich noch einsam durch Florenz gewandert, und mein guter Stern führte mich wie ein Kind am Gängelbande über all die so fremden und doch so wohlbekannten Straßen und Plätze, so kam ich auf die Piazza di Gran Duca, wo die kolossalen weißen Marmore herüberleuchteten, ich erkannte neben einem rauschenden Brunnen den David von Michelangelo, den Perseus von Benvenuto, dann kam ich unter freie Logen auf eine Galerie und sah stundenlang in den Arno hinab. Es mag sein, daß das Wunderliche meiner Verhältnisse mit dahin gewirkt hat, mir diese Nacht so ernst in die Seele zu schreiben. – Gestern war ich im Palazzo degli Uffici, vor Raffael, und da hat mich diese träumerische Schönheit, diese weiche Schwermut und die Vollendung Raffaels, Andreas del Sarto so ergriffen, daß ich die Galerie sofort verlassen mußte, weil mir die Tränen unaufhaltsam herunterliefen, ich schämte mich dessen nicht, ich kann es Dir ja sagen, sei es Schwäche, sei es, was es wolle, aber wie mußte es einem Menschen zumute sein, der das sieht, wonach er in der Kindheit sich gesehnt und was er als Mann hätte erreichen mögen! Doch still davon. Daß ich so erschüttert sein konnte, habe ich nie geträumt, und heute noch im Palazzo Pitti dasselbe, und zu Hause und überall diese Schauer. Gott möge meine Schritte leiten und möge mir Kraft geben, alles das wie ein Mann zu ertragen.

Ich kann so nicht weiter fortfahren und betrachte dieses Kapitel als geschlossen, und jetzt, zum Schlusse, will ich versuchen, so klar als möglich, ohne Rückhalt über Verhältnisse usw. mit Dir zu sprechen.

Jeder Rückweg ist jetzt unmöglich, und ich bin heiter und froh darüber, ich sollte und mußte in Italien bleiben, sowie ich auch in Italien zu sterben hoffe. Daß ich heute noch nicht imstande bin, überwältigt von der Fülle der Dinge, ohne Empfehlungen, ohne einen Menschen zu kennen, anzugeben, was ich kopieren oder beginnen soll, ist klar. Nach acht Tagen wird es anders sein. In vierzehn Tagen kommen zwei Bekannte aus Venedig, und dann geht es schon besser. Nimm hiermit die feste Versicherung, daß ich alles aufbieten werde, mich zu sammeln und, sobald irgendmöglich, zu arbeiten. – Lasse Dich die jetzige Ungewißheit nicht beunruhigen noch betrüben, matte Dich nicht ab mit Grübeleien, wie mir zu helfen sei, sondern denke: «Er ist in Italien, und er will bleiben und ist ein freier Mensch.»

An dieselbe

Roma, den 18. November 1856

Meine liebe, gute Mutter! Deinen letzten so lieben Brief habe ich auf der Via Appia, der alten Gräberstraße, gelesen; ich saß auf einem alten Römergrab, den Blick auf die lange Campagna, endlose Wasserleitungen und das schöne sehnsüchtige Sabinergebirge. Wie oft wollte ich, von argem Heimweh übermannt, Dir und der lieben Emilie schreiben, doch verschob ich es immer, da ich etwas Bestimmtes, ein Faktum schreiben wollte. Möge Dir diese Verzögerung aus bestem Willen keine ängstliche Stunde bereitet haben, ich habe Eurer stündlich und recht innig gedacht. Jetzt kenne ich das alte, das moderne Rom und kann klar darüber schreiben, Stimmungen, Schilderungen mögen in den Hintergrund treten ...

Ateliers sind zu teuer, Künstler kenne ich viele, beinahe alle traurige Gesellen, Geld und wieder Geld, das einzige Gespräch, sie leben von den Fremden, haben alle prachtvolle Ateliers und malen sehr mittelmäßig. O du schönes altes Rom und welcher Geschmack! Wundere Dich nicht, liebe Mutter, daß ich so trocken das alles erzähle, im Herzen ist viel, sehr viel Begeisterung verschlossen, aber denke Dich in mein einsames Stübchen und denke, daß ich traurig und niedergeschlagen sein muß. Sieh, es wäre so vieles zu sagen, ich verschweige es, bis einmal ich mündlich mein Herz ausschütten kann. Ich enthalte mich aller und jeder Laune, ich weiß, wo hier der Krebsschaden sitzt, ich weiß auch, daß man jetzt noch nichts sagen kann, daß man Geduld haben muß und abwarten, was das Schicksal mit einem beschlossen hat. Daß ich noch nicht feurig und kühn sein kann, wirst Du begreifen, Du bist so gescheit und verständig, daß Du mich recht verstehst, wenn ich sage, daß ich lieber später und als gemachter Mann wieder hierher zurückkehren will, um vielleicht zu bleiben; der Ernst, der hier weht, greift mir noch zu stark in die jugendliche Seele, und ich werde Besseres und Größeres leisten, wenn ich ferne mit der geschauten Größe im Herzen, die mich einmal und für immer ergriffen hat, irgendwo produzieren kann, wo die eigene Schöpfung sich jugendlich allein entfalten kann, ohne daß die herbe Strenge der zu großen Vergangenheit die Blume erstickt. – Ich bin sicher, Du verstehst, was ich meine, und ich habe recht. Ich sehe es an den hiesigen Malern, sie träumen. Mit den Menschen soll man leben, und ich bin so traurig, weil ich keinen Zusammenhang zwischen alter und neuer Kunst hier sehe. O, liebe Mutter, könnte ich mit Dir sprechen, Du glaubst nicht, wie tief und wehe ich das Verhältnis fühle, und mehr noch, weil ich in so engen Verhältnissen beinahe passiv hier zu leben einstweilen gezwungen bin.

An dieselbe

Rom, den 12. Februar 1857

Eines ist erobert, Du fühlst es, liebe Mutter, mit mir, eines, und somit alles: «Rom». Bei diesem Namen hört alles Träumen auf, da fängt die Selbsterkenntnis an, und Rom, die alte Zauberin, weist einem jeglichen Menschenkind seinen Platz an. Meine italienische Fahrt ist ein Stück Entwicklungsgeschichte im echten Sinn des Wortes und voll, voll Poesie. Das Jahr in Venedig ist wie ein glühender Traum unbestimmter Sehnsucht, Enthusiasmus, Vertrauen, hochfliegender Hoffnung. Es mußte so sein. Statt daß einfache kleine Sachen für den Regenten genügend gewesen wären, griff ich zum Höchsten und Schwersten, das war der einzige Fehler, den ich mir vorzuwerfen habe, aber er war edel und verzeihlich. Daß ganz Italien noch ein dämmerndes Paradies mir war, das hat meine Mappe gefüllt, kurz, ich habe so viel getan, daß ich jetzt, selbst jetzt noch, mit Respekt meine Sachen ansehe. Rahl, obgleich es ganz wider seine Richtung ist, war still und hat kein Wort gesagt, er sprach bloß von einem mysteriösen, musikalischen Geiste und fühlte, daß er hier nichts mehr zu sagen habe.

In Florenz schlug mich das Schicksal danieder. Doch es mußte auf diese Träumerei die Prosa kommen. Der Arzt gab mich auf und wollte mich nach Deutschland schicken, es war die schrecklichste Stunde meines Lebens. Ich gehe nach Livorno und bin durch liebevolle Pflege eines deutschen Arztes, der mich beinahe anderthalb Monate behielt, gerettet worden, ich komme hierher als Bettler, – doch genug davon, ich mag durch keine Silbe mehr daran erinnert werden, doch glaube mir, liebe Mutter, ich habe die Feuerprobe bestanden. Jetzt Rom, und ich glaube, ja ich glaube fest und innig an ein gütiges Schicksal, es war alles recht so, wie es war, ich mußte geschlagen werden, um desto kräftiger aufzustehen. Diesen Erfahrungen allein habe ich es zu verdanken, daß mich nichts, nichts mehr berührt, und daß meine Kunst, wenn es Euch wohlgeht, mein Höchstes und alles andere niederwerfend ist. Was ich hier begonnen, habe ich geschrieben. Die Ausstellung ist eröffnet, es ist kein einziger da, den ich nicht kopfüber aus dem Sattel stürzen könnte, doch das unter uns in aller Bescheidenheit.

An dieselbe

Rom, den 3. Juni 1857

Ich denke mir, Ihr werdet oft von Italien sprechen, das Land, an dessen Grenze man sich aller Romantik entkleiden muß und welches jedem Menschen diejenige Stelle anweist, zu der er berufen. Eine heiße und klare Sonne leuchtet über diesen öden Strecken und beleuchtet die Trümmerhaufen ins schärfste Detail, so daß unser so leicht phantastisch erregtes Gemüt eigentlich mit der Nase an die Wahrheit anrennt, die natürlich wie überall anfangs bitter und melancholisch schmeckt wie Medizin. Das, was wir Poesie nannten, kann man nicht mehr brauchen, es kommen Zeiten der Ratlosigkeit, der Niedergeschlagenheit, doch nach und nach wachsen die empfangenen Bilder in der Seele riesengroß, und dieselbe Sonne beginnt dann das Innere zu beleuchten und zu wärmen. Ich habe das so haarscharf an mir erlebt, ich bin mit unverdorbenem Herzen, unklar, aber bildungsfähig hierhergekommen. Raffaels und der Antike Schönheit, auf deutschem Katheder vorgetragen, war auf mich nicht angewendet, und vielleicht gerade, weil meine Natur wahr und wahrhaftig war, mußte mir das noch verschlossen bleiben, worüber jetzt bei uns das Kind im Mutterleibe schon zu schwärmen versteht, und, liebe Mutter, ich danke Gott dafür. – Nur so konnte das Wunder Fleisch und Blut werden, und das Aufgehen nach und nach kräftigte Leib und Seele und machte das Gefäß so stark, daß die Eindrücke, statt mich zu drücken, bis zu meinem Tode darin Platz und Raum haben werden, das läßt mich auch mein Talent erkennen. Mit antiken Steinen lassen sich auch jetzt noch feste Gebäude aufführen ... Junge Künstler müssen hier jedes Jahr ihr Renommee neu gründen, da das Publikum wechselt. Das Geld ist ja auf der Seite der Modernen, Kummer und Armut auf unserer Seite, die wir echte Künstler sind, durchdringen werden mit der Zeit, die wir malen wollen, nicht «wie es euch gefällt», sondern wie es vor Gott und gescheiten Menschen der Anstand erfordert. – Die meisten verlassen Rom, und ich bleibe hier mit wenigen, so uneinladend die nächste Zukunft ist. Rom ist nichts für immer, es ist zu weit von der lebenden Kunst, man wird einseitig. Aber drei bis vier Jahre ist dem jungen Künstler zur Vollendung des Dramas so nötig wie die Luft; vulgo höre, wie ich es gedenke. – Das Malen muß jetzt beginnen, es ist jetzt, da alles gesondert und gelichtet ist, eine Notwendigkeit.

An dieselbe

Rom, den 17. Mai 1858

Das große Bild geht dann zur Pariser Ausstellung, wo es Reserve wird, im Falle ‹Dante› schon verkauft ist. Die Komposition wird ganz einfach und ist mir vor die Seele getreten in den bitteren Stunden des Heimwehes, der Sehnsucht, der Qual, Dir, liebe Mutter, helfen zu wollen, dem Streit des hochstrebenden Künstlers mit denen des pflichtgetreuen Sohnes; o, liebe Mutter, ich habe tiefe Seelenleiden, ich kann und mag nicht sprechen darüber! Aber auch ich muß vielleicht als ungelöstes Rätsel in die dunkle Grube fahren. – Doch alles mündlich. Der Gegenstand ist Iphigenie, welche an der Pforte des Tempels sitzt und über das weite Meer nach Griechenland hinschaut; neben ihr zwei Frauen, zu ihren Füßen zwei Kinder, wovon eines die antike Doppelflöte bläst. – Was ich will im Bilde, ist tiefe Leidenschaft, plastische und höchste Vollendung, und wenn Gott seinen Segen dazu gibt, möge das Ganze einen anmuten wie «stille Musik» oder «ein Gesang des Homer», wie Goethe sagt. – Neulich habe ich vor dem Apoll gestanden, des lieben verstorbenen Vaters gedacht, eine innere Freudigkeit ist in mir gewesen wie nie, das ist, daß mir ein so reifes Verständnis der Antike aufgegangen, das ist eine schauernde Ahnung dessen, was mir noch zu tun übrigbleibt. – Emilie findet meinen ‹Dante› zu antik, was würde sie ihn modern finden, wenn sie erst in Rom die Antiken sähe! Hier weht eine griechische Luft, Kunst muß griechisch empfunden werden, das ist das einzige stille Leben, was noch über die Gräber hinausdauert.

An dieselbe

Rom, den 30. März 1866

Meine liebe Mutter! Seit zwei Tagen bin ich von Neapel zurück ... Den holdseligen Eindruck Pompejis, des Meeres, der Bronzen und Vasen zu schildern, ist unmöglich, ich verspare alles auf das Mündliche. Ich habe an hoher Anschauung gewonnen und mich dem reinsten Genusse hingeben können, und ich habe innerlich geschworen, daß die Kleinheit und Erbärmlichkeit meines Vaterlandes meinen Geist nicht mehr behelligen soll. Durch die stillen Straßen Pompejis zu wandeln, in die heiteren bemalten Häuser hineinzusehen, jetzt nur bewohnt von kleinen Eidechsen, flüchtige Durchsichten des Meeres, der Himmel und das schönste Gebirge der Welt, das sind Dinge, die sich unauslöschlich ins Herz graben. – Bei meiner Rückkunft habe ich, zu meiner großen Freude, Anklänge daran unbewußt in meiner Kunst gefunden, die sicher das Richtige gewählt hat und die, wenn nur die äußeren Verhältnisse günstig sich gestalten, einen hohen Aufschwung nehmen wird . . .

Einen Blick von der Höhe des Posilip herab auf die Inseln in der Abendsonne – so müssen die Inseln der Seligen aussehen. – Im Museum waren wir täglich und haben studiert. – Rom, trotz dem gegenwärtigen Ostergesindel, bleibt die Gräberstadt, und man kann die Melancholie hier wohl begreifen. – Neapel, um zu bleiben und zu malen, wäre zu geräuschvoll. – Paris ist mir in den Hintergrund getreten, mir scheint es, als ob das Pulver dort auch nicht erfunden worden wäre.

In Pompeji lernt man, auf welch niederer Bildungsstufe wir Kinder des neunzehnten Jahrhunderts stehen. Kein Zimmer, noch so klein, was nicht heiter und kunstreich ausgemalt wäre, und wir bewundern in den Gemälden jämmerliche Zimmermaler, die nur reproduzieren.

Ja, nur das wirklich Vollendete beruhigt und erheitert, und so ist mein Sinn wieder mit Hoffnungen erfüllt, und großen Hoffnungen; ich habe Neapel dankbar in mich aufgenommen und liebgewonnen, dazu kommt noch, daß ich das Glück hatte, verständige Leute zur Gesellschaft zu haben, da der Austausch ebenso nützt als das Anschauen.

Ich bin froh, daß dieser Winter herum ist, und wenn die Simpel nicht wieder Krieg anfangen, kann es ein glückliches Jahr werden.

ADALBERT STIFTER

1805–1868

An Gustav Heckenast

Linz, 20. Juli 1857

Mein Sehnen seit vielen Jahren ist in Erfüllung gegangen: *ich habe das Meer gesehen.* Ich kann Ihnen mit Worten nicht beschreiben, wie groß die Empfindung war, welche ich hatte. Alle Dinge, welche ich bisher von der Erde gesehen hatte, Alpen, Wälder, Ebenen, Gletscher etc. versinken zu Kleinlichkeiten gegen die Erhabenheit des Meeres. Ich wußte nicht, wie mir geschah. Ich hatte eine so tiefe Empfindung, wie ich sie nie in meinem Leben gegenüber von Naturdingen gehabt hatte. Zwei Stunden des frühen Morgens am 20ten Juni blieb ich auf einem Hügel bei Optschina sitzen und sah auf das tief unter meinen Füßen liegende Meer. Wie groß ist Gott, wie herrlich ist seine Welt! Ich werde Ihnen mündlich sehr viel sagen, das Papier ist zu jeder Mitteilung zu klein. Auch die nächsten Tage oft stundenlang hart am Strande des Meeres stehend, konnte ich nicht satt werden, dasselbe zu betrachten. Ich hatte nicht geahnt, daß das Meer so *lieblich sein* könne. Jeden Tag, jede Stunde war es anders und immer herrlich. In Farben wie lichter Smaragd, wie leuchtender Azur, wie tiefes Ultramarin, ja wie ein Panzer mit lauter Silberschuppen spielte es vor mir, je nachdem die Sonne es streifte, eine mit Wolken gestickte oder ganz reine Kuppel über ihm stand, je nachdem der Himmel am Morgen in tiefer Bläue ruhte oder am Nachmittage in fast weißer Hitze glühte. Am 21ten nachmittags sah ich ein Gewitter im Westen aus dem Meere emporsteigen. Die Wolken standen senkrecht auf ihm, es erschien wie ein Riesensee, und die Wolken wie schwindelnd hohe Berge, die an seinem fernen Rande emporragen. Wie in jeder andern Lage glaubte ich auch wieder, in dieser sei das Meer am schönsten. Ich wohnte im Hotel de la ville gerade auf die Reede hinaus. Bei 300 Schiffe lagen vor mir. Gegen 8 Uhr begann das Blitzen, welches sich spiegelte, daß oft Himmel und Meer ein einziges Feuer waren, und die Unzahl der Schiffe einen Augenblick im Leeren hing. Dabei war atemlose Stille. Um 11 Uhr kam der Sturm, und das Gewitter war über unsern Häuptern. Leider konnte ich der Finsternis halber das Schäumen des Meeres nicht sehen, sondern nur hören. Ebenso hörten wir das Rufen der Schiffleute in den Tauen, das zeitweilige Läuten von Schiffglocken, das Rasseln der Ketten der herabgelassenen Notanker und mitunter einen Kanonenschuß. Es sollen 3 Schiffe von ihren Ketten gerissen, aber von Dampfern wieder eingebracht worden sein. Von Unglücken auf der weiteren See verlautete nichts. Am nächsten Tage war das Meer bewegt. Die schönen, rötlich schimmernden Steinküsten von Muggia, Capodistria, Pirano, dann der grauliche öde Karst hoben sich reizend von der dunkelgrünen, gedehnten, beweglichen Fläche und die zahlreichen Segel zogen um so leuchtender von gelegentlichen Strahlen getroffen über ihre dunkle Unterlage. Wolken breiteten wandelnde Schatten über das Schauspiel. Gegen Nachmittag beruhigten sich Himmel und Wasser. Kaum minder als das «ewige Meer» (wie Homer sagt), ergriff mich das Treiben der Menschen und das Betrachten eines Volkes, das so merkwürdig ist, und eine so große Geschichte hinter sich hat. Ich habe nur ein Stückchen Italien gesehen und dieses mir bisher fremd gebliebene Betrachten eines so ganz andern Volkes als des deutschen hat mich ganz neu und mächtig erregt. Die untern Klassen wirkten eigentümlich auf mich ein; ich widmete ihnen große Aufmerksamkeit und sprach mit ihnen in meinem ins Närrische verknitterten Italienisch, so daß ich jetzt manches begreife, was mir bisher unerklärlich war. Die italienische Musik ist mir klar und hat ihre Berechtigung und ihren Ursprung im Volke, wie sehr wir sie bei uns tadeln müssen, wo sie aus ihrem Zusammenhange gerissen ist. In Triest, noch mehr aber in Udine, welche Stadt größer als Linz und mit herrlichen, aber verkommenden Häusern, Kirchen und Palästen angefüllt ist, gefiel mir im Theater die italienische Oper weit besser, als ich je geahnt hatte. In Wien war sie mir widrig. So müßte ja auch eine Palme mitten auf dem Glacis in Wien stehend unerträglich sein. Das Volk im Ganzen erschien mir äußerst naiv und liebenswürdig. Was einen Frack an hatte, sprach mich weniger an, und es war mir, als müsse ich ihm mißtrauen. Auf der Ebene von Udine ist ein prächtiger Menschenschlag, besonders herrliche junge Männer, wie antike Gestalten. Dazu die goldnen Weizenfelder begrenzt von Alleen von Pappeln, Maulbeeren, Feigen, übersponnen mit dem grünen Gitter der aus den Halmen hervorragenden Rebenstämme, die sich ihre Gehänge zusenden, ausgesäte Landhäuser und Ortschaften, alles geschmeichelt von einem milden Klima und im Norden in großem Bogen die Tiroler, Kärntner und Krainer Alpen, duftig, von der Sonne beleuchtet und manches Haupt mit Schnee bedeckt. Lieber, teurer Freund! Bei diesem kleinen Vorgeschmacke war es mir oft, als müssen mir heiße Tränen hervorbrechen, daß ich so alt geworden bin und das nicht gesehen habe. Ich weiß jetzt mit Gewißheit, daß ich einen Monat werde in Venedig leben, daß ich Florenz, Rom und Neapel sehen werde, ja daß ich etwa Jahre in Rom bleiben werde. Goethe ist erst durch Italien ein großer Dichter geworden; wäre ich vor 20 bis 25 Jahren zum ersten Male und dann öfter nach Italien gekommen, so wäre auch aus mir etwas geworden. Das Herz möchte einem brechen bei Betrachtung gewisser Unmöglichkeiten. Venedig sah ich nicht, weil ich dort der Bauwerke, Gemälde und des Volkslebens wegen längere Zeit sein muß und sie jetzt sowie das Geld nicht hatte. Sehr leid tut es mir, daß ich nur eine Stunde von Aquileja entfernt war und es nicht wußte und auf der Karte nicht beachtete; denn es müssen ja dort herrliche Trümmer und andere Spuren sein, da Aquileja so lange das Haupt der römischen Welt und im frühen Mittelalter noch berühmt war. Wenn wir wieder zusammenkommen, werde ich Ihnen recht viel sagen. Ich bin durch das Meer und durch die Eindrücke eines fremden Volkes noch einmal so reich geworden, als ich es bisher war. Aber gerade dieser Anfang zeigte mir, wie arm ich noch bin. Fremde Landschaften und Menschen erweitern den Blick und machen die Kunst großartiger und allgemeiner. Selbst den «Nachsommer», so deutsch er ist, hätte ich anders gemacht, wenn ich ihn nach dieser Reise geschrieben hätte. Auch meine Gattin schwamm in einem Entzücken, das ich früher nie an ihr gekannt hatte. Da wir in der Gegend von Duino das Meer verließen, war der Eindruck fast niederschlagend, und die Gegend des Karst sah uns an wie Fließpapier. Und doch ist die Öde des Karst auch merkwürdig, und sein Bild haftet in meiner Seele ... Über eine Woche nach meiner Rückkehr war ich wie trunken und konnte nichts Dichterisches arbeiten. Stets schwebten mir Goethes Worte vor, die er in VII der römischen Elegien so reizend sagt, da er Nord und Süd gegeneinander stellt. Wie müßte es schön sein, ein Werk auf einer solchen, aber großen und langsamen Reise zu dichten.

CONRAD FERDINAND MEYER

1825–1898

An Friedrich von Wyß

14. April 1858, Rom

Man muß gestehn: Rom ist reizend und unvergleichlich. Die Prachtbauten der Renaissance, der großartig-anmutige St. Peter, der gewaltige Palast Farnese, manches von Bramante und Michelangiolo Gebaute neben den herrlichen Trümmern der alten Welt, an denen jene lernten: dem Pantheon mit seinem Stück Himmel und dem Colosseum; im Vatikan die herrlichen Säle voll Bildsäulen neben den Fresken Raffaels, eine Menge Sammlungen von Bildern der ersten Meister, die schönsten Gärten und Villen mit Pinien, Zypressen und Lorbeern, die öde, ernste Campagna mit dem mannigfaltigsten Ruinenwerk und den sanften Linien der sie in der Ferne begrenzenden blauen Berge, zu allem jetzt wenigstens noch eine leicht zu atmende, leichtsinnige Luft, wer möchte beschreiben, was man erleben, einatmen muß?

– Ich bin von einem Abendgang zurück, zur Porta Pia hinaus, zur Porta Salara herein; der Regen lockt das üppigste Grün hervor, das die Ruinen bekleidet, an Porta Pia, von Michelangiolo erbaut, vor einigen Jahren abgebrannt und nun in Renovation, saßen die Arbeiter, mit ihren Papierhüten, wie die unsrer Buben, die gewöhnliche Bedeckung der Maurer etc., mit den Beinen baumelnd und jeder sein Stümpchen Lied und Gesang summend, während die Kardinäle auf der Via Pia, ihrem gewöhnlichen Spaziergang, sich ergingen, sie auf dem Trottoir, jeder von zwei Bedienten begleitet, die rote Karosse auf der Straße im Schritt folgend.

– Der originellste Blick in Rom ist auf Engelsbrücke und Burg, die Du wohl schon hundertmal abgebildet gesehn hast;

doch ist er ganz neu wegen der wunderbaren Nuancen von Verwitterung, die Marmor und Stein schwarz, gelb und braun getupft haben, der gelben Tiber unten und des dunkelblauen Himmels oder lieber noch finstrer Wolken oben. Eben so seltsam verwittert ist das Capitol, die Marmorpfade mit leuchtenden und schwarzen Stellen neben der Bronze des Marc Aurel, dahinter die barocken drei Paläste und davor die Treppe mit den breitesten und niedrigsten Stufen. – Das Sinken und wieder Steigen der geraden Straßen z. B. bei St. Maggiore, mit einem Obelisken als Schlußpunkt, macht auch einen eigenen Eindruck. Dazu die herrlichsten Brunnen, mit Wasserstrahlen kreuz und quer, die, besonders durch die Nacht, mächtig rauschen. St. Peter ist ungemein heiter und gefällig, die Kuppel herrlich, die Fassade schwer, plump, aber imposant für das Volk, Platz, Obelisk und Hallen unendlich freundlich und geräumig und gastlich. Das Ganze hat etwas Einschmeichelndes und Verständliches, das Großartige, wie es jedermann begreift, unendlich volkstümlicher als die gotischen Sachen. Es ist etwas Rationalismus und Oberflächlichkeit dabei, aber das Ganze ist unglaublich bequem, freundlich und erfreulich. Nur haben wir vom Spanischen Platz eine scheußliche, viertelstundenlange Straße hinter uns zu bringen, seit wir unser Osterwochen-Cabriolet abgedankt haben, aus welchem wir auch der Illumination beiwohnten.

– Sollte ich Dir nachträglich von dem Osterfest erzählen und der hohen Gesellschaft, mit der ich mich gedrückt habe? O nein. Zwar die Kastraten singen einen hübschen Diskant, süß bis zum Übelwerden, wie Shakespeare sagt, der heilige Vater, der denn doch, nach seinen Zügen, ein lieblicher Mann ist, hat uns wacker gesegnet, und Betsy war frauenhaft genug, sichs zu Herzen zu nehmen, und die Girandola war ein recht braves Feuerwerk, aber alles ist nun verpufft und damit gut.

Die Römer sind eigentlich so übel nicht. Zierlich oder auch würdig sind sie zwar stets bedacht, die Fremden anzubetteln, wo nicht zu prellen, sit venia verbo. Es begegnet mir beides sehr oft, aber wenn ich mich ärgern will, so muß ich lachen. Man muß so einen Kellner sehn, wenn ein Engländer eintritt und sich mit gläsernen Augen auf einen Stuhl wirft, wie sinnig er ihn betrachtet, während er in der Tasche die falsche Münze sucht, die er ihm anhängen will. Natürlich ist die arbeitende Klasse besser als Wirte und Bettler, ja ich glaube, das eigentliche Volk ist brav, so sehr es in seinen Verhältnissen ... [Brief beschädigt]

Betsy und ich vertragen uns so ziemlich. Nur leidet sie von meinen unermüdlichen Ruinengängen und ich nicht wenig von ihren Kunstbelustigungen. Zwar ich bin nicht faul, die Freiheit und innige Grazie Raffaels nebst dem Tiefsinn und dem gigantischen Wesen Michelangiolos zu bewundern; aber da ist noch so mancher andere, dem man auch muß lassen Gerechtigkeit widerfahren. Das wird dann am Ende zuviel, und wann ich so an der vierten oder fünften keuschen Susanne vorüberwandle, ergreifen mich Hunger und Ingrimm ...

Den Tacitus habe ich hier gekauft, den ich mit großem Vergnügen lese. Am Sonntag ist Gottesdienst auf dem Capitol in der preußischen Gesandtschaftskapelle, eine edle Gastfreundschaft. Ich werde da immer innig ergriffen; ja, auch sonst, leide und kämpfe ich viel; aber was geht das Dich an? Leb wohl mit den Deinigen.

Dein treuer C. M.

An denselben

Rom, 19. April 1858

Es ist schwer, sich einen Begriff des alten Rom zu machen, da zur Kaiserzeit je das ältere Gebäude einem Neubau wich. Wer kann heut die Figur des republikanischen Forum bestimmen? Der Septimus Severusbogen z. B., dessen tiefe Stellung ein Maß des angehäuften Schuttes gibt, war schon, wie es ging, in überfüllte Räume gepreßt, und es sei wohl nie unter ihm durch triumphiert worden. Die sieben Hügel sind zu erkennen, auch der tarpejische Fels, la *rupe* tarpeja sagt selbst noch das Volk; aber über die Titel der gebliebenen Ruinen, wo sie nicht überschrieben sind, zankt die Archäologie. Am besten erhalten sind: Colosseum, das man sich nicht zu kolossal vorstellen darf, die Kaiserpaläste auf dem Palatin mit der berühmten Wachtstube der Garde, an deren Wände diese Herren ihre Namen und allerhand Tiere gezeichnet haben, die Thermen des Caracalla; künstlerisch am schönsten das Pantheon, von unbeschreiblicher Anmut, wann ein blauer Himmel oder Sterne in die herrliche Kuppel fallen, und ein kleiner sog. Vestatempel am Ponte Rotto. Auch die Brücken bieten ein eignes Bild. Gerade vom Ponte Rotto stromaufwärts blickend erblickt man die schifförmige Insel mit Pyramide Cestius und Fabricius und den beiden Ufern, alles voll steinerner enger, hoher, mannigfach verwitterter Häuser, zwischen denen die Tiber schmutziggelb schleicht und gräbt und reißt; aber in dies unreinliche Bild gießt ein himmlischer Himmel Ströme blendenden Lichts. Höhen, Rom zu übersehn, gibt es genug in und neben der Stadt, nicht nur Rom, sondern die weite Landschaft, blaue Berge und solche mit Schnee. Von Pietro in Montorio z. B. liegen nebeneinander das heutige Rom und der Schutt bis zu der Pyramide des Cestius und dem Scherbenberg, wo man auch wieder herrliche Aussicht hat.

Viele Freude machen mir die alten Kunstsachen im Vatikan, Lateran, auf dem Capitol und in den Villen. Über die Wunder des Apollo und Laokoon und den uns schon näherstehenden, weil ganz realistisch behandelten sog. sterbenden Fechter zu reden, worüber meine Handbücher zu wahren Andachtsbüchern werden, wäre kaum geraten; genug, sie sind vollkommen; aber gerade das relativ Vollkommene gibt uns das traurige heidnische Gefühl der wie ein Ring sich in sich selbst schließenden Menschheit, während ein realistisch behandeltes Werk, das, jener lächelnden und selbstgenügsamen Idealität ermangelnd, leidende Körper und ringende Geister zeigt, uns durch den Gegensatz unsrer Gebrechen auf die erlösende himmlische Vollkommenheit hinweist. Wo die Kunst die Leidenschaft reinigt, d. h. der Mensch sich selbst beruhigt und begnügt, entsteht die Vorstellung einer trügerischen Einheit, während wir (und so photographiert uns auch die realistische Kunst) doch so gründlich zwiespältig und nur durch ein andres als wir, durch Gott, zu heilen sind.

Höchst interessant sind die mehr und weniger authentischen Statuen und Büsten. Von den Griechen ist nur *Demosthenes* (Statue) ergreifend; verschlossene Leidenschaft, Vaterlandsliebe, ein schwacher Körper, wie bei Paulus, im Dienst der stärksten Seele; *Äschines* daneben erscheint als ein bloßer Virtuose. *Euripides* (Statue) athletisch, höchst bedeutend, gescheit, phantasiereich, unternehmend, aber, wie Epikur, ohne irgend welche Präokkupation, mit vorurteilsfreier, nicht von einem göttlichen Glauben gedrückten Stirn, während *Homer, Hesiod* und noch *Sophokles* etwas von höherer Inspiration Gebundenes haben. *Epikur,* das Haupt gesenkt, ungemein gescheit und klar, dabei gut, human, mit den Grenzen unsres Wesens bekannt und sie natürlich, notwendig, gut findend und zufrieden, hülfreich, mit einem verborgenen, nicht unedeln Lachen über Stolz, Demut, kurz alles, was nicht richtige Schätzung ist. Es geht von diesen großen Zügen ein helles, humanes, lachendes Licht aus über alle Selbsttäuschung. Während *Zeno* neben ihm, die trotzige Lippe abgerechnet, einen wahren Schwärmerausdruck, ein Apostelgesicht hat mit Askese und göttlicher Liebe und Beugung unter das göttliche Gesetz. Man fühlt wohl, daß diese zwei Gesichter etwas ganz Verschiedenes Freiheit nennen, Epikur: eine gescheite Selbstbestimmung in Eintracht mit den Geboten und Verboten der Natur, Zeno ein Brechen des Willens unter den göttlichen. Wahre Komödiendichter-Miene, der Humor hat und ein künstlerisches Vergnügen am Gemeinen, trägt *Menander.*

Von den Römern ist der Knabe *August* scheu und vorsichtig, während der Kaiser auf seinen Büsten unendlich sicher und taktfest blickt; *Tiberius,* mit Vogelnase und kleinsten, verkniffenen Lippen, *Caligula* in schlanken, zarten Formen mit wildem Kopf und unstätem Ausdruck. *Claudius* rechtschaffen und gesetzt (trotz der Geschichte); *Nero* höchst unheimlich fettschön, als pythischer Sänger; *Otho* unendlich begabt und fein aristokratisch; *Titus* korpulent und grob, aber feurig und wohltätig tätig herumrutschend mit seiner garstigen und gescheiten Tochter. *Trajan* und *Hadrian* nicht bedeutend, die *Antonine* mit sehr edeln Zügen; *Julia Pia,* Septimi Severi Frau als syrische Seherin mit ihrem Sohn *Caracalla,* der ein scheußliches Gesicht hat. Dies alles und unendlich mehr im Vatikan. Im *Lateran* ist neben heidnischer auch altchristliche Kunst. Schön ist, was man etwa trifft, von Grabmälern, ein Römer mit seiner Frau, verschlungene Hände und ein Ausdruck von ehrenfester Tüchtigkeit, der über alles geht.

An denselben

25. Mai 1858, Florenz

Obwohl ich mir nicht denken kann, lieber Fritz, daß meine Briefe für Dich eben besondern Wert haben, will ich Dir doch noch einmal schreiben, bevor wir uns wiedersehn. Wenn mir nicht in Rom gegen Ende unsres Aufenthalts so mannigfaches zusammengekommen wäre, so hätte ich Dir gern noch einmal Bericht gegeben, besonders von den Lokalitäten des alten Rom, die ich in den letzten Tagen viel und ausdauernd durchstrich. Doch davon mündlich.

So heiß es wurde gleich mit Mai und so lästig bei um $^3/_4$ verminderten Fremden die Bettler und Vetturine den Gebliebenen, wurde es mir doch unendlich schwer, mich loszureißen von dieser wunderbaren Stadt. Ich rede nicht von den Schätzen der Kunst in der Stadt, noch von ihren Gebäuden und Gärten, noch von dem nahen Tivoli, Albano, Frascati, die wir in einer unendlichen Fülle jungen blendenden Grüns gesehen haben, sondern es ist die Vergangenheit, ein eigen beruhigendes und großartiges Gefühl, über den Trümmern so vieler Jahrhunderte zu leben, was mich dort fesselte. Alles Treiben und Jagen der Gegenwart steht still inmitten dieser ruhigen längst verjährten Zerstörung. Man wird gleichmütig, wo ein Hirt seine Herde treibt über eine zerstörte Weltherrschaft.

Toscana, Florenz, wie schön sind sie nicht für den Unbefangenen. Aber nach Rom! Wir gingen von Siena nach Brolio, einem Schlößchen Herrn Ricasolis, dann, mit unserm Freund, der sich uns unglaublich gefällig erwies, über das Gebirg in das obere Arnotal und längs des Arno nach Florenz, wo wir, erst einige Tage angelangt, eigentlich schon alles gesehn haben. Natürlich was Reisende so sehn. In Rom war das anders; jeder Winkel, jeder Hügel, jede Mauer interessant; hier der Dom, wie imposant, wie schön dieser gemilderte germanische Bau, der Turm des Palazzo Vecchio von den Uffizien aus, die Halle dei Lanzi, die Turmhäuser Strozzi etc.; der Pitti wie originell, wie städtisch republikanisch, aber wie individuell manieriert; abgeschlossen und munizipal gegen die einfachen Bauten der Alten, dieselben überall, und selbst gegen den flachen, aber so unendlich verlockenden und kosmopolitischen St. Peter. Auch die sanftmütigen Landschaften Toscanas müssen der öden, großen, herrlichen Campagna weichen. Und doch ist es hier so schön, mit einigen Zügen von Zürich, besonders vom Berglein Fiesole aus und das Volk so gut und leicht mit ihm zu leben . . .

Glaubst Du mir, lieber Fritz, daß ich nicht unzufrieden bin, in den Frieden meines Zimmerchen zurückzukehren? Es ist mich wohl in Rom manchmal angekommen, ein Leben in der Fremde zu führen, und nur Rom kann eine Heimat ersetzen; aber dies kleine Paris fesselt meinesgleichen nicht. Nun ich so Großes gesehn und die Tafel meines Lebens wieder reingewaschen habe, kehre ich gern wieder zu meinen Büchern.

ERNST HAECKEL

1834–1919

An Anna Sethe

Rom, 28. 2. 1859

Was mich vor allem entzückt hat, ist das *klassische Altertum,* welches hier großartiger, vollständiger und klarer zutage liegt als irgendwo sonst. Besonders sind es meine Lieblinge, die Griechen, welche ich hier durch ihre wundervollen, zahlreichen Meisterwerke der bildenden Kunst (denn auch alle schönen römischen Kunstwerke waren ja nur Nachbildungen der Griechen) in ihrer ganzen Größe, Schönheit und Naturwahrheit begreifen und erfassen lerne und, wenn es möglich wäre, noch mehr lieben als vorher. Die wirklichen Wälder der herrlichsten Marmorstatuen, die man hier überall gesäet findet, haben mich in einen wahren Taumel des Entzückens versetzt, bei dem weiter nichts fehlte zur Seligkeit, als daß Du, liebster Schatz, sie mitgenossen hättest. Auch die Reste der kolossalen römischen Bauten, die Tempel, Paläste, Triumphbogen, Säulen usw. auf dem Forum sind überaus großartig und wirklich wunderbar gewaltig. Natürlich tragen die zahllosen interessanten, historischen und mythischen Reminiszenzen nicht wenig dazu bei, allem diesem erhöhtes Interesse und neuen Reiz zu geben.

Während mich diese antike Seite Roms, das griechisch-römische Altertum, im höchsten Grade entzückt und mehr angeregt und überwältigt hat, als ich je gedacht hatte, so hat mich dagegen eine andere, nicht minder reiche Seite Roms, das Mittelalter mit seinen massenhaften Kunstschöpfungen, namentlich aus der Malerei und Baukunst, was die meisten hier mehr als das Altertum anzusprechen und zu beschäftigen pflegt, relativ kalt gelassen. Alle diese ungeheuren Mengen von Bildern aus

25. *Ludwig Richter: Torre del Quinto in der Campagna*

6 Carl Rottmann, Blick auf den Golf von Neapel

27. *Jacob Burckhardt: Rom, Porta del Popolo von außen*

28. *Jacob Burckhardt: Blick auf S. Isidoro in Rom*

29. *Hans von Marées: Klassisches Idyll*

30. *Hans Thoma: Villa am Rande von Florenz*

31. *Christian Daniel Rauch: Odysseus, Penelope und Ikarios*

32 *Arnold Böcklin: Rom. S. Andrea vor Porta del Popolo*

der christlichen Mythologie, denen man hier überall in Haufen begegnet, diese 10 000 Madonnen und 100 000 verschiedenen Heiligen mit ihren Wunder- und Märtyrergeschichten sind mir in toto sehr gleichgültig geblieben. Ich weiß nicht, worin es liegt, und muß mir der Gründe erst noch klar bewußt werden, aber faktisch ist es, daß die Skulptur hier mein ganzes Interesse in ungleich höherem Grade fesselt als die Malerei. Schon in Florenz war mir dies klar geworden. Zum Teil mag meine rein naturalistische Richtung daran schuld sein, zum Teil der Widerwille, der jeden aufrichtigen und natürlichen Menschen, wenigstens jeden ehrlichen Naturforscher, hier gegen alles das erfüllen muß, was die Leute hier Christentum zu nennen wagen. Es ist schmählich, den Blendwerken tollsten Aberglaubens, pfäffischen Despotismus, katholischen Gewissenszwangs den Namen einer Religion beizulegen, die in ihren idealen Fundamenten so rein und edel, so natürlich und echt menschlich ist wie die christliche, welche, meiner Ansicht nach, nach Abzug alles dogmatischen Unsinns mit dem Humanismus oder dem ursprünglichen Buddhismus oder jeder anderen wahren Naturreligion zusammenfällt. Gewiß muß der Aufenthalt in Rom jeden aufrichtigen Naturmenschen von gesundem Verstande eher zum Heiden als zum Christen machen, und wenn ich nicht schon durch die ins Tiefste und Feinste der Natur eindringenden Studien der letzten Jahre dem sogenannten Christentum der Theologen ganz entfremdet wäre, hier in Rom wäre ich sicher zum Heiden geworden. Wer kann da in der Wahl noch zweifelhaft sein – auf der einen Seite dieses edle, reine, klassische Altertum der Hellenen mit seinem wahren Naturalismus und schönen Humanismus, mit dem Streben nach Erkenntnis, Wahrheit und Vollkommenheit – auf der andern eine systematisch ausgebildete Hierarchie, die alles aufbietet, um unter dem Titel von Religion die Menschen in niedrigster Unwissenheit und schmählichstem Aberglauben, in knechtischer Geistesherrschaft und unfreiem Gewissenszwang zu erhalten, der kein Mittel zu schlecht ist, um ihrem sogenannten heiligen Zweck zu dienen, und die in ihrem ganzen System ebenso verwerflich als in dessen Anwendung widerwärtig ist.

An dieselbe

Rom, 1. 3. 1859

Wenn ich von dieser Reise schon weiter nichts hätte als bloß diesen Aufenthalt in Rom, einerseits diesen entzückenden Einblick in die herrliche Wunderwelt des klassischen Altertums, andererseits diese abschreckende Bekanntschaft mit der verzerrten Barbarei des christlichen Mittelalters und dann diese höchst elende und bedauernswerte, ebenso abschreckende als entartete Gegenwart – wenn diese Erfahrungen allein die Frucht meiner Reise wären, so würde ich mich dadurch schon hinlänglich belohnt finden. Denn nie hat der ernste Wille, stets nur nach allem Guten, Wahren und Schönen zu streben, so tief und fest in meinem ganzen Wesen Wurzel gefaßt als hier; nie habe ich so ergriffen von der Bestimmung mich gefühlt, dem Ideale edler Menschlichkeit nachzustreben als hier. In diesem Sumpfe vertierter Menschheit, wo Unsittlichkeit und Verdorbenheit in tausendfacher Gestalt stündlich einem gegenübertritt, hier erst lernt der Deutsche sich selbst schätzen und das Leben schätzen, das er zu dem Zwecke verwenden und ausbauen kann, um diesem Elend entgegenzuwirken, um Wahrheit, Bildung und Menschlichkeit zu verbreiten. Und keiner kann dies wohl mehr als der Naturforscher. Wenn die Naturwissenschaften hier erst einmal sich Bahn brechen, wie werden sie da die Tenne fegen! Bloß der Anblick der Faulenzerei und Trägheit, die hier überall herrscht, reizt so zur Arbeit und Tätigkeit, daß ich mich wahrhaft nach Tätigkeit sehne und eilen werde, möglichst bald nach Neapel zu kommen.

An dieselbe

Neapel, 20. 5. 1859. Freitag

Zweite Vesuv-Exkursion

Ich ging diesmal ganz allein, fuhr um 5 Uhr auf der Eisenbahn nach Portici und stieg dann über Resina zwischen den Mauern der Fruchtfelder und Orangengärten empor. Die Lava war seit meinem ersten Besuch (vor 4 Wochen) etwa eine Viertelstunde weiter heruntergerückt und hatte die in Schlangenwindungen aufsteigende schöne neue Straße an vier Stellen überflossen und unterbrochen. Die Villa Fiorillo, bei der damals der Lavastrom zum erstenmal die Chaussee kreuzte, lag schon tief darin begraben, die damals blühenden Obstgärten und Weinberge waren mit der undurchdringlich festen schwarzen Decke verhüllt. Zufällig traf ich ein paar Träger, die zum Kegel heraufstiegen und deren Schritten folgend ich glücklich über das unterste Ende des Lavastroms hinwegstieg, aus dem überall kleine glühende Bäche hervorquollen und die vorliegende Pflanzung anzündeten. Die Stücke, auf denen ich den Übergang suchen mußte, waren noch ganz heiß, dampften mächtig, und $1/2$ Fuß darunter, oft auch rings von allen Seiten, schoben sich die glühendflüssigen Massen über- und durcheinander hervor. Auf der Höhe der Bank stand ein mächtiger ausgehöhlter Lavablock, aus dessen Innern kaskadengleich ein Feuerstrom hervorkam und sich über eine steile Böschung etwa 30 Fuß hoch herabwälzte. Die eigentümliche Bewegung der dickflüssigen, breiartigen Kieselverbindungen ließ sich hier schön in der nächsten Nähe beobachten. Da die Reibung an den unebenen, einschließenden Wänden sehr stark ist, so fließen die beiden Seitenteile des Stroms viel langsamer als die Mitte, und so entstehen die strickförmigen, nach innen konvex vorgewölbten Linien auf der Oberfläche, die rasch erstarrt, während die Masse zunächst darunter noch lange flüssig bleibt. Diese konzentrischen Liniensysteme erinnern ganz an die sogenannten Gufferlinien der Gletscher, ebenfalls nach vorn vorgewölbte, erhabene Krümmungen der Gletscheroberfläche, die auch der gleichen Ursache, dem rascheren Fluß der Mitte, ihre Entstehung verdanken. Überhaupt fiel mir heute wieder mehrfach die Analogie zwischen manchen charakteristischen Bildungen der Lavaströme und der Gletscher auf. Nur ist natürlich die Schnelligkeit der Bewegung bei ersteren viel, viel bedeutender, da die Masse viel dünnflüssiger ist als das Gletschereis, dessen Körner viel inniger zusammenhängen und sich schwerer verschieben. Die Fortbewegung in dem selbstgegrabenen Bett hat aber viel Ähnliches. Besonders muß dies bei einem großen, breiten Lavastrom der Fall sein, der, wie es bei den meisten Eruptionen der Fall ist, gleich nach dem Ausfließen erstarrt. Der Lavastrom, dessen Fluß noch gegenwärtig fortdauert, unterscheidet sich aber darin merkwürdig von allen andern, frühern, daß er gleichsam chronisch ist, während jene alle mehr oder weniger akut waren. Elf Monate fließt nun bereits ununterbrochen die Lava aus und hat bereits eine ungeheure Schlucht an der Westseite völlig ausgefüllt. Während die feuerflüssigen Silikate sonst aus einer einzigen großen Auswurfsöffnung in dickem Strom hervorquellen, findet hier umgekehrt der Ausfluß aus vielen tausend kleinen Öffnungen statt, deren Lage man unter den hoch darüber aufgetürmten, schon erstarrten Massen nicht mehr angeben kann. Der ganze Boden darunter muß trichterförmig durchlöchert und die ganze Masse von einem glühendflüssigen Adernetz durchzogen sein. Oben, unten, an den Seiten, überall, wo sie sich zufällig Bahn brechen, dringen Hunderte von kleinen Feuerquellen hervor und verändern die Bodenformation wesentlich auch noch da, wo man sie schon längst fixiert glaubt. Ich sah heute den Ausfluß aus mehreren kleinen Mündungen ebenso reichlich und lebhaft an einer schon eine halbe Stunde höher gelegenen, größtenteils schon ganz erstarrten Decke wie an dem jüngsten untersten Teile, der sich noch mit relativer Schnelligkeit verschob. Über einen stark geneigten kleinen Abhang des letzteren floß die Lava am Abend, wo ich über 2 Stunden dabei stand, gegen 4 Fuß weit vor. Meist geht es aber viel langsamer.

Nachdem ich die erste, unterste Lavamasse passiert hatte, mußte ich noch über drei andere wegklettern, die die Straße neuerdings wieder überschritten hatten, ehe ich auf die alten Laven kam, auf denen man zum Osservatorio emporsteigt. Da die Morgennebel sich noch nicht ganz niedergeschlagen hatten, blieb ich hier bei dem etwas oberhalb gelegenen Kreuz sitzen und machte eine Aquarellskizze von dem prächtigen Bild, in dem der Golf von Neapel hier in prächtiger Rundung vorlag. Um Mittag wollte ich endlich zum Kegel selbst aufsteigen; da sich jedoch eine dichte Wolke unbeweglich um sein Haupt gelagert hatte und auch weiterhin die Berge von Sorrent und die Inseln im Nebel noch verhüllt waren, so wäre die Aussicht heut nicht lohnend gewesen, weshalb ich nur bis in den Sattel zwischen Somma und eigentlichem Vesuv hineinstieg und am Fuß des eigentlichen Aschenkegels, im Atrio dei Cavalli sitzend, eine Skizze von den außerordentlich wilden, zerrissenen, nackten Felsenformen entwarf, in denen der Kamm der Somma fast in Form eines Amphitheaters sich um das Atrio ringsumher zieht. Gegen Abend kletterte ich noch auf den alten, vielfach durcheinander gemengten Laven umher, welche den Boden dieses Sattels erfüllen und die größte Fülle von abenteuerlich und phantastisch geformten Schlackenlaven darbieten ...

Der Abend auf dem Vesuv war sehr schön. Die Inseln und der Posilip erschienen gegen Sonnenuntergang im herrlichsten Blaulicht. Ich eilte rasch vom Observatorium über die Lavafelder hinunter, um noch vor Dunkelwerden wieder auf festem Boden, d. h. jenseits der letzten, noch feuerflüssigen Strecke zu sein, kam aber kaum noch vor Toresschluß hinüber. Ich mußte lange probieren, ehe ich für die letzte Strecke zwischen den hervorquellenden Feuerbächen hindurch einen sicheren Pfad gefunden hatte, und hätte mir doch beinah zuguterletzt noch die Sohlen verbrannt. Meine schweren, dicksohligen und eisenbeschlagenen Alpenschuhe leisteten mir dabei wieder die trefflichsten Dienste. Das herrlichste Schauspiel wartete aber meiner noch, als es ganz dunkel wurde; ich glaubte mich wirklich in ein orientalisches Märchen versetzt. Die roten Feuerströme, die zu Hunderten aus den Flanken des Berges hervorquollen, erschienen in der schwarzen, mondlosen Nacht überaus herrlich und lieferten ein Schauspiel, das seinesgleichen suchte und das sich die lebhafteste Phantasie kaum prächtiger vorstellen kann. Besonders herrlich erschienen die kleinen Feuerquellen in unserer nächsten Nähe, an die ich bis auf 2 Fuß Entfernung herankletterte, um so die interessanten Bewegungserscheinungen in nächster Nähe zu beobachten. Sehr interessant war das Fortwälzen des äußersten Vorderteils des Stroms, der, wenn er an einem kleinen Absturz oder einer Lavaklippe angelangt war, abbrach und wie ein roter Goldklumpen halb fließend, halb rollend ein paar Schritt weiter hinunterfiel. Das Schauspiel war so überaus herrlich, so reich an immer neuen und wechselnden, prachtvollen Szenen, daß ich über 2 Stunden dort verweilte. Erst um 9½ Uhr schickte ich mich an, noch die 2 Stunden nach Neapel zu Fuß zu laufen.

An Braut und Eltern

Capri, 16. 8. 1859

Will ich nun versuchen, Euch ein einigermaßen anschauliches Bild von dem Capri-Märchen zu entwerfen, so weiß ich kaum, wo ich anfangen soll, so reizend und reich sind alle Seiten desselben. Um es erst im allgemeinen zu charakterisieren, kann ich am besten sagen, daß es zum Teil eine poetische Realisierung jener schönen Träume eines ursprünglichen, halb wilden Naturlebens ist, denen ich von früher Jugend an mit besonderer Vorliebe nachgehangen habe. Die Gedanken eines unmittelbaren Hingebens an die reine, köstliche Natur, eines harmonischen Zusammenlebens mit ihrem einfachen und doch so reichen Stillleben, wie ich sie schon als Kind beim Lesen des Robinson Crusoe empfing und später nach der Lektüre von Humboldts Naturansichten weiter ausspann, endlich einmal eine Zeitlang in einem Aufenthalt in einem tropischen Urwald zu verwirklichen hoffte, die ich dann durch meine großen Alpenwanderungen, wenn auch in anderer Weise, zum Teil befriedigte, finde ich hier in Capri, wieder von einer andern Seite, teilweise verwirklicht. Man könnte Capri wirklich ein kleines Paradies nennen, so rein und unschuldig, so einfach und natürlich, so rein und wahr stellt sich hier das Menschenleben in der köstlichsten Natur überall dar. Man kann sich auch in dieser Beziehung keinen größeren Gegensatz denken als Capri und Neapel. Die einfache Menschenwelt Capris kommt mir fast wie ein unverdorbenes Urvolk vor. Dank sei den steilen, rauhen Felsen, die wie eine unübersteigliche Mauer das Klippeneiland von allen Seiten umgürten und abschließen. Dank den steilen, beschwerlichen, steinigen Treppenpfaden, die den kleinsten Weg nicht ohne mühevolle Anstrengung zurücklegen lassen, dank der ärmlichen, alles Komforts entbehrenden Lebensweise und der anspruchslosen Einrichtung der nur für Künstler berechneten beiden kleinen Gasthäuser; – der große, alles verderbende Schwarm der Touristen und Engländer geht hier noch spurlos vorüber – nachdem sie pflichtmäßig in einer Stunde die Blaue Grotte besucht, kehren sie möglichst rasch wieder nach Neapel zurück und wissen dann von der eigentlichen wunderbaren Naturschönheit des Inselkleinods so viel wie vorher; – aber sie können mit beruhigtem Gewissen erzählen und in ihr Tagebuch schreiben, daß sie in der Blauen Grotte gewesen; und doch ist diese nur eine einzige von den vielen hundert großartigen Naturschönheiten, die hier in wunderbarer Fülle auf kleinstem Raum zusammengedrängt sind. Neapolitaner kommen nun vollends gar nicht her, und das ist das größte Glück: diese Menschenrasse hat weder für Kunst noch für Natur das geringste Interesse – sie leben inmitten ihres Paradieses wie die Blinden, und daß einmal ein *echter* Neapolitaner, zumal ein sogenannter «Gebildeter» in Pompeji oder Bajae, auf dem Vesuv oder Camaldoli, auf Ischia oder Procida gewesen wäre, gehört zu den größten Seltenheiten. Höchstens fahren sie einmal mit dem Dampfschiff nach Sorrent oder mit der Eisenbahn nach Castellammare, besonders aber nach Caserta, welches langweiligste aller steifen Zopfschlösser für sie die größte Schönheit ist. Nach Capri verliert sich aber nun vollends keiner; das liegt ganz außer ihrem Gesichtskreis – obgleich es ihnen von allen Punkten ihres schönen Golfes aus vor der Nase liegt. So kommt es denn, besonders seit ein Dampfschiff die Fremden sehr bequem nach der Blauen Grotte und noch am selben Tag nach Neapel zurückbringt, daß fast ausschließlich Maler Capri zu ihrem Aufenthaltsort wählen, die dann alle mit einer von schönen Bildern vollen Mappe und dankbaren frohen Herzen nach längerem Aufenthalt das reizende Eiland wieder verlassen ...

Ich habe das netteste Zimmerchen im ganzen Haus bekommen. Es ist zwar nur sehr klein, öffnet sich aber durch zwei weite, hohe Flügeltüren in eine große, lichtvolle, hochgewölbte Loggia, aus deren beiden weiten, nur durch einen schmalen Pfeiler getrennten Bogenfenstern (die nur durch Gardinen verschließbar sind) ich den schönsten Blick auf die stille Natureinsamkeit der Mitte der Südküste habe: links den großen Tuoroberg mit dem Telegraphen obenauf, darüber hervorragend aus dem Meer die wilde, öde Faraglioniklippe, wie eine uralte, halbzertrümmerte Pyramide, dann in der Mitte die Certosa, eine mittelalterliche Klosterruine mit schönen Rundbogengängen, rechts vor mir im Garten des Hauses die schönste Palme, die man sich denken kann, darüber im Hintergrund der steile Berg Castiglione, der die malerischen Ruinen einer alten

Burg trägt. Und nun in der Mitte zwischen den beiden Bergen über dem Karthaus das himmlisch blaue Meer, dessen unendlich weiter, offener Spiegel, nur selten von einem einsamen Segel belebt, mir fast noch nirgends so unermeßlich großartig erschienen ist wie gerade hier.

Steige ich nun aus meiner Loggia nur wenige Stufen hinauf, auf das über ihr sich wölbende niedrige Kuppeldach, so habe ich dazu noch den reizendsten Überblick des ganzen Städtchens, mit seiner hohen Kuppelkirche, den maurischen gewölbten Kuppeldächern, dem Fort S. Michele und vor allem dem mächtigen, breiten Felsgürtel des Monte Solaro, der Ost- und Westhälfte der Insel so scharf von einander trennt, daß beide nur durch eine einzige, aus etwa 600 Stufen bestehende, sehr steile Felstreppe verbunden sind. Besonders am Abend ist der Aufenthalt auf diesem Dach so reizend, daß wir allabendlich 1–2 Stunden daselbst verplaudern, und in voriger Woche, als der köstlichste Vollmondschein sein reines Silberlicht in südlicher Glanzesfülle über die ganze Insel goß, die Nächte im Zimmer aber sehr schwül und heiß waren, habe ich ein paarmal oben geschlafen, und auch Allmers hat, meinem Beispiel folgend, ein paar köstliche Nächte oben zugebracht. Diese Vollmondabende waren überhaupt so zauberisch schön, daß ich nie ähnliche im Norden gesehen zu haben meine, vor allem der goldige Spiegel im Meere, der wie ein goldenes Vlies auf den dunkel stahlblauen Wellen hin und her zitterte, daß Gjertsen und nachher auch Allmers und ich ein paarmal von dem hohen Castiglionefelsen aus dem wunderbaren Spiele stundenlang zugesehen haben. Dabei ist der Himmel immer so rein dunkelblau, daß es schließlich fast langweilig wird und man sich nur der Abwechslung halber wieder ein paar Wolken wünscht. Regen habe ich nun seit fast 3 Monaten keinen mehr gesehen, und Gewitter ist nur ein einziges dagewesen. Die Bäume bleiben trotzdem (durch den sehr starken Nachttau und die feuchte Seeluft) recht frischgrün; die niedere Vegetation verbrennt aber gänzlich, und der Boden ist daher, abgesehen von den immergrünen Sträuchern und Kräutern und einigen Fettpflanzen, überall nur mit dürren, vertrockneten Grashalmen und Blättern bedeckt. Im ganzen erhält er aber dadurch jenen wundervollen, in lebhaftem Gelb, Rot und

Braun spielenden warmen Farbenton, welcher mit dem stillen Violettgrün der nackten Felsen wunderbar schön kontrastiert und der Landschaft ihren echt südlichen, warmen Charakter aufprägt.

Wenn nun auch in botanischer Hinsicht das Maikleid der Insel mit seiner prachtvollen Frühlingsflora – den hohen, weißen Asphodelus-Lilien, den wunderbar geformten, purpurnen Orchideen, den silberblätterigen Strandwinden, den bunten Erikablütenwäldern und all den andern köstlichen, bunten und duftigen Frühlingsblumen, die alles damals so reizend kleideten, viel interessanter war, so hat die Landschaft doch in malerischer Hinsicht durch dies rotbraune und glutgelbe Herbstkleid sehr gewonnen und ihren südlichen Charakter erst recht ausgeprägt. Von dieser mächtigen, wunderbaren Farbenglut, in der die Felsen und Berge hier, besonders im Morgen- und Abendrot, in allen möglichen Nuancen spielen, und von dem wunderbaren Kontrast, den diese warmen Farbenstufen mit dem kühlen Grau und Violett anderer Stellen und dem Violettblau der Schlagschatten bilden, hat unser blasser, kalter Norden doch kaum eine Ahnung, und nur viele Alpenwunder können sich dieser Naturpracht ebenbürtig an die Seite stellen. Und nun dieser Zauber der schönsten Linien, der schwungvollsten Formen: man muß diese Bergkonturen, diese Felsbildungen selbst sehen, um sich von ihrem vollendeten Formenzauber einen Begriff zu machen. Unter anderm zeichne ich jetzt einen Berg, den Tuoro Grande, der durch den kühnen Schwung und rhapsodischen Fall seiner Umrisse mit dem als dem schönsten Europas gerühmten Berge, dem Monte Pellegrino bei Palermo, kühn wetteifern kann. In dieser wildesten, großartigsten Gebirgswelt der Felsen fühle ich mich so recht glücklich und heimisch und kann im Zeichnen und Malen ihrer unübertrefflichen Formen gar nicht müde werden, so daß sich selbst die Maler darüber verwundern. Ein großes Aquarell ist mir auch so gelungen, daß Allmers gar nicht glauben wollte, daß ich es allein gemacht hätte, und schließlich meinte, wenn es wirklich wahr wäre, so wäre die größte Gefahr vorhanden, daß ich den Quallen und Seesternen untreu würde. Und in der Tat, der Gedanke, noch auf meine alten Tage Landschaftsmaler zu werden, ist mir nie so nahe getreten wie grade jetzt hier, wo ich in das heitere, harmlose, phantasievolle Künstlerleben einen so reizenden Blick getan und dessen Lichtseiten gegenüber dem ernsten, kalten, verständigen Wissenschaftsleben des Gelehrten so recht schätzen gelernt habe.

FERDINAND GREGOROVIUS

1821–1891

An Hermann von Thile

Rom, 28. September 1859

Die Heimatlosigkeit ist jetzt sehr fühlbar, die Sehnsucht nach Deutschland wird mächtiger als je. Es war eine trübe und wüst aufgeregte Zeit, die wir hier erlebten, und bei meiner Sympathie für Italien, bei meinem Abscheu gegen den Napoleonismus und meiner Liebe zu dem großen und immer unglücklichen Vaterlande habe ich mich in einem angreifenden Dilemma gefunden. Der Carbonaro-Roman in der Lombardei ist nun fast zu Ende und das Wort Robespierres wieder wahr geworden: les brigands triomphent. Der Abenteurer in der Maske Washingtons hat gesiegt und baut das große Kartenhaus seiner Lüge frech vor den Augen Europas weiter, ohne daß sich der Atemzug der Wahrheit findet, welcher hinreicht, dies hohle Phantom zu zerstören. Ich würde mich indes beruhigen, wäre das Resultat all dieser unnatürlichen Kombinationen von Egoismus, Lüge und Freiheit oder Nationalität die wirkliche Erneuerung dieses unglücklichen Landes Italien und die Belebung der trägen österreichischen Masse. Es scheint, wir gehen daheim schweren Prüfungen entgegen – aber auch bei uns Deutschen kommt das Heil nicht aus heiler, sondern aus unheiler Haut.

An denselben

Rom, 11. Januar 1860

In dieser Zeit einer grenzenlosen Verwirrung und so fortdauernden Schwankens in den Prinzipien, von denen mir auch Preußen nicht frei zu sein scheint, mögen Sie, mein verehrter Herr, ruhig das unerfreuliche Treiben der Welt beobachten; denn eine passendere Zeit für eine Pause philosophischer Zurückgezogenheit konnte Ihnen wohl nicht geboten werden. Es ist sehr zu fürchten, daß wir einer großen Katastrophe entgegengehen und daß das schwächere Nachbild der napoleonischen Periode sich wirklich zu dem äußersten fortspielt. Die Wurzel und der cardo omnium rerum, Rom, ist nun angerührt worden. Die Broschüre [von Laguéronnière] hat eine große Aufregung hervorgebracht; in dem Schifflein Petri ist alles seekrank geworden, von dem gar zu heftigen Wellenschlage. Aber alle Mann sind doch auf Deck. Sollte auch das noch versteckte Motiv dieser Broschüre auf nichts anderes hinauslaufen, als die Losreißung der Romagna zu bewirken, so ist doch eine gar tiefe Frage angeregt worden; sie interessiert namentlich mich als den Geschichtschreiber des mittelaltrigen Rom, und mit Erstaunen verfolgt man die Stetigkeit einer und derselben Revolution im Kirchenstaate seit 1100 Jahren, eines und desselben Widerspruches in ihm und desselben Prinzips, welches doch immer siegreich hervorgeht. Die Geschichte der Stadt Rom zumal ist das fortgesetzte Drama des Widerspruchs der Individualität gegen das System.

An denselben

Rom, 16. Dezember 1860

Die gegenwärtige Bewegung akkompagniert meine Arbeit auf eine seltsame Weise und unterstützt sie nicht wenig. Weiß Gott, was aus dieser italienischen Umwälzung werden wird. So wie es in Italien war, konnte es nicht bleiben, so wie es ist, wird es nicht bleiben, so wie es sein sollte, wird es leider nicht werden. Ich habe kein Urteil über das Resultat dieser seltsamen Revolution, aber mir ist ein lebendig fließender Strom, dessen Richtung ich nicht kenne, immer lieber als der faule stehende Sumpf; und in diesen hatte sich Italien nach und nach verwandelt. Das Papsttum, dessen große kulturgeschichtliche Aufgabe ich bewundere, aber für fast vollendet ansehen muß, erscheint mir heute wie ein Abbild des Colosseums, eine große moralische Ruine, die durch schlechte neue Mauern festgehalten wird.

Es kann noch Jahrhunderte stehen, aber seine große Epoche liegt hinter ihm, und der Anfang seines Ruins datiert schon von unserer Reformation her. Wenn der Kirchenstaat im Mittelalter eine historische Notwendigkeit sein mochte, scheint diese heute nicht mehr vorhanden zu sein, wo Rom und der päpstliche Thron aufgehört hat, der Zankapfel von Völkern und Königen zu sein. Ein Staatsmann sieht richtig und mit geübtem praktischen Blick: ein Bücherwurm oder ein Poet, wie ich, mißt den Gang der Menschheit nach Gesetzen allgemeiner Natur oder nach dem Humanitätsideal; Ihr Urteil, mein teurer Herr, wird meinen italienischen Mißverstand beschämen, aber Ihre eigene edle Gesinnung stimmt heute wie gestern mit meinen warmen Wünschen gern überein, es möchte dies edle Land Italien sich endlich von jedem fremden Joch, mag es französisch oder österreichisch sein, und von der Pfaffenherrschaft losmachen, welche die geistige Entwicklung lähmt und die Freiheit des Denkens tötet.

Die jetzige Krisis macht Rom sehr unheimlich; viele, selbst bedeutende Menschen, glauben, daß die Piemontesen einrücken werden; eine Lösung der spannenden Frage ist sehr wünschenswert. Ich sehne mich nach dem Vaterlande; die freie Zirkulation der Gesellschaft, die beständige Strömung der Geister und geistigen Interessen in Deutschland hat mir sehr wohl getan. Wenn nicht meine Arbeit an das Lokal von Rom gebunden wäre, würde ich gern in die Heimat zurückkehren, trotz des Klimas und trotz der bornierten Philister, deren man leider drüben nur zu viel hat. Aber die Geschichte von Rom kann ich nicht in der dünnen Atmosphäre Berlins schreiben.

An denselben

Rom, 17. März 1861

Die Zeit verrinnt in diesem großen Stundenglase Rom wahrlich schneller als anderswo, zumal wenn man unausgesetzt mit einer absorbierenden Arbeit beschäftigt ist. In diesen wenigen Wochen ist aber soviel Denkwürdiges geschehen, mehr als genug für eine ganze Schar künftiger Geschichtschreiber: der Fall Gaetas, die Retirade der Bourbons nach Rom, die Proklamierung des italienischen Reichs, wenigstens in Turin, und tausend Broschüren pro et contra. Ich will nicht sagen, daß Ihnen Rom heute verändert erscheinen würde, aber doch hat es alle jene Reize absolut neutraler Geschichtlichkeit eingebüßt, und die unruhigen, selbst fanatischen Züge des Moments angenommen. Wie würde es nun erst werden, wenn die Stadt wirklich, wie so viele andere, Residenz und Hauptstadt eines Königshofes werden sollte, was sie seit Konstantin durch anderthalb Jahrtausende nicht mehr gewesen ist, ja was zu sein sie völlig verlernt hat, und wogegen sich ihr innerer Begriff zu sträuben scheint. Obwohl ich mit der italienischen Bewegung sympathisiere, würde mir doch ein königliches Rom unausstehlich sein, und ich glaube auch nicht an die Realisierung dieses Plans.

Ich würde viel darum geben, könnte ich nun Ihre Urteile über die Gegenwart von Ihnen persönlich hören. Über alles Erwarten ist den Italienern bisher gelungen, was unmöglich schien; ob all dies nur Spuk und Zauber oder eine organische Metamorphose sei, wird sich über kurz oder lang ausweisen. Es wird sich ausweisen, ob das Papsttum selbst nur als eine Kaste fortzudauern Kraft hat oder ob es den unaufhaltsamen Strömungen der Neuzeit lebenskräftig sich anpassen kann. Wenn ich hier vorurteilslos die Gestalt der katholischen Kirche, ihren historischen Mythus und das Verhältnis desselben zum Glauben der Gegenwart betrachte, so scheint es mir, als befinde sich das christliche Rom bereits in der Epoche, in der sich das heidnische zur Zeit der Kritik Lukians befand. Man spottet über die Götter oder Idole, aber man kann sie noch wegen des Kalenders und der Feste nicht entbehren. Indes dürfte doch die Zeit nicht ferne sein, wo das Blut des heiligen Januarius zum letzten Male flüssig wird, um dann aus der Flasche gegossen zu werden. Ein Optimist von reinem Wasser könnte heute sogar die Periode wittern, welche nach vollzogener Reinigung der katholischen Kirche das Schisma zwischen ihr und dem Protestantismus aufhebt. Soviel dürfte sicher sein, daß die unbefleckte Empfängnis das letzte Dogma und die ‹colonna infame› auf dem Spanischen Platz das letzte dogmatische Monument gewesen ist.

Es ist gut, daß diese Ketzereien nicht von den Monsignoren

im Vatikan gehört werden, welche mir nach wie vor die Benutzung einiger Codices erlauben. Wenn ich dort arbeite, demütigt mich das Gefühl, daß die Wissenschaft noch auf Schleichwegen gehen muß. Verkappt in der Maske eines antiquarius innocuus, als welcher topographische Dinge erforscht, erhasche ich mir daselbst manchen Codex, der weit andere als solche Unschuldigkeiten enthält, aber in das geheime Archiv führt mich kein Weg.

An denselben

Rom, 5. August 1864

Eine Reise ins Vaterland konnte ich in diesem Jahr nicht unternehmen. Ich habe für mich wichtige und unerläßliche Archivarbeiten während des Juli abzufertigen gehabt. Das Turiner Ministerium hatte Ordre gegeben, mir die Archive Umbriens und der Sabina aufzuschließen, so daß ich überall die freundlichste Zuvorkommenheit und einen ungehinderten Zugang fand, welcher mir unter dem Regiment dei preti[1] nimmer wäre gestattet worden. Ich bin mit guter Ausbeute zurückgekehrt; namentlich lieferte mir das geheime Archiv von Todi viel, wo ich 7 Tage lang im alten Dom, unter der Erde, gearbeitet habe. Auch sah ich viele Urkundenmassen aus den jetzt aufgehobenen Klöstern durch: sie liegen in wüster Unordnung in den einzelnen Hauptorten. Im Kloster Monte Santo am Tiber kopierte mir ein trauernder Mönch aus einem seltnen Codex der Poesien Fra Jacopone's das ‹Stabat mater› in seiner korrektesten Form – dies wird jenem wunderlichen Poeten vom Ende saeculi XIII. zugeschrieben; nach andern war der Dichter Innozenz III. Ich werde die Kopie sauber abschreiben und Ihnen, verehrte Frau von Thile, nach Berlin zukommen lassen, wenn Sie mir dies gestatten.

Nach einem römischen Winter mit seinen nichtigen Gesellschaften war es mir ein Hochgenuß, die treuherzige Einfalt und unverdorbene Natur der Bergmenschen Umbriens und der Sabina zu erfahren, und namentlich hat das schreckliche Aspra

1 der Priester

(Casperia im Altertum), ein mittelaltriger Häuserklumpen in der großartigsten Bergwildnis, mir einen unauslöschlichen Eindruck zurückgelassen. Ich fand überall ein neues Leben; entstehende Laienschulen, aufrichtigen Trieb nach Fortbildung. Die Epoche des Mittelalters ist abgelaufen; die neue Zeit schlägt Wurzel, und das Dominium Temporale kann nicht mehr hergestellt werden, selbst wenn irgend ein gewaltsamer Sturz es für einen Moment zu restaurieren scheinen sollte. Hier jedoch lebt man noch in alter Weise fort, und die neue Auflage der Mortara-Geschichte, welche eben im Ghetto vor sich ging, lehrt, was eine römische Restauration zur Folge haben würde.

An denselben

Roma, 8. Januar 1871

Die Bilder des Schreckens, die überall aus dem Kriege vor uns aufsteigen, sind so furchtbar, daß sie jedes Herz mit Qual erfüllen; und so scheint die ewig kämpfende Menschheit, trotz all des Glanzes, welchen Wissen und Erfindungen über sie ausgegossen haben, immer wieder in barbarische Urzustände zurückkehren zu müssen oder doch aus ihnen die grausamen Mittel zu schöpfen, um von einer Stufe der Entwicklung zur andern langsam emporzusteigen. Das Ideal Kants vom ewigen Frieden wird wohl stets nur ein Postulat unter seinen andern Postulaten bleiben.

Wir haben hier in Rom das Jahr der Katastrophen mit einer Tiberüberschwemmung beschlossen, welche nach meiner eigenen Messung wenigstens auf dem Platz S. Eustachio die Höhe der geschichtlich bekannten vom Dezember 1445 um ein paar Linien überschritt. Die Verluste der davon betroffenen Bewohner sollen sehr groß sein. Ich las oft in Geschichten des Mittelalters, daß Tiberüberschwemmungen Drachen oder Walfische herbeiführten; diesmal war der *Balena* [Wal] der *Ré Galantuomo,* dessen plötzliche und vehemente Naturerscheinung in Rom am Ende des Jahrs übrigens als geschichtlicher Abschluß einer Periode des Papsttums wie der Stadt betrachtet werden konnte. Der Kirchenstaat, innerhalb der gegenwärtigen Grundsätze und Verfassungen Europas zu einer unerträglichen Anomalie geworden, darf wohl als unwiederbringlich verloren erscheinen. Wie das italienische Grünbuch zeigt, haben ihn alle maßgebenden Regierungen, im Verein mit der öffentlichen Meinung, aufgegeben. Nicht einmal die Genugtuung des Märtyrertums oder nur der Anerkennung eines wirklich tragischen Endes haben jene von dem Zeitgeist überschwemmten und vergewaltigten Herren im Vatikan; denn die wahrhaft biblische Größe des Weltgerichts, welches in Frankreich vollzogen wird, setzt das doch naturgemäße Schicksal des Erlöschens des weltlichen Papsttums augenblicklich selbst unter seine kulturgeschichtliche Bedeutung herab, während die Sympathie eines großen und des nicht schlechtesten Teiles der Welt durch das, was im Konzil geschah und dekretiert worden ist, sich notwendig gemindert hat.

Der Schluß meiner langjährigen Arbeit über das Mittelalter Roms fällt zufälligerweise mit dem Ende der weltlichen Papstgewalt zusammen. Ich habe am gestrigen Tage auch meinen letzten Band im großen und ganzen geschlossen, so daß mir noch übrig bleibt, Nachträge zu machen und das Manuskript zum Druck zu redigieren, was höchstens ein halbes Jahr beanspruchen wird. Das Gefühl der Ablösung von einer Arbeit, welche ich als meine Lebensaufgabe betrachtet habe, ist mehr von Wehmut als von Freude durchdrungen, obwohl es mich in eine religiöse Stimmung emporhebt, solche nämlich, worin der Mensch, so klein und nichtig auch an sich sein Tun sei, doch eine sich vollendende Lebensepoche überblickt, die tätig zu vollbringen ihm der Schutz der Vorsehung verliehen hat.

An denselben

Rom, 31. März 1877

München hatte ich am 1. Februar verlassen, und am 12. desselben Monats traf ich in Rom ein. Das alte und «ewig schöne» Rom – und es ist das, trotz der Mühe, welche ein neues Geschlecht sich gibt, seine Schönheit durch Erneuerung zu verunstalten – wird mich ewig anziehen, nicht weil ich civis Romanus geworden bin, sondern weil diese Stadt für mich das Monument eines langen Lebens und Mühens in ihr und um sie selbst ist. Auch kann ich nicht mehr den geistigen Zusammenhang mit der lateinischen Welt entbehren; denn diese ergänzt ja unsre eigene, die germanische. In Wahrheit, wenn ich diesen heiligen Boden berühre, strömt etwas aus ihm in mich zurück, was mich fast hoffen ließe, daß meine wenigen Kräfte noch nicht ganz und gar verbraucht worden sind.

An denselben

Rom, 7. Mai 1881

Die Umformung der Stadt macht immer mehr Fortschritte – und so wenig schont man dabei der geschichtlichen Erinnerungen, daß es ein Jammer ist, diesen Vandalismus und Amerikanismus mit anzusehen. Nach 20 Jahren wird das Bild jener Roma, welches Sie und ich noch vorgefunden und geliebt haben, vollkommen ausgelöscht sein. Die Legende «Rom» überhaupt ist schon durch die Eisenbahn zerstört worden. Wenn die Reise hierher einst eine Pilgerfahrt und sicherlich ein Ereignis im Leben der Menschen war, so macht man sie jetzt mit Tourbilletten in kürzester Zeit ab, und so ist die Unerreichbarkeit Roms für das profanum volgus aufgehoben.

Dies und vieles andere macht meinen Aufenthalt in Rom mit jedem Jahre weiheloser und nüchterner. Doch mag ich ihn aus Gewohnheit, ich möchte fast sagen, aus Pietät nicht mehr aufgeben, so lange ich noch mich frei bewegen kann. Auch habe ich aufgrund meiner Arbeiten und meiner Civität ein schönes Verhältnis zu den Römern im ganzen, welches nicht mit transformiert worden ist, und so tun mir fortdauernde Beweise der Sympathie wohl. Bei der hiesigen Akademie von S. Luca, deren Mitglied ich seit 1 Jahre bin, habe ich die Anfertigung eines historischen Albums, zunächst die Tiberufer betreffend, beantragt, und man hat mir auch von seiten der obersten Behörde über Monumente und Ausgrabungen dies zu unterstützen fest versprochen. Aber wird man das halten? und werden sich ein Piranesi oder Vasi wieder finden?

An denselben

Rom, 7. Juni 1882

Ist nicht auch der Tod des alten Garibaldi auf Caprera eine poetische Legende in unsren Tagen? Alle seine Extravaganzen werden jetzt von ihm fallen, und das Ideal eines heldenmütigen, einfachen und guten Menschen wird sich aus dem Scheiterhaufen auf jener Inselscholle erheben. Nur Italien produziert Gestalten wie Cesar Borgia, Cola di Rienzi und Garibaldi.

An denselben

Rom, 17. Mai 1885

Man baut hier mit einer fieberhaften Ungeduld, aber auch dieser entsprechend, so daß Senecas Wort von den Römern «sie bauen, als sollten sie ewig leben, und tafeln, als sollten sie morgen sterben», heute nicht mehr wiederholt werden kann. Es ist wohl peinlich für jeden, der das alte Rom gekannt und geliebt hat, die Zerstörungen am Tiber, in Trastevere und mitten im Marsfelde anzusehen. Alle alten Türme in Trastevere nebst mehren Straßen sind nicht mehr; der letzte, die Torre Anguillara, fällt demnächst. Nur mit Mühe und Not ist die sogenannte Casa di Pilato gerettet worden. Der Ponte Rotto wird eben abgebrochen. Ich betrat ihn gestern zum allerletztenmal. Die berühmtesten und schönsten Villen wurden an Baugesellschaften verkauft; dies Schicksal traf bereits die Villa Patrizi, Villa Massimo und neben ihr sogar die Ludovisi. Ein Streit zwischen dem Municipium und dem Fürsten Borghese erhob sich eben, da dieser seine herrliche Villa an ein Konsortium losschlagen will. Ein kleiner Trost ist noch das Auffinden von einigen Kunstwerken; herrliche Sarkophage sind an der Villa Bonaparte bei der Porta Salara ausgegraben worden, und unter den Gärten Colonna kamen zwei schöne Athleten von Bronze ans Licht, die jetzt im Wächterhaus des Palatin restauriert werden.

In 10 bis 20 Jahren ist das Mittelalter aus Rom ganz verschwunden, oder es wird sich nur in ein paar Kirchen geflüchtet haben. Kein Mensch wird dann mehr in den Fall kommen, in welchem ich mich einst befunden habe, nämlich aus dem Anblick des antik-mittelalterlichen Gepräges der Stadt die Begeisterung für ihre Geschichte im Mittelalter zu schöpfen.

FRANZ LISZT

1811–1886

An Carl Gille

(Rom, 10. September [1863])

Verehrter Freund, mein längeres Stillschweigen bitte ich Sie mir freundschaftlich nachzusehen. Ich könnte es nicht anders entschuldigen als durch eine verschlimmernde Anklage, nämlich der unter so verschiedenartigen Verhältnissen, Stimmungen und Arbeiten mir mehr und mehr angewöhnlichen Enthaltsamkeit von der Korrespondenz-Kultur. Ausgenommen Bülows, meinen Cousin Eduard in Wien und Brendel, dem ich für die Freundlichkeit, mit welcher er das Notwendigere meiner musikalischen Dinge besorgt, sehr dankbar bin, schreibe ich an niemand in Deutschland, wenn sich nicht eine bestimmende Veranlassung dazu trifft. Den Weimarer Freunden gegenüber wird noch meine Mitteilungslust dadurch verkümmert, daß ich mir einbilde, sie möchten mich ebenso gerne bei sich sehen, als ich mich dort heimisch fühle. Da ich Ihnen aber nicht schreiben kann «Ich komme und bleibe mit Euch», verhalte ich mich still und stiller.

Der römische Aufenthalt ist für mich kein beiläufiger; er bezeichnet sozusagen den dritten Abschnitt – (wahrscheinlich den Abschluß) meines oft getrübten, doch immerhin arbeitsamen und sich aufrichtenden Lebens. Ich bedarf also eine geraume Zeit, um mit mehreren langwierigen Arbeiten und mit mir selbst ein *gutes Ende* zu machen. Dazu verhilft mir günstig meine hiesige Zurückgezogenheit, die fernerhin noch etwas akzentuierter sein wird, und meine jetzige klösterliche Wohnung, welche mir nicht nur die herrlichste Aussicht über ganz Rom, die Campagna und die Gebirge gewährt, sondern auch, was ich ersehnte: Ruhe von außen und Friedsamkeit. – Anbei eine Photographie der «Madonna del Rosario» als Illustration der kürzlich von den Zeitungen gebrachten Notizen, anläßlich des Besuchs des Heiligen Vaters.

An Franz Brendel

(Rom, 22. Januar 1864)

Ich verhehle Ihnen nicht, daß es mir wenigstens *ungelegen* ist, Rom, wenn auch nur für kurze Zeit, zu verlassen, und man dürfte mir es nicht verübeln, mehr Befriedigung in meiner hiesigen Zurückgezogenheit zu finden als in den sterilen Widerwärtigkeiten eines sogenannten «Wirkungskreises». Gilt es aber wirklich, wie Sie mir es versichern, der guten Sache und einigen lieben Freunden dienlich zu sein, nun, dann soll jedwedes andre Bedenken weichen und meine Bereitwilligkeit ihre Probe bestehen. Obwohl mir der Entschluß zur Abreise sehr schwer fallen wird, will ich Anfangs Juni meinen Paß nach Karlsruhe visieren lassen und dem dortigen Musikfest beiwohnen, *vorausgesetzt, daß Bülow die Direktion desselben übernimmt* ...

Pohl scheint falsche Brillen aufgesetzt zu haben, wenn er in meinem Brief gelesen, daß ich nichts Eiligeres zu tuen wünsche, als nach dem alleinigen Deutschland zurückzukehren! Man mag darüber denken, was beliebig; *positiv* aber bleibt, daß ich mich weder um deutsche noch französische, englische, russische oder italienische Laffen weiter kümmere und mich gänzlich in meiner stillen Arbeitsamkeit abschließe. «Laßt mich ruhen, laßt mich träumen», zwar nicht unter «blühenden Mandelbäumen», wie Hoffmann singt, doch getrost und geborgen unter dem Schutz der *Madonna del Rosario,* die mir diese Zelle gewährt. Meine deutschen Freunde täten wahrlich viel vernünftiger, mich hier zu besuchen, als mich nach ihren Gauen zu verlocken. Jedenfalls können Sie *die übrigen Bekannten* versichern, daß ich sie durch keine längere Anwesenheit mehr inkommodieren werde und meine Dazwischenkunft bei dem Karlsruher Musikfest nur eine vorübergehende, durchaus harmlose ist. Spätestens Mitte Juli beabsichtige ich wieder hier einzutreffen, und womöglich früher.

HANS VON MARÉES

1837–1887

An Graf Adolf Friedrich von Schack

Florenz, 12. Mai 1865

Der erste Eindruck von Florenz ist für mich ein außerordentlich beruhigender; man sieht hier deutlich, wie sich die Kunst der Renaissance nachgerade zu ihrer Höhe emporgeschwungen hat; die Folge davon ist, daß auch die größten Meisterwerke dem Verständnis näherliegen, daß man sie wirklich studieren kann.

Dieser Eindruck wird bestimmend auf meine Kunsttätigkeit sein. Ich werde die hiesige Kunst in einer solchen Weise auszubeuten suchen, daß sie mich nicht allein belehrt, sondern auch zu eigenen Taten inspiriert. In dieser Weise, geehrtester Herr Baron, habe ich von Anfang den Zweck meines Aufenthaltes in Italien aufgefaßt, sehe aber, daß ich nachgerade denselben etwas aus dem Auge gelassen habe.

Ich erkläre mir dies nun auf folgende Weise: In Rom angekommen, war ich von allem, was ich sah, schier erdrückt, so sehr, daß ich fast an meinem Berufe zur Malerei verzweifelte, so daß mir vor der Hand nichts anderes übrig blieb, als wenigstens meine Pflichten gegen Sie zu erfüllen. Sie werden selbst finden, daß eine solche Tätigkeit keine sehr belebende und nutzbringende sein kann. Hier haben nun auf mich einige Fresken von Ghirlandaio und die Kapelle der Mediceer bis jetzt den größten Eindruck gemacht, so daß ich beschlossen habe, die Köpfe, Figuren usw., die mir am meisten zusagen, genau zu zeichnen, auch vielleicht, wo es möglich ist, etwas mit Farben anzugeben. Hierdurch habe ich nicht nur den Vorteil, den Eindruck dieser Kunstwerke festzuhalten, sondern auch den, die

Natur besser kennen zu lernen; denn, trete ich aus den betreffenden Kapellen hinaus, so sehe ich in unmittelbarer Nähe, vor den Altären, hinter den Pfeilern, an den Türen, dieselben Gestalten lebend, die jene alten Meister gebildet haben. Kurz, eine solche Arbeit hat einen poetischen Reiz, während mir in den Galerieen durch die herumschmierenden Kopisten-Scharen die ganze Malerei verleidet wird. Es ist keine Frage, daß die feinsten Empfindungen, aus denen allein feine Werke hervorgehen, durch die sich zu sehr aufdrängende Prosa erstickt werden müssen. Ich sehe wohl ein, Herr Baron, daß ich Sie durch eine Anzahl regelrechter Kopien für den Augenblick mehr befriedigen würde; aber wo wird mich das zuletzt hinführen? Ich werde nur immer mehr aus mir selbst herausgerissen. Im andern Falle jedoch, daß Sie mir nämlich betreffs meiner Tätigkeit freie Hand lassen, werde ich in viel kürzerer Zeit dazu kommen, wieder etwas Eigenes zu machen. Ist auch die Zeit, in der Sie etwas erhalten, eine größere, so ist es doch auch um so angenehmer für Sie, Herr Baron, wenn die ganze Welt bei einem sichtbaren Fortschritt, den ich machen werde, sagen wird, daß ich diesen nur Ihnen zu verdanken habe. Abgesehen davon ist ja auch alles, was ich hier mache, Ihr Eigentum, und vielleicht werden Zeichnungen nach Ghirlandaio, Filippo Lippi u. a. auch nicht ganz uninteressant sein. Sie werden mir verzeihen, Herr Baron, wenn ich so viel über meine Angelegenheiten spreche; es ist ja aber notwendig, daß Sie meine An- und Absichten kennen. Gegen meine Überzeugung kann ich nicht handeln; wer das tut, muß sich schließlich in Unwahrheiten verstricken, und da wäre es ja besser, gar nicht zu existieren.

An Balduin von Marées

Rom, den 29. März 1866

Du wirst von mir keine Beschreibung von Rom verlangen, derselben gibt es ja so viele. Nur so viel, daß, je länger man hier ist, man um so mehr die Schönheit von Stadt und Land usw. sieht und fühlt. Freilich ist auch dafür gesorgt, daß man sich nicht im Paradiese zu sein wähnt. Man bleibt eben Fremder und wenn man auch 100 Jahre hier lebte. Ein wahres, gegenseitiges Zutrauen wird zwischen Deutschen und Italienern, so liebenswürdig letztere auch sein können, niemals stattfinden, und unter den eignen Landsleuten, deren schlimme Seiten hier schärfer hervortreten als im Vaterlande, hat man denn doch nur geringe Auswahl. Wäre ich 10 Jahre früher hierher gekommen, so würde ich jetzt ein glücklicher Mensch und jedenfalls ein besserer Maler sein: ich hätte nicht so manches Jahr in zwar wohlgemeinten, doch nutzlosen Anstrengungen verloren. Doch will ich auch so zufrieden sein; wenn auch der Blütenstaub der ersten jugendlichen Begeisterung abgeblasen ist, so muß und kann doch die reifere Absicht dieselbe ersetzen. Denn um etwas zu erreichen, was man hier für *etwas* hält, das braucht Beißen und Zeit. Meine Wünsche beschränken sich allein darauf, mit meinen Leistungen meinen Absichten nachzukommen, alles andere ist mir Wurst. Übrigens irrt sich jeder gewaltig, der Rom für den Ort hält, wo man sentimentalen Gedanken und poetischen Duseleien nachgehen könnte. Ich wünschte Euch allein einmal hierher zu kommen, nur um einmal einen Begriff von wahrer Schönheit zu bekommen.

Jetzt sind wir in der Arbeitswoche der römischen Priesterschaft; Rom ist dann ein großes Theater. Die Kirchen die Kulissen, Papst und Kardinäle die Akteurs vor einem Publikum von ungefähr 100 000 Fremden. Ich freue mich auf die Zeit, die kommt; denn Rom ist am schönsten ohne Touristen, welche einen oft glauben machen könnten, daß nur ihrethalben die alten Prachtbauten der Römer sich in Ruinen verwandelt hätten.

An Conrad Fiedler

Rom, den 5. Februar 1882

Lieber Fiedler! Der Sinn von dem, was ich neulich sagte, wäre eigentlich der, daß, wer sich der Ausübung der Künste widmet, darauf bedacht sein muß, ein unbefangenes Verhältnis zur Natur anzustreben und zu erhalten, was eben nur dann möglich ist, wenn er von den zufällig bestehenden sozialen Zuständen, vom Spießbürgertum möglichst wenig tangiert wird; das äußerliche Erkennungszeichen eines solchen Zustandes wäre eine unzerstörbare Jugendfrische.

Würde es einem gelingen, in das Wesen der Erscheinung einzudringen und das Hauptsächliche festzuhalten, so würde es ihm auch verhältnismäßig leicht fallen, das Wesen seiner Kunst zu begreifen, in der Ausübung derselben immer natürlich und sachgemäß zu verfahren. Beides, d. h. das Begreifen der Natur sowie der Kunst, ist durchaus notwendig, um das Urteil über das, was man leisten soll und was man leisten kann, zu erhalten. (Zu unserer nicht geringen Ermutigung und Anspornung können wir uns erinnern, einen wie außerordentlichen wohltätigen Einfluß Lessings Laokoon auf unsere deutsche Literatur ausgeübt hat; von der bildenden Kunst ist hier eigentlich nicht die Rede; ihrer bedient sich Lessing nur als eines Kontrastes.) An Obiges anschließend drängt sich zunächst die Frage auf, ob es sich darum handelt, durch Talent und Geschicklichkeit seine Natur-Empfindung zum Ausdruck zu bringen. Ich für meine Person würde das entschieden mit Nein beantworten und sagen, daß auch die erhöhte und verfeinerte Natur-Empfindung weiter nichts sein soll als auch eines der notwendigen Mittel, um auf den Beschauer einen bestimmten, zwingenden Eindruck zu machen. (Der bildende Künstler soll nicht von sich, sondern von dem, was außer ihm ist, reden.)

Zunächst muß ich nun, sehr unsachlich, bemerken, daß es mir freilich außerordentlich viel leichter fallen würde, meine Gedanken im Gespräch zu entwickeln, und zwar im Gespräch nicht zwischen vier Wänden, sondern beispielsweise zwischen dem Monte Cavallo und dem Capitol, zwischen dem Pantheon und irgend einem Fleck im Freien, kurz, zwischen Natur und Kunst auf- und abwandelnd. Für mich allein mache ich es freilich so, wenn ich fühle, daß ich durch unausgesetzte Arbeit in Befangenheit und Abhängigkeit verfalle. So gelingt es mir denn mitunter, zu kontrollieren, wo und wie Natur und Kunst mich fesseln und auf mich wirken, und kann folgegemäß mich auch wohl dem Warum nähern. Vor allen Dingen kann ich mich auf solche Weise von dem Endzweck der bildenden Kunst, dem, daß sie Leben haben solle, nicht wohl entfernen, und natürlicherweise muß sich der Gedankengang darauf richten, zu erkennen, wie dieses Leben hervorzurufen sei, was gut zu tun, was besser sei, zu meiden. Daher kommt es auch, daß mir die Bildhauerkunst, obwohl ich mich nicht eigentlich damit beschäftigen kann, ebenso nahe am Herzen liegt wie die Malerei, und ich darf glauben, daß ich einige von den Hauptbedingungen, die sie zu einer lebensvollen Kunst machen, begriffen habe. (Die große Einfachheit der Mittel und die verhältnismäßige Beschränktheit ihrer Aufgaben machen es viel leichter, von der Bildhauerei zu reden als wie von der Malerei. Schaden kann es heutzutage auch dem Maler nicht, wenn er über erstere klar ist; gerade weil seine Kunst eine spätere Frucht ist, bedarf es einer noch größeren Pflege, sie immer wieder von neuem zur Reife zu bringen.)

Auch verdanke ich es dieser Art sowie meiner Lebensweise im allgemeinen, daß die Zeit gar keine Rolle mehr spielt; und wahrlich die Menschen laufen heute noch ebenso wie vor zweitausend Jahren auf ihren Füßen daher, so wie man auch damals wahrscheinlich ebenso gut nah und fern, Schatten von Licht usw. unterscheiden konnte wie heutzutage. Wenn ich an dies anschließend z. B. sagen würde, es ist für einen Bildhauer keine Nebensache, dafür zu sorgen, daß man seine Menschen immerdar als zweibeinige Wesen erkenne, so würde das nicht so ganz ohne tiefere Bedeutung sein, und wenn er den Sinn davon erkennen kann, so wird ihn das in seinen Absichten und seinem Verfahren vor vielen und groben Irrtümern bewahren.

Hohe Vortrefflichkeit ist nicht zu erreichen, wenn die Grundbedingungen nicht erfüllt sind. Das ganze Streben der Griechen ging auf Vortrefflichkeit; darum mußten sie eine klare, natürliche Basis haben, um jene zu ermöglichen. Mannigfache Kenntnisse, großes Talent und eminente Geschicklichkeit dienen schließlich zu nichts, wenn sie nicht von gesundem, reinem, natürlichem Sinn geleitet werden. Darum muß ich immer wieder von neuem es hinein verflechten, daß der Künstler auf seine menschlichen Eigenschaften die größte Aufmerksamkeit verwenden soll; ebenso auf seine Beziehungen zu den Menschen. Sie sehen, lieber Fiedler, daß ich mir weiter keine große Mühe gebe, zusammenhängend zu schreiben; das ist, wie Sie wissen, bei der geringen Zeit, die ich darauf verwenden kann, nicht möglich; wenn ich nicht selbst zu schreiben brauchte, ging es besser; doch werde ich nach und nach durch Gewöhnung dahin gelangen, die Hauptsachen festzuhalten und zum Ausdruck zu bringen. Einstweilen nehmen Sie mit diesen italienischen Salaten vorlieb; nach und nach wird dann auch ein besserer Piatto[1] gar werden.

Da es hier ungewöhnlich kalt ist und die Finger mir steif werden, so beschließe ich für heute mit den besten Grüßen an Ihre Frau.

Ihr treuer Hans v. Marées

1 Speise, Gericht

FANNY LEWALD

1811–1889

An Carl Alexander von Sachsen-Weimar-Eisenach

Rom, d. 23. November 66

Wir finden Rom und Italien sehr verändert. Florenz ist nicht mehr die feine, höfliche Stadt, sondern durch das Zuströmen der verschiedensten Elemente aus ganz Italien in einen gewissen Zustand lärmender spektakuloser Flegeljahre geraten, und wie sich ‹die moderne Zeit mit ihren sozialen Gedanken› in und zwischen den festungsartigen Palästen einrichten wird, ist auch noch nicht abzusehen. Jene breite Bürgerlichkeit, auf der bei uns in Norddeutschland das Gemeinwohl beruht und der Staat basiert, ist in Italien offenbar noch nicht vorhanden, und wenn man mir in Florenz sagte: ‹Italien hat noch viel zu tun!› – so konnte ich immer nichts andres sagen, als ‹vor allen Dingen lesen und schreiben zu lernen!› Denn von all den Leuten, die uns im Hotel bedienten – Wäscherin, Diener, Mägde – konnte das niemand. In Genua war es seinerzeit weit besser.

Hier in Rom ist die Verkommenheit noch viel größer. Die Finanzzerrüttung unglaublich. Die päpstlichen Kassen nehmen ihr eigenes Papiergeld nicht an, wenn sie dabei auch nur einige Bajock [Sechser] Silber herausgeben sollen, und die Armut ist geradezu erschreckend geworden. Fremde sind fast gar nicht hier – das steigert natürlich die Not der auf den Erwerb durch die Fremden angewiesenen Stadt. Teils ist es die Scheu vor der Cholera, welche die Fremden fern hält, obschon sie hier nur in vereinzelten Fällen vorgekommen ist und vorkommt – teils ists die Besorgnis vor den Ereignissen, welche eintreten können, wenn die Franzosen am 15. fortgehen – und in der Tat weiß niemand, was dann geschehen wird. – Die Legion von Antibes desertiert kompagnieweise – es waren, wie uns in Perugia ein Freund von uns sagte, der dort das 37. Infanterieregiment kommandiert – eben wieder 47 Mann mit Unteroffizieren und Offizier angekommen – und hier in Rom trifft man jetzt die Maßregel, hier die eigentlichen römischen Truppen herzuziehen und die Truppen aus Viterbo usw. in ihre Heimat zurückzuverlegen. – Der Papst soll vollkommen überzeugt sein, daß alles ruhig bleiben werde – in der Stadt und im Volke aber nimmt man, soweit ich es gewahr werden konnte, an, daß die Provinzen abfallen, sich nach einer allgemeinen Abstimmung zu Italien schlagen werden – und daß vorläufig Rom allein vielleicht noch unter päpstlicher Herrschaft bleiben werde. – Erst wenn das Papsttum gestürzt wird, werden wir aber das Mittelalter als abgeschlossen und den Beginn der neuen Zeit als herangekommen betrachten dürfen.

Dabei jedoch ist es etwas ganz Besonderes um Rom. Von jener Aufregung, welche man sonst an jedem andern Orte an dem Vorabende solcher Möglichkeiten empfinden würde, fühlt man sich hier nicht erfaßt. Es kommt mit dem Hinblick auf die Jahrtausende, deren Spuren man von der Höhe des Monte Pincio mit einem Blicke überschaut, eine Art von Gelassenheit in das Gemüt; man sieht das Werden und Vergehen und Wiederwerden mit andern Sinnen an, und an der unvergleichlichen Schönheit dieses Himmels, dieses Lichtes und dieser Vegetation kann man sich um so weniger satt sehen, wenn man bedenkt, in welcher Jahreszeit man sie genießt.

An denselben

Rom, d. 6. Februar 1867

Im ganzen bleibt man hier in Rom in dem wunderlichen Zustande, mit allem, was man von dem Wesen des Staates, von den Zuständen der Menschen vor Augen hat, sich im schroffsten Widerspruch zu befinden – und doch von dem Aufenthalte hier entzückt zu sein. Die Mißregierung, die Not der Armen, der Bettel, das religiöse Heidentum unter dem Deckmantel des Christentums, der Schmutz, der Mangel an jedem industriellen Fortschritt sind geradezu entsetzlich. Die leeren, verfallenen Paläste, die Klöster, welche ganze Stadtviertel einnehmen und oft nur von wenigen Personen bewohnt sind – während hier völlig obdachloses Volk herumläuft und Tausende in wahren *Höhlen* wohnen, in die man Vieh nicht sperren würde – – der Ghetto – das alles ist empörend, und doch ist man glücklich hier zu sein, doch fühlt man sich über sich selbst und seine persönliche Schranke hinausgehoben, weil man unter einem schönen Himmelsstriche zu einem so großen Überblick, d. h. zu einem so plastischen Anschauen der Weltgeschichte gelangt wie sonst nirgend. Ich kann wirklich sagen, daß wir Rom jetzt noch weit tiefer genießen als vor jenen einundzwanzig Jahren. Damals brachten wir die enthusiastische Freude an den Dingen mit und eine große Fähigkeit zu reinem Aufnehmen. Jetzt, nachdem Stahr seinen Torso, seine Bilder aus dem Altertum geschrieben, sich jahrelang mit der römischen Kaisergeschichte und mit der Erklärung der Arbeiten Raffaels beschäftigt und ich von seinen Arbeiten gelernt habe – jetzt ist uns Rom noch weit lebendiger als früher ...

Was aus dem päpstlichen weltlichen Regimente werden, wie die Wandlung sich vollziehen wird, weiß ich nicht, aber ich denke mir, sie wird sich vollständig machen. Wenn es dazu käme, daß Rom die Hauptstadt des Königreichs Italien würde, daß der König auf dem Quirinal, der Papst im Vatikane residierte, so würden diese Zustände so unaushaltbare Intrigen mit sich führen, daß sie nicht lange dauern könnten. Wie sollten z. B. die Mönchsorden *bestehen* bleiben können, da sie in Italien seit dem ersten Januar die Klöster geschlossen haben? – Nur wenn Rom – was Stahr immer als die natürlichste Entwicklung ansieht – eine Republik würde, welche alle wesentlichen Gesetze mit Italien gemeinsam hätte – ist an ein relatives Fortbestehen des Papsttums zu denken – und auch dieser Staatsgestaltung würden Schwierigkeiten im Wege stehen, die fast unüberwindlich scheinen, weil das Papsttum sich eben neben keiner Art von geistiger Freiheit erhalten kann. – Diese Dinge beschäftigen mich innerlich sehr lebhaft, und ich liebe es, mir bisweilen vorzustellen, wie die Campagna von Rom aussehen wird, wenn ein zivilisierter Landbau sie bewohnbar gemacht haben wird. Ich glaube nicht, daß der Blick auf das Gebirge dadurch weniger schön sein oder die Sonne weniger golden leuchten wird, wenn sie Häuser und Gärten und meinetwegen auch Fabriken zu beleuchten haben wird.

An denselben

Rom, den 15. Januar 1878

Der erste Eindruck von dem Tode des Königs war ein tiefer – und – lassen Sie mich Ihnen das im Vertrauen hinzusetzen, ein dem Volke sehr nötiger und heilsamer. Die Italiener wurden daran erinnert, daß sie nicht immer ein geeignetes, ein sich selbst bestimmendes Volk gewesen sind. – Sie wurden daran erinnert, daß Viktor Emanuel, wie man allgemein behaupte, mit vielfacher Hintansetzung seiner persönlichen Ansicht, das für das Allgemeine, für das Vaterland Notwendige zur Ausführung hat bringen helfen – und ich glaube, sie haben es dringend nötig, daran erinnert zu werden. Jetzt – und das ist das cambiomento,[1] das sich ... aus der Empfindung des einzelnen in den Massen im Handumdrehen vollzieht – interessiert sie nichts als das Schaugepräge des Leichenzuges, die Prachtzeremonie bei des Königs Schwur auf die Verfassung – und das alte ‹Brot und Spiele› kommt nur in erneuerter Gestalt wieder auch hier zur Geltung.

Mich hat des Königs Tod sehr ergriffen, denn er war für mein Erinnern der Abschluß eines großen, edeln Ringens um die Selbständigkeit einer Nation. Ich habe Silvio Pellico hier noch 1846 einmal gesprochen, war hier, als die Söhne des General Bandiera in der Romagna füsiliert wurden – habe Manin, Garibaldi, Cernuschi, beiläufig einer der schönsten Menschen, die ich gesehen, Santini, Mazzini persönlich gekannt ... Auch die Zeiten des französischen Schutzes über Rom und des endlichen Abmarsches der Franzosen – die *unglaublich* demoralisierend gewirkt – von Rom, in einer kalten Nacht von 1866 – hatte ich im Gedächtnis. – Und nun lag das alles als Überwundenes hinter unserer Zeit – und nur der Greis im Vatikan [Pius IX.] ragte in *stiller Aktivität* und *Wirksamkeit* noch über das alles hervor, während der König, den ich den Tag vor seinem Erkranken in anscheinender Riesenkraft über den Pincio hatte fahren sehen – nicht mehr war.

Im ganzen finde ich nicht, daß, soweit ich es beurteilen kann,

1 Wechsel

die selbstherrlich gewordenen Italiener besser sind als die unterdrückten. Sie kommen mir dem idealen Streben sehr entfremdet vor, obschon vielerlei sehr Gutes und Nützliches für die Volkserziehung, für die Fortbildung der Frauen usw. geschieht. Aber neben diesem geht ein Zug des persönlichen *materiellen* Egoismus, wie ich ihn, wenn ich die hiesige Volksvertretung mit der unseren vergleiche, bei uns nicht finde. Bei uns ist in vielen Fällen persönliche Eitelkeit, die aber doch ein Ideales will, das freilich eben durch das Individuum ausgerichtet werden soll – hier ist *Habsucht* und Herrschsucht vorherrschend. – Und was mir am bedenklichsten für die Zukunft des Volkes erscheint, ist die gradezu schreckenerregende *Schamlosigkeit* der Sittenlosigkeit. Sie verschmähen selbst die Huldigung, welche das Laster mit der Heuchelei – der Tugend darbringt. – Ich habe schon auf der Reise in den Coupés erster Klasse Dinge als ganz natürlich erzählen hören, die sich bei uns vielleicht junge Leute in Wachstuben oder in der Intimität erzählen mögen, und neulich in bester italienischer Gesellschaft bei Anlaß von Viktor Emanuels getadeltem Privatleben sagten junge unverheiratete Männer zu drei jungen unverheirateten Damen, einer Deutschen, einer Engländerin und einer Italienerin: Wer kann ihn denn tadeln? Machen wir es denn anders? – Das ist wörtlich! . . .

Dazu hat – wie seinerzeit in der französischen Revolution – das Zurückgreifen auf alte Vorbilder etwas, das mir wenig eigene Lebensfähigkeit verrät. ‹Man füllt den neuen Wein nicht in alte Schläuche!› sagt ebenfalls die Bibel – und es wirkte auf mich komisch, als man jetzt gleich, mit der dem Volke hier eigenen Lust an spontaner Demonstration, damit bei der Hand war, Viktor Emanuel zum «Vater des Vaterlandes» zu ernennen – während Rom, die Stadt von 280 000 Einwohnern, noch keinen Wohnungsanzeiger hat. – Wenn man wieder eine Weile unter den Italienern lebt, sieht man bei jedem Anlaß, wie die alte auf den schönen Schein gestellte Gesinnung noch unter ihnen lebendig ist. Es sind auch im Geistigen immer Fassaden, die sie vor alte elende Baracken bauen, wie die Päpste es an vielen der hiesigen Straßenecken getan ‹per far figura![1]› – Ich werde immer deutscher, je mehr und je öfter ich unter den Romanen lebe.

1 um gut auszusehen!

ADOLF VON HILDEBRAND

1847–1921

An seine Eltern

Florenz, 5. Januar 1867

Mittwoch morgens kamen wir bei kaltem Wetter in Mantua an. Anfangs hatten wir vor, gleich weiter nach Florenz zu fahren, da aber die Post schon voll, so blieben wir mehrere Stunden dort, die uns auch sehr gelohnt wurden. Wir sahen neben einigen Kirchen den Palazzo Imperiale und hauptsächlich den Palazzo del Tè. Beides herrliche Paläste. Was Dekoration heißt, lernt man da erst, diese Keckheit, dieser schwellende Überfluß in Architektur und Malerei versetzt einen in eine ganz neue himmlische Welt. Wie kleinlich, erbärmlich, ärmlich und mutlos kommt einem da unsere jetzige Architektur vor, dieses erbärmliche Suchen nach regelrechter Schule vernachlässigt jede große Anordnung des Ganzen. Dieser kecke üppige Geist, der in den Palästen weht, reißt einen aus dem alltäglichen Leben hinaus und erhebt und schlägt einen nieder. Man wird oft rasend vor Entzücken und bei dem Gedanken an die jetzige Kunst. Giulio Romano, der diese prächtigen Wandgemälde im Palazzo del Tè gemacht, schlägt alle jetzigen Künstler zu Boden und steht doch noch lange nicht zu oberst, wenn man Florenz gesehn. Dies Leben, diese Frische, das in den schon zopfigen Gemälden wohnt, die auch oft sehr roh im Detail sind, macht einen staunen. Wir fuhren die Nacht dann durch und waren Donnerstag früh in Florenz. Hier war es schon wärmer. Das erste, was wir sahen, war die Loggia an der Piazza Ducale [= Signoria]. Der David von Michelangelo ist mir eine der liebsten Sachen in Florenz. Ich kann Euch den kolossalen Marmorknaben nicht beschreiben. Es liegt eine kolossale Macht in dem Kerl, und diese einfache Schönheit in dem jungen Leibe ist was Hinreißendes, ich stehe immer wie versteinert vor dem Kerl. Denkt Euch nun den kolossalen Palazzo Vecchio dahinter, ein wahrer Berg, an der Seite die herrliche Loggia mit den herrlichsten Statuen anderer Italiener, die ich nicht einzeln nennen will. Der kolossale Platz davor, ja da vergeht einem Hören und Sehn. Der zweite Gang war zu den Mediceer-Gräbern von Michelangelo, in derselben Kirche sind auch herrliche Reliefs von Donatello, alles über das Maß schön. Bauten, Ornamente, Bilder, Statuen in unerschöpflicher Menge, ich wüßte mich nicht heraus zu finden, wenn ich da zu erzählen anfinge. Dann der Palazzo Pitti, die Gemäldegalerie darin und vor allem diese Deckengemälde von Pietro da Cortona, sie übersteigen alle Bilder fast an Phantasie und Fülle. Ich muß sagen, mich haben die Säle selbst, obwohl sie zopfig sind, was Architektur anbetrifft, und diese Wandgemälde so in Anspruch genommen, daß ich zu einem Studium der einzelnen Bilder, bei denen man von einer Situation in die andere, von einer Stimmung zur andern geworfen wird, gar nicht im geringsten gekommen, ich habe nur die auffallendsten gesehn. Diese Deckengemälde offenbaren einem eine so neue Welt, es läuft einem immer kalt und heiß über den Rücken. Diese Bravour, diese Mannigfaltigkeit, Gott ich kann keine Worte finden, Ihr müßt es Euch selbst ansehn. Wir gingen dann in den Garten, wo der reiche Frühling war, alles grün, warm; auch dies Gefühl hatte ich zu ertragen. Es war des Glücks zuviel. Es sind in dem Garten zwischen den Olivenbäumen, den Orangen und Zypressen circa 500 antike und spätere Statuen, Brunnen, alles schwelgt da nur. Gestern und heute waren wir in den Uffizien, davon zu erzählen geht nicht, ich müßte Tage lang sitzen und schreiben oder vielmehr überlegen, bis ich Euch ein Bild davon geben könnte. Florenz ist so überfüllt von schönen Sachen jeder Art, daß man Monate lang zu sehn hat. Die Handzeichnungen, bei denen man den Meistern am nächsten kommt, beschäftigten mich da am meisten. Man staunt, wie viel in der Kunst die Welt geleistet, welche Massen von Talenten und Genies es gegeben. Wie die Leute mit dem Körper und der Technik gespielt. Diese Kirchen hier, diese Bauten, welche ungeheuere Dimensionen. Ich gedenke nach Rom jedenfalls hier noch mehrere Wochen zu bleiben, es ist zu viel zu sehn und zu lernen. An Selbermachen ist gar nicht zu denken, und obschon das viele Sehn dieser Sachen einen zu eigenem Schaffen sehr treibt, so ist keine Zeit da, denn man kommt immer ermüdet, vollgepfropft von tausend Eindrücken abends nach Hause. Wenn man die Hauptsachen gesehn, ists genug. Alles zu sehn erfordert Jahre, wenn man die Sachen studieren will. Wo irgend Zeit, zeichne ich mir was ab. In Rom hoffe ich doch mehr Ruhe zu bekommen, um auch was nebenher arbeiten zu können. Gestern waren wir gegen Abend auf Fiesole, heute auf San Miniato, wo wir die herrlichste Aussicht auf Florenz und die Umgegend hatten. Es liegt wunderbar schön. Man hat hier alles, was man will, Gegend, Kunst in jeder Art, Genreszenen, man sieht den ganzen Tag Neues. Schöne Gesichter gibts hier wenig, die Fremden sind die schönsten. Ich gebe mich jetzt am meisten noch mit den ganzen Bauten ab. Ein Palast, wie er aufgebaut, dekoriert, das Arrangement im ganzen und vernachlässige die Galerien mehr. Ich sehe recht ein, daß nur ein Maler oder Bildhauer Architekt sein kann. Es ist ja gleich, ob ich einen Kopf oder ein Gebäude aufbaue. Der Sinn für große Wirkung, für Linien muß da sein. Aber unsere jetzigen Architekten verstehn bloß die Konstruktion, kaum Mathematik und bauen da ein Gebäude auf. Man möchte in einer andern Zeit leben, wo man noch diesen frischen Geist der Kunst von Kindheit auf eingesogen. Man muß sich jetzt alles selbst wieder schaffen. Morgen ganz in der Früh reisen wir nach Rom ab. Morgen abend 9 Uhr sind wir in Rom. Wie wirds dort werden. Florenz scheint mir so groß, daß ich mir gar nichts Größers noch vorstellen kann.

An Conrad Fiedler

Firenze, 16. Mai 1872

Wenn Sie mich fragen, ob mir Florenz das bietet, was ich in Berlin vermißt, so kann ich wohl aus vollem Herzen ja sagen. Hat ja doch in Italien der Schöpfer einem die Arbeit insofern erleichtert, als er die Natur, die bei uns rohes Material, selber weiter entwickelt oder künstlerisch gestaltet und zum Ausdruck gebracht hat, und insofern liegt dem Künstler eine größere Strecke vor Augen, um die Methode zu erkennen, in welchem Sinn die Natur schafft und ausbildet. Man steht auf einem höhern Niveau, sieht weiter hinter sich, allerdings nach vorn bleibt die Aussicht immer unendlich, und die Reise beginnt von neuem. Doch ists mir hier, als hätt ich mehr Kräfte, mir fällt mehr ein, und glücklich, wer da anfangen kann, wo die Natur ihre Arbeit eingestellt, und seine Kräfte nicht verschwenden muß, um sie überhaupt zu finden. Hat man nun noch auf Schritt und Tritt vor Augen, wie die Menschen richtig weiter und bis zu welchem erstaunlichen Grad der Vollendung sie gebildet haben, dann hat man wohl alles, was man von außen erwünschen kann. – Heißt aber zufrieden sein, mit sich zufrieden sein, so ist die Antwort natürlich nein. Ist doch der Mensch das einzige Geschöpf, was selten vernünftig und im Sinn der Natur denkt, man muß ja jede Bestie beneiden, sie bleiben in den Händen der Natur und denken immer richtig, und wir müssens erst lernen; und unsereiner, der täglich davon in seiner Arbeit Rechenschaft ablegt und Kontrolle übt, zähle dann die Stunden, wo ihm wirklich die Natur die Gedanken oder die Hand geführt hat. – Was und wie ich hier bin, muß halt meine Figur zeigen, ich bin damit schon ziemlich weit, vedremo[1]! Heute hat hier übrigens erst der Mai begonnen, wir hatten bisher ewig Regen, ja Hagel, es war naß und kalt, man fror und schämte sich in der Seele des hiesigen Wettergotts. Mit Menschen komm ich fast gar nicht zusammen, was nützts, wenn sie einem ihre Brillen borgen, diese verschliffenen Gläser der Gesellschaft, man sieht ja doch nicht mit und verderben nur die Augen.

An seine Mutter

[Florenz] 2. Juni 1872

Vier Tage war ich in Rom und war ganz erschüttert von dem großen Geist, der dort durch Stadt und Land geht. Es verschwindet eben alles dagegen. Es ist die ganze Welt im kurzen, als wär es von Shakespeare oder Michelangelo gemacht, ja die

1 wir werden sehen!

Phantasie der Natur ist da fast noch gewaltiger. Kurzum, ich hab in den 4 Tagen als Menschlein vor der Allgewalt der Natur gestaunt und vor der breiten Brust der Alten und der Papstweltherrschaft. Die Menschen konnten eben da machen, was ihnen ihre Phantasie im Bewußtsein der ungehinderten Herrschaft über die ganze Welt eingab. Diese Verhältnisse sind nirgends sonst wo gewesen, und so ist nirgends diese Ungebundenheit des Menschengeistes zu finden, sei's in den feinsten antiken Ornamenten oder im übermütigsten Jesuitenschnörkel. Ja, Bilder und Figuren sind da, daß man sofort im Genuß vergehen möchte, verschmachtete man nicht vor Begierde nach eigenem Schaffen. Drum hielt ichs auch nicht aus nach den 4 Tagen, wo ich fast das ganze Rom wiedergesehn habe, bis ich wieder bei der Arbeit war. Verändert hat es sich noch gar nicht, geht auch nicht so leicht. Was sich so lange trotz Wetter, Sturm im Grund erhalten hat, das bringen die paar modernen Italiener nicht aus den Fugen. Ein Pfäfflein mehr oder weniger, was tuts. Ein Floh mehr oder weniger auf dem schönen Leib der Frau, was tuts, mögen sie ihr noch so viele Lappen umhängen, sie ist nicht zu verkennen. Doch glaubt ich, es sei gut, daß ich nicht mit ihr leben muß, eine schlimme Ehe, man kommt ganz und gar unter den Pantoffel und man verliert sich ganz dabei, wenn man nicht stumpfsinnig wird, was noch schlimmer.

An Heinrich Wölfflin

[wahrscheinlich 1891]

Über den Maler v. Marées erlaube ich mir keine anderen Mitteilungen, als daß ich mit 19 Jahren, wie ich nach Rom kam, ihn, den 10 Jahre älteren, kennen lernte und er bald den größten Einfluß auf meine künstlerischen Anschauungen ausübte.

Was die Cinquecentisten betrifft, so ist es die plastische Positivität ihrer Formgebung und direkte Naturuntersuchung, welcher ich nachstrebe, um aus dem Ungefähren, bloß Andeutungsweisen der heutigen Formanschauungen herauszukommen. Da man ihre individuelle Tätigkeit viel deutlicher verfolgen kann, als bei der Antike es sich tun läßt, wo nur so wenige Originale vorhanden sind, so bot mir Florenz weit mehr direkte Fingerzeige als Rom. – Nicht das, was sie von der Antike unterscheidet, sondern vielmehr das, worin sie die Antike uns als direkte Arbeitsspur verdeutlicht, erscheint mir als das Wertvolle und Lehrreiche. Der Grad der Klarheit ihrer Formgestaltung scheint mir der beste Maßstab zu sein für die Anforderungen, denen man bei seiner Tätigkeit nachzustreben hat. – Nicht ihre Art der Phantasie, sondern die Deutlichkeit derselben ist es, ohne welche ich mir den Wert der plastischen Tätigkeit nicht denken kann.

MALWIDA VON MEYSENBUG

1816–1903

An Auguste von Stein-Rebecchini

Firenze, 18. April [1867]

Gestern abend bin ich mit Garibaldi zusammen gewesen. Er ist nur für ein paar Tage hier, und eine Dame unserer Bekanntschaft hatte uns gebeten, mit ihm zusammen zu kommen. Leider hatte man den Blödsinn, den man mit berühmten Leuten treibt, auch hier mit ihm getrieben, obgleich es in dem Haus einer wirklich intelligenten und freien Frau war. Eine Masse Damen, größtenteils Engländerinnen, saßen steif im Kreis umher und starrten den Fetisch an. Er selbst aber ist einfach und herzlich geblieben und trotz allem Weihrauch, ein echter Mann des Volkes, und wenn er auch politisch unklug gehandelt hat in der letzten Zeit, so glaube ich, läßt sich seinem einfachen Herzen kein Vorwurf machen. Er war sehr freundlich gegen uns und erinnerte sich alter Zeiten, wo ich ihn in England gesehen, als er aus Südamerika kam und ich bei ihm an Bord seines Schiffes frühstückte. Armer Mann! er hat auch den Kelch getrunken, aber ich denke ihn mir lieber auf Caprera, auf diesem Felseneiland, das dem großen Patrioten, dessen Arbeit zu Ende ist, zum würdigen Piedestal dient; hier im Kreise verblendeter Parteigänger, die seine Güte benutzen, um ihn hierhin und dorthin zu locken, ist er nicht an seinem Platz.

An dieselbe

Roma, 8. Dezember [1874]

Rom übt wieder ganz den alten Zauber auf mich aus. Es hat sich ja sehr verändert, der klerikale Charakter der Stadt, das wehmütig Träumerische, das sie wie zu einem Kirchhof der Jahrhunderte machte, ist verwischt, die Vorteile des modernen Lebens, aber auch die Nachteile desselben breiten sich mehr und mehr aus, man vermißt die malerische Staffage von ehedem und sieht ungern den unmalerischen modernen Zuschnitt des ganzen Lebens an dieser Stätte, wo ein großer künstlerischer Gedanke die Regeneration hätte leiten müssen. Aber – dennoch ist es Rom, und neben der unvermeidlichen Banalität aller großen modernen Städte wird es ewig einen Zauberkreis behalten, in dem die beschauende Seele ihre Nahrung findet und eine stille Heimat wie an keinem andern Ort der Welt. Auch bin ich entschlossen, wenn es irgend tunlich ist, mir hier die letzte Heimat aufzuschlagen. Von gemeinsamen Bekannten habe ich Lindemanns, die Fürstin Wittgenstein, die sehr freundlich gegen mich ist, Liszt, der mich stets besucht, wenn er in die Stadt kommt, da uns nun in der Liebe zu seiner Tochter ein neues Band eint, . . . gesehen.

An Olga Monod-Herzen

Villa Rubinacci. Sorrento, 13. November 1876

Meine liebste Olly! Wir haben uns den Tag jetzt schön aufgeteilt. Am Morgen arbeitet jeder für sich, und ich sehe die Herren gar nicht, frühstücke für mich. Nach dem Essen ruht Nietzsche sich aus; ich halte keine Siesta, weil ich finde, daß ich besser nachts schlafe, wenn nicht am Tag. Dann gehen wir jetzt meist zusammen spazieren, heimliche Wege in das Gebirge durch Olivenwälder, neben Schluchten, aus welchen hohe Orangenbäume mit goldnen Früchten hervorsehn und auf der Höhe mit entzückenden Aussichten auf Meer, Vesuv usw. Dann zu Haus liest Rée uns noch vor dem Abendessen eine Stunde und nach demselben eine Stunde lang vor, um 9 Uhr gehn wir zu Bett . . . Es ist seit ein paar Tagen wieder göttlich schön; der Vesuv liegt da wie ein Opferaltar, aus dem eine hohe Weihrauchwolke, schön von der Sonne vergoldet, zu den alten Göttern emporsteigt. Die Orangen werden immer goldner, es ist unglaublich schön, in diese hohen dunklen Bäume hinaufzusehen, in welchen die Unzahl goldner Früchte hängt. Ich adoriere Sorrent täglich mehr. Auch selbst die kleineren Wege zwischen den Gartenmauern, welche die meisten Fremden so häßlich finden, find ich reizend, sie geben Schatten vor der Sonne und Schutz vor dem Wind, über die Mauern schauen die goldnen Früchte herüber, Orangenduft dringt daraus hervor, und plötzlich tritt man dann ins Freie zu den schönsten Aussichten. Auch hat man die große herrliche Straße längs des Meeres zu beiden Seiten, die ganz frei ist, mit dem prachtvollsten Panorama, dann Gebirgswege voll malerischer Schönheit. Das Herrliche ist eben die Vereinigung von Gebirg und Meer, und das macht auch die Luft so wunderbar, wie Alpenluft. Nein, das Landleben ist doch das wahre Leben, so frei von Gesellschafts- und Toilettenzwang, gleich hinaus zu können in die Natur und in *solche* Natur! Vorgestern war es auch so göttlich, da saß ich den ganzen Morgen auf der Terrasse, und nach Tisch lud ich die Herren zu einer Spazierfahrt nach Massa ein, eine und eine halbe Stunde von hier, wo wir uns damals nach Capri einschifften, die Straße längs des Meers eine der schönsten der Erde; dort tranken wir Kaffee auf der Loggia einer Trattoria, wo Capri ganz nah vor uns lag, bläulich schwarz vor dem reinsten Gold der untergehenden Sonne sich abzeichnend, und als wir zurückfuhren, stieg gegenüber, über den hohen Bergen der Küste, die alle rosa schimmerten vom Abglanz der Abendröte, der Mond herauf, umgeben von einer sanft grauen und rosa Atmosphäre, die Oliven, die Pinien standen still feiernd auf den stolzen Felsenhöhen und in den Schluchten, die zum Meer hinabstürzten. O Olly, es war so schön, daß wir alle in Entzücken schwelgten. Auch Nietzsche vergaß seine Leiden und war außer sich vor Bewunderung und wiederholte, daß es ihm in seinem Leben noch nicht so gut geworden.

An dieselbe

Settefonti, Freitag, 24. Juni [1881]

Am Fuß der Berge empfing uns ein kleiner, leichter Wagen, und wir fuhren nun zwischen grünen Hecken in die Höhe in reinere Lüfte, bis wir endlich die Spitze ragen sahen, wo aus einem Boskett von alten, herrlichen Eichen das Haus Minghettis mit einer kleinen Kirche und einem Türmchen daran hervorsieht und die prachtvollste Aussicht nach allen Seiten sich ausbreitet. Empfangen wurden wir vom Ehepaar mit so herzlicher Natürlichkeit, daß einem gleich wohl wurde. Das Haus ist viel weniger elegant als Mezzaratte, aber große, luftige Räume, ein wahrer köstlicher Landaufenthalt. Der Park, ganz von Minghettis selbst angelegt, ist entzückend, große Grasplätze, mit Gruppen alter Eichen, alles mit Rosen und Flieder eingefaßt. Wäldchen von Tannen und Lärchen, die Minghetti selbst gepflanzt, und die Aussichten: von einer großen Terrasse sieht man in vulkanische Schluchten und Bergformationen der wildesten Art, ein wahres Inferno; da ist der Hain ganz mit dem feinen Jasmin bewachsen, der einen abends beim Wehen der Luft mit einem weißen Blütenregen beschüttet und himmlischen Duft ausströmt; auf der anderen Seite ist die weite Ebene von Bologna bis ans adriatische Meer, dann wieder weinbepflanzte Hügel und Ketten der Apenninen, eine hinter der andern. Zum Diner kam der junge Curato der kleinen Gemeinde der Bauern hier herum, ein Mensch von 22 Jahren, selbst Bauernsohn, aber voll feurigen Strebens, selbstgebildet durch die Bücher, welche Minghetti ihm gibt, ein Denker, der unter Umständen ein Luther oder vielmehr ein Savonarola hätte werden können. Nach den merkwürdigsten Gesprächen, wo die Feuerseele dieses jungen Mannes immer durch Minghettis gemäßigte Weisheit gedämpft wurde, gingen wir noch spät in ein Wäldchen auf benachbartem Hügel und saßen da bis 10 Uhr auf dem Boden. Es war dunkel, aber in den Büschen blitzte es wie von Millionen Edelsteinen, und kleine leuchtende Sterne zogen um uns her, die geliebten Lucciole, und in den Bäumen flöteten Nachtigallen ihr zartes Lied. Es war himmlisch.

26. Juni. Gestern hat Herr Minghetti angefangen, uns die Satiren von Horaz viva voce zu übersetzen. Da er ein vortrefflicher Lateiner ist, ging das sehr gut und gewährte mir große Freude; gerade eine Satire, wo Horaz die kleinen Tribulationen und Ennuis des Stadtlebens sehr drastisch beschreibt und dann die Seligkeit der Stille und der unschuldigen Freuden des Landlebens preist, und wir alle empfanden aus voller Seele, wie recht er hat. Der arme Minghetti muß doch in einigen Tagen nach Rom, um einem wichtigen Votum in der Kammer beizuwohnen; er wird aber bald zurückkommen. Er ist wirklich ein edler und hochgebildeter Mann und erträgt mit wahrer Seelengröße die gehässigen Prozeduren, welche er jetzt in der Politik zu erdulden hat, nicht nur von seinen Gegnern, sondern auch von Männern seiner eignen Partei, welche an ihm zu Verrätern werden. Seine politischen Ansichten sind nicht immer die meinen, seine philosophischen auch nicht ganz, aber dennoch ist die Unterhaltung mit ihm, besonders hier, wo er ruhiger ist als in Rom, äußerst interessant, nie banal, und man kann enorm viel von ihm lernen.

Außerdem haben wir den jungen Curé, welcher fast jeden Abend kommt. Das ist ein merkwürdiger, höchst interessanter Mensch. Erst 22 Jahre alt, hat er bereits die Phasen des heftigsten Zweifels durchgemacht (nie über Bologna hinausgekommen) und ist nun so weit, seine Mission im edelsten Sinn aufzufassen, d. h. hier in seiner kleinen Bauerngemeinde wirklich als Seelsorger zu wirken, die Menschen zu veredeln, zu sanfteren Sitten und zum Gefühl der Pflicht zu erziehen. Wir waren mit Minghettis in der Messe; die kleine Kirche stößt ans Haus, und da sie die Padroni sind, so tun sie es aus Liebe für die Bauern, daß sie mit zur Kirche gehn. Ich kann sagen, daß mich alle Pracht vor S. Pietro nicht so gerührt und ergriffen hat als diese arme kleine Dorfkirche, wo eine Gemeinde von etwa 120 Bauern, Frauen und Kinder, auf den Knieen liegend, in tiefer Andacht, in würdiger bescheidener Haltung, reinlich in ihrer ärmlichen Kleidung, dem einzigen beiwohnten, was in ihrem Leben das Ideal repräsentiert; wo dieser junge, schöne und schon innerlich so schwer gekämpft habende Priester ihnen die schönsten Worte des Evangeliums mit herzlicher Wärme ans Herz legte. Ich empfand es tief, daß man dies dem Volke noch nicht nehmen darf, ehe man nicht ein Höheres an die Stelle setzen kann, und gewiß, wenn alle Priester ihre Mission so auffaßten wie dieser, so wäre kaum etwas anderes zu wünschen. Es ist etwas nach meinem Sinn, so den einfachen Menschen nahekommen zu können.

An Auguste von Stein-Rebecchini

Rom, 30. April [1885]

Wenig ganz schöne Tage werden stets wieder von heftigen Regengüssen und kalten Winden abgelöst. Die Rosenfülle ist freilich auch wunderbar, und in Villa Wolkonsky ziehen die Kränze, Rose an Rose, von einem Baum zum andern, aber das schlechte Wetter kommt dann immer wieder dazwischen und hindert, es zu genießen. Und denken Sie nur: Villa Ludovisi ist verkauft, wird zerstückelt und bebaut, Villa Patrizi ebenfalls, und gestern sagte man mir – o Grauen! – auch Villa Borghese. Dahin ist es mit den römischen Großen gekommen. Es macht mir solchen Schmerz, daß es wahrhaftig ein Grund für mich werden könnte, von Rom wegzuziehen. Dabei liegt die halbe Stadt in Trümmern, überall reißt man ein, und mit dem Wiederaufbauen geht es langsam; anstatt an einem Ende erst fertig zu machen, zerstört man überall zugleich. Und was man aufbaut? Scheußlich! Man möchte es nicht sehen, nicht wissen. Nein, das Rom, das wir einst noch zusammen liebten, ist dahin, und die reellen Verbesserungen, die man erkennen muß, wiegen jene Verluste nicht auf. Gregorovius ist hier, hat mich noch keines Besuches gewürdigt, soll aber außer sich sein über die Veränderungen.

CARL JUSTI

1832–1912

An seine Schwester

Neapel, den 17. Oktober 1867

Wieviel Reiz und Bedeutung erhält nicht grade jetzt der Aufenthalt in Italien, wo sich so ungeheure welthistorische Geschicke erfüllen, wie der Sturz des Papsttums ist! Da ich täglich mehrere Blätter lese, die jedes zu verschiedener Stunde des Tages erscheinen, das letzte ½ 11 abends, und in der Straße für 1 soldo (Kreuzer) verteilt werden, so habe ich den ganzen Kampf der Leidenschaften, der wechselnden politischen Kombinationen, die von dem Schauplatz des Kampfes eintreffenden Nachrichten, recht im einzelnen verfolgen können. Ich war bei der größten der Demonstrationen des Volks für Garibaldi, als vor der Präfektur auf dem Platz des königlichen Schlosses die evvivas[1] und abbassos[2] gebrüllt wurden. Gestern mittag sah ich auf demselben Platz die Musterung zweier Regimenter, die heute auf der Eisenbahn zur Besetzung des Kirchenstaates weggegangen sind. Sollte es jetzt gelingen, so ist es ein merkwürdiges Zusammentreffen, daß in diesem Monat Oktober grade 3½ Jahrhunderte vergangen sind, seit Martin Luther den ersten erfolgreichen Angriff auf das Papsttum machte. Ebenso merkwürdig wäre es, wenn Deutschland, das protestantische Preußen an der Spitze, sei es diplomatisch, sei es militärisch, zu diesem Erfolg beitragen sollte. Und wer hat dies alles angerührt? Wer durch sein bloßes Wort den Aufruhr in den päpstlichen Provinzen entzündet; die Regierung in Florenz genötigt vorzugehen und, wie jetzt fest beschlossen ist, Rom zu besetzen,

1 Hochrufe
2 Schmährufe

selbst auf die Gefahr des Bruchs mit Frankreich hin; wer wird, wie es scheint, die Aufhebung der weltlichen Macht des Papstes trotz aller katholischen Staaten Europas durchsetzen? Der gefangene Garibaldi. Ein merkwürdiges Beispiel von der dämonischen Macht einer Persönlichkeit, die man gewiß weder einen tiefen Staatsmann noch großen Feldherrn nennen kann, aber deren moralische Lauterkeit, ideale Beweggründe und persönlicher Mut über jeden Zweifel erhaben ist. Ein Mann muß besonders dem Italiener imponieren, «der ein Königreich von Millionen erobert und regiert hat und dann dem König abgetreten, ohne etwas für sich zu verlangen, dem Millionen durch die Hände gegangen sind, ohne daß er sich bereichert hat».

An seinen Bruder

Neapel, den 2. November 1867

Die letzten Ereignisse haben auf die Italiener einen für ihr staatliches Selbstgefühl vernichtenden Eindruck gemacht. Rom als Hauptstadt Italiens – ist ein Ziel, in dem alle Parteien (mit Ausnahme der Reaktion) übereinstimmen; diese Forderung ist allzu deutlich ausgesprochen in den Plebisziten, durch welche dem Re Galantuomo[1] nach und nach die früheren Reiche der Halbinsel übertragen wurden. Sie sagen: Wir haben seit sieben Jahren die ungeheure Steuer-Abgabenlast getragen, um Heer und Flotte zu erhalten; wir sind aus einem reichen Land ein armes Land geworden (letzteres sagen besonders die Neapolitaner, die vor sieben Jahren keinen Schein Papier hatten und in der Bank 20 Millionen Ducati baar, während man jetzt kein Silber mehr erblickt). – Und nun zeigt sich, daß das alles umsonst ist, daß Florenz nur eine sotto-prefettura[2] von Frankreich ist. Gewiß ist, daß diese letzte Haltung der Popularität des Königs den Todesstoß gegeben hat; es verlautet auch, daß er abdanken wolle. Wie aber aus der Verwicklung herauszukommen ist, kann man nicht absehen. Wäre der Kirchenstaat und Rom von Garibaldi erobert worden und durch ein Plebiszit an das Königreich übertragen worden, so hätte sich aufgrund einer fertigen

1 Viktor Emanuel
2 Unterpräfektur

Tatsache mit dem Papst unterhandeln lassen. Jetzt, wo er im Besitz geblieben ist, wird ihm kein Kongreß katholischer Großmächte das gewünschte Zugeständnis abgewinnen. In Italien wird die Frage natürlich nie zu Ruhe kommen, stets der Herd des revolutionären Feuers bleiben, und alles, was sie drückt, was ihnen mißfällt, wird stets auf Rechnung des Umstands gesetzt, daß wir Rom noch nicht als Hauptstadt haben. Die Regierung kann auf die Dauer mit dem Volkswillen nicht ernstlich in Widerspruch bleiben, da das Heer ganz die Gesinnung der großen Mehrzahl der Nation teilt. Der edle Alliierte wird fortfahren zu behaupten, die Ehre der Firma Frankreichs aufrechterhalten zu müssen und gern Italien seine Vasallenschaft recht empfindlich fühlbar machen. Die französische Trikolore auf Civitavecchia und der Engelsburg – wo man hoffte, daß jetzt die italienischen Reichsfarben wehen sollten – das ist il disonore[1], das Thema aller Zeitungen. Jetzt ist nur noch ein schwacher Hoffnungsstrahl im Nordosten – in dem, was Bismarck tun wird, dessen Auftreten gegen Napoleon hier allgemein bewundert und den italienischen Ministern als beschämendes Vorbild hingestellt ist.

An Mutter, Schwester und Bruder

Rom, den 12. Januar 1868

Es gibt in Rom auch profane Heiligtümer, die einen mächtigen Zauber anderer Art ausüben. Dazu gehört das Zimmer Tassos im Kloster S. Onofrio auf dem Janiculus. Am 29. Dezember war ich zum ersten Mal dort oben. So kann man dreiviertel Jahr in Rom sein, ohne einen Ort aufgesucht zu haben, der eine andere Stadt allein zum Wallfahrtsort der Fremden machen könnte. Denn es ist nicht bloß das Zimmer Tassos da, sondern auch eins der wenigen Originalgemälde Leonardo da Vincis, das er bei seinem Aufenthalt in Rom hier gemalt hat. Von Tasso sind eine Menge Reliquien erhalten: seine vier Lehnstühle, sein Tintenfaß, seine Totenmaske, sein Kruzifix, – draußen im Garten die Eiche, unter der er gesessen; sie ist vom Blitz zerschmettert und es steht nur noch ein Stück, wie unsere in Dagobertsh.,

1 die Schande

nur noch mit einer vollen Krone. Diese Zelle, in der alles morsch, altfränkisch, mumienhaft, macht einen düsteren Eindruck, sie bringt wenig die Strophen dieses melodischen und tieffühlenden Dichters in Erinnerung. Der Maler war hierin begünstigter; gegenüber dieser Madonna meint man, er habe ein Stück seiner Seele hier sichtbar zurückgelassen. Wie fühlt man gegenüber diesem Bild die Spur eines Wesens höherer Ordnung! Keine Kopie gibt einen Begriff von ihrer Hoheit und Süßigkeit zugleich. Es gibt nichts Feineres, Seelischeres, Stoffloseres, ganz in Anmut und Freude Strahlendes und nichts Majestätischeres als dies verblichene Bild. Das Oval des Gesichts scheint das Geheimnis der Schönheitslinie offenbaren zu sollen. Es steht am Ende eines Gangs des Klosters hinter Glas mit einer Einfassung von bunter gebrannter Tonarbeit. – Ganz anders als in seiner traurigen Zelle – deren Hausrat daran erinnert, daß er nur die Trümmer seiner Existenz hierher gerettet – wird uns Tassos Leben und Schicksal lebendig in jenem Garten. Hier ist eine Art Theater, halbkreisförmige Reihen verfallener Backsteinsitze; ein Lorbeergebüsch, eine marmorne Brunnenfassade zu Ehren des Papstes und Kardinals Albani, welcher eine Abzweigung der Wasserleitung an diesen früher dürren Ort gestattet hatte. Dazwischen jene Eiche. Alles in Verfall. Aber darunter breitet sich das Häusermeer von Rom aus, damals im Sonnennebel eines hellen Dezembermorgens, mit den zahlreichen Kuppeln, während von allen Seiten die Glocken heraufdringen, wie der Wogenschlag aus einem Meer. Welcher Zauber liegt auf den Stätten, die einmal der Genius berührt hat! Wie wird uns diese ganze magische Existenz fühlbar, als umschwebe uns sein klagender, nicht zur Ruhe gekommener Geist und übte noch unsichtbar, magisch die Gewalt, die er einst durch Wort und Harmonie geübt. Keinen geeigneteren Ort konnte er aufsuchen als diesen, groß genug zur Aufnahme aller gebrochenen Existenzen und Hoffnungen der Erde; wo die Natur, die Kunst, die Religion und das Schauspiel tausendjähriger Geschichte überreichen Trost bietet für alle Schmerzen der Erde; wo das Größte, was die Erde hatte, begraben ist, wo die Zeit mit ihren Zerstörungen und die Ewigkeit zugleich ihren Triumphzug zu halten scheint.

ERWIN ROHDE

1845–1898

An seine Mutter

Rom, Sonntag, 31. Oktober 1869

So einmal, wozu auch das herrliche Florenz auf Schritt und Tritt den Nachdenklichen stimmt, in jene kräftige gestaltungsreiche Zeit am Ausgang des Mittelalters ... eingetreten, erhielt ich mich in so bedeutenden Eindrücken, indem ich auf der Rückreise nach Rom einen Tag in Perugia und einen Vormittag in Assisi Halt machte. Es ist gar nicht zu sagen, welch einen beglückenden Reiz solch ein Wandeln an den Stätten einer schaffenden Vergangenheit gewährt. Namentlich im alten Perugia. Auf einem kapriziös gezogenen langen Hügelrücken ... gelagert, bietet es von allen Seiten neue und im reizenden Wechsel der drunten liegenden Wiesen und Bäume mit den phantastischen, auf- und absteigenden Häusern stets malerische Anblicke: die Häuser sind noch Individuen, mit allen Ecken und Absonderlichkeiten selbstbewußter Personen, nicht aufmarschierte Jarderejimenter. Nun überall die Spuren einer kräftig wirkenden Malerschule, die mir, in zu großer Häufung genossen, mit ihren süßlich frommen Äuglein ... freilich viel weniger zusagen, als die lebensfrohen Florentiner Realisten des 15. Jahrhunderts – aber sie entwickelten denn doch auch, in Raffael, das höchste aller harmonischen Malergenies, den Mozart der Plastik, und bildeten selbst einige in ihrer zarten Holdseligkeit ganz beglückende Bilder, an die zurückzudenken auch zu den sicheren Gewinnen solch eines italienischen Aufenthalts gehört: wie man an begnadigte Momente im eignen Gemütsleben, in schlaffen Tagen, zurückdenkt. So die Grablegung des Perugino in Pitti, einige der schönen Fresken in der Sala del Cambio zu

Perugia, namentlich aber das unvergleichlich schöne Abendmahl in St. Onofrio in Florenz, von einem unbekannten Peruginer. Ein unsäglicher Reiz, der Gegenwart vergessen, in den alten engen Straßen mit Gestalten jener Zeit im Sinne zu wandeln, von deren die Welt in der Erkenntnis ihrer tausendgestaltigen Schönheit aufs neue schaffenden Regsamkeit unsre, sonst jener so ... überlegene Zeit immerhin ein gutes Stück brauchen kann. Das ja macht den Künstler, daß er das Schöne, Bedeutsame sieht, wo ein stumpfer Sinn sich langweilt und dann über Enttäuschung schreit. – In Assisi ist das Wesentliche die Doppelkirche des heiligen Franziskus ..., an allen Wänden, in der Verschwendung reichen Geistes, mit Fresken Giottos und von Schülern des großen Meisters bemalt ...: meist Taten jenes bewundernswerten Mannes, in einer, meinem Gefühl nach, bei aller Gebundenheit unübertroffenen Meisterschaft im Darstellen von ‹Historien› ... durch bedeutsame Auswahl sprechender Abbreviaturen für weitläufige Akte. Dabei frappierte mich die chronikartige Naivetät, mit der diese damals doch erst kurz vergangenen wunderbaren Ereignisse dargestellt werden konnten: ganz gewiß hätte man längst vergangner Jahrhunderte Geschichten ganz ebenso dargestellt. Es ist wie in den alten Novellen (Sacchetti z. B.): keinerlei historische Reflexion stört (oder fördert) die Darlegung des rein menschlich interessierenden Aktes.

An Friedrich Nietzsche

Rom, den 5. November 1869

Mein lieber Freund! Endlich einmal komme ich, in der Stille des Abends, dazu, mit Dir, wie ich es so lange wünschte, ein Stündchen zu verplaudern. Wie man die guten Stunden, unter stetem treuem Gedenken, aber ohne sich zum Schreiben zu ermannen, verstreichen lassen und dann in flaueren zur Mitteilung untüchtig sein kann, weißt Du ja. So ist es mir all die letzte Zeit ergangen. In Florenz war ohnehin an Briefschreiben nicht wohl zu denken: ich lebte ein wahres Tragelaphenleben: am Vormittag höchst mechanische Bibliotheksbüffelei – die ich nachgerade greulich satt habe: auch die Ergebnisse sind, im Vergleich zur Mühe, zu gering – am Nachmittag ein Bummel am schönen Arno entlang oder nach Bello Sguardo hinauf, am liebsten allein, in seltsame Phantasmen vertieft: dann kam das fidele Ende, ein ganz sybaritisches Mahl, in Gemeinschaft einiger, in diesem Punkt der Wohlschmeckerei, Gleichstrebenden. Im Grunde war es eine törichte Existenz, die mich namentlich zu einer rechten Vertiefung in die zahlreichen Reste jener herrlichen Florentiner Kunst des 14. und 15. Jahrhunderts (das 16. zieht mich nicht mehr an) wenig kommen ließ. Auf dem Rückwege war ich, bei Regen und furchtbarer Kälte, in Perugia und Assisi kurze Zeit, aber lange genug, um der Phantasie das lebendige Bild des örtlichen Hintergrundes jener mir so sympathischen Kunstübung des 15. Jahrhunderts einzuprägen. Perugia namentlich hat den Charakter jener Zeit völlig bewahrt. Seit dem 23. Oktober sitze ich dann wieder hier im alten Rom, Via della Stamperia No. 17, ultimo piano; ganz behaglich einquartiert, mit einem vielversprechenden Ofen und der lieblichsten Morgensonne. Vor der Hand feiert besagter Ofen – dessen Rohr ganz naiv zum Fenster hinaus geht – noch, denn trotz einzelner Regenschauer dringt die Sonne doch immer glorreich durch; es ist eine so lieblich laue Luft, wie bei uns im Mai, und die Sonne von einer menschenfreundlichen Milde und dem sanftesten Glanz. So leben sich die Tage leicht entlang. Ich habe für die kurze Zeit, die ich jetzt noch in Rom verweilen kann, alles mich im Grund näher Interessierende beiseite geworfen und mich – verwunderlich zu hören – mit meinen allgemach steif werdenden Geistesgebeinen in die Fluten der *Kunst* gestürzt. Man muß in der Tat diese kurze Lernzeit wie eine Zitrone möglichst komplett ausdrücken, wenn man schließlich nicht als der alte Ignorant heimkehren will. Die Zeit ist nur ein bißchen kurz, und täglich entsteht das Dilemma: zuerst Einschlingung von Eindrücken der Kunstwerke und hinterher – scheußliches Bild! – Verdauung, so gut es gehen will, oder erst historische Kenntnisnahme und dann Aufnahme künstlerischer Eindrücke. Ich ziehe das letztere vor: historisch präpariert sieht man nachher tausendmal mehr, behält besser und zieht auch aus Geringerem, ja Verfehltem einen Nutzen. Und nun ist das Stärkende, und was, noch außer dem endlosen Stoff zum *Lernen,* einen Aufenthalt in Städten wie Rom oder Florenz so erquicklich macht, daß man, so oft einem das Bedürfnis kommt, sein kleinliches, unfreies Selbst vergessen darf vor irgend einem rein vollendeten oder auch nur dem eigenen Geschmack, nach irgend einer oder allen Seiten, genügenden Kunstwerk. Von solchem Genuß gehe ich so gehoben und gereinigt davon, als hätte ich eine herrliche, die Tiefe rührende Musik gehört oder Goethe gelesen oder Platon. Viel schwerer aber ist es, diese Katharsis aus der bildenden Kunst zu gewinnen als aus den beiden andern: und dahin in immer höherem Maß zu gelangen ist, was ich in Italien erlernen möchte. Der Weg dazu ist aber, für meine Natur wenigstens, nur der historische. – Solange nun dieser Durst nach neuer Belehrung anhält, lebe ich stille und wirklich beglückte Tage, zwischen Aufnahme der neuen Kunde und gelegentlicher Exemplifizierung in irgend einer Sammlung geteilt: vorzüglich aber lerne ich noch, denn ich stehe ganz am Anfang, selbst für die rein dilettantischen Absichten, auf die ich mich beschränke. – Sonst lebe ich, nach Goethes Ausdruck, wie «eingehüllt», es schlafen, scheint mir, zwei Dritteile meines Wesens. Dich, lieber Freund, ersehne ich täglich her, morgens, mittags und abends; welche Existenz wollten wir zusammen führen! Das würde so eine Zeit sein, wo man, nach Jean Paul, nicht mit der Feder, sondern mit dem ganzen Sein und Leben dichtet, wo das ganze Wesen erklingt, wie ein enthusiastisches Musikstück. So muß ich mich begnügen mit einem Phantasieverkehr, der mich, in erregteren Momenten, in die Glückseligkeit solchen gemeinsamen Lebens an solcher Stätte hinein imaginiert; bald genug nur erwacht man: «so *würde* es sein!» Wie es nun ist, fühle ich mich am reinsten, mein Wesen am vollsten in der schönen, berauschenden Einsamkeit: denn in der Vielheit geht es hier wie überall: manche Widerwärtige, einige Angenehme, viele Gleichgültige, und eine Trivialität des Tones, die einen wirklich abnutzt und verrosten läßt: es ist, als ob man ein Schwert nur brauchte zum Apfelschälen! Es ist keine Glut in diesen Seelen, nur ein ganz kleines lauwarmes Feuerchen. So steht man sich, durch die tiefsten Abgründe getrennt, gegenüber, beurteilt wohl und wird sicher ganz falsch beurteilt. – So schweigt die eine wesentliche Seite der Seele ganz; sie redet höchstens mit sich selbst und mit dem fernen Freund, der ihr Wesen auch in abgerissenen Worten erklingen hört. «E te german di giovinezza, amore, non curo, io non so come»[1], sagt der treffliche Leopardi: kaum daß ich, wie letzte Nacht, im tiefen Dunkel erwachend, durch einen drunten vorüberklingenden traurigen Liebesgesang, wunderlich gerührt und an die verklungne süße Erregung, halb lieblich, halb schmerzlich, gemahnt wurde.

Man verlangt aber wirklich zu viel, wenn man stets als Ganzer zu leben verlangt: das gestatten die Dämonen nur ihren erhabenen Lieblingen, Goethe und andern Göttersöhnen; wir andern müssen glücklich sein, solange wir in Einer Richtung still und ungestört unsre angebornen Kräfte entwickeln dürfen. Töricht, sich diese schöne und wahrlich seltne Ruhe selbst zu zergrübeln. Ich lebe auch wirklich jetzt glücklich, gleichmäßig entlang und bitte die Dämonen um weitre Stille der Seele, als welche das Beste ist, unter allen Gaben des Glücks.

1 «Und um dich, Amor, Bruder der Jugend, kümmere ich mich nicht; ich weiß nicht warum» (Canti, XI, 20 ff.).

HANS THOMA

1839–1924

An Mutter und Schwester

Florenz, den 27. Februar 1874

Ich befinde mich recht wohl in der herrlichen Stadt. Die herrlichsten Kunstwerke stehen auf den Straßen im warmen Sonnenschein, der mir sehr wohltätig ist.

Gestern war es wie bei uns im Mai. Wir gingen nach dem 1½ Stunden von Florenz entfernten Fiesole; es liegt auf einem Berge, und wir sahen, bei einem Glas Wein sitzend, die herrliche Stadt mit ihren Domen und Kirchen und Marmorpalästen in dem sonnendurchleuchteten Tale; fern glänzten die Berge wie Silber – das Ganze eine paradiesische Frühlingslandschaft. Wunderschön sind die Abhänge mit den Ölbäumen in ihrem zarten, silberartigen Grün; dazwischen stehen schwarzgrüne, hohe Zypressen und Pinien; dazwischen überall, wo man hinsieht, helle Marmorschlösser, Gärten, wo der Wein wild über die Bäume wächst, und dunkelgrüne Bäume und Goldorangen. Die Orangen schmecken mir ausgezeichnet; das Stück kostet 5 Centimes.

Sehr froh bin ich über die warmen Kleider; in den Galerien und Kirchen ist es sehr kalt; aber wie schön diese Kirchen sind, da habe ich mir doch vorher keinen Begriff davon gemacht. An den Türen und auf den Bänken sitzt alles voller Bettler und Krüppel, die Almosen heischen; ich muß sagen, sie haben einen herrlichen Aufenthalt. Ich war auch in einem Garten voll Lorbeerbäumen und Myrten, überall Springbrunnen und Marmorbilder zwischen den Bäumen; es ist alles wie ein schöner Traum. An den Abhängen blühen große Anemonen; ich schicke Euch hier eine davon.

An dieselben

Firenze, Sonntagnachmittag, den 8. März 1874

Einstweilen, da es Sonntag ist, will ich Euch einiges von dem schönen Land erzählen. Man muß es sehen; es ist alles so fremd und dabei schön, andere Bäume, andere Blumen, andere Häuser, andere Sprache, anderes Essen sogar, welches aber sehr gut ist und hauptsächlich aus Geflügel und Fischen besteht. – Fische, Krebse, Austern, Schnecken und dergleichen unappetitliche Tiere schmecken mir ausgezeichnet. Käse gibt es sehr gute Sorten – der Wein ist sauer, aber doch gut; billig ist er auch nicht; es waren die letzten Jahre schlechte Weinjahre; das Brot ist teurer wie bei uns.

Daß die Leute so aufs Betrügen aus sind, wie man mir oft sagte, finde ich nicht; es ist nicht ärger als bei uns. Es sind sehr gutmütige Menschen; sie gefallen mir recht.

Hier ging bisher ein kalter Nordwind, und ich habe viel gefroren; die Zimmer sind nicht geheizt. Es war aber klarer, blauer Himmel, und wir spazierten im Sonnenschein, der schon tüchtig brennt.

Heute ist ein prächtiger Tag, und wir waren am Vormittag auf S. Miniato; es ist dies ein Hügel vor der Stadt. Große Marmortreppen führen hinauf. Oben stehen hohe Lorbeerbäume und Zypressen um eine alte seltsame Kirche, die von dem Gottesacker umgeben ist. Da sieht man die ganze große Stadt mit ihrem Flusse und den vielen Brücken, mit dem ungeheuer großen Dome mit seinem Kuppeldache und den vielen, vielen Kirchtürmen, den Prachtpalästen; fernhin an den sonnigen Bergen glänzen die weißen Landhäuser; die ganze Gegend ist wie übersäet davon. Dabei der lieblichste Sonnenschein, wie an einem Maitage – es wurde mir so weich ums Herz, und ich fühlte meine Seele zu Gott erhoben, der so herrlich ist in aller Welt...

In den italienischen Städten ist viel Lärm auf den Straßen und besonders viel Geschrei. Orangen- und Austernverkäufer, Photographiehändler und Droschkenkutscher, alles schreit und bietet seine Ware an. Dabei die fremden Gesichter, die vielen Esel und Maulesel; noch auffallender und fremder wie Florenz war Genua.

An dieselben

Rom, den 30. März 1874

«O, wie fühl ich in Rom mich so froh, gedenk ich der Zeiten,
Da mich ein gräulicher Tag hinten im Norden umfing» –

so sage ich mit Goethes Worten.

Wenn ich nicht zu Euch wollte, so ginge ich gar nicht mehr von hier fort. Gestern, Palmsonntag, war ich morgens in St. Peter. Der Zug mit den Palmen durch die ungeheuern Räume der Kirche mit Musik und Gesang, all die Kardinäle und Bischöfe dabei, war großartig und feierlich. Aber schöner noch wars nachmittags, als ich mit Lugo und einer Schweizerin in die Campagna hinausging. Es war ein schöner, fast schwüler Frühlingstag; eine große Ebene, von Bächen und Tälern durchzogen, breitete sich aus; in zartem Grün überall Tempelruinen und alte Grabmäler und hohe Felswände, in welche große Höhlen mit Gräbern aus alter Römerzeit eingehauen sind. Feigenbäume wachsen aus den Felsen, große Schafherden ziehen hier über die Weiden; unten am Bach wandeln große, graue Rinder; auf der andern Seite grasen Pferde und Esel, und die jungen Eselsfüllen hüpfen voll Frühlingslust possierlich umher. Hohe, schlanke Bäume stehen am Bach. Wir gehen durch von Lerchengesang erfüllte Saatfelder und kommen nach zweistündiger Wanderung zum einsamen Pächterhaus, – es sieht aus wie eine alte Festung; zwei Türme links und rechts und eine Zugbrücke, die nachts aufgezogen wird. Es macht einen düstern Eindruck in der großen Natur. Große, weiße Hunde sind die Wächter des Hauses und der Herden. Der ganze Nachmittag von gestern ist mir wie ein seltsamer Traum, so fremd und so schön und lieblich. Wenn Ihr einmal hier sein könntet, oder wenn Ihr an einem Nachmittag mit mir im Garten Borghese unter den hohen Pinien sitzen und diese kristallhelle, blaue Luft sehen könntet!

31. abends. Der heutige Tag war fast noch der allerschönste. Ich war in der Villa Albani – das ist ein wahres Paradies. Die größten Kunstwerke stehen hier im schönsten Garten der Welt. Es ist alles wie verzaubert, und die Marmorbilder stehen und sehen einen an, als ob sie fragen wollten.

Und diese Prachtsäulen von Marmor, Vergoldung und Malerei!

Außen blühen die Goldorangen im dunklen Laub. Goethes Gedicht voll Sehnsucht, hier sehe ich es lebendig geworden. –

Aber ich bin wirklich müde vom Sehen und kann nicht viel schreiben. Es ist ja Euch einstweilen genug, wenn Ihr wißt, daß ich glücklich bin, und das bin ich wirklich, wie fast nie in meinem Leben – es ist mir oft, als sei ich ein anderer Mensch geworden.

An dieselben

Rom, den 22. April 1874

Jetzt ist es nun gar schön, die Gärten so voll Blumen, die Rosen fangen an zu blühen, die Rosensträucher ranken bis zu den Gipfeln der hohen Pinienbäume und umhüllen den ganzen Stamm, was so wunderbar schön aussieht.

Jetzt fängt es auch an ziemlich heiß zu werden; es war sonst ein ausnahmsweise kaltes Frühjahr.

Ich habe nun zu arbeiten angefangen und genieße das Schöne in der Ruhezeit. Auch die Menschen sind hier sehr schön, und ich mache Studien im Atelier eines meiner Bekannten aus München, namens *Spangenberg*. Lugo hat etwas wenig Platz. – Am 16. Mai ungefähr geht dann das Landleben mit Lugo an; es soll sehr billig sein auf dem Lande; da werde ich fleißig arbeiten, damit ich auf lange Zeit irgendwo in Deutschland Stoff genug habe, um schöne Bilder zu malen ...

Ein merkwürdiges Leben ist jetzt in der alten Stadt Rom, wo die armen Leute wohnen, an den Sommerabenden. Mitten in alte Ruinen und heidnische Tempel sind Wohnungen hineingebaut; oft wie in Felslöchern wohnen sie. Schmiedewerkstätten sind darin; alles arbeitet und sitzt auf der Straße. Ganze Knäuel von halb und ganz nackten Kindern, die sich herumbalgen – Weiber, oft nur mit ein paar Lumpen bekleidet und doch meistens sehr schön. – Da sitzen ein paar Schneider und arbeiten; dort sitzt ein Schuhflicker zwischen alten Marmorsäulen und flickt einem Bettler, der darauf wartet, den Schuh. Oben in den hohen Tempelruinen wachsen Kaktus wild und über mannshoch, und Orangen glänzen aus kleinen Gärtchen, die oben angelegt sind. –

Es ist ganz ergreifend, dies Menschenleben auf den Trümmern des alten, einst so herrlichen Roms. Noch stehen die Säulen, wahre Kunstwerke, verwittert da; die Mauern der Kaiserpaläste hat sich eine Bettlerwelt zur Wohnung gemacht!

An keinem Ort wie in Rom begreift man besser die Psalmworte: «Tausend Jahre sind vor Dir wie der Tag, der gestern vergangen ist, und wie eine Nachtwache.»

An dieselben

Spezia am Mittelländischen Meer, 2. Juni 1874

Nun bin ich seit drei Tagen am großen Meere – es ist herrlich, und ich halte das Meer für das Schönste, was es auf Erden gibt, – diese Reinheit und Klarheit und Farbenpracht! Am Dreifaltigkeitssonntag fuhren wir in einem kleinen Schifflein nach einem kleinen Ort Portovenere, der auf Felsen ins Meer hinausgebaut ist. Die Fahrt war wunderschön, und ich habe Euch herbeigewünscht. – Der klarste Morgen, das Meer ohne Ende, voll Schiffen mit weißen Segeln – dabei eine erhabene Stille. – Der Ort, an dem wir anlangten, ist nun das Merkwürdigste, was ich je gesehen; Ruinen eines alten Venustempels stehen auf einem Felsen, der ins Meer hineinragt, und auf den Tempelruinen nochmals die Ruinen einer Kirche. Da stand ich so oben und sah erst recht die Unendlichkeit des Meeres – unter meinen Füßen tobte es mit weißem Schaum an die Felsen hin; immer wieder kehren die Wellen und zerschlagen sich am Fels und kehren schäumend zurück. – Am Land her stehen hohe Felsengebirge mit jähem Absturz nach dem Meere zu. – Fast schwindelte mir, und eine heilige Ehrfurcht erfüllte meine Seele vor dieser Größe. Nun kenne ich Italien erst recht, seit ich auch das Meer gesehen. Wir bleiben noch ein paar Tage hier und arbeiten fleißig – ich hoffe, viel Nutzen von der Reise zu haben.

Lerici, 3. Juni. Wir gingen heute morgen zu Fuß am Meere her – es lag vor uns in einem Glanz wie von Perlmutter; – nach einer Stunde aber sperrten uns Felsen den Weg, und nur ein schmaler Fußweg führte die Felsen hinauf, oft so steil, daß wir mit allen Vieren klettern mußten. Dann führte der Weg hoch oben hin an Felsen, ganz unheimlich, wenn auch nicht gefährlich – unter uns die Wellen, die immer fort und fort mit weißem Schaum die Felsen peitschten, und, so weit wir sahen, das blaue Meer. Das war ein großer gewaltiger Anblick! So ging es eine halbe Stunde. Der Weg war schmal, und an einigen Stellen konnte man nicht ohne Schaudern heruntersehen. Dann kamen wir durch reiche Olivenwälder und Feigenwälder in wieder einer halben Stunde nach St. Terenzo. Von dort fuhren wir im Schifflein hierher nach Lerici, wo wir heute und morgen bleiben. Es ist ein kleines Städtchen. Auf dem Fels am Meere liegt eine gewaltige alte Burg, finster und trotzig. Heute abend in der Dämmerung fuhren wir auf dem Schiff um die Burg herum und dann weit hinaus in die wogende See. Das war wieder einmal herrlich in dieser Unendlichkeit auf kleinem Schifflein, das wie eine Nußschale auf den auf- und absteigenden Wogen sich schaukelte. Es war Dämmerung, und man sah nicht, wo Himmel und Meer sich trennten auf der Seeseite, nur Wellen und Wellen. Ich war ganz überwältigt von dem Anblick.

Dann fuhren wir an hohen Felsen hin, in welchen die ewigen Wogen große Höhen hineingewaschen haben. – Da ist das Tosen des Meeres dem Donner ähnlich, wie es so immer in die Höhlen hineinschlägt, in Schaum zerspritzend und dann langsam zurückwallt, und kaum ist die Welle zurück, so wälzt sich die andere heran, so immer und immer – es ist wie ein ewiger Kampf zwischen Fels und Meer. Es war fast Nacht, als wir in den Hafen zurück mußten.

Italien ist ein wahres Zauberland.

Jetzt sehe ich aus dem Fenster in die dunkle Nacht hinaus; es sind Gärten vor dem Haus. – Da ist aber die ganze Landschaft wie mit grünlich flimmernden Sternen besät, die wie Schneeflokken durcheinander wirbeln. Es sind Leuchtkäfer, die um die Bäume fliegen, aber in solcher Anzahl, daß man bei uns keinen Begriff davon hat.

4. Juni. Heute am Fronleichnamstage war ich morgens in herrlichen Ölwäldern. Sie blühen und duften recht lieblich. Ich zeichnete. Über das Meer her donnerten die Schüsse vom Feste. Nachmittags führte uns die Wirtin auf ihr kleines Landhaus, welches auf einem Felsen am Meer liegt mit ganz herrlicher Aussicht. Hinter dem Haus ist ein Garten, ein wahres Paradies, Re-

bengänge, Feigenbäume, Orangen und Blumen. Da sieht man hinaus auf das große Meer mit seinen Inseln, ein erhabener Anblick, der mich immer aufs neue ergreift. Gegen Abend badeten wir im Meer. Später fuhren wir mit unserem Fährmann wieder hinaus in das weite Meer; am alten Zauberschloß vorbei führte er uns diesmal zu einer haushohen Höhle. Wir fuhren mit dem Schiff hinein; es war dunkel darin; und die Fledermäuse flatterten herum; es war unheimlich, aber großartig.

So sehe ich also immer Neues und Großes von Gottes herrlicher Welt, und ein Gefühl von Dankbarkeit kommt über mich, daß ich so seine Herrlichkeit sehen konnte.

THEODOR FONTANE

1819–1898

An Karl und Emilie Zöllner

Florenz, 10. Oktober 1874

Venedig ist interessant von Schritt zu Schritt, landschaftlich zauberhaft, poetisch durch und durch; aber es repräsentiert doch nicht *die* Form der Schönheit, die ich *dauernd* vor Augen haben möchte. Dazu ist mir, rund herausgesagt, die ganze Geschichte doch zu schmutzig. Sie bedarf des Mondlichts, bei dem man nur halb sieht. Sie bedarf der Verschleierungen, um immer wieder zu entzücken. Bei hellem Tageslicht genießt man den Canal Grande, den Rialto und nun gar das Gewirr der Gassen und kleinen Kanäle mit *sehr* gemischten Empfindungen. Es ist eine Touristenstadt, eine Stadt zum Sehen, auch zum Bewundern, aber nicht zum Wohnen. Junge Künstler und Dichter werden sich vielleicht über diese Äußerungen entsetzen, aber es ist *doch* so, wie ich sage. Die ganze Welt der Erscheinungen ist nicht dazu da, um Malern und Poeten wünschenswerte und bequem liegende Stoffe zu bieten, sondern um überhaupt zu befriedigen und zu erfreuen. Das Leben stellt vielfach andere Forderungen als die Kunst, und Individuen wie Staaten gehen zugrunde, die dies übersehen. Wem diese Wahrheit zu Fleisch und Blut geworden ist, der wird auf Venedig blicken, wie ich noch in der letzten Stunde auf ein wunderschönes Frauenzimmer blickte, die aus dem zweiten Stock eines halbverfallenen Hauses träumerisch-faul mit tief und dumm schmachtendem Auge uns nachsah, als unsere Gondel an den Wasserstiegen des schmalen Kanals vorüberfuhr. Sie war so schön, wie ich selten Weiber gesehn habe, und das halbgekräuselte schwarze Haar lag wie eine Mähne um sie her, mit Spitzen nach vorn hin über die halb entblößte Brust fallend: ich werde den Anblick nie vergessen. Aber sie war ungewaschen und ungekämmt und nach meinem Gefühl, so wenig sie persönlich innerhalb der idealen Liebe zu stehen schien, doch nur für eine solche geeignet. Ein Wesen, nur mit dem *Auge* zu genießen; mit ihr zu *leben* – ein Gedanke, nicht ausgedacht zu werden! So auch die Stadt selbst. Diese schöne, schwarzhaarige Schwester Struwelpeters, die seifenintakt auf einen gondelbefahrenen Rinnstein niedersah, war mir wie das Bild Venezias selbst erschienen.

Eine glänzende Ausnahme macht der Markusplatz und die an ihn grenzende Piazzetta. Hier ist nicht nur alles interessant, malerisch, poetisch. Hier ist auch alles *in jedem Sinne schön,* und es bedarf keiner romantischen Prise Schnupftabaks, um uns die Augen übergehen zu machen. Es verlohnt sich tausend Meilen zu reisen, um dies eine Stunde zu sehn. Es ist ganz einzig, ebenso im einzelnen wie im ganzen. Ich finde nichts lächerlicher als ein Herumkritisieren an Bauwerken wie der Markuskirche und dem Dogenpalast. Sint ut sunt aut non sint. In mehreren Reisebüchern fand ich die Markuskirche als einen «schwülstigen Bau» charakterisiert. Man muß ein unendlicher Lederschneider sein, um so was Dummes und Kleines sagen zu können. Leider reicht auch Schulfuchserei und Doktrinarismus zu solcher Dummheit gerade aus. Die Markuskirche wirkt beinahe elementar, und sie kritisieren wollen ist nicht viel anders, wie wenn man die Blaue Grotte oder die Fingalshöhle einer künstlerischen Beurteilung unterziehen wollte. So kolossale Sachen, die in einem Jahrtausend geworden, gewachsen, gemodelt sind, liegen über alle Kritik hinaus. Man hat sich lediglich vor ihnen zu verneigen. Wir sind wohl zehnmal, länger oder kürzer, in diese Kirche eingetreten, und immer war der Eindruck derselbe.

Der Dogenpalast, zunächst von einer viel bestrickenderen Schönheit, wirkt doch nicht *so* mächtig, trotzdem historische Erinnerungen und eine uns näher stehende dekorative Kunst, letztre in hunderten von berühmten Bildern, seine Wirkung unterstützen. Über diese Bilder, die fast ausnahmelos von Tintoretto und seiner Schule, nur verhältnismäßig wenige von Paul Veronese und seinen «Erben» (so schreiben die Kataloge) herrühren, noch ein paar kurze Worte. Wenn sie *teppichartig* durch Farbentöne wirken und im übrigen in klaren, äußerlich meisterhaften Kompositionen historische Momente der Republik festhalten sollen, so finde ich sie großartig. Wollen sie *mehr* sein, so finde ich sie erbärmlich. Diesen Massenleistungen gegenüber habe ich wieder recht empfunden, daß es ohne Seele nicht geht. Au fond ist alles tief langweilig, und als ich schließlich in der kleinen Dogenkapelle einem Albrecht Dürerschen Christuskopfe begegnete, atmete ich auf. Dieser *eine* Kopf repräsentiert in meinen Augen *mehr* wahre Kunst als alle Tintorettos zusammengenommen. Was dieser letztre geleistet, sind Schildereien, in denen die immer wieder auftauchende gelbe Dogenmütze eigentlich das Interessanteste ist. Auch diejenigen seiner Bilder, die ihren Stoff der heiligen Geschichte entnehmen, sind nicht besser. Das Kolossalbild im Saal des Großen Rates, das den Namen die Glorie des ‹Paradieses› führt, ist ein Salat von Engelbeinen, und seine berühmteste Leistung ‹Die Kreuzigung›, die sich in der Scuola San Rocco befindet, läßt mich ebenfalls kalt. Das Kompositionstalent, die Gabe zu gruppieren, Klarheit in die Massen zu bringen, ist außerordentlich; aber der Mangel an Innerlichkeit ist geradezu erschreckend. Der Christus auf dem letztgenannten Bilde scheint, soweit man ihn bei der starken Nachdunklung erkennen kann, gut, will sagen nicht ganz unbedeutend; die Frauen und Jünger unterm Kreuz aber sind konventionell und noch weniger als das. Ich habe für diese Art von Kunst wohl ein Verständnis, aber kein Herz. Farbentöne würden dasselbe tun.

Unter allem, was ich bis jetzt gesehn habe, haben mich, von zwei großen Tizians abgesehen, folgende drei Bilder am meisten interessiert: 1. der schon erwähnte Dürersche Christus mit der Dornenkrone (Pilatus links neben ihm); 2. ein in derselben Dogenkapelle befindlicher Giorgione: ‹Christus im Hades›, ein Bild voll Kraft und Schwung und tiefster Innerlichkeit; 3. ein ‹toter Christus› aus der Bologneser Schule; Name des Meisters unbekannt. Ich mache diese Aufzählungen respektive Bemerkungen namentlich Heydens wegen, der sie auf ihre Richtigkeit prüfen mag. Wobei ich aber gleich im voraus bemerke, für mich persönlich *bleiben* sie auch richtig.

Das Bedeutendste, was ich bisher sah, sind die beiden Bilder Tizians, die Himmelfahrt Mariä darstellend, von denen sich das eine im Dom zu Verona, das andre in der Academie delle Belle Arti zu Venedig befindet. Sie sind grundverschieden, aber beinahe gleich schön, wenn auch nicht gleich an Bedeutung. Ihr Unterschied besteht darin, daß die erstre freundlich-beseligend, frauenhaft-gütig zu den staunenden Jüngern hernieder, die andre überirdisch verklärt, von der erhabenen Wonne des Schauens durchdrungen, zu Gottvater aufwärts blickt. Im ersten Moment schien mir das letztgenannte Bild hinter dem in Verona zurückzustehn, das aus den verschiedensten, äußern und innern Gründen, die ich hier nicht alle aufzählen mag, rascher Auge und Herz erobert. Aber von dem Augenblick an, wo man sich in der Erhabenheit der venezianischen ‹Assunta› zurechtgefunden hat, versinkt das Veroneser Bild neben der letztern. Das Bild in Verona, soweit die Maria in Betracht kommt, wirkt wie ein Vorläufer der Murillo-Manier; die ‹Assunta› in Venedig erinnert an die Sixtinische Madonna. Ja, mein Herz ist fast geneigt, ihr noch den Vorrang vor dieser anzuweisen.

An Karl Zöllner

Rom, 23. Oktober 1874

Mein teurer Freund ... Wir hatten gestern einen wunderschönen Tag (ich befand mich wieder wohler) in den Kaiserpalästen und später in den Thermen des Diocletian, wo mich die in die Trümmer hineingebaute Kirche und in ihr ein wundervoller Dominichino entzückte. Dies Bild (der heilige Sebastian am Kreuz; gewöhnlich nur am «Pfahl») zählt zu den großen Nummern, deren es – ich möchte sagen Gott sei Dank – viel weniger gibt, als man in einer Art Besorgnis, es nicht bezwingen zu können, vorher annimmt.

Das Trümmer-Rom interessiert mich hundertmal mehr als das, was steht und prunkt. O, wie begreif ich die Kaiserzeit, die von dem Mann aus Bethlehem nichts wissen wollte. Gewiß hatte sie unrecht; aber für die *Sinne* ging von da ab eine große Welt unter, und eine kleine kam herauf. Die in die alten Wölbungen und Kolonnaden verhältnismäßig kümmerlich hineingebauten Kirchen wirken wie ein Predigtamtskandidat mit angegrauter weißer Halsbinde, der sich in eine vornehme Gesellschaft eindrängt und alles mit seinem prätensiösen Kleinzeug langweilt.

An denselben

Rom, 31. Oktober 1874

Mein lieber Chevalier ... Übermorgen früh werden wir Rom, nach fast dreiwöchentlicher Anwesenheit hierselbst, verlassen. Wir tun es mit dem Gefühl, nur einen Zacken vom Baumkuchen, allerdings wohl die vorstehendste, braunste und schmackhafteste Stelle, genossen zu haben. An Fleiß und Eifer haben wir es nicht fehlen lassen, aber der Stoff ist endlos. «Unüberwindliche Mächte.» Wenn hierin einerseits etwas Niederdrükkendes liegt, so doch auch andrerseits etwas Trostreiches, für mich wie für alle diejenigen, die sich mit einem kurzen Aufenthalt begnügen müssen. Es würde mich geradezu verstimmen, mir sagen zu müssen: «Hättest du noch drei weitre Wochen gehabt, so hättest du Rom im großen und ganzen bezwingen können»; aber ich empfinde umgekehrt ganz deutlich, daß die Zeitfrage an dieser Erdenstelle ziemlich gleichgültig ist und daß ich nach drei Monaten mit demselben Gefühl von Rom scheiden würde wie in diesem Augenblick. Was zu leisten war, ist geleistet worden. Ich habe die Lage der Stadt, der Straßen und Plätze, der Paläste und Kirchen, das Genrehafte und das Landschaftliche, wie ich mir einbilde, zur Genüge weg; damit muß man sich zufrieden geben und wegen unerledigter Details sich nicht zu Tode grämen. Diese Detailschätze, wie ich nur wiederholen kann, sind eben unbezwingbar. *Ein* Menschenleben reicht dafür nicht aus ...

Die großen Sachen sind mit Liebe und Gewissenhaftigkeit absolviert; die tausend andren, für Kunst- und Kulturgeschichte *lehrreichen* Nummern, die noch bleiben, erheischen nicht das Auge eines Reisenden, sondern das eines Studierenden, die Arbeit eines Lebens. In dieser Erkenntnis schnüre ich frohen Mutes mein Bündel. Das Mögliche ist geleistet worden und, wie ich kühnlich hinzusetze: für *meine* Verhältnisse gerade genug ...

Es ist nicht der Ton, in dem ich sonst wohl Briefe zu schreiben pflege; aber es will nicht anders gehn. Alles, was man sieht, gleichviel, ob es einem gefällt oder überhaupt nur *verständlich* wird, flößt einem einen solchen kolossalen Respekt ein, daß sich der Bummelwitz ängstlich verkriecht. Man scheidet aus der Gesellschaft anständiger Menschen aus, wenn man, aus dem Vatikan oder St. Peter kommend, sich in Scherzen – selbst in guten – ergehen will. Hier ist ein Fall gegeben, daß selbst die humoristische Behandlung, die ich sonst so hoch stelle, zum Fehler werden kann. All Ding hat seine Weise.

Neapel, 3. November 1874

So weit war ich vor drei Tagen gekommen. Mit derselben schlechten Tinte, aber einer noch schlechteren Feder fahre ich heute fort.

Den Brief noch in Rom zu schließen, verbot sich, da gerade der letzte Tag noch allerhand brachte. Es traf sich so glücklich, daß gerade am 1. November die während der sechs Sommermonate geschlossene Villa Farnese (Farnesina) zum erstenmale wieder geöffnet wurde, so daß wir noch imstande waren, die zwei berühmten Säle dieser Villa mit der Galatea und der Darstellung des Amor- und Psyche-Märchens in Augenschein zu nehmen. In Kunstschwatz kann ich mich hier nicht ergehn. Nur so viel ganz allgemein, daß ich, bei der aufrichtigsten Bewunderung vieler der sogenannten «großen Nummern», einer kaum geringeren Zahl gegenüber ziemlich ketzerische Ansichten unterhalte. Die Lügerei der Menschen, auch derer, die etwas von den Dingen zu verstehn vermeinen oder auch meinetwegen wirklich verstehn, ekelt mich an. Nichts ist rarer als innerliche Freiheit den Erscheinungen des Lebens und der Kunst gegenüber und der Mut, eine selbständige Empfindung auszusprechen. Und doch wäre selbst das Dümmste immer noch besser als das Unwahre, aus Furcht oder Eitelkeit Nachgepapelte. Die in die Reisebücher aufgenommenen Kunsturteile, oft von sehr berühmten Leuten, wirken meistens unsagbar abgeschmackt. Man fühlt, daß die betreffenden Herren wenig gefühlt und wenig gewußt und in dieser Verlegenheit sich mit öden Redensarten aus der Affäre gezogen haben. Onkel Unger hatte ganz recht, wenn er die fragwürdigsten alten Pinseleien kaufte und nicht eher ruhte, bis er einen Gian Bellin oder Giorgione herauskonstruiert hatte. Viele Renommées sind gewiß in ganz ähnlicher Weise durch die Ungers der Kunstgeschichte nach und nach gemacht worden. Wenn von tapfrem Verleumden immer etwas hängen bleibt, so auch von tapfrem Loben. Ich glaube ganz bestimmt, daß drei geistreiche Kerle einen vierten, wenn sie es nur eisern wollen, berühmt machen können, namentlich wenn der zu Feiernde dunkel und unverständlich ist. Nur an der biedern Platitüde scheitert alle Verherrlichungskunst.

In die Heimat zurückgekehrt, werde ich meine Zunge sehr hüten müssen, auch schon deshalb, weil ich selber sehr wohl empfinde, daß es mir nach einer ganz bestimmten Seite hin an etwas sehr Wesentlichem gebricht, was mein Urteil einseitig und ungerecht macht. Lägen die Dinge günstiger, so würde ich mich mit einem wahren Feuereifer in diese Fragen stürzen und in einem Tone losgehn wie etwa über die Iphigenie der Frau Erhartt. Schöne Erscheinung und schöne Bewegungen hatte Frau Erhartt auch. In meinem Gemüte steht es felsenfest, daß es in aller Kunst – wenn sie mehr sein will als Dekoration – doch schließlich auf etwas Seelisches, zu Herzen Gehendes ankommt und daß alles, was mich nicht erhebt oder erschüttert oder erheitert oder gedanklich beschäftigt (wie beispielsweise die großen und doch so einfachen Sachen Michelangelos) keinen Schuß Pulver wert ist. Hiermit hängt es zusammen, daß mir die der raffaelischen Zeit unmittelbar voraufgehenden Jahrzehnte lieber sind als die «Blütezeit» selbst. Ich beziehe dies auf die *Epoche,* nicht auf die einzelnen Leistungen, unter denen aber nur die mit Recht als die großen und größten gelten, die neben der vollen äußern Schönheit auch jene *innerliche* haben, die das Auszeichnende und Herrliche des fünfzehnten Jahrhunderts war. Mögen andre anders darüber denken, ich denke *so* und habe mein gutes Recht dazu. Ich lasse mich von niemandem mehr von dieser mir tief ins Herz geschriebenen Überzeugung abbringen, auch von den Berühmtesten nicht. Es ist unglaublich, wie viel Schwindel umgeht. So viel, daß alle Welt mit Fingern auf jeden zeigt, der es wagt, dies auszusprechen. Denn auch die Besten sind mehr oder weniger Großschwindelbewahrer und fühlen sich verletzt oder bedroht, wenn jemand laut oder leise zu lachen wagt.

Nur eines ist nicht Schwindel: der Golf von Neapel, der eben sonnenbeschienen und bootebefahren in herrlichsten Farben vor mir liegt, und die aufrichtig freundschaftliche Gesinnung des Gefertigten für den Kreis seiner Freunde, insonderheit für seine teuren Chevaliers.

Wie immer

Dein alter Noel

HEINRICH VON TREITSCHKE

1834–1896

An Emma von Treitschke

Rom 3/10 1879

Von Salerno ging es hoch an der Küste hin nach Amalfi – landschaftlich das Schönste von allem; zerrissene Felsen, an den Abhängen ganz mit Feigen und Oliven bedeckt, am Strande die alten Wachttürme gegen die Sarazenen (weißt Du noch: Eza an der Riviera?) und ein schönes Städtchen nach dem andern. Im Dom von Amalfi steht man schon an den Grenzen der europäischen Welt; die Bauart ist schon halb-maurisch, und noch mehr an den Orient gemahnt die alte Bergstadt Ravello, in ihrer Art eine Totenstadt wie Pompeji. Ich ritt zu Esel viele hunderte steiler *Stufen* empor und fand mitten unter Agaven und Reben die weißen Marmorbänke und -säulen einer ganz verlassenen Piazza; dort versammelten sich die Afflitti und die anderen großen Geschlechter der einst glänzenden Stadt. Daneben ein Dom mit herrlichen maurischen Bögen und köstlicher Mosaik; die Säulen meist aus Paestum geraubt. Aus einem alten Palazzo maurischen Stils hat sich ein Engländer dort in der Gebirgseinsamkeit hoch über dem Meere eine Villa geschaffen, die wohl nur in Sizilien oder am Bosporus oder in Granada ihresgleichen findet; weiß und schwarz glänzende Marmorhallen mit rauschenden Brunnen, mit Palmen, Oleander und Myrthen und tief unten die blaue See und die weiße Brandung. Die Fahrt nach Paestum ... geht durch die Heide; dichtes Schilf zeigt, daß hier einst der Hafen der alten Poseidonstadt war; schwarze Büffelherden, von berittenen Hirten gehütet, zeigen sich dann und wann. Die drei Tempel, namentlich der Poseidonstempel, sind das Gewaltigste, was ich von der Kunst des Altertums gesehen, mächtiger in ihrer Einfachheit als selbst die Kolossalbauten des kaiserlichen Roms. Es ist doch ein gewaltiger Schritt der Menschengeschichte gewesen, als diese einfach großen Formen vor dritthalb Jahrtausenden geschaffen und damit eigentlich der Grund gelegt wurde für alle weitere Entwicklung menschlicher Kunst. Zwischen den Säulen sieht man fern das Meer schimmern; es ist ein unvergeßliches Bild, nicht zu teuer erkauft durch die Strapazen der langen, sehr heißen Fahrt... Über Rom wirst Du nach 24 Stunden noch nichts hören wollen. Der erste oberflächliche Eindruck ist durchaus nicht hinreißend; der Corso sehr eng und keineswegs glänzend, dazu ein Gewirr winkliger Gäßchen. Aber wenn man dann näher hinsieht und auf Schritt und Tritt die Spuren einer grandiosen Geschichte erblickt, so wird man wie betäubt. Um mich etwas zurechtzufinden, hab ich teils zu Fuß, teils zu Wagen bei glühender Hitze einige der Hauptpunkte rasch gesehen; der erste Gang war nach dem Pantheon – ein glücklicher Gedanke, denn dort packt einen das innerste Wesen der antiken Kunst, die mit den einfachsten Mitteln das Höchste wirkt: es ist ein ganz schlichter Rundbau (die Berliner Hedwigskirche eine traurige Nachbildung davon) und doch von überwältigender Wirkung; dann St. Peter, das Capitol und das antike Rom mit Forum und Colosseum, endlich abends auf S. Pietro in Montorio, um von der Terrasse das Gesamtbild der ungeheuren Stadt zu sehen. Es liegt ein eigentümlicher würdiger Ernst über der Stadt, der Landschaft und selbst den Menschen – recht im Gegensatz zu dem gedankenlosen Neapel. Man wird bescheiden und erkennt, wie unendlich viel wir von dieser Scholle Erde empfangen haben und noch heute lernen können; aber daß unser Norden sein gutes Recht hat, nach seiner eigenen Art zu sein, das fühle ich doch ebenso lebhaft. Morgen will ich nun anfangen, mich in das Einzelne zu vertiefen.

An dieselbe

Rom 6/10 1879

Ja diese Stadt ist einzig – so wenig ich auch daran denke, hier ganz in südländischem Wesen aufzugehen. Am Freitag versuchte ich einen Überblick zu gewinnen, tags darauf ging es früh nach

S. Maria Maggiore, der vielleicht schönsten Kirche der Stadt, dann auf das Capitol und in die Trümmerwelt des alten Roms; gestern verlor ich viel Zeit mit Wohnungssuchen und mußte mich mit einigen Kirchen begnügen; heute früh in die Antikensammlung des Vatikans und nachmittags zum Lateran; dazu am ersten Abend eine Rundschau von der Bergkirche St. Pietro und am zweiten ein Spaziergang auf dem Pincio – das ist sehr viel in 4 Tagen, und ich weiß kaum wo anfangen. Den stärksten Eindruck hat mir doch wohl – wer will da vergleichen? – das alte Rom gemacht, die ganze Niederung am Fuße des capitolinischen Hügels mit den Trümmern von Prachtbauten bedeckt, drei Triumphbogen und zuletzt das Colosseum. Der Bogen des Titus zur Verherrlichung der Zerstörung von Jerusalem ist herrlich, das Relief, das den Einzug der jüdischen Siegesbeute mitsamt dem siebenarmigen Leuchter darstellt, trotz der Verstümmelung so wunderbar lebendig, daß ich wohl begreife, warum noch heute kein rechter Jude durch dies Tor gehen mag. Von höchstem historischem Wert ist der Bogen des Konstantins: hier greift man den Untergang der alten Kultur mit Händen; die Zeit war schon so unfruchtbar, daß man einfach die Bildsäulen und Reliefs aus einem alten Triumphbogen des Trajan in den neuen einfügte, und neben diesen herrlichen Werken nehmen sich die wenigen eigenen Zutaten der konstantinischen Zeit sehr stümperhaft aus. Und doch hat selbst diese späteste Epoche noch unbegreiflich kühn gebaut; an den drei ungeheuren Bögen der Basilika Konstantins hat sich Michelangelo den Mut geholt für die Kuppel der Peterskirche. Diese liegt am entgegengesetzten Ende der Stadt, im stillen Trastevere. Die Fassade ist entschieden häßlich, viel kleinlicher gedacht als der grandiose Platz mit seinen mächtigen Kolonnaden, seinen Springbrunnen und dem Obelisken, der hier auf keiner Piazza fehlen darf, sie hat außerdem noch den Fehler, daß sie die unvergleichliche Kuppel halb verdeckt; aber diese und das Innere gehören allerdings zum Gewaltigsten, was Menschenhände je geschaffen. Es ist die Majestät einer Weltmacht, die sich hier verkörpert; auch die unzähligen Beichtstühle, einer für jede Sprache der Welt, sollen das andeuten; tief religiös ist der Eindruck aber nicht. Solche Stimmungen erweckt weit mehr

S. Maria Maggiore, eine flachgedeckte, von lauter antiken Säulen getragene Basilika, wunderbar harmonisch, in ihrer Art so einzig wie das Pantheon, dessen Kuppel in der Tat an das Himmelsgewölbe erinnert. Noch einsamer als St. Peter liegt die Laterankirche, die älteste von allen, vom Lateranpalaste umgeben wie St. Peter vom Vatikan; diese alten Hauptkirchen mußten sich alle an die Stadtmauer flüchten, weil die Stadt selbst noch lange heidnisch blieb. Das innere ist ganz modernisiert, aber die Fassade großartig, so wie die von St. Peter sein sollte, und dieser riesige Bau sieht vom Hügel des Caelius weithin über die Stadtmauer und die Trümmer der alten Wasserleitungen und Amphitheater in die Campagna hinein. Wer das gesehen, der begreift, daß Italien nur katholisch sein kann; aber wie ein Nordländer darüber zum Konvertiten werden kann, begreif ich nicht ... Ich habe doch nicht ohne Bewegung das Kloster am Fuße des Monte Pincio gesehen, wo Luther einst wohnte, und Gott gedankt, daß dieser Mann für alle die Herrlichkeit um ihn gar kein Auge hatte; was wäre sonst aus der Welt geworden? Der Vatikan ist das größte Schloß der Erde ... In den herrlichen, mit dem edelsten Geschmacke geordneten Sälen ist das Schönste versammelt, was uns das Altertum vermacht hat, der Zeus, der Apoll, der Laokoon und all das tausendmal Nachgebildete und dann solche Bilder von schlichter Innigkeit wie jenes Grabbild, wo Mann und Frau einander treuherzig an der Hand halten; ich erkannte es gleich wieder, es ist dasselbe, das einst Niebuhr so tief rührte, Friedrich Wilhelm III. hat es durch Rauch auf Niebuhrs Grabe in Bonn frei nachbilden lassen. Dabei gewinnt man die Stadt täglich lieber, vor allem die schönen Springbrunnen überall und die malerischen Blicke, die sich von jedem Hügel eröffnen, am schönsten doch von der Terrasse unserer Gesandtschaft am Capitol.

An dieselbe

Rom 8/10 1879. 65 Via Giulio Romano

Rom hat nichts von dem blendenden Zauber der Landschaft Neapels, auch nichts von der einschmeichelnden Lieblichkeit der Gelände am Arno, aber einen Charakter ernsterer Größe, der alle Gedanken gefangen nimmt; ich bin kaum je im Leben so ganz in stillem Sinnen verloren gewesen. Die Stunden verfließen unbemerkt, die größere Hälfte meiner Reisezeit ist nun schon vorüber, und der Rest wird nur zu rasch verschwinden. Mächtiger als alles andere wirkt auf mich doch das alte Rom, und es liegt nicht bloß beim Colosseum, auch mitten in der Stadt entdeckt man bald einen kleinen Herkulestempel, bald ein altes Amphitheater, worin jetzt Schuster und Fruchthändler ihr Wesen treiben; besonders schön sind die öden Räume an der Stadtmauer; ein paar Villen mit Palmen und Pinien, eine gewaltige Kirche in der Einsamkeit und der Blick vom Hügel hernieder auf die Kuppeln der ewigen Stadt und die schönen, leichten, durchsichtigen Campanili, die dem mittelalterlichen Rom eigentümlich sind und dem majestätischen Bilde auch einen heiteren, festlichen Zug geben: sie sehen auf den sieben – oder eigentlich zehn – Hügeln aus wie die Federn auf einem Barett. Die Antikensammlung des Vatikans hab ich nun in zweimal fünf Stunden durchwandert; die große Anstrengung läßt sich ertragen, es ist gar zu schön ... Gestern sah ich auch die Sistina und die Stanzen ... Wer Geduld hat und aus der grauen Decke der Sistina die Marmorbögen allmählich herauserkennt, die dem Durcheinander der Gestalten erst Halt und Ordnung geben, dem bleibt ein unvergeßlicher Eindruck: Schöneres als die Beseelung Adams und die Erschaffung Evas ist doch nie gemalt worden. In den Stanzen [Raffaels] hab ich wieder dieselbe ketzerische Meinung gehabt wie vor den Kupferstichen: die ‹Schule von Athen› und die ‹Disputa› sind *nicht* das Höchste der Kunst, es sind doch nur schöne Gruppen, deren Sinn man sich erst ausklügeln muß; aber ganz herrlich sind die dramatisch bewegten Bilder mit einfach verständlicher Handlung: die ‹Vertreibung Heliodors aus dem Tempel›, die drei Bilder von der Befreiung Petri und auch die Konstantinsschlacht von dem großen Künstler, in dessen Straße ich wohne. Hier fühlt man doch, daß unser Geschlecht von göttlichen Mächten nicht verlassen ist, und geht ruhevoll von dannen. Am Nachmittage fahre ich meist in entlegene Stadtteile: gestern auf den ungeheuren Scherbenberg (buchstäblich), den Monte Testaccio, zu dessen Füßen die Pyramide des Cestius und der Zypressenwald des evangelischen Kirchhofs liegt. Heute wagt ich mich zum erstenmale vor die Stadtmauern hinaus: auf einsamem Wege immer an den Windungen des gelben Tibers hin zur Acqua Acetosa – Goethes Lieblingsweg: in der Ferne die Gebirge, im Vordergrund die Campagna – keine Ebene, sondern welliges Land, in dessen Senkungen sich das strahlende Licht fängt und bricht.

An dieselbe

Rom 15/10 1879

Dann in die Sammlungen des Lateran: neben vielem Unbedeutendem doch auch die herrliche Sophoklesstatue und eine Menge kleiner Bildwerke, die von dem innersten Leben des Altertums erzählen; aber auch gräßliche Zeugnisse von der Roheit der Alten, so ein ungeheurer Mosaikfußboden, groß genug für eine Kirche, technisch vortrefflich, unermeßlich kostbar, und was sind die Bilder? Etwa 50 riesige Porträts von gekrönten Faustkämpfern, lauter Tiergesichter. Wie wird mir hier die rätselhafte Übergangszeit vom Heidentum zum Christentum greifbar und anschaulich. In der kaiserlichen Sklavenschule am Palatin fand sich an den Wänden neben anderem Gekritzel der Herren Primaner auch eine Karikatur auf das Christentum (jetzt natürlich als große Merkwürdigkeit in ein Museum gebracht): der Gekreuzigte mit einem Eselskopfe, darunter Spottworte auf einen christlichen Mitschüler. Wie schade, daß Mommsen sich nicht entschließt, diese Zeit gewaltiger und noch fast ganz unbekannter geistiger Kämpfe zu schildern. Nachmittags vor die Tore in die Villa Albani; das ist die jedem Deutschen heilige Stätte, wo Winckelmann erkannte, was die Schönheit ist. Der alte Ludwig von Bayern hat ihm hier ein Denkmal gesetzt. Die Zierden der alten Sammlung sind durch Napoleon geraubt, und doch hab ich nie etwas Ähnliches gesehen. Das Schloß, die Hallen der Nebengebäude und der schöne, echt südländische Garten, der in Terrassen zur Ebne abfällt und die Ausschau nach den Sabinerbergen bietet, alles ist vollgepfropft von antiken Statuen und Reliefs, worunter das herrliche Bild von Orpheus und Eurydike, das einst Goethe so tief ergriff. Dann noch weiter hinaus in die Campagna, wo in die Trümmer des Grabes der Constantia zwei alte Kirchen eingefügt sind, die doch nur einen kleinen Teil des Raumes füllen, und nachher heim zum Diner mit Schelskes und Sybels, während die Berge in den tiefvioletten Farbentönen des römischen Abends glühten. Heute fand ich die Farnesina leider geschlossen – für viele Monate, die Fresken Raffaels drohen gänzlich zu zerfallen! – und ging daher zum fünften Male in den unerschöpflichen Vatikan, diesmal in die Bibliothek: endlose Prachtsäle mit gehobenen Schätzen und dann das Zimmer, wo das Schönste der antiken Malerei vereinigt ist: die aldobrandinische Hochzeit und die Landschaften aus der Odyssee, Prellers Vorbilder. Heute nachmittag wieder zu den Toren hinaus nach der uralten Kirche von S. Lorenzo, wo antike Säulen mit kriegerischen Trophäen und Kardinalsgräber mit lustigen griechischen Hochzeitsbildern wieder von der Dämmerungszeit des Christentums erzählen. Daneben liegt der moderne Campo Santo: sehr viele antike Sarkophage mit den Doppelbildern der gestorbenen Gatten, daneben rote, gelbe und weiße Tempel, grell von den dunklen Zypressen abstechend; und doch fühlt man, wie bei allem, was einen hier zuerst befremdet: es gehört dazu und kann nicht anders sein. Und so geht es Tag aus Tag ein, und ich erzähle Dir nur einiges Wesentliche, und 14 Tage meines römischen Lebens sind schon um!

An dieselbe

Rom 24/10 1879

Ich scheide ungern, und wenn ich Dich hier hätte, blieb ich gern noch einen Monat; aber leben könnt ich hier doch nicht, und noch weniger möcht ich ein Italiener sein. Mein deutscher Weltbürgersinn reicht nur so weit, daß ich überall unbefangen sehen und lernen kann; Deutschland zu vergessen, fällt mir selbst hier gar nicht ein. Auch werd ich hier, unter dem echten Lateinerblute, nirgends mehr für einen Italiener gehalten, sondern stets, noch bevor ich den Mund aufgetan, für einen Deutschen. Der entscheidende Unterschied liegt in den Augen – die italienischen Augen sind auch sehr tief, aber mehr geistvoll als gemütlich – und in den Hüften; die bleiben das Vorrecht der germanischen Völker, Slaven und Romanen haben keine. Gestern war ich in Segni, oben in den Volskerbergen, noch 1½ Stunde Steigens von der Station. Der Weg ist unbedingt sicher ... Doch unheimlich sind diese Bergstraßen in ihrer tiefen Einsamkeit, kein Haus und kein Quell auf dem ganzen Wege, nichts als die grauen kahlen Berge, dann und wann einige Ölbäume, die in solcher Umgebung sehr schwermütig aussehen, und tief unten die rostbraune Hochebene, eine Kraft und Sattheit der Erdfarbe, wovon man im Norden keinen Begriff hat. Lyrisch-musikalisch wie die unsere wirkt diese Landschaft nie, und ich kann recht begreifen, daß sich Felix Mendelssohn hier nicht wohl fühlte; ihre Schönheit liegt in dem Adel der Formen und der Macht des Lichtes und der Farben. Von der Höhe von Segni sieht man weithin über ganz Latium, bis über Rom hinaus; aber welch ein trauriges Bild doch, diese unendliche Wüste um eine Weltstadt, und dazu die vom Fieber abgezehrten Jammergestalten hier unten in der Campagna! Wäre ich Italiener, ich böte meine ganze Kraft, statt für das Narrengeschrei um Triest, vielmehr für die Besiedelung der Campagna auf: hier ist eine friedliche Eroberung von unermeßlichem Segen möglich. Droben in der frischen Luft der Volskerberge gedeiht freilich ein anderes Geschlecht, der kräftigste Stamm Mittelitaliens, so viel ich gesehen: stolze, stattliche Menschen, die nicht betteln, nur gelegentlich den Dolch brauchen. Sie redeten mich gleich auf Mommsen an und machten mir vor, wie er überall herumgeschnüffelt habe. Ich folgte denn auch seinen Spuren und beschaute mir andächtig die gewaltigen Zyklopenmauern aus der ältesten Zeit europäischer Geschichte. Heute bin ich früh in allerhand Palazzi herumgezogen – die gewaltigsten bleiben doch die Cancelleria, aus der eigentlichen Blütezeit Bramantes, und Palazzo Farnese, der den Stempel Michelangelos trägt.

An dieselbe

Girgenti 10/10 1882

Also hier, aus der schönsten Stadt der Sterblichen, wie die Griechen sagten, aus dem südlichsten Flecke der Erde, den mein Fuß je betreten, Afrika grade gegenüber, send ich Dir einen

Gruß. Der gestrige Tag war noch sehr schön. Früh eine Fahrt nach einem berühmten Aussichtspunkt S. Maria del Gesù, wo man die Schlösser Friedrichs II. und alle die alten den Sizilianern noch heute teueren staufischen Erinnerungen, leider nur in dürftigen Trümmern, grade unter sich hat. Nachmittags fuhr ich mit Kekulé und dem Direktor der Museen Salinas, einem sehr liebenswürdigen Manne, der in Berlin studiert hat, nach der alten Phöniker-Griechen-Römer-Stadt Solunto, die auf steilem Berge zwischen den beiden Meerbusen von Palermo und Termini liegt. Ein wunderbarer Blick am Abend, als die Hitze sich etwas legte; die Formen der Berge sind freilich zu phantastisch, zu unruhig, um gradezu schön zu erscheinen. Zwischen den alten Trümmern hat Salinas überall, wie landesüblich, die Farbepflanze Sumach und die mächtigen, oft zwei Mann hohen und ein Mann starken Stämme der Kaktusfeigen pflanzen lassen, die mit ihrem sonderbaren Grün der sizilianischen Landschaft die Färbung geben. Heute fuhr ich erst an der herrlichen Küste hin, wo überall riesige Netze für die Thunfische ausgespannt sind, und dann durch das entsetzlich öde Innere der Insel. Meilenweit oft kein Grün, und an jeder Station die neuen Eukalyptus-Anpflanzungen, eine beredte Mahnung an die Reisenden, daß sie trotz der Hitze nicht schlafen dürfen, der Malaria wegen. Das heutige Agrigent würden wohl selbst fanatische Philologen nicht mit dem alten Ehrennamen belegen. Es füllt nur den Raum der alten Akropolis, hat vielleicht nicht den zwanzigsten Teil des Umfangs der alten Akragas und hat doch 20 000 Einwohner. Unterhalb dieser Bergstadt, die aus jedem Fenster den Blick zum Meere bietet, dehnt sich nun bis zur See die alte Stadt aus, ein ungeheures Trümmerfeld, mehrere Meilen im Umfang. Wie in Palermo alles an die Araber, die Normannen und Staufer erinnert, so hier alles an Hellas. Nicht weit von hier, in Gela hat Äschylos seine letzten Jahre verlebt, und wohl nirgends in der Welt hat der dorische Stamm so gewaltige Zeugnisse seiner künstlerischen Kraft hinterlassen. Zwei von den Tempeln sind noch gut erhalten, ganz der kleine liebliche Tempel der Concordia, weniger vollständig, aber grandioser der hochgelegene Junotempel, wo man zwischen den Säulen hindurch über die öde Niederung auf das blaue Meer schaut. Ganz zerstört ist der nie vollendete Tempel des Zeus, ein riesiger Bau, so groß, daß in den Kannelüren der Säulen ein Mann stehen konnte. Und was für uralte Erinnerungen: hier hatte einst unter dem Namen des Zeus Atabyrios der menschenfressende Moloch sein Heiligtum. Über all dem Wunderbaren will ich die mannichfachen Unbequemlichkeiten einer Reise in einem halbbarbarischen Lande gern vergessen; Gefahr ist gar nicht, die Sicherheit war nie besser.

ARNOLD BÖCKLIN

1827–1901

An Angela Böcklin
(Original italienisch)

Ischia, 28. Juli 1880

Ich hoffe, daß Du mein Telegramm aus Neapel erhalten haben wirst. Tags darauf, Sonntag in der Früh reiste ich mit Herrn Schmidt nach Ischia, wo wir auf 15 Tage zwei Zimmer in der Villa Drago gefunden haben. Auf den 13. August müssen wir ein anderes Unterkommen finden – wir werden es auch finden.

Heute habe ich das dritte Mineralbad genommen, es ist aber unmöglich, so schnell eine günstige Wirkung nachzuweisen. Ich fühle eine gewisse Änderung, hauptsächlich schmerzt mich ein wenig die linke Schulter. Vielleicht ists ein gutes Zeichen, daß das Wasser wirkt.

Kaum könnte ich Dir sagen, was ich den ganzen Tag treibe, die Zeit totzuschlagen. Um 5 stehe ich auf und gehe in die Badeanstalt. Dort warten schon an die 20 Leute, fast alle alt, mit Krücken, und die eine mir unverständliche Sprache reden. Ich nehme einen schwarzen Kaffee und warte vielleicht eine Stunde, bis ich ins Bad steigen kann. In der Wanne, die für mich viel zu klein ist, langweile ich mich ganz verdammt und schaue immerzu nach meiner Uhr an der Wand, ob die halbe Stunde noch nicht herum ist – 5 Minuten in der Wanne dauern wie eine Stunde in der Freiheit. Um 7 oder auch später geht die Langweile zu Ende, und dann gehe ich in ein nahegelegenes Kaffeehaus frühstücken, schwarzen Kaffee ohne Milch – die haben sie nicht – mit einem uralten Brötchen, und dann wandre ich an den Strand, setze mich in den Schatten eines Felsens und betrachte das Meer mit den Schiffen, die vorbei fahren, und denke tausend Dinge. Gegen 11 wirds zu heiß, und dann kehre ich nach Hause zurück, um nochmals das Meer zu betrachten oder zu schreiben, wie ich jetzt tue. Um Mittag kommt Herr Schmidt, und bald nachher erscheint Gaetano mit dem Frühstück – ein Stückchen kaltes Fleisch, Obst, Brot und Wein, der dies Jahr glücklicherweise ausgezeichnet ist.

An dieselbe
(Original italienisch)

Ischia, 16. August 1880

Noch habe ich keine Lust etwas zu beginnen, es kommt mir nicht der geringste Einfall für ein Bild. Ich tue weiter nichts, als am Meer auf Felsen zu sitzen und selten meinen Ariosto vorzunehmen, den ich stets bei mir habe, um wenige Verse zu lesen. Obs die Luft ist, ob die Monotonie des Meeres, ob die Hitze, ich weiß es nicht, aber ich verstehe jetzt sehr gut, wie ein Einsiedler 100 Jahre in der Wüste zubringen kann, ohne die Geduld zu verlieren. Wenn man an nichts denkt, so schläft, glaube ich, das Gehirn!

FRIEDRICH NIETZSCHE

1844–1900

An Franz Overbeck

[Genua, November 1880]

Jetzt ist mein ganzes Dichten und Trachten darauf aus, eine idealische Dachstuben-Einsamkeit zu verwirklichen, bei der alle jene notwendigen und einfachsten Anforderungen meiner Natur, wie viele, viele Schmerzen sie mich gelehrt haben, zu ihrem Rechte kommen. Und vielleicht gelingt es mir! Der tägliche Kampf gegen mein Kopfübel und die lächerliche Mannigfaltigkeit meiner Notzustände erfordert eine solche Aufmerksamkeit, daß ich Gefahr laufe, dabei *kleinlich* zu werden – nun, es ist das Gegengewicht gegen sehr allgemeine, sehr hochfliegende Triebe, die mich so beherrschen, daß ich ohne große Gegengewichte zum Narren werden müßte. Eben habe ich mich von einem sehr bitterbösen Anfalle erhoben, und kaum ist die Not zweier Tage abgeschüttelt, so läuft meine Narrheit schon wieder ganz unglaublichen Dingen nach, vom frühsten Erwachen an, und ich glaube nicht, daß irgendwelchen Dachstubenbewohnern die Morgenröte lieblichere und wünschbarere Dinge beleuchtet hat. Hilf mir diese Verborgenheit festzuhalten, verleugne meine Existenz in Genua, – für eine gute Spanne Zeit muß ich ohne Menschen und inmitten einer Stadt, deren Sprache ich nicht kenne, leben, *muß* ich – ich wiederhole es; fürchte nichts für mich! Ich lebe, wie als ob die Jahrhunderte ein Nichts wären, und gehe meinen Gedanken nach, ohne an das Datum und die Zeitungen zu denken.

An Peter Gast

Genua, 24. November 1880

Lieber Freund, ich lasse ein Kärtchen zu Ihnen fliegen, bloß um Ihnen zu sagen, was ich eben stark empfinde: ich glaube, Sie und ich, wir sind auf dem rechten Wege! Einsamkeit und Strenge gegen uns vor unserm eignen Richterstuhl, kein Hinhorchen mehr nach anderen, Mustern und Meistern! Ein Leben, das unserm innersten Wunsche gemäß ist und *wird*, eine Tätigkeit ohne Hast, kein fremdes Gewissen über uns und unserm Tun! So versuche ichs nun wieder einmal mir herzurichten: und Genua scheint mir der rechte Ort, dreimal jedes Tages ist mir hier das Herz übergegangen, bei dieser in die Ferne weisenden Größe und unternehmenden Mächtigkeit. Hier habe ich Gewühl und Ruhe und hohe Bergpfade und das, was schöner ist als mein Traum davon, das Campo Santo.

In Liebe und Treue der Ihre F. N.

An Franz Overbeck

[Genua, 14. (?) Oktober 1881]

Nun, alter Freund, so habe ich wieder meine Stadt Genua, die unmodernste, die ich kenne und die zugleich von Lebenskraft strotzt – so etwas ganz und gar *Un*romantisches und doch höchst *Un*gemeines: so will ich denn weiter leben in der Obhut meiner *hiesigen* Schutzheiligen Columbus, Paganini und Mazzini, die *zusammen* sehr gut ihre Stadt vertreten.

An Peter Gast

ca. 400 Meter überm Meer, an der Straße,
über das Joch von Portofino führend.
Ruta Ligure, 10. Oktober 1886

Lieber Freund, ein Wort aus diesem wunderlichen Welt-Winkel, wo ich Sie selbst lieber wüßte als in München. Denken Sie sich eine Insel des griechischen Archipelagos, mit Wald und Berg willkürlich überworfen, welche durch einen Zufall eines Tags an das Festland herangeschwommen ist und nicht wieder zurück kann. Es ist etwas *Griechisches* daran, ohne Zweifel:

andrerseits etwas Piratenhaftes, Plötzliches, Verstecktes, Gefährliches; endlich, an einer einsamen Wendung, ein Stück *tropischen* Pinienwaldes, mit dem man aus Europa weg ist, etwas Brasilianisches, wie mir mein Tischgenosse sagt, der die Erde mehrmals umreist hat. Ich lag nie so viel herum, in wahrer Robinson-Insularität und -Vergessenheit; mehrfach auch lasse ich große Feuer vor mir empor lodern. Die reine unruhige Flamme mit ihrem weißgrauen Bauche sich gegen den wolkenlosen Himmel aufrichten zu sehn – Heidekraut rings herum, und jene Oktober-Seligkeit, welche sich auf hundert Arten Gelbs versteht – o lieber Freund, ein solches Nachsommer-Glück wäre etwas für Sie, ebensosehr und vielleicht noch mehr als für mich. Im Albergo d'Italia (das vorzüglich reinliche Zimmer hat, leider eine italienische Küche alla Veneziana) wohne ich für 5 frs. den Tag, tutto compreso, auch der Wein.

An denselben

Turin, 7. April 1888. Sonnabend

In *Genua* bin ich herumgegangen wie ein Schatten unter lauter Erinnerungen. Was ich einstmals dort liebte, fünf, sechs ausgesuchte Punkte, gefiel mir jetzt noch mehr: es schien mir von unvergleichlicher *bleicher* Noblesse und hoch über allem, was die Riviera bietet. Ich danke meinem Schicksal, daß es mich in diese harte und düstere Stadt in den Jahren der décadence verurteilt hatte: geht man aus ihr heraus, so ist man auch jedesmal aus sich herausgegangen, – der Wille *weitet* sich wieder, man hat nicht den Mut mehr feige zu sein. Ich war nie dankbarer als bei dieser Pelerinage bei Genua. –

Aber *Turin!* Lieber Freund, seien Sie beglückwünscht! Sie raten mir nach dem Herzen! Das ist wirklich die Stadt, die ich *jetzt* brauchen kann! Dies ist handgreiflich für mich und war es fast vom ersten Augenblick an: wie schauderhaft auch die Umstände meiner ersten Tage waren. Vor allem miserables Regenwetter, eisig, unbeständig, auf die Nerven drückend, mit schwülen halben Stunden dazwischen. Aber was für eine würdige und ernste Stadt! Gar nicht Großstadt, gar nicht modern, wie ich gefürchtet hatte: sondern eine Residenz des 17. Jahrhunderts, welche nur Einen kommandierenden Geschmack in allem hatte, den Hof und die Noblesse. Es ist die aristokratische *Ruhe* in allem festgehalten: es gibt keine mesquinen Vorstädte; eine Einheit des Geschmacks, die bis auf die Farbe geht (die ganze Stadt ist gelb oder rotbraun). Und für die Füße wie für die Augen ein klassischer Ort! Was für Sicherheit, was für Pflaster, gar nicht zu reden von den Omnibus und Trams, deren Einrichtung hier bis ins Wunderbare gesteigert ist! Man lebt, scheint es, billiger hier als in den andern großen Städten Italiens, die ich kenne; auch hat mich noch niemand betrogen. Man hält mich für einen Ufficiale Tedesco (während ich diesen Winter im offiziellen Fremdenverzeichnis Nizzas comme Polonais figurierte). Nein, was für ernste und feierliche Plätze! und der Palaststil ohne Prätension; die Straßen sauber und ernst – und alles viel würdiger, als ich es erwartet hatte! Die schönsten Cafés, die ich sah. Diese Arkaden haben bei einem solchen Wechselklima etwas Notwendiges: nur sind sie großräumig, sie drücken nicht. Abends auf der *Po-Brücke:* herrlich! Jenseits von Gut und Böse!!

Das Problem bleibt das *Wetter* Turins. Ich habe außerordentlich bisher unter ihm gelitten: ich erkannte mich kaum wieder.

An denselben

Turin, Freitag [20. April 1888]

Turin, lieber Freund, ist eine *capitale* Entdeckung. Ich sage einiges darüber, mit dem Hintergedanken, daß unter Umständen auch Sie davon Nutzen ziehn könnten. Ich bin guter Laune, in Arbeit von früh bis Abend – ein kleines Pamphlet über Musik [‹Der Fall Wagner›] beschäftigt meine Finger –, verdaue wie ein Halbgott, schlafe, trotzdem daß die Karossen nachts vorüberrasseln: alles Zeichen einer eminenten Adaptation von Nietzsche an Torino. Das tut die *Luft*: – trocken, anregend, lustig; es gab Tage mit dem allerschönsten Engadin-Charakter der Luft. Wenn ich an meine Frühlinge anderswo denke, z. B. in Ihrer unvergleichlichen Zauber-Muschel: wie groß ist der Gegensatz: der erste Ort, in dem ich *möglich* bin! ... Und dabei alles entgegenkommend, die Menschen sympathisch und guten Muts. Man lebt *billig:* 25 frs. mit Bedienung ein Zimmer im historischen Zentrum der Stadt, vis-à-vis dem grandiosen Palazzo Carignano von 1680: fünf Schritt von den großen Portici und der Piazza Castello, von der Post, vom Teatro Carignano! – In letzterem, seitdem ich hier angelangt bin, *Carmen:* natürlich! . . . Successo piramidale, tutto Torino carmenizzato! Der gleiche Kapellmeister wie in Nizza. Außerdem ‹Lalla Rookh› von Félicien David. Ein junger Komponist führt eine Operette auf, zu der er selbst den Text gedichtet hat, Herr Miller junior. Im Adreßbuch sind 21 Komponisten verzeichnet, 12 Theater, eine Academia Filarmonica, ein Lyzeum für Musik und eine Unzahl von Lehrern aller Instrumente. Moral: beinahe ein *Musikort*! die weiträumigen hohen Portici sind ein *Stolz:* ihre Ausdehnung beträgt 10 020 Meter, d. h. zwei gute Stunden zum Marschieren. *Drei*sprachige große Buchhandlungen. Dergleichen habe ich noch nirgends getroffen. Die Firma Löscher sehr aufmerksam für mich. Ihr jetziger Chef, Herr Clausen, unterrichtet mich in vielen Dingen (ich erwäge im stillen die Möglichkeit eines Winters hierselbst). Eine treffliche Trattorie, wo man den deutschen Professor aufs artigste behandelt, ich zahle für jede Mahlzeit incl. Trinkgeld 1 fr. 25 cs. (Minestra oder Risotto, ein gutes Stück Braten, Gemüse und Brot – alles schmackhaft!) Das Wasser herrlich; der Kaffee in den ersten Cafés 20 cs. das Kännchen; das Ei, höchste Kultur, 30 cs. Dies alles gibt Ihnen einen Begriff. –

Heute ist der Himmel bedeckt und regnerisch. Aber es scheint mir nicht, daß ich verdrießlich bin. Vom Sommer sagt man mir, daß bloß 4 Stunden des Tags wirklich heiß sind. Die Morgen und die Abende erfrischend. Man sieht mitten aus der Stadt heraus in die Schneewelt hinein: es scheint, daß man nichts zwischen sich hat, daß die Straßen direkt in die Alpen hineinlaufen. Der Herbst soll die schönste Zeit sein. Zuletzt muß ein Energie-gebendes Element hier in der Luft sein: wenn man hier heimisch ist, wird man *König* von Italien.

An denselben

Turin, Dienstag den 30. Oktober 1888

Lieber Freund, ich sah mich eben im Spiegel an, – ich habe nie so ausgesehn. Exemplarisch gut gelaunt, wohlgenährt und zehn Jahre jünger, als es erlaubt wäre. Zu alledem bin ich, seitdem ich Turin zur Heimat gewählt habe, sehr verändert in den Honneurs, die ich mir selber erweise, – erfreue mich z. B. eines ausgezeichneten Schneiders und lege Wert darauf, überall als distinguierter Fremder empfunden zu werden. Was mir auch zum Verwundern gelungen ist. Ich bekomme in meiner Trattoria unzweifelhaft die besten Bissen, die es gibt: man macht mich immer aufmerksam, was gerade besonders gelungen ist. Unter uns, ich habe bis heute nicht gewußt, was mit Appetit essen heißt; ebensowenig, was ich nötig habe, um bei Kräften zu sein. Meine Kritik der Winter in Nizza ist jetzt sehr herbe: unzureichende und gänzlich gerade mir unzuträgliche Diät. Dasselbe, vielleicht verstärkt, gilt, es hilft nichts, lieber Freund! von Ihrem Venedig. Ich esse hier, mit der *allerheitersten* Verfassung an Seele und Eingeweide, gut viermal so viel wie in der «Panada». – Auch sonst ist Nizza die *reine Torheit* gewesen. Landschaftlich ist Turin mir in einer Weise mehr sympathisch als dies kalkige baumarme und stupide Stück Riviera, daß ich mich gar nicht genug ärgern kann, so spät davon loszukommen. Ich sage kein Wort von der verächtlichen und feilen Art Mensch daselbst, – die Fremden nicht ausgenommen. Hier kommt Tag für Tag mit gleicher unbändiger Vollkommenheit und Sonnenfülle herauf: der herrliche Baumwuchs in glühendem Gelb, Himmel und der große Fluß zart blau, die Luft von höchster Reinheit – ein Claude Lorrain, wie ich ihn nie geträumt hatte zu sehn. Früchte, Trauben in braunster Süße – und billiger als in Venedig. In allen Stücken finde ich es hier lebenswert . . .

Das Wetter ist so herrlich, daß es gar kein Kunststück ist, etwas *gut* zu machen. An meinem Geburtstag habe ich wieder etwas angefangen, das zu geraten scheint und bereits bedeutend avanciert ist. Es heißt ‹Ecce homo. Oder *wie man wird, was man ist.*› Es handelt, mit einer großen Verwegenheit, von mir und meinen Schriften: ich habe nicht nur damit mich vorstellen wollen *vor* dem ganz unheimlich solitären Akt der *Umwertung,*

– ich möchte gern einmal eine *Probe* machen, was ich bei den deutschen Begriffen von *Preßfreiheit* eigentlich riskieren kann. Mein Argwohn ist, daß man das *erste* Buch der *Umwertung* auf der Stelle konfisziert, – legal mit allerbestem Recht. Mit diesem «Ecce homo» möchte ich die *Frage* zu einem derartigen Ernste, auch Neugierde steigern, daß die landläufigen und im Grunde vernünftigen Begriffe über das *Erlaubte* hier einmal einen Ausnahmefall zuließen. Übrigens rede ich von mir selber mit aller möglichen psychologischen «Schläue» und Heiterkeit, – ich möchte durchaus nicht als Prophet, Untier und Moral-Scheusal vor die Menschen hintreten. Auch in diesem Sinne könnte dies Buch gut tun: es verhütet vielleicht, daß ich mit meinem *Gegensatz* verwechselt werde.

KARL STAUFFER-BERN

1857–1891

An Max Mosse

Rom, den 1. März 1888

Mein Lieber! Ein Wetter war vom Gotthard an bis den neunten Tag in Rom, daß es aussah, als sollte die Sündflut noch einmal kommen und dieses verkommene, geldgierige und miserable Geschlecht, was man Mensch nennt, mit Stumpf und Stiel vernichten. Endlich hatten wir gestern einen wahrhaften Prachtstag, und siehe, was ist all die kleine Misere, wie sie der Zufall über mich verhängt hat, gegen einen solchen Tag in Rom! Lieber Freund, das läßt sich weder beschreiben noch erzählen, das muß man selber sehen. Alles was ich mir träumte, die Landschaft, nach der ich mich sehnte, die Farbe, die Stimmung neu und wunderbar. Ich fühle, daß ich hier ein ganz anderer Mensch und ein viel besserer Künstler werde als im Norden, und wohl mir, daß ich als reifer Mann hergekommen mit der Einsicht und vor allem der Schulung, die nötig, um all das Material in Kunst umzusetzen! Die Natur hat mir vieles versagt, aber eins hat sie mir gegeben: Das Schöne, was sich dem Auge bietet, zu kosten und zu genießen, so weit es einem Menschen möglich ist. Ich kann mir nicht denken, daß ich je, wenn mich nicht die Not zwingt, von hier resp. aus Italien fortgehe. Meine Phantasie, die in Berlin verrostet war und erfroren, taut wieder auf, wo ich gehe und stehe, sehe ich Schönes, schöne Menschen, schöne Landschaft, überhaupt schöne Natur. An einem Nachmittag war ich, als ein bißchen schön Wetter war, in den Gärten der Villa Borghese, ich ging umher wie besoffen, oder wenn Du willst, verzaubert, ja das ist eine Pracht, die weder zu schildern noch zu erzählen, nur zu malen ist. Böcklin, ich denke an Dich!

Und sonderbar, all dies Schöne, Große, was den Charakter italienischer Landschaft ausmacht, existiert ohne die geringste Wirkung auf dieses degenerierte Geschlecht, was sich italienische Maler nennt. Sind die Berliner schlechte Musikanten, so kann man es schließlich begreifen, denn Berlin ist nicht Rom, aber die Italiener, speziell die Römer, sie kommen mir vor wie die berneroberländer Holzschnitzer. Industrie, lauter Industrie, keine Kunst. Jedes Wort ist zu viel, das man über sie verliert. Und eines, lieber Freund, was mich, und wenn Rom eine Sandwüste wäre, hier behielte, ist die Antike, ja davon kriegt man erst hier einen Begriff. Was ist alle Renaissance, St. Peter nicht ausgenommen, gegen diese Zeugen einer riesenhaften Kultur, einer Kunst, ach Gott, von deren Größe und Göttlichkeit wir uns leider nur aus den mangelhaften Resten einen schwachen Begriff bilden können. Wie ein trockener Schwamm sauge ich diese herrliche Plastik und Architektur ein. – Was später ist als 1500, ist selten mehr ersten Ranges. Aber die Sammlungen des Capitols sind für mich (die vatikanischen Museen habe ich nun noch gar nicht gesehen) das Schönste, was ich noch an Plastik gesehen habe.

An Peter Halm

Rom, 23. Juni 1888

Nichts interessiert mich mehr als die Antike, die Sachen sprechen zu mir, wie noch nie etwas, und wenn ich sage, daß ich förmlich schwelge, so ist es nicht übertrieben. Wundern tut es mich, daß so viele Leute von großem Talent wie Thorwaldsen und Konsorten in der Antike einfach den Kanon sahen und nachzuahmen suchten. Der Wert liegt nicht in der besondern Form, nicht in eigentümlichen Längen- und Breitenverhältnissen, Massen, graden Nasen und was der Sachen mehr sind, die diese Leute glücklich zur toten Formel herunterschraubten. Nein, sondern in dem famosen Erfassen der jeweiligen Figur als Organismus, als lebendiges abgerundetes Ganze. Ob der Mensch acht oder fünf Kopflängen hat, ist nach meiner Ansicht so Wurst als etwas, sobald der Künstler durch den Ernst und die Logik, mit der er seine Figur bildet, in mir eine Stimmung hervorbringen kann und mich überzeugt. Der Geist, aus dem die antiken Kunstwerke hervorgegangen, ist das Lebendige, die stimmungsvolle Beobachtung der Natur, die immer auf das Wesentliche ausgeht, nicht die Maße und Proportionen. Und da muß die Sache angepackt werden. Nicht Imitation, sondern gemäß des verschiedenen Zeitalters verschiedene Arbeit, aber in gleich künstlerischem Sinn. Wie schade, daß Goethe in Italien nicht in bessere Hände geraten, der wäre wohl imstande gewesen, die Sache ganz zu erschöpfen und endgültig festzustellen, auch für die Plastik speziell. Beinahe hat er es getan – wenigstens im allgemeinen.

An Lydia Escher

Rom, Sonntag nach Ostern 1889

Am Ostersonnabend fuhr ich bei prächtigem Wetter durch das schöne Land nach Florenz, um die Kunstwerke des 14. und 15. Jahrhunderts wieder zu sehen, Fresken, Plastik und Architektur. Ich besuchte also vorzüglich Kirchen und das gegenwärtige Museo Nazionale, den Bargello. Wie leicht zu begreifen, war es zu viel des Schönen, daß ich nicht noch jetzt völlig davon benommen wäre. Von alle der Pracht wieder ins eigene Studio zurückzukehren mit den gutgemeinten, aber so bescheidenen künstlerischen Bestrebungen, erzeugt ein eigentümliches Gefühl. Fängt man nach einer solchen Woche einen Vergleich an zwischen unserer Zeit und den zwei großen Jahrhunderten florentinischer Kunst, so kriegt die Theorie vom Fortschritt der Menschheit einen starken Stoß, falls man überhaupt noch daran glaubte. Wie klar und schön entwickelt sich diese Kunstepoche, die mit Cimabue und Giotto anfängt, alle denkbare künstlerische Vollkommenheit in sich schließt und endlich gegen die zweite Hälfte des 16. Jahrhunders ausklingt. Wie hat die Natur da Mann auf Mann hervorgebracht, und wie haben sie, von der hohen Kultur ihrer Zeit und dem eigenen Genius getragen, Werk um Werk geschaffen, jedes ganz durchdrungen von der gleichen Liebe zur Natur und der Freude, sie künstlerisch zu gestalten. Was herrscht für ein Einklang in diesen Bestrebungen und in ihrer Wirkung! Es gibt ja auch nur eine Kunst, wenn man genau zusieht, nämlich die, welche hervorgebracht wird durch die Freude an der Natur, und die nichts weiter sucht, als diesem Gefühl Ausdruck zu geben, sei es nun in Farben, Worten oder Tönen. Alle die Spezialitäten und absichtlichen «Richtungen», als Realismus, Idealismus, Impressionismus und wie sie alle heißen, sind Erfindungen der Dekadenz. Ich begreife je länger je weniger, was solche Klassifikation mit der Kunst überhaupt zu tun hat. Je nach dem Naturell empfindet man persönlich und drückt sich demgemäß aus, aber alle großen Künstler sagen dasselbe, nur jeder auf seine Weise.

Man muß allerdings in unserer Zeit, die ob der Manier der Darstellung dies beinahe vergessen hat, und wo man durch Ausübung des edlen Berufs meist noch Befriedigung der Eitelkeit, Reichtum usw. erlangen möchte, schon ziemlich viel Ballast über Bord geworfen haben, um zu der einfachen Einsicht zu kommen, daß alle Technik nicht viel taugt, wenn noble wahre Empfindung sie nicht begleitet, und daß Kunst immer Endzweck ist, nicht Mittel, um *durch* sie irgend eine Chose zu ergattern. Verlangt der Künstler von seinem Beruf mehr als das tägliche Brot, d. h. die Möglichkeit ruhiger, stetiger Arbeit, so erreicht er es auf Kosten der Qualität seiner Arbeiten, das ist ja klar. Fällt ihm Ehre und Reichtum von selber in den Schoß, um so besser; danach zu trachten, bekommt meistens schlecht. Das fühlt man im Gegensatz zu jetzt so recht in Florenz, wo jedes Kunstwerk aus damaliger Zeit dartut, daß in diesem Sinne gearbeitet wurde. Die Künstler von dazumal hatten auch eine glücklichere Zeit, die Kunstakademien, die staatlich privilegierte und protegierte Züchtung von Leinwand- und Marmorverpfuschern war noch nicht erfunden, und der Titel «Kunstmaler» machte damals noch nicht eo ipso salonfähig wie heute. Der Lehrling kam zum Meister; konnte und lernte er nichts, so blieb er Farbenreiber, und ohne Meisterstück konnte er niemand weismachen, daß er Künstler sei. Naturgemäß wurde so damals der Markt nicht mit den zahllosen schlechten und mittelmäßigen «Kunstwerken» überschwemmt wie heute, und außerdem gab es noch keine malenden Damen. – Das hat sich sehr geändert.

Kunst ist ein guter, vielleicht der beste Gradmesser für Kultur, weil sie keinem praktischen Bedürfnis entspringt. Krankheiten bedingen den Arzt, der Staat, die gesellschaftliche Ordnung den Juristen, die Industrie den Chemiker und Physiker usw.; ein gutes Kunstwerk entspricht nur einem ästhetischen Bedürfnis, ist also das feinste Kulturprodukt. Je feiner der allgemeine Geschmack, desto feiner die Kunstleistung. Das führt mich wieder auf Florenz. Man sieht, daß da ein Volk war, welches seine Künstler verstand oder wenigstens lebhafte Empfindung hatte für das wahrhaft Schöne. Wäre das nicht der Fall gewesen, also der allgemeine Geschmack wie heute korrumpiert, so müßten auch Werke dieses Genres erhalten sein. Die gibt es aber nicht, sondern dreihundert Jahre von Cimabue bis Bronzino lauter Gutes. Und heute? Wo bleibt da der Fortschritt? – Jetzt zum erstenmale sah ich Fresken von Giotto, auf den ich mir als Maler noch keinen rechten Vers machen konnte, denn es waren mir bisher nur kleine Arbeiten, die unter seinem Namen gingen, vorgekommen. Das einzige große Werk von ihm, der herrliche Campanile, machte mich aber auf seine malerische Tätigkeit sehr kurios. Das war nun allerdings eine Überraschung, als ich seine Fresken in St. Croce sah. Etwas Grandioseres gibt es wohl nicht. Sie sind vollendet ohne allen Vorbehalt, über alle Beschreibung. Die menschliche Empfindung wurde niemals weder von Raffael noch einem andern einfacher und großartiger dargestellt. Nichts, was nicht zum Bilde gehörte, nur Handlung und Stimmung, aber diese ganz erschöpfend. Gute Kunstwerke veralten nie, auch wenn sie verbleichen, denn aus diesen sechs und ein halbes Jahrhundert alten, zum Teil verdorbenen Fresken strahlt heute die Kunst des gewaltigen Meisters wie ehemals, und wohl dem, ders empfindet. Es gibt leider keine guten Reproduktionen; so was müßte, bevor es völlig zugrunde geht, von einem ausgezeichneten Künstler aus Liebe zur Sache kopiert werden …

Ich stieg nach Fiesole hinauf und S. Miniato und sah auf Florenz hinunter; es liegt nicht wie Rom gleich einer Spinne inmitten eines Netzes, alles ist lustig und liegt reizend da. Die Umgebung von Rom ist viel großartiger und malerischer; die Nähe des Meeres, Frascati, Albano, alles das ist nicht in Florenz, aber es hat mir doch dort außerordentlich gefallen; die

Ruhe und Abgeschlossenheit der Existenz in irgend einem der billigen Villini vor den Toren muß etwas sehr Verlockendes haben für einen, der die Lehrjahre hinter sich hat und das kann, was er will. Rom hört vor den Toren auf, Florenz nicht, und im Vergleich zu Rom machte mir Florenz einen fast heimeligen Eindruck. Die Tiere werden dort auch nicht so gequält wie hier. Da gehe ich jedenfalls noch öfter hin, um mir die Stimmung zu verbessern, wenns nottut. Als ich Donnerstag fortfuhr über Empoli nach Pisa, besuchte ich dort zuerst die famosen Fresken von Benozzo im Campo Santo und den Schülern von Giotto. Freitag früh fuhr ich dann über Orbetello wieder nach Rom.

An Lydia Escher

Rom, Sonntag den 4. August 1889

Die anderthalb Jahre in Italien hatten ihre Wirkung; ich habe zuviel in dieser kurzen Zeit gesehen, gelernt, erlebt, um nicht sachte das Bedürfnis eines kleinen Halts zu fühlen. – Dadurch, daß ich die Plastik lerne, hat sich nicht nur mein Verständnis für Werke dieser Kunst sehr ausgebildet und ist mir eine ganz neue Welt der Tätigkeit und des Genusses aufgegangen; auch meine Ideen von Malerei haben sich unter dem Einflusse dessen, was der Künstler hier in Italien zu sehen bekommt, verändert. Jedenfalls habe ich jetzt ein klareres Bild, worauf ich bei meiner späteren Malerei abzielen werde, als vor anderthalb Jahren. Welcher wirklich künstlerisch beanlagte Mensch ginge wohl ungerührt vorbei an dem Massentriumphe italienischer Kunst. Man muß Antike und Italiener von Giotto bis Raffael kennen, um so recht zu fühlen, wie die Freude an den Werken der Natur unter Meisterhänden sich herrlich zu gestalten und eine zweite Welt für die Feiertage zu schaffen vermag. Keine christliche Kunst wirkt so in der Gesamtheit wie die italienische. Auch der Norden hat seine unsterblichen Meister, Eyck, Rogier, Memling, Schoen, Wohlgemuth, Dürer, Holbein, Rubens, van Dyck, Rembrandt, Hals, aber ich nehme, indem ich diese Meister aufzähle, schon drei Jahrhunderte und drei Nationen zusammen, während die einzige Nation der Italiener in einem einzigen Jahrhundert mehr große Künstler hervorgebracht hat als alle anderen zusammen. Zwar haben die Italiener nicht tiefer empfunden als die Deutschen, oder gar besser gemalt oder großartiger gedacht – es gibt wohl in der ganzen italienischen Kunst kein Werk von solcher Seelentiefe und Inbrunst wie die Holzschnittpassion von Dürer oder Figuren von zwingenderer Gewalt als seine vier Apostel in München. Lionardo nicht ausgenommen. Aber – die Kunst des Quattrocento ist wie keine andere der Spiegel einer glücklichen, prächtigen Zeit, und die naive Freude am Schönen blüht förmlich aus ihr hervor. Schöne Menschen in reichen Gewändern handeln und wandeln in marmornen Palästen und goldenen Hallen; stille Madonnen ruhen auf blühenden Wiesen und empfinden ihr Mutterglück, und die Himmel hängen voller Engelein und voller Geigen. Wird auf einem Bilde gekämpft, so geschieht es in prachtvollen Kunstrüstungen, und man hat so ziemlich die Garantie, daß Helden von solch entwickeltem Kunstgeschmack und angetan mit so köstlichem Gewehr sich die Ornamente gegenseitig nicht zu sehr ruinieren und sich kaum arg was zu Leide tun werden. Brät oder quält man aber wirklich einen Heiligen oder schlägt Johannes dem Täufer den Kopf ab, so geht derselbe ja unmittelbar zur ewigen Glorie und Seligkeit ein, und man möchte ihm eher zu seinem supplicium gratulieren, als ihn beweinen, zumal ihm als einem wahren Heiligen (und andere werden auf guten italienischen Bildern nicht umgebracht) Braten oder Vierteilen ein wahres Kapitalvergnügen sein muß, wo bliebe sonst die Heiligkeit? Also der Santo freut sich, daß er geköpft wird, die Heiden, daß sie ihn beim Wickel haben, der Henker, daß er was zu tun hat, und Herren und Damen, welche der Künstler zum Schauspiel versammelt, sind vergnügt, daß sie was zu sehen kriegen (wie heutzutage auch). So ist für jeden gesorgt und auch hier eitel Lust und Freude.

An dieselbe

Rom, 29. August 1889

Ich komme wieder einmal aus dem Vatikan, wo ich seit einigen Tagen regelmäßig einige Stunden zugebracht habe, um für meine Person endlich Ordnung in das dortige Chaos zu bringen,

d. h. mich zu orientieren. Wäre ich Papst, ich würde $^{3}/_{4}$ des dort aufgestellten Zeuges in die Provinz verschenken, wo der Glaube noch kräftig ist, das vierte Viertel aber in derselben Lokalität sachgemäß, d. h. vorzüglich aufstellen. Was sollen alle diese handwerksmäßigen Kopien fünfter und sechster Ordnung, alle diese schauderhaften Restaurationen und Zurechtmachungen antiker Bildwerke? Wann kommt man endlich dazu, eine gefundene Statue zu lassen, wie sie ist, und dem Beschauer die Restauration selber zu überlassen, d. h. seine Phantasie nicht zu beeinträchtigen durch Aufnötigen einer andern Meinung. Eine einzige Statue außer dem Torso des Herkules haben sie gelassen, wie sie gefunden wurde; allerdings wer hätte wohl die Courage, an der Arbeit seine Pfoten zu verbrennen. Das Weib ohne Kopf und Arme im Museo Chiaramonti, man hält sie für eine Tochter vom Niobidengiebel, Einzelkopie sagt Burckhardt, Originalfigur sage ich . . .

Wenn ich manchmal den Burckhardt [‹Cicerone›] zur Hand nehme, so wundere ich mich über die Fülle des Wissens und Verständnisses, aber es scheint doch auf dieser Welt alles seine Grenzen zu haben. Von jetzt an glaube ich in Kunstsachen nichts mehr, als was ich selbst gesehen und zu beurteilen Gelegenheit gehabt. Sancta simplicitas, ich kann mich gar nicht beruhigen. In bezug auf eine ganze Menge seit Jahrhunderten feststehender Größen hingegen kommen mir mehrfach starke Zweifel. Ich sehe nun den Laokoon zum so und so vielten Male, und dem Herrn sei's geklagt, ich bringe es nicht fertig, die Arbeit für etwas anderes zu halten als ein hervorragendes Werk der griechischen Dekadenz, d. h. griechisch-römischer Zeit. Es kann den Vergleich mit dem Berliner Original, dem pergamenischen Fries, entschieden nicht aushalten, auch wenn man davon absieht, daß der Laokoon auf die übliche Weise im sechszehnten Jahrhundert verruiniert worden ist durch Politur. Es kommt mir vor, als hätte kein Kunstwerk solchen Schaden angerichtet in der Welt wie die Laokoon-Gruppe; ich sehe ordentlich die Barockkunst drin schlummern.

1506 wurde sie ausgegraben beinahe intakt, gerade als man im Begriffe war, die Schwierigkeiten des Nackten ganz überwunden zu haben. Michelangelo hatte zu der Zeit gerade den

David fertig, dann wurde dieses Bravourstück gefunden, und die ganze Welt ließ sich davon natürlicherweise imponieren, weil das, was den Renaissancekünstlern noch Mühe machte, das Nackte, in einer gewissen Weise hier spielend überwunden ist. Durch diese Statue und die Werke, die Michelangelo unter ihrem Einfluß machte, verlor alles den Kopf. Wann hat sich die Welt nicht durch Bravour imponieren lassen? (Damals gar, wo das ganze Streben seit Jahrhunderten darauf ausging, der Form absolut Meister zu werden.) Von da fing man an, Kartoffelsäcke zu meißeln und gab sie für Helden aus, suchte die Körperbewegung, welche im Laokoon schon an der äußersten Grenze des Darstellbaren angekommen, sogar zu überbieten. Kurz, diese Statue brachte eine absolut falsche Vorstellung von Antike (griechischer Kunst) in die Welt. Sie, nicht Michelangelo ist die Mutter der Barockkunst (Lessing und Winckelmann-Goethe halten zu Gnaden, aber die Sache ist so). Sie kam zur fatalsten Zeit; hätte man damals die Parthenon-Figuren nach Rom gebracht, es würde wahrscheinlich vieles anders geworden sein. Auch die Komposition als Gruppe ist dürftig und zeigt zur Evidenz die ursprüngliche Frieskomposition, welche gegenwärtig in Berlin aufgestellt ist. Der pergamenische Altarfries hat zwar im Vergleich mit den Arbeiten aus der besten griechischen Zeit unverkennbar schon etwas Barockes, gehört aber immer noch der grandiosen griechischen Epoche an, die Laokoon-Gruppe hingegen hat nach meiner Ansicht alle Qualitäten eines vorzüglichen Werkes der Dekadenz, wo die Kunst vorübergehende Affekte darzustellen anfing. Das laokoonische sentimentale Pathos ist eine der guten griechischen Kunst völlig fremde Sache. Man vergleiche den Kopf des Laokoon mit dem Giganten auf dem pergamenischen Fries, überhaupt den Ausdruck des Schmerzes auf griechichen Statuen, sogar die schlechte Niobe-Kopie in Florenz – und die Inferiorität des Laokoon wird sofort in die Augen springen. Ich kann mir nicht helfen, er hat für mich etwas Modernes, bewußt Sentimentalisches, was ich sonst in der griechischen Kunst vergebens suche. Sei er nun griechisch-römisch, aus der Zeit des Titus oder etwa früher; aus der Diadochenzeit ist er niemals.

Von Meleager, Antinoos, Apollo möchte ich eigentlich nicht

sprechen, es sind wie der Laokoon Bildwerke, die ihre ursprüngliche Haut verloren haben durch die infame Politur der früheren Jahrhunderte, welche sie, falls sie überhaupt jemals wirklich Meisterwerke waren (was ich mir zu bezweifeln erlaube), mehr oder weniger auf den Zustand glatter Salonkopien heruntergebracht hat. Der Apollo ist in Anzio gefunden worden beim Fortunatempel. O diva gratum quae regis Antium, wohin ich mich jetzt, nachdem ich diesen Brief an Sie abgesandt haben werde, hinbegebe für zwei Tage, um meine Nerven, die absolut nichts mehr wert sind, im blauen Meere etwas zu beruhigen. Klinger scheint sich nach einer Karte, die mir eben der Briefträger bringt, ebenfalls dort in den alten Mauern und Wellen herumzutreiben. Vom Vatikan und seinen Schätzen, Torsen, Aren, Basen, Kandelabern, Mosaiken, von antiker Malerei überhaupt ein nächstes Mal.

ANHANG

NACHWORT

Die vorliegende Sammlung von Briefen deutschsprachiger Dichter, Künstler, Gelehrten und Staatsmänner aus Italien vereinigt nur solche Texte, die im strengen Sinne Briefe, d. h. persönliche Schreiben an einen individuellen Adressaten sind. Alle Reiseschilderungen, die als fingierte Briefe von einzelnen Italienfahrern veröffentlicht wurden, blieben ausgeschlossen, auch in jenen Fällen, wo sich keine eigentlichen Briefe der Betreffenden finden ließen. Der Band enthält also keinen Text, der bei der Niederschrift bereits für die Öffentlichkeit bestimmt war.

Aus der Fülle der sich anbietenden Italienbriefe konnte nur eine Auswahl getroffen werden, freilich eine reiche und, wie zu hoffen ist, charakteristische Auswahl. Im einzelnen Falle mag manchem Leser der eine oder der andere Name fehlen. Er möge aber bedenken, daß bei dem begrenzten Umfang einer solchen Sammlung selbst eine annähernde Vollständigkeit nicht möglich war. So mußten zuallererst solche Autoren fortbleiben, die heute mit Recht nur noch der Fachgelehrte kennt. Als Beispiel seien die Schriftstellerin Friderike Brun und der Germanist Friedrich von der Hagen genannt. Unter den zahllosen Malern, die seit Winckelmann nach Italien pilgerten, mußte die Auswahl notwendig besonders streng und hier und da auch hart verfahren. Wo ausnahmsweise ein Künstler von geringem Rang aufgenommen wurde, steht er stellvertretend für andere, so z. B. Johannes Veit für seinen bedeutenderen Bruder Philipp Veit, von dem ähnliche Briefe aus Italien fehlen. Weiterhin möge man bedenken, daß auch zu häufige Wiederholungen gleicher Erlebnisse und Anschauungen vermieden werden mußten, da diese Sammlung vor allem auch als Ganzes gelesen sein will. Aus diesem Grunde sind z. B. die ‹Nazarener› bei weitem nicht vollständig vertreten. Nicht zuletzt sei aber betont, daß sich von nicht wenigen Schriftstellern und Künstlern durch Zufall oder Ungunst der Verhältnisse oder weil sie schlechte Briefschreiber waren, gar keine oder keine für unsere Sammlung ergiebigen Briefe aus Italien erhalten haben. Das gilt beispielsweise für den Historiker Johannes von Müller und den Kulturhistoriker und Essayisten Karl Hillebrand, für die Maler Martin von Rohden, Karl Blechen und Adolf Menzel, für die Dichter Ludwig Tieck, Wilhelm Müller, Hoffmann von Fallersleben, Friedrich Rückert und Karl Gutzkow, für die Komponisten Johannes Brahms und Richard Wagner. Trotz langwierigster Nachforschungen konnte auch kein einziger Brief des Kulturhistorikers Viktor Hehn von seiner Italienreise 1839/40 gefunden werden, obwohl er als Verfasser eines der bedeutendsten nachgoetheschen Italienbücher (‹Italien, Ansichten und Streiflichter› 1864) in unserer Sammlung nicht hätte fehlen dürfen. Diese Liste könnte noch mit manchem Namen fortgesetzt werden. Aber mit solchen Lücken muß eine Briefsammlung bei der zufällig-privaten Natur ihrer Objekte immer rechnen. Um der inneren Einheitlichkeit des Buches willen ist auch in solchen Fällen darauf verzichtet worden, statt dessen eventuell vorhandene Tagebuchnotizen aufzunehmen. Dennoch hoffen wir, daß für den bemühten Leser ein geschlossenes Bild der deutschen Begegnung mit Italien zwischen 1755 und 1890 entstanden ist. Hingewiesen sei noch darauf, daß mancher auch nicht in Italien war, dessen Werke es uns glauben machen möchten. Wir nennen nur Novalis, Jean Paul, Arnim, Brentano, Eichendorff und E. T. A. Hoffmann.

Um den zur Verfügung stehenden Raum restlos für das Thema zu nutzen, sah sich der Herausgeber gezwungen, einen großen Teil der Briefe nur in gekürzter Gestalt wiederzugeben. Alle Partien, die nur den Empfänger oder belanglos-private Einzelheiten des Schreibers betrafen, aber auch alle sonstigen Nebensächlichkeiten, alle Wiederholungen und Weitschweifigkeiten mußten fortbleiben. Aus sehr langen Briefberichten konnten öfter nur Teile ausgewählt werden. Aufgenommen wurden nur solche Texte, in denen sich Italien als Erlebnis, Erfahrung und Umwelt deutlich und konzentriert widerspiegelt. Ein Sammelband wie der vorliegende kann nicht der Ort sein, wo man für den einzelnen Autor den jeweils vollständigen Text sucht. Auf ihn verweisen die sorgfältig verzeichneten Quellen. Nicht der einzelne Autor, sondern allein das große Thema durfte die Anlage des Buches im ganzen wie im einzelnen bestimmen.

Die Abfolge der einzelnen Briefschreiber wird vom Datum des jeweils ersten Briefes bestimmt. Nur in einem Falle – Zacharias Werner vor Overbeck – wurde aus sachlichen Gründen eine Ausnahme gemacht. Da die allermeisten Briefe am Anfang und Schluß gekürzt werden mußten, sind diese Kürzungen nicht eigens gekennzeichnet worden. Auch findet sich eine Reihe von Texten schon in den angegebenen Quellen nicht vollständig gedruckt. Kürzungen innerhalb der Texte sind durch Punkte gekennzeichnet. Zur leichteren Orientierung steht das Datum immer am Anfang des Briefes; wo es von anderer Stelle dorthin gerückt wurde, ist es in Rundklammern gestellt. Ergänzungen im Datum stehen wie alle übrigen Hinzufügungen des Herausgebers, die die Lektüre erleichtern sollen, in eckigen Klammern. Die Texte selbst werden unter Wahrung des originalen Lautstandes der heutigen Orthographie und Interpunktion weitgehend angeglichen. Nur in den Briefen Winckelmanns ist die häufige Verwechslung von Akkusativ und Dativ stillschweigend korrigiert worden. Durchgehende Eigentümlichkeiten in der Interpunktion einzelner Schreiber blieben gewahrt. Die wenigen Briefanreden wurden aus typographisch-ästhetischen Gründen in die erste Textzeile hereingenommen; ebenso wurde öfter bei Unterzeichnungen am Briefende verfahren.

Die Erläuterungen bieten als erstes die Quellen, in denen der Leser zumeist noch weitere Italienbriefe der einzelnen Autoren finden kann. Wo sie streng chronologische Briefsammlungen sind, konnte auf die Angabe von Seitenzahlen verzichtet werden. Danach folgt ein kurzer biographischer Abriß, der sich vor allem auf den italienischen Aufenthalt, die unmittelbar vorausgegangene Lebensepoche und auf die Spiegelung des Italienerlebnisses im Werk konzentriert. Es wurde versucht, den Italienaufenthalt mit genauen Daten zu belegen, was verständlicherweise bald in größerem, bald nur in geringerem Maße möglich war. Diese Angaben werden für den Leser im Hinblick auf den einzelnen Autor ebenso nützlich sein wie zum Vergleich mit anderen Autoren oder mit den Reisemöglichkeiten im 20. Jahrhundert. Auf eine durchgehende lokal- und kunsthistorische Kommentierung hat der Herausgeber nach reiflicher Überlegung verzichtet: sie hätte den Kommentarteil unmäßig aufgeschwellt. Zudem finden sich die meisten Erklärungen – im Gegensatz zu den eben genannten Reisedaten – in jedem größeren Lexikon. Auch sei hier auf die zumal für das Italien des 18. und 19. Jahrhunderts noch immer nützlichen älteren Italienführer von Karl Baedeker und auf die vortreffliche Darstellung von Eckart Peterich ‹Italien. Ein Führer› (3 Bde, München 1958–1963) verwiesen, ebenso auf Friedrich Noacks Standardwerk ‹Das Deutschtum in Rom seit dem Ausgang des Mittelalters› (1927). Bei Peterich finden sich auch die wesentlichen Veränderungen angezeigt, die das moderne Italien gegenüber dem Italien unserer Briefschreiber erfahren hat. Für alle geschichtlich-politischen Ereignisse sei auf die den Erläuterungen folgende Übersicht zur italienischen Geschichte verwiesen. So beschränken sich die wenigen Einzelerklärungen auf allerwichtigste, zumeist biographische Details. Auch bietet das Register in vielen Fällen die nötigsten Angaben für eine erste historische Orientierung. Schließlich kommentieren sich viele Briefe gegenseitig, wie mit Hilfe des Registers ebenfalls leicht zu erkennen ist.

ZUR ZWEITEN AUFLAGE

Außer einigen Verbesserungen und Ergänzungen im bisherigen Text konnten dank des Entgegenkommens des Verlages noch siebzehn Briefe von Lessing, Kestner, Rumohr, Schopenhauer, Führich, Stifter, Fanny Lewald und Carl Justi sowie zwei weitere Briefe von Horny aufgenommen werden. Die Neubearbeitung des Registers übernahm dankenswerterweise Frau Hildegard Koch-Hirzel in Leipzig. Hingewiesen sei noch auf Dorothea Kuhns materialreichen Katalog der Ausstellung «Auch ich in Arcadien. Kunstreisen nach Italien 1600–1900» (Schiller-Nationalmuseum Marbach am Neckar 1966).

Die zweite Auflage wäre nicht möglich geworden ohne die lebhafte, oft begeisterte Zustimmung, mit der Publikum und Kritik diese Briefsammlung vor fünf Jahren aufgenommen haben. So begleitet der Herausgeber die neue und erweiterte Ausgabe mit Dankbarkeit und Freude.

Weimar, im Dezember 1970 E. H.

ZUR DRITTEN AUFLAGE

Wenn einer Briefanthologie reichlich zwanzig Jahre nach ihrem ersten Erscheinen eine dritte Auflage gewährt wird, so darf dies als seltenes Glück, aber auch als Beweis des anhaltenden Interesses für ihr Thema, als Beweis ihrer unverminderten kulturgeschichtlichen Aktualität verstanden werden. Die Texte der erweiterten zweiten Auflage sind um den großen Briefbericht der Henriette Herz von 1818 und um zwei Briefe Bachofens vermehrt worden. Die abermalige Bearbeitung des Registers übernahm dankenswerterweise Elfie Karger.

Der Herausgeber begleitet auch diese Ausgabe mit Dankbarkeit und mit einer sehr nachdenklichen Freude.

Weimar, im Dezember 1985 E. H.

ERLÄUTERUNGEN

Johann Joachim Winckelmann – Briefe. In Verbindung mit Hans Diepolder hrsg. von Walter Rehm. Bd. 1–3. Walter de Gruyter & Co. Berlin 1952–1956 (Kritisch-Historische Gesamtausgabe).

Ehe Winckelmann (1717–1768) in Rom zum Begründer der neueren archäologischen Wissenschaft und durch seine folgenreiche Auffassung und Deutung der antiken Kunst zum Wegbereiter der deutschen Klassik wurde, war er 1743–1748 Konrektor in Seehausen und 1748–1754 Bibliothekar des Grafen Bünau in Nöthnitz bei Dresden. Im Juli 1754 trat er zum Katholizismus über: unter dieser Bedingung hatte ihm Kardinal Archinto, der bis 1754 päpstlicher Nuntius am sächsischen Hofe war, die ersehnte Reise nach Italien zugesichert. Mit einem Stipendium des Kurfürsten Friedrich August II. von Sachsen und Königs von Polen brach er am 24. September 1755 nach Italien auf und traf am 19. November in Rom ein. Nächst den Kardinälen Archinto und Passionei, die 1758 und 1761 starben, wurde sein besonderer Gönner und Freund der Kardinal Albani, der Begründer der großen Antikensammlung in der Villa Albani. Als Nachfolger des italienischen Archäologen R. Venuti rückte Winckelmann im April 1763 in das Amt des Oberaufsehers der Altertümer in und um Rom und aller Kunstwerke und damit des apostolischen Antiquars in Rom ein. 1758, 1762, 1764 und 1767 ging er jeweils auf mehrere Monate nach Neapel. Die immer aufs neue geplante Reise nach Griechenland kam niemals zustande. Als Winckelmann im April 1768 zum erstenmal wieder nach Deutschland reiste, kehrte er, nachdem er schon in Augsburg und München gewesen war, in Wien wieder nach Italien um. In Triest wurde er am 8. Juni 1768 ermordet.

Seine erste römische Arbeit über die Restauration oder Ergänzung der alten Statuen blieb später zugunsten der ‹Geschichte der Kunst des Altertums› unvollendet. Die gleichfalls früh geplante Beschreibung der Statuen in Belvedere ging in die ‹Geschichte der Kunst des Altertums› auf, so auch die zuerst in Briefen mitgeteilten Beschreibungen des Apollo von Belvedere und des Laokoon. Nach mehrfachen Umarbeitungen erschien Winckelmanns Hauptwerk 1764 bei Walther in Dresden. Zuvor erschienen u. a. die ‹Descriptions des pierres gravées du feu Baron de Stosch› (1760) und das ‹Sendschreiben von den herkulanischen Entdeckungen› (1762). Zur Beschreibung der berühmten Gemmensammlung des 1757 in Florenz gestorbenen Barons von Stosch hatte ihn dessen Erbe und Neffe Wilhelm Muzell, gen. Stosch im Herbst 1758 nach Florenz eingeladen. In die ‹Descriptions› arbeitete Winckelmann die wichtigsten Partien der geplanten ‹Betrachtungen über die Kunst der alten Egypter und Perser› ein, der Plan selbst wurde aufgegeben. 1767 erschienen die beiden ersten Bände der ‹Monumenti antichi inediti›.

Seite 13 *des ersten:* Winckelmanns berühmte Schrift ‹Gedanken über die Nachahmung der griechischen Werke in der Malerei und Bildhauerkunst› (1755). Eine 2. Auflage war 1756 gefolgt, dazu ‹Erläuterungen der Gedanken von der Nachahmung›.

Seite 17 *der erste Deutsche*: Vor Winckelmann hatte 1755 schon der Graf Karl Joseph von Firmian die Tempelanlagen von Paestum besucht.

Seite 19 *Firmian*: Graf Firmian war seit 1756 Österreichs bevollmächtigter Minister in der Lombardei mit dem Amtssitz in Mailand.

Seite 19 *eine Stelle in der Vaticana:* Winckelmann erhielt diese Stelle endgültig erst Ostern 1764.

Seite 20: *ansehnliche Stelle:* Die Stelle des 1758 verstorbenen Dresdener Hofrats Richter, auf die aber Winckelmann zu dieser Zeit schon kaum mehr ernstlich rechnete.

Seite 22 *eine einzige:* Es läßt sich nicht entscheiden, welche Arbeit Winckelmann meinte.

Seite 22 *Edler Freund:* Der livländische Baron Friedrich Reinhold von Berg (1736–1809) weilte vom 5. April bis 5. Juni 1762 in Rom und Neapel.

Seite 22 *der zweite Fall:* Der erste Fall war Winckelmanns Schüler und Freund Friedrich Wilhelm Peter Lamprecht (gest. 1791) in Seehausen gewesen.

Seite 22 *I thee both . . .*: Zitat aus der Ode ‹Platonic Love› von A. Cowley (Works, London 1721, I 66 f.).

Seite 25 *Vasquez:* Pater Vasquez war General des Augustinerordens der Spanischen Nation und Prior des Klosters S. Agostino in Rom.

Seite 25 *Montagu:* Der berühmte englische Abenteurer Edward Wortley Montagu bereiste Italien und den Orient.

Seite 26 *Rex est . . .:* Zitat aus Senecas Trauerspiel ‹Thyestes› (II, 388 bis 390).

Gotthold Ephraim Lessing – Lessings Briefe. Ausgew. u. erl. von Julius Petersen. Leipzig 1950.

Als nach dem Zusammenbruch des kurzlebigen Hamburger Nationaltheaters Lessing (1729–1781) in Hamburg keine Aufgabe und Existenzmöglichkeit mehr fand, beschloß er im September 1768, im Februar des nächsten Jahres für immer nach Rom zu gehen. Italien zu besuchen, hatte er schon 1765 in Breslau gewünscht. Der ein Jahr lang verfolgte Plan zerschlug sich endgültig durch die Annahme der Bibliothekarsstelle an der herzoglichen Bibliothek in Wolfenbüttel. Seit Mai 1770 dort tätig, verlobte er sich 1771 mit Eva König, der Witwe eines Hamburger Freundes, der 1769 in

Venedig gestorben war. Aus dem unwürdigen Dienstverhältnis in Wolfenbüttel floh Lessing im Februar 1775 nach zweimonatigem Urlaub nach Wien zu Eva König, wo er Ende März eintraf. Dort erhielt er überraschend den Auftrag, den Prinzen Leopold von Braunschweig auf acht Wochen nach Venedig zu begleiten. Daraus wurde eine achtmonatige Reise (April–Dezember 1775), die über Mailand nach Venedig (hier Aufenthalt vom 23. 5. bis 3. 6.) führte, von da über Bologna, Florenz, Livorno, Bastia auf der Insel Korsika, Pavia, Parma, Bologna, Loreto nach Rom (hier Aufenthalt vom 22. 9. – 4. 10.) und nach Neapel; auf der Rückreise war Lessing Ende November/Anfang Dezember nochmals in Rom. Die völlig unvorbereitete, planlos durchgeführte Reise blieb für ihn ohne nachhaltige Wirkung. Das zeigen auch seine wenigen kargen Briefe aus Italien.

Friedrich Müller, gen. Maler Müller – *An F. H. Jacobi:* Jahrbuch des Freien Deutschen Hochstifts 1913. Frankfurt a. M. 1913. S. 209ff. – *An Wilhelm Heinse:* Archiv für Literaturgeschichte Bd X. Leipzig 1881. S. 49 ff. – *An Ch. F. Schwan:* Geliebte Schatten. Bildnisse und Autographen. Hrsg. von Friedrich Götz. Mannheim 1858 (Faksimile).

Maler Müller (1749–1825), der als Dramatiker und Idyllendichter zum ‹Sturm und Drang› zählte, ging nach vier produktiven Jahren in Mannheim, wo er zuletzt kurfürstlicher Kabinettsmaler war, 1778 mit einer unregelmäßig gezahlten Pension des pfalzbayrischen Kurfürsten Karl Theodor und privater Unterstützung, an der sich auch Goethe beteiligte, nach Rom, wo er bis an sein Lebensende blieb. 1798 erlosch die Pension völlig. Er lebte in ärmlichen Verhältnissen von seinen Arbeiten als Zeichner und Maler, vor allem aber als Antiquar und bekannter Fremdenführer, in den letzten Jahren jedoch unterstützt von Kronprinz Ludwig von Bayern. Durch seine Fehde gegen Carstens in Schillers ‹Horen› 1797 (‹Schreiben Herrn Müllers, Maler in Rom. Über die Ankündigung des Herrn Fernow von der Ausstellung des Herrn Professor Carstens in Rom›) machte er sich zum Feind vieler deutscher Künstler in Rom. 1825 erschien seine einzige größere Dichtung der römischen Zeit, die dramatische Trilogie ‹Adonis. Die klagende Venus. Venus Urania›.

Seite 32 *An Wilhelm Heinse:* Vgl. die Erläuterungen zu den Briefen Heinses.

Wilhelm Heinse – Sämtliche Werke. Hrsg. von Carl Schüddekopf. Bd. 10: Briefe Bd. 2. Leipzig 1910.

In seinen literarischen Anfängen noch von der Welt des Rokoko bestimmt und von Wieland und Gleim gefördert, lebte Heinse (1746 bis 1803) nach bewegten Studien- und Wanderjahren seit 1774 in Düsseldorf im Freundeskreis von Johann Georg Jacobi. Die Düsseldorfer Gemäldegalerie weckte in ihm die Leidenschaft für die bildende Kunst und damit die Sehnsucht nach Italien. Im September/Oktober 1780 reiste er über Bern, Genf, Marseille und Genua nach Venedig, wo er vom 21. November 1780 bis Ende Mai 1781 blieb; im Juli war er in Florenz. Von Ende

August 1781 bis Anfang Juli 1783 lebte er in Rom, Juli/August 1782 besuchte er Neapel. Am 7. Juli 1783 schied er aus Rom und ging über Tivoli, Terni, Spoleto, Assisi, Perugia und Cortona nach Florenz, das er nach zehn Tagen am 29. Juli verließ. Die Rückreise führte über Bologna, Ferrara, Padua, Venedig und Verona. Am 18. September 1783 war er wieder in Düsseldorf. Im Oktober 1786 trat er in kurfürstlich mainzische Dienste, zuerst als Lektor des Kurfürsten, dann als Bibliothekar und Hofrat, bis 1795 in Mainz, danach in Aschaffenburg lebend.

Als Frucht seiner italienischen Reise entstand 1784 in Düsseldorf der Künstler- und Renaissanceroman ‹Ardinghello und die glückseligen Inseln. Eine italienische Geschichte aus dem sechzehnten Jahrhundert› (gedruckt 1787). Ihm liegen Heinses persönliche Erlebnisse und Eindrücke und die Ergebnisse seiner Studien zur italienischen Geschichte und Literatur zugrunde. Vgl. auch seine nur streckenweise geführten, aber poetisch und kunstgeschichtlich wertvollen Tagebücher von dieser Reise (Sämtliche Werke, Bd. 7).

August Ludwig von Schlözer – August Ludwig von Schlözers öffentliches und Privatleben aus Originalurkunden und, mit wörtlicher Beifügung mehrerer dieser letzteren, vollständig beschrieben von dessen ältestem Sohne Christian von Schlözer. Bd. 1. Leipzig 1828. S. 292 ff. Dank dem freundlichen Entgegenkommen der Niedersächsischen Staats- und Universitätsbibliothek Göttingen können die Briefe nach den Originalhandschriften abgedruckt werden. Schlözers Sohn «verbesserte» die Texte für seine Biographie in heute nicht mehr verantwortbarer Weise.

Schlözer (1735–1809) war der maßgeblichste Geschichtsforscher und Staatswissenschaftler der deutschen Aufklärung, auch als Statistiker und Publizist genoß er europäische Berühmtheit. Nachdem er fünf Jahre Professor für Geschichte an der Akademie in Petersburg war, wurde er 1769 als Professor der Philosophie nach Göttingen gerufen, wo er 1772 auch eine Professur für europäische Geschichte und Statistik und 1787 für Politik erhielt. Im Wintersemester 1781/82 reiste er mit seiner elfjährigen Tochter Dorothea, seinem Diener Schminke und drei Studierenden, unter denen sich der Westfale Schweling befand, auf sechs Monate nach Italien. Nach dem Aufbruch in Göttingen am 12. oder 13. Oktober 1781 traf er, über Verona, Venedig und Bologna reisend, Mitte Januar 1782 in Rom ein, wo er acht Wochen blieb. Mitte März reiste er über Florenz und Mailand zurück. Die Reise sollte vor allem neue Verbindungen und Nachrichtenquellen erschließen, aus denen Schlözer sein Haupt- und Sammelwerk ‹Briefwechsel meist historischen und politischen Inhalts› (1776–1782, fortgesetzt als ‹A. L. Schlözer's Staatsanzeigen›) speisen konnte. Deshalb verkehrte er vor allem mit den verschiedenen römischen Gesandten (Ambassadeurs), mit Gelehrten, Abbés, Kaufleuten und Bankiers. Unter letzteren war der Bankier Barazzi, der Schlözers Tochter in seine Familie aufnahm. Heinse führte ihn durch Rom, bei Hackert war er zu Gast, und Trippel schuf eine Büste der Tochter. Die römische Geistlichkeit äußerte sich nach seiner

Abreise sehr mißfällig über Schlözer: Schon seit zehn Jahren hatte er in Aufsätzen und Vorlesungen den Päpstlichen Stuhl angegriffen.

FRIEDRICH MAXIMILIAN KLINGER – Briefbuch zu Friedrich Maximilian Klinger. Sein Leben und Werke II. Von M. Rieger. Darmstadt 1896.

Als Dramatiker und Romanautor des ‹Sturm und Drang› gleichermaßen fruchtbar, hat Klinger (1752–1831) der Bewegung durch sein gleichnamiges Drama (1776) den Namen gegeben. Nach ruhelosen Wanderjahren erhielt er im August 1780 die von Goethes Schwager Schlosser durch den Württembergischen Hof vermittelte Bestallung als Leutnant in einem Petersburger Marinebataillon. Als Offizier begleitete Klinger den russischen Großfürsten und späteren Zaren Paul im Herbst 1781 auf seiner Reise über Wien nach Italien. Über Triest und Venedig gehend, traf er am 4. Februar 1782 in Rom ein, ging mit dem Großfürsten am 10. Februar nach Neapel, Ende Februar zurück nach Rom, am 15. März nach Florenz und von da nach Paris, wo sie am 18. Mai 1782 ankamen. Später wurde Klinger hoher Offizier im russischen Heeresdienst und Kurator der Universität Dorpat.

Seite 50 *mein Glück in Wien:* Über die Wiener Geliebte ist nichts bekannt.

JOHANN WOLFGANG VON GOETHE – Goethes Werke. Hrsg. im Auftrage der Großherzogin Sophie von Sachsen. IV. Abteilung: Goethes Briefe. Bd. 8–9. Weimar 1890–1891.

Seit November 1775 lebte Goethe (1749–1832) in Weimar, im Juni 1776 war er als Geheimer Legationsrat in den weimarischen Staatsdienst getreten, im September 1779 wurde er Geheimer Rat, im April 1782 erhielt er das Adelsprädikat. Maßgeblich an der Leitung des Staatswesens von Sachsen-Weimar-Eisenach beteiligt, besaß er noch keine freie Hand für Entscheidungen, die die wirtschaftliche und politische Entwicklung des Landes vorangebracht hätten; der Außenpolitik Carl Augusts stand er seit Anfang März 1785 mit innerer Ablehnung gegenüber. Zu diesem Konflikt trat die tiefe Krise im Verhältnis zu Charlotte von Stein und schließlich das völlige Ungenügen des Dichters an sich selbst, da er seit dem Eintritt in den weimarischen Staatsdienst keine bedeutende Dichtung mehr zum völligen Abschluß gebracht hatte. Am 24. Juli 1786 reiste er nach Karlsbad, in der Nacht vom 3. zum 4. September brach er von dort heimlich nach Italien auf. Über Bozen, Trient, Verona, Vicenza und Padua gehend, traf er am 28. September in Venedig ein, wo er bis zum 14. Oktober blieb. Über Ferrara, Bologna, Florenz und Perugia reisend, kam er am 29. Oktober 1786 nach Rom und nahm – als Maler Philipp Möller – bei Johann Heinrich Wilhelm Tischbein Wohnung. Er verkehrte mit den Archäologen Hirt und Reiffenstein, den Malern Bury, Schütz, Heinrich Meyer, Verschaffeldt und Angelika Kauffmann, mit dem Bildhauer Trippel und dem Schriftsteller Karl Philipp Moritz. Am 25. Februar 1787 traf er mit Tischbein in Neapel ein, lernte dort Philipp Hackert kennen, bestieg den Vesuv und besuchte Pompeji, Herkulanum und Paestum. Am 29. März fuhr er mit dem Maler und Zeichner Kniep nach Sizilien, weilte vom 1. bis 18. April in Palermo, bereiste dann mit Kniep die Insel (Girgenti, Caltanisetta, Catania, Monte Rosso, Taormina, Messina) und kehrte am 14. Mai nach Neapel zurück, wo er bis zum 5. Juni blieb. Vom 7. Juni 1787 bis zum 22. April 1788 war er wieder in Rom, Mitte Juni 1787 mit Hackert in Tivoli, im Oktober 1787 besuchte er Frascati, Albano und Castel Gandolfo. Am 23. April verließ er Rom und reiste über Florenz, Mailand, Como, Chiavenna nach Deutschland zurück, am 18. Juni 1788 traf er wieder in Weimar ein.

Unter Anleitung seiner Malerfreunde bildete sich Goethe in Italien unermüdlich in den bildenden Künsten, vor allem in der Zeichenkunst aus, studierte die antike Plastik, trieb botanische Studien, fand die Grundvorstellung von der Metamorphose der Pflanzen und führte mit dem Zürcher Komponisten Philipp Christoph Kayser Gespräche über Musik. Es gelangen ihm die Umarbeitungen der ‹Iphigenie auf Tauris› und der Singspiele ‹Erwin und Elmire› und ‹Claudine von Villa Bella› in Verse, die Vollendung des ‹Egmont›, die Weiterführung des ‹Tasso›, die Szenen ‹Hexenküche› und ‹Wald und Höhle› für ‹Faust I› und einige Gedichte, darunter ‹Amor als Landschaftsmaler›.

Über die Reise von Karlsbad bis nach Rom führte Goethe ein Tagebuch, das erhalten ist. Ihren literarischen Niederschlag fand die Reise – mit drei Ausnahmen – erst sehr spät: ‹Das Römische Carneval› (1789), ‹Römische Elegien› (1795), ‹Leben des Benvenuto Cellini› (1796/97), ‹Philipp Hakkert. Biographische Skizze› (1811), ‹Aus meinem Leben. Zweiter Abteilung Erster – Zweiter Teil› [= Italienische Reise I] (1816/17), ‹Zweiter Römischer Aufenthalt vom Juni 1787 bis April 1788› [= Italienische Reise II] (1829). –

Am 13. März 1790 brach Goethe von Jena nach Venedig auf, um die Herzogin-Mutter Anna Amalia von ihrer Italienreise abzuholen. Am 31. März traf er in Venedig ein, mußte aber bis zum 6. Mai warten, ehe Anna Amalia mit Bury und Heinrich Meyer nach Venedig kam. Am 22. Mai brach man zur Heimreise auf und war am 18. Juni wieder in Weimar. – Schon in Venedig und dann in den nachfolgenden Monaten in Weimar entstanden die ‹Venetianischen Epigramme› (gedruckt erst in Schillers ‹Musenalmanach für das Jahr 1796›).

Seite 52 *mein Vater:* Johann Caspar Goethe war 1740 in Italien gewesen und hatte eine Reisebeschreibung in italienischer Sprache verfaßt.

Seite 55 *Volkmanns zweiten Teil:* D. J. J. Volkmann, Historische Nachrichten von Italien. 3 Bde. I. Aufl. Leipzig 1770/71.

Seite 56 *Brief von Mainz:* Carl August war in Angelegenheiten des Fürstenbundes am 7. Januar nach Mainz gereist.

Seite 59 *Lucchesini:* Girolamo Lucchesini, der bisherige Lektor und Bibliothekar Friedrichs II. von Preußen, weilte 1787 als preußischer Gesandter zu Verhandlungen mit Pius VI. in Sachen des Fürstenbundes in Italien.

Seite 60 *neue Sujets:* Wahrscheinlich die geplante Tragödie ‹Nausikaa› und das spätere Lustspiel ‹Der Groß-Cophta›.

Seite 61 *im Haag:* Carl August war am 7. Oktober dem preußischen Heer, dem er angehörte, nach Holland gefolgt.

Seite 64 *Meyer:* Vgl. die Erläuterungen zu den Briefen H. Meyers.

Seite 64 *Musäus:* Der Weimarer Gymnasialprofessor und Erzähler J. C. A. Musäus ließ 1782–1786 seine ‹Volksmärchen der Deutschen› erscheinen.

Seite 65 *schmelfungischer:* Anspruchsvoll und kritisch-unzufrieden wie der Reisende Smelfungus in Laurence Sterne's ‹Sentimental journey through France and Italy› (1768).

Seite 65 *Erotio:* Seit dem 12. Juli 1788 lebte Goethe mit Christiane Vulpius zusammen.

Seite 65 *kleinen Geschöpf:* Am 25. Dezember 1789 war Goethes Sohn August geboren worden.

Karl Philipp Moritz – Hugo Eybisch: Anton Reiser. Untersuchungen zur Lebensgeschichte von K. Ph. Moritz und zur Kritik seiner Autobiographie. Leipzig 1909 (mit einem Anhang ‹Briefe› S. 181 ff.).

Der Psychologe, Grammatiker und Ästhetiker K. Ph. Moritz (1756 bis 1793) ist vor allem als Autor des autobiographischen Romans ‹Anton Reiser› (1785–1790), der seine schwere Kindheit und Jugend widerspiegelt, bekannt geworden. Seit 1780 war er Konrektor am Gymnasium zum Grauen Kloster in Berlin, seit 1784 Gymnasialprofessor und Redakteur der ‹Vossischen Zeitung›. Unter den engen Berliner Lebensverhältnissen leidend, nahm er im September 1786 seinen Abschied und reiste nach Italien. Schon am 26. September traf er in Rom ein, wo er vornehmlich mit den deutschen Künstlern und bald auch mit Goethe, der am 29. Oktober nach Rom kam, zusammen lebte. Als er sich Anfang Dezember den Arm brach, betreute Goethe den Kranken über fünf Wochen lang und wurde ihm zum innigsten Freund. Im April und der ersten Maihälfte 1787 war Moritz in Neapel und besuchte die gleichen Stätten wie Goethe zwei Monate früher. Am 20. Oktober brach er von Rom, wo er Herder noch gesehen hatte, zur Rückreise über Florenz, Bologna und Venedig auf und traf am 4. Dezember bei Goethe in Weimar ein. Durch die Vermittlung Carl Augusts erhielt er 1789 eine Professur für Theorie der schönen Künste und Altertumskunde an der Berliner Akademie der bildenden Künste.

Dem Aufenthalt in Italien verdanken wir Moritz' Schrift ‹Über die bildende Nachahmung des Schönen› (1788), die in den römischen Gesprächen mit Goethe entstand, die sechs Hefte der Zeitschrift ‹Italien und Deutschland. In Rücksicht auf Sitten, Gebräuche, Litteratur und Kunst› (1789–1793), ‹Anthusa oder Roms Altertümer. Ein Buch für die Menschheit. Die heiligen Gebräuche der Römer› (1791) und die ‹Reisen eines Deutschen in Italien in den Jahren 1786–1788› (1792/93).

Alexander Trippel – Jb. d. Goethe-Gesellschaft. Bd. 8. 1921. S. 171 ff.

Der Bildhauer Alexander Trippel (1744–1793) lebte in seiner Jugend mit seinem Vater 1754–1763 in London, danach bis 1771 in Kopenhagen, 1772–1775 in Paris, dann in seiner Heimat Schaffhausen, Basel und Bern und brach mit einer Unterstützung seines Onkels am 1. September 1776 von Basel zu Fuß nach Italien auf; am 2. Oktober erreichte er Rom. Im Juli 1778 kehrte er arm in die Schweiz zurück, ging aber mit einer neuen Unterstützung des Onkels im Herbst 1778 abermals nach Rom, wo er trotz anfänglich entbehrungsvoller Jahre bis zu seinem Tode blieb. Von der Antike und den frühklassizistischen Traditionen Frankreichs und Italiens beeinflußt, fand er ab Mitte der achtziger Jahre zunehmende Anerkennung und galt schließlich als der beste Bildhauer Roms neben Canova. Während Schlözers Besuch 1782 fertigte er eine künstlerisch bedeutende Büste der 11jährigen Tochter Dorothea an, die ihn auch in Deutschland bekannt machte. Während Goethes Aufenthalt in Rom bestellte Prinz Christian von Waldeck bei Trippel die berühmt gewordene Kolossalbüste des Dichters, die ihn als Apollo darstellt (begonnen August 1787, vollendet November 1788). Eine zweite Ausführung erhielt 1790 Anna Amalia von Sachsen-Weimar, in deren Auftrag 1796 auch eine Büste Herders entstand. Etwa ein Fünftel seiner zahlreichen Werke ist nur erhalten, sein Hauptwerk ist das ‹Grabdenkmal des Grafen Tschernischeff in Jaropolz› (1786/89).

Seite 73 *Schwendemann:* Die Ermordung des schweizerischen Medailleurs Kaspar Joseph Schwendimann am 24. November 1786 berichtete in Kürze auch Goethe im Brief vom gleichen Tage an Charlotte von Stein. Solche Totschläge waren nach ihm «ganz was Gemeines» in Rom. «Viere sind schon, seit ich hier bin, erschlagen worden, von denen ich nur weiß.»

Johann Heinrich Wilhelm Tischbein – *An J. K. Lavater:* Nord und Süd. Eine deutsche Monatsschrift. Hrsg. von Paul Lindau. Bd 73. April 1895. S. 103 f. – *An Anna Amalia und F. W. B. v. Ramdohr:* Aus Tischbeins Leben und Briefwechsel. Hrsg. von Friedrich von Alten. Leipzig 1872. S. 54–59, S. 71.

Der Maler, Radierer, Altertumsforscher und Kunstsammler Tischbein (1751–1829) lebte nach Jahren der Ausbildung in Holland seit 1773 als Porträtmaler in Kassel und seit 1777 in Berlin. Da ihn die Porträtmalerei nicht befriedigte, brach er am 15. Oktober 1778 mit einem Italienstipendium der neugegründeten Kasseler Akademie nach Rom auf, wo er vor allem Raffael und Michelangelo studierte, von Alexander Trippel lernte und die Landschaftsmalerei pflegte. Nach Ablauf des Stipendiums ging er im April 1781 nach Zürich zu Lavater und im Herbst wieder nach Kassel. Im November 1782 konnte er durch Goethes Vermittlung bei Herzog Ernst von Sachsen-Gotha erneut nach Rom reisen, wo er am 24. Januar 1783 eintraf und nun blieb. Als Goethe nach Rom kam, wohnte er bei ihm. 1787 entstand das bekannte Gemälde ‹Goethe in der Campagna›. Im Februar 1787 begleitete er Goethe nach Neapel, war im Mai wieder in Rom und ging im Juli endgültig nach Neapel. 1789 wurde er von König Ferdinand IV. zum

Direktor der Königlichen Kunstakademie ernannt. 1791 begann er das vierbändige Stichwerk über die Vasensammlung des Altertumsforschers Sir William Hamilton, des seit 1767 akkreditierten englischen Gesandten in Neapel, herauszugeben und begann zugleich mit den Vorarbeiten für die Radierfolge ‹Homer nach Antiken gezeichnet› (1801 u. 1821). Nach der Eroberung Neapels durch die Franzosen am 23. Januar 1799 ging er mit Hackert zu Schiff nach Livorno und traf am 20. Juli in Kassel ein. Nach häufigen Aufenthalten in Göttingen und Hannover lebte er seit 1801 in Hamburg, seit 1808 in Eutin, wo ihm eine Pension des Herzogs von Oldenburg ein sorgenfreies Leben gestattete. – Für seine italienischen Jahre vgl. auch seine Autobiographie ‹Aus meinem Leben› (1861, neue Ausgaben 1922, 1956).

Angelika Kauffmann – Zur Nachgeschichte der italienischen Reise. Goethes Briefwechsel mit Freunden und Kunstgenossen in Italien 1788 bis 1790. Hrsg. von Otto Harnack. Weimar 1890 (Schriften der Goethe-Gesellschaft 5).

Die noch weitgehend im Rokoko wurzelnde Malerin und Radiererin Angelika Kauffmann (1741–1807) malte als Wunderkind u. a. schon 1754 Bildnisse in Mailand. 1762 ging sie nach Florenz und malte ihr Selbstbildnis für die Uffizien, 1763 kam sie nach Rom, schloß Freundschaft mit Winckelmann, besuchte Neapel und ging Ende Oktober 1765 nach Venedig. 1766–1781 lebte sie in England, heiratete dort zuletzt den Maler Antonio Zucchi (1728–1795) und zog mit ihm Ende Juli 1781 nach Venedig und am 11. Januar 1782 nach Rom, wo sie für immer blieb und einen der beliebtesten künstlerischen und geselligen Mittelpunkte für die Deutschen bildete, von Künstlern, Dichtern und Fürsten zahlreich besucht. Ihre Bilder erfreuten sich in ihrem empfindsamen Klassizismus größter Beliebtheit. Der Ruhm der Künstlerin gründete aber zu gutem Teile in ihren seltenen menschlichen Vorzügen. Zu ihren Briefen vgl. die Erläuterungen zu Goethes Briefen.

Seite 82 *die Muse:* Wahrscheinlich eine Zeichnung jener antiken Statuette, von der Goethe ausführlich im ‹Bericht› vom April 1788 im ‹Zweiten Römischen Aufenthalt› erzählt.

Seite 83 *Daniel di Volterra:* Das Bild, dessen Verbleib heute unbekannt ist, stellte eine Grablegung dar. Tischbein hatte es im Kloster an der Porta del Popolo entdeckt. Über den Erwerb des Bildes berichtet Goethe zu Beginn des ‹Zweiten Römischen Aufenthalts› unter dem 16. Juni 1787.

Seite 84 *zwei aus Shakespeare:* Das eine war ‹Troilus und Cressida›.

Seite 84 *das große Stück:* ‹Achilles›. Katharina II. erteilte Angelika zu vielen Bildnissen Aufträge.

Johann Gottfried Herder – *An Caroline Herder:* Herders Reise nach Italien. Herders Briefwechsel mit seiner Gattin vom August 1788 bis Juli 1789. Hrsg. von H. Düntzer u. F. G. v. Herder. Gießen 1859. – *An Luise von Sachsen-Weimar und an Goethe:* Herders Briefe. Ausgew., eingel. u. erl. von Wilhelm Dobbek. Volksverlag Weimar 1959.

Nach fünfjähriger Tätigkeit als Prediger in Bückeburg war Herder (1744 bis 1803) durch Goethes Vermittlung im Oktober 1776 als Generalsuperintendent, Mitglied des Oberkonsistoriums und Oberpfarrer an der Stadtkirche nach Weimar berufen worden. Als die zunehmende Überlastung im Amt schon lange eine Erholung und anregende Ortsveränderung notwendig machte, bot ihm 1788 der Trierer Domherr Johann Friedrich Hugo von Dalberg an, als Reisebegleiter mit ihm nach Italien zu gehen. Nachdem er den am 18. Juni aus Italien zurückgekehrten Goethe noch gesprochen hatte, verließ er am 6. August 1788 Weimar, um sich in Augsburg mit Dalberg zu treffen. Dieser brachte wider Erwarten als Begleiterin die Witwe des Weimarer Kammerherrn von Seckendorf mit, wodurch die Reise sehr übereilt und für Herder höchst unerquicklich wurde. Über Verona, Ancona und Terni traf man schon am 19. September in Rom ein. Die moralisch-finanzielle Abhängigkeit von Dalberg und das Gefühl, der überflüssige Dritte zu sein, führten schließlich zur Auseinandersetzung und zur teilweisen Lösung des Verhältnisses. Zugleich fand Herder Anschluß an die Herzogin-Mutter Anna Amalia von Sachsen-Weimar, die am 4. Oktober in Rom eintraf, und an die vornehme Gesellschaft, die ihm mehr zusagte als Goethes junge Malerfreunde; trotzdem quälten ihn die sonstigen Widrigkeiten eines römischen Aufenthalts unmäßig. Erlösend wirkte der Aufenthalt in Neapel ab 4. Januar 1789, Pompeji wurde besucht und der Vesuv bestiegen. Der zweite römische Aufenthalt vom 20. Februar bis 14. Mai brachte ihm – obwohl nun völlig von Dalberg getrennt und mit Anna Amalia lebend – nur neuen Überdruß und neues Unbehagen. Italien vermochte für Herder kein befreiendes und verwandelndes Erlebnis zu werden. Die Rückreise führte über Florenz, Bologna, Venedig, Parma und Mailand. Am. 9. Juli 1789 war er wieder in Weimar.

Seite 86 *unsrer gemeinschaftlichen Freude und Arbeit:* Herders Übersetzungen griechischer Epigramme ‹Blumen aus der griechischen Anthologie› (Zerstreute Blätter. 1.–2. Sammlung. 1785/86).

Seite 86 *unser Freund Schlaf*: Vgl. Herders Aufsatz ‹Wie die Alten den Tod gebildet› (Zerstreute Blätter. 2. Sammlung 1786).

Seite 87 *ein Raffael:* In Verona ist heute kein Bild Raffaels mehr vorhanden.

Seite 90 *Regeln aus Goethes Munde:* Caroline hatte im Brief vom 12. Oktober von einem Besuch Goethes berichtet und seine Ansichten zitiert. Vgl. auch Goethes Brief an Herder vom 10. Oktober 1788.

Seite 91 *Moritz:* Vgl. die Erläuterungen zu seinen Briefen.

Seite 94 *Peter-Pauls-Kirche:* Die heutige Stadt- oder Herderkirche in Weimar, hinter der Herders Wohnhaus steht.

Anna Amalia von Sachsen-Weimar – K. L. Knebel's literarischer Nachlaß und Briefwechsel. Hrsg. von K. A. Varnhagen von Ense und Th. Mundt. Bd. 1. Leipzig 1835. S. 197 ff. – Vgl. auch die fünf Briefe an Goethe in: Zur Nachgeschichte der italienischen Reise. Goethes Briefwechsel mit

Freunden und Kunstgenossen in Italien 1788–1790. Hrsg. von Otto Harnack. Weimar 1890 (Schriften der Goethe-Gesellschaft 5).

Die Herzogin-Mutter Anna Amalia von Sachsen-Weimar-Eisenach (1739 bis 1807) brach am 15. August 1788, einem schon lange gehegten Wunsche folgend, in Begleitung des Hoffräuleins Luise von Göchhausen, des Kammerherrn Friedrich Hildebrand von Einsiedel und des Komponisten Christoph Philipp Kayser von Weimar nach Italien auf. In Bozen trennte sich Kayser aus Unbehagen von der Reisegesellschaft. Als Reisemarschall diente von da an der durch Goethe vermittelte Filippo Collina. Vom 7.–13. September blieb Anna Amalia in Mailand. Am 4. Oktober traf sie, über Bologna, Florenz und Livorno reisend, in Rom ein. Gemeinsam mit Herder und ihrer kleinen Reisegesellschaft brach sie am 1. Januar 1789 nach Neapel auf, am 20. Februar war sie wieder in Rom. Am 19. Mai ging sie wieder nach Neapel (zuerst nach Portici) und blieb dort bis zum 12. April 1790. Die Rückreise führte über Rom (15.–19. April), Terni, Spoleto, Loreto, Ancona, Rimini, Bologna (wo am 1. Mai Heinrich Meyer sich anschloß) und Padua nach Venedig, wo die Herzogin am 6. Mai eintraf und von Goethe schon erwartet wurde. Am 22. Mai wurde Venedig verlassen, am 18. Juni traf die Reisegesellschaft wieder in Weimar ein.

Anna Amalias großes Interesse für die antiken Kunstdenkmäler, die italienische Malerei und für die Bemühungen der deutschen Künstler in Italien kam Goethes Bestrebungen nach erweiterter und vertiefter Pflege der Kunst auch in Weimar hilfreich entgegen.

Seite 96 *‹das Saitenspiel›:* Herders Gedicht ‹Das Saitenspiel› in der dritten Sammlung der ‹Zerstreuten Blätter› 1787.

Seite 96 *Mein Portrait:* Das Original ist im zweiten Weltkrieg offenbar verlorengegangen, eine neuere Kopie hängt im Römischen Haus in Weimar.

Seite 97 *sechsten Gesang der Äneide:* Er erzählt von Äneas' Besuch bei der Sybille von Cumä.

Friedrich Leopold Graf zu Stolberg – Friedrich Leopold Graf zu Stolberg bis zu seiner Rückkehr zur katholischen Kirche. 1750–1800. Dargestellt von Johannes Janssen. Freiburg i. B. 1877. S. 299 ff.

Der vornehmlich als Lyriker des Göttinger Hainbundes im Gefolge Klopstocks und als Übersetzer von Homers ‹Ilias› (1778) bedeutsame Graf Stolberg (1750–1819) stand abwechselnd in dänischen und lübeckischen Diensten. Seit 1789 war er dänischer Gesandter in Berlin. Im Mai 1791 nahm er das Amt des fürstbischöflich Lübischen Regierungspräsidenten in Eutin unter der Bedingung eines vorherigen anderthalbjährigen Urlaubs an, um mit seiner zweiten Frau und Jacobis Sohn Georg über die Schweiz nach Italien zu reisen. Über Zürich, Bern und Genf kamen sie am 3. November 1791 nach Genua, reisten über Mailand, Parma, Bologna, Florenz und Pisa und waren am 24. Dezember in Rom. Am 2. Februar 1792 brachen sie nach Neapel auf, wo Stolbergs Frau am 2. April eine Tochter gebar. Im Mai bereisten sie Kalabrien und ab Ende des Monats bis zum

10. Juli Sizilien (Messina, Palermo, Girgenti, Syrakus, Catania). Im Sommer waren sie in Piano di Sorrento und vom 2.–8. Oktober wieder in Rom. Vom 19.–26. Oktober besuchten sie Venedig und trafen am 2. November in Wien ein. – Nach dem Übertritt zur katholischen Kirche am 1. Juni 1800 lebte Stolberg im Kreise der Fürstin Gallitzin in Münster, später in Tatenhausen und Sondermühlen bei Osnabrück.

Nach der Rückkehr aus Italien schrieb Stolberg seine vierbändige ‹Reise in Deutschland, der Schweiz, Italien und Sizilien in den Jahren 1791 und 1792› (1794), die bedeutendste deutsche Beschreibung einer Italienreise vor Goethe (s. d.).

Asmus Jacob Carstens – Archiv für die zeichnenden Künste. 12. Jg. Leipzig 1866. S. 134 ff. – A. Kamphausen, A. J. Carstens. Neumünster 1941. S. 181 f. Den ersten Brief schickte C. erst am Jahresende ab.

Der Zeichner und Historienmaler Carstens (1754–1798) durchbrach als erster und zugleich eigenwilliger Künstler die bisherigen akademischen Regeln und Traditionen, er steht am Beginn des deutschen Klassizismus. Nachdem er sich seit 1776 in Kopenhagen, vorwiegend als Autodidakt, ausgebildet und die Antike studiert hatte, reiste er mit seinem Bruder 1783 nach Italien, mußte aber schon in Mantua im Juni aus Geldmangel wieder umkehren. Über Zürich, wo sich seiner Geßner und Lavater annahmen, ging er nach Lübeck, wo er fast fünf Jahre dürftig als Porträtmaler lebte und 1786 mit dem jungen Fernow lebenslängliche Freundschaft schloß. Seit 1788 in Berlin, erhielt er im Mai 1790 auf Grund seiner Zeichnung ‹Der Sturz der Engel› durch den Minister von Heinitz eine Professur an der Akademie der bildenden Künste. Ein zweijähriger Urlaub und ein Stipendium des Königs ermöglichten ihm im Juni 1792 erneut nach Italien zu reisen. Mit dem Architekten Weinbrenner und dem Maler Cabott traf er, nach einer Krankheit in Florenz, im September 1792 in Rom ein. Im Sommer 1794 ging er zu Fuß nach Neapel und war im September wieder in Rom, wo am 29. auch Fernow eintraf. Im April 1795 fand die Staunen erregende Ausstellung seiner größeren Arbeiten, Zeichnungen, Aquarelle und Temperamalereien mit Motiven vorwiegend aus der antiken Dichtung und Philosophie statt (zu den Aufsätzen von Fernow und Maler Müller siehe unter diesen). Nachdem Urlaub und Stipendium schon einmal verlängert worden waren, sollte Carstens 1795 nach Berlin zurückkehren, weigerte sich aber im Bewußtsein seiner künstlerischen Berufung, so daß es zum Bruch mit Heinitz und der Akademie kam. In Armut und zuletzt an Schwindsucht leidend, lebte er bis zu seinem Tode in Rom. Sein künstlerischer Nachlaß kam durch Goethes Vermittlung nach Weimar.

Einige seiner Hauptwerke sind: ‹Die Argonauten bei Chiron› (1791 und 1792), ‹Die Griechen im Zelt des Achill› (1794), ‹Die Nacht mit ihren Kindern› (1795), ‹Die Geburt des Lichts›.

Carl Ludwig Fernow – Penelope. Taschenbuch für das Jahr 1844. Hrsg. von Theodor Hell. Leipzig. S. 343 ff., S. 378 ff. – Vgl. auch: Carl Ludwig

Fernow. Römische Briefe an Johann Pohrt 1793–1798. Hrsg. von Herbert von Einem u. Rudolf Pohrt. Berlin 1944.

Der Kunstschriftsteller Fernow (1763–1808) hielt sich anfänglich zur Malerei berufen und begriff sich erst in Rom endgültig als Kunsthistoriker. Nach harter Jugend war er sieben Jahre Apothekerlehrling in Anklam und kam 1786 als Apotheker nach Lübeck, wo er mit Carstens lebenslängliche Freundschaft schloß und beide sich die Antike erschlossen. 1790 kam er nach Jena und studierte bei Reinhold die Kantische Philosophie. Im Sommer 1793 lud ihn sein Studiengenosse, der dänische Dichter Jens Baggesen, zu einer Reise nach Italien ein. Sie gingen im Februar 1794 von Zürich über Klagenfurt nach Venedig, wo sie am 23. Februar eintrafen, mußten aber in der zweiten Märzhälfte von Florenz aus über Mailand wegen ungünstiger Familienverhältnisse Baggesens nach Bern zurückkehren. Mit Unterstützung des Klagenfurter Fabrikbesitzers Franz Paul von Herbert und des Steiermärkers Gottfried Wenzel von Purgstall, die beide auch bei Reinhold in Jena studiert hatten, brachen sie im August 1794 erneut nach Italien auf und trafen über Venedig und Florenz am 29. September in Rom ein, wo Fernow bis 1803 blieb. Im Winter 1795/96 hielt er in der Wohnung des Prinzen August von England für Künstler, Kunstfreunde und Gelehrte Vorlesungen über Ästhetik nach Kantischen Prinzipien. Die ‹Ästhetik für bildende Künstler›, an der er fortlaufend arbeitete, ist niemals erschienen. Für seinen Freund Carstens schrieb er 1795 in Wielands Zeitschrift Neuer Teutscher Merkur ‹Über einige neue Kunstwerke des Herrn Professor Carstens› (zu Maler Müllers Entgegnung siehe unter diesem) und berichtete auch über andere römische Gegenstände in der gleichen Zeitschrift. 1801 heiratete er die Römerin Maria Fini, die ihm 1802 einen Sohn gebar. Am 11. Juli 1803 verließ er mit seiner Familie Rom und ging als außerordentlicher Professor der Ästhetik nach Jena, 1804 als Bibliothekar der Herzogin-Mutter Anna Amalia nach Weimar.

Aus seinen römischen Jahren erwuchsen die Schriften ‹Gemälde der merkwürdigsten Hauptstädte von Europa. Ein Taschenbuch auf das Jahr 1803, enthaltend ein Gemälde von Rom› (Gotha 1802), ‹Leben des Künstlers Asmus Jakob Carstens, ein Beitrag zur Kunstgeschichte des achtzehnten Jahrhunderts› (1806), ‹Römische Studien› (3 Bde, 1806–1808), ‹Leben Lodovico Ariosto's des Göttlichen› (1809). 1808 gab er die ersten beiden Bände der gesammelten Werke Winckelmanns heraus.

Seite 118 *Iths Anthropologie*: Sie war in zwei Bänden 1794 in Bern erschienen.

Seite 118 *Literaturzeitung:* Die Jenaer ‹Allgemeine Literatur-Zeitung›.

Seite 118 *Horen:* Schillers Monatszeitschrift ‹Die Horen› (1795 bis 1797).

Johann Heinrich Meyer – Goethes Briefwechsel mit Heinrich Meyer. Hrsg. von Max Hecker. Bd 1. Weimar 1917 (Schriften der Goethe-Gesellschaft 32).

Der Schweizer Maler und spätere Kunstschriftsteller Heinrich Meyer

(1760–1832) lebte nach drei Ausbildungsjahren in Zürich seit 1781 in seinem Geburtsort Stäfa. 1784 ging er mit seinem Freund Kölla nach Rom, wo er im November 1786 Goethe kennenlernte und ihn 1787/88 beim Studium der menschlichen Gestalt anleitete. Im Juli 1788 ging er zu Tischbein nach Neapel, kehrte im Februar 1789 nach Rom zurück, erkrankte im Herbst und reiste im Mai 1790 mit der Herzogin Anna Amalia und Goethe von Venedig nach Weimar und dann in die Schweiz zurück. Im November 1791 folgte er Goethes Ruf als Professor an die Weimarer Zeichenakademie, deren Direktor er 1807 wurde. Bis Ende 1802 war er Goethes Hausgenosse. 1795 plante Goethe mit Meyer eine große geographisch-kulturgeschichtliche Darstellung Italiens. Zur Erschließung der Kunstdenkmäler brach Meyer am 2. Oktober 1795 nach Italien auf und ging über Mantua, Bologna, Florenz nach Rom, von wo er am 22. November den ersten Brief an Goethe schrieb. Infolge der unsicheren politischen Verhältnisse siedelte er im Juni 1796 nach Florenz über und blieb dort bis Juni 1797. Im Juli war er in Stäfa, im September traf er mit Goethe auf dessen dritter Schweizer Reise in Zürich und Stäfa zusammen. Am 20. November trafen Goethe und Meyer wieder in Weimar ein.

Seine wichtigsten Schriften sind: ‹Beiträge zur Geschichte der neuern bildenden Kunst› (Horen 1795), ‹Raphaels Werke, besonders im Vatikan› (Propyläen 1799), ‹Masaccio› (Propyläen 1800), ‹Mantua im Jahre 1795› (ebda), ‹Entwurf einer Kunstgeschichte des 18. Jahrhunderts› (in Goethes ‹Winckelmann und sein Jahrhundert› 1805), ‹Geschichte der bildenden Künste bei den Griechen und Römern›, fortgesetzt von Riemer (3 Bde, 1824–1836). Nach Fernows Tod führte er dessen Ausgabe der Werke Winckelmanns fort.

Seite 121 *Des da Vincis Bild:* Jesus als Weltenheiland. Das Werk wird heute Marco d'Oggionno zugeschrieben.

Seite 123 *Badia von Brunelleschi:* Sie wird einem Schüler von B. zugeschrieben.

Johann Gottfried Seume – *An C. A. Böttiger:* Neuer Teutscher Merkur. Hrsg. von C. M. Wieland. 1802. 4. Stück. S. 310 ff. – *An G. J. Göschen:* Viscount Goschen, Das Leben Georg Joachim Göschens. Leipzig 1905. Bd. 2. S. 386–388. Unser Text nach der Handschrift (Deutsche Bücherei Leipzig).

Nach sechs schweren Jugendjahren als Zwangssoldat in Kanada in englischen und später in preußischen Diensten hatte Seume (1763–1810) von 1787 bis 1792 als Hofmeister und Studierender in Leipzig, danach bis 1796 als russischer Leutnant und Geheimsekretär vorwiegend in Warschau gelebt. Im Oktober 1797 ging er als Korrektor seines Freundes, des Verlagsbuchhändlers Göschen, nach Grimma. Am 7. Dezember 1801 brach er von Grimma zu seiner Fußreise nach Italien auf. Über Prag, Wien und Triest kam er am 3. Februar 1802 nach Venedig, wo er neun Tage blieb, und traf über Bologna am 2. März in Rom ein, wanderte drei Tage später nach Neapel weiter, setzte nach Sizilien über, besuchte Palermo und Agrigent und erreichte Syrakus, das Ziel seiner Reise, am 1. April; über Catania und Messina ging er wieder nach Palermo. Auf der Rückreise war er vom 6.–20. Mai erneut in Rom und wanderte über Florenz, Bologna nach Mailand, das er am 14. Juni verließ. Die weitere Reise führte über Zürich, Paris und Frankfurt a. M. Im Oktober 1802 war Seume wieder in Leipzig, wo er fortan dürftig als Sprachlehrer und freier Schriftsteller lebte. 1805 unternahm er eine ähnliche Fußreise über Rußland nach Skandinavien.

Seumes ‹Spaziergang nach Syrakus im Jahre 1802› (1803) wurde in seiner volkstümlich-realistischen Darstellung der unmittelbaren Erlebnisse und in seiner Absage an jede Form des fürstlichen und kirchlichen Despotismus eines der beliebtesten deutschen Italienbücher.

Seite 128 *Akragas:* Antiker Name von Agrigent auf Sizilien.

Seite 128 *Trinakriens:* Trinakria (‹die Dreizipflige›) war der älteste griechische Name für Sizilien.

Seite 128 *Nachbars von Parthenope:* Gemeint ist der Vesuv. Nach der unteritalischen Sirene Parthenope heißt Neapel bei Vergil, Ovid, Statius u. a.

Seite 128 *Hohenstädt:* Das bei Grimma gelegene Gut Göschens.

Seite 129 *Autoschediasten:* Stegreifschriftsteller.

Wilhelm von Humboldt – *An Schiller:* Neue Briefe Wilhelm von Humboldts an Schiller. 1796–1803. Hrsg. von F. C. Ebrard. Berlin 1911. – *An K. G. von Brinkmann:* Wilhelm von Humboldts Briefe an Karl Gustav von Brinkmann. Hrsg. von A. Leitzmann. Leipzig 1939. – *An Goethe:* Goethes Briefwechsel mit Wilhelm und Alexander von Humboldt. Hrsg. von L. Geiger. Berlin 1909. – *An Ch. G. Körner:* Wilhelm von Humboldts Briefe an Christian Gottfried Körner. Von A. Leitzmann. Berlin 1940.

Wilhelm von Humboldt (1767–1835), der bedeutende Anthropologe, Sprachwissenschaftler und Staatsmann, lebte seit 1794 als Privatgelehrter in Jena in der räumlich-geistigen Nachbarschaft Schillers und Goethes. Infolge der kriegerischen Unruhen in Italien gab er den Plan einer Italienreise zunächst auf und ging im Herbst 1797 mit seiner Familie nach Paris, besuchte Spanien und kehrte erst im August 1801 aus Paris nach Berlin zurück. Im Mai 1802 wurde er zum preußischen Residenten beim Päpstlichen Stuhl ernannt und reiste im September über Weimar nach Rom, wo er am 25. November 1802 eintraf. Am 10. April 1806 folgte die Ernennung zum bevollmächtigten Minister Preußens am Vatikan. Humboldts Haus bildete in diesen Jahren den geistigen und geselligen Mittelpunkt des deutschen Künstler- und Gelehrtenlebens in Rom. 1803 und 1807 mußte er seine Söhne Wilhelm und Gustav auf dem evangelischen Friedhof an der Pyramide des Cestius begraben. Am 14. Oktober 1808 verließ er Rom, um dem Ruf der preußischen Regierung nach Berlin zu folgen, wo er bis 1810 die Reform des preußischen Bildungswesens übernahm. Bis Ende 1819 war er als Gesandter in ganz Europa und zuletzt als Minister des Innern tätig. Seine Entlassung war Folge seines Konflikts mit der Politik Hardenbergs. Seitdem lebte Humboldt als Sprachgelehrter in Tegel und Berlin.

In Italien entstanden die fragmentarischen Abhandlungen ‹Latium und Hellas oder Betrachtungen über das klassische Altertum› (1806), ‹Über den Charakter der Griechen, die idealische und historische Ansicht desselben› (1807) und ‹Geschichte des Verfalls und Unterganges der griechischen Freistaaten› (1807/8), außerdem im Stile Schillers die Elegie ‹Rom› (1806) in 61 Stanzen. Die Tiefe seines Rom-Erlebnisses spiegeln am reinsten seine bedeutenden Briefe aus jener Zeit wider.

Seite 130 *‹Aber Rom in allem seinem Glanze›:* Schillers ‹Lied an die Freude›, 4. Strophe, das im Herbst in Cottas ‹Taschenbuch für Damen auf das Jahr 1803› erschienen war.

Seite 134 *aus Paris:* Vgl. die Erläuterungen zu Caroline von Humboldt.

Seite 137 *‹beatus ille, . . .›:* Der Anfang von Horaz' berühmter Preisode auf das Landleben (Buch V, Ode 2): «Selig ist jener, der fern von Geschäften».

KARL FRIEDRICH SCHINKEL – Briefe, Tagebücher, Gedanken. Ausgew., eingel. u. erl. von H. Makowsky. Berlin (1922). S. 52 f, 56 ff, 163 ff.

Der Architekt, Maler und Kunstschriftsteller Schinkel (1781–1841) brach – nach seiner Ausbildung und ersten Tätigkeit in Berlin, gefördert auch durch den Grafen von Reuß-Köstritz – am 1. Mai 1803 mit dem Architekten Steinmeyer nach Italien auf und kam über Prag, Wien und Triest im August nach Venedig und Anfang Oktober nach Rom. Ende April 1804 ging er nach Süditalien, war am 3. Mai in Neapel, bereiste im Mai und Juni Sizilien, war Anfang Juli wieder in Neapel und brach im September von Rom zur Rückreise auf. Im Oktober war er in Genua, Ende November in Paris und Ende Februar 1805 wieder in Berlin. Durch die Vermittlung Wilhelm von Humboldts, den er in Rom kennengelernt hatte, wurde Schinkel 1810 Oberbauassessor und 1815 Geheimer Oberbaurat. Seit 1816 schuf er die berühmten Bauwerke in Berlin im Auftrag der preußischen Regierung. 1824 reiste er nochmals nach Italien, war am 2. August in Mailand und erreichte über Genua, Pisa und Florenz am 27. August Rom. Von dort ging Schinkel nach Neapel, kehrte im September zurück und verließ Rom am 24. Oktober. Mitte November war er in Venedig und am 22. November in München.

Von der ersten Italienreise brachte Schinkel vor allem eine große Zahl meisterhafter Zeichnungen mit. Auch danach war er bis 1816 vorwiegend als Maler und Zeichner tätig. Vgl. auch Schinkels Tagebücher (s. o.).

Seite 143 *Chiaramonti:* Der Braccio Nuovo in den vatikanischen Galerien, der erst 1817–1822 erbaut worden war.

Seite 143 *Clementinum*: Das Capitolinische Museum in Rom.

Seite 144 *Thorwaldsens . . . Atelier:* Der dänische Bildhauer Bertel Thorwaldsen lebte seit 1797 in Rom und war zum Haupt des römischen Hochklassizismus geworden.

Seite 144/145 *Schnorr . . . Veit und Overbeck:* Vgl. die Erläuterungen zu ihren Briefen.

Joseph Anton Koch – *An G. F. von Fischer:* Neuer Nekrolog der Deutschen. 17. Jg. 1839. Weimar 1841. S. 130 ff. – *An R. von Langer:* Otto R. von Lutterotti: Joseph Anton Koch 1768–1839. Mit Werkverzeichnis und Briefen des Künstlers. Berlin 1940. S. 143.

Nach sieben harten Jahren auf der Hohen Carlsschule in Stuttgart floh der junge Maler und Radierer Koch (1768–1839), von der Französischen Revolution begeistert, im Dezember 1791 nach Straßburg, ging im September 1792 nach Basel, blieb in der Schweiz und lernte in Neuchâtel den englischen Hofmeister Dr. George Nott kennen, der ihm nach Italien zu gehen riet und 1794 auch ein dreijähriges Stipendium verschaffte. Im Winter 1794/95 ging Koch zu Fuß über die Alpen, Bologna, Florenz und Rom bis nach Neapel, wo er drei Monate blieb. Seit April 1795 lebte er in Rom und schloß sich vor allem Carstens und seinem großen Stil an. Am 20. Mai 1802 starb seine römische Geliebte Mariangela Sodi-De Regis, am 1. September 1806 heiratete er Cassandra Rinaldi aus Olevano. Infolge der französischen Herrschaft verließ er Rom am 5. Juni 1812 und ging nach Wien. Ende November 1815 kehrte er nach Rom zurück. Im Januar 1829 war er an der Gründung des Römischen Kunstvereins beteiligt.

Seit etwa 1800 beschäftigte sich Koch immer aufs neue mit Illustrationen zu Dantes ‹Göttlicher Komödie›, 1807 waren 25 Zeichnungen zum ‹Inferno› vollendet, 1825–1828 malte er die Dantefresken in der Villa Massimo. 1810 entstanden 20 Radierungen ‹Römische Ansichten›. Als Landschaftsmaler des deutsch-römischen Klassizismus entwickelte er die große idealhistorische Landschaft mit romantischen Zügen und realistischen Details (z. B. ‹Subiaco› 1811, ‹San Francesco di Civitella› 1814, ‹Die Wasserfälle von Tivoli› 1818). Sein literarisches Hauptwerk ist die ‹Moderne Kunstchronik, Briefe zweier Freunde in Rom und der Tartarei über das moderne Kunstleben und -Treiben, oder die Rumfordsche Suppe, gekocht und angerichtet von Joseph Anton Koch in Rom› (1834).

Seite 150 *Man wirft mir ... vor:* Die Münchener Kritik an Kochs Gemälde ‹Landschaft mit dem hl. Georg› (1807) führte zum Briefwechsel mit Robert von Langer, dem Sohn des Münchener Akademiedirektors Joh. Peter von Langer.

Seite 150 *Einer Ihrer Freunde:* Präsident Franz Wilhelm von Asbeck in München. Koch malte für ihn die ‹Gegend bei Subiaco im Sabinergebirge› (heute in Leipzig), die auf der Münchener Ausstellung von 1811 einen großen Erfolg errang.

August Wilhelm Schlegel – Briefe von und an August Wilhelm Schlegel. Ges. u. erl. durch Josef Körner. Zürich-Leipzig-Wien (1930). Teil 1.

Als führender Kritiker, Übersetzer und zunächst auch Dichter der Frühromantik lebte A. W. Schlegel (1767–1845) von 1796–1801 in Jena, wo er an der ‹Allgemeinen Literatur-Zeitung› mitarbeitete, Vorlesungen hielt und 1798–1800 mit seinem Bruder Friedrich das ‹Athenaeum› herausgab. 1801 bis 1804 hielt er in Berlin Vorlesungen über schöne Literatur und Kunst. Danach begleitete er bis 1813 Madame de Staël auf ihren Reisen in die

Schweiz, nach Italien, England, Dänemark und Schweden. Von Januar bis Ende Mai 1805 war er mit ihr in Rom, zwischendurch in Neapel (Näheres über die Reisestationen im ersten Brief). In Rom wurde er zu seinen zahlreichen Nachdichtungen italienischer Renaissancelyrik und zu seiner großen Elegie ‹Rom› (1805) angeregt. Als Ergebnis seiner Begegnung mit den deutsch-römischen Künstlern verfaßte er sein offizielles ‹Schreiben an Goethe über einige Arbeiten in Rom lebender Künstler 1805›.

Der äußere Anlaß von Schlegels zweiter Italienreise war ein Lungenleiden des zweiten Gatten von Madame de Staël Jean François Rocca. Schlegel begleitete beide Anfang Oktober 1815 nach Oberitalien. Mailand, Genua und Pisa wurden besucht; nach längerem Aufenthalt in Florenz wurde die Rückreise am 3. Juni 1816 angetreten. Bis 1817 blieb Schlegel in Paris bei Madame de Staël. 1818 ging er als Professor der Kunst- und Literaturgeschichte nach Bonn.

Seite 153 *Humboldt:* Vgl. die Erläuterungen zu den Briefen von Wilhelm und Alexander v. Humboldt.

Seite 153 *eine gelehrte Zeitschrift*: ‹Biblioteca Italiana›.

PHILIPP HACKERT – Goethes Werke. Hrsg. im Auftrage der Großherzogin Sophie von Sachsen. 1. Abteilung. Bd. 46. Weimar 1891. S. 411 ff. – Ein geeigneter Brief aus den früheren Jahren ließ sich nicht finden.

Zu seinen Lebzeiten genoß Philipp Hackert (1737–1807) den Ruf des besten Prospektenmalers in Italien und war als Mensch wie Künstler hoch angesehen. Nach Jahren der Ausbildung und erster Tätigkeit in Berlin, Stockholm und Paris ging er mit seinem Bruder Johann Gottfried Ende 1768 nach Rom und 1770 nach Neapel. Nach der Abreise von Johann Gottfried im Jahre 1772 wurde sein Bruder Georg sein ständiger Begleiter und fertigte die zahlreichen Stiche nach seinen Gemälden an. 1777 bereisten die Brüder Sizilien, 1778 Oberitalien und die Schweiz und wurden in Rom ansässig. 1782 begann Hackert für König Ferdinand IV. von Neapel zu arbeiten, dessen besoldeter Kammermaler er 1786 wurde. Er siedelte nach Neapel über, trat im März 1787 in enge Beziehungen zu Goethe und weilte mit ihm in der Junimitte 1787 in Tivoli. Nach der Eroberung Neapels durch die Franzosen am 23. Januar 1799 ging er mit dem engbefreundeten Maler Tischbein nach Livorno und von da nach Florenz, wo er seitdem in einer Villa nahe der Stadt lebte.

Die naturgetreuen und sehr sachlich-klaren Landschaftsgemälde aus Hackerts römischen und Neapler Jahren erfreuten sich größter Beliebtheit. – Den vorliegenden Brief nahm Goethe in überarbeiteter Gestalt in den Anhang von ‹Philipp Hackert. Biographische Skizze. Meist nach dessen eigenen Aufsätzen entworfen› (1811) auf.

Seite 155 *‹Winckelmann und sein Jahrhundert›:* Goethes Sammelband, der außer Goethes eigenem Beitrag und den Briefen Winckelmanns an Berendis auch anonyme Beiträge von Wilhelm von Humboldt, Heinrich Meyer und Friedrich August Wolf enthielt, war 1805 erschienen.

CHRISTIAN AUGUST KESTNER – August Kestner und seine Zeit. 1777–1853. Das glückliche Leben des Diplomaten, Kunstsammlers und Mäzens in Hannover und Rom. Aus Briefen und Tagebüchern zusammengestellt von Marie Jorns. Hannover (1964). S. 65 f, 180 u. 201, mit Ergänzungen zum zweiten Brief aus: Briefwechsel zwischen August Kestner und seiner Schwester Charlotte. Hrsg. von Hermann Kestner-Köchlin. Straßburg 1904. S. 148 f.

August Kestner (1777–1853), der Sohn von Goethes Wetzlarer Freundin Charlotte Buff, war nach dem Studium von Jura und Kunstgeschichte seit 1803 Geheimer Kanzleisekretär in Hannover. Zur Heilung eines fiebrigen Katarrhs reiste er im September 1808 nach Italien. Über Straßburg, Bern, Genf kam er Anfang Oktober nach Mailand, besuchte Genua, Pisa und Florenz und traf am 3. Dezember in Rom ein. Ende April 1809 ging er nach Neapel und bestieg mit Maler Müller den Vesuv; Ende Mai war er wieder in Rom, das er am 29. August verließ. Über Florenz, Bologna, Mailand reiste er nach Straßburg zurück, wo er am 27. September ankam. Im Februar 1817 ging er als Legationssekretär der hannoveranischen Gesandtschaft beim Vatikan nach Rom, wo er am 20. März eintraf und bald zum Freund und Förderer der deutschen Künstler wurde. 1825 avancierte er zum Geschäftsträger, 1837 zum Ministerresidenten beim Heiligen Stuhl, 1843 außerdem zum Gesandten in Neapel. Im Winter 1828/29 war er maßgeblich an der Gründung des Archäologischen Instituts (Instituto di corrispondenza archeologica) in Rom beteiligt und unterzeichnete am 2. Januar 1829 das Gründungsprogramm der europäisch gemeinten Gelehrtengesellschaft. Am 21. April folgte die feierliche Eröffnung des Instituts, dem Kestner zunächst als Archivar diente. Als der erste Generalsekretär Christian Karl Josias Bunsen 1838 nach Deutschland zurückging, wurde Kestner sein Stellvertreter in Rom und erhielt 1844 den Titel eines Vizepräsidenten. Auch nach seiner Abberufung als Diplomat 1849 blieb er in Rom. Er liegt an der Cestiuspyramide begraben.

Kestners zahlreiche und anschauliche Brief- und Tagebuchberichte aus Italien sind bisher nur teilweise publiziert worden. 1818 erschien seine maßvolle Verteidigung der Nazarener gegen Goethe (‹Über die Nachahmung in der Malerei›). 1850 gab er ‹Römische Studien› heraus.

ZACHARIAS WERNER – *An J. I. von Gerning:* Jahrbuch des Freien Deutschen Hochstifts 1963. Max Niemeyer Verlag, Tübingen 1963. S. 285 f. – *An Caroline von Humboldt:* Briefe des Dichters Friedrich Ludwig Zacharias Werner. Mit einer Einführung hrsg. von O. Floeck. Krit. durchges. u. erl. Gesamtausgabe. Bd 2. München 1914. In dem fortgelassenen Schluß des Briefes versucht Werner Caroline von Humboldt zur Konversion zu bewegen.

Zacharias Werner (1768–1823), der Verfasser bühnenwirksamer christlich-historischer Dramen und der Schicksalstragödie ‹Der 24. Februar› (Uraufführung unter Goethe am 24. 2. 1810 in Weimar) lebte nach dürftigen Sekretärsjahren in Südpreußen, Warschau und Königsberg seit 1805 in Berlin, seit 1807 vorwiegend in Gotha, Weimar und auf Reisen. Im Frühjahr 1809 erhielt er eine Pension des Fürst-Primas des Rheinbundes Karl Theodor von Dalberg, die später Carl August von Sachsen-Weimar übernahm. Dadurch konnte er nach viermonatigem Aufenthalt bei Madame de Staël in Coppet am 2. November 1809 von Genf nach Italien aufbrechen. Über Turin, Parma, Bologna und Florenz, wo er vom 20.–27. November blieb, reiste er nach Rom, wo er am 9. Dezember eintraf. Am 19. April 1810 trat er zur katholischen Kirche über und ging anschließend nach Neapel, wo er sich vom 3. Mai bis Anfang Juni aufhielt. Nach der Rückkehr nach Rom widmete er sich dem Studium der Theologie und war in aufdringlicher Weise bemüht, auch andere Deutsche zur Konversion zu bewegen. Am 22. Juli 1813 verließ er Rom, ging nach Frankfurt a. M. und danach auf das Priesterseminar in Aschaffenburg, wo er am 14. Juni 1814 die Priesterweihe empfing. Seit August 1814 wirkte er als eifriger Prediger auf dem Wiener Kongreß. Auch danach blieb er in Österreich.

Für die Jahre in Italien vgl. auch Werners Tagebücher (hrsg. von O. Floeck 1939/40) und zahlreiche Gedichte aus Rom und Florenz.

Seite 164 *Professoren der Ästhetik:* An der 1810 gegründeten Berliner Universität erhielt im Herbst 1811 lediglich K. W. F. Solger eine Professur für Ästhetik.

Friedrich Overbeck – Friedrich Overbeck. Sein Leben und Schaffen. Nach seinen Briefen und andern Dokumenten des handschriftlichen Nachlasses geschildert von Margaret Howitt. Hrsg. von Franz Binder. Freiburg i. B. 1886. Bd 1: S. 145 ff, 162 f, 214, 276 ff, 332 f, 478 f, 553 ff. – Die Sammlung enthält auch Tagebuchaufzeichnungen Overbecks und Briefe anderer ‹Nazarener›.

Als der junge Maler Overbeck (1789–1869) im April 1806 nach Wien an die Akademie der bildenden Künste kam, verband er sich aufs engste mit dem Maler Franz Pforr. Mit diesem, Wintergerst, Vogler, Hottinger und Sutter schloß er sich am 10. Juli 1809 im Lukasbund zusammen, der in Opposition zu den erstarrten Traditionen der Akademie eine Erneuerung der Kunst aus religiösem Geist anstrebte. Am 15. Mai 1810 brachen Overbeck, Pforr, Vogler und Hottinger nach Italien auf und kamen über Triest, Venedig, Bologna und Urbino, dem Geburtsort des angebeteten Raffael, am 20. Juni 1810 nach Rom, wohnten anfangs in der Villa Malta und ab 29. September auf zwei Jahre in dem verlassenen Kloster Sant' Isidoro (‹die Klosterbrüder›). Ihrem Bunde schlossen sich in den nächsten Jahren u. a. Johannes und Philipp Veit, Peter Cornelius, Wilhelm Schadow und Julius Schnorr von Carolsfeld an. Am 13. April 1813 trat Overbeck zur katholischen Kirche über. Das erste gemeinsame Werk der Lukasbrüder waren 1816 die Fresken zur Geschichte Josephs in Ägypten im Palazzo Zuccaro im Auftrage des preußischen Generalkonsuls Bartholdy (Casa Bartholdy). Im Jahre danach trug ihnen der Marchese Massimo für einen Saal seiner Villa Fresken zu Dante, Ariost und Tasso auf. Diese große Arbeit hielt die Lukasbrüder für lange Zeit in Rom fest. Overbeck malte an den Deckenfresken bis 1827. 1818 heiratete er die Wienerin Anna Schiffbauer-

Hartl. 1819 errangen die Lukasbrüder auf der deutschen Kunstausstellung in Rom einen großen Erfolg. Berufungen nach Deutschland schlug Overbeck mehrfach aus, auch die Ludwigs I. nach München 1826. Erst 1831 reiste er zur Erholung wieder nach Deutschland und verließ Rom mit Cornelius am 4. Juli, ging über Venedig und war am 27. Juli in München, besuchte das Rheinland und kehrte über die Schweiz am 6. November nach Rom zurück. Am 20. September 1831 wurde er Mitglied der Akademie San Luca. 1840 starb sein zweiundzwanzigjähriger Sohn Alfons, 1853 seine Frau. Eine zweite Deutschlandreise unternahm er 1855, um ein Altargemälde für die Muttergotteskapelle des Kölner Domes am Aufstellungsort zu vollenden. Er verließ Rom am 20. Juni 1855 und war Mitte Juli in Köln. Am 3. Oktober war er wieder in Rom, wo er bis zu seinem Tode blieb.

In der religiösen Malerei wirkte das Vorbild Overbecks, dessen Frömmigkeit und Kunst erst in den späteren Jahren erstarrten, durch das ganze 19. Jahrhundert hindurch. Weniger bekannt sind viele seiner Zeichnungen, in denen sich seine zarte und reine Natur am schönsten aussprach.

Seite 169 *Cornelius:* Vgl. die Erläuterungen zu seinen Briefen.

Seite 169 *‹Maler Müller› ... Carstens:* Vgl. die Erläuterungen zu beider Briefen.

Seite 170 *Ostini:* Pater Pietro Ostini (gest. 1849) war Professor für Kirchengeschichte am Collegium Romanum. Er führte auch Zacharias Werner und andere Deutsche zur Konversion.

Seite 172 *auf den bevorstehenden Kongreß:* Das Schreiben ist vom Wiener Kongreß und von den einzelnen Mächten nicht berücksichtigt worden.

Seite 173 *Germania und Italia:* Das 1811 begonnene und 1828 vollendete Gemälde befindet sich in der Neuen Pinakothek in München.

JOHANNES VEIT – Dorothea v. Schlegel geb. Mendelssohn und deren Söhne Johannes und Philipp Veit. Briefwechsel im Auftrage der Familie Veit hrsg. von J. M. Raich. Mainz 1881. Bd 2.

Nach dem Besuch der Dresdner Akademie der bildenden Künste lebten Johannes Veit (1790–1854) und sein bedeutenderer Bruder Philipp (1793 bis 1877) zeitweilig in Wien bei ihrem Stiefvater Friedrich Schlegel. Philipp trat am 9. Juni 1809, Johannes am 26. Juli 1810 vom jüdischen zum christlich-katholischen Bekenntnis über. Während Philipp in Wien blieb, brach Johannes am 23. Februar 1811 nach Italien auf, war am 8. März in Venedig, wo er einige Zeit blieb, traf am 3. April in Rom ein und wurde Mitglied der Lukasbrüderschaft (s. Overbeck). Philipp folgte nach der Teilnahme am Befreiungskriege im Herbst 1815 und traf im November in Rom ein. Am 9. Dezember 1816 wurde auch er in die Lukasbrüderschaft aufgenommen, arbeitete in der Casa Bartholdy mit und malte an Stelle des nach München berufenen Cornelius ab Juni 1818 die Deckenfresken zu Dantes ‹Paradiso› in der Villa Massimo. Am 31. Mai 1819 verließ er mit dem Bruder Rom und ging nach Berlin, kehrte aber im November 1822 für immer nach Rom zurück. Philipp Veit wurde im Herbst 1831 als Direktor des Städelschen Kunstinstituts nach Frankfurt a. M. berufen.

Seite 177 *Pforr:* Der Maler und Graphiker Franz Pforr (vgl. über Overbeck) starb mit vierundzwanzig Jahren am 16. Juni 1812 in Albano an der Schwindsucht.

Seite 180 *Palast Farnese von Michelangelo:* Der Palast wurde von Antonio da Sangallo erbaut, Michelangelo setzte nur das Hauptgesims auf.

Seite 181 *Nicola Pisano:* Veit meint sicherlich Andrea Pisano, doch stammen die Reliefs entweder von Lorenzo Maitani oder von anderen Meistern aus Siena.

Peter von Cornelius – *An K. Mossler:* Archiv für die zeichnenden Künste 15. 1869. S. 49 ff. – *An F. Wenner:* Peter Cornelius. Festschrift zu des großen Künstlers hundertstem Geburtstage, 23. September 1883. Von Herman Riegel. Berlin 1883. S. 245 f, 264 ff.

Ausbildung und erste Tätigkeit fand der Maler Cornelius (1783–1867) in seiner Heimatstadt Düsseldorf. Als 1809 seine Mutter starb, plante er bereits eine Italienreise, blieb aber zunächst in Frankfurt a. M., richtete sich immer stärker auf die altdeutsche Malerei aus und begann die Zeichnungen zu Goethes Faust I. Sein Verleger, der Buchhändler Friedrich Wenner, ermöglichte ihm, im August 1811 mit dem Maler Christian Xeller nach Italien zu gehen. Über die Schweiz reisend, trafen sie am 14. Oktober in Rom ein. Am 29. Februar 1812 wurde Cornelius in die Lukasbrüderschaft aufgenommen (s. Overbeck). 1814 heiratete er die Römerin Carolina Grossi. Er vollendete die Faust-Zeichnungen, machte Zeichnungen zu den Nibelungen, beteiligte sich an den Fresken in der Casa Bartholdy und begann die Dantefresken in der Villa Massimo. Kronprinz Ludwig von Bayern, der Anfang 1818 über drei Monate in Rom war, berief ihn jedoch nach München, wohin er am 8. September 1819 aufbrach. Sein größter Auftrag waren die Fresken für die von Leo v. Klenze erbaute Glyptothek nach Hesiod und Homer. Zugleich wurde er Akademiedirektor in Düsseldorf, 1824 in München. Zu Vorarbeiten für die Fresken in der Ludwigskirche war er vom 20. August 1830 bis 4. Juli 1831 und vom 20. Mai 1833 bis Mai 1835 erneut in Rom. 1835 heiratete er in zweiter Ehe die Römerin Geltrude Ferratini. 1841 ging er nach Berlin. In Rom war er abermals vom 2. November 1843 bis 11. Mai 1844, vom 12. April 1845 bis 14. Mai 1846 und vom 1. Juni 1853 bis 20. Mai 1861.

Cornelius war, von Hause Katholik, der religiös freieste und überlegenste unter den Lukasbrüdern und als Künstler der bedeutendste unter ihnen. Er bemühte sich am energischsten, die gesamte deutsche Kunst zu reformieren, wozu die Freskomalerei vor allem dienen sollte. Vgl. den berühmten großen Brief an Joseph Görres vom 3. November 1814 (Archiv für die zeichnenden Künste 13. 1867. S. 352 ff).

Seite 183 *Overbeck:* Vgl. die Erläuterungen zu seinen Briefen.

Seite 186 *jenes große Anerbieten:* Wenner hoffte Cornelius für das eben aus einer Stiftung zu gründende Städelsche Kunstinstitut zu gewinnen.

Seite 187 *Niebuhr:* Vgl. die Erläuterungen zu seinen Briefen.

Christian Daniel Rauch – Beide Briefe Erstdrucke nach der Handschrift mit freundlicher Erlaubnis der Nationalgalerie Berlin. Am Schluß des zweiten Textes ist Rauch die Satzkonstruktion mißraten. – Vgl. Friedrich Eggers: Christian Daniel Rauch. Bd 1. Berlin 1873, wo aus Rauchs Tagebuch seiner ersten Reise und späterhin aus einzelnen Briefen zitiert wird.

Nach ersten Lehrjahren in Arolsen und Kassel trat Rauch (1777–1857) 1797 als Kammerlakai in den Dienst Friedrich Wilhelms II. von Preußen, danach der Königin Luise. Zuletzt von G. Schadow gefördert, erreichte er Ende Januar 1804 seine Entlassung und ging mit einer geringen Pension am 5. August von Dresden aus über die Schweiz und Südfrankreich nach Italien. Am 17. Dezember traf er in Genua, am 20. Januar 1805 in Rom ein. Dort schloß er sich Canova und vor allem Thorwaldsen an und fand die lebenslängliche Freundschaft Wilhelm von Humboldts und des dänischen Malers Lund. Humboldt erwirkte 1809 die Erhöhung seiner Pension auf 400 Taler jährlich und vermittelte im September 1810 den Auftrag für das Grabdenkmal der Königin Luise im Charlottenburger Mausoleum. Am 3. Februar 1811 brach Rauch nach Berlin auf. Nach Vollendung des Denkmalsentwurfs ging er am 4. Januar 1812 zur Marmorausführung wieder nach Italien und erhielt in München von Kronprinz Ludwig Büstenaufträge für die Walhalla. Vom 23. März bis 31. Juli arbeitete er in Rom, danach in Carrara, wo er sich eng mit dem Bildhauer Friedrich Tieck verband. Vom 5. Juni 1813 bis 12. Februar 1814 war er wieder in Rom. Am 31. Dezember kehrte er zur Aufstellung des Denkmals nach Berlin zurück. Mit Aufträgen zu etwa 20 Büsten, einer Statue Kaiser Alexanders I., der beiden sog. Vendée-Kandelaber und für die Modelle zu den Statuen der Generäle Bülow und Scharnhorst brach er am 7. Juli 1816 erneut für zwei Jahre nach Carrara auf. Seit dem 30. April 1818 arbeitete er in Rom. Ende Mai besuchte er auf zwei Wochen Neapel und reiste am 1. Juli über Florenz, Bologna, Padua und Venedig nach Berlin zurück, wo er am 28. Juli wieder eintraf. Seit 1819 arbeitete er in Berlin, in engster Verbundenheit mit Schinkel und Tieck. Weitere kurze Italienaufenthalte folgten 1829/30 und 1854.

Neben einer Anzahl von Statuen schuf Rauch Porträtbüsten von fast allen geistigen und militärischen Repräsentanten seiner Zeit, ebenso von den Mitgliedern der preußischen Königsfamilie. 1820/21 entstand seine Goethebüste, 1840–1857 das Denkmal Friedrichs II. von Preußen.

Seite 190 *Thorwaldsen:* Vgl. die Erläuterungen zu den Briefen Schinkels.

Seite 190 *Keller:* Der schweizerische Bildhauer und Schriftsteller Heinrich Keller (1771–1832), der seit 1794 in Rom lebte.

Seite 191 *Humboldtischen Kunstsachen:* Rauch besorgte für Humboldt Abgüsse antiker Skulpturen und schuf auch eigene Arbeiten für ihn.

Seite 191 *Granitbagnarolen:* Bagnarolen = wannenartige Behältnisse. Worum es sich hier speziell handelt, ist unbekannt.

Seite 192 *Niebuhr:* Vgl. die Erläuterungen zu seinen Briefen.

Seite 192 *Laura Zoega:* Die 1784 in Rom geborene Tochter des dänischen Altertumsforschers Johann Georg Zoega (1755–1809), der zuerst 1776 nach Rom kam und seit 1784 ständig dort lebte.

BARTHOLD GEORG NIEBUHR – Lebensnachrichten über Barthold Georg Niebuhr aus Briefen desselben und aus Erinnerungen einiger seiner nächsten Freunde. Hamburg 1838. Bd 2. – Die 1926 begonnene kritische Gesamtausgabe der Briefe Niebuhrs gedieh nur bis zum Jahr 1816.

Der Staatsmann, Geschichtsschreiber und Altertumsforscher Niebuhr (1776–1831) war nach zwölfjähriger Beamtentätigkeit in Kopenhagen Anfang Oktober 1806 als Bankdirektor nach Berlin berufen worden, im Dezember 1809 wurde er Geheimer Staatsrat. Nach dem Bruch mit Hardenberg zog er sich zurück und hielt ab Oktober 1810 an der neugegründeten Berliner Universität Vorlesungen, vornehmlich über römische Geschichte. 1811 erschien der erste, 1812 der zweite Band der ‹Römischen Geschichte›, seines Lebenswerks. Mit ihr begründete er die kritische Methode in der neueren Geschichtsschreibung. Das frühe Rom sah er als der geborene Dithmarsche aus dem Blickwinkel der alten dithmarschischen Bauernrepublik. Am 22. Juli 1816 ging er als außerordentlicher Gesandter am Vatikan mit seiner kurz zuvor geheirateten zweiten Frau nach Italien. Über Verona, Venedig, Bologna und Florenz traf er am 6. Oktober in Rom ein. Besondere Verdienste errang er sich durch die Unterstützung der deutschen Künstler, besonders von Cornelius. Nach einem einmonatigen Besuch von Neapel verließ er Rom am 15. Mai 1823 und kehrte nach Berlin zurück, ging aber schon im Sommer 1825 nach Bonn, wo er, ohne feste Bindung an die Universität, fortan Vorlesungen zur Geschichte und Völkerkunde des Altertums und zur Geschichte der Revolutionszeit hielt. 1828 erschien die neue, durch die italienischen Forschungen bereicherte Bearbeitung der ersten beiden Bände der ‹Römischen Geschichte›, der dritte Band wurde 1832 aus dem Nachlaß herausgegeben.

Seite 199 *Woldemar:* F. H. Jacobis Roman ‹Woldemar› (1779, 1794, 1796).

Seite 201 *sein Aufenthalt hier:* Kronprinz Ludwig von Bayern war (nach einem ersten Rombesuch 1805) Ende Oktober 1817 und vom 21. Januar bis zum 30. April 1818 in Rom gewesen und zum Gönner der deutsch-römischen Künstler geworden.

Seite 201 *Cornelius:* Vgl. die Erläuterungen zu seinen Briefen.

KARL FRIEDRICH VON RUMOHR – Rumohrs Briefe an Robert von Langer. Eingel. u. hrsg. von Friedrich Stock. Charlottenburg (1919).

Der Kunstschriftsteller und Kunstsammler Karl Friedrich Freiherr von Rumohr (1785–1843) zählt zu den Begründern der deutschen Kunstwissenschaft. Als begüterter Privatgelehrter reiste er zuerst im Sommer 1805 über

Verona, Bologna und Florenz nach Rom, wo er bis Juli 1806 blieb; auch Neapel wurde besucht. Auf der Rückreise über Florenz, Parma und Mailand begleitete ihn Ludwig Tieck. Im Mai 1815 lernte er in Weimar den jungen Zeichner Franz Horny (s. d.) kennen. Mit ihm reiste er im November 1816 erneut nach Italien. Am 23. November trafen sie in Florenz ein, wo Rumohr blieb, während Horny Ende Dezember nach Rom ging. Am 2. Mai 1817 kam auch Rumohr nach Rom und blieb bis zum September dort. Nach der Rückkehr nach Florenz begann er mit umfänglichen Archivstudien zur italienischen Kunstgeschichte. Seine umbrisch-toskanischen Forschungsreisen führten ihn im Mai/Juni 1818, im Frühjahr 1819 und von Februar bis April 1821 erneut auch nach Rom. Ende Juli 1821 verließ er Florenz und war im September in München. Zum dritten Mal kam er Ende April 1828 nach Florenz. Nach drei Monaten in Mailand reiste er im April 1829 nach Deutschland zurück, wo er künftig vorwiegend auf seinem Gut Rotenhausen bei Lübeck lebte.

Sein Hauptwerk ‹Italienische Forschungen› (3 Bde 1827–1831) leitete die empirische, auf Quellenstudien fußende Erforschung der altitalienischen Malerei bis zu Raffael ein. Außerdem schrieb er über ‹Ursprung und Besitzlosigkeit des Colonen im neueren Toscana› (1830) und ‹Drey Reisen nach Italien› (1832) und übersetzte ‹Italienische Novellen von historischem Interesse› (1823).

Caroline von Humboldt – Wilhelm und Caroline von Humboldt in ihren Briefen. Hrsg. von Anna von Sydow. Bd 5 u. 6. Berlin 1912/13. Vgl. die Erläuterungen zu Wilhelm von Humboldts Briefen.

Caroline von Humboldt (1766–1829), seit 1791 die Gattin Wilhelm von Humboldts, kam mit ihm und ihren fünf Kindern am 25. November 1802 nach Rom. Daß Humboldts Haus zum Mittelpunkt des geistig-geselligen Lebens der deutschen Künstler, Dichter und Gelehrten in Rom wurde, war wesentlich auch ihr Verdienst. Am 15. August 1803 starb der älteste Sohn Wilhelm. Mit dem schwerkranken Sohn Theodor und der Tochter Caroline verließ sie Rom am 5. März 1804 und ging über Erfurt nach Paris, von wo sie erst am 29. Januar 1805 nach Rom zurückkehrte. Am 12. November 1807 starb der Sohn Gustav. Als Humboldt am 14. Oktober 1808 Rom verließ, blieb sie mit den Kindern, außer Theodor, der den Vater begleitete, noch bis zum 24. September 1810 dort. Am 21. Oktober 1810 traf sie in Wien ein, wo Humboldt seit wenigen Wochen als preußischer Gesandter wirkte. – Wegen eines Leidens ihrer Tochter Caroline reiste sie mit ihren Töchtern und ihrem Schwiegersohn August von Hedemann Mitte April 1817 von Berlin nach Italien zum Besuch der Bäder von Ischia, war vom 31. Mai bis Ende Juni in Rom, vom 7. Juli bis Ende August in Ischia und blieb, da Humboldt als Gesandter nach London ging, vom 22. September 1817 bis zum 2. Mai 1819 in Rom.

Franz Horny – Der Maler Franz Horny. Briefe und Zeugnisse. Hrsg. von E. L. Schellenberg. Berlin-Lichterfelde o. J.

Am 4. August 1816 brach der siebzehnjährige Zeichner Franz Horny (1798–1824) mit seinem Gönner, dem dreißigjährigen Kunstschriftsteller Karl Friedrich von Rumohr, von Weimar nach München und am 7. November von dort nach Italien auf. Am 23. November trafen sie in Florenz ein. Horny reiste nach sechs Wochen allein weiter und erreichte am 31. Dezember Rom. Dort wurde er Schüler von Josef Anton Koch, die Kosten seines italienischen Aufenthalts trug fast bis zuletzt Rumohr. Vom Mai bis Juli 1817 führte ihn eine erste Studienreise mit Koch und Cornelius nach Olevano in die Sabinerberge. Im August und September war er mit Cornelius in Frascati. Cornelius forderte ihn zur Mitarbeit an den Dantefresken in der Villa Massimo auf, doch wurde er 1818 von Kronprinz Ludwig von Bayern nach München berufen; Horny entschloß sich, in Rom zu bleiben. Im Juni 1818 machte sich seine Erkrankung an der Schwindsucht mit zwei ersten Blutstürzen bemerkbar. Rumohr schickte Horny nach Olevano, wo er sich nur langsam erholte. Erneute Besuche in Rom im Februar und April 1819 verschlimmerten seine Krankheit wieder. Seitdem lebte er fast ausschließlich in Olevano und kam nur noch besuchsweise nach Rom. Im Frühsommer 1821 folgte die Entfremdung von Rumohr. In Vereinsamung und allmählich auch zunehmender äußerer Not ist Horny am 23. Juni 1824 in Olevano gestorben. Vgl. die Erläuterungen zu den Briefen Rumohrs.

Hornys Bedeutung liegt ausschließlich in seinen italienischen Landschaftszeichnungen, deren beste Stücke eine erste Wendung von der Romantik zum Realismus darstellen.

Henriette Herz –Erinnerungen und Leben der Malerin Louise Seidler (geboren zu Jena 1786, gestorben zu Weimar 1866). Aus handschriftlichem Nachlaß zusammengestellt und bearbeitet von Hermann Uhde. Berlin 1874. S. 188–197.

Henriette Herz, geb. de Lemos (1764–1847), verheiratet mit dem Berliner jüdischen Arzt und Philosophen Markus Herz (1747–1803), um die Jahrhundertwende berühmt durch ihre Schönheit und ihren Salon, hatte sich im Juni 1817 in Zossen taufen lassen und brach am 26. Juli von dort nach Italien auf. Nach etwa zwei Wochen in München, wo sie im Hause Schellings Louise Seidler kennenlernte, nach acht Tagen in Venedig und vier Wochen in Florenz traf sie am 11. Oktober 1817 in Rom ein; sie blieb bis zum 2. Mai 1819 dort, ging jedoch am 4. September 1818 auf vier Wochen nach Neapel. In Rom gehörte sie zum engsten Kreis um Kronprinz Ludwig von Bayern und verkehrte mit Caroline von Humboldt und Dorothea Schlegel. Zusammen mit der ersten verbrachte sie auf der Rückreise nach Deutschland nochmals drei Wochen in Florenz und acht Tage in Mailand.

Zu ihrem Italienaufenthalt vgl. Henriette Herz, Ihr Leben und ihre Erinnerungen. Hrsg. von J. Fürst. Berlin 1850. S. 220–245.

Seite 215 *als selbst Goethe sie beschreibt:* In der «Italienischen Reise», Kap. 2 («Vom Brenner bis Verona»).

Seite 217 *nach Goethes Main- und Rheinreise:* Vgl. den von Heinrich Meyer verfaßten, von Goethe mitkonzipierten Aufsatz «Neudeutsche religios-patriotische Kunst» im 2. Heft von Goethes Zeitschrift «Über Kunst und Altertum in den Rhein- und Maingegenden» (1817), in dem die ‹Weimarer Kunst-Freunde› mit der romantischen Kunst der Nazarener scharf ins Gericht gingen.

DOROTHEA SCHLEGEL – Der Briefwechsel Friedrich und Dorothea Schlegels 1818–1820 während Dorotheas Aufenthalt in Rom. Hrsg. von H. Finke. Kempten 1923.

Dorothea Schlegel (1767–1839), die Tochter des Philosophen Moses Mendelssohn, die geschiedene Frau des Bankiers Simon Veit, die Mutter der Maler Johannes und Philipp Veit, war seit 1802 mit Friedrich Schlegel verheiratet und mit ihm 1808 zur katholischen Kirche übergetreten. Als sich 1818 der Weggang Schlegels von Frankfurt a. M. nach Wien verzögerte und Schulden sie drückten, beschlossen beide eine zeitweilige Trennung, und Dorothea ging, alten Reiseplänen folgend, zu ihren Söhnen Johannes und Philipp Veit nach Rom, wo sie im Mai 1818 eintraf und bis zum Juli 1820 blieb und sich den streng- und neukatholischen Kreisen anschloß. Danach lebte sie mit Schlegel in Wien und nach dessen Tode bei ihrem Sohn Philipp Veit in Frankfurt a. M.

Seite 223 *Ostini:* Vgl. die Erläuterungen zu den Briefen Overbecks.

Seite 223 *Noirlieu:* Der französische Abbé Martin de Noirlieu (gest. 1870), der die Konvertiten um sich scharte, gab die Broschüre ‹Voix de l'Eglise Catholique aux Protestants de bonne Foi› (Ruf der katholischen Kirche an die Protestanten vom rechten Glauben) heraus.

Seite 224 *Niebuhr und die Humboldt:* Vgl. die Erläuterungen zu beider Briefen.

FRIEDRICH SCHLEGEL – *An Dorothea Schlegel:* s. unter Dorothea Schlegel. – *An F. B. von Bucholtz:* Briefe von und an Friedrich und Dorothea Schlegel. Ges. u. erl. durch Josef Körner. Berlin 1926.

Der romantische Geschichtsforscher, Sprachgelehrte, Kritiker, Philosoph und Dichter Friedrich Schlegel (1772–1829) lebte nach seinen Pariser und Kölner Jahren – in Köln war er am 16. April 1808 mit Dorothea zur katholischen Kirche übergetreten – seit 1809 als Sekretär der Hof- und Staatskanzlei in Wien und seit 1815 als österreichischer Legationsrat beim Bundestag in Frankfurt a. M. Im Herbst 1818 ging er nach Wien zurück, wo er eine neue und bessere Stellung erwartete, aber niemals erhielt. Im Gefolge des Kaisers Franz I. von Österreich begleitete er als Kunstberichterstatter den Fürsten Metternich im März 1819 nach Italien. Am 29. März traf er in Rom ein. Vom 28. April bis 18. Mai war er mit Dorothea und mit Philipp Veit zusammen in Neapel. Schon am 12. Juni mußte er Rom wieder verlassen und war Ende Juli wieder in Wien. Obwohl er eine Italienreise schon seit 1809 geplant hatte, fand die Reise von 1819 keinen literarischen Niederschlag von Bedeutung. Seine wichtigen Abhandlungen zur Geschichte und Literatur der Griechen und Römer waren bereits in den Jahren 1794 bis 1798 erschienen.

Seite 228 *von Giotto:* Die allegorisch-astrologischen Bilder im Ratssaal des Palazzo della Ragione in Padua stammen nicht von Giotto, sondern von unbekannten Malern um 1430.

JULIUS SCHNORR VON CAROLSFELD – Briefe aus Italien von Julius Schnorr von Carolsfeld, geschrieben in den Jahren 1817 bis 1827. (Hrsg. von Franz Schnorr von Carolsfeld.) Gotha 1886.

Julius Schnorr v. C. (1794–1872) studierte seit 1811 an der Wiener Akademie, lernte aber vor allem von Ferdinand Olivier und von Joseph Anton Koch, der 1812–1815 in Wien lebte. Am 6. November 1817 verließ er Wien und traf mit dem damals noch unbekannten Dichter Wilhelm Müller über Venedig und Florenz am 23. Januar 1818 in Rom ein, wo er sich der Lukasbrüderschaft anschloß, aber trotz der Bemühungen Overbecks nicht konvertierte. Da er das römische Klima nicht vertrug, war er vom Juni bis Mitte Oktober 1819 in Florenz, im Sommer 1822 in Ariccia und besuchte auch sonst die Albaner- und Sabinerberge, wo in den Jahren 1819–1826 die große Zahl seiner vortrefflichen Landschaftszeichnungen entstand. Daneben malte er Bildnisse und in der Villa Massimo 1820–1826 die Fresken zu Ariosts ‹Rasendem Roland›. 1825 von Ludwig I. von Bayern nach München berufen, um die Odysseefresken für den Königsbau zu malen, verließ er Rom am 16. August 1826, bereiste zum Studium der homerischen Landschaft bis Anfang Oktober ganz Sizilien und schied am 24. Mai 1827 endgültig aus Rom, um nach München überzusiedeln, wo er jedoch andere Aufträge erhielt. 1846 ging er als Akademieprofessor und Direktor der Gemäldegalerie nach Dresden.

Seite 233/234 *Cornelius:* Vgl. die Erläuterungen zu seinen Briefen.
Seite 234 *Overbeck:* Vgl. die Erläuterungen zu seinen Briefen.
Seite 234 *Veit:* Vgl. die Erläuterungen zu den Briefen Johannes Veits.

FRANZ GRILLPARZER – Grillparzers Briefe und Tagebücher. Ergänzung zu seinen Werken. Ges. u. mit Anm. hrsg. von C. Glossy u. A. Sauer. Stuttgart u. Berlin [1903]. Bd I.

Der österreichische Dramatiker Grillparzer (1791–1872) war seit 1813 als untergeordneter Beamter an der k. k. Hofkammer in Wien tätig. Nach dem Selbstmord seiner nervenkranken Mutter im Januar 1819 wurde ihm zur körperlichen und geistigen Erholung eine Reise nach Italien empfohlen. Er erbat sich einen dreimonatigen Urlaub, brach am 24. März auf und reiste mit einem Grafen Deym über Venedig und Ferrara nach Rom, wo er vom 7.–26. April verweilte, auf die Reisegesellschaft des Kaisers Franz I. stieß und mit ihr auf Einladung des Grafen Wurmbrand nach Neapel ging. Durch einen Unglücksfall des Grafen mußte er über seine Frist bleiben, erhielt vom Kaiser den Urlaub auch verlängert, aber die Wiener Hofkammer erfuhr davon nichts, so daß er nach seiner Rückkehr bei der Beförderung strafend übergangen wurde. Vom 26. Juni bis 5. Juli war er wieder in Rom und reiste dann über Terni, Spoleto, Perugia, Florenz und Venedig mit dem Grafen nach Wien zurück.

Das am 20. April im Colosseum geschriebene Gedicht ‹Die Ruinen des Campo vaccino›, das in Schreyvogels Taschenbuch ‹Aglaja› für 1820 erschien, löste die schärfste Entrüstung kirchlicher Kreise und besonders des Kaisers aus und brachte Grillparzer ein Untersuchungsverfahren ein. Auf der Reise führte er ein nur streckenweise ausführliches Tagebuch. Unter den nicht verwirklichten Dramenplänen der nächsten drei Jahre findet sich ein sechsteiliger Zyklus ‹Die letzten Römer›.

Seite 236 *meinen Jaromir:* Held aus Grillparzers erstem Trauerspiel ‹Die Ahnfrau› (1817).

Freiherr vom und zum Stein – Briefwechsel. Denkschriften und Aufzeichnungen. Bearb. von Erich Botzenhart. Bd 6. Berlin (1935).

Nachdem der ehemalige Minister Friedrich Karl Reichsfreiherr vom und zum Stein (1757–1831) 1815 sowohl die Präsidentschaft des Deutschen Bundestages als auch die preußische Gesandtenstelle am Bundestag abgelehnt hatte, lebte er seit 1816 als Privatgelehrter in Nassau und auf Schloß Kappenberg in Westfalen. 1819 regte er die Gründung der Gesellschaft für Deutschlands ältere Geschichtskunde an und begründete damit zugleich das gewaltige Quellenwerk der ‹Monumenta Germaniae Historica›. Zum Studium altdeutscher Geschichtsquellen und ebenso zur Erholung reiste er im Juli 1820 mit seinen beiden Töchtern in die Schweiz und von dort im Oktober nach Italien. Mitte Oktober war er in Mailand, am 1. Dezember in Florenz und am 8. Dezember in Rom. Dort arbeitete er in der Vaticana und verkehrte mit Niebuhr, Ludwig von Bayern und mit den deutschen Künstlern. Am 22. April 1821 brach er zu einem kurzen Besuch nach Neapel auf. Am 4. Mai trat er von Rom aus die Heimreise an. Während Steins Italienaufenthalt vollzogen sich Ausbreitung und Zusammenbruch der neapolitanischen und der piemontesischen Revolution (vgl. Übersicht zur italienischen Geschichte).

Seite 239 *Fragmente des Ulfilas:* Die erhaltenen Teile der Bibelübersetzung des Gotenbischofs Wulfila, die dieser gegen 369 in Italien zu schreiben begann (heute in Uppsala).

Seite 239 *Legationen:* Provinzen des Kirchenstaates.

Arthur Schopenhauer – Der Briefwechsel Arthur Schopenhauers. Hrsg. von Carl Gebhardt. Bd 1. München 1929.

Der Philosoph Arthur Schopenhauer (1788–1860) reiste nach Vollendung seines Hauptwerkes ‹Die Welt als Wille und Vorstellung› im Herbst 1818 nach Italien. Von Oktober bis Mitte November war er in Venedig, danach offenbar in Florenz (wahrscheinlich zusammen mit Friedrich Osann) und vom Dezember 1818 bis Mai 1819 in Rom. Im März besuchte er Neapel, Pompeji und Paestum. Die Rückreise führte über Florenz, Venedig, Padua, Verona und Mailand. Am 25. August traf er in Dresden ein. 1820 habilitierte er sich in Berlin. Im Mai 1822 brach er von Berlin erneut nach

Italien auf. Vom 17. August bis 5. September war er in Mailand, vom 11. September bis Anfang Mai 1823 in Florenz; am 20. Mai traf er wieder in München ein. Später lebte er als Privatgelehrter in Frankfurt a. M.

Seite 244 *‹Hermes› und die ‹Amalthea›:* Hermes oder kritisches Jahrbuch der Literatur, hrsg. von K. E. Schmidt und F. A. Brockhaus (Leipzig 1819–1831) und: Amalthea oder Museum der Kunstmythologie und bildlichen Altertumskunde, hrsg. von C. A. Böttiger (3 Bde Leipzig 1820–1825), in Bd 2 F. Osanns ‹Beitrag zur Erklärung von Inschriften auf Denkmalen alter Kunst›.

ALEXANDER VON HUMBOLDT – Briefe Alexander von Humboldts an seinen Bruder Wilhelm. Hrsg. von der Familie von Humboldt in Ottmachau. Stuttgart 1890. Die Übersetzung des Briefes in der Neuausgabe von 1923 ist fehlerhaft.

Der Naturforscher Alexander von Humboldt (1769–1859) weilte, damals noch preußischer Oberbergmeister von Bayreuth und Anspach, zuerst im Juli und August 1795 zu einer geognostischen Privatreise in Italien und besuchte Venedig, Verona, Padua, Vicenza, Parma, Mantua, Genua, Pavia und Mailand. Nach seiner großen Amerikareise 1799–1804 ging er im März 1805 von Paris aus erneut nach Italien, um mit dem Naturforscher Gay-Lussac erdmagnetische Erscheinungen zu studieren. Vom 20. April bis 15. Juli war er vorwiegend in Rom, danach ein bis zwei Monate in Neapel. Am 17. September ging er von Rom über Mailand und die Schweiz nach Berlin, wo er zum königlichen Kammerherrn ernannt wurde. Von Ende 1807 bis 1827 lebte er, mit Unterbrechungen, in Paris. Im Herbst 1822 hatte er Friedrich Wilhelm III. von Preußen auf den Kongreß von Verona (20. Oktober bis 14. Dezember 1822) zu begleiten, auf dem die Wiederherstellung der absoluten Monarchie in Spanien durch ein französisches Heer beschlossen wurde. Am 25. September war man in Mailand, am 17. Oktober in Verona. Schon am 11. November traf der König in Rom ein und besuchte in der zweiten Novemberhälfte auf zwei Wochen Neapel, wo Humboldt seine Vesuvbeobachtungen von 1805 wiederholen konnte. Am 11. Dezember brach die Gesellschaft von Rom aus zur Rückreise auf und war zwischen dem 5. und 8. Januar 1823 wieder in Berlin.

Seite 246 *Elyseischen Felder:* Gemeint sind die Phlegräischen Felder westlich von Neapel.

Seite 247 *Hardenberg:* Der preußische Staatskanzler Karl August Fürst von Hardenberg war auf der Rückreise vom Kongreß in Verona am 26. November in Genua gestorben.

LUDWIG RICHTER – *Erster Brief:* Handzeichnungen deutscher Künstler des XIX. Jahrhunderts aus der Sammlung Cichorius im Königl. Kupferstichkabinett zu Dresden. Hrsg. von J. L. Sponsel. Dresden 1911. S. 38 f. – *Zweiter Brief:* Karl Budde: Ludwig Richter, Altes und Neues. Leipzig (1922). S. 45 ff.

Ludwig Richter (1803–1884) war 1820/21 als Zeichner mit dem russischen Fürsten Narischkin schon sieben Monate in Südfrankreich gewesen, als ihm der Buchhändler Christoph Arnold, der die ‹Malerischen An- und Aussichten› von Dresden und Umgebung (1820) von Richter Vater und Sohn verlegt hatte, 1823 ein dreijähriges Italienstipendium anbot. Mitte Juni 1823 brach Richter von Dresden auf und erreichte über Tirol, Verona, Mantua, Bologna und Florenz am 28. September, seinem zwanzigsten Geburtstag, Rom, wo er sich unter den deutschen Künstlern besonders J. A. Koch und J. Schnorr v. Carolsfeld anschloß. Von Mitte Mai bis etwa 26. Juni 1824 war er in Albano, Anfang Juli ging er nach Tivoli und ins Sabinergebirge, von wo er erst am 22. Oktober nach Rom zurückkehrte. Ende April 1825 brach er mit vier Malerfreunden nach Neapel auf, besuchte Amalfi, Paestum, Sorrent, Capri und Ischia und traf nach abenteuerlicher Rückwanderung durch die Abruzzen (über Monte Cassino, Sora, Avezzano und Civitella) Ende Juni wieder in Rom ein. Ende Juli bis Mitte Oktober arbeitete er in Civitella und kehrte am 19. Oktober nach Rom zurück. Am 1. April 1826 verließ er Rom und reiste über Perugia, Florenz, Pisa, Parma, Mailand und die Schweiz wieder nach Deutschland. 1828 bis 1835 war Richter Zeichenlehrer an der Porzellanmanufaktur in Meißen, danach Professor an der Kunstakademie in Dresden.

Trotz der beiden Briefe an Arnold verband sich Richter mit der italienischen Natur doch so eng, daß er vor allem nach der Rückkehr in Meißen vorwiegend italienische Landschaften nach Studienblättern aus Italien malte und sogar eine neue Italienreise plante, die nur durch die Krankheit seiner Frau verhindert wurde. Die entscheidende Wendung zur deutschen Landschaft brachte im Herbst 1828 eine Reise ins obere Elbtal bis nach Böhmen. Über die italienischen Jahre, die auch für Richters religiöse Entwicklung entscheidend waren, berichten die ‹Lebenserinnerungen eines deutschen Malers› (zuerst 1885) und die von seinem Sohn Heinrich später beigefügten Tagebuchblätter.

Seite 250 *Unser Dahl:* Der Dresdener Maler Joh. Christian Claussen Dahl war 1820 bis Mai 1821 in Rom.

Seite 250 *Koch:* Vgl. die Erläuterungen zu seinen Briefen.

Carl Rottmann – Carl Rottmanns Reisebriefe aus Italien und Griechenland. In: Süddeutsche Presse. München 1882. Nr. 285–299.

Mit Unterstützung Ludwigs I. von Bayern ging der seit 1822 in München lebende Maler Rottmann (1797–1850) im April 1826 nach Italien, blieb vom 29. April bis etwa Ende August in Genua und besuchte von dort in der zweiten Maihälfte das damals italienische Nizza. Am 4. Oktober traf er in Rom ein, wo er bis März 1827 blieb. Am 25. März 1827 war er in Neapel und bereiste danach – genaue Daten fehlen – ganz Sizilien. Ende Juli war er auf der Rückreise in Verona. Als Ausbeute brachte er vor allem eine große Zahl wertvoller Aquarelle mit. 1828 stellte er in München seine Gemälde ‹Rom› und ‹Palermo› aus und erhielt vom König den Auftrag, die Fresken in den Arkaden des Münchener Hofgartens zu malen. Zu entsprechenden Studien reiste er Ende April oder Anfang Mai 1829 erneut nach Italien. Von dieser Reise ist wenig bekannt. Ende Mai war er in Florenz, danach bis Anfang 1830 in Rom. 1833 wurde der Zyklus von 28 Fresken in der ersten Arkadenreihe des Hofgartens vollendet. Er hatte eine Reise durch Italien zum Gegenstand, bevorzugte aber auf Ludwigs Wunsch Süditalien und Sizilien. Diese über J. A. Koch und seine Schule hinausgehenden Landschaftsgemälde machten Rottmann sofort in ganz Deutschland berühmt. 1834/35 folgte eine Griechenlandreise für einen griechischen Bilderzyklus in der zweiten Arkadenreihe des Hofgartens. 1841 wurde Rottmann Hofmaler.

Seite 256 *elysäischen Felder:* Vgl. die Erläuterungen zu den Briefen Alexander v. Humboldts.

August von Platen – Der Briefwechsel des Grafen August von Platen. Hrsg. von Paul Bornstein. Bd. 4. München 1931.

Der vor allem durch seine formstrenge Lyrik bedeutende August Graf von Platen-Hallermünde (1796–1835) studierte seit Oktober 1819 – immer aufs neue vom Militärdienst beurlaubt – in Erlangen und machte große Reisen durch Deutschland und Österreich. Vom 7. September bis 9. November 1824 war er in Venedig, wo die ‹Sonette aus Venedig› (1825) entstanden, in denen Platen zuerst seine Größe als Lyriker erreichte. Als er im Sommer 1826 einen abermaligen Urlaub nach Italien erhielt, brach er am 3. September mit dem Vorsatz auf, niemals zurückzukehren. Über Verona, Mantua, Parma und Florenz kam er am 24. Oktober 1826, seinem 30. Geburtstag, nach Rom und blieb dort bis zum 26. April 1827. Dann ging er nach Neapel und kehrte erst am 23. November nach Rom zurück. Den Vorsatz, in ein Kloster einzutreten, machte er nicht wahr. Am 28. April 1828 brach er zu einem langen Aufenthalt in Oberitalien auf, wo er in den größeren Städten teilweise wochen- und monatelang blieb. So besuchte er u. a. Perugia, Florenz, Pisa, die Insel Palmaria, Genua, Mailand, Turin, Parma, Bologna, wieder Florenz, Siena, die Insel Porto Ferraio, Livorno, wieder Siena, Orvieto, wieder Perugia, Ancona, Urbino, Ravenna, wieder Bologna, Ferrara, Padua und Venedig und war erst am 5. Dezember 1829 wieder in Rom, wo er bis Ende April 1830 sich aufhielt. Vom 1. Mai 1830 bis 1. Juli 1832 war er vorwiegend in Neapel und ging dann, infolge des Todes seines Vaters, über Venedig im August 1832 nach München. Am 1. Mai 1833 war er wieder in Venedig, blieb bis zum 11. November und war nochmals bis zum 26. April 1834 in München. Über Venedig und Bologna traf er am 16. Mai wieder in Florenz ein, blieb dort bis zum 2. Juli und war darauf bis zum 12. September in Neapel, brachte den Winter bis zum 27. April 1835 wieder in Florenz zu und ging danach über Neapel nach Sizilien. Am 28. Mai 1835 traf er in Palermo ein und besuchte u. a. Catania, Taormina und Messina, verließ die Insel am 19. Juni und reiste über zwei Monate durch Kalabrien, um am 10. September von Neapel erneut nach Sizilien zu gehen. Nach längerem Aufenthalt in Cefalù war er seit dem 11. November in Syrakus. Dort ist Platen am 5. Dezember 1835 gestorben.

Von den großen Dramenplänen der italienischen Jahre ist nur wenig und nichts in der erstrebten Größe verwirklicht worden. Bleibenden Niederschlag fanden diese langen Wanderjahre in den beiden Gedichtsammlungen von 1828 und 1834, vor allem in den Oden, Eklogen, Hymnen und Epigrammen. Die ‹Geschichten des Königreichs Neapel von 1414 bis 1443› (1833) sind ein halbwissenschaftliches Werk. Aufschlußreich und wertvoll sind die Tagebücher Platens aus dieser Zeit (hrsg. von Laubmann u. Scheffler, Bd 2, 1900).

Seite 263 *was Lord Byron sagt:* ‹Don Juan›, Canto II, Stanze 72, Vers 8: «Happiness was born a twin.»

FRIEDRICH KARL VON SAVIGNY – Adolf Stoll: Friedrich Karl von Savigny. Ein Bild seines Lebens mit einer Sammlung seiner Briefe. Berlin 1929. Bd 2.

Als Haupt der sog. Historischen Rechtsschule lehrte der Strafrechtler und Romanist Savigny (1779–1861) seit Oktober 1810 an der neugegründeten Universität Berlin. Seine Hauptwerke sind die ‹Geschichte des römischen Rechts im Mittelalter› (6 Bde 1815–1831) und das ‹System des heutigen römischen Rechts› (8 Bde 1840–1849). Seit 1822 quälte ihn ein schweres nervöses Kopfleiden, so daß er zuerst im Herbst 1825 kurze Zeit nach Italien ging und nach einer Kur in Karlsbad mit seiner Familie im September 1826 Italien erneut aufsuchte. Nach längeren Aufenthalten in Genua und Florenz war er im Frühjahr 1827 in Rom und ging Anfang Mai für längere Zeit nach Neapel. Im Juli und August hielt er sich in Castellammare auf. Am 5. September trat er von Neapel die Rückreise nach Berlin an. In Italien entstand die Abhandlung ‹Juristischer Unterricht in Italien›.

WILHELM WAIBLINGER – Wilhelm Waiblingers Briefe aus Italien an seine Eltern. Zum erstenmal vollst. hrsg. u. eingel. von E. Breitmeyer. Ludwigsburg 1930.

Der junge Lyriker und Erzähler Waiblinger (1804–1830) ging im Herbst 1826 mit Unterstützung des Verlegers Cotta nach Italien, um für dessen ‹Morgenblatt› und ‹Allgemeine Zeitung› italienische Berichte zu liefern. Am 20. November 1826 traf er über Turin, Genua und Florenz in Rom ein, wo er August von Platen kennenlernte, sonst sich aber von den Deutschen fernhielt. Im Juni 1827 wanderte er durchs Albaner- und Sabinergebirge und hielt sich in Albano, Olevano und Genzano auf. Im August erkrankte er in Rom am Fieber und ging bis etwa Ende September wieder nach Olevano. Da die Redaktionen von Cottas Zeitungen mit seinen Beiträgen wenig zufrieden waren, verband sich der bald notleidende Dichter mit mehreren Berliner und Dresdener Zeitungen, für die er Gedichte und Schilderungen von Land und Leuten lieferte. Im April 1828 durchwanderte er drei Wochen die Abruzzen und war in Avezzano am See von Fucino. Im Sommer floh er wieder nach Olevano. Am 8. September brach er nach Neapel auf und besuchte Sorrent, Amalfi, Paestum, Pompeji, Ischia, Procida, bestieg den Vesuv und blieb längere Zeit auf Capri. Nach dem Winter in Rom ging er etwa Mai 1829 erneut nach Neapel und bereiste im

August und September Sizilien. Im Oktober 1829 erkrankte er schwer in Rom und starb dort am 17. Januar 1830.

Neben den zahlreichen Zeitungsaufsätzen und -gedichten gab Waiblinger die ›Blüten der Muse aus Rom‹ (1827) und ein ‹Taschenbuch aus Italien und Griechenland für das Jahr 1829› heraus. Seine lebendigen, teilweise novellistisch behandelten Schilderungen aus Italien sind oft unterschätzt worden.

Joseph von Führich – Joseph von Führich's Briefe aus Italien an seine Eltern. (1827–1829). Freiburg i. B. 1883.

Der nordböhmische Maler, Zeichner und Radierer Joseph von Führich (1800–1876) besuchte seit 1819 die Prager Kunstschule. Aufgrund seines ‹Genovefa›-Zyklus verschaffte ihm Fürst Metternich ein Reisestipendium für Italien. Am 10. Januar 1827 verließ er Wien und ging über Venedig, Ferrara, Bologna, Ancona, Foligno und Spoleto nach Rom, wo er am 23. Januar eintraf, sich den Malern Koch, Veit, Schnorr und Overbeck anschloß und an den Fresken der Villa Massimo mitarbeitete. Im Juni 1829 besuchte er Neapel. Am 21. Juli verließ er Rom und ging nach Florenz, Pisa und Lucca. Am 25. August brach er von Florenz auf und kam über Venedig am 12. September wieder nach Wien. Zuerst in Prag tätig, wurde er 1834 Kustos an der Gemäldegalerie in Wien und entwickelte sich zum bedeutendsten Nazarener in Österreich. 1838/39 war er nochmals in Venedig.

Seite 278 *im Chateaubriand:* Führich denkt an Chateaubriands Roman ‹Les martyrs› (1809), der in Rom spielt.

Carl Gustav Carus – Erstdruck nach der Handschrift mit freundlicher Genehmigung der Sächsischen Landesbibliothek Dresden. Weitere Briefe von Carus' italienischer Reise waren nicht auffindbar.

Der Naturforscher, Mediziner, Psychologe und Philosoph Carus (1789 bis 1869) war seit 1814 Professor für Gynäkologie an der chirurgisch-medizinischen Klinik und Direktor der Entbindungsanstalt in Dresden. 1827 wurde er zum Leibarzt des Königs ernannt. Nachdem er schon im August/September 1821 mit Unterstützung der Regierung eine wissenschaftliche Reise über die Schweiz nach Genua unternommen hatte, begleitete er den späteren König Friedrich August II. von Sachsen 1828 auf seiner Italienfahrt. Der Aufbruch von Dresden erfolgte am 1. April. Die Reise führte über Wien, Venedig, Parma und Bologna nach Florenz, wo man am 18. April eintraf und zehn Tage blieb, danach über Siena, Terracina und Rom direkt nach Neapel, wo man vom 4.–19. Mai blieb und die Umgebung besuchte. Am 21. Mai war man in Rom, das aber am 6. Juni schon wieder verlassen wurde. Ein zweiter Aufenthalt in Florenz währte vom 10. Juni bis zum 9. Juli. Die Rückreise führte über Genua und Mailand, das am 17. Juli verlassen wurde, und durch die Schweiz. Ende Februar 1841 reiste Carus zur ärztlichen Betreuung der erkrankten Erbherzogin Karoline von Toscana erneut nach Florenz und kehrte am 4. Mai nach Dresden zurück.

Die Reise von 1821 schilderte Carus in den ‹Lebenserinnerungen und Denkwürdigkeiten› (Bd 2, 1865), die Reise von 1828, auf der er Material für die ‹Analekten zur Naturwissenschaft und Heilkunde in Italien› (1829) sammelte, in der ‹Reise durch Deutschland, Italien und die Schweiz im Jahre 1828› (1835), die Reise von 1841 in dem Sammelwerk ‹Mnemosyne› (1848).

Seite 280 *Die Familie des Großherzogs:* Die Großherzogin Maria von Toscana, die Witwe Ferdinands III. von Toscana, war eine Schwester der Prinzen Johann und Friedrich August von Sachsen. Regierender Großherzog war seit 1824 Leopold II.

Heinrich Heine – Briefe. Erste Gesamtausgabe nach den Handschriften hrsg., eingel. u. erl. von Friedrich Hirth. Bd 1. Mainz (1950).

Heinrich Heine (1797–1856) war Ende November 1827 nach München gekommen, um auf Einladung Cottas die Redaktion der ‹Neuen Allgemeinen Politischen Annalen› zu übernehmen. Seit Frühjahr 1828 hoffte er durch die Vermittlung Cottas und des Ministers Eduard von Schenk auf eine Professur an der Universität München. Als er am 3. oder 4. August 1828 München verließ, erwartete er die baldige Bestätigung durch König Ludwig I. von Bayern, die jedoch ausbleiben sollte. Über Trient, Verona, Mailand, Pavia, Marengo und Genua (17.–22. August) ging er nach Livorno, wo er vom 24. August bis zum 2. September sich aufhielt, darauf nach Lucca; in den Bädern (Bagni) von Lucca blieb er bis etwa 24. September. Vom 1. Oktober bis 24. November war er in Florenz. Die Rückreise führte über Bologna, Ferrara, Padua, Venedig, Verona und Trient. Vermutlich am 11. Dezember traf Heine in München ein, in Würzburg erhielt er am 27. Dezember die Nachricht vom Tod seines Vaters (2. Dezember). Die Verhandlungen mit Cotta über die Weiterführung der ‹Neuen Annalen› endeten negativ. Anfang 1829 siedelte Heine nach Berlin über, war später in Hamburg und auf Helgoland und ging im Mai 1831 für immer nach Paris.

Noch auf der Reise selbst und danach schrieb Heine die ‹Reise von München nach Genua› und ‹Die Bäder von Lucca›, die als dritter Teil seiner ‹Reisebilder› (1830) erschienen. Im vierten Teil folgte noch ‹Die Stadt Lucca› (1831).

Leopold von Ranke – Leopold von Ranke. Zur eigenen Lebensgeschichte. Hrsg. von Alfred Dove. Leipzig 1890 (= Sämtliche Werke Bd 53/54). S. 209 ff.

1825 wurde der junge Historiker Ranke (1795–1886) als außerordentlicher Professor für Geschichte an die Universität Berlin berufen. Auf der Königlichen Bibliothek untersuchte er die Sammlung diplomatischer Handschriften aus Italien, vor allem der Relationen der heimkehrenden venezianischen Gesandten aus dem 16. und 17. Jahrhundert. So entstand der Wunsch, auch die italienischen Archive und Bibliotheken selbst zu durchforschen. Mit einem Stipendium der Regierung ging er im September 1827 zunächst auf ein Jahr nach Wien, wo ein Teil der venezianischen Akten lag, und dann nach Italien. Etwa Mitte Oktober 1828 kam er nach Venedig, wo er vier Monate arbeitete. Nach wenigen Wochen in Florenz traf er am

22. März 1829 in Rom ein, wo er bis Ende April 1830 blieb und lediglich Mitte Oktober 1829 auf drei Wochen nach Neapel ging (Rückkehr nach Rom am 5. November). Vom Mai bis etwa Ende Juli 1830 arbeitete er in Florenz und danach bis etwa 24. Januar 1831 nochmals in Venedig. Auf der Rückreise nach Berlin blieb er von Anfang Februar bis Mitte März in München. 1833 erhielt er eine ordentliche Professur an der Universität Berlin.

Aus Rankes italienischen Forschungen erwuchsen die Monographie ‹Über die Verschwörung gegen Venedig im Jahre 1618› (1831), eine Reihe von Aufsätzen, die spätere Abhandlung ‹Zur Geschichte der italienischen Poesie› (1837) und vor allem sein erstes monumentales Geschichtswerk ‹Die römischen Päpste, ihre Kirche und ihr Staat im 16. und 17. Jahrhundert› (3 Bde 1834–1836), das ihm europäische Berühmtheit eintrug.

Seite 287 *Savigny:* Vgl. die Erläuterungen zu seinen Briefen.

Seite 290 *Virgils Euboicis . . .:* Der 2. Vers des 6. Buches der ‹Äneis‹ («zum euböischen Strand von Cumae gleitet er endlich»). Vgl. die Erläuterungen zu den Briefen der Herzogin Anna Amalie.

Ernst Rietschel – Briefwechsel zwischen Rauch und Rietschel. Hrsg. von K. Eggers. Berlin 1890. Bd 1.

Nach härtesten Jugendjahren in Pulsnitz und auf der Dresdener Kunstakademie ging der junge Bildhauer Rietschel (1804–1861) 1826 nach Berlin zu Christian Daniel Rauch, der sein väterlicher Lehrer und Förderer wurde. 1827 erhielt er von der sächsischen Regierung ein Stipendium für eine Studienreise nach Italien, die er aber infolge Mitarbeit an Werken Rauchs erst im September 1830 antreten konnte. Über Venedig, Verona, Mantua, Bologna und Florenz kam er am 28. September 1830 nach Rom. Etwa Ende Oktober oder Anfang November folgte der obligate Besuch von Neapel und seiner Umgebung, am 12. November war Rietschel wieder in Rom. Geängstigt durch die revolutionären Unruhen verließ er Rom bereits Ende Februar 1831 und reiste über Florenz, Bologna und Verona nach Berlin zurück. 1832 wurde er als Professor an die Dresdener Kunstakademie berufen. Im April 1852 war Rietschel nochmals in Rom.

Seite 295 *Thorwaldsens Atelier:* Vgl. die Erläuterungen zu den Briefen Schinkels.

Seite 297 *Königsmodell:* Rietschels erste große Arbeit, das Denkmal des sächsischen Königs Friedrich August I. im Dresdener Zwinger.

Felix Mendelssohn Bartholdy – Briefe aus den Jahren 1830–1847 von Felix Mendelssohn Bartholdy. Hrsg. von Paul Mendelssohn Bartholdy und Carl Mendelssohn Bartholdy. 8. Aufl. Leipzig 1915.

Der als Pianist, Dirigent und Komponist gleichermaßen gefeierte Mendelssohn Bartholdy (1809–1847) hatte 1829 seine erste große Englandreise unternommen. Ihr sollte 1830 eine Reise nach Italien folgen. Vom 20. Mai bis 3. Juni 1830 war er Goethes Gast in Weimar. Dann ging er nach München, im August nach Wien und über Preßburg und Graz nach Venedig, wo er am 9. Oktober 1830 eintraf. Am 1. November kam er nach Rom. Im

April 1831 reiste er nach Neapel und kehrte Anfang Juni nach Rom zurück. Am 25. Juni war er in Florenz und reiste von dort über Genua und Mailand in die Schweiz, dann nach München, Paris und London. 1833 wurde er Musikdirektor in Düsseldorf, 1835 Leiter der Gewandhauskonzerte in Leipzig. Während seines italienischen Aufenthalts, dessen allgemeine bildende und befruchtende Wirkung er später nachdrücklich betonte, hielt er sich von der italienischen Musik weitgehend fern und war mit einer Vielzahl eigener Kompositionen beschäftigt.

Arnold Ruge – Briefwechsel und Tagebuchblätter aus den Jahren 1825 bis 1880. Hrsg. von P. Nerrlich. Bd 1. Berlin 1886.

Der spätere Junghegelianer Arnold Ruge (1802–1880) war nach der fünfjährigen Festungshaft, die er als Burschenschafter verbüßen mußte, 1830 in Halle Hilfslehrer und 1832 Dozent für alte Philologie und Philosophie geworden. Am 25. Mai 1832 heiratete er Luise Düffer und reiste mit ihr zur Festigung ihrer Gesundheit kurz darauf über die Schweiz nach Italien. Nach mehreren Wochen in Genua gingen sie über Spezia und Pisa nach Florenz, wo sie bis Mitte September blieben. In Rom trafen sie am 24. September ein. Anfang Februar 1833 folgte ein längerer Aufenthalt in Neapel und seiner Umgebung. Am 29. April traten sie von Rom aus die Rückreise an, die über Florenz am 10. Mai nach Venedig führte, von dort über Wien, Prag und Dresden nach Halle. Im Oktober 1833 starb Ruges Frau. Die große Zeit des politischen und philosophischen Schriftstellers Ruge begann erst 1838 mit der Gründung der ‹Halleschen Jahrbücher für deutsche Wissenschaft und Kunst›.

Außer den wenigen Briefen aus Italien vgl. auch Ruges Lebenserinnerungen ‹Aus früherer Zeit› (Bd 3 1863), die im Abschnitt über Rom eine scharfe Kritik am römischen Kirchenstaat enthalten.

Moritz von Schwind – Künstlers Erdewallen. Briefe von Moritz v. Schwind, Hrsg. von E. Windegg. München 1912.

Der Wiener Graphiker und Maler Moritz von Schwind (1804–1871) siedelte 1828 nach München über, wo er Cornelius nahetrat und neben seinen Illustrationsarbeiten ab 1832 die ersten Fresken-Aufträge erhielt. Anfang März 1835 konnte er die langersehnte Reise nach Italien antreten. Anfang April war er in Venedig. Am 17. Mai traf er in Rom ein. Anfang August ging er nach Neapel und kehrte am 5. September nach Rom zurück. Am 24. September verließ er Rom und reiste über Ancona, Venedig, Triest und Salzburg nach München zurück.

Spuren dieser Italienreise finden sich nur in den Gartensaalfresken von Schloß Rüdigsdorf bei Altenburg i. S. (1838), in den Rundmedaillons für den Sitzungssaal des Ständehauses in Karlsruhe, in dem Gemälde ‹Die Künste im Dienste der Religion› (1847) und in einigen Zeichnungen.

Friedrich Theodor Vischer – Briefe aus Italien von Friedrich Th. Vischer. (Hrsg. von R. Vischer.) München (1907).

Der Dichter und Ästhetiker Vischer (1807–1887) hatte 1835 mit seiner theologischen Laufbahn gebrochen und hielt seitdem an der Tübinger Universität Vorlesungen zur deutschen Literatur und zur Ästhetik auf der Grundlage der Hegelschen Philosophie. 1837 wurde er außerordentlicher und 1844 ordentlicher Professor. Im Sommer 1839 nahm er längeren Urlaub für eine Studienreise nach Italien und Griechenland. Mitte August war er in Venedig, besuchte dann Pisa und Florenz und war vom 11. November bis zum 18. Februar 1840 in Rom. Die weitere Reise führte über Neapel nach Sizilien (Palermo, Segest, Selinunt, Girgenti und Syrakus). Über Malta und Syrakus traf er am 27. April 1840 in Athen ein, wo er Ernst Curtius kennenlernte. Im Juni bereiste er Griechenland und nach einem zweiten Aufenthalt in Athen auch den Peloponnes. Die Heimreise führte zu Schiff bis nach Triest, von dort über Wien nach Tübingen (Herbst 1840). Später hat Vischer Italien noch siebenmal besucht.

Ernst Curtius – Ernst Curtius. Ein Lebensbild in Briefen. Hrsg. von Fr. Curtius. Berlin 1903.

Der klassische Philologe, Archäologe und Historiker Curtius (1814 bis 1896) begleitete nach seinem Studium 1837 den Philosophen Christian August Brandis als Hauslehrer seiner Kinder nach Athen. Er bereiste Griechenland und vor allem den Peloponnes und legte den Grund für seine späteren großen Arbeiten zur Geschichte des griechischen Altertums. Im November 1840 verließ er Athen und reiste über Korfu und Italien nach Deutschland zurück. Am 5. Januar 1841 traf er in Rom ein, blieb dort bis Ende April und ging Anfang Mai über Venedig nach München und Halle, wo er im gleichen Jahre noch promovierte. 1844 wurde er außerordentlicher Professor in Berlin, 1856 ordentlicher Professor in Göttingen und 1868 in Berlin. 1852 regte er die Ausgrabung von Olympia an, die unter seiner Oberleitung von 1874–1881 stattfand. Im März 1868, im Herbst 1876 und Anfang 1880 war er auf der Durchreise erneut in Italien.

Seite 328 *Abeken:* Der Archäologe Wilhelm Ludwig Abeken (1813 bis 1843), der vom Herbst 1836 bis zum März 1842 in Rom lebte.

Georg Herwegh – *An Robert Prutz:* Herweghs Werke in drei Teilen. Hrsg., mit Einl. u. Anm. vers. von H. Tardel. Berlin-Leipzig-Wien-Stuttgart [1909]. Bd 1. S. LIV. – *An Emma Herwegh:* Erstdruck nach der Handschrift mit freundlicher Erlaubnis des Dichtermuseums Liestal/Schweiz.

Seit Frühjahr 1840 lebte Georg Herwegh (1817–1875) in Zürich, wo 1841 seine berühmten ‹Gedichte eines Lebendigen› erschienen. Nach seiner Fahrt durch Deutschland im Herbst 1842 und der Ausweisung aus Preußen heiratete er am 8. März 1843 Emma Siegmund und trat mit ihr am 15. April die Hochzeitsreise über Genf, Lyon und Südfrankreich nach Italien an, wo er bis Ende Juli 1843 blieb. Nach einem Erholungsaufenthalt in Ostende siedelte er im September 1843 nach Paris über. Im Winter 1846/47 begleitete er den Zoologen Carl Vogt auf einer Forschungsreise von Genf über Turin nach Nizza und war vom 5. Februar 1847 bis Ende des Monats in

Rom. 1848 beteiligte er sich als politischer Führer am Feldzug der deutschen demokratischen Legion von Paris nach Baden. Im April und Mai 1851 war er in Turin und Genua und lebte danach in Zürich im Exil. Dort verbanden ihn freundschaftliche Beziehungen mit Mazzini, Cironi und anderen italienischen Patrioten. Gegen 1860/61 dichtete er die sog. Garibaldi-Hymne nach. Seit 1866 lebte er in Baden-Baden.

Seite 331 *Rahl:* Der Wiener Maler Karl Rahl (1812–1865) lebte vom Dezember 1839 bis Sommer 1847 in Rom.

Seite 331 *das königliche Patent:* Die Berufung des Vereinigten Landtages von 1847, der kümmerliche Ersatz für das alte Versprechen einer preußischen Verfassung.

Jacob Grimm – Unbekannte Briefe der Brüder Grimm. Hrsg. von Wilhelm Schoof. Athenäum-Verlag Junker & Dünnhaupt K. G., Bonn 1960.

Jacob Grimm (1785–1863), der Vater der deutschen Sprach- und Literaturwissenschaft, war seit 1830 Bibliothekar und Professor in Göttingen. Als einer der Göttinger Sieben wurde er auf Grund seines Protestes gegen den Staatsstreich des Königs von Hannover 1837 entlassen. 1841 berief Friedrich Wilhelm IV. von Preußen die Brüder Jacob und Wilhelm Grimm an die Akademie der Wissenschaften in Berlin. Grimms erster Plan einer Italienreise – er wollte gotische Handschriften in Mailand studieren – war 1824 nicht verwirklicht worden. 1843 reiste er auf ärztlichen Rat zur Erholung nach Italien. Am 9. August traf er in Mailand ein, ging drei Tage später nach Genua und von dort zu Schiff nach Neapel, wo er an einem Gelehrtenkongreß teilnahm. Am 3. September war er in Rom, am 29. September auf der Rückreise in Venedig.

Friedrich Hebbel – Sämtliche Werke. Hist.-krit. Ausg. bes. von R. M. Werner. 3. Abt.: Briefe. Bd 3: 1844–1846. Berlin 1905.

Nach härtesten Jugend- und Studienjahren lebte der Dramatiker Hebbel (1813–1863) seit 1839 in Hamburg mit Elise Lensing zusammen. Aus der Not auch dieser Jahre rettete ihn ein zweijähriges Stipendium des dänischen Königs Christian VIII., das ihm erlaubte, Anfang Oktober 1843 für ein Jahr nach Paris und darauf nach Italien zu gehen. Am 26. September 1844 verließ er Paris, reiste nach Marseille und zu Schiff nach Genua. Am 3. Oktober traf er in Rom ein, wo sich aber seine Lage rasch verschlechterte, da das Geld nicht reichte und eine Verlängerung des dänischen Stipendiums ausblieb. Vom 19. Juli bis 8. Oktober 1845 war er in Neapel, am 11. Oktober wieder in Rom. Am 29. Oktober brach er zur Rückreise auf und ging nach Wien, wo er am 4. November eintraf. Die schon in den römischen Briefen sich ankündigende innere Lösung von Elise Lensing, die auf Heirat drängte, vollzog er in Wien in aller Härte und verband sich am 26. Mai 1846 mit der Schauspielerin Christine Enghaus.

In Italien entstand eine Reihe von Hebbels besten Gedichten, außerdem der Entwurf des Trauerspiels ‹Julia›. Die Tagebuchaufzeichnungen haben vor allem allgemeine Reflexionen und poetische Einfälle zum Inhalt.

Seite 338 *Gurlitt:* Der Hamburger Maler Louis Gurlitt, der von Anfang 1844 bis Herbst 1846 in Rom war und Hebbels weiteren Italienaufenthalt und die Rückreise durch Darlehen finanzierte.

Seite 339 *Rousseau:* Der Regierungsrat Rousseau in Ansbach, der Anfang September 1842 Hebbel ein Darlehen gegeben hatte.

Theodor Mommsen – Theodor Mommsen – Otto Jahn. Ein Briefwechsel. 1842–1868. Hrsg. von Lothar Wickert. Vittorio Klostermann, Frankfurt a. M. (1962). Nachdrücklich sei verwiesen auf Lothar Wickert: Theodor Mommsen. Eine Biographie. Bd II: Wanderjahre. Frankreich und Italien. Frankfurt a. M. (1964), wo eine große Zahl weiterer Briefe aus Italien teilweise oder vollständig mitgeteilt werden.

Der Jurist, Archäologe und Historiker Mommsen (1817–1903) unternahm nach seinem Studium in Kiel als Stipendiat des dänischen Königs Christian VIII. 1844–1847 die erste große Studienreise nach Frankreich und Italien. Er verließ Hamburg am 21. September, war bis zum 8. November in Paris und reiste von dort nach Marseille. Am 24. November traf er zu Schiff in Genua ein, war vom 4. bis 27. Dezember in Florenz und kam am 30. Dezember nach Rom. Am 8. Mai 1845 verließ er Rom und ging über Terni, Spoleto, Perugia und Arezzo nach Florenz, wo er am 15. Mai eintraf. Am 7. Juli reiste er weiter über Bologna, Ravenna, Rimini, San Marino, Ancona und Chieti nach Neapel. Dort blieb er vom 1. August bis zum 9. Oktober und bereiste im Oktober und November Sizilien. Im Dezember kehrte er nach Rom zurück. Anfang April 1846 ging er erneut nach Neapel und bereiste im April und Mai Samnium (die Provinz Molise). Am 21. Mai war er wieder in Neapel. Im September und Oktober besuchte er Apulien und Korfu. Kurz vor Weihnachten kehrte er nach Rom zurück. Die erste Maihälfte 1847 verbrachte er in San Marino. Nach sechstägigem Aufenthalt in Ravenna brach er am 20. Mai zur Rückreise über Ferrara, Padua, Venedig und Triest auf. Am 29. Mai war er in Wien und reiste nach Berlin weiter. Weitere Aufenthalte in Rom folgten im Winter 1847 bis zum 8. März 1848,, vom 26. Januar bis zum 14. Juni 1862, vom Februar bis April 1873, im April 1876, im November 1877, vom März bis Mai 1878, im April 1882, im Frühling 1885 und 1888, im Oktober 1893, vom Februar bis April 1896 und im März/April 1903. – 1848 wurde Mommsen außerordentlicher Professor der Rechte in Leipzig, aber 1851 wegen seiner Teilnahme an der demokratischen Bewegung wieder entlassen. 1852 wurde er ordentlicher Professor des römischen Rechts in Zürich, 1854 in Breslau, und 1858 kam er als Mitglied der Akademie der Wissenschaften nach Berlin.

Auf der ersten großen Italienreise studierte Mommsen neben den frühen Sprachen des Landes (‹Oskische Studien› 1845, ‹Die unteritalischen Dialekte› 1850) vor allem die lateinischen Inschriften, deren historische Auswertung er von dem berühmten Epigraphiker Bartolommeo Borghesi in San Marino lernte. Als die französische Sammlung der lateinischen Inschriften ins Stocken geriet, trug am 30. April 1845 Otto Jahn im Auftrage Savignys Mommsen die Mitarbeit an einem künftigen Corpus aller lateinischen Inschriften an. Die preußische Akademie der Wissenschaften griff den Plan erst auf, als Mommsen die ‹Inscriptiones Regni Neapolitani Latinae› (1852) vorgelegt hatte. Seit 1858 leitete er die Arbeit am Corpus Inscriptionum Latinarum der Berliner Akademie. Von den übrigen Werken Mommsens zur römischen Geschichte nennen wir nur die drei Hauptwerke: ‹Römische Geschichte› (Bd 1–3 1854/56, Bd 4 ungeschrieben, Bd 5 1885), ‹Römisches Staatsrecht› (3 Bde 1871/88) und ‹Römisches Strafrecht› (1899).

Seite 348 *Kellermann:* Der dänische Archäologe Olaf Kellermann, der 1831 nach Rom gekommen und 1837 dort gestorben war.

Seite 350 *Boeckh:* Der klassische Philologe August Boeckh begründete 1825 das Corpus Inscriptionum Graecarum.

Jacob Burckhardt – *Briefe von 1846:* Briefe. Vollst. u. krit. bearb. Ausg. Mit Benützung des handschriftl. Nachlasses hergest. von M. Burckhardt. Bd 3. Insel-Verlag 1955. Für die Italienreisen bis 1854 sind nur wenige Briefe überliefert. – *An M. Alioth:* Jacob Burckhardt. Briefe an einen Architekten. Hrsg. von H. Trog. München 1913. – *An Fr. v. Preen:* Jacob Burckhardts Briefe an seinen Freund Friedrich von Preen. (Hrsg. von E. Strauß.) Stuttgart u. Berlin 1922.

Seit 1844 hielt der Kultur- und Kunsthistoriker Burckhardt (1818 bis 1897) in Basel Vorlesungen und wurde 1845 zum außerordentlichen Professor ernannt. Schon im Juli und August 1838 hatte er auf fünf Wochen Italien, vor allem Mailand, Genua, Pisa, Florenz und Fiesole besucht und davon im ‹Wanderer in der Schweiz› 1838/39 anschaulich berichtet. Angewidert von der politischen Entwicklung in der Schweiz und in Deutschland brach er am 21. März 1846 wieder nach Italien auf. Am 1. April traf er in Rom ein, wo er bis zum 9. Juni blieb. Darauf besuchte er Neapel und Florenz, war im August in Venedig und Anfang September wieder in Basel. Als er in Berlin den schon unterwegs erhaltenen Auftrag, Franz Kuglers ‹Handbuch der Kunstgeschichte› neu herauszugeben, besorgt hatte, ging er über Wien und Triest wieder nach Rom, dort blieb er vom 11. Oktober 1847 bis Mai 1848. Danach wurde er Geschichtslehrer in Basel, 1855 Professor am Polytechnikum in Zürich und 1858 an der Universität Basel. Im April, Mai und Juni 1853 war er erneut in Rom, besuchte danach Neapel und blieb von Mitte August bis Mitte September in Rom. Von Ende September bis Anfang Februar 1854 hielt er sich in Florenz auf und ging über Pisa, Genua, Parma, Bologna, Padua, Venedig und Verona nach Basel zurück. Weitere Studienaufenthalte folgten 1855, 1857 und 1861. 1875 war er vom 31. März bis 20. April in Rom. Auch 1876 reiste er nach Italien. Im August 1878 besuchte er Brescia, Cremona, Mantua, Modena, Bologna, Imola, Cesena, Rimini, Fano, Ancona, Loreto, Pesaro, Monti Imperiale und Mailand. Im August 1881 weilte er in Genua und Florenz, bereiste Oberitalien und war etwa am 12. September wieder in Basel. Weitere Italienbesuche folgten 1883 und 1887. Nach Sizilien ist Burckhardt nicht gekommen.

Nach dem ersten Werk ‹Die Zeit Constantins des Großen› (1853) folgte als Frucht der Reise von 1853/54 ‹Der Cicerone. Eine Anleitung zum Genuß der Kunstwerke Italiens› (1855), später ‹Die Kultur der Renaissance› (1860), die ‹Geschichte der Renaissance in Italien› (1867) und die ‹Beiträge zur Kunstgeschichte von Italien› (1898).

Seite 351 *sagt hörsten* = später mündlich.

Seite 351 *sagt Platen:* «Plump und zu bunt ist Rom und Neapel ein Haufe von Häusern; / Aber Venedig erscheint eine vollendete Stadt.» (Epigramme, Gruppe ‹Venedig›, Nr CXLII (202) von 1829).

Seite 353 *Kardinal, ich habe das Meinige ...* Schlußworte König Philipps in Schillers ‹Don Karlos›.

Seite 360 *Bode:* Der Kunsthistoriker Wilhelm Bode (1845–1929), der spätere Generaldirektor der Berliner Museen.

Seite 362 *Wackesen:* Mundartlich für Leute mit ungehobelten Manieren.

Johann Jakob Bachofen – Gesammelte Werke. Zehnter Band. Briefe ... hrsg. von Fritz Husner. Basel/Stuttgart 1967. S. 126f., 129, 341–344.

Der Jurist und Archäologe Johann Jakob Bachofen (1815–1887), von 1841 bis 1844 Professor des Römischen Rechts an der Universität Basel, ab 1842 Baseler Kriminalrichter, war zuerst vom Herbst 1842 bis März 1843 zum Studium der antiken Gräberwelt in Rom. Zum zweiten Mal kam er am 11. November 1848 nach Rom. 1851 bereiste er im Anschluß an seine griechische Reise von Brindisi aus im Juni Apulien, das Samniterland und den Apennin, hielt sich von Anfang Juli bis September in Castellammare im Golf von Neapel auf, war im Herbst in Südetrurien, arbeitete von Ende November bis Anfang März 1852 in Rom und reiste danach über Siena und Florenz nach Basel zurück. Der vierte Romaufenthalt folgte nach Bachofens Hochzeit am 4. April 1865 und währte vermutlich bis zum August.

Bachofens Hauptwerke zu Mythologie, Symbolik und Mutterrecht der Antike sind ohne seine Studienaufenthalte in Italien, Griechenland und Spanien nicht denkbar. Vgl. vor allem den ‹Versuch über die Gräbersymbolik der Alten› (1859), ‹Das Mutterrecht. Eine Untersuchung über die Gynaikokratie der alten Welt nach ihrer religiösen und rechtlichen Natur› (1861), auch die ‹Lebens-Rückschau› von 1854 (zuerst 1916 gedruckt).

Seite 369 *Ille ego qui quondam, gracili modulatus avena et reliqua:* «Ich, der ich einst melodisch auf schlichter Flöte etc.» = Erster von vier pseudovergilischen Versen, die dem Beginn der «Aeneis» des Vergil vorangehen.

Seite 370 *Herr Ampère:* Er hatte die neueste Geschichte Roms geschrieben (L'Histoire romaine à Rome. T. 1–4. 1862/64).

Seite 370 *Als Äneas den Evander auf dem Palatin besuchte:* Vgl. Vergils ‹Aeneis› VIII 102ff.

Seite 370 *Consus:* Altrömischer Gott des Erntesegens, dessen unterirdischer Altar im Zirkustal am Fuß des Palatins stand, von Bachofen als chthonischer Gott neptunisch-phallischer Natur gedeutet (‹Gräbersymbolik› Kap. 9).

Seite 370 *Numas Sarkophag:* Numa Pompilius, der zweite König Roms, dessen Grab am Fuß des Ianiculum vermutet wurde.

Seite 370/371 *wie die Penaten nach Lavinium zurückkehrten:* Nach dem Bericht des Dionysios Halikarnoss im 1. Buch seiner «Antiquitates Romanae» (7 v. Chr.).

Seite 371 *Gesù bambino:* Das in S. Maria in Aracoeli aufbewahrte Bild des «Santo Bambino», das zu Kranken und Sterbenden gefahren wurde.

Seite 371 *Ianus:* Altrömischer Gott der Torbögen, der Ein- und Ausgänge.

Seite 371 *Lupercalia:* Altrömisches Reinigungs- und Fruchtbarkeitsfest zu Ehren des Gottes Faunus am 15. Februar.

Victor von Scheffel – Scheffel in Italien. Briefe ins Elternhaus. 1852 bis 1853. Eingel. u. hrsg. von W. Zentner. Karlsruhe 1929.

Der spätere Lyriker und Romanschriftsteller Scheffel (1826–1886) war zuletzt Sekretär am Hofgericht in Bruchsal gewesen, als er am 23. Mai 1852 von Karlsruhe nach Italien mit dem Vorsatz aufbrach, dort sich zum Maler auszubilden. Über Mailand, Genua und Livorno kam er am 8. Juni nach Florenz, blieb dort bis zum 16. Juni und traf über Perugia, Spoleto und Terni am 22. Juni in Rom ein. Mit deutschen Malern lebte und arbeitete er etwa vom 10. Juli bis zum 20. September in Albano und bis Ende Oktober in Olevano. Allmählich begann Scheffel zu erkennen, daß seine malerische Begabung geringer als seine poetische war. Im Winter arbeitete er in Rom an der Versdichtung ‹Der Trompeter von Säckingen›. Am 24. Februar brach er nach Neapel auf, wo er zwei Wochen blieb, und ging dann nach Capri, wo er die Dichtung vollendete, und hielt sich noch längere Zeit in Sorrent auf. Von dort reiste er am 5. Mai nach Rom zurück. Am 11. Mai verließ er Rom und kehrte nach Deutschland zurück. Fortan lebte er vorwiegend in Heidelberg oder auf Reisen.

Seite 372 *das Horazische «der Seinen vergessend ...»:* Episteln I, 11,9.

Seite 373 *Stahrs Italien:* Adolph Stahr. Ein Jahr in Italien (3 Bde 1847 bis 1850). Vgl. die Erläuterungen zu den Briefen Fanny Lewalds.

Anselm Feuerbach – Anselm Feuerbachs Briefe an seine Mutter. Hrsg. von G. J. Kern u. H. Uhde-Bernays. Bd 1–2. Berlin 1911.

Der Maler Anselm Feuerbach (1829–1880), der Sohn des gleichnamigen Archäologen Feuerbach und Neffe des Philosophen Ludwig Feuerbach, ging nach seiner Ausbildung in Düsseldorf, München, Antwerpen und Paris 1854 nach Karlsruhe. Ein Jahr darauf gewährte ihm der spätere Großherzog Friedrich von Baden ein Stipendium für einen Studienaufenthalt in Italien. Am 6. Juni 1855 war er in Venedig, wo er fast ein volles Jahr blieb. Vom 16. Mai bis Ende September 1856 hielt er sich in Florenz auf. Am 1. Oktober 1856 kam er nach Rom, das er bis 1873 nur zu einzelnen Reisen verließ. Abgesehen von einzelnen Aufenthalten in Tivoli und Genzano und im März 1866 in Neapel war er im Sommer und Herbst 1860 in München, Anfang September 1865 in der Schweiz, im Sommer 1868 in Berlin und Dresden, im Sommer 1869 in Dresden und München und ebenso im Sommer 1870, Frühjahr 1871 und Sommer 1872 in München. Im Frühjahr 1873 wurde er als Lehrer der Historienmalerei nach Wien berufen. Im März/April 1875 weilte er wieder in Rom und siedelte nach schwerer Krankheit Anfang Oktober 1876 für immer nach Venedig über. Ende September 1877 war er nochmals in Rom. Am 4. Januar 1880 starb er in Venedig.

Erst in Rom rang sich Feuerbach zur vollen künstlerischen Selbständigkeit durch, geriet aber allmählich in größte finanzielle Not, aus der ihn seit 1862 der Münchener Kunstmäzen Graf Schack auf vier Jahre durch zahlreiche Aufträge rettete. 1860 lernte er Nanna Risi kennen, die fünf Jahre lang das Modell seiner Frauenbildnisse war. Ihre Nachfolgerin wurde 1866 Lucia Brunacci. Sein erstes großes Gemälde war ‹Dante und die edlen Frauen von Ravenna› (1858) für die Karlsruher Galerie. Neben den zahlreichen Nanna-Gemälden nennen wir noch die Medea-Bilder, die beiden Fassungen der ‹Iphigenie›, die ‹Amazonenschlacht›, ‹Paolo und Francesca› und das ‹Gastmahl des Platon› als Beispiele seiner monumentalen und ideal-antikisch gesinnten Kunst. Autobiographische Aufzeichnungen und Teile seiner Briefe sind in Feuerbachs ‹Vermächtnis› (1882) verarbeitet, das die Stiefmutter Henriette Feuerbach herausgab.

Seite 385 *Rahl:* Der Historienmaler Karl Rahl, der vom Herbst 1856 bis Ende Februar 1857 nochmals in Rom war.

Seite 387 *wie Goethe sagt:* Vom Kopf der Juno Ludovisi schrieb Goethe an Charlotte von Stein am 6. Januar 1787: «Keine Worte geben eine Ahndung davon, er ist wie ein Gesang Homers».

Seite 387 *Emilie:* Feuerbachs Schwester.

Adalbert Stifter – Sämtliche Werke. 19. Bd = Briefwechsel. 3. Bd hrsg. von Gustav Wilhelm. 2. Aufl. Reichenberg 1929. (Den Hinweis auf diesen Brief Stifters verdanke ich Johannes Urzidil/New York †.)

Der österreichische Erzähler Adalbert Stifter (1805–1868) lebte seit 1848 in Linz, wo er 1850 Schulrat und Inspektor der Volksschulen von Oberösterreich wurde. Um dem deprimierenden Druck seines Amtes und dem einförmigen Leben in Linz für kurze Zeit zu entfliehen, brach er am 6. Juni 1857 mit seiner Frau zu einer Reise auf, die zuerst zu Verwandten nach Klagenfurt und von dort über Laibach nach Triest führte. Die Rückfahrt ging von Triest über Udine und Pontebba nach Klagenfurt, wo Stifter am 27. Juni eintraf; am 4. oder 5. Juli war er wieder in Linz. Der alte, auf der Reise neubelebte Wunsch, Rom und Neapel zu sehen, blieb unerfüllt. Die auf der Reise gewonnene Kraft ließ Stifter im Herbst 1857 den dritten und letzten Band seines Romans ‹Nachsommer› beenden.

Conrad Ferdinand Meyer – Briefe Conrad Ferdinand Meyers. Nebst seinen Rezensionen und Aufsätzen hrsg. von Ad. Frey. Bd 1. Leipzig 1908. S. 55 ff.

Nach dem schweren nervösen Zusammenbruch im Jahre 1852 lebte Conrad Ferdinand Meyer (1825–1898) seit 1853 als Übersetzer französischer Geschichtswerke in Zürich, 1856 nahm sich seine Mutter das Leben. Das Erbe eines Geisteskranken, den sie gepflegt hatte, ermöglichte ihm ein finanziell unabhängiges Dasein. Ein vierteljähriger Aufenthalt 1857 in Paris führte zur beginnenden Abkehr von der französischen Geisteswelt. Am 17. März 1858 brach Meyer mit seiner um sechs Jahre jüngeren Schwester Betsy von Zürich nach Italien auf. Die Reise führte über Genf und Marseille und von dort zu Schiff nach Civitavecchia. Ende März oder Anfang April trafen sie in Rom ein, wo sie etwa sieben Wochen blieben. Auf der Reise nach Florenz besuchten sie in Brolio den italienischen Freiheitskämpfer Baron Bettino Ricasoli, der 1849 als Verbannter in Meyers Hause in Zürich geweilt hatte. Etwa am 22. Mai kamen sie nach Florenz, am 27. Mai waren sie in Livorno und am 5. oder 6. Juni wieder in Zürich.

Obwohl der Dichter in Meyer erst zwölf Jahre später zum vollen Durchbruch kam, wurde die Italienreise für ihn zur entscheidenden Begegnung mit der Antike, der Renaissance und vor allem mit Michelangelo.

Ernst Haeckel – Ernst Haeckel. Italienfahrt. Briefe an die Braut 1859/1860. (Hrsg. von H. Schmidt.) Leipzig 1921.

Nach dem Studium der Medizin und Naturwissenschaften war Ernst Haeckel (1834–1919) 1856 Assistent von Rudolf Virchow geworden. Am 28. Januar 1859 brach er zu seiner ersten Forschungsreise nach Italien auf, um die Mikrofauna des Mittelmeeres zu studieren. Über Genua, Florenz und Pisa kam er am 21. Februar nach Rom, wo er bis zum 25. März blieb. Am 28. März war er in Neapel. Nach dem Besuch der Umgebung – auf Ischia lernte er den norddeutschen Dichter Hermann Allmers kennen – arbeitete er in Neapel, war vom 6. August bis 2. September mit Allmers auf Capri und brach am 9. September nach Sizilien auf. Nachdem er fünf Wochen lang die Insel bereist hatte, setzte er seine Forschungen in Messina vom 16. Oktober bis zum 1. April 1860 fort. Am 6. April traf er auf der Rückreise in Paris ein. – Von 1865–1908 war Haeckel Professor der Zoologie in Jena.

Auf der Forschungsreise nach Sizilien wurde Haeckel erst zum selbständigen Naturforscher. Ihr Ergebnis war die ‹Monographie der Radiolaren› (1862), die ihn in die vorderste Reihe der zeitgenössischen Zoologen rückte. Auch seine späteren Forschungen galten besonders den niederen Meerestieren.

Ferdinand Gregorovius – Briefe von Ferdinand Gregorovius an den Staatssekretär Hermann von Thile. Hrsg. von H. v. Petersdorff. Berlin 1894.

Nachdem sich Gregorovius (1821–1891) in Königsberg schon mannigfach als demokratisch gesinnter Dichter, Publizist und Historiker betätigt hatte, brach er ohne alle Mittel am 2. April 1852 nach Italien auf. Am 19. April traf er in Venedig ein, Anfang Juli ging er nach Livorno und besuchte vom 14. Juli bis zum 5. September die Insel Korsika. Die Schilderungen der Insel für die ‹Allgemeine Zeitung› sicherten ihm zunächst den weiteren Aufenthalt in Italien. Auch später lebte er ausschließlich von seinen schriftstellerischen Arbeiten. Am 2. Oktober 1852 traf er in Rom ein, das auf 22 Jahre sein ständiger Wohnsitz wurde. 1854 faßte er den Entschluß, die Geschichte Roms im Mittelalter zu schreiben. Die dazu nötigen Archivarbeiten führten ihn in die meisten größeren Städte des Landes. Im Juni/Juli 1853 besuchte er Neapel und seine Umgebung und bereiste im ganzen September Sizilien. Im Oktober hielt er sich in Genzano auf, wo er auch von Juli bis September 1854 war. Im September 1855 besuchte er Porto d'Anzio und Nettuno. Von Ende Juni bis Ende September 1856 war er in Genazzano. Zu weiteren Sommeraufenthalten war er dort 1857, 1859 und 1861. 1859 arbeitete er im Anschluß daran im Kloster Monte Cassino und 1861 in Florenz, wo er auch im Sommer 1858 schon war. In Neapel arbeitete er nochmals im August/September 1864, nachdem er zuvor Perugia, Assisi und Terni besucht hatte, und ebenso zur gleichen Zeit 1868. Deutschland besuchte er erstmals im Juli bis September 1860 wieder. Die Deutschlandreisen von 1862, 1863, 1865 und 1867–1873 begannen zumeist im Juli und währten bis zum September oder Oktober, 1871 bis Dezember, 1872 bis November und führten fast immer nach Heidelberg und München. Auf der Reise wurden stets die oberitalienischen Städte besucht. Eine Professur an der Universität München schlug er 1862 und 1863 aus. Am 6. Februar 1874 wurde seine ‹Geschichte der Stadt Rom im Mittelalter› auf den päpstlichen Index gesetzt. Im Mai bereiste er mit seinem Bruder die adriatische Küste bis Bari und Tarent. Am 15. Juli verließ er Rom und siedelte zu seinen Geschwistern nach München über, besuchte aber bis 1890 alljährlich einmal Rom. 1876 wurde er für sein Geschichtswerk als erster Deutscher und als erster Protestant zum Ehrenbürger der Stadt Rom ernannt.

Sein italienisches Lebenswerk ist die ‹Geschichte der Stadt Rom im Mittelalter. Vom 5. bis zum 16. Jahrhundert› in acht Bänden (1859–1872), für das er seit 1860 von der preußischen Regierung eine Unterstützung erhielt. In den fünf Bänden seiner ‹Wanderjahre in Italien› (1857–1877) vereinigte er die Schilderung von Landschaft und Geschichte zur künstlerischen Einheit. Neben zahlreichen andern Aufsätzen und Abhandlungen schrieb er ‹Die Grabdenkmäler der Päpste‹ (1857) und ‹Lukrezia Borgia› (1874). Äußerst aufschlußreich für die gesamte Zeitgeschichte und für Gregorovius' demokratische Grundhaltung sind seine ‹Römischen Tagebücher› (1892 hrsg. von Althaus).

Hermann von Thile (1812–1889) war 1854–1858 preußischer Gesandter in Rom, wo sich ihm Gregorovius anschloß. Später war er Staatssekretär im Auswärtigen Amt in Berlin.

Seite 412 *Die Broschüre:* ‹Le Pape et le Congrès› von Laguéronnière.

Seite 414 *‹colonna infame›:* Gemeint ist die von Pius IX. anläßlich des 1854 verkündeten Dogmas von der Unbefleckten Empfängnis Mariä errichtete Säule der Immacolata auf dem Spanischen Platz.

Seite 416 *Mortara-Geschichte:* 1858 wurde der Judenjunge Edgar Mortara von Priestern entführt. Ähnliches ereignete sich 1864 mit dem Judenjungen Michel Coen.

FRANZ LISZT – Franz Liszt's Briefe. Ges. u. hrsg. von La Mara. Bd 2. 2. Aufl. Leipzig 1893.

Seit 1828 lebte Franz Liszt (1811–1886) vorwiegend in Paris. 1834 lernte er die Gräfin d'Agoult kennen, die ihn seit 1836 auf seinen glanzvollen Konzertreisen begleitete. Ende Juli 1837 gingen sie über Lyon und Genf nach Italien. Etwa Mitte September trafen sie in Mailand ein und zogen sich kurz darauf nach Bellagio am Lago di Como zurück. Dort wohnten sie bis Anfang Februar 1838, bis Mitte März blieben sie noch in Mailand. Hier gab Liszt am 10. Dezember 1837, am 18. Februar und 15. März 1838 drei «musikalische Akademien». Auch verkehrte er eifrig mit Rossini. Am 16. März brach er nach Venedig auf. Nach dem Besuch in Wien im April/Mai, der in Liszt den ungarischen Patrioten weckte, lebte er mit der Gräfin in Lugano. Im November und Dezember 1838 gab er Konzerte in Florenz und Bologna und seit Ende Januar 1839 in Rom, wo er bis zum Juni blieb. Im Sommer waren sie in Lucca, und Mitte November 1839 verließen sie Italien. Nach den weiteren Wanderjahren als gefeierter Klaviervirtuose durch ganz Europa ließ sich Liszt 1848 in Weimar nieder, wo er schon 1842 zum Hofkapellmeister ernannt worden war. Als es jedoch infolge seiner neudeutschen Kunstrichtung zu Mißhelligkeiten kam und außerdem die Fürstin Sayn-Wittgenstein, die er 1847 kennengelernt hatte, vom Papst die Scheidung ihrer Ehe erhoffte (allerdings vergeblich), folgte er der 1860 Vorausgereisten 1861 nach Rom nach, wo er am 20. Oktober eintraf. Im Frühjahr 1865 empfing er die niederen Weihen als Weltgeistlicher und widmete sich fortan vorwiegend der Kirchenmusik. Seit 1869 lebte er alljährlich wieder einige Monate in Weimar und seit 1874 außerdem in Budapest.

Von dem ersten Italienaufenthalt 1837–1839 schrieb Liszt für die Pariser ‹Gazette musicale› eine Reihe bedeutsamer Briefberichte (deutsch in Gesammelte Schriften II, 1881).

Seite 421 *Musikfest:* Im Juni 1864 fand in Karlsruhe das erste Musikfest des 1859 von Liszt mitbegründeten Allgemeinen Deutschen Musikvereins statt.

HANS VON MARÉES – Julius Meier-Gräfe: Hans von Marées. Sein Leben und sein Werk. Bd 3: Briefe und Dokumente. München u. Leipzig 1910.

Der Maler Marées (1837–1887) lebte und arbeitete seit 1857 in München. 1864 beauftragte ihn der Kunstmäzen Graf Schack auf Lenbachs Vorschlag mit Kopien nach alten Meistern in Italien. Im November 1864 ging er nach Rom. Vom 7. Mai bis mindestens Oktober 1865 arbeitete er in Florenz, danach wieder in Rom, das sein ständiger Wohnsitz wurde. Nach einer Reihe Kopien nach Palma, Tizian, Velazquez und Raffael kam es zum Bruch mit Schack. Aus der finanziellen und geistigen Not wurde der immer schwer ringende Künstler durch den Kunstmäzen und Kunstphilosophen

Conrad Fiedler gerettet, den Mareés im Winter 1866 kennenlernte und der von 1868 an Marées materielle Existenz sicherstellte. Von April bis gegen Ende 1869 bereisten beide Spanien, Frankreich, Holland und Deutschland. Vom Juli 1870 bis Oktober 1871 stand Marées im Militärdienst und siedelte anschließend zu dem Bildhauer Hildebrand nach Berlin über. Von April 1872 bis Mai 1873 lebte er in Dresden. Dann ging er nach Neapel, um in der neu errichteten zoologischen Station die Bibliothek mit Fresken auszumalen. Vom 30. November 1873 bis Anfang Dezember 1874 lebte er in Florenz bei Hildebrand, besuchte aber Ende März Paris und war im Juli und August in Neapel. Im Dezember 1874 bezog er mit Hildebrand das Kloster San Francesco bei Florenz, das dieser erworben hatte. Dort fand er auch die Freundschaft Böcklins. Nach der Entzweiung mit Hildebrand ging er im Oktober 1875 wieder nach Rom, wo er bis zu seinem Tode am 5. Juni 1887 blieb. In den Sommermonaten hielt er sich oft in Deutschland auf.

Von seinen Hauptwerken nennen wir ‹Die Lebensalter› (1877/78), ‹Das goldene Zeitalter› I (1879/85) und II (1880/83), ‹Die Hesperiden› (1884/87), ‹Das Parisurteil› (1880/81) und ‹Werbung› (1885/87).

Fanny Lewald – Großherzog Carl Alexander und Fanny Lewald-Stahr in ihren Briefen 1848–1889. Eingel. u. hrsg. von Rudolf Göhler. Berlin 1932. Bd 1 u. 2.

Die deutsch-jüdische Schriftstellerin Fanny Lewald (1811–1889) aus Königsberg lebte seit 1843 in Berlin. Seit 1841 erschienen ihre Romane und Erzählungen, in denen sie für die Emanzipation der Frau und der Juden focht. Im Juni 1845 reiste sie nach Italien. Über Mailand, Genua und Florenz kam sie am 11. Oktober nach Rom, wo sie bis zum 10. Mai 1846 blieb. Dort lernte sie den liberalen Erzähler, Lyriker und Literaturhistoriker Adolf Stahr kennen, den sie 1855, nach Scheidung von seiner ersten Frau, heiratete. Nach Stahrs Abreise besuchte sie Neapel, Capri und Ischia und war zum Rosalienfest in Palermo auf Sizilien. Am 11. September 1846 verließ sie Neapel und reiste über Livorno, Florenz, Bologna und Venedig nach Berlin zurück. Vom 9. November 1866 bis zum 23. Mai 1867 war sie mit Stahr wieder in Rom. Nach seinem Tod 1876 besuchte sie von Ende Oktober 1877 bis Ende April 1878 Rom erneut. Ihr vierter und letzter Romaufenthalt währte von Anfang November 1880 bis zum 10. Mai 1881; nach dem Besuch von Neapel und Sorrent verließ sie Rom Ende Juli 1881.

Fanny Lewald schrieb ein ‹Italienisches Bilderbuch› (2 Bde 1847), ein ‹Römisches Tagebuch› (hrsg. von Spiero 1926) und mit A. Stahr zusammen ‹Ein Winter in Rom› (1869).

Seite 428 *Legion von Antibes:* Das während der französischen Besetzung Roms von Pius IX. unterhaltene Fremdenbataillon.

Seite 430 *seinen Torso, seine Bilder aus dem Altertum:* A. Stahrs ‹Torso›, oder Kunst, Künstler und Kunstwerke der Alten› (1854/55) und seine ‹Bilder aus dem Altertum› (1863/67), die antiken Fürsten gewidmet sind.

Adolf von Hildebrand – Adolf von Hildebrand und seine Welt. Briefe und Erinnerungen. Besorgt von B. Sattler. Hrsg. von der Bayerischen Akademie der Schönen Künste. Verlag Georg D. W. Callwey, München (1962).

Nachdem der Bildhauer Hildebrand (1847–1921) zuletzt bei Caspar Zumbusch in München gearbeitet hatte, ging er mit diesem Ende 1866 nach Italien. Über Verona, Mantua und Florenz kamen sie am 6. Januar 1867 nach Rom. Vom 11. Februar bis gegen Ende des Monats waren sie in Neapel. Danach blieb Hildebrand bis ins Frühjahr 1868 in Rom, wo er Conrad Fiedler, Hans von Marées und Anselm Feuerbach kennenlernte. Im Sommer war er in Jena, im Herbst siedelte er nach Berlin über. Mit Fiedlers Unterstützung ging er 1872 erneut nach Italien, am 9. März traf er in Venedig ein und reiste nach Florenz weiter, das bis 1897 sein Wohnsitz wurde. Vom Juli bis November 1873 unterstützte er Marées bei seiner Arbeit in Neapel. 1874 erwarb er das Kloster San Francesco, das er mit Marées zusammen bewohnte, bis es im Herbst 1875 zur Entzweiung kam und Marées wieder nach Rom ging. Seit 1882 folgten wieder längere Aufenthalte in Deutschland, bis Hildebrand 1897 ein Haus in München erwarb und künftig abwechselnd in Florenz und München lebte.

Neben bedeutenden Bildnisbüsten, -gruppen und Reliefbildnissen schuf er als sein größtes Werk den Wittelsbacher Brunnen in München (1895).

Seite 436 *meine Figur:* Der ‹Trinkende Knabe› (1873), dessen Gipsmodell Hildebrand an Fiedler geschickt hatte.

Malwida von Meysenbug – *An A. v. Stein-Rebecchi:* Briefe von und an Malwida von Meysenbug. Hrsg. von B. Schleiden. Berlin 1920. – *An Olga Monod-Herzen. Erster Brief:* ebda. *Zweiter Brief:* Malwida von Meysenbug. Im Anfang war die Liebe. Briefe an ihre Pflegetochter. Hrsg. von B. Schleiden. München 1926.

Nach der Teilnahme an der Revolution von 1848 lebte die Schriftstellerin Malwida von Meysenbug (1816–1903) von 1852 bis 1859 als Lehrerin und Publizistin und als Erzieherin im Hause Alexander Herzens in London, wo sie auch Joseph Mazzini kennenlernte. Nachdem sie 1862 England endgültig verlassen hatte, lebte sie mit ihrer Pflegetochter Olga Herzen teils in Paris, teils in Rom, Florenz und auf Ischia. In Rom war sie im Frühjahr 1863, im Winter 1863 bis Sommer 1864 und im Winter 1864 bis Frühjahr 1865. Als Verehrerin Richard Wagners siedelte sie 1873 nach Bayreuth über. Im November 1874 ging sie für immer nach Rom, wo sie mit den Staatsmännern des neuen Italien ebenso verkehrte wie mit den Künstlern und Gelehrten. Von November 1876 bis Anfang Juni 1877 war sie mit Friedrich Nietzsche, Paul Rée und Albert Brenner in Sorrent, danach bis September in der Schweiz. Im Frühjahr 1880 weilte sie einige Wochen bei Richard Wagner in Neapel. In den Sommermonaten war sie fast alljährlich in Paris, einige Male auch in Bayreuth und seit 1894 in Rimini, Castelgandolfo oder anderswo in Oberitalien.

Die ‹Memoiren einer Idealistin› (1876) schließen mit der Londoner Zeit ab. Die italienische Zeit spiegelt sich im ‹Lebensabend einer Idealistin›

(1898). In dem Sammelband ‹Individualitäten› (1901) stehen Kapitel ‹Vom jungen Italien› und über ‹Joseph Mazzini›, unter den Aufsätzen der ‹Stimmungsbilder aus dem Vermächtnis einer alten Frau› (1879) die große Würdigung von ‹Marco Minghetti›.

Carl Justi – Briefe aus Italien. Zweite, ergänzte Aufl. Bonn 1925.

Nach dem Studium von Theologie, Philosophie und Kunstgeschichte war Carl Justi (1832–1912) Privatdozent für Philosophie in seiner Vaterstadt Marburg. Als er im Februar 1867 zum Extraordinarius der Philosophie ernannt wurde, erhielt er vor Amtsantritt Urlaub für eine Reise nach Italien; sie galt Lokalstudien für den zweiten Band seines ersten Hauptwerkes ‹Winckelmann, sein Leben, seine Werke und seine Zeitgenossen›. Über Trient, Verona, Padua und Florenz kam er am 30. März 1867 nach Rom. Am 26. August ging er nach Neapel, besuchte Pompeji, Sorrent, Capri, Paestum und bestieg den Vesuv. Vom 1. Dezember 1867 bis zum 27. April 1868 war er wieder in Rom, bereiste dann über sechs Monate lang Oberitalien, mit wochenlangen Aufenthalten in Florenz, Bologna, Mailand und Venedig, war vom 12. November 1868 bis zum 2. Februar 1869 erneut in Rom, besuchte nochmals Neapel und verließ Rom am 10. April endgültig. Nach einigen Tagen in Florenz reiste er nach Marburg zurück. Schon im Januar 1869 war er zum Ordinarius der Philosophie ernannt worden. 1872 erhielt er die Professur für neuere Kunstgeschichte in Bonn. Im Mai 1889 und im Oktober 1895 war er erneut in Rom.

Mit seinen Werken über ‹Winckelmann› (1866/72), ‹Diego Velazquez› (1888), ‹Murillo› (1892) und ‹Michelangelo› (1900/09) wurde Carl Justi zum Meister der modernen, in klassischer Prosa geschriebenen Künstlerbiographie.

Seite 446 *«der ein Königreich . . .»:* Vielleicht ein Zeitungszitat.
Seite 447 *Originalgemälde Leonardo da Vincis:* Ein Freskogemälde aus der Schule Leonardos, vielleicht von Boltraffio.

Erwin Rohde – *An die Mutter:* O. Crusius: Erwin Rohde. Ein biographischer Versuch. Tübingen u. Leipzig 1902. S. 264f (die Textkürzungen schon bei Crusius). – *An Fr. Nietzsche:* Friedrich Nietzsches Briefwechsel mit Erwin Rohde. Hrsg. von E. Förster-Nietzsche und Fr. Schöll. 3. Aufl. Leipzig 1903.

Schon in seinen Bonner und Leipziger Studienjahren von 1865 bis 1867 fand Erwin Rohde (1845–1898), einer der größten klassischen Philologen des 19. Jahrhunderts, die entscheidende Freundschaft mit Friedrich Nietzsche, der gleichfalls bei Ritschl die Altertumswissenschaften studierte. Nach dem Abschluß des Studiums in Kiel brach Rohde Ende März 1869 zu einer Studienreise nach Italien auf. Nach etwa zwei Wochen Aufenthalt in Florenz traf er am 18. April 1869 in Rom ein, wo er bis Februar 1870 blieb. Größere Studienfahrten führten im Mai 1869 nach Etrurien (Corneto, Montefiascone, Viterbo), im Sommer nach Neapel, Sorrent und Sizilien und im September und Oktober nochmals nach Florenz. Am 23. Oktober war er wieder in Rom. Im Februar 1870 verließ er Rom und besuchte noch Florenz, Bologna, Venedig, Mailand und Bellagio. Ende Mai traf er bei Nietzsche in Basel ein. 1872 wurde Rohde in Kiel außerordentlicher und 1876 in Jena ordentlicher Professor. Später lehrte er in Tübingen und Leipzig und seit 1886 in Heidelberg.

Die Italienreise galt vor allem Bibliotheks- und Handschriftenstudien zur spätgriechischen Kultur- und Literaturgeschichte und führte so bereits auf Rohdes erstes Hauptwerk ‹Der griechische Roman› (1876) hin. Einzelnes wies thematisch auch schon auf das zweite Hauptwerk ‹Psyche, Seelenkult und Unsterblichkeitsglaube der Griechen›, voraus, das 1890/94 in zwei Bänden erschien.

Seite 452 *«eingehüllt»:* Siehe Goethes Gedicht ‹Einschränkung› (1789), dessen erste Fassung (1776) ‹Dem Schicksal› hieß.

Hans Thoma – Hans Thoma. Aus achtzig Lebensjahren. Ein Lebensbild aus Briefen und Tagebüchern, gestaltet von J. A. Beringer. Koehler & Amelang, Leipzig (1929).

Nach den Studienjahren in Karlsruhe, Düsseldorf und Paris lebte der Maler Thoma (1839–1924) seit 1870 in München. Im Februar 1844 reiste er mit Albert Lange nach Italien, war am 24. Februar in Florenz, wo er einige Wochen blieb, und traf am 18. März in Rom ein. Am 28. März war er wieder in Florenz, besuchte Anfang Juni Spezia, kehrte am 5. Juni nach Florenz zurück und reiste einige Tage später nach Frankfurt am Main, seinem künftigen Wohnsitz, ab. Dieser ersten entscheidenden Italienreise folgten weitere in den Jahren 1880, 1882, 1887 und 1902. In Italien kam Thomas Landschaftsmalerei erst zu ihrer vollen Entfaltung, doch malte er nur wenige italienische Landschaften. Von 1899 bis 1919 war er Direktor der Kunsthalle in Karlsruhe und Professor an der Karlsruher Kunstakademie.

Seite 456 *mit Goethes Worten:* Römische Elegien VII (1788–1790).

Seite 456 *Lugo:* Der Maler Emil Lugo (1840–1902) war seit 1865 mit Thoma befreundet.

Seite 457 *Goethes Gedicht:* Mignons Lied ‹Kennst du das Land, wo die Zitronen blühn› aus ‹Wilhelm Meisters Lehrjahren› (wahrscheinlich 1783).

Theodor Fontane – Fontanes Briefe in zwei Bänden. (Ausgew. u. erl. von Gotthard Erler.) Berlin und Weimar 1968. Bd 1.

Theodor Fontane (1819–1898), dessen große Romane erst nach 1878 erschienen, reiste Anfang Oktober 1874 mit seiner Frau von Berlin nach Italien. Am 4. Oktober traf er in Verona ein und ging nach einigen Tagen nach Florenz und schließlich nach Rom, wo er drei Wochen blieb. In der ersten Novemberhälfte folgte der Besuch von Neapel. Am 24. November war er wieder in Berlin. Anfang August 1875 reiste er nochmals über Basel nach Mailand und besuchte Lecco, Riva, Pisa, Bologna, Padua und Verona und traf schon am 25. August wieder in Innsbruck ein.

Seite 463 *Heyden:* Der Maler August von Heyden (1827–1897) in Berlin.

Seite 465 *«Unüberwindliche Mächte»:* Titel eines Romans von Hermann Grimm (1867).

Seite 467 *Unger:* Der Sammler, Restaurator und Kunsthistoriker Manasse Unger (1802–1868) in Berlin.

HEINRICH VON TREITSCHKE – Heinrich von Treitschkes Briefe. Hrsg. von M. Cornicelius. Bd 3. Teil 2. Leipzig 1920.

Der Historiker Treitschke (1834–1896) war seit 1874 Professor an der Universität in Berlin. Nachdem er im März/April 1867 schon auf der Hochzeitsreise Südfrankreich und Norditalien bis Florenz besucht und 1869 sein Buch über ‹Cavour› veröffentlicht hatte, führte ihn 1879 eine sechswöchige Erholungsreise erneut nach Italien. Er besuchte Toscana und Umbrien, Siena, Perugia, Assisi und Ancona, ging zu Schiff nach Neapel und war schon am 2. Oktober in Rom. Von dort brach er am 27. Oktober zur Heimreise auf. Eine zweite vierwöchige Reise trat er am 1. Oktober 1882 an, sie galt vor allem Sizilien und führte gleichfalls über Rom. Ende Oktober war er wieder in Berlin.

Seite 474 *das einst Goethe so tief ergriff:* In Goethes Schriften und Briefen findet sich keine Bemerkung über das Relief.

Seite 475 *Sybels:* Ludwig von Sybel (1846–1929), der seit 1872 Professor der Archäologie in Marburg war.

Seite 475 *Prellers Vorbilder:* Für Friedrich Prellers sechzehnteiligen Gemäldezyklus zur Odyssee im ehem. Weimarer Museum (1863 bis 1868). Preller war 1828–1831 in Rom gewesen, eine zweite Italienreise war im September 1859 gefolgt.

Seite 477 *Kekulé:* Der Altertumsforscher Reinhard Kekulé von Stradonitz (1839–1911), der damals Professor der Archäologie in Bonn war.

ARNOLD BÖCKLIN – Neben meiner Kunst. Flugstudien, Briefe und Persönliches von und über Arnold Böcklin. Hrsg. von F. Runkel und C. Böcklin. Berlin 1909. S. 221 ff. – Arnold Böcklin war, wie mehrfach bezeugt ist, kein Briefschreiber.

Nach den Studienjahren in Düsseldorf, Brüssel, Antwerpen, Genf und Paris lebte der Maler Böcklin (1827–1901) seit Herbst 1848 in Basel. Im März 1850 brach er nach Italien auf und traf am 20. März in Rom ein. Anfang Mai 1852 kehrte er für ein halbes Jahr nach Basel zurück. Dann lebte er bis 1857 in Rom, wo er im Juni 1853 Angela Pascucci heiratete. Unter den Künstlern stand ihm vor allem Feuerbach nahe. Im Juni 1857 ging er wieder nach Basel, war im Sommer in Hannover und vom Herbst 1858 bis Oktober 1860 in München, danach auf zwei Jahre als Professor der Landschaftsmalerei in Weimar. Im Oktober 1862 kehrte er auf vier Jahre nach Rom zurück. Am 2. September 1866 reiste er erneut nach Basel zurück. Vom Juli 1871 bis zum Herbst 1874 lebte er in München. Im Herbst ging er nach Florenz, wo er bis zum April 1885 blieb und allmählich einen Kreis von Freunden und Schülern um sich sammelte. Im Sommer 1879 und 1880 besuchte er die Bäder von Ischia, im Herbst 1883 Berlin. Vom Mai 1885 bis Juni 1892 lebte er in Hottingen bei Zürich. Im Juli 1892 suchte er nach einem Schlaganfall die italienische Riviera auf und siedelte Ende September nach San Terenzo über. Von Ende 1893 bis Anfang 1895 wohnte er in Florenz, im April 1895 bezog er eine eigene Villa am Abhang von Fiesole, wo er am 16. Januar 1901 starb.

Böcklins Gemälde, die vielfach mythologische Themen aufgreifen oder seelische Erfahrungen symbolisch ausdrücken, sind in ihren einzelnen Motiven seit 1850 vorwiegend von der italienischen Landschaft inspiriert, so von der Campagna, der ligurischen Küste, den Gebirgen um Rom und später von Toscana und dem Golf von Neapel. Die Toteninsel-Gemälde (1880 ff.) wurden z. B. vom Kastell Alphonso auf Ischia angeregt. In seinen zahlreichen Meeresbildern und Villen am Meer spiegelt sich ein leidenschaftliches Erlebnis des Mittelmeeres wider.

FRIEDRICH NIETZSCHE – *An Fr. Overbeck:* Friedrich Nietzsches Briefwechsel mit Franz Overbeck. Hrsg. von R. Oehler u. C. A. Bernoulli. Leipzig 1916. – *An P. Gast:* Friedrich Nietzsche. Briefe an Peter Gast. Hrsg. von P. Gast. Leipzig 1924.

Der Philosoph Nietzsche (1844–1900) begann seine Laufbahn als klassischer Philologe. Schon 1869 war er als Professor der klassischen Philologie nach Basel gerufen worden. Infolge seiner zunehmenden Augen-, Kopf- und Magenleiden mußte er 1878 die Professur niederlegen; auch hatte er sich inzwischen völlig der Philosophie zugewendet. Vom November 1876 bis Mai 1877 lebte er zur Erholung mit Malwida von Meysenbug, Paul Rée und Albert Brenner in Sorrent. Nach 1878 führte er ein unstetes Wanderleben und hielt sich abwechselnd in der Schweiz und Italien auf. Vom März bis Juni 1880 war er in Venedig und vom November 1880 bis April 1881 das erstemal in Genua, im Mai in Recoaro. Vom Oktober 1881 bis März 1882 hielt er sich erneut in Genua auf und reiste darauf nach Messina. Über die Jahreswende 1882/83 war er in Santa Margherita Ligure, Februar bis April erneut in Genua, danach in Rom und Anfang Juli wieder in Sils Maria, seinem Schweizer Wohnort. Nach dem Besuch von Spezia war er im Oktober und November 1883 wiederum in Genua und danach in Nizza, im Mai 1884 in Venedig und im ganzen Winter 1884/85 in Nizza. Im Mai 1885 und 1886 war er wieder in Venedig, im Oktober 1886 in Ruta Ligure, April bis September 1887 am Lago Maggiore, Oktober abermals in Venedig, im Winter in Nizza. Im April und Mai 1888 war er das erstemal in Turin, wohin er Ende September aufs neue kam. Im Januar 1889 folgte in Turin der Zusammenbruch, der zur geistigen Umnachtung führte. Bis 1897 lebte er in Naumburg bei seiner Mutter, nach ihrem Tode bis ans Ende bei seiner Schwester Elisabeth Förster in Weimar. – Zu den Briefen aus Genua vgl. Nr. 291 der ‹Fröhlichen Wissenschaft› (1882).

Seite 486 *Ecce homo:* Das Werk erschien erst 1908 aus Nietzsches Nachlaß im Druck.

Karl Stauffer-Bern – Karl Stauffer-Bern. Sein Leben. Seine Briefe. Seine Gedichte. Dargestellt von Otto Brahm. 8. Aufl. Berlin 1911.

Nach den Studienjahren in München lebte der Maler, Radierer, Bildhauer und Dichter Stauffer-Bern (1857–1891) seit 1880 in Berlin, wo er vor allem als Porträtkünstler Bedeutendes leistete. Nach verschiedenen Reisen brach er Anfang 1880 nach Italien auf und traf am 17. Februar in Rom ein, wo er bis zum September 1889 blieb. Hier erfolgte die entschiedene Hinwendung zur Plastik. Als er im September 1889 zu seinem in Melancholie versunkenen Schulfreund Welti am Zürcher See gerufen wurde, dessen Frau Lydia Escher er seit Herbst 1885 kannte, schlug über beiden die Leidenschaft zusammen. Er ging mit Lydia nach Florenz und schon halb geisteskrank nach Rom, wo sie am 11. November eintrafen. Auf Veranlassung Weltis wurden beide am 15. November inhaftiert, Lydia wurde als geisteskrank ins Irrenhaus, Stauffer-Bern als zurechnungsfähig ins Gefängnis gewiesen. Erst Anfang Januar 1890 wurde er in Florenz aus dem Gefängnis entlassen, nun aber selbst als geisteskrank in das Florentiner Irrenhaus San Bonifazio eingewiesen. Im März ging er als geheilt nach Bern, kehrte aber sofort nach Rom zurück, wo er am 4. April eintraf, aber zu seiner Verzweiflung erfuhr, daß Lydia als geheilt mit ihrem Mann Rom vor zwei Wochen verlassen hatte. Er ging nach Florenz und Ende Mai in die Schweiz zurück. Nach einem mißlungenen Selbstmordversuch am 3. Juni holte ihn Adolf Hildebrand Ende September wieder nach Florenz. Am 24. Januar 1891 starb er in Florenz an einer übermäßigen Dosis Chloral, im Dezember 1891 folgte ihm Lydia Escher durch Selbstmord.

Seite 497 *Klinger:* Der Bildhauer Max Klinger (1857–1920) hielt sich von 1888 bis 1893 in Rom auf. Briefe von ihm wurden in unsere Sammlung nicht aufgenommen, da sie gegenüber den bisherigen Briefen nichts Neues bieten.

ITALIENISCHE GESCHICHTE IN ANNALEN

1755–1890

Die folgende Übersicht kommentiert nicht nur die zeitgeschichtlichen Bezüge in den Briefen, sondern vergegenwärtigt die gesamte italienische Geschichte als zeitgeschichtlichen Hintergrund der deutschen Italienreisen.

1755 Italien gliedert sich zu dieser Zeit in folgende Territorien:
Königreich Piemont-Sardinien mit Savoyen und Nizza. Karl Emanuel III. (1730–1773) konzentriert die Kräfte des Landes auf das Militärwesen.
Die Lombardei mit Mailand und Mantua, seit 1714 Österreich angeschlossen. Wirtschaftliche und juristische Reformen unter Maria Theresia.
Adelsrepublik Venedig, seit 1718 von Österreich abhängig.
Herzogtum Parma mit Piacenza und Guastalla, seit 1748 von spanischen Bourbonen regiert.
Herzogtum Modena, im Besitz des Hauses Este.
Adelsrepublik Genua. Die zugehörige Insel Korsika seit 1729 aufständisch.
Großherzogtum Toscana, seit 1737 zum Hause Lothringen-Habsburg gehörig.
Kirchenstaat: Latium, Umbrien, die Marken, Ancona, Rimini, Ravenna, Bologna, Ferrara. Papst Benedikt XIV. (1740–1758) bemüht sich, Ackerbau, Handel, Künste und Wissenschaften zu fördern.
Königreich Neapel mit Sizilien, seit 1734 unter spanischen Bourbonen. Karl III. (1735–1759). Wirtschaftliche Macht von Adel und Klerus ermöglicht nur geringe wirtschaftliche Reformen.

1758 Papst Clemens XIII. (1758–1769).

1759 Karl III. von Neapel wird König von Spanien, sein Nachfolger der minderjährige Ferdinand IV. (1759–1825). Regentschaftsrat unter Leitung des antiklerikalen Ministers Benardo Tanucci (1734 bis 1777). Kampf gegen klerikale Privilegien.

1765 Großherzog Leopold I. von Toscana (1765–1790). Unter ihm wirtschaftlich-soziale und einige politische Reformen.

1767 Ausweisung der Jesuiten in Neapel unter Tanucci.

1768 Genua verkauft Korsika an Frankreich.

1769 Napoleon Bonaparte auf Korsika geboren.
Papst Clemens XIV. (1769–1774).

1773 *Juli:* Clemens XIV. hebt den Jesuitenorden auf.

1775 Papst Pius VI. (1775–1799).

1777 Ferdinand IV. von Neapel entläßt Tanucci. Premierminister der Engländer Acton, starker Einfluß des englischen Gesandten Lord Hamilton.

1791 Vergeblicher Versuch von Victor Amadeus III. von Piemont-Sardinien, eine Koalition der italienischen Staaten gegen das revolutionäre Frankreich zu bilden.
Pius VI. verdammt die Kirchenverfassung der französischen Nationalversammlung: Franzosen besetzen Avignon und Venaissin.

1792 *April:* Kriegserklärung der Republik Frankreich an Österreich.
September: Piemont-Sardinien verbündet sich mit Österreich.

1793 *Februar:* England, Holland, Spanien und Preußen treten auf Österreichs Seite in den Krieg: Erster Koalitionskrieg.
Juli: Neapel schließt sich der Koalition gegen Frankreich an.
Oktober: Französische Truppen besetzen Savoyen und Nizza.

1796 *März:* General Bonaparte wird Oberbefehlshaber der französischen Armee in Oberitalien.
April: Bonaparte besiegt die Österreicher bei Montenotte, Millesimo und Dego, die Piemontesen bei Mondovi.
Mai: Am 25. zwingt Bonaparte den König von Piemont zum Sonderfrieden und Verzicht auf Savoyen und Nizza.
Bonaparte erobert die Lombardei, belagert Mantua, besetzt Modena, das westliche Venetien und die kirchenstaatliche Romagna.
Juli: Pius VI. erkauft Waffenstillstand durch Abtretung von Avignon, Bologna, Ferrara und der Romagna, Zahlung hoher Kontributionen und Auslieferung zahlreicher alter und neuerer Kunstwerke (Abtransport nach Paris erst Februar 1797).
August: Österreichische Versuche unter Wurmser, Mantua zu entsetzen, enden mit den Niederlagen von Castiglione und Bassano.
September: General Wurmser in Mantua eingeschlossen.
Oktober: Sonderfriede mit Neapel. – Modena, Reggio, Bologna und Ferrara erklären sich zur Cispadanischen Republik.
November: Niederlage der Österreicher unter Alvinczy bei Arcole.

1797 *Januar:* Niederlage der Österreicher unter Alvinczy bei Rivoli.
Februar: Am 2. Kapitulation von Mantua. Am 19. Friede von Tolentino mit Pius VI., endgültiger Verlust der im Waffenstillstand abgetretenen Gebiete. – Vorfriede mit Österreich in Leoben.
Mai: Kriegserklärung Frankreichs an Venedig, Besetzung Venedigs.
Juni: Adelsrepublik Genua erklärt sich zur demokratischen Ligurischen Republik.
Cispadanische Republik erweitert sich zur Cisalpinischen Republik (Mailand, Mantua, Reggio, Modena, westliches Venetien, Bologna, Ferrara und die Romagna).

Oktober: Friede von Campo Formio: Österreich tritt an Frankreich Belgien ab, verzichtet auf die Lombardei, erhält Venedig (Ende der fast tausendjährigen Markusrepublik), Dalmatien und Istrien.

1798 *Februar:* Besetzung Roms durch die Franzosen. Errichtung der Römischen Republik. Pius VI. gefangen nach Valence an der Rhone, wo er 1799 stirbt.

August: Am 1. Seesieg Nelsons über die französische Flotte bei Abukir.

November: Neapolitanisches Heer unter General Mack bricht in die Römische Republik ein, besetzt kurzfristig Rom, wird vernichtend zurückgeschlagen.

1799 *Januar:* Eroberung Neapels durch die Franzosen. Flucht Ferdinands IV. nach Sizilien. Errichtung der Parthenopäischen Republik. Zweiter Koalitionskrieg von Österreich, Rußland, Neapel, Portugal und Türkei gegen die Republik Frankreich.

Februar: Karl Emanuel IV. von Piemont-Sardinien flieht auf die Insel Sardinien.

März: Großherzog von Toscana geht in die Verbannung.

April: Sieg der vereinigten österreichisch-russischen Truppen unter General Suworow über die Franzosen unter Moreau bei Cassano.

Mai: Eroberung der Lombardei und Piemonts. Auflösung der Cisalpinischen und Römischen Republik.

Juni: Sieg der Verbündeten über die Franzosen an der Trebbia. Auflösung der Parthenopäischen Republik. Neapolitanisches Heer unter Kardinal Ruffo erobert Neapel. Grausames Blutvergießen als Rache an den Republikanern unter Ferdinand IV.

August: Niederlage der Franzosen bei Novi.

November: Am 4./5. Niederlage der Franzosen bei Fossano. – Am 9. Staatsstreich des 18. Brumaire, Sturz des Direktoriums, Napoleon Erster Konsul der Französischen Republik.

1800 *März:* Papst Pius VII. (1800–1823).

Juni: Am 5. Sieg der Franzosen unter Napoleon über die Österreicher bei Marengo. – Konvention von Alessandria: Gewährung eines Waffenstillstands gegen Räumung aller festen Plätze in Piemont, Ligurien und der Lombardei.

Wiederherstellung der Cisalpinischen Republik.

Juli: Pius VII. zieht unter österreichischem, englischem und türkischem Schutz in Rom ein.

1801 *Februar:* Friede von Lunéville: Anerkennung der Cisalpinischen und Ligurischen Republik. Umwandlung des Großherzogtums Toscana in ein von Frankreich abhängiges Königreich Etrurien.

Juli: Konkordat zwischen der Französischen Republik und Pius VII.: Rückgabe des Kirchenstaates mit Ausnahme der nördlichen Legationen.

1802 *Januar:* Napoleon läßt sich zum Präsidenten der Italienischen Republik (bisher Cisalpinischen R.) ausrufen.

August: Piemont wird mit Frankreich vereinigt.
1804 *Dezember:* Am 2. läßt sich Napoleon in Notre-Dame in Paris von Pius VII. zum Kaiser der Franzosen salben.
1805: *März:* Proklamierung Napoleons zum «König von Italien» (bisher Italienische Republik).
Juni: Krönung Napoleons in Mailand. Einsetzung seines Stiefsohnes Beauharnais als Vizekönig.
Ligurische Republik wird Frankreich angeschlossen. Lucca wird Fürstentum für Napoleons Schwester Elisa.
Dezember: Am 26. Friede von Preßburg, Beendigung des dritten Koalitionskrieges: Österreich tritt ganz Venetien an das «Königreich Italien» ab.
Französische Truppen besetzen Neapel infolge Ferdinands IV. Verbindung mit England. Er behauptet sich auf Sizilien.
1806 *Mai:* Napoleons Bruder Joseph wird König von Neapel.
1807 Bruch zwischen Napoleon und Pius VII.: Urbino und Mark Ancona werden dem «Königreich Italien» angeschlossen.
Dezember: Königreich Etrurien und Herzogtum Parma-Piacenza mit Frankreich vereinigt.
1808 *Februar:* Franzosen besetzen Rom.
Juli: Joseph Bonapartes Nachfolger in Neapel wird Napoleons Schwager Joachim Murat. Unter ihm und seinem Vorgänger erstes Auftreten des Geheimbundes «Carbonaria» (carbonaro = Köhler).
1809 *Mai:* Vereinigung des Kirchenstaates mit Frankreich, weil Pius VII. ablehnt, seine Häfen den Engländern zu verschließen. Als Gefangener nach Savona, dann nach Fontainebleau. Rom reichsunmittelbare Stadt.
1812 Ferdinand IV. gewährt Sizilien die konstitutionelle Verfassung.
1814 *April:* Napoleon entsagt der Krone, geht auf die Insel Elba. Seine Gemahlin Marie Louise erhält auf Lebenszeit das Herzogtum Parma-Piacenza (bis 1847).
Mai: Rückkehr Pius' VII. aus Fontainebleau nach Rom.
August: Wiederherstellung des Jesuitenordens durch Pius VII.
September – Juni 1815: Wiener Kongreß. Wiederherstellung des Königreichs Piemont-Sardinien (einschließlich Genua), des Großherzogtums Toscana, des Herzogtums Modena und des Kirchenstaats. Venedig und die Lombardei fallen als «Königreich Lombardo-Venetien» an Österreich. Anerkennung Murats in Neapel, der sich von Napoleon getrennt hat.
1815 *März:* Rückkehr Napoleons nach Paris. Murat wieder auf seiner Seite, bricht im Kirchenstaat ein und ruft ganz Italien zum Zusammenschluß auf.
Mai: Niederlage Murats gegen österreichische Truppen bei Tolentino. Rückkehr Ferdinands IV. nach Neapel.
Oktober: Landung Murats in Kalabrien, von Ferdinand IV. gefangengenommen und kriegsrechtlich erschossen.

In den nächsten Jahren Kampf der «Carbonaria» gegen das reaktionäre bourbonische Regime in Neapel. Ihr gegenüber stehen konservativ-reaktionäre Geheimbünde («Sanfedisten», «Calderari» u. a.).

1816 Pius VII. gibt dem Kirchenstaat eine von Kardinal Consalvi ausgearbeitete Verfassung (höhere Ämter den Prälaten vorbehalten).

Dezember: Ferdinand IV. vereinigt als Ferdinand I. Neapel und Sizilien zum «Königreich beider Sizilien», setzt die sizilianische Verfassung von 1812 außer Kraft.

1820 *Juli:* Ausbruch der Carbonari-Revolution in Neapel (unter Einfluß der spanischen Revolution). Ausrufung der spanischen Verfassung unter General Pepe, von Ferdinand IV. beschworen.

Oktober-November: Fürstenkongreß in Troppau aus Anlaß der spanischen und neapolitanischen Revolution.

1821 *Januar-Mai:* Fortsetzung als Fürstenkongreß von Laibach. Ferdinand IV. widerruft seinen Schwur auf die Verfassung. Bewaffnete Intervention Österreichs beschlossen.

März: Nach der Niederlage der neapolitanischen Truppen bei Rieti Einzug der Österreicher in Neapel (bis 1824 im Lande). Neue Festigung des reaktionären Regimes.

März: Ausbruch der Carbonari-Revolution in Piemont-Sardinien, Ausrufung der spanischen Verfassung. König Karl Felix (1821 bis 1831) ruft österreichische Hilfe an.

April: Österreicher schlagen die Revolution in Piemont nieder (bleiben bis 1823 im Lande). Scharfe Maßnahmen gegen die Opposition im benachbarten Königreich Lombardo-Venetien.

Dezember: Aufdeckung revolutionärer Verschwörung in Mailand. Einkerkerung des Grafen Federigo Confalonieri (1785–1846), des Dichters Silvio Pellico (1789–1854) u. a.

1823 Papst Leo XII. (1823–1829).

1825 Tod Ferdinands I. (= IV.) von Neapel. Nachfolger Franz I. (1825 bis 1830).

1829 Papst Pius VIII. (1829–1830).

1830 Ferdinand II. von Neapel (1830–1859). Nach anfänglichen Reformen erneut absolutistisch-reaktionäres Regime.

Unter Wirkung der Pariser Julirevolution erheben sich Modena, Bologna, Parma, die Romagna und die Mark Ancona.

1831 Papst Gregor XVI. (1831–1846).

Februar: Zusammenschluß der aufständischen Gebiete zur Republik «Vereinigte italienische Provinzen».

März: Niederwerfung der Republik durch österreichische Truppen.

April: Karl Albert (1831–1849) besteigt als liberaler Herrscher den Thron von Piemont-Sardinien.

Mai: Österreich, Frankreich, England, Preußen, Rußland und Piemont-Sardinien fordern den Papst zu eingreifenden Reformen im Kirchenstaat auf zwecks Verhütung revolutionärer Erhebungen.

Juli: Österreichische Truppen verlassen den Kirchenstaat.

Der aus Genua ausgewiesene Advokat Giuseppe Mazzini (1805 bis 1872) gründet in Marseille den revolutionären Geheimbund «La Giovine Italia» (Das Junge Italien). Schnelle Verbreitung über ganz Italien. Ziel: Republikanischer Einheitsstaat. Die radikalen Einzelaktionen der folgenden Jahre ohne größere Erfolge, aber mit schweren Verlusten.

1834 Der piemontesische Marineoffizier Giuseppe Garibaldi (1807 bis 1872) muß wegen Teilnahme an revolutionären Aktionen Mazzinis ins Ausland fliehen.

Mazzini vereinigt «Das Junge Italien» mit revolutionären Geheimbünden anderer Länder in der Schweiz zum «Jungen Europa».

1837 Karl Albert führt in Piemont-Sardinien seit 1837 gemäßigte Reformen durch. –

In den folgenden Jahren stehen den revolutionären Mazzinisten die liberalen Kräfte gegenüber, erstreben politisch-soziale Reformen durch die Fürsten und gesamtitalienischen Staatenbund entweder unter Führung des Papstes (Vincenzo Gioberti: ‹Del primato morale e civile degli Italiani› 1843) oder des Königshauses von Piemont-Sardinien als einziger nationalitalienischer Dynastie (Cesare Balbo: ‹Delle speranze d'Italia› 1843). Weitere Programmschriften von Massimo d'Azeglio (1846) und Giacomo Durando (1846).

1845 Aufstand in der Romagna («Manifest von Rimini»).

1846 *Juni:* Papst Pius IX. (1846–1878).

Juli: Pius IX. erläßt Amnestiedekret. Weitere Reformen. Pius wird als liberal und national gesinnt gefeiert.

1847 *Juni:* Österreich besetzt daraufhin Ferrara.

September: Einführung der Bürgerwehr in Toscana auf Drängen des Volkes. – Neue Reformen Karl Alberts in Piemont-Sardinien. Gründung der Zeitschrift «Il Risorgimento» durch Camillo Benso Graf von Cavour (1810–1861), Balbo u. a. in Turin. Ziel: Italienischer Fürstenbund.

1848 *Januar:* Aufstand in Palermo. Sizilien proklamiert die spanische Verfassung von 1820. Eröffnung eines eigenen Parlaments.

Februar: Ferdinand II. verkündet Verfassung für beide Sizilien, um der allgemeinen Erhebung zuvorzukommen. – Karl Albert gewährt unter Cavours Einfluß Piemont-Sardinien die Verfassung. Ihm folgt Leopold II. in Toscana.

März: Pius IX. gewährt dem Kirchenstaat die Verfassung. Sturz Metternichs in Wien. Aufstand in Mailand und der ganzen Lombardei, Bildung einer provisorischen Regierung. Aufstand in Venedig, Bildung einer provisorischen Regierung, später Republik unter Daniele Manin bis August 1849. Am 24. proklamiert Karl Albert von Piemont-Sardinien die Unabhängigkeit Italiens, ruft das ganze Land zum «heiligen Krieg» gegen Österreich auf. Toscana, Neapel und der Kirchenstaat schließen sich ihm an. – Rückkehr Garibaldis, führt Freikorps gegen die Österreicher in der Lombardei.

April: Pius IX. verbietet seinen Truppen, gegen Österreich Krieg zu führen. Ernennung von Pellegrini Rossi zum Ministerpräsidenten.

Juli: Am 25. Sieg der Österreicher unter Radetzky über die Piemontesen bei Custozza, Wiederbesetzung Mailands.

August: Waffenstillstand.

November: Ermordung Rossis durch die Mazzinisten, Flucht des Papstes nach Gaëta.

1849 *Februar:* Ausrufung der Römischen Republik unter Mazzini, Saffi und Armellini. Militärische Führung in den Händen Garibaldis. Ausrufung der Republik in Toscana.

März: Karl Albert kündigt den Waffenstillstand, wird am 21. und 23. bei Mortara und Novara vernichtend geschlagen. Waffenstillstand. Abdankung zugunsten seines Sohnes Viktor Emanuel II. (1849–1878).

Mai: Endgültige Unterwerfung des aufständischen Siziliens durch Ferdinand II. von Neapel.

Juli: Am 3. Einzug der Franzosen als Sieger in Rom. Auswanderung Garibaldis nach Amerika.

August: Friedensschluß mit Österreich. Wiederherstellung der früheren Zustände. Ferdinand II. von Neapel schafft die Verfassung ab. Lombardei unter Radetzkys Militärdiktatur.

1850 Im Herbst wird Cavour Handels- und Marineminister von Piemont-Sardinien.

1851 *April:* Cavour erhält auch das Finanzministerium.

1852 *Februar:* Vereinigung der gemäßigten Liberalen unter Cavour mit den Linken unter Rattazzi (connubio).

November: Cavour wird Ministerpräsident von Piemont-Sardinien.

1853 Rückkehr Garibaldis mit Genehmigung der piemontesischen Regierung, Erwerb der verlassenen Insel Caprera bei Sardinien, Anschluß an Cavour.

1855 *Januar:* Beteiligung Piemonts am Krimkrieg auf seiten der Westmächte. Cavour erzwingt damit die Behandlung der italienischen Frage auf dem

1856 *Februar-April:* Friedenskongreß in Paris, ohne jedoch konkrete Erfolge zu erzielen.

November–Dezember: Rasch niedergeworfene Aufstände in Neapel gegen das reaktionäre Regime Ferdinands II.

1857 *März:* Abbruch der diplomatischen Beziehungen Piemonts zu Österreich unter Rückhalt an Frankreich.

1858 *Juli:* Treffen zwischen Napoleon III. und Cavour im Vogesenbad Plombières. Planung der Befreiung Oberitaliens und seiner Vereinigung unter Viktor Emanuel. Napoleon fordert als Gegenleistung Savoyen und Nizza. Cavour soll Österreich herausfordern. Cavour läßt für «Italien und Viktor Emanuel» werben, bereitet Erhebungen in Parma und Modena vor, läßt Garibaldi Freischaren bilden.

1859 *Ende April:* Österreich fordert einseitige Abrüstung Piemonts, Cavour lehnt ab, ruft Hilfe Frankreichs an. Ausbruch des Krieges.

Juni: Am 4. Niederlage der Österreicher bei Magenta, am 24. bei Solferino. Vertreibung der Fürsten von Parma, Modena und Toscana.

Juli: Am 12. schließt Napoleon unter Übergehung Piemonts vorzeitig Waffenstillstand mit Österreich in Villafranca: Napoleon erhält die Lombardei (zur Weitergabe an Piemont), Venetien bleibt österreichisch. Am 13. Rücktritt Cavours, da sich Viktor Emanuel dem Willen Napoleons beugt.

November: Am 10. Friede von Zürich. Die Erfüllung der Restitutionsverpflichtungen vereitelt der Ausbruch der Revolution.

1860 *Januar:* Neuwahl des Parlaments von Piemont-Sardinien. Rückkehr Cavours. Cavour erstrebt Revolutionierung der unteritalienischen Staaten und einiger Grenzgebiete des Kirchenstaats. Zu diesem Zweck verbindet er sich mit Garibaldi wie Mazzini.

März: Toscana, Parma, Modena und die Romagna schließen sich durch Volksabstimmung Piemont-Sardinien an.

April-Mai: Abtretung von Savoyen und Nizza an Napoleon III.

Mai: Annexion der Lombardei. 6.–11. Garibaldis «Zug der Tausend» zu Schiff nach Sizilien mit geheimer Unterstützung Cavours, Landung in Marsala. Garibaldi erklärt sich zum Diktator von Sizilien.

Ende Juli: Ganz Sizilien in Garibaldis Händen. Übergang aufs Festland.

September: Am 7. Einzug Garibaldis als Sieger in Neapel. Rivalität zwischen Garibaldi und Cavour. Piemontesische Truppen rücken im Kirchenstaat ein, Niederlage des päpstlichen Heeres bei Castelfidardo.

Oktober: Das piemontesische Parlament beschließt Annexion von Unteritalien (gegen Garibaldi).

November: Garibaldi zieht sich verbittert auf Caprera zurück.

1861 *Februar:* Franz II. von Neapel wird in Gaëta zur Kapitulation gezwungen. Am 18. tritt die neugewählte, fast gesamtitalienische Volksvertretung in Turin zusammen.

März: Viktor Emanuel «König von Italien durch Gottes Gnade und durch den Willen des Volkes» in Turin. Parlament erklärt Rom zur künftigen Hauptstadt unter Wahrung der päpstlichen Souveränität.

Juni: Am 6. Tod Cavours. Die bedeutendsten nachfolgenden Ministerpräsidenten sind Bettino Ricasoli (1861/62, 1866/67), Urbano Rattazzi (1862, 1867), Luigi Carlo Farini (1862/63), Marco Minghetti (1863/64, 1873/76), Alfonso La Marmora (1864/66).

1862 Geplanter Einfall Garibaldis in Venetien wird im Frühjahr von der Regierung verhindert.

August: Von Sizilien aus Freischarenzug Garibaldis wider Willen der Regierung, um Rom zu befreien. Am 29. Verwundung und Gefangennahme Garibaldis durch Regierungstruppen bei Aspromonte. Rückkehr nach Caprera.

1864 *September:* Vertrag zwischen Frankreich und Italien, Befristung der franzöischen Besetzung Roms auf noch zwei Jahre.

1866 *April:* Italien tritt an der Seite Preußens in den Krieg gegen Österreich.

Juni: Niederlage der Italiener bei Custozza.

Juli: Niederlage der Italiener in der Seeschlacht bei der Insel Lissa.

Oktober: Am 3. Friede von Wien. Anschluß von Venetien an Italien. Garibaldi sammelt neue Freischaren gegen Rom, wird gewaltsam nach Caprera zurückgebracht.

1867 *November:* Sieg der päpstlichen und französischen Truppen über die von Garibaldis Sohn Menotti geführten Freischaren bei Mentana. Rom erhält erneut französische Besatzung.

1869 *Dezember:* Am 8. Eröffnung des Vatikanischen Konzils unter Pius IX. (abgeschlossen am 20. Oktober 1870).

1870 *Juli:* In der Sitzung des Konzils vom 18. Juli Definition des Dogmas von der Unfehlbarkeit des Papstes.

September: Am 1./2. endgültige Niederlage der Franzosen im deutsch-französischen Krieg bei Sedan. Am 4. Sturz des Kaisertums. Ausrufung der Dritten Französischen Republik. Am 20. Besetzung Roms durch italienische Truppen nach Abzug der Franzosen.

Oktober: Am 9. Vereinigung des Kirchenstaates mit Italien durch Volksabstimmung (Ende des seit dem 6. Jh. bestehenden Kirchenstaates. Ansprüche päpstlicherseits erst 1929 aufgegeben).

Garibaldi kämpft auf seiten der Französischen Republik gegen die Deutschen, Wahl in die französische Nationalversammlung, nach heftigen Konflikten bald wieder ausgeschieden.

1871 *Juli:* Am 2. Einzug König Viktor Emanuels im Quirinal, dem bisherigen Wohnsitz des Papstes. Pius IX. zieht sich in den Vatikan zurück.

1878 Der Bund «Italia irredenta» wirkt seit diesem Jahr für die Vereinigung Südtirols und Triests mit Italien.

Papst Leo XIII. (1878–1903).

Tod Viktor Emanuels. Nachfolger Humbert I. (1878–1900).

1881 *Mai:* Frankreich erklärt Protektorat über Tunis, wo 11 000 Italiener leben.

1882 Erweiterung des Kreises der Wahlberechtigten von etwa einer halben Million auf drei Millionen.

Mai: Dreibund Italiens mit Österreich-Ungarn und Deutschland gegen die aktive französische Kolonialpolitik (vor allem in Tunis).

In den achtziger Jahren Erstarken der sozialistischen Gewerkschaften. Zahlreiche Universitätslehrer werden Anhänger des Marxismus.

1885 Italien besetzt Assab und Massaua am Roten Meer.

1887 Ministerpräsident Francesco Crispi (1887–1896) verlängert den Dreibund von 1882.

1887–1889 Kolonialkrieg gegen Abessinien. Erwerbung von Somaliland. Endgültige Niederlage Italiens im Dezember 1895 und März 1896.

1890 Filippo Turati gründet die Zeitschrift «Critica Sociale» zur Verbreitung des wissenschaftlichen Marxismus.

ZU DEN ABBILDUNGEN

Entsprechend dem persönlich-unmittelbaren Charakter von Brieftexten wurden für die Bildbeilagen ausschließlich Zeichnungen ausgewählt. Sie stammen von solchen Künstlern, die auch mit Briefen in der Sammlung vertreten sind.

1. Philipp Hackert: Castel Gandolfo am Albaner See.
   Pinsel, Deckfarben. 173 × 291 mm.
2. Friedrich Müller: Italienische Landschaft.
   Feder mit Bister, laviert über Kreidevorzeichnung. 261 × 427 mm.
3. Angelika Kauffmann: Angler bei den Ruinen.
   Feder mit Sepia, laviert. 176 × 239 mm.
4. Johann Heinrich Wilhelm Tischbein: Poststation in den pontinischen Sümpfen.
   Bleistift, Feder mit Tusche, Wasserfarben. 324 × 471 mm.
5. Johann Wolfgang von Goethe: Blick auf die Peterskirche in Rom von Villa Pamfili aus.
   Bleistift, Feder mit Tusche, Tusche und Wasserfarben, Vordergrund mit Sepiafeder übergangen. 138 × 227 mm.
6. Joseph Anton Koch: Aus Italien.
   Bleistift. 335 × 221 mm.
7. Asmus Jacob Carstens: Italienischer Hirte (Karikatur?)
   Schwarze Kreide auf geöltem Pauspapier. 181 × 255 mm.
8. Heinrich Meyer: Villa Borghese in Rom.
   Feder mit Tusche, Wasserfarben. 181 × 255 mm.
9. Joseph Anton Koch: Frauen am Flußufer in Rom.
   Feder mit Tusche auf Vorzeichnung mit schwarzer Kreide und Bleistift. 233 × 183 mm.
10. Joseph Anton Koch: Römische Straße (Gegend vom Capitol).
    Bleistift, Feder und Sepia. 338 × 426 mm.
11. Joseph Anton Koch: Tiberlandschaft bei Acqua Acetosa.
    Feder mit Tusche. 158 × 207 mm.

12. Karl Friedrich Schinkel: Hafen und ein Teil der Stadt Genua.
Feder. 253 × 594 mm.

13. Karl Friedrich Schinkel: Concordia-Tempel bei Girgenti.
Graues Papier, Pinsel mit Wasserfarben über Bleistift.
246 × 393 mm.

14. Karl Friedrich Schinkel: Forum Romanum in Rom.
Wasserfarben, Deckfarben. 309 × 470 mm.

15. Karl Friedrich Schinkel: Die drei Tempel von Girgenti.
Feder. 220 × 554 mm.

16. Anselm Feuerbach: Im Park der Villa d'Este in Tivoli.
Schwarze Kreide und Deckfarben. 267 × 256 mm.

17. Franz Horny: Blick ins Lirital und auf die Volskerberge.
Feder in Braun, mit Feder ausgeführt, mit Pinsel farbig laviert.
336 × 485 mm.

18. Franz Horny: Bildnis Giuseppe Baldi aus Olevano.
Bleistift. 332 × 380 mm.

19. Franz Horny: Olevano.
Feder, farbig, laviert. 520 × 429 mm.

20. Friedrich Overbeck: Italia und Germania.
Schwarze Kreide und Kohle auf Zeichenkarton, oben stark beschnitten. 917 × 1022 mm.

21. Julius Schnorr von Carolsfeld: Sitzender Frauenakt nach rechts.
Feder, Pinsel über Bleistift. 290 × 222 mm.

22. Julius Schnorr von Carolsfeld: Blick vom Posilipp auf Nisida, Cap Miseno und Ischia.
Feder, Pinsel über Bleistift. 207 × 280 mm.

23. Ludwig Richter: Ariccia in den Albaner Bergen.
Bleistift. 183 × 252 mm.

24. Ludwig Richter: Tibermündung.
Feder, Pinsel mit Wasserfarben. 165 × 206 mm.

25. Ludwig Richter: Torre del Quinto in der Campagna.
Bleistift, Sepia. 180 × 250 mm.

26. Carl Rottmann: Blick auf den Golf von Neapel.
Bleistift, Pinsel mit Wasserfarben. 152 × 212 mm.

27. Jacob Burckhardt: Rom, Porta del Popolo von außen.
Bleistift. 92 × 152 mm.

28. Jacob Burckhardt: Blick vom Palazzo Barberini auf S. Isidoro in Rom.
Bleistift. 200 × 155 mm.

29. Hans von Marées: Klassisches Idyll.
Pinsel über Bleistift und Kreide in Schwarz. 488 × 364 mm.

30. Hans Thoma: Villa am Rande von Florenz.
Wasserfarben, Tusche, Feder, weiß gehöht. 480 × 633 mm.

31. Christian Daniel Rauch: Odysseus und Penelope nehmen Abschied von Ikarios.
Sepia. 259 × 727 mm.

32. Arnold Böcklin: Rom, Hügel vor Porta del Popolo mit Vignolas Rundkirche S. Andrea.
Pinsel, Tusche, laviert. 200 × 170 mm.

Die Wiedergabe der Zeichnungen erfolgt mit freundlicher Genehmigung ihrer Besitzer, für die hier gedankt wird. Nr. 10, 11, 12, 13, 14, 15, 19, 24, 25, 30, 31 stellte die Nationalgalerie Berlin zur Verfügung; Nr. 2, 3, 7, 8, 9, 17, 18 die Graphischen Sammlungen des Schloßmuseums Weimar; Nr. 1, 16, 21, 22, 23, 29 das Kupferstichkabinett Dresden; Nr. 4, 5 das Goethe-Nationalmuseum Weimar; Nr. 6, 26 das Museum der Bildenden Künste zu Leipzig; Nr. 27, 28 das Jacob Burckhardt-Archiv in der Öffentlichen Bibliothek der Universität Basel (durch freundliche Vermittlung von Dr. Max Burckhardt, Basel); Nr. 20 die Städtischen Museen Lübeck, Behnhaus; Nr. 32 das Stadtmuseum München.

ITALIENISCHES ORTSREGISTER

PERSONENREGISTER

(Regierende Fürsten der Neuzeit sind unter dem Namen ihres Landes zu suchen. Einzelne bedeutungslose Namen wurden nicht aufgenommen. Kursive Zahlen bezeichnen Briefadressaten. Für die Briefautoren wird auf das Inhaltsverzeichnis verwiesen.)

INHALT

Die jeweils zweite Zahl gibt die zugehörigen Erläuterungen an